교육과정

성열관 지음

CURRICULUM

머리말

학생들이 '무엇을 배워야 하는가?'(What should be taught?)보다 더 중요한 질문이 세상에 얼마나 될까? 모든 학문은 고유한 기본 질문을 공유한다. 예를 들어 물리학은 우주는 어떻게 작동하는가에 대해 질문한다. 경제학은 어떻게 사회가 한정된 자원을 사용해 재화를 생산하고 분배하는가에 대해 질문한다. 이 책이 다루고 있는 교육과정학은 학생들에게 무엇을 가르쳐야 하는가에 대해 질문한다. 사실상 인류는 수천 년 동안 이 질문에 답해왔다고 볼 수 있다. 그러나 우리가 학생들이 배워야 한다고 결정한 것이 과연 그들의 삶에 어떤 의미가 있을까? 이 질문은 교사들과 연구자들에게 성찰을 요구한다. 교육과정학은 크게 보아 이 두 질문에 대한 대답으로 구성되어 있다.

나는 이 책을 집필하면서 다음 사항에 신경을 썼다. 이것이 이 교과서가 다른 책들과 차별화되는 지점일 것이다.

첫째, 시대적 흐름을 반영하여 기존의 교과서를 업데이트하고자 했다. Ralph Tyler의 〈교육과정과 수업의 기본 원리〉(Basic Principles of Curriculum and Instruction)가 세상에 나온 지 70년이 훨씬 넘었다. 물론 교과서는 전통적으로 중요하다고 여겨진 지식의 집합체이기 때문에 새로운 것이라 해서 무조건 좋은 것은 아니다. 이에 전통을 지키면서 최근 지식으로 갱신하는 과제를 맡아보고자 했다.

둘째, 이 책의 모든 챕터에서 해당 내용이 교사 전문성과 어떤 관계가 있는지 밝히고자 했다. 교육과정에 대한 지식은 수업과 평가를 포함하여 교사의 전문성과 연계되어야 한다. 그래서 모든 챕터의 마지막 절에 '교사교육에 주는 시사점'이라 제목을 붙이고 내용을 채워 나갔다. 이를 염두에 두고 이 책을 집필하다 보니 교사의 전문성을 중심에 두고 내용을 취사선택할 수 있었다. 이

책을 통해 교육과정 문해력, 교육과정−수업−평가의 연계, 융합 교육과정을 만들 수 있는 능력, 소외 학생들을 우선적으로 생각하는 사회정의 관점 등 이 시대가 요구하는 교사의 전문성과 교육과정학은 밀접하게 관련된다는 사실을 이해할 수 있을 것이다.

셋째, 모든 챕터를 핵심질문 − 이 장이 끝나면 대답할 수 있어야 하는 10가지 질문− 으로 시작함으로써 예비교사들이 한 챕터를 끝낼 때마다 자신들이 어떤 질문에 대답할 수 있어야 하는지에 대해 명료하게 제시했다. 이는 각 챕터의 교육목표를 제시하는 하나의 형식이다. 이렇게 함에 있어 특히 나는 '왜 그러한가에 대한 질문'(why−questions)을 많이 사용하였다. 학생들은 '왜 그러한가?'에 대한 질문에 제대로 답할 수 있을 때 해당 내용을 정확히 이해했다고 볼 수 있다. 왜냐하면 '왜?'라는 질문은 응답자에게 논리적 근거를 대도록 하고, 인과관계를 파악하게 할 뿐만 아니라 성찰적 태도를 지니게 하기 때문이다. 이 질문 형식은 우리가 당연하다고 여겼던 것에 의문을 제기하게 함으로써 비판적 사고력과 창의력을 높일 수 있다.

넷째, 개발과 이해 패러다임 사이에서 적절한 균형을 유지하고자 했다. 기존의 교과서는 후자에 대해 충분히 반영하고 있지 않았다고 평가할 수 있다. 교육과정학은 개발과 이해라는 양 날개로 나는 학문이라 볼 수 있다. 이 책은 이러한 점을 균형적으로 고려했으며, 이해 패러다임이 단지 난해한 이론적 수사에 머물지 않도록 하기 위해 교사의 전문성과 학생의 삶에 연계되도록 집필하였다.

교과서를 쓰는 일은 많은 시간과 집중력을 요구하는 작업이다. 나는 2023년에 연구년 기회를 얻어 이 책을 집필할 수 있었다. 또 한 챕터가 완성될 때마다 석박사 과정 학생들과 세미나를 통해 피드백을 받아 조금씩 내용을 개선해 나갈 수 있었다. 경희대학교와 대학원 학생들에게 감사를 표한다.

차례

교육과정
CURRICULUM

PART

01

교육과정의 기초

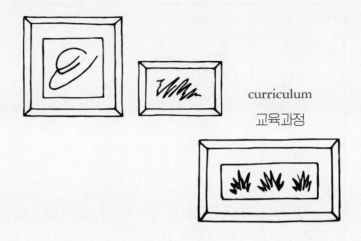

curriculum

교육과정

이 장이 끝나면 대답할 수 있어야 하는 10가지 질문

1. 교육과정의 개념을 한마디로 정의하면 무엇인가?
2. 교과로서의 교육과정과 경험으로서의 교육과정은 어떤 점에서 유사하고, 어떤 점에서 다른가?
3. 문서로서의 교육과정과 쿠레레로서의 교육과정은 어떻게 다른가?
4. 왜 의도한 교육과정, 실행된 교육과정, 성취한 교육과정을 나누어 분석하게 되는가?
5. 잠재적 교육과정이란 무엇이고, 왜 중요한가?
6. 영 교육과정이란 무엇이고, 왜 중요한가?
7. 교육과정 개발 패러다임과 이해 패러다임은 각각 어떤 연구문제를 밝히고자 하는가?
8. 교육과정 거버넌스란 무엇인가? 이 거버넌스는 제도적 수준 및 재맥락화 수준에서 어떻게 조율되는가?
9. 교사들이 교육과정을 실행하는 과정에서 충실도, 상호 적응, 생성 관점은 각각 어떻게 다른가?
10. 국가교육과정(national curriculum)에서 '국가적'(national)이란 무엇을 뜻하는가?

Chapter 01

교육과정의 개념

1 교육과정의 정의

　　교육과정은 근대 공교육의 성립과 깊은 관련이 있다. 공교육은 산업화와 근대화가 진행되는 과정에서 출현한 교육체제로서 국가에 의해 운영되며, 모든 어린이와 청소년에게 양질의 교육을 제공하는 것을 목표로 한다. 근대 사회의 발전으로 모든 시민의 교육받을 권리 보장, 경제발전을 위한 노동력의 제공, 그리고 민주주의를 유지해 나갈 수 있는 유능한 시민을 길러낼 필요성을 낳게 되었다. 이러한 필요는 근대 학교의 탄생을 이끌어 냈으며, 학교교육을 받을 수 있는 모든 아동의 권리를 충족시키고 국민국가의 요구를 반영하기 위해 교육과정을 만들어 내게 되었다. 물론 모든 아동이 학교를 다닐 수 있게 된 것은 근대국가가 성립된 한참 이후에나 가능한 일이었으나 교육과정은 근대 국민국가의 성장과 깊은 관련 속에서 나타난 개념이다.

　　학교교육의 탄생은 학교에 나온 아이들에게 '무엇을 가르쳐야 하는가'의 질문을 낳게 하였다. 교육과정은 이 질문에 대한 대답으로 볼 수 있다. 다시 말해 '학교에서 학생들에게 무엇을 가르칠 것인가'라는 질문은 교육과정 분야의 주요 연구질문이 되었다. 이에 교육과정학이라는 학문 분야는 이 질문을 중심으로 이루어지는 논의의 총체라고 볼 수 있다. 이에 대해 박승배(2019)는 다음과 같이 말한 바 있다.

'교육과정'을 어떻게 정의하든지 간에 그 핵심에는 '학교에서는 학생에게 도대체 무엇을 가르쳐야 하는가?'라는 교육학의 아주 근본적인 질문이 자리하고 있다. 바로 이 질문을 둘러싸고 19세기 중반부터 지금까지 수많은 교육학자들이 갑론을박하고 있는데, 이 질문에 대한 답을 추구하는 분야를 교육학에서는 '교육과정학'이라고 부른다(박승배, 2019:19).

현대 들어 '가장 가치 있는 지식은 무엇인가?'(what knowledge is of most worth?)라는 교육과정의 근본 문제를 던진 사람은 Herbert Spencer이다. 〈교육: 지적, 도덕적, 그리고 신체적〉(1861)이라는 저서에서 그는 교육이 개인의 삶에서 생활의 필요를 충족시키는 데 얼마나 유용한 것인가에 질문을 던졌다. 그는 전인적이고, 삶에 도움이 되고, 윤리적인 사회를 촉진하는 역할을 교육이 담당해야한다고 주장했다. 이러한 주장이 중요했던 이유는 당시 라틴어와 그리스어로 되어 있는 고전이 교육의 전부였기 때문이다. 그는 이를 극복하기 위해 자연 세계를 이해하고, 과학적 지식을 이용해 인간 생활을 개선하며, 그 결과 사회에 기여하는 시민을 길러내는 것이 중요하다고 보았다. 이러한 주장은 오늘날 교육학에 맞닿아 있는 대단한 혜안이다. 이러한 주장이 나올 수 있던 것은 당시 사회변동과 관련된다. 19세기 중반에 성장한 진화론, 과학의 발전, 기술의 발전은 교육에서 새로운 변화를 요구하였다. 그리고 그 이전에 있었던 산업 혁명은 스스로 결정하고 사고할 수 있는 근대적 시민의 성장을 요구했다. 이와 같은 현상으로 미루어, 교육과정은 사회와의 관련 속에서 변화하는 존재라고 볼 수 있다.

교육과정을 한마디로 정의하는 것은 쉬운 일은 아니다. 다음 절에서 살펴보겠지만, 어떤 사람들은 교육과정을 언어, 수학, 과학, 사회, 예술 등 교과로 본다. 또 어떤 사람들은 단지 교과를 넘어 학생들이 학교에서 경험하는 것들의 총체라고 생각한다. 교육과정은 학교 제도의 일부로서 교사들이 교실에서 가르쳐야 할 교육내용과 성취기준을 담은 문서라고 보는 사람들도 많다. 또한 1970년대부터 진행되었던 교육과정 재개념화 운동 이후 오늘날 교육과정학에서는 학교에서 학생들이 배운 것에 대한 해석과 성찰까지도 교육과정의 정의에 포함시키고 있다. 이와 같이 교육과정에 대한 정의는 그것이 사용되는 맥락과 연구자들의 관심에 따라 다양하게 사용되고 있다.

'교육과정이란 무엇인가'에 대해 알아보기 위해 시간적 기준, 즉 교육과정의 '시제'를 고려해보는 것도 좋은 방법이다. 교육과정이 학교에서 학생들이 배워야 하는 것이라면 미리 정해 놓은 계획이어야 한다. 또 학생들이 학교에서 경험하고 있는 것 또는 이미 경험한 것을 교육과정으로 본다면 교육과정은 현재 및 과거시제에 해당한다. 제도적인 맥락에서는 미래시제가 필요하며, 학술적인 맥락에서는 현재 및 과거시제를 포함해야 한다.

이에 학생들이 학교에서 배워야 할 것(미래), 배우고 있는 것(현재), 그리고 학생들이 학교에서 배운 것(과거)이 모두 교육과정에 해당할 수 있다. 이런 방식으로 교육과정을 정의하면 학생들에게 무엇을 가르쳐야 하는가와 학교에서 배운 것은 삶에 어떤 의미를 지니는가의 질문을 모두 만족시킬 수 있다. 이 정의는 문서로서의 교육과정에서 삶의 여정으로서의 교육과정까지 모두 포괄할 수 있는 장점이 있다.

최초의 교육과정 저서를 쓴 Franklin Bobbitt은 누구인가?

교육과정, 즉 커리큘럼은 라틴어로 달리다 또는 말이 달리는 코스라는 의미를 지녔던 쿠레레(currere)라는 어원을 갖는다. 커리큘럼이라는 단어는 19세기 후반에서 20세기 초반에 사용되었다고 한다. 그러다가 커리큘럼이라는 용어를 처음으로 책의 제목으로 사용한 사람이 Franklin Bobbitt이다. 이후 학교에서 학생들이 배워야 되는 것에 대한 개념이 커리큘럼이라는 말로 대체되었다. 그 점에서 이 책은 큰 역사적 의미를 지닌다.

그는 1876년에 태어났으며 이 책, <The Curriculum>이 출판된 것은 1918년이다. 그는 이 책에서 교육과정이란 사회와 직업 세계의 요구에 기초해서 과학적으로 설계되어야 하는 것이라고 주장하였다. 학교는 학생들이 성인이 되어 살아갈 사회에서 직업적 역할을 수행할 수 있도록 준비시키기 위해 교육과정이 필요하다는 것이다. 그래서 그는 효율성이라는 말을 매우 많이 사용하였다. 그는 성인의 삶과 직무에서 필요한 능력들을 추출하고 학생들이 학교에서 배우는 교육과정과 대응시키는 것이 중요하다고 보았다.

그렇다면 이러한 주장이 그 당시에 왜 의미를 갖게 되었을까? 이 책이 출간되었던 시기에는 여전히 전통적인 자유교양교육이 강조되고 있었다. 그러나 산업이 발전하고 사회에서 요구되는 직무가 복잡해지면서 기존의 고전 중심의 자유교양 교육을 벗어날 필요가 있었다. 이러한 흐름에서 교육과정의 새로운 물꼬를 텄다는 견지에서 이 책의 의의가 있다.

이러한 의의에도 불구하고 그는 교육과정이 사회와 경제의 발전에 부응하도록 대응되어야 한다고 주장하였기 때문에 학교교육을 직업교육으로 축소시키는 위험을 안고 있었다. 이러한 위험 때문에 당시 아동의 전인적 성장을 강조했던 진보주의자들로부터 많은 비판을 받게 되었다(박승배, 2019). 교육은 단순히 직업 준비를 넘어 비판적 사고력과 창의성, 민주주의 가치 등 전인교육이 중요하다고 본 진보주의자들의 논리와 충돌한 것으로 볼 수 있다. 한편 오늘날 그의 주장은 산업 변화에 부응하는 교육과정을 개발할 때 주요한 이론적 배경으로 사용된다.

2 교육과정의 다양한 개념

가. 교과로서의 교육과정

학생들에게 학교에서 무엇을 배우는가 질문하면, 그들은 수학, 과학, 음악, 체육 등 교과를 배우는 것으로 인식한다. 이와 같이 교과는 가장 직관적인 교육과정에 대한 정의라고 볼 수 있다. 교과는 대개 학문의 단위로 이루어져 있으며, 각 학문 교과에서는 지식, 기능, 태도 등 학생이 배워야 할 필수적인 내용을 담고 있다. 또한 교과는 학생들이 배워야 할 주제와 같은 교육내용을 담고 있다. 예를 들어 수학 교과의 경우, 함수, 방정식, 기하학 등의 내용을 담고 있으며, 과학의 경우 힘, 우주, 물질, 세포, 화학 반응 등에 대한 내용을 담고 있다. 교육과정을 교과들의 합으로 보는 견해는 인류가 축적한 지식을 학생들에게 전수하여 사회의 재생산과 발전이 가능하도록 하는 동기와 관련이 있다.

이와 같이 교육과정을 교과와 그 속에 담긴 내용으로 보는 관점은 가장 오래된 관점으로 서양의 7자유학과(liberal arts)인 3학(trivium)과 4과(quadrivium)에서 시작되었다. 7자유학과는 문법(grammar), 수사학(rhetoric), 변증법(dialectic)의 3학과 산수(arithmetic), 기하학(geometry), 음악(music), 천문학(astronomy)의 4과로 이루어져 있다. 역사상 비교적 최근이라고 할 수 있는 20세기 초까지 미국에서는 그리스어와 라틴어를 고등학교의 주요 교과로 삼았다는 것을 고려할 때, 이 전통은 매우 오랫동안 강력하게 유지된 관념이라고 볼 수 있다. 오늘날 고등학교에서 그리스어와 라틴어를 필수적으로 가르치고 있지 않지만, 교육과정이 교과들의 합이라고 생각하는 습관은 깊게 남아 있다. 사실상 학교에서 교육과정을 대표하는 인공물은 교과 시간표라고 볼 수 있는데, 이와 같은 사고의 습관은 '교과로서의 교육과정' 개념과 밀접한 관련이 있다.

왜 교육과정에서 3학 4과가 중시되었을까?

3학(Trivium)과 4과(Quadrivium)는 고대 그리스에서부터 기원을 갖고 있지만 교과 구조로 성립된 것은 중세 대학에서다. Basil Bernstein(2000)에 따르면, 당시 신 중심의 사회질서는 성경과 같이 말을 매개로 하는 언어의 중요성을 강조할 수밖에 없었다. 그래서 3학(Grammar, Rhetoric, Dialectic)이 4과(Arithmetic, Geometry, Music, Astronomy)에 우선시 되었다. 그러나 과학의 발달로 중세에서 근대로 넘어오면서 4과가 3학보다 우선시되는 사회로 변화가 시작되었다는 것이다.

크게 보면 3학은 언어의 영역이며, 4과는 수학(또는 과학)의 영역이다. 이에 언어와 수학(과학)의 균형적 발전이라는 측면에서 3학과 4과가 교육과정의 구조로 자리잡았다고 해석할 수도 있다. 중세대학에서 중시한 플라톤과 아리스토텔레스가 강조한 윤리적 삶과 우주의 질서도 3학과 4과의 조화 속에서 추구될 수 있다. 음악은 고대에도, 당시에도 수학적인 것으로 이해되었다. 중세 시대에 음악은 우주와 자연세계의 질서를 반영하는 수학으로 해석되었다. 피타고라스는 고대에 이미 음악에서 비례의 수학법칙을 발견하였다. 그러므로 4과에서 음악을 예술로서 이해하지 않도록 주의해야 한다.

나. 경험으로서의 교육과정

교육과정은 학생들이 학교에서 경험하는 것들의 총체라고 정의할 수 있다. 경험으로서의 교육과정은 이러한 관점에서 나온 것이다. 학교에서 학생들이 배우는 언어, 수학, 과학, 예술과 같은 교과도 물론 학교에서 경험하는 것에 포함된다. 그러나 경험으로서의 교육과정은 교과를 넘어서 지식, 기능, 태도, 학교에서의 활동, 상호작용, 행사, 봉사 활동, 인간관계, 의사소통 등 학습자의 성장에 영향을 주는 모든 경험까지 교육과정으로 본다. 교육과정을 이렇게 정의하면 교육은 교과를 전달하는 것이라는 좁은 관점에서 벗어나 학생의 성장에 필요한 중요한 경험을 제공해야 한다는 넓은 관점으로 나아갈 수 있다. 교육과정이 단지 교과 지식을 전달하는 것 이상으로 정의를 확대하면 보다 전인적인 교육에 대한 상을 정립하는 데에 유리하다.

교과중심 교육과정은 교과를 전달하는 권위적 교사와 그것을 수용하는 수동적 학생관에 머무르기 쉽지만 경험으로서의 교육과정이라는 정의는 학생들이 배운 지식을 삶에서 유용하게 적용할 수 있는 능력과 태도까지 아우르게 한다. 이에 학생들은 배움의 과정에 적극적으로 참여하며, 이후 성인으로서의 삶에서도 학교에서 배운 지식과 실제 생활 세계를 연계하면서 다양한 문제를 해결해 나갈 수 있다. 이와 같이 경험으로서의 교육과정은 교과를 배우는 경험을 포함하여 학습자의 전인적 성장이라는 목표를 달성하기 위해 필요한 학습경험을 포함시킨다는 측면에서 오늘날 널리 받아들여지는 개념이다. 많은 교육과정 이론에서 교육내용보다 학습경험이라는 용어를 사용하는 경향이 있는데, 이는 이러한 관점에서 영향을 받은 것으로 볼 수 있다.

다. 문서로서의 교육과정

교사들의 책꽂이에는 교육과정이 꽂혀 있는 경우가 있다. 예를 들어 한 수학 교사는 수학과 교육과정을 책꽂이에 두고 필요할 때 읽어볼 수 있다. 이때 교육과정은 손으로 만질 수 있고 눈으로 볼 수 있는 문서로서의 실체를 지닌다. 이상에서 살펴본 교과로서의 교육과정이나 경험으로서의 교육과정은 하나의 개념으로 존재하는 것이지만 문서로서의 교육과정은 교과서 개발자나 교사들이 실제로 참고하는 서적의 형태로 존재한다.

문서로서의 교육과정은 학생들이 각 교과에서 어떤 주제를 배워야 하는가 그리고 그것들을 어떤 순서로 가르쳐야 하는가를 정해 놓은 기준으로 볼 수 있다. 또한 교사들이 교육목표를 효과적으로 달성하기 위한 수업 방법과 평가 방법에 대해서도 권고한다. 이러한 문서로서의 교육과정은 과학기술의 발전, 사회규범의 변화, 민주주의의 발전 등 여러 가지 요인을 고려하여 주기적으로 개정된다. 이러한 개정은 교사들에게 새로운 전문성을 요구하기 때문에, 이 문서는 교사전문성 신장의 방향을 제시하기도 한다. 이와 같이 문서로서의 교육과정은 교육과정 운영에 있어 일반적인 기준을 제공하는 것이다. 한편 문서로서의 교육과정은 일반적인 '기준'으로서 단위 학교와 교사들의 자율성과 조율되어야 한다. 교육과정의 개념을 문서로서의 교육과정에 제한하여 이해하는 습관을 버리지 못한다면, 교육과정을 좁은 시야에 갇히게 하는 결과를 낳을 수도 있다.

라. 쿠레레로서의 교육과정

문서로서의 교육과정이 가장 쉽게 이해하기 쉬운 의미의 교육과정인 반면 '쿠레레'로서의 교육과정은 손에 잡히지 않는 추상적인 개념이다. 쿠레레로서의 교육과정은 자신이 학교에서 배운 것에 대해 해석하고, 성찰하며, 미래의 삶을 그려나가는 과정, 즉 삶의 여정으로서의 교육과정을 말한다. 교육과정의 어원인 라틴어 쿠레레(currere)에는 말이 달리는 코스(명사) 또는 말이 코스를 달린다(동사)라는 의미가 있다. 여기서 쿠레레는 동사적 의미를 말한다. 동사로서의 쿠레레는 문서로서의 교육과정을 넘어 자신의 삶에 대해 해석하고 성찰하는 동사적 활동을 말한다. 교육과정을 쿠레레로 보기 시작한 것은 1970년대 Bill Pinar의 교육과정 재개념화 운동 이후이다. 쿠레레가 매우 추상적인 개념임에도 불구하고 오늘날 교육과정 이론은 이 개념을 매우 중시 여기고 있다.

쿠레레는 학교에서 배운 것이 내 삶에 어떤 의미가 있는지 돌아보고, 기존의 관습에서 해방되며, 삶의 의미와 보람을 찾아가는 것이다. 쿠레레는 교육과정의 정의를 실존적 삶의 영역으로 확대하였다. 그렇게 되면 학생들은 지식을 습득하는 주체일 뿐만 아니라 성찰적 시민으로 성장하는 데에 도움이 된다. 이러한 쿠레레 방법은 예비교사 교육에서도 많이 쓰인다. 더욱이 오늘날 교육과정 연구자들은 교육과정을 쿠레레로 보는 흐름에서, 질적 연구를 수행하는 경우가 대다수이다.

삶의 여정으로서의 쿠레레 개념은 시간적 의미를 지니고 있다. 그래서 과거, 미래, 그리고 지금 살고 있는 현재에 학교에서 배운 것들이 어떤 의미를 지니는지 돌아본다. 사람들은 학교에서 배운 것들이 오늘날 자신의 정체성을 어떻게 형성하고, 어떤 영향을 주었는지 반추해 본다. 그리고 자신이 영위하고 싶은 미래 삶을 그려본다. 그런 다음 다시 현재로 돌아와 교육의 의미를 형성해 나간다. 이와 같이 교육의 여정을 종합적으로 이해하기 위해서는 성찰적 태도와 비판적 사고가 요구된다. 그래야만 기존에 당연히 여겨졌던 질서에 저항하며 자신과 사회를 변화시키기 위한 노력에 동참할 수 있다.

3 교육과정의 유형

가. 공식적 교육과정

공식적 교육과정(official curriculum)은 공교육을 관장하는 정부 등 공공 기관에서 만들어 놓은 교육목표, 교육내용, 학습경험, 평가기준 등이라고 말할 수 있다. 교육을 위한 공적 기관은 단위학교는 물론 교육부, 시·도교육청 등이다. 공

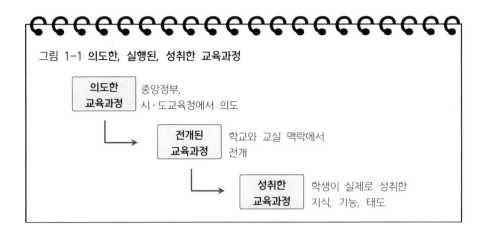

그림 1-1 의도한, 실행된, 성취한 교육과정

의도한 교육과정 → 중앙정부, 시·도교육청에서 의도

전개된 교육과정 → 학교와 교실 맥락에서 전개

성취한 교육과정 → 학생이 실제로 성취한 지식, 기능, 태도

적 교육과정의 가장 큰 특징은 그것이 서책 또는 문서의 형식을 취하고 있다는 점이다. 공적 교육과정은 교육부가 고시한 2022 개정 교육과정, 시·도교육청의 교육과정 관련 문서, 교사용 지도서 등 문서화 된 것들이 대부분이다. 교육과정의 정의를 보다 넓게 보면 교과서는 물론 교육목표를 달성하기 위한 수업계획과 평가계획 등도 공식적 교육과정에 포함될 수 있다. 또 이러한 계획을 수행하는 데에 영향을 주는 성취기준과 평가기준도 공식적 교육과정의 일부라 볼 수 있다.

지나치게 기계적으로 구분할 수는 없으나 대체로 공식적 교육과정은 중앙정부나 시·도교육청이 의도한 교육과정(intended curriculum)으로 볼 수 있다. 이와 같은 의도된 교육과정은 실제 단위학교에서 교사들이 수업을 운영하는 과정에서 실행된다. 이를 실행된 교육과정(implemented curriculum)이라고 부를 수 있다. 또는 전개된 교육과정이라 부를 수 있다. 그리고 이러한 의도와 실행에 따라 학생들이 실제로 성취하게 된 것을 성취된 교육과정(achieved curriculum)이라고 부를 수 있다.

첫째, 의도한 교육과정은 공식적 교육과정으로서 중앙정부와 시·도교육청과 같은 교육당국이 제작한 것이다. 이 문서는 교사들이 학생들에게 무엇을 가르쳐야 하며 학생들이 어떤 능력과 태도를 길러, 종국에는 어떤 시민으로 성장해야 되는지에 대한 의도와 계획을 담고 있다. 국가교육과정 기준, 교과서, 단원목표, 성취기준 등이 이러한 의도를 반영한 것이다.

둘째, 전개된 교육과정은 의도한 교육과정이 실제로 교실에서 실행되는 것을 말한다. 이러한 실행을 책임지는 사람은 주로 교사라고 볼 수 있다. 교사는 공식적 교육과정에 대해 이해하고 그것을 실현시키기 위해 다양한 교육 방법을 적용하고, 가능한 자원을 동원하여 학생들에게 교육의 목적을 달성시키고자 한다. 이와 같이 교사들은 국가교육과정에 나타난 목표를 인식하고, 수업과 평가를 유기적으로 연계하여 운영함으로써 국가교육과정의 의도가 최대한 학생들에게 전달되도록 하는 매개 역할을 맡는다.

셋째, 성취된 교육과정은 학생들이 실제로 성취하게 된 지식, 기능, 태도를 말한다. 이는 실행된 교육과정의 결과로서 학생들에게 나타나는 변화라고 볼 수 있다. 중앙정부나 시·도교육청은 학생들이 과연 의도된 지식, 기능, 태도를 성취하였는지 알아보길 원한다. 이를 위해 교육과정 모니터링이나 교육과정 평가 등을 실행한다. 교육과정의 질을 평가하는 작업에는 학생들의 학업성취도 평가가 포함되기도 한다. 이러한 평가 결과, 의도한 교육과정과 성취한 교육과정 사이에 차이가 큰 것으로 밝혀졌다면 교육당국은 교육과정 실행의 효과성을 의심해 보아야 한다. 그러므로 성취한 교육과정은 교육과정 평가와 깊은 관련성을 지닌다. 그러나 교사의 실행 요인 외에도 학생들의 동기나 준비도는 물론 사회경제적 조건, 가정에서의 지원 부족 등 배경적 요인에 문제가 없는지도 살펴보아야 한다.

이와 같이 의도한 교육과정에서 성취한 교육과정까지 그 수준을 나누어서 살펴보는 이유는 학생들이 교육의 목표를 달성하였는가에 대해 판단해보고, 만약 그렇지 않다면 전개된 교육과정의 효과성에 대해 다시 점검해 보기 위해서다. 또 학생들이 왜 충분히 성취하지 못하게 되었는지에 대한 사회적, 경제적, 정서적 문제를 찾아 이를 보완해 주기 위해서이다.

나. 잠재적 교육과정

잠재적 교육과정은 학생들이 학교에서 배우는 숨겨진(hidden) 교육과정을 말한다. 여기서 숨겨졌다 함은 공식 교육과정에 쓰여지지 않았음을 의미한다. 공식 교육과정에 명시적으로 나타나 있지 않지만 학생들이 은연중에 배우게 되는 것들을 잠재적 교육과정이라 할 수 있다. 잠재적 교육과정을 지칭하는 정의 중에서 가장 간결한 것은 '문서의 형식으로 존재하는 것이 아닌 교육과정'이다. 쉽게 말해 '쓰여지지 않은' 교육과정이다. 그것은 학교의 물리적이고 심리적인 환경 속에서 암묵적인 메시지를 담고 있는 것이다. 그것들은 주로 학교 조직 풍토나 교사를 통해 학생들에게 전달되는 질서라고 볼 수 있다.

다만 잠재적 교육과정을 의도하지 않은 교육과정으로 정의하는 경우 가끔 모순에 빠질 수 있다. 의도적으로 잠재적 교육과정을 사용하는 경우가 종종 있기 때문이다. 예를 들어 Kohlberg(1984)의 정의공동체 접근에서는 학생들에게 민주주의 가치를 직접 가르치는 것보다 보이지 않는 학교문화를 통해 습득하게 하는 것이 낫다고 보고 의도적으로 잠재적 교육과정을 활용한다. 그러므로 잠재적 교육과정은 의도하지 않은 교육과정이기보다 숨겨진 교육과정으로 정의하는 것이 좋다.

이와 같이 잠재적 교육과정은 표면적이냐 숨겨진 것이냐를 기준으로 정의될 수 있다. 표면적 교육과정은 주로 국가교육과정에 진술된 것이므로 교과와 관련이 깊다. 이에 주로 지적 측면을 다룬다. 또한 국가교육과정은 학생들이 갖추어야 할 바람직한 특성을 진술하고 있기 때문에 표면적으로 규범적 특징을 지닌다.

반면 잠재적 교육과정은 학생들의 태도, 심성, 관습, 욕구 등 정의적 측면에 관련되는 경향이 있다. 잠재적 교육과정 연구가 시작된 초기라고 볼 수 있는 1970년대에는 순응과 복종이 어떻게 학생들에게 내면화되는가에 대한 관심에서 잠재적 교육과정이라는 용어가 나오게 되었다. 또 잠재적 교육과정은 삶의 기술이나 삶의 태도와 더욱 관련되는 경향이 있다. 표면적 교육과정은 지식을 배워서 활용할 수 있으면 끝나지만, 잠재적 교육과정은 무의식적으로 평생에 걸쳐 삶의 원리로서 자리잡는 경우가 많다. 표면적 교육과정이 '교과서적인' 바람직한 인간 특성만 취급하는 반면 잠재적 교육과정은 때로는 바람직한 것을, 때로는 바람직하다고 여겨지지 않는 것들까지 포함된다. 교육과정은 바람직한 특성을 골라 가르치기 위한 계획이기 때문에 교육자들은 대부분 표면적 교육과정을 다룬다. 그러나 실제로 학생들이 학교에서 잠재적으로 배우는 것들이 많고 그것들이 삶에서 중대한 영향을 미치고 있기 때문에, 교육과정학에서는 잠재적 교육과정까지 중요한 연구 분야로 다루는 것이다.

잠재적 교육과정을 처음 학문 영역에 도입한 사람은 Philip Jackson(1968)이다. 그는 학생들이 교실에서 배우는 많은 것들은 표면적 교육과정에 의한 것만이 아니라고 주장하였다. 그는 이 잠재적 요인이 집단(군중), 칭찬과 비난, 권력 관계에 있다고 보았다. 교실을 면밀히 관찰했을 때, 학생들은 교실집단의 특성에 맞추어 적응할 수밖에 없는 과정에서 자신을 부단히 바꾸어 나간다. 그리고 교사의 칭찬을 받고 처벌을 면하기 위해 다른 학생들과 끊임없이 경쟁하는 주체가 되어 간다. 또한 교사와 학생 사이의 권력관계 속에서 순응하는 법을 배운다. 이러한 변화가 긍정적이든 부정적이든 간에 잠재적 교육과정은 인생 전반에 걸쳐 삶의 원리로 작용하게 된다.

이와 관련하여 한국에서도 그동안 많은 연구가 이루어졌다. 그중에서 이용숙(1996)은 1990년대 한국 교실에서 학생들이 획일주의, 순종주의, 체벌, 극심한 경쟁을 경험하며, 이러한 경험이 실질적으로 성인의 가치관과 의사결정에 큰 영향을 주고 있다고 보았다. 이와 유사하게 김영천(1996)은 1990년대 초등학교에서 수업을 시작하기 전에 반장에 의한 '차렷 – 경계' 구호와 함께 이루어지는 경례의식은 한국사회의 권위와 복종의 가치를 재생산하는 기제라고 보았다. 이러한 잠재적 교육과정은 사회의 문화와 구조를 반영하는 것으로서 시대의 특성과 밀접히 관련된다. 이에 잠재적 교육과정은 교실이 사회의 세포로서, 거시 사회와 비슷한 구조를 지니고 있음을 말해준다(Bernstein, 2000).

다. 영 교육과정

영 교육과정(null curriculum)은 공적 교육과정에서 배제되었거나 빠뜨린 교육과정을 말한다. 교육과정은 교육내용, 주제, 관점 등을 포함하는데 특정 내용이나 관점은 포함되지만 그렇지 않은 경우가 많다. 교육과정은 제한된 시간 내에서 가장 효과적으로 교육목표를 달성해야 되는 것이기 때문에 모든 것을 다 가르칠 수도 없고, 또 지나치게 많은 것을 교육과정에 포함시키는 것도 바람직하지 않다. 그러므로 교육과정은 선택과 배제의 의사결정 산물이라고 볼 수 있다. 그럼에도 영 교육과정은 현재 학교에서 가르치고 있는 것들만큼 중요하거나 더 중요한 것들을 배제했거나 빠뜨린 교육과정을 말한다. 여기서 '더 중요하다'는 판단은 여러 가지 준거에 의해 결정될 수 있으나, 기본적으로 가치판단의 영역이기 때문에 쟁송이 따를 수밖에 없다.

교육과정 개발자들은 교육과정에서 무엇인가를 의도적으로 배제할 수도 있고 또는 부주의하게 빠뜨릴 수도 있다. 이 두 행위를 엄격하게 구분하는 것은 쉽지 않으나 의도적으로 배제했다 함은 교육과정에 권력관계가 작용하였다는 것을 시사한다. 또 의도적으로 배제한 것은 아니지만 부주의하게 빠뜨렸다 함은 편견과 차별이 내면화된 결과라 볼 수 있다. 이와 같이 영 교육과정은 배제(exclusion)와 생략(omission)이 관련된 개념이다.

중요한 것임에도 불구하고 가르치지 않는다면 어떤 결과를 낳을까? 학생들은 무엇이 교육과정에서 가르쳐지지 않는가를 알게 됨으로써 그것들이 사회적으로 인정받지 못한다는 사실을 은연중에 내면화한다. 대개 영 교육과정은 문화적, 사회적, 인종적 가치와 연관되어 있기 때문에 사회학적인 연구 대상이 된다. 예를 들어 특정 집단의 역사가 교육과정에서 충분히 다루어지지 않는다면 그 집단은 중요하지 않은 존재로 인식되기 쉽다.

영 교육과정은 Elliot Eisner(2002)가 창안한 개념이다. 그렇다면 그는 왜 영 교육과정이라는 개념을 만들어 냈을까? 그는 교육과정을 개발하는 사람들이 영 교육과정 개념을 염두에 두고, 자신들이 개발 중에 있는 교육과정이 중요한 것을 배제하였는지 돌아보도록 하기 위해 이 개념을 만들었다고 볼 수 있다. 특히 이 개념은 권력관계에 의해 의도적으로 배제되거나 인종, 젠더, 다문화 등의 관점에서 볼 때, 관습이나 편견에 기초해 교육과정이 개발된 것은 아닌지 성찰할 수 있도록 도와준다. 다시 말해 영 교육과정은 교육과정 개발자들이 성찰적 태도를 갖고 의사결정을 할 수 있도록 이끌기 위해 창안된 개념이라고 볼 수 있다.

Eisner(2002)는 예술 교육에 관심이 많았던 연구자로서 학교에서 예술 교육을 소홀히 하는 것에 문제의식을 갖고 있었다. 사람들은 세상을 인식하는 것을 표현하는 다양한 양식, 즉 표현형식(forms of representation)을 갖고 있다. 어떤 사람들은 시각적, 청각적, 문학적으로 표현하는 것을 좋아하고, 어떤 사람들은 공식이나 논리, 기하 등의 형식으로 표현한다. 그러나 실제 학교 교육과정을 살펴보면 예술적 표현이 교육과정에서 충분히 다루어져 있지 않고, 이성적, 수학적, 과학적 표현형식이 우월한 것으로 인식되는 경향이 있다. 이러한 현실에서 예술적 표현형식이 크게 간과된다면, 그것은 학교에서 영 교육과정의 하나로 간주될 수 있다. 교육과정 개발자들이 이러한 현실에 대해 비판적으로 의식할 수 있다면, 학교 교육과정을 보다 전인적으로 설계할 수 있을 것이다. 이것이 바로 영 교육과정의 개념을 알아야 하는 이유이다.

4 교육과정 패러다임

교육과정은 간단히 말해 '학교에서 학생들이 배워야 하는 것'이다. 이에 교육과정과 관련된 과업은 교육목표를 설정하고, 학생들에게 가르칠 내용을 선정한 후 교과별로 지식이나 학습경험을 조직하며, 학생들을 가르치고 평가하는 일련의 일이다. 그러므로 교육과정 연구 역시 교육내용의 선정 및 조직, 효과적인 수업 전략과 평가 방식 등을 중심으로 이루어져 왔다. 이와 같은 과업을 중심으로 이루어지는 일련의 교육과정 연구를 개발 패러다임이라고 부를 수 있다. 개발 패러다임은 1949년 Ralph Tyler의 교육과정 개발 모형이 정립된 후 수십 년 동안 지속되어 왔다. 우리가 교육과정을 '학생들이 학교에서 배워야 할 것'으로 정의하는 한, 개발 패러다임은 교육과정 연구의 주요 과업이 될 수밖에 없다. 개발 패러다임의 예가 될 수 있는 연구문제는 다음과 같다.

- 교육과정을 개발하는 합리적 절차와 모형은 무엇인가?
- 교육과정 개발자들과 교사들이 갖추어야 할 전문성은 무엇인가?
- 교과 교육과정을 조직하는 효과적인 원리는 무엇인가?
- 효과적인 수업전략과 평가 방법은 무엇인가?

이와 같은 개발 패러다임의 중요성에도 불구하고 이 패러다임하에서는 학생들이 실제로 학교에서 무엇을 경험하는가, 학생들이 학교에서 배운 것은 자신의 삶에서 어떤 의미를 지니는가, 학생들이 학교에서 배운 것은 사실상 어떤 사회적 의도를 관철시키고자 한 것인가 등 심층 질문에 대해 대답하기 어렵다. 이에

Tyler 이후 한동안 지속되었던 교육과정 연구 방식에 대한 반성을 촉구하면서 교육과정학을 새롭게 정립하고자 하는 학문적 운동이 일어났는데 그것을 가리켜 재개념화(reconceptualization) 운동이라고 한다. 오늘날 이 운동을 일으킨 미국 교육과정학계의 연구 경향을 살펴보면, 이해 패러다임을 중심으로 이루어진다고 해도 과언이 아니다. 이해 패러다임의 예가 될 수 있는 연구문제는 다음과 같다.

- 어떤 학생이 학교에서 배우고 있는 교육과정은 삶 속에서 어떤 의미를 지니는가?
- 인종, 젠더, 성, 계급 등의 관점에서 교육과정은 어떤 사람들에게 억압적일 수 있는가?
- 교육과정은 누구의 의도가 관여되며, 누구에게 유리한 것인가?
- 교사의 삶에서 교육과정은 어떤 의미를 지니는가?
- 억압에 도전하고, 더 나은 삶과 사회를 위해 학생들은 무엇을 어떻게 배워야 하는가?

쉽게 구분해, 교육과정 개발은 교육과정을 만들거나 갱신하는 과업이라고 볼 수 있고, 교육과정 이해는 기존의 교육과정을 분석하고 이론적으로 해석해 보는 것이다. 교육과정학계에서 개발 패러다임과 이해 패러다임 사이에 많은 긴장과 갈등이 존재하는 것도 사실이지만, 개발과 이해는 상호 보완적 관계를 지닌다. 우리가 사용하고 있는 교육과정에 대한 비판적이고 심층적인 분석은 더 나은 교육과정 개발을 위해 반드시 필요한 작업이라고 볼 수 있다. 교육과정에 대한 비판적 이해는 보다 성찰적인 교육과정 개발을 가능하게 하기 때문에, 이해와 개발은 순환적인 관계를 지닌다(홍후조, 2016).

그렇지만 교육과정 이해는 반드시 개발을 위한 것은 아니다. 이해 패러다임은 그 자체로서 의미를 지닌다. Pinar(1995)는 교육과정 분야에서 이론의 결핍을 심각한 지성적 위기로 보고 교육과정을 이론화하는 일련의 학파들이 모여 이해 패러다임을 이룬다고 말하였다. 교육과정 이해 패러다임이라는 개념은 그에 의해 정립되었다 해도 과언이 아니다. 1988년도에 출간된 〈현대의 교육과정 담론〉(Contemporary Curriculum Discourses)이라는 책에서 Pinar는 역사적 분석, 정치학적 분석, 미학 비평, 현상학적 연구, 페미니즘 등으로 현대의 교육과정 연구들을 분류한다. 교육과정 관련 연구물들을 총 망라한 것으로 1995년도에 집대성한 책, 〈교육과정 이해하기〉(Understanding Curriculum)에서 그는 교육과정 연구를 역사적, 정치적, 인종적, 젠더, 현상학적, 포스트모더니즘, 자서전적, 미학적, 국제적 관점에서 범주화하였다. 이러한 노력에 힘입어 오늘날 교육과정 이해 패러다임은 크게 확장되었다.

5 교육과정 거버넌스

교육과정 거버넌스(governance)란 학생들에게 가르쳐야 할 것을 정하는 의사결정 권한이 분배되고 조정된 상태라고 정의할 수 있다. 교육과정은 중앙정부의 계획과 관리하에 만들어지는 것이지만 교육과정을 운영하는 제도적 수준과 주체는 다양하다. 거버넌스라는 용어가 오직 정부가 주도하는 거번먼트(government)라는 개념을 보완하기 위해 등장했다는 것을 알면, 이를 쉽게 이해할 수 있다. 이와 같은 교육과정 거버넌스는 제도적 수준과 재맥락화 수준에 따라 다양한 주체들에 의해 구성된다.

가. 제도적 수준에 따른 거버넌스

교육과정 거버넌스는 제도적 수준에 따라 중앙정부, 시·도교육청, 단위 학교를 포함한 다양한 권한 수준에서 조정된다. 유형A는 중앙정부가 전권을 갖고 있는 통제모형이고, 반면 유형C는 단위학교에서 많은 권한을 지니는 자율모형이라고 볼 수 있다. 유형B는 그 중간의 형태라 볼 수 있다. 이러한 구분은 하나의 이념형(ideal type)이며, 실제로는 국가에 따라 다양한 형태의 거버넌스가 나타난다.

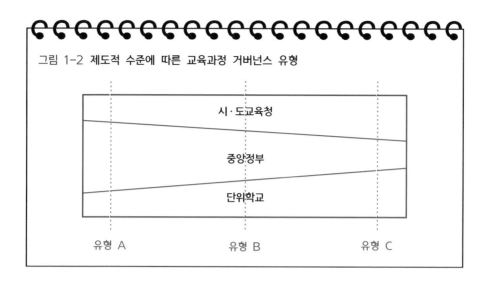

그림 1-2 제도적 수준에 따른 교육과정 거버넌스 유형

시·도교육청

중앙정부

단위학교

유형 A   유형 B   유형 C

1) 중앙 정부

중앙정부의 부서인 교육부는 최근까지 국가교육과정을 만드는 권한을 갖고 있었다. 2022년부터는 국가교육위원회가 국가교육과정을 관장하게 되었다. 오늘날 국가교육과정 관련 주요 권한이 국가교육위원회로 넘어갔으나 여전히 교육부와의 협력에 의해 교육과정 업무를 수행할 수밖에 없다. 이를 지원하기 위한 정부출연 연구기관으로 한국교육과정평가원이 있다. 한국교육과정평가원은 수학능력시험을 주관하는 기관이기도 하다.

중앙정부는 국가 차원에서 해당 국가의 공교육에서 학생들이 배워야 할 것을 정한다. 여기에는 전국의 모든 학교에 적용되는 교육목표, 성취기준, 교육방법, 평가방법, 교사 배치 기준 등이 포함된다. 중앙정부는 국가교육과정을 직접 개발하는 것을 넘어서 교육과정 제도와 정책을 정하는 권한을 갖기도 한다. 학제, 교육과정 개발 지침, 교과서 제도, 교과에 따른 교사 자격제도, 교과 외 교사 자격제도, 교육 시설, 입시제도 등 다양한 교육과정 정책이 중앙정부에 의해 정해진다.

또한 중앙정부는 국가교육과정이 효과적으로 운영되는지 점검해보기 위해 교육과정 모니터링, 시·도교육청 평가, 교원평가 등 평가 관련 업무를 수행한다.

중앙정부는 학생들이 과연 국가교육과정에서 설정한 교육목표를 잘 달성하고 있는지 파악해야 한다. 이와 관련하여 중앙정부는 교육목표를 달성하지 못한 학생들의 비율은 얼마나 되는지, 그리고 이 학생들을 도와주기 위한 기초학력 프로그램이 어떻게 운영되는지 평가하는 책임을 지닌다. 이에 더하여 학년별 성취기준을 달성하기 못한 학생들을 위해 제도적, 인적, 물적 자원을 지원한다.

2) 시·도교육청

시·도교육청은 단위학교를 지원하고 감독하는 역할을 맡는다. 한국은 지방교육자치제도의 시행에 따라 지방분권의 원칙 아래 시·도교육청에 많은 권한을 이양하였다. 지방교육자치제도는 교육의 자주성 및 전문성과 지방교육의 특수성을 살리기 위하여 지방자치단체의 교육, 과학, 기술, 체육, 그 밖의 학예에 관한 사무를 시·도교육청이 관장하도록 한 것이다. 이는 법률(지방교육자치에 관한 법률)에 의해 규정된 것이다. 지방교육자치법은 교육과정의 운영에 관한 사항을 교육감의 권한과 책임으로 두고 있다(박창언, 2013).

이와 같이 시·도교육감은 국가교육과정을 기준으로 하되, 교육과정의 효과적인 운영을 위하여 시·도의 맥락에 따라 시·도교육청 수준의 교육과정 지침을 개발하여 공포한다. 그리하여 해당 시·도의 학교들이 시·도 교육과정 지침을 준수하도록 지도한다. 시·도교육감은 국가교육과정과 시·도 교육과정 지침의 효과적인 운영을 위해 교육비, 교육시설, 교사 배치 등 필요한 교육 자원을 제공하는 역할을 맡는다. 또 교사들이 교육의 목표를 달성하고, 모든 학생들의 성공을 위해 교육과정을 운영할 수 있도록 지속적인 교사연수를 통해 전문성을 계발하도록 한다. 또한 주민자치의 원리에 따라 지역사회, 시민, 학부모와 같은 주요 교육주체들의 요구를 교육과정 운영에 반영한다.

3) 단위 학교

단위학교는 실제로 국가교육과정을 운영하는 주체로서 교실에서 학생들을 만나 교육과정을 구현하는 역할을 맡는다. 단위학교에서는 크게 두 가지 역할을 맡는데 첫째, 국가교육과정이나 시·도 교육과정 지침을 바탕으로 학생들이 교육목표를 제대로 실현하도록 도와준다. 둘째, 학교자율시간이나 선택교과 개설 등 단위학교 자체적인 교육과정을 개발하여 시행한다.[1] 물론 비율상으로는 첫째에 해당하는 비중이 매우 높다. 그러나 이 경우에도 단위학교는 국가교육과정을 실행함에 있어 성취기준을 재구조화할 수 있다.

단위학교는 이러한 두 가지 영역에서 교육과정을 운영하기 위해 학교교육계획서를 제작하여 공지함으로써 학부모와 학생들에게 교육과정 정보를 제공한다. 실제로 단위학교에서는 이 계획서를 만드는 일이 사실상 학교 교육과정을 수립하는 것과 유사하다고 볼 수 있다. 단위학교 교육과정이 중요한 이유는 학교가 놓인 상황에 따라 학생의 요구와 지역 사회의 맥락을 고려하여 보다 유연한 교육과정 운영이 필요하기 때문이다. 이 때문에 단위학교 교육과정은 보다 자율성이 요구되며, 실제로 단위학교와 교사의 자율성은 계속 확대되어 왔다. 특히 개별화 교육의 중요성으로 인해 오늘날 교육과정 내용, 방법, 평가 측면에서 단위학교에 보다 더 많은 자율성을 부여할 필요가 있다.

나. 재맥락화 수준에 따른 거버넌스

교육과정은 사회가 자라나는 세대가 배워야 할 것을 정하는 것이다. 그렇지만 교육은 상대적 자율성이 있어서 정치권력은 물론 경제계나 산업계에서 요구하는 것을 그대로 반영하는 것은 아니다. 왜냐하면 교육과정은 주로 교육계에서 만들어지기 때문이다. 또 교과서 개발자나 교사들은 각각 자율성이 있어서 국가교육과정을 변용하게 된다. 이와 같이 교육과정이 실행되는 맥락에 따라 그것이 변용되는 것을 재맥락화(recontextualization)라 한다(Bernstein, 2000).

교육과정은 중앙정부, 시·도교육청, 단위학교와 같은 제도적 수준에서 통제와 자율성을 조정한 결과로 거버넌스가 형성된다. 한편 실제 교육과정의 실행은 국가교육과정 문서, 교과서, 교사의 관점 수준에서 결정된다.

---

1) 단위학교 수준 교육과정 개발에서 학생의 참여 역시 고려해 보아야 한다. 현재 고등학교에서는 고교학점제에 따라 수요조사 및 수강 신청의 결과를 바탕으로 개설 과목을 정하는데, 이때 학생을 교육과정 개발의 참여자로 고려하기도 한다(이주연, 우라미, 2021). 아직은 미진하지만 향후에 교육과정에 학생의 필요와 요구를 적극적으로 반영할 수 있는 방향으로 나아갈 필요가 있다.

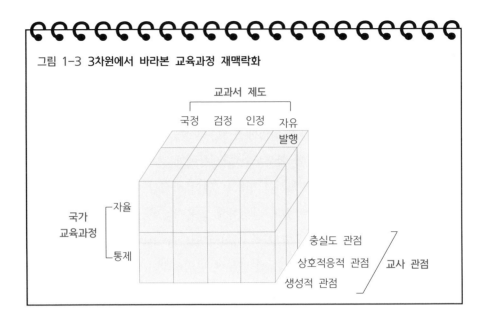

그림 1-3 3차원에서 바라본 교육과정 재맥락화

[그림 1-3]에서 볼 수 있는 바와 같이, 교육과정의 실제는 해당 국가가 어떤 교육과정 거버넌스를 취하고 있는가에 따라 달라질 수 있다. 국가교육과정을 매우 상세히 만들더라도 자율성을 보장할 수 있다. 또 교과서 제도에 따라 국가교육과정과 교과서 사이의 자율성의 정도가 달라진다. 또한 교사들의 교육관에 따라 교육과정이 변용되는 정도가 달라질 수 있다. 그러므로 한 국가에서 교육과정이 실행되는 방식은 이와 같은 세 수준의 조합으로 결정될 수 있다.

1) 국가교육과정

국가의 교육과정은 국가교육과정 기준이라는 문서로 되어있다. 국가교육과정 기준 및 관련 규정은 기본적으로 학교의 교육활동을 지원하기 위한 것이고, 학교의 교육활동은 주로 교육과정, 수업, 평가로 이루어진다. 이와 관련해서 가장 중요한 문서는 '국가교육과정 기준'이라 볼 수 있으며, 그 위로는 '초·중등교육법'이 있다.

우선 국가교육과정 기준은 스스로의 성격에 대해 "초·중등교육법 제23조 제2항에 의거하여 고시한 것으로, 초·중등학교의 교육 목적과 교육 목표를 달성하기 위한 국가 수준의 교육과정이며, 초·중등학교에서 편성·운영하여야 할 학교 교육과정의 공통적이고 일반적인 기준을 제시한 것"이라고 밝히고 있다. 이러한 진술에 따르면 국가교육과정 기준은 모든 학교에서 따라야 하는 것이다. 모든 학교가 따라야 한다는 것은 예외 없이 모든 학교에서 국가가 정한 지식, 기능, 태도를 가르칠 수 있도록 하기 위한 통제적 목적을 지닌다고 볼 수 있다. 동시에 높은 수준의 교육을 모든 아이들에게 제공하고자 하는 교육기회의 평등 목적을 지닌다고 볼 수 있다.

한편 정부는 이것이 일반적인 기준임을 밝힘으로써 시·도교육청과 단위학교의 상황에 따라 변용될 수 있는 융통성을 열어놓고 있다. 국가교육과정 기준은 강제성과 자율성의 조화를 염두에 두고 제작된다.[2] 이와 같이 국가교육과정 기준은 강제성과 자율성에 대한 규정을 지닌 문서이자 학교와 교사의 교육활동을 바람직한 방향으로 이끌어가기 위한 '행위 유도성'이라는 기능을 갖는다. 최근 특히 2015 개정 교육과정 이후 국가교육과정은 학생중심 수업 및 평가의 다양성이라는 행위를 유도하기 위한 기능을 보다 강조하고 있다. 그동안 한국 국가교육과정은 국가 수준의 통제를 약화시키고 단위학교와 교사의 자율성을 확대하는 방향으로 발전되어 왔다. 교사들은 교육목표를 보다 효과적으로 달성하기 위해 다양한 맥락을 고려하여 교육과정을 재구조화할 수 있게 되어 있다. 이에 교과 교사들의 보다 적극적인 교육과정 재구조화 전문성과 노력이 필요하다.

최근 국가교육과정에 영향을 주는 글로벌 거버넌스가 새롭게 조명되고 있다(이상은, 소경희, 2019). 이러한 흐름은 2000년대 들어와 보다 가시적이다. 2000년대 이후 PISA의 시행과 이와 관련된 핵심역량의 선정은 일국의 교육과정에 큰 영향을 준다. 한국은 매우 적극적으로 이를 받아들이거나 또는 글로벌 교육과정 거버넌스의 영향력을 이용하여 국민들을 설득하는 기회로 삼고 있다(성열관, 2014; Takayama, Waldow & Sung, 2013).

---

2) 그렇지만 여전히 중앙정부의 통제가 강한 편이라 볼 수 있다. 이병호와 홍후조(2008)에 따르면 교과교육과정 기준은 강제성이 큰 경우와 자율성이 큰 경우가 있는데, 대체로 교육내용 기준은 법적 강제성이 큰 반면에 교육 방법과 교육 평가 기준은 자율성이 크다고 보았다. 대체로 중앙정부는 학생들에게 동일한 교육내용 기준을 제시하는 동시에 학생의 특성과 교실의 맥락 등을 고려하여 교사가 교육 방법과 평가 방법을 선택할 수 있도록, 교사에게 자율성을 부여한다는 것이다.

PISA란 무엇인가?

한국 국가교육과정은 OECD의 영향을 받아 핵심역량을 도입하였다. 모든 OECD 국가에서 공통적으로 사용될 수 있는 역량은 PISA(Programme for International Student Assessment)라는 국제 성취도 검사와 관련된다. 이들 국가들의 교육과정은 서로 차이가 있기 때문에, 특정 내용을 다루는 것이 아니라 일반적인 역량을 다룰 필요가 있었다. 그래서 PISA 시험에서 이러한 역량을 측정하게 되었다. 이와 같이 핵심역량은 OECD가 실시하는 PISA와 연동되어 발전되었다. 핵심역량의 식별과 도출은 읽기, 수학, 과학에서 15세 학생들의 역량을 측정하는 PISA에 평가할 내용을 제시했다고 볼 수 있다.

그림 1-4 PISA 2022 수학 평가 예시문항

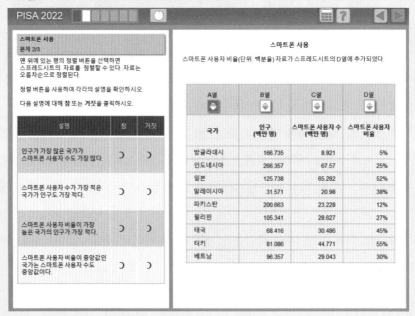

2000년부터 매 3년마다 실시되는 PISA -보통 다음 해에 결과 발표- 는 주요 영역에서 학생들의 역량에 대한 정보를 제공함으로써 많은 국가의 교육정책에 상당한 영

향을 미쳤다. 긍정적으로는 PISA 결과를 활용하여 각 국가의 정부는 자신들의 교육 시스템이 가진 강점과 약점을 파악하여, 약점을 보완하고자 하였다. 한편 PISA 결과는 각 국가들 내에서 정치적 관점에 따라 파당적으로 이용되기도 한다(Sung, 2011; Waldow, Takayama & Sung, 2014).

2) 교과서 제도

국가교육과정이 한 사회의 학생들이 배워야 한다고 간주한 것을 정해 놓은 일반적인 기준이라면, 교과서는 교사들이 그것을 학생들에게 전달할 수 있는 매개이다. 국가교육과정 중 교과 교육과정 기준은 교과별로, 학년별로 사실상 얼마 되지 않는 분량을 갖추고 있다. 그것들을 서적에 해당하는 분량으로 늘려 만든 교재가 교과서이다. 이 때문에 사실상 교과서 저작과 발행은 중요한 재맥락화 작업이라 할 수 있다. 이에 한 국가에서 교육과정 거버넌스가 얼마나 통제적인가 또는 자율적인가는 교과서 제도에 달려 있다고 해도 과언이 아니다.

교과서의 발행은 법과 제도로서 규정되어 있다. 한국에서는 주로 국정제, 검정제, 인정제가 사용되고 있으며, 그동안 자유발행제의 필요성이 증대되어 왔다. 이에 다음에서는 이 네 가지 제도에 대해 간략히 살펴보고자 한다.

첫째, 국정제는 중앙정부가 교과서를 직접 제작하고 발행하는 제도이다. 국정제가 교과서 발행제도의 주가 되는 국가는 민주주의 발전이 느린 국가가 많다. 국가가 교과서 저작권을 장악함으로써 국민의 교화에 사용할 수 있기 때문이다. 한국의 경우도 군사독재 시절에는 국정제가 주를 이루었다. 한편 국정제는 모든 학생들에게 공통된 내용을 표준화하여 전달하기 때문에 교육의 질관리에 유리할 수도 있다. 또한 국가가 지향하는 철학과 관점을 일관되게 전달할 수 있다.

다만 다양한 관점에서 교과서를 집필할 수 있는 자유가 제한되어 민주주의와 창의성을 훼손할 수 있다. 한국에서는 역사와 같이 이데올로기 대립이 심한 과목은 사회적 논쟁 비용이 지나치게 많이 발생하여 국정제가 타협적 대안으로 기능하고 있다.

둘째, 검정제는 개별 기관이나 출판사가 교과서를 저작하고 발행하지만, 정부가 해당 교과서의 내용을 '사전에' 심사하여 적합 여부를 결정하는 제도이다. 교과서가 발행된 다음이 아니고 사전에 심사하기 때문에 검정이라 부른다. 검정제는 국정제에 비해 다양한 교과서 중에 선택이 가능하기 때문에 선택권을 촉진한다. 또 교과서 개발자가 국가교육과정 기준을 다양하게 해석하여 교과서를 저작할 수 있다. 동시에 검정 절차가 있기 때문에 정부의 교과서 질관리도 용이하다.

그러나 검정 교과서의 경우 실제로는 교과서간 차이가 거의 없어 다양성 목표에 미치지 못하는 것이 실정이다(한수현, 2023). 심지어 채택을 전제로 만들어지는 국정제가 국가교육과정 기준을 보다 더 융통성 있게 활용했다는 연구가 있을 정도이다(양정현, 2005). 한편 검정제의 특징은 교과마다 상이하게 나타날 수 있다. 국어 교과의 경우 제재를 골라 교과서에 싣는 비중이 높아 검정이라 해도 교과서가 다양하게 나올 수 있다. 사회 등 교과서 저작자가 직접 집필하는 교과의 경우 검정 기준에 맞추느라 자율성과 창의성에 제한을 받는 경우도 많다.

셋째, 인정제는 교과서 발행 사후에 사용 인정을 하는 제도이다. 연구기관이나 출판사가 교과서를 저작하면, 중앙 정부는 이것이 인정 심사기준에 부합하는지 판단하여 인정 여부를 결정한다. 한국에서 현재 인정제는 국정, 검정 교과서가 없는 경우에만 보조적으로 사용되고 있다. 그럼에도 불구하고 고등학교 수준에서 다양한 산업과 예술 분야의 경우 인정교과서 사용이 불가피하기 때문에 인정교과서 수가 압도적으로 많다. 검정제는 사전에 엄격한 심사를 받기 때문에 표준화되어 다양성이 충분히 발휘되지 않는 반면 인정 교과서는 큰 문제가 없는 한 사용될 수 있어 매우 다양하게 개발될 수 있다.

한국에서는 민주주의의 발전과 창의성을 강조하는 사회 분위기에 따라 국정제를 완화하여 왔다. 다만 국정 교과서를 대폭 줄이고 검정을 확대하는 방향으로 정책을 추진한 결과에도, 여전히 교과서 제도가 경직되어 있다고 평가할 수 있다. 이림(2018)은 이에 대해 교사 전문성이 충분히 보장된다면, 교실에서 사용되는 교수-학습 자료인 교과서에 대해서는 권한을 조금씩 학교현장에 이양할 필요가 있다고 보았다.

넷째, 자유발행제는 연구기관이나 출판사가 자유롭게 교과서를 발행할 수 있는 제도이다. 그러나 자유발행제라고 해서 자유방임의 제도는 아니다. 여기서 '자유롭다'는 의미는 출판사가 사전 심사나 사후 심사 없이 교과서를 제작하고 시장에 공급할 수 있다는 것이다. 또한 시장원리에 따라 경쟁을 통한 교과서의 질 향상을 기대할 수 있다. 다만 심사가 생략되는 만큼 부적절한 내용이 교과서에 포함될 수 있는 위험이 있다. 그러나 자유발행제라 해도 교과서의 질이 관리될 수 있다. 왜냐하면 자유발행제 하에서도 교과서 집필자는 정부에서 정한 국가교육과정 기준에 따라 교과서를 집필할 수밖에 없기 때문이다.

이 대목에서 한 가지 유념할 것이 있는데, 그것은 적극적인 형태의 인정제와 질 관리 장치를 구축한 자유발행제는 사실상 차이가 크지 않다는 것이다(김재춘, 2016). 왜냐하면 자유발행제라 할지라도 사후에 학교에서 사용할 수 있는 교과서 목록을 중앙 정부나 시·도교육청이 정할 수밖에 없기 때문이다.

3) 교사의 관점

국가교육과정 개발자, 교과서 집필자와 함께, 교사는 교육과정 거버넌스상 주요 주체이다. 이에 교사에게 주어진 법적 자율성과 교사의 교육철학 또는 교육관에 따라 국가교육과정과 교과서는 다양하게 재맥락화된다. 이제 교사의 교육과정 관점을 충실도, 상호 적응, 그리고 생성적 차원으로 나누어 살펴보고자 한다. 이러한 구분은 Snyder 외(1992)에 의한 것으로 많은 교육과정 연구들이 이 구분을 따르는 경향이 있다.

첫째, 충실도 관점은 교사들이 국가교육과정에 기반하여 이를 엄격하게 준수하는 수업을 강조한다. 이 관점에서 국가교육과정 개발자들은 자신들이 설정한 교육목표와 교육과정을 교사들이 충실하게 따를 것을 가정하고 교육과정을 개발한다. 충실도 관점이 주가 되는 국가에서 교사들에게 자율성은 크게 주어지지 않으며, 교육과정을 재구조화하거나 변형을 가하기 어렵다.

교사들의 전문성이나 능력이 균질하지 않을 경우, 특히 일부 교사들의 능력이 높지 않은 경우에 충실도 관점은 최소한의 안전망으로서 기능할 수 있다. 교사들이 교육과정을 만든 사람들의 취지를 충실하게 구현한다면, 교육의 질적 차이를 최소화할 수 있기 때문이다. 단위학교에서의 교육과정 평가는 교사들이 얼마나 충실하게 국가교육과정을 잘 준수했는지를 알아보는 활동이 된다.

둘째, 상호 적응 관점에서 교사들은 국가교육과정을 일부 개작할 수 있다. 왜냐하면 하나의 국가교육과정이 수많은 학생의 필요, 교사의 전문성, 학교를 둘러싼 맥락을 모두 고려할 수 없기 때문이다. 국가교육과정 개발자들은 자신들이 교육과정을 개발하되, 이를 교사들이 상황에 맞게 재구조화 또는 재구성할 수 있음을 염두에 두고 교육과정을 만든다. 이에 교육과정은 충실도 관점에 비해 열린 텍스트가 될 수 있다.

교사들은 학생들의 다양한 필요와 학교의 특성을 고려하여 교육과정을 재구조화할 수 있기 때문에 실행과정에서 '교육과정에의 참여자'로 자신들의 정체성을 인식할 수 있다. 충실도 관점에 비해 교사들이 전문가로서 위상을 지니는 것이다. 이에 교육과정 평가에 있어서도, 교사들이 학생의 다양성과 여건을 얼마나 잘 고려해서 더욱 적합한 교육과정으로 만들어 나갔는지를 평가하는 경향이 있다.

셋째, 생성 관점은 교사들이 국가교육과정을 참고하되 매우 적극적으로 교육과정을 재창조하는 것이다. Snyder 외(1992)는 이를 '만들어 가는 교육과정' (curriculum enactment)이라고 불렀다. 이 관점에서 국가교육과정은 최소한의 기준만을 제공할 뿐 실제 교육과정 개발의 주체는 교사에게 이양되며, 학생들까지도 교육과정 재구성에 참여한다. 이 관점에서 교육과정은 학생들의 요구와 개별적 상태, 교육 공학의 발전, 새로운 교육 환경에 대응하여 진화하는 존재로 인식된다.

이때 국가교육과정 개발자는 자신이 만드는 교육과정이 교사를 통해 재탄생할 수 있도록 설계해야 한다. 이 관점에서 교육과정을 평가할 때, 교사들이 학생의 필요와 시대적 변화를 충분히 파악하고 반영하였는지, 학생들이 교육과정 구성에 참여할 기회가 보장되었는지, 교사들이 교육과정의 자율성을 충분히 발휘하였는지 등이 평가될 수 있다.

6 교사교육에 주는 시사점

가. 국가교육과정에서 '국가'의 의미

교사들은 국가교육과정에 기초해서 학생들을 가르치게 된다. 동시에 국가교육과정을 해석하고 교실의 맥락에 따라 재구성 또는 재구조화 할 수 있다(고경민, 김영실, 2023). 이때 교사가 발휘하는 전문적 행위도 '국가적인'(national) 것의 범주에 포함시켜야 한다. 왜냐하면 단위학교와 교사가 수행하는 모든 활동은 국가가 만든 법과 규칙에 기초하여, 주어진 책무와 자율성 속에서 공적으로 발휘되는 것이기 때문이다. 김대현(2017)은 이와 비슷한 맥락에서 국가교육과정을 중앙정부가 만든 문서에만 국한해서는 안 된다고 말한 바 있다.

이에 교사들은 국가교육과정(national curriculum)에서 '국가적인' 것이 무엇을 의미하는지 알 필요가 있다. 첫째, 국가교육과정은 학생들이 무엇을 알아야 하며, 무엇을 할 수 있고, 어떤 태도를 지닌 시민으로 성장해야 될지에 대한 공통적 기준을 말한다. 이에 '국가적'이라 함은 한 국가 내에서 교육과정이 '전국적으로' 공통적임을 말한다.

둘째, 국가교육과정은 사는 지역, 인종 또는 계층적 배경과 상관없이 모든 학생들이 잘 배울 수 있는 기회를 제공해야 한다. 즉 교육과정이 '국가적'이라 함은 국가가 평등의 관점에서 질 높은 교육과정을 만들어 제공해야 함을 뜻한다.

셋째, 국가교육과정은 사실상 근대국가의 성립과 관련된 것으로, '국가적' 정체성을 추구한다. 이를 위해 국가교육과정은 해당 국가의 역사적, 문화적 전통을 반영하는 것이라고 볼 수 있다. 이를 통해 시민들 사이의 통합을 추구한다. 한편 과거 군부 독재정권은 국가적 정체성을 추구한다는 명분으로 교육과정을 권력의 시녀로 삼기도 했다.

넷째, '국가적'이라 함은 더 좋은 사회를 만들어 나가기 위한 국가라는 공동체의 지향을 나타낸다. 국가는 선거를 통해서 일종의 사회계약을 갱신하며 사회를 발전시켜 나간다. 덕을 갖춘 시민들이 더 좋은 국가 공동체를 만들기 위해 지속적으로 노력하기 위해서 국가교육과정이 필요하다.

다섯째, 국가교육과정에서 '국가적'이라 함은 정부가 모든 학생들이 잘 배울 수 있는 권리를 충족시키기 위하여 국가의 가능한 모든 자원을 동원하여 교육과 정을 만들고 운영해야 함을 뜻한다. 국가는 자격을 갖춘 유능한 전문가들을 교사로 채용하여, 교육의 질을 관리하고 있다. 그러므로 여기서 국가적이라 함은 국가가 공교육에 대해 책임을 진다는 뜻이다.

이와 같이 교사는 국가교육과정이 주어진 것이라고 맹목적으로 인식하기 보다 국가교육과정에서 '국가적'이라는 것이 무엇을 뜻하는지 이해하고 있어야 한다.

나. 문서와 자율의 조화

그동안 한국 교육의 고질적인 문제라고 여겨져 온 획일적인 학습체제를 벗어나 미래사회가 요구하는 창의적인 시민을 길러내기 위해서는 교육내용과 방법의 다양화가 필수적으로 요구된다. 또 학교교육이 학습자의 적성과 진로에 맞추어 다양화되기 위해서는 학교현장에서의 교육과정의 편성과 운영의 자율성이 담보되어야 한다(허숙, 2012). 실제로도 교육과정학계에서는 그동안 교육과정의 분권화와 자율화가 중요한 과제로 인식되어 왔다(민용성, 2018; 김평국, 2014). 이에 교사들은 교육과정 문서와 자율성을 균형적으로 인식할 수 있어야 한다.

교육과정에 있어 교사의 책무는 법이나 국가교육과정 기준과 같은 문서의 형태로 나타나 있다. 교육과정 문서는 교과 교육과정이나 성취기준 등 학교에서 교사들이 교육과정을 운영할 때 길잡이 역할을 한다. 이 교육과정에는 학생들이 무엇을 알아야 하고, 무엇을 할 수 있어야 하며, 어떤 태도를 지니는 것이 바람직한 것인지가 규정되어 있다. 그래서 문서로서의 교육과정을 '쓰여진 교육과정'이라고 부르기도 한다. 이 교육과정은 전국의 모든 학교에서 공통적으로 적용되어야 하는 것을 문서로 만든 것이다. 또한 지방교육자치 제도에 따라 시·도교육청에서 제작한 시·도 교육과정도 문서로서 존재한다.

국가교육과정 문서는 교과서 개발의 지침이 되며, 교실에서는 교과서를 사용하는 교사들의 관점에 따라 재맥락화된다. 국가교육과정 개발, 교과서 개발, 교실에서의 수업은 서로 다른 장(field)이다. 이와 같은 장의 차이는 교육과정의 재맥락화를 가능하게 한다. 교과서 개발자들의 관점, 그리고 교사들이 교육과정을 대하는 관점에 따라 국가교육과정은 다양하게 변용될 수 있다.

국가교육과정은 하나의 세트로 되어있으며 국정교과서의 경우 한 종으로 되어 있다. 주로 사용되고 있는 검정교과서는 교과에 따라 수종에서 수십 종에 이르기도 한다. 한편 전국의 교사는 약 50만 명이다. 이에 교실에 따라, 교사에 따라 교육과정은 다양하게 재맥락화될 수밖에 없다. 교사들은 국가교육과정을 자신의 교실의 특성과 맥락에 맞게 조정할 수 있다. 특히 생성 관점은 교사들에게 전문성은 물론 도전적이고 혁신적인 정체성을 요구한다. 교사의 교육관과 관련하여, 적응 관점에서도 교사의 자율성이 요구되지만, 생성 관점에서는 교사의 자율성을 매우 높은 수준으로 부여한다. 자율성이 있어야만 학생에 따른 개별화는 물론 변화하는 시대에 부응하는 교육과정이 생성될 수 있기 때문이다.

이와 같이 국가교육과정은 문서와 자율의 조화 속에서 실현되는 것이다. 이 조화의 최적점을 어디에 두어야 하는가에 대해서 그동안 많은 논의와 변화가 있었다. 그동안의 국가교육과정 개정 과정을 살펴보면 통제에서 자율의 방향으로 발전해왔다고 볼 수 있다. 다만 그 최적점이 어디에서 형성되어야 하는가에 대한 논의는 영원히 지속될 수밖에 없다.

이 장이 끝나면 대답할 수 있어야 하는 10가지 질문

1. Piaget와 Vygotsky 이론의 공통점과 차이점은 무엇인가?
2. 교육에서 행동주의의 기여와 한계는 무엇인가?
3. 사회적 구성주의라는 개념에서 '사회적'이란 무슨 뜻이며, '구성된다' 함은 무슨 뜻인가?
4. Kohlberg의 도덕발달 이론에서 5단계와 6단계는 왜 높은 추론능력을 요구하는가?
5. 프래그머티즘은 오늘날 행위주체성(agency) 및 변혁적 역량(transformative competencies)과 어떤 관련성을 지니는가?
6. 항존주의와 본질주의는 어떤 점에서 유사하고, 어떤 점에서 상이한가?
7. 포스트 휴머니즘은 왜 등장하였으며, 오늘날 교육과정에 어떤 시사점을 주는가?
8. 포스트 모더니즘은 교육과정에 어떤 영향을 미쳤는가?
9. 지식사회학은 왜 교육과정 이론의 기초가 되었는가?
10. 오늘날 강자의 지식(knowledge of the powerful)과 강력한 지식(poweful knowledge)에 대한 논쟁이 왜 일어났는가?

Chapter 02

교육과정의 이론적 기초

1 교육심리학적 기초

가. 행동주의

1) 특징

행동주의는 인간이 조건화(conditioning)와 연합(association)을 통해 특정 행동을 학습한다는 원리에 기초하고 있다. 행동주의는 20세기 초에 등장하였다. 그 이전에도 인간의 마음을 분석하는 다양한 기법이나 연구가 있었으나 그 것들은 주관적이고 신비로운 해석에 의존하는 경향이 있었기 때문에 보다 엄밀하고 과학적인 분석을 요구하는 연구자들이 이에 반발하여 행동주의를 발전시켰다. 이에 행동주의는 관찰가능하고 측정가능한 인간 행동에 초점을 맞추게 되었다. 그렇지 않은 것들은 연구의 대상에 아예 포함시키지 않았다.

행동주의에서 학습은 자극과 보상의 결과로 일어난다. 쉽게 말해 어떤 행동이 학습될 수 있는 조건을 만드는 장치가 조건화이다. 조건화는 크게 고전적(classical) 조건화와 조작적(operant) 조건화로 구분된다. 고전적 조건화는 러시아 심리학자 Ivan Pavlov(1927)에 의해 성립되었다. 흥미로운 것은 그의 실험이 원래 학습에 대한 연구가 아니라 개의 소화 작용에 대한 것이라는 점이다. 그는 개들이 음식을 먹을 때뿐만 아니라 음식을 주는 조교만 나타나도 타액을 분비한다는 것을 알게 되었다. 이렇게 우연히 알게 된 사실은 그에게 동물이 어떻게 학습하는지에 대한 원리를 밝히는 연구로 나아가게 하였다. 이에 흥미를 느낀 Pavlov는 개들에게 음식을 줄 때마다 종을 쳤다. 이러한 조건화 이후에 그는 개들에게 음식을 주지 않고 종만 칠 때도 타액이 분비된다는 것을 알게 되었다. 여기서 조건화란 무조건적 자극(음식)과 조건적 자극(종)을 동시에 줌으로써 이 두 자극을 연합시키는 것을 말한다.

이와 같은 기본적 학습 원리는 광고 기법에서 많이 활용되는데, 평소 평판이 좋은 연예인(무조건적 자극)과 광고하고자 하는 상품(조건적 자극)을 연합시킴으로써 소비자들에게 해당 상품을 신뢰할 수 있을 것 같은 느낌을 줄 수 있다. 이와 같은 방식으로 연합의 개념에 접근한다면 정확하고도 쉽게 이해할 수 있다. 이 이론은 일차적 자극을 의미 있는 자극으로 연합시키면서, 종국에는 원하는 학습을 일으키는 기본 원리를 제공했다는 측면에서 의의가 있다.

조작적 조건화는 이보다 더욱 발전된 이론으로 미국 심리학자 B. F. Skinner(1938)에 의해 성립되었다. 그의 이론은 연합보다는 강화와 처벌에 초점을 맞추고 있다는 측면에서 전통적 조건화와 거리를 두고 있다. 긍정적 강화는 인간에게 특정 행동을 반복하게 하고, 처벌은 그것을 피하게 만듦으로써 특정 행동을 습득하도록 한다. Skinner는 잘 알려진 '상자 실험'에서 쥐나 비둘기들이 레버를 누를 때마다 음식(정적 강화)을 줌으로써, 이들이 음식을 받기 위해서는 레버를 눌러야 한다는 것을 학습시키게 되었다.

강화는 정적(positive) 강화와 부적(negative) 강화로 구분된다. 정적 강화는 상을 주는 것과 같이 특정 행동에 유쾌한 보상을 주는 것을 말하며, 부적 강화는 싫어하는 것을 제거해 줌으로써 바람직한 행동을 유도하는 것을 말한다. 강화와 반대로 처벌은 바람직하지 않은 특정 행동이 나타날 가능성을 줄이도록 만드는 것이다. 처벌 역시 불쾌한 것을 제공하는 처벌과 유쾌한 것을 뺏는 처벌로 구분된다. 이와 같이 조작적 조건화는 바람직한 행동에 보상을 주고, 그렇지 않은 행동에 처벌을 제공하여 학습자들이 바람직한 행동을 습득하도록 하는 학습 원리이다.

2) 행동주의와 교육과정

오늘날 많은 학습이론이나 교육과정 이론은 행동주의에 대한 반작용이나 비판에서 출발하여 많은 발전을 이룩하였다. 그럼에도 불구하고 행동주의는 여전히 기초적 학습의 원리로 기능하고 있다. 인간의 학습은 복잡하고, 종합적이며, 높은 사고력과 창의성을 지향하고 있다. 한편 암기나 기능 숙달과 같은 기본 능력이 중요하지 않은 것은 아니다. 행동주의는 관찰과 측정이 가능한 행동에 초점을 두고 있기 때문에 사실이나 정보의 습득과 기능의 숙달이 중요한 영역에서 활용되고 있다.

교육과정에서는 측정 가능한 학습 목표를 설정하고 세부적인 수업 전략을 세우는 데에 이용되고 있다. 이러한 측면에서는 복잡한 학습 과제를 매우 작은 단위로 나누어 순차적으로 기능을 습득시켜야 한다. 그래야만 행동의 발달 정도가 측정 가능하기 때문이다. 그러므로 행동주의에 기초한 교육과정 설계에서는 학생이 수업 시간에 임하게 될 과제를 작은 단위로 분절하여 제공하는 경향이 있다.

행동주의가 기본적으로 조건화, 강화, 처벌 등을 통한 학습전략을 활용하기 때문에, 교사가 수업을 운영할 때도 보상과 처벌과 같은 행동주의 교수 전략을 사용하게 된다. 행동주의는 기초적인 암기와 기능의 숙달에 유리한 학습이론이기 때문에 훈련과 연습이 강조되는 경향이 있다. 그리고 교사가 이러한 훈련과 연습을 이끌어 갈 수밖에 없으므로 교사 중심의 수업을 운영하게 된다. 평가와 관련해서도 시험과 점수가 강조된다. 당초 학습 목표가 행동 목표 중심으로 세부적이었던 것과 마찬가지로 평가에서도 측정가능한 것을 중심으로 운영되기 때문이다. 그러나 이러한 평가는 매우 중요한 교육목표를 경시하기 쉽다. 교육목표 중에는 측정이 용이하지 않으나 중요한 것들이 있다. 시민적 태도, 배려심, 예술성, 약자를 옹호하는 자세, 공공성을 중시하는 태도 등은 측정이 어렵지만 여전히 중요한 교육목표이다. 이에 참평가나 수행평가는 이와 같은 행동주의 평가 방식에 반기를 들고 나온 평가 패러다임이라고 볼 수 있다.

나. 인지주의

1) 특징

인지주의는 1950년대까지 지배적이었던 행동주의에 대한 반작용으로 발전한 사조로서, 관찰 가능한 외적 행동보다 내적 정신 과정(mental process)을 분석하는 데 초점을 둔다. 이 사조에서는 인간이 주어진 정보를 처리하여 문제를 해결하는 과정을 분석하는 데 관심이 있다. 인지주의는 거슬러 올라가면 아동의 인지 발달을 연구한 스위스의 심리학자 Jean Piaget(1926)의 연구에 기초하고 있다.

그는 아동의 인지 능력은 각 발달 단계에 따라 성장하는 것이라고 보았다. 이와 같은 발달단계론은 해당 연령의 아동들에게 어떠한 학습 과제가 주어져야 하는지에 대한 교육과정학적 관심과 깊이 관련되어 있다. 그는 아동의 발달단계를 다음과 같이 구분하였다.

❶ 감각 운동기(Sensorimotor stage, 0-2세, 영아기): 이 단계에서 영아는 감각과 운동 기관을 통해 세상에 대해 배우기 시작한다. 유아는 물체를 만져 보고, 입에 넣거나 빠는 등 감각 기관을 통해 물체의 기본 속성을 이해한다. 이 시기의 유아는 조금씩 성장하는 과정에서 어느 순간, 보고 있던 것이 눈앞에서 사라져도 그것이 여전히 존재하고 있다고 하는 것을 이해할 수 있다. 이를 영속성(permanence)이라 한다. 또 이 시기에 나 자신과 나를 둘러싼 환경의 구분을 배우기 시작한다.

❷ 전조작기(preoperational stage, 2-7세, 유아기): 이 시기는 대략 어린이집과 유치원에 해당하는 연령이다. 이 단계에서 유아는 상징을 조작하는 법을 배우고 상징적인 활동에 참여한다. 쉽게 말해 이 시기 유아는 언어를 배우고, 이를 사용하면서 타인과 상호작용을 한다. 유아들은 논리를 발전시켜 나가긴 하지만 여전히 논리적 능력이 부족하다. 이 점에서 이 시기를 전조작기라 부른다. 정신적 조작이란 개인이 정보를 이용해서 추론하는 인지적 과정을 말하며, 주로 논리적으로 사고하는 것을 뜻한다. 전조

작기는 이와 같은 논리적 사고(예: 가역성, 분류, 서열화 등)가 충분히 발전하는 조작기 '이전'이라는 의미이다. 또 이 단계에서 유아들은 자기중심성(egocentrism)을 갖는데, 이로 인해 타인의 관점에서 사태를 이해하기 어렵다.

❸ 구체적 조작기(concrete operational stage, 7-11세, 아동기): 이 시기는 대략 초등학교에 해당하며, 아동들은 자아 중심적 사고에서 서서히 벗어난다. 또 전조작기에 비해 보존(conservation) 개념이 확실히 발달한다. 보존 개념은 모양이나 외관이 달라짐에도 불구하고 질적으로 같은 양의 물질이 남아있음을 아는 능력이다. 전조작기에는 이러한 능력이 부족하다. 아동이 구체적 조작기에 이르면 논리적인 사고가 발전하고, 인과관계를 이해하게 된다. 또 이 시기에 아동들은 분류하는 능력과 순서를 매기는 능력 등이 발전하고, 가역적인 사고도 발전한다. 가역적 사고란 주어진 정보를 역으로 이용하는 능력이다. 예를 들어 3+7이 10이라면, 10-7은 3이라는 것을 아는 능력이다. 그러나 여전히 이 시기, 아동의 사고는 눈에 보이는 구체적인 대상에 국한되기 때문에, 이 시기를 가리켜 구체적 조작기라 부른다.

❹ 형식적 조작기(Formal operational stage, 11-15, 청소년기): 이 시기에 청소년들은 구체적인 것을 넘어 눈에 보이지 않는 추상적 개념에 대해 생각할 수 있는 능력이 신장된다. 학생들은 가설적 문제에 대해 추론할 수 있고, 연역적으로 논리를 이끌어 낼 수 있으며, 개념과 개념 사이의 관계를 이해할 수 있다. 이러한 견지에서는 그는 이 단계의 사고가 논리적이며, 추상적이고, 체계적이기 때문에 '형식적' 조작기, 즉 형식에 맞는 논리적 사고의 시기라고 불렀다.

Piaget의 인지 이론은 스키마, 동화와 조절, 평형과 같은 주요 개념으로 이루어져 있다. 첫째, 스키마(schema)는 인간이 정보를 이해하고 해석하는 것을 돕는 정신적 틀이라고 볼 수 있다. 둘째, 인간은 무엇인가를 배우는 과정에서 자신의 스키마를 변형시켜 나가는데, 이 과정을 동화(assimilation)와 조절(accommodation)

이라고 한다. 동화와 조절은 상호 보완적으로 기능하여, 새로운 정보가 기존의 스키마에 적응하도록 돕는다. 동화는 아동이 접하는 새로운 경험을 기존의 스키마에 통합시키는 역할을 한다. 한편 조절은 기존의 스키마를 변형시키거나 새로운 스키마를 만들어 나가는 작용을 한다. 셋째, 평형(equilibration)은 동화와 조절이 균형을 이루는 상태를 말한다. 아동들은 한 발달 단계에서 다음 발달 단계로 나아가는 과정에서 평형이 깨지고 새로운 평형으로 나아간다. 그러면서 인지 능력이 한 단계씩 성장해 나가는 것이다.

2) 인지주의와 교육과정

Piaget의 인지 발달 이론은 교육과정 개발과 설계에 중대한 영향을 미쳤다. 그가 아동의 인지 발달이 단계적으로 이루어진다는 연구 결과와 이에 따른 대략적인 발달단계 연령구간을 밝힌 이후로 교육과정 분야에서도 발달 단계적 접근이 이루어졌다. 예를 들어 7세에서 11세에 해당하는 구체적 조작기에 해당하는 아동들에게는 손으로 조작하고, 눈으로 볼 수 활동이 강조된다. 해결해야 할 과제 역시 '구체적으로 조작하는' 문제들로 구성된다. 수학과 같은 교과를 가르칠 때 발달 단계에 따라 구체적 조작기에는 눈으로 보고 손으로 만질 수 있는 것들을 통해 수에 대한 이해를 높이며, 형식적 조작기에는 추상적인 수학 개념에 대해 익히도록 한다.

인지주의는 행동주의에 비해 암기나 반복 훈련보다 학생의 사고 발달에 더 많은 관심을 기울인다. 그래서 수업에서도 스스로 문제를 해결하는 경험을 제공하는 것을 중시한다. 행동주의에서 교사가 강화와 처벌 등의 전략으로 학생들의 행동을 특정 방향으로 유도하고자 한다면, 인지주의에서는 학습자가 지식을 스스로 구성해 가는 정신적 과정을 중시하고 있다. 그러므로 학생들이 수동적으로 정보를 받아들이는 것이 아니라 적극적으로 주어진 정보를 다루며, 정보들 사이의 관계를 탐색해 나가는 과정을 중시한다.

인지주의에서는 주어진 정보를 스스로 처리하는 개인의 학습에 관심이 있기 때문에 학생의 동기와 호기심을 중시한다. 또래 아동과의 협력 등 다양한 학습 과정에의 참여는 학습의 동기와 효과를 촉진할 수 있다. 평가에서도 인지주의에서는 단순히 암기나 기능 숙달 결과 등 외적으로 관찰 가능한 행동만을 평가하는 것이 아니라 그것을 포함하되 학생들의 사고 발달 과정을 관찰하는 것이 중시된다. 교사가 학생들의 사고 발달을 도와주고 피드백을 주는 평가는 인지주의와 밀접한 관계를 맺는다. 인지주의에서는 특히 학생들이 스스로 문제를 해결해 나가고 있는지에 대해 평가한다.

다. 사회적 구성주의

1) 특징

사회적 구성주의는 인지발달에 있어서 사회적 상호작용과 문화적 맥락의 중요성을 강조하는 학습 심리학 이론이다. 사회적 구성주의는 행동주의를 극복한다는 측면에서 인지주의와 궤를 같이하고 있으나 인간의 사고 발달에 있어 문화가 중요한 영향을 미친다는 점을 보다 강조하는 입장이다. 사회적 구성주의는 러시아 심리학자인 Lev Vygotsky에 의해 주창되고 발전되었다. 미국 심리학회에서 Jerome Bruner(1966)가 그를 소개하면서 오늘날 사회적 구성주의가 학습심리학 분야에서 주류가 되는 데 기여하였다.

Piaget의 인지주의 역시 학습에서 사회적 요인의 중요성을 인식하고 있었기 때문에 학습자들의 협력과 참여를 강조하였다. 그럼에도 불구하고 인지주의는 인간이 정보를 처리하는 내적 정신 과정에 초점을 맞추었다. 이에 비해 사회적 구성주의는 문화적이고 역사적인 맥락이 아동의 학습에 결정적 영향을 미친다는 것을 전제로 두고 있다. 사회와 문화는 역사적으로 구축된 것으로서, 아동의 내면에 들어가 지적 발달을 형성하게 된다.

그러므로 Vygotsky 이론에서 학습이란 크게 보면 사회화 과정이라 볼 수 있다. 인지주의에서 아동은 언어라는 도구를 이용해서 정보를 처리하며, 자신의 스키마를 발전시킨다. 이에 비해 사회적 구성주의에서는 언어의 영향력을 거의 절대적인 것으로 본다(Vygotsky, 1986). 다시 말해 인지주의에서 언어는 여러 가지 사고 발달의 도구 중 하나라면, 사회적 구성주의에서의 언어는 아동의 발달에 절대적인 영향을 미치는 것이라고 볼 수 있다. 언어를 배운다는 것은 사회, 역사적으로 축적된 문화가 아동에게 내면화되는 것이기 때문이다.

이와 같이 사회적 구성주의를 발전시킨 Vygotsky(1978)의 학설은 근접발달영역(Zone of Proximal Development)과 스캐폴딩(scaffolding, 비계) 등의 주요 개념으로 구성되어 있다. 근접발달영역이라 함은 학습자가 어떤 특별한 도움 없이 스스로 할 수 있는 수준(현재)과 교사나 부모로부터의 도움과 안내를 받아 달성할 수 있는 수준(미래) 사이의 거리를 말한다. 쉽게 말해 학습자의 현재 수준에서 '근접한 곧 다가올 다음 수준 사이의 영역'이 근접발달영역이다. 한편 근접발달영역은 단지 '두 수준 사이의 차이'에만 해당하는 개념이기보다, 더 나은 문화, 닮고 싶은 교사 등 비교적 넓고 다양한 의미로 사용된다. 또 학습자는 다음 수준까지의 발달 영역, 즉 근접발달영역에 도달하기 위해서 자신의 학습을 도와줄 수 있는 여러 가지 지원이 필요하다. 이것을 스캐폴딩, 즉 비계를 놓아주는 일이라고 말한다.

Piaget보다는 Vygotsky의 학습관이 보다 미시적인 요소와 거시적인 특징을 포괄하는 특징이 있는 것으로 보인다. 이러한 학습관에서 보면, 교육이란 크게 볼 때, 문화와 사회가 아동의 내면으로 들어가서 사회를 닮게 하는 과정이라고 볼 수 있다. 이는 Vygotsky가 러시아 심리학자로서 맑시즘의 영향을 받았다는 것을 알게 한다. 맑시즘은 인간이 다양한 도구를 사용해서 자연과 사회를 변형시켜 나가는 존재로 인식한다. 이러한 관점을 학습에 적용하면, 인간의 사고 능력을 높여주는 도구는 언어, 예술 등 문화적 도구이다.

그는 이 문화적 도구가 인지발달에 중요한 역할을 한다고 보았다. 언어는 아동발달에 있어 가장 중요한 인지적 도구가 된다. 그는 아동이 혼잣말이라고 볼 수 있는 내적 말(inner speech)을 사용하면서 인지를 성장시킨다고 보았다. 즉 언어를 통해 자신과 대화하면서 아동의 사고가 발전하는 것이다. Piaget는 어린 아이들의 혼잣말이 자아 중심성을 나타내는 것이라 보고 이를 경시했지만, Vygotsky는 아동의 혼잣말을 중요한 인지발달 과정으로 보고 이를 중시했다. 이 점에서 Vygotsky는 Piaget의 자아 중심성에 대한 단순한 설명을 뛰어넘은 것이라고 평가 받고 있다. 이와 같이 인간은 언어를 포함한 상징 등 다양한 도구를 고안하여 사용하고 있는데, 이를 고안물(artifacts)이라고 부른다. 이 고안물은 아동이 지식을 구성하면서 사고력과 창의력을 높이는 데에 도움을 주는 것들이다. 우리가 교육과정을 만들고 수업 전략을 세우는 것도 이러한 고안물에 해당한다.

2) 사회적 구성주의와 교육과정

Vygotsky는 학습이 일어나는 사회적 맥락을 강조하였기 때문에 사회적 구성주의자로 잘 알려져 있다. 그러나 그를 문화·역사적 심리학자로 이해하려는 사람들도 많이 있다. 학습이란 문화적이고 역사적인 것을 내면화하면서 다른 동물과는 달리 인간만이 가질 수 있는 고등사고능력을 지닐 수 있기 때문이다. 그러므로 Vygotsky가 사회적 구성주의자로서 협력과 상호작용만을 강조했다고 생각한다면, 이는 그를 지나치게 제한적으로 이해하는 방식이라 볼 수 있다. 그가 문화를 강조한 만큼 학생들은 인류 문화를 요약해 놓은 것으로 간주할 수 있는 교과를 배움으로써 높은 수준의 개념을 이해할 수 있다. 이러한 개념을 이해함으로써 학생들은 문화를 내면화할 뿐만 아니라 새로운 가치와 대안을 생성하는 창의적인 인간 주체로 성장할 수 있다.

이에 교육과정에서 교과를 배우는 것은 학생들의 인지 발달에 필수적인 것이다. 이러한 개념의 습득은 일상생활에서 타인과 상호작용하며, 실천과 토론 등 다양한 활동을 통해 이해할 수 있는 개념으로 내면화할 수 있다. 이와 같이 Vygotsky는 협력과 활동만을 강조한 것이 아니라 문화와 교과도 동시에 강조한 학자라는 것을 기억할 필요가 있다.

이와 같이 교과를 통한 개념을 숙달시키고 학습에 참여하고자 하는 '의지'를 키워주는 것도 중요한 과업이다. 이러한 접근은 주로 협력학습을 통해 이루어진다. 그러므로 교실은 학생들의 토론과 자유로운 대화를 고무하는 장소여야 한다. 또한 학습이 문화적 맥락에서 이루어지는 것이기 때문에 학교에서 배우는 '추상적' 지식과 학생이 일상에서 겪는 '구체적' 경험 사이에 다리를 놓는 교수 전략이 필요하다. 이러한 관점에서는 기본적으로 학생 스스로의 지식 구성을 중시하지만, 근접발달영역과 스캐폴딩이 매우 중요한 개념으로 인식되는바, 교사가 학생들의 학습을 이끌어나가는 역할이 중시된다. 이에 아동중심적이며 동시에 교사의 적극적 개입과 전문성이 강조된다는 면에서도 균형적인 학습이론이라 볼 수 있다. 사회적 구성주의에서는 지식이 사회적으로 구성되는 것을 강조하기 때문에 평가에 있어서도 형성적이고 관찰에 의한 평가가 중시된다. 이에 학생들의 최종 산출물에 대한 평가와 동시에 과정에 대한 질적 평가가 조화롭게 이루어질 필요가 있다.

라. 도덕발달 이론

1) 특징

이상에서는 아동이 어떻게 정보를 처리하며 사고를 발전시켜 나가는가, 즉 인지적 측면에 대해 살펴보았다. 여기서는 인간의 규범적 판단과 도덕적 행동 영역에 대해 살펴보고자 한다. 교육과정은 학생들에게 인지적 능력뿐만 아니라 도덕적 판단 능력을 길러 주어야 한다. 그렇기 때문에 도덕 발달 이론은 교육과정에 있어 매우 중요한 이론적 기초가 된다. 이러한 도덕 심리학에 있어 가장 탁월한 학자는 미국의 심리학자 Lawrence Kohlberg이다. 그는 아동의 인지가 발달 단계를 거치면서 발전한다고 본 Piaget의 영향을 받아 도덕적 발달도 일정한 단계를 거치면서 성장한다고 보았다. 논란의 여지는 있을 수 있으나, 그는 도덕 발달도 특정 단계를 뛰어넘지 않고 6개로 이루어진 발달 단계를 모두 거치게 된다고 주장하였다. 이러한 발달 단계는 상이한 문화와 배경에 크게 상관없이 보편적으로 유사한 단계를 의미한다.

Kohlberg에게 가장 흥미 있는 것은 도덕적 행위보다 '판단'을 중시 여겼다는 점이다. 우리는 도덕적인 사람은 도덕적으로 행동하는 사람이라 흔히 생각한다. 이에 비해 Kohlberg(1984)는 도덕적 추론 능력이 높은 사람을 도덕적인 사람으로 보았다. 다시 말해 도덕이란 도덕적 행위 자체가 아니라 어떤 사태에 대해 판단하고 왜 그런 행위를 해야만 하는가에 대해 설명할 수 있는 능력이라고 본 것이다. 이는 도덕에 대해서 일반적으로 생각하는 상식과는 거리가 있는 것이다.

이와 같이 그가 의미한 도덕적 판단이란 도덕적으로 행위하는 것이기보다 그 이전에 도덕적으로 추론하는 것이다. 그는 이 판단 능력에 대해 관심을 갖고, 학생들이 도덕적 딜레마를 어떻게 처리하는가에 대해 연구하고자 하였다. 쉽게

표 2-1 Kohlberg의 도덕발달 6단계

구분		단계	특징
1수준 (관습 이전)	1단계	처벌과 복종	처벌을 피하는 방향으로 행동
	2단계	도구적, 상대적 판단	나에게 이득이 되는 방향으로 행동, 친구에게 유리한 방향으로 판단
2수준 (관습)	3단계	착한 어린이 태도	타인의 시선을 의식, 타인과 좋은 관계를 유지하기 위해 착한 사람으로 인정받고자 함.
	4단계	법과 질서	사회질서를 유지하기 위한 행동에 동참. 타인과의 관계 속에서 착한 사람 되기(3단계)에서 전체 사회에서 좋은 시민 되기(4단계)로 확대됨.
3수준 (관습 이후)	5단계	사회계약	공리주의 판단에서 벗어나 사회계약론적 판단. 최소수혜자의 최대원칙을 받아들임.
	6단계	보편적 원칙	희생을 치르더라도 양심과 보편적 윤리 원칙에 따름. 여론이나 법이 잘못되었다면 이에 굴하지 않고 양심적 행동을 취함.

말해, 그는 학생들이 어떻게 도덕적으로 판단하는가를 살펴보기 위해 주로 도덕적 딜레마를 던져 주고 이에 학생들이 답변하는 방식을 관찰하였다. 이때 가장 많이 쓰인 딜레마가 잘 알려진 하인즈 딜레마(Heinz Dilemma)이다. 이 딜레마는 부인을 살리기 위해 약을 훔친 남편의 행위를 어떻게 도덕적으로 판단해야 하는가에 대한 것이었다. 그는 이러한 딜레마에 응답하는 학생들의 수준을 크게 세 개의 수준으로 나누고, 한 수준에 각 두 개씩 단계를 두어 총 6단계의 도덕 발달 단계를 제시하였다.

먼저 세 수준은 관습(인습) 이전의 수준(pre-conventional), 관습의 수준(conventional), 관습 이후(post-conventional)의 수준으로 구분된다. 여기서 관습이란 한 사회에서 오랫동안 받아들여지고 통용되었던 것을 말한다. 예를 들어 누구나 착한 어린이는 어떻게 행동해야 하는지 아는 것과 유사하다. 이에 관습 이전의 시기란 아동이 사회의 문화와 규범에 대해서 충분히 배우기 이전의 단계를 말한다. 그리고 관습 이후의 도덕성이란 상식(관습)적으로 받아들여지는 규범보다 훨씬 추상성이 높은 수준의 도덕성으로, 학생들이 높은 추론 능력을 갖출 때 습득 가능한 것이다. 이는 그가 John Rawls로부터 많은 영향을 받았음을 알게 한다. 그가 제시한 관습 이후의 수준인 3수준 5단계에 해당하는 '사회계약론'적 경향은 바로 Rawls의 용어이기도 하다. 이에 5단계에 이르기 위해서는 시민들의 관습적이고 상식적인 수준을 뛰어 넘는 추론 능력이 필요하다.

1단계(약 4-6세)에서 아동들은 규칙이란 고정된 것이고 절대적인 것이라고 보는 경향이 있다. 또한 규칙을 지키는 이유는 그것이 중요하기 때문이라기보다 처벌을 피하기 위한 수단이라고 인식하기 때문이다. 그래서 이를 복종과 처벌 경향성이라 부른다. 2단계(약 7-10세)에서 아동들은 도덕을 도구적으로 생각하며 자신의 이익 여부에 따라 상대적으로 적용한다. 다시 말해 도덕적 행동은 보상과 이익에 따라 달라질 수 있다. 이 단계에서 아동들은 바람직한 행동은 누군가의 필요(이익)를 만족시키는 것이라고 본다.

3단계(약 10-13)에서 아동들은 사회적으로 기대되는 역할 따라 행동한다. 이 단계의 아동들은 성인들에게 칭찬을 받고 싶어 하며 착한 어린이가 되고 싶어 한다. 다시 말해 이 단계에서 아동들은 타인의 인정을 받고 싶어 하기 때문에 그러한 역할 기대에 따라 행동하며 규범에 순응한다. 4단계(약 14-18세)는 3단계와 마찬가지로 관습 수준의 도덕성에 해당한다. 그렇기에 관습에 반하는 행동을 하지 않는 것이 도덕이다. 한편 4단계는 3단계와 유사할 수 있으나 이에 비해 보다 사회질서와 법과 같은 공적 권위를 존중하는 시기이다. 개인이 사회적으로 요구되는 임무를 완수해야 한다고 보며, 사회를 위험에 빠뜨리지 않기 위해 법과 질서를 준수해야 한다고 보는 도덕 단계가 바로 4단계이다.

5단계와 6단계는 관습 이후의 시기이기 때문에 훨씬 더 높은 사고 능력을 요구한다. 5단계(청소년 이후 가능)는 사람들이 사회계약론적 윤리를 이해할 수 있는 단계이다. 4단계에서는 법과 질서를 무조건 준수하는 원칙이 중요했으나 5단계에서는 주어진 법과 질서가 사회적 약자들을 보살피지 않고 전체적인 복지에 부합하지 않을 때 이를 의심하고 개선하고자 하는 단계라 볼 수 있다. 이 단계에서는 개인의 이해와 가치관이 충돌한다는 것을 알고, 사회적 약자와 어려운 처지에 놓인 사람들의 복지 상황을 최대한 만족시킬 수 있는 방향으로 나아가고자 한다. 그것이 설사 자신의 이익에 반할지라도 사회계약적 원리에 부합하는 결정을 내린다면 5단계에 해당한다.

여기서 더 나아가 보편적 원리에 따라 추상성이 높은 도덕적 추론을 할 수 있다면 이는 6단계에 해당한다. 예를 들어 이 단계에서는 어떤 법이 정의라는 보편적 원리에 부합하는 경우에만 그것이 타당하다고 간주할 수 있다. 심지어 현행 법이 인권과 인간의 존엄성을 무시한다고 판단되면 자신의 양심에 비추어 시민 불복종과 같은 행동에 참여할 수 있다. 그렇기 때문에 우리가 잘 교육을 받았다 할지라도 6단계 이르기는 매우 어렵다. 흥미롭게도 그는 도덕교육이 잘 수행되었다 할지라도 5단계에 이르는 것조차 쉬운 일이 아니라고 보았다. 그럼에도 불구하고 그가 6단계를 포함시킨 것은 인간이 거의 다다르지는 못하지만, 여전히 매우 높은 수준의 도덕 단계가 있다는 것을 보여 주기 위함이었을 것이라 짐작된다.

한편 Gilligan(1982)과 Noddings(2003)는 Kohlberg의 방법론이 남성중심적일 뿐만 아니라 그의 사고실험에서 사용된 딜레마가 탈맥락적인 것이라고 비판하였다. 이 비판은 한편으로는 여성주의 시각에서 온 것이고, 또 다른 한편으로는 방법론 자체에 대한 것이었다. 여성주의 시각에서 볼 때, Kohlberg의 실험은 주로 남성들만이 대상이었다는 점에서 비판받아야 했다. 또 편견에 기초해 남성의 전유물로 여겨졌던 합리성 측면에서만 윤리적 능력이 발달하는 것처럼 보일 수 있기 때문에 비판받았다. Gilligan(1982)이 수행한 여성들을 대상으로 한 연구에서는 윤리적 상황 속에 놓인 사람들 사이에서 돈독한 관계를 유지하는 것에 큰 비중을 두었다. 또 아주 구체적인 맥락을 깊이 이해하려고 드는 정서적 특성을 발견하였다. 이러한 윤리적 특성을 배려의 윤리(ethic of care)라고 한다.

Gilligan이 Kohlberg를 비판한 이유는 이 배려의 윤리가 Kohlberg의 도덕발달 6단계에 비추어 볼 때 3단계밖에 도달하지 못하는 것처럼 보이기 때문이다. 만일 그렇다면 여성은 남성들보다 윤리적 추론 능력이 낮은 존재로 취급될 수 있기 때문에 6단계 이론은 불완전한 것이 된다. 그렇다고 해서 Gilligan이 남성보다 여성이 더 정의롭다고 주장했던 것은 아니며, 또 여성이 합리성에 기초한 정의 원리에 도달하는 데 있어, 남성보다 못하다는 것을 인정하는 것도 아니었다. 단지 Kohlberg의 기계적인 6단계 이론을 넘어 도덕 발달에 대한 보다 나은 이론이 필요하다고 주장한 것이다(Kohlmeier & Saye, 2012). Gilligan이 Kohlberg의 제자였기 때문에 이러한 대립은 학계에서 더욱 주목받았다. 그러나 오늘날 이 두 사람의 이론은 상호 보완적으로 활용되고 있다.

2) 도덕발달 이론과 교육과정

Kohlberg는 도덕 발달이 단지 착한 마음씨를 갖거나 착한 어린이가 되는 것에 만족하지 않고 학생들이 도덕적 추론의 유능함을 보이며 비판적 사고력을 길러야만 높은 수준에 이른다고 보았다. 그의 주장은 실제로 도덕과 교육과정에 많은 영향을 주었을 뿐만 아니라 사회과 교육과정에서도 중요한 시사점을 제공하였다. 도덕은 법을 준수하는 것 이상의 높은 수준으로 발전될 필요가 있기 때문에 딜레마 토론과 같이 정답이 없는 개방적 질문이 강조된다.

수업 운영에 있어서는 학생들이 관습적으로 가지고 있는 생각을 깰 수 있어야 하므로 소크라테스식 문답법이 효율적이다. 3수준 즉, 5단계와 6단계에서는 다양한 도덕적 가치가 충돌할 수 있음을 전제하기 때문에, 단순히 흑백 논리나 무조건적 법준수보다는 해당 법이 인권과 인간의 존엄성 등 헌법적 기본 원리에 부합하는지 추론할 수 있는 능력을 키워 주는 것이 중요하다. 다시 말해 청소년들에게 있어 규칙 준수도 중요하지만, 정의의 원리를 탐구할 수 있도록 기회를 제공해 주는 것이 중요하다.

Kohlberg는 Durkheim의 사회화 이론이나 영국의 Summer Hill과 같은 자유주의 교육 이론 모두 단점이 있다고 보았다. 사회화 이론은 아동의 자율성을 제한하며, 자유주의 교육은 사회의 역할을 간과하기 때문이다. 이에 그는 Dewey의 교육 철학이 자신의 도덕 교육 이론에 가장 부합한다고 보았다. 그러므로 그의 도덕 교육론은 자율적인 학습자관과 적절한 교육적 관여가 조화로운 상태를 지향하고 있다고 평가할 수 있다. 그의 딜레마 토론은 평가에 있어서도 정답이 열려있다고 볼 수 있다. 학생들은 어떤 행동이 도덕적인가를 분별하는 것을 넘어서 특정 상황에서 왜 그렇게 행동하는 것이 도덕적인지 정당화할 수 있어야 한다. Kohlberg에 따른다면, 도덕교육에서 평가의 목적은 학생들의 도덕적 추론 능력을 살펴보는 것이다. 말하자면 추론 능력이야말로 도덕적 능력이다.

그러나 이상에서도 밝힌 바대로, 도덕교육은 추론 능력뿐만 아니라 배려의 윤리나 공감 등 다양한 요소들이 동시에 중시된다. 오늘날 도덕 교육과정은 추론 능력과 배려 윤리 모두 중시하여 반영하고 있다.

2 교육철학적 기초

가. 진보주의

1) 특징

진보주의(progressivism)는 19세기 후반에서 20세기 초반에 걸쳐 미국에서 시작된 프래그머티즘(pragmatism) 철학 사조에 기초하고 있다. 프래그머티즘은 크게 보아 인식론이라고 볼 수 있다. 진리는 그 자체가 처음부터 정해져 있는 것이 아니라 인간의 삶에 유용하고 도움이 되는 결과를 가져올 때 타당한 지식이 된다는 것이다. 이는 의미가 고정되어 있고, 진리가 경험 이전(a priori, 선험적으로)에 확고하게 정해져 있다고 하는 절대주의에 반하는 사상이다. 대신 프래그머티즘은 경험과 실험을 강조한다.

오늘날 자연과학이나 사회과학은 이러한 철학 위에서 발전한 것이라 볼 수 있다. 문제를 해결하기 위해서 가설을 설정하고, 그것의 진위를 파악하기 위해 과학적인 방법을 통해 증거를 수집하고, 탐구를 통해 진실 여부를 가려내는 것이 이러한 인식론적 방법이다. 이와 같이 프래그머티즘에서 이론이나 개념은 인간의 삶에 유용한 결과를 가져오기 위한 도구라고 볼 수 있다. 그래서 이를 도구주의(instrumentalism)라고 부르기도 한다. 이때의 도구주의는 부정적 의미로 쓰인 것이 아님에 주의할 필요가 있다. 이론의 타당성은 그것이 당초의 목적을 얼마나 잘 달성할 수 있는 도구인가에 따라 달라질 수 있다. 이러한 도구는 삶의 문제를 해결하고 더 좋은 공동체를 만들며 책임감 있는 시민을 기르기 위한 목적을 위한 것이다. 이와 관련하여 프래그머티즘은 민주주의의 발전에 깊은 관심이 있다.

모든 사상은 자신을 낳은 역사적 배경이 있다. 프래그머티즘은 미국에서 남북전쟁 이후 19세기 후반 급속한 산업화와 도시화 등 미국 사회의 새로운 변화에 대응할 수 있는 철학적인 원리가 필요한 배경 속에서 태어났다. 당시의 철학은 유럽 전통의 철학이었으며 특히 독일 관념론(Idealism)이었다. 독일 관념론은 경험과 무관한 추상적인 관념을 중심으로 이루어졌고, 경험과 관련 없는 선험적 추론에 기초하였기 때문에 당시 미국 민주주의의 발전과 실용적인 정신에 부합하지 않았다. 프래그머티즘을 주도한 사람들에게 있어 진리는 관념을 통해 논증할 수 있는 것이 아니라 실험을 통해 검증할 수 있는 것이었다.

이 당시 찰스 다윈의 진화론은 미국 지식인들에게 영향을 주었는데 이 역시 프래그머티즘의 발전에 기여하였다. 진리나 지식 역시 생물처럼 진화하는 개념이며 인간은 유기체로서 변화하는 사회에 지속적으로 생존하기 위해 자신을 갱신하는 존재라는 생각이 퍼지게 되었다. 뿐만 아니라 당시 발전했던 실험 과학은 탐구를 통해 증명된 것을 새로운 지식으로 인정하였다. 이 역할을 가장 크게 담당한 사람이 바로 John Dewey이다. 그는 프래그머티즘에 기초하여 미국 진보주의 교육사상을 낳은 대표적인 학자가 되었으며, 오늘날 세계 교육학 발전에 가장 큰 공헌을 한 사람이라고 봐도 이견이 없을 것이다.

John Dewey의 인식론은 프래그머티즘을 완성해 나갔다. 그는 지식은 경험을 통해서 나오는 것이고 경험을 통해서 증명될 수 있는 것이라고 주장하였다. 인간은 경험을 수동적으로 습득하는 것이 아니라 삶의 문제에 적극적으로 참여하는 과정을 통해 무엇인가를 학습하게 된다. 이는 지식과 인간 사이의 관계를 새로 정립하는 것이었다. 다시 말해 지식은 실천에 항상 선행한다기보다는 실천함으로써 지식을 얻게 되고, 지식을 적용하게 됨으로써 실천을 발전시키는 상호 변증법적 관계 속에 놓이는 것이다.

진보주의 교육에 대한 실험과 확산은 1896년 세워진 시카고 대학의 랩스쿨(Laboratory School)에서 이루어졌다. 시카고 대학에 재직하고 있었던 Dewey는 이 학교를 설립하여 진보주의 교육을 직접 실험하고, 관찰하고, 이에 기반하여 중요한 저서들을 출판하였다. 그리고 이 학교를 통해 새로운 교사전문성이 무엇인지 밝혀 나갔다. 이 학교는 큰 인기를 얻게 되어, 당시 많은 미국의 교육자들이 방문하게 되었고 진보주의가 미국 전역으로 확산되는 데에 큰 기여를 하였다.

이 당시에는 시카고 랩스쿨 이외에도 수많은 진보주의 실험 학교들이 생겨났다. 대표적인 것은 매사추세츠 주의 달튼 지역에 있었던 달튼 스쿨(Dalton School)을 들 수 있다. 이는 Helen Parkhust가 설립한 학교로 Dewey의 영향을 받아 설립되었는데 특히 개별화 교육을 강조하였다. 이 학교는 교사들이 학생들과 협의하여, 학생들의 필요, 흥미, 학습속도를 존중하여 학생마다 조금씩 다른 학습경험을 할 수 있도록 허용하였다. 이러한 개별화 교육은 오늘날에도 이어지고 있다.

이 당시에는 학교뿐만 아니라 진보주의에 입각한 다양한 교육방법도 개발되고 확산되었다. 그 중에 대표적인 것은 William Kilpatrick의 프로젝트 학습법(project method)을 들 수 있다. 이 학습법은 프로젝트를 중심으로 장기간에 걸쳐 학생들이 실제 삶의 문제에 도전하고 해결하는 과정에서 학습이 일어나게 돕는 것이다. 프로젝트 학습법은 오늘날에도 통합 교육과정 등에서 거의 유사한 형태로 남아 있다. Kilpartick의 모형에서 프로젝트의 선정은 학생들의 선택과 흥미에 기반하되 높은 수준의 능력을 계발해 주기 위해 실험적이고 적극적인 탐구가 가능한 주제여야 한다.

20세기 전반기에 걸쳐 진보주의가 확산되고 미국 교육의 주류가 된 데에는 시카고 랩스쿨의 역할은 물론 진보주의교육협회(Progressive Education Association)의 역할이 절대적이었다. 이 단체는 현장에서 학생들을 직접 가르치는 교사들과 교육개혁가들을 중심으로 1919년에 만들어졌으며 1955년까지 활동하였다. 특히 이 협회는 진보주의 교육의 확산에 큰 사명을 갖고 있었다. 이 협회는 아동중심 교육, 삶과 연관된 교육, 문제해결력과 비판적 사고력의 발전을 교육의 주목적으로 삼았다는 데에 의의가 있다.

이 단체는 '진보주의 교육'(Progressive Education)이라고 하는 저널을 발행했을 뿐만 아니라 많은 관련 도서를 보급하는 데 힘썼다. 진보주의 교육이 확산됨에 따라 무엇보다도 교사의 역할과 전문성이 달라져야 했기에 이 단체는 이를 위해 많은 교육자료를 발간하였다. 또 당시에 전통교육을 아동중심 교육으로 대체하는 것에 대한 사회적 비판이 끊이지 않았기 때문에 그런 비판에 적극적으로 대처하는 역할을 이 협회가 맡아야 했다. Dewey는 이 단체의 설립과 운영에 직접 관여하지 않았지만, 그가 진보주의 교육의 대가로서 이 단체에 철학적 원리를 제공하는 역할을 하였다.

이러한 진보주의의 발전과 확산에도 불구하고 진보주의 내부에서는 긴장과 갈등이 존재했던 것도 사실이다. 진보주의라는 큰 철학적 우산 속에는 아동중심 교육과 사회 재건주의(social reconstructionism) 사이에 이견이 있었다. 진보주의 초창기에는 아동중심교육이 주를 이루었으나 1920년대 대공황에 따른 사회, 경제적 혼란은 사람들로 하여금 불평등 문제에 대해 관심을 갖게 하였다.

진보주의자들 중에서는 아동의 존엄성에 관심이 있었던 아동중심교육으로 사회 불평등과 민주주의 문제를 해결할 수 있을지에 대한 의구심이 일었다. 그러다가 1932년 George Counts의 '학교는 과연 새로운 사회질서를 만들 수 있는가'(Dare the School Build a New Social Order?)라는 저서가 출간됨으로써 보다 사회적 이슈로 관심을 돌리는 사회 재건주의가 등장하였다. 사회 재건주의는 그 이후에 비판적 교육학과 사회정의교육 등 보다 참여적이고 포용적인 교육학의 기초가 되었다.

2) 진보주의와 교육과정

이와 같은 프래그머티즘과 Dewey 사상에 기초하여 19세기 후반부터 교육에서 진보주의가 등장하여 1950년대까지 미국의 전통 교육을 완전히 바꾸어 나갔다고 볼 수 있다. 물론 그 이후에도 지금까지 진보주의는 여러 가지 형식으로 발전해 왔다. 이 교육 사조는 미국 교육은 물론 세계적으로 아동교육의 주요 원리가 되었다. 진보주의에서는 학습자인 학생들이 직접 현장에 나가 관찰하고, 주어진 문제를 해결하거나 실제 삶에 참여하게 함으로써 지식과 실천 사이에서 끊임없이 상호작용할 수 있도록 교육과정을 설계한다.

이러한 교육을 통해 학생들은 비판적으로 사고하고, 다른 동료들과 협력적으로 문제를 해결하며, 학교에서 배운 지식을 실제 삶의 상황에 적용하는 연습을 해 나간다. 이러한 과정에서 교사는 학생들에게 더 이상 권위적인 존재가 아니라 학생의 학습을 촉진하거나 안내하는 역할이 강조된다. 이와 같이 교사와 학생 간의 관계가 바뀌면서 아동중심 교육이 전면에 등장하게 된다. 이 교육방식은 학생들의 관심과 필요, 그리고 학생들 각각의 적성을 강조하여 교육과정을 조직한다. Ralph Tyler의 교육과정 개발 원리는 바로 진보주의 교육의 영향하에서 나온 것이었다.

권위적인 교사중심의 교육에서 학생중심의 교육으로 바뀐다고 함은 교사-학생의 관계뿐만 아니라 인간과 인간의 관계를 포용적이고 민주적인 관계로 대체하는 것을 의미한다. Dewey는 교실을 사회의 일부분으로 보았으며 미국 사회에서 민주주의를 꽃피우기 위해서 학교가 민주주의의 실천 장이 되어야 한다고 강하게 믿고 있었다. 즉 학교는 더 큰 사회를 닮을 것이기 때문에 학교와 교실을 좋은 공동체로 만드는 것을 중시했다. 또한 삶은 그 자체가 통합된 형태로 나타나기 때문에 교육과정에 있어서도 융합적인 형식을 중시했다. 이러한 흐름은 정도의 차이는 있겠으나 오늘날에도 그대로 중시되는 교육 원리이다.

진보주의 철학 하에서도 아동중심 교육과 사회 재건주의 교육 사이에는 갈등이 존재했던 것이 사실이나 Dewey는 이 두 가지 관점 사이에서 균형적인 입장을 취한 것으로 알려져 있다. 그는 전인적 발달을 통한 아동의 개인적인 성장과 사회적 책임감이 배타적인 것이 아니라 상호의존적인 것이라고 주장하였다. 또한 그는 공교육을 미국 민주주의의 실현을 위한 것으로 인식하면서 학교를 작은 민주주의 사회로 만들고자 하였다. 오늘날 글로벌 시민교육과 같이 비판적 사고력과 시민적 책임감을 길러 인류의 문제를 해결하고자 하는 교육학 이론은 사회재건주의로 거슬러 올라가서 근원을 찾을 수 있다.

나. 항존주의 및 본질주의

1) 특징

항존주의(perennialism)는 20세기 초반에서 중반에 걸쳐 미국을 중심으로 형성된 교육사조이다. 이 사조는 20세기 초부터 미국 공교육의 주류로서 성장한 진보주의 교육의 확대에 대한 반작용으로 일어났다고 볼 수 있다. 한편 진보주의 교육뿐만 아니라 20세기에 들어 미국에서는 산업화와 기술의 발전, 이민의 물결, 세계대전 등으로 사람들의 가치관과 생활 방식에 있어 큰 변화가 일어났다. 이에 따라 미래에 대한 불확실성과 문화적 다양성이 증가했다. 항존주의자들은 이러한 변화가 개인의 전통적 가치관과 규범을 와해시키고, 도덕적인 기준을 약화할 수 있을 것이라는 위협을 느꼈다.

이해 모든 아동에게 공통적으로 그리스 고전과 같은 인류 보편적 텍스트를 가르침으로써 급격히 변화하는 사회에 대비하는 교육사상이 필요했는데, 이러한 필요가 항존주의라는 교육사조를 낳게 하였다. 이들은 사회의 변화에 유용하게 대처하는 것을 중시하는 공리주의와 직업훈련과 같은 교육에 반대하며, 인류 고전을 중심으로 지적인 엄격성을 확보하는 것이 학교교육이 나아갈 방향이라고 주장하였다.

그렇다면 어떤 지식이 '항존적인' 가치가 있는 것이라고 볼 수 있을까? 그것은 상황의 변화에 상관없이 여전히 중요하다고 남아있는, 즉 내구성이 있어야 하는 것이며 다양한 문화와 상관없이 인류에게 보편적인 것이어야 한다. 또 새로운 기술이나 제도의 발전에 기초가 될 수 있는 것이어야 한다. 역사의 어느 한 시점에서 위대한 발견으로 간주되었던 것들도 이후 과학의 발전으로 어느 날 더 이상 진리가 아닌 것으로 판명되는 경우가 많다. 항존주의에서는 이러한 것들을 제외하고, 시간적 경계를 초월하여 모든 인류에게 교육될 필요가 있는 것들을 가르쳐야 한다고 주장한다. 뿐만 아니라 문화적 상대주의를 뛰어넘어, 즉 공간의 경계를 초월하여 보편적으로 가치 있다고 중시되는 것들을 교육내용으로 선정한다. 또 다른 작품이나 새로운 기술과 제도의 발전에 기초가 되는, 즉 새로운 문화 창달을 위한 영감의 원천이 되는 것들을 가르치자는 주장이 항존주의이다.

항존주의의 대표적인 학자로는 Robert Hutchins를 들 수 있다. 그는 미국 시카고대학의 총장으로 재직하면서 고전 읽기를 중심으로 하는 자유교양교육(liberal arts education)을 실제로 개발하고 운영하였다는 점에서 크게 주목받았다. 이 프로그램은 많은 대학에 영향을 주었으며 오늘날 고등교육기관의 교양교육에서도 그 흔적이 크게 남아있다는 점에서 흥미로운 사건이었다. '서구세계의 위대한 책들'(Great Books of the Western World)로 불린 이 프로그램은 대학생들이 서구 문명을 이루는 고전을 읽는 과정에서 위대한 사상가가 생각하는 방식을 닮고, 이에 대해 비판적으로 토론하는 과정에서 지적인 능력을 성장시킬 수 있다고 보았다.

그는 20세기 미국 대학생들이 그리스 고전에 대해 거의 알고 있지 못하다는 사실을 알고, 이에 대해 문화적 위기를 느끼게 되었으며, 이에 서구의 고전을 통해 지성을 계발하는 것이 대학교육이 할 일이라고 보았다. 또한 고전을 단지 읽는 데서 그치는 것이 아니라 소크라테스식 문답법을 통해 학생들에게 생각하는 힘을 길러 주는 것이 개인의 지적인 자유를 증진할 뿐만 아니라 한 사회의 민주주의가 버틸 수 있는 힘이 될 것이라고 주장하였다. 이 고전 시리즈는 1952년 처음 54권의 책으로 출간되었으며, 문학, 수학, 철학, 윤리 등 모든 분야에서 대표적인 고전이 선정되었다. 여기에는 호머의 일리아드와 오디세이 같은 문학작품과 플라톤, 아리스토텔레스, 토마스 아퀴나스, 셰익스피어, 로크, 루소, 맑스, 애덤 스미스 등 수많은 글이 수록되었다.

Hutchins와 함께 항존주의의 대표적 학자는 Mortimer Adler(1982)라고 볼 수 있다. 그는 일찍이 시카고 대학에서 일명 Great Books 프로그램을 실시했을 때, 이 대학의 교수로서 자유교양 교육과정을 설계하는 데 참여하였다. 그 후로 많은 세월이 흐른 뒤 그는 1980년대에 파이데이아 제안(Paideia Proposal)이라는 교육개혁안을 제시하여 항존주의가 여전히 살아있음을 알렸다. 이 제안은 매우 담대한 것으로 비록 많은 호응을 얻거나 일선 학교에 크게 확대된 것은 아니었으나 그 자체로서 교육적인 의미를 지니고 있었다. 파이데이아는 고대 그리스어로 아동을 양육한다는 의미를 지니고 있다. 항존주의 사상의 일부로서 이 제안은 학생들의 직업적 계열이나 인종적 배경과 상관없이 모든 학생들이 질 높은 교육을 동일하게 받아야 한다는 주장이었다. 그래서 12년 동안의 단선형 학제를 주장하였다. 그 이유는 모든 미래 시민이 자유교양 교육을 받음으로써 전인적 인간이자 책임감 있는 시민이 될 수 있다고 보았기 때문이다.

그는 1980년대 당시 미국 공교육의 위기에 대응하여, 세 가지 교육과정의 운영원리를 제시하였다. 첫째, 사실과 지식의 습득 측면에서, 전통적 설명식(di-dactic) 교육을 통해 정보를 전달해야 한다고 보았다. 이 단계에서는 교과서를 통한 교과 지식을 가르친다. 둘째, 문제해결 등 지적 기능 측면에서, 교사들이 코칭(coaching)을 통해 학생들이 지식을 응용할 수 있는 교육을 수행해야 한다고 주장했다. 셋째, 사상과 가치의 측면에서, 학생들이 가치와 사상에 대한 지적인 대화에 참여하며, 예술을 영위하며, 도덕적 판단력을 기른다. 이와 같이 항존주의는 단순히 전통적인 훈육이나 암기를 통한 교육이 아니라 자유교양 교육을 통해 시민의 덕목을 기르고 이를 통해 민주주의를 지켜나가고자 하는 교육 사조였다.

항존주의와 상당히 유사하게 보이지만 다른 유형으로 구분되는 철학 사조인 본질주의(essentialism)가 있다. 오늘날 본질주의는 매우 유력한 형태로 남아 있기 때문에 항존주의와 잘 구분해서 이해할 필요가 있다. 다만 항존주의와 본질주의는 매우 유사한 특징을 공유하고 있는데, 이 두 철학 사조가 진보주의 교육에 대한 반작용으로 나왔기 때문이다. 대표적인 본질주의자로 알려진 William Bagley (1937)는 진보주의 교육이 아동의 흥미와 경험에만 집착한 나머지 학문 교과를 엄밀하게 이해하고, 학생들이 체계적으로 지식을 쌓는 데 도움을 주지 못하고 있다고 비판하였다. 이러한 결점에 대한 대안으로 그는 필수적인 학문적 지식과 기능을 선정하여 공통으로 가르칠 수 있어야 한다고 보았다. 이를 위해서는 진보주의에 비해 지식을 전수하는 교사의 권위가 존중되어야 한다.

이와 같이 항존주의와 본질주의는 모두 공통적으로 배워야 할 지식을 강조하지만 항존주의는 서구 문명의 전통과 고전을 강조하는 반면 본질주의에서는 비교적 당대의 지식과 현대 세계에 적합한 필수적인 지식과 기능에 초점을 둔다. 항존주의와 본질주의 모두 진보주의 교육에 대해 반대하는 것은 공통점이나 반대하는 방식은 확연히 다르다. 항존주의는 진보주의가 변화와 상대주의에 집착해 있다고 비판하고 보다 불변의 진리에 관심이 있었으나, 본질주의는 진보주의가 학생들에게 체계적으로 지식을 전수하는 데 효과적이지 않다고 비판한다.

2) 항존주의 및 본질주의와 교육과정

항존주의 교육 사조에 대해 쉽게 이해하기 위해서는 그들이 왜 고전과 자유교양 교육을 강조했는지에서부터 '역으로' 생각해 보는 것이 좋다. 이들은 그리스 사회의 아테네에서 그랬듯이 오늘날 민주주의를 지켜 나가는 일이 가장 중요한 것이라 보았다. 그러기 위해서는 사려 깊고 책임감 있는 전인적인 시민이 있어야만 가능하다. 이러한 시민은 엘리트나 지식인 계급에 국한되지 않고 예외 없이 —그리스 시대에는 자유교양인만 가능했지만— 모든 이를 포괄하는 것이다. 이 때문에 단선형 학제를 통해 모든 학생들이 이러한 자유교양 교육을 받아야 한다고 보았던 것이다.

이와 같이 항존주의는 교육과정과 관련하여, 시대의 변화와 관계없이 존재하는 보편적 진리와 지식을 학생들에게 전수하는 것을 교육의 목적으로 보았다.

이들에 따르면 학교는 인류가 축적한 문화 중에서 오랫동안 변함없이 중요하다고 여겨져 온 것을 가르쳐야 한다. 이러한 주장은 그리스 철학자 플라톤과 아리스토텔레스 철학에 기초하고 있는 것으로 해석할 수 있다. 인류는 역사의 변천에도 불구하고 지속적으로 존중되고 아름답다고 여겨지는 예술 작품, 음악, 문학, 철학, 이론 등을 지니고 있다. 이것들은 수 세기에 걸쳐 질과 유용성에 있어 의심받지 않는 것들이기 때문에 후속 세대에 전수되어야 할 가치를 지니고 있다. 교육이란 과업이 후속 세대에 문화를 전수하는 것에 목적이 있다면, 이 목적을 달성하기 위한 교육내용은 이와 같이 항존적인 또는 영속적인 지식이어야 한다는 것이다.

수업과 관련해서는 Adler가 잘 요약했듯이 (1) 지식은 교사의 설명으로, (2) 기능의 숙달은 문제해결과 응용을 통해, 그리고 (3) 깊이 있는 사고는 소크라테스식 방법으로 길러야 한다. 이때 교사의 역할은 전통주의에서 나타나는 강압적이고 권위적인 존재가 아니라 지성적으로 학생들을 안내하는 멘토의 역할을 맡는다. 고전이란 누구나 쉽게 이해할 수 있는 것은 아니다. 이에 고전을 가르칠 수 있는 교사는 지적으로 매우 탁월한 인물이어야 한다. 그래야만 학생들을 자유교양인으로 기를 수 있다.

또 Adler는 교육과정을 대체로 지식, 기능, 가치에 따라 제시했기 때문에 평가도 이 영역에 따라 이루어질 수 있다. 항존주의자들이 평가에 대해 크게 다루지는 않았지만, 자유교양 교육에 맞는 평가 방식을 운영할 수 있다. 자유교양 교육에서는 깊이 있는 사고와 전인적 인간을 강조하기 때문에, 평가에 있어서도 비판적 사고력, 시민적 덕목, 예술과 교양 등을 평가할 수 있다. 이러한 평가방식은 논술이나 실천 과정에 대한 관찰 등 상대적으로 정답이 열려있고, 형식도 개방적이며, 인성 및 시민성과 관련된다.

본질주의는 대공황 직후인 1930년대에 등장하여 진보주의 교육과 경쟁한 사조라고 볼 수 있다. 그러다가 1957년 소련의 스푸트니크 발사 이후 냉전 상황에서 수학과 과학 같은 학문 교과를 필수적으로 엄격하게 가르쳐야 한다는 주장과 함께 성장하였다. 이후에 1970년대 미국 학업성취도 하락 위기가 전반적으로 커지자 '기초로 돌아가자'(Back to Basic) 운동이 일어난다. 이 운동은 3Rs(읽기, 쓰기, 셈하기), 즉 기초 교육을 강조하는 것이었다. 그러다가 1983년도 '위기에 처한 국가'(Nation at Risk) 보고서가 발표되면서 모든 학생들이 배워야 할 교육과정의 표준화와 학업성취도평가 정책이 확산된다. 이러한 흐름은 본질주의 사조와 관련이 있는 현실로 이해할 수 있다. 한편 오늘날 E. D. Hirsch(1999)는 핵심지식 교육과정(Core Knowledge Curriculum) 운동을 주도하고 있다. 이 운동은 모든 학생들이 알아야 할 필수지식을 학년별로 선정해 모든 학생들이 배웠는지 확인하는 교육개혁 운동이다. 이는 본질주의 교육 사조와 많은 특징을 공유하고 있다. 본질주의는 이와 같이 학력 저하 담론이 일어날 때마다, 필수 지식과 능력을 강조하는 교육정책과 공통점이 있다.

다. 포스트 모더니즘

1) 특징

포스트 모더니즘은 20세기 후반에 등장한 철학, 문화, 예술, 건축 등에 걸친 지적 운동으로서 모더니즘의 근본적 가정에 대해 다양한 측면에서 도전한 사조라고 볼 수 있다. 포스트모더니즘은 이성 중심의 근대 계몽주의에서 중시되던 절대적 진리, 거대담론(grand narrative), 객관적 실재와 같은 개념들에 대해 의구심을 갖고, 지식과 경험의 상대적이고 맥락적인 본성을 강조했다. 포스트 모더니즘은 인문학, 사회학, 예술 분야 전반에 걸쳐 일어난, 한마디로 정리하기 어려운 복잡한 사상이자 경향이다. 그럼에도 불구하고 다음과 같이 몇 가지 특징을 공유한다고 볼 수 있다.

첫째, 거대담론에 대한 의심. 포스트모더니즘은 거대담론을 거부하고, 다양하고, 파편화되고, 다각도의 이야기들을 경청하고자 하는 사조이다. 거대담론이란 우리가 실재를 설명할 때, 단일하고 종합적인 해석을 제공하는 틀이나 이론을 말한다. 다시 말해 전체를 아우르는 하나의 일목요연한 원리에 해당하는 이론이 있다고 보는 것이다.

예를 들어, 인간의 이성과 과학의 발전이 인류를 끝없이 발전시켜 줄 것이라고 믿는 계몽주의, 인류의 역사와 미래를 계급투쟁의 관점으로 설명하는 맑시즘, 자유시장이 사회의 발전과 인류의 번영을 보장한다고 믿는 자본주의 이데올로기 등이 대표적 거대담론이다. 이에 반해 포스트모더니즘은 인간의 역사와 인간 본성에 대해 설명할 때, 하나의 체계적이고 보편적인 설명방식 또는 윤리적 거대담론을 의심하고, 다양하고 주변화된 이야기를 중시하는 경향이 있다.

둘째, 실증주의 비판. 실증주의는 실험과 측정을 통해 발견된 것을 진리라고 보며 측정가능한 것만 이론의 대상으로 삼으려는 경향이 있다. 또한 실증주의 관점에서는 논리적이고 증명가능한 용어를 사용하는 것이 과학적이라고 믿는다. 하지만 포스트 모더니즘에서는 언어와 의미는 고정된 것이 아니라 불안정한 것임을 인정하고자 한다. 하나의 진리가 모든 맥락에서 적용될 수 있다고 믿는 것은 표준화와 전체주의적 사고를 유발할 수 있다. 포스트 모더니즘은 상대주의적인 관점을 채택하여 다양한 의견과 관점을 존중하며, 이를 통해 더욱 복잡하고 다양한 현실을 이해하고자 한다.

셋째, 지식-권력 관계에 대한 관심. 포스트모더니즘에서는 우리가 객관적이라고 믿는 지식이 사실상 권력 관계를 반영하고 있음을 드러내고자 한다. 이러한 관점은 Michel Foucault(2012)의 영향을 받았다. 그는 지식이 단순히 실재를 중립적으로 반영하는 것이 아니라 권력의 역동성과 깊게 얽혀있는 것이라고 보았다. 사회의 관습과 제도, 그리고 담론은 지식을 창출하는 역할을 하며, 이러한 지식은 다시 기존의 권력 관계를 강화하는 순환 구조에 놓이게 된다. 그에 따르면 지식이나 담론의 기저에는 우리가 옳다고 또는 바람직하다고 여기는 진실을 만들어 내는 구조가 있다. 그는 이 기저에 놓인 구조를 에피스테메(episteme)라고 불렀다. 우리가 사용하는 언어나 우리가 믿는 사상은 사실상 에피스테메의 영향을 받게 된다. 그리고 그러한 에피스테메는 권력 구조와 깊은 관련성을 맺는다.

넷째, 독자 스스로의 의미 창출. 저명한 포스트모더니즘 철학자인 Roland Barthes(2012)는 텍스트를 만든 저자의 의도가 텍스트의 의미를 결정하는 궁극적인 또는 단일한 원천이 아니라고 말한 바 있다. 텍스트와 그것을 읽는 독자 사이에는 끊임없는 상호작용이 발생한다. 텍스트를 저작한 저자의 의도로부터 독자는 자신의 삶의 경험에 기초해서 텍스트를 해석하고, 의미를 만들어 나간다. 포스트 모더니즘은 저자로부터 독자로 관심을 이동하면서, 독자들이 자신의 관점,

경험, 주관성에 기초해서 의미 만들기 작업에 적극적으로 참여하도록 독려한다. 독자들은 자신의 삶을 반추하며, 텍스트와 상호작용하는 과정에서 새로운 의미를 재창조한다. 이것은 일종의 의미의 복수성이라고 볼 수 있는데, 이는 포스트 모더니즘에서 중요한 요소이다.

2) 포스트 모더니즘과 교육과정

이미 오래전인 1970년대 있었던 교육과정 재개념화 이후에 교육과정 연구는 각종 포스트 이론이 주도하고 있다. 그중 가장 대표적인 것이 포스트 모더니즘이다. 먼저 이 사조는 교육과정 자체보다도 교육과정 연구에 있어 패러다임 전환에 큰 영향을 미쳤다. 이 영향은 질적 연구가 교육과정 연구에서 주류로 성장하도록 이끌었다는 점에서 잘 알 수 있다. 탈실증주의를 표방하고 있는 포스트모던 관점에서는 스토리텔링과 내러티브에 대해 연구한다. 이들은 학교에서 주변화되어 있거나 목소리를 내지 못하는 사람들의 이야기를 경청하고, 보다 포용적인 교실을 만들어 나가기 위해 노력한다.

포스트 모더니즘이 이끈 또 하나의 변화는 교육과정 텍스트의 해체와 재구성이다. Foucault는 텍스트 이면에 권력관계가 자리 잡고 있다는 것을 밝힘으로써 교육과정 연구자들에게 지식-권력 관계에 관심을 갖도록 했다. Roland Barthes는 '저자의 죽음'이라는 유명한 표현을 통해 텍스트의 수용자성을 강조하였다. 이와 같이 포스트모더니즘은 교과서 텍스트의 성격을 살펴보는 데 있어, 방법론적 수준을 한 차원 높여 주었다. 교과서를 하나의 정전으로 받아들이는 것이 아니라 지식-권력 관계 속에서 분석할 수 있는 대상으로 바라보게 하였고, 교과서를 열린 텍스트로 바라보게 함으로써 지식의 변용과 독자의 의미 창출을 가능하게 하였기 때문이다.

라. 포스트 휴머니즘

1) 특징

포스트 휴머니즘(post-humanism)은 정의하기 어려운 매우 복잡한 개념이다.

이에 포스트 휴머니즘을 곧장 정의하기에 앞서 왜 이러한 사조가 나오게 되었는지부터 살펴볼 필요가 있다. 포스트 휴머니즘을 추동한 원인에는 다양한 배경이 있으나 가장 크게는 기술공학의 놀라운 발전과 생태계 파괴의 문제가 자리 잡고 있다. 최근 생명공학이나 인공지능의 발전은 인간의 정체성과 삶에 근본적인 변화를 가져왔다. 이러한 변화는 인간과 기계 사이의 관계에 대한 기존 관념에 균열을 내게 하였다. 기계는 인간의 단순한 도구이기보다 신체의 일부가 되기도 하고, 인간과 기계가 상호 영향을 주고받는 존재라는 관점이 등장하게 되었다.

이에 세계에서 가장 중요한 존재로서 인간을 중심에 둔 인본주의에 대한 의문이 제기되었다. 비인간적(non-human) 존재인 기계뿐만 아니라 지구에 공존하고 있는 다양한 동식물들과 지구의 생태계 위기가 인간의 삶에 파괴적 영향을 미치게 됨으로써 비인간적 존재들을 무시한 인류중심 또는 인간중심의 세계관에 모순이 나타나기 시작하였다. 인간 본위의 활동이 지구를 파괴하고, 기후위기 등 환경 문제에 대한 경각심이 증가하면서 인간과 자연에 대한 재평가가 일어나게 되었다. 이에 인간이 지구에 살고 있는 다른 비인간 존재와 서로 공존하며, 상호 연결된 존재라는 것을 인식하게 되었다.

이와 같은 배경 속에서 나오게 된 포스트 휴머니즘은 인간 본위의 전통적 휴머니즘에 대해 재고하고, 인간과 기계, 인간과 동물 등 인간과 비인간 존재의 관계에 대해 재탐구하며, 인간 주체성과 삶의 의미에 대해 다시 정립하려는 일련의 철학적 사조라고 정의할 수 있다. 포스트 휴머니즘의 동기는 단지 인간의 개선을 향한 욕망이기보다 인간을 넘어서고자 하는 초월적 욕망에 기인한다(우정길, 2018). 인간 주체에 대한 해체는 이미 포스트 모더니즘에서 상당히 이루어졌다고 볼 수 있다. 최근 정보기술과 생명공학의 발전은 어디까지가 인간이고 어디까지가 비인간인가의 경계를 약화시켰으며, 그 결과 새로운 윤리적 문제를 낳게 되었다. 뿐만 아니라 이 철학은 오늘날과 미래에서 인간은 어떤 존재이며, 어떻게 살아가야 하는가에 대한 철학적 성찰을 이끌고 있다(정영근 외, 2022). 포스트 휴머니즘은 아직 교육학계에서는 낯선 개념일 수 있으나 향후 주요 담론으로 성장할 것으로 짐작된다.

포스트 휴머니즘 담론을 주도하고 있는 Donna Haraway(1985)는 '사이보그'

라는 은유를 통해 논리를 펴나가고 있다. 그녀는 생물학자이자 여성학자로서, 인간과 동물, 유기체와 기계 사이의 경계가 모호하다고 주장하였다. 기계와 유기체의 '하이브리드'라고 볼 수 있는 사이보그를 생각해 볼 때, 이 은유는 젠더, 인종, 계급과 같은 전통적 구분 체계를 초월하는 새로운 인간의 정체성을 구성하고 있다. 이러한 사이보그 은유는 이분법적 구분을 해체하고 보다 유동적이고 복잡한 정체성을 보여주는 것이라고 볼 수 있다. 예를 들어 여성은 보편적인 정체성을 가진 집단이기보다 계급과 인종 등 다양한 변수와 깊이 관련되며, 기술의 변화에도 깊이 관련된다. 기술은 배타적 애국주의나 전쟁 등 부작용만 있는 것은 아니며 여성의 해방에도 깊이 관여한 것이다. 이에 놀라울 정도로 발전하는 기술 문명 속에서 기존의 페미니즘도 재구성될 수 있는 것이다. 변하지 않는 것이 있다고 믿는 것은 오류이며, 여성은 물론 인간에 대한 정의 역시 기술 발전에 따라 달라질 수 있다. 포스트 휴머니즘은 민주주의와 지구상에 살고 있는 생물들과의 공존을 위해 기술공학이 윤리적으로 활용되어야 한다고 주장한다.

인간과 비인간의 상호작용 중에서 인간과 기계와의 상호작용과 그에 따른 정체성 변화에 대해 잘 밝히고 있는 이론이 행위자−망 이론(Actor−Network Theory)이다. Bruno Latour(1993)에 의해 주도적으로 발전된 행위자−망 이론에서는 기계와 같은 비인간 행위자 역시 행위 주체(agency)라고 본다는 점에서 기존의 관념에 도전한다. 기존에 인간은 컴퓨터나 기술을 도구적으로 활용했으며 인류가 이러한 것들을 종속적인 것으로 취급하는 인류 본위의 사고가 있었다. 그러나 이러한 이론에서는 인간과 비인간의 존재를 동등하게 본다. 겉으로는 인간이 기술 문명을 지배하고 이용하는 것 같이 보이나 인간과 기계와의 상호작용은 인간의 정체성과 삶의 방식을 급격하게 바꾸어 놓았다.

이와 같이 인간존재는 고정된 것이 아니라 인간이 속해 있는 네트워크 속에서 지속적으로 재구성되는 것이며, 지식이나 신념 또한 이러한 상호작용의 결과라고 볼 수 있다. 망(네트워크)이야말로 인간이 자신들의 편의와 생산성 제고를 위해 만들어 놓은 것이지만, 동시에 네트워크에 의해 인간의 삶이 결정되는 사회구조와 같은 것이다. 그러므로 이제 사회를 변화시킨다고 하는 것은 새로운 네트워크를 만드는 일이라고 볼 수 있다. 이와 같이 행위자−망 이론은 인간과 비인간의 관계를 지배와 종속의 관계로 보지 않고 동등한 상호 관계로 정립했다는 점에서 흥미로울 뿐만 아니라 '포스트 휴먼'의 특징을 잘 보여준다는 점에서 유용한 이론이다.

2) 포스트 휴머니즘과 교육과정

포스트 휴머니즘은 매우 최근의 철학사조이기 때문에 교육과정학에서 어떻게 접목될 수 있는지에 대한 논의가 최근에야 시작되었다. 교육과정 연구 분야에서는 박휴용(2020), 엄수정, 우라미, 황순예(2021), 류영휘, 강지영, 소경희(2023) 등의 연구가 있다.

포스트 휴머니즘에서는 신체와 정신, 인간과 기계, 인간과 동물을 이분법적으로 구별하지 않고, 물질의 능동성을 인정한다. 이에 지식에 있어서도 인문학, 사회과학, 자연과학과 같은 전통적 학문의 구분에 얽매이지 않는 인식론을 지향한다(박휴용, 2020). 이에 포스트 휴머니즘은 항존주의에서 보았던 것처럼 중요한 지식은 시대와 장소에 상관없이 보편적이며, 고정 불변의 가치를 지닌다는 주장에 대해 의심을 갖게 한다.

엄수정, 우라미, 황순예(2021)의 연구는 기후위기와 같은 생태 문제를 중심으로 포스트 휴먼 교육과정에 대해 다루었다. 이 연구자들은 지구가 이미 인류세(anthropocene)에 접어들었다는 사실을 인식하고, 이러한 현실에서 포스트 휴먼 생태 교육이 가능한지 살펴보았다. 인류세란 인류를 의미하는 'anthropos'와 시대를 의미하는 'cene'의 합성어로 인간이 지구를 변화시키고 있는 지질학적 시대를 의미한다. 기후변화가 이의 대표적 징조이며, 이러한 위기 속에서 살아가야 하는 학생들이 동물을 포함한 지구의 다양한 존재와 공존해 나가야 한다. 이에 이 연구는 학교 교육과정이 앎(knowing)과 함(doing), 그리고 이것들이 삶(living)으로 얽히는 공간을 만들어 주어야 한다고 주장하였다.

이와 같이 포스트 휴먼 교육과정은 학습자와 지식, 그리고 그들이 살고 있는 세계를 넘나드는 융합적인 것이어야 한다(엄수정 외, 2022). 교수와 관련해서는 학습자의 배움, 실천, 그리고 삶이 서로 얽힐 수 있도록 해야 한다. 평가 역시 학습자가 지구의 다른 존재와 어떻게 공존하며, 삶을 구성해 나가는지 살펴보는 작업이 될 수 있다. 한편 인공지능의 발전은 평가에 대한 관점도 바꾸어 나갈 것으로 예상된다. 행위자-망 이론에서 본 바와 같이, 오늘날 교육의 주체와 객체의 구별이 모호해지고, 객체가 주체에게 지속적으로 영향을 미치는 기술 문명의 발전 속에서 학습이 이루어진다. 최근 인공지능의 발전은 인간을 대체할 수 없을 거라 여겼던 창의성이나 예술성까지도 인간을 뛰어넘고 있다. 그러므로 기술의 발전은 학습자가 인공지능을 이용한 성과에 대해 어떻게 평가할 것인지에 대한 관점을 다시 정립해야 하는 과제를 떠안게 되었다.

3 교육사회학적 기초

가. 사회화 관점

1) 특징

교육의 목적은 자아실현을 포함하여 다양하게 진술될 수 있지만, 자라나는 아동들을 사회의 시민으로 충원시키기 위한 사회화의 관점에서 진술되는 경우가 많다. 사회화란 아동이 학교에서 또는 가정에서 규범이나 사회적 기술을 배움으로써 자신들이 살아가야 할 사회의 성원으로 통합되도록 하는 것이다. 교육과정은 바로 이러한 지식, 사회적 기술, 가치를 가르치기 위한 내용으로 이루어진 것이라 볼 수 있다. 그렇다면 어떠한 지식과 규범이 가장 중요한 것일까? Ralph Tyler에 따르면 당대 사회에서 가장 중요하고, 필요하다고 여겨지는 것을 학생들에게 가르쳐야 한다. 이러한 필요는 사회화의 방향을 결정하는 데 영향을 미친다. 문화·역사적 심리학자인 Vygotsky 역시 교육이란 사회가 아동 속으로 들어가서 내면화하는 것이라고 보았다. 또한 Basil Bernstein 역시 교육과정은 사회화를 위한 장치라 보았다. 이와 같이 사회화는 다음 세대인 아동들에게 그 사회의 문화적 유산을 전달하는 역할을 맡는다. 이 문화적 유산은 문학, 인문학, 수학, 과학, 예술 등으로 이루어져 있으며 교과를 이룬다.

교육은 지식뿐만 아니라 학생들이 타인과 효과적으로 상호작용하며, 직장에서 유능하게 업무를 처리하고, 시민으로서 살아가는 데 필요한 태도를 익히도록 한다. 이러한 과업을 국가가 맡아서 하는 공교육은 해당 사회가 유기적으로 작동할 수 있도록 돕는 것이다. 이러한 능력과 지식을 습득한다 함은 개인이 미래의 시민으로서 사회에서 맡은 역할을 충실히 이행할 수 있도록 준비시키는 것이다. 사회는 유기체처럼 부분과 부분이 상호 연결되어 있고, 그것들이 효율적인 전체(구조)를 이루고 있는 시스템이다. 그래서 이러한 관점을 구조기능주의라 부르기도 한다(Parsons, 1970).

사회화 관점은 대체로 근대국가 이후에 등장한 국민이라고 하는 사회구성원의 정체성에 관심을 둔다. 이에 교육과정에서 애국심이 매우 중요한 요소가 된다. 학생들은 한 국가라는 공동체의 시민으로서 그에 걸맞은 정체성을 갖게 되며, 사회의 발전을 위해 노력해야 함을 학교에서부터 배우게 된다. 이러한 정체성의 형성은 사회화에서 중요한 과제이다. 그렇지만 학생들이 미래의 시민이 되었을 때 다양한 갈등을 경험하게 된다. 이러한 문제에도 불구하고 더 높은 공공선을 중심으로 사회적 통합을 이룰 수 있어야 한다. 이러한 사회통합은 사회를 유지하기 위한 합의이자 기본 전제라 볼 수 있다. 이와 같이 사회화는 학생들에게 전통 문화를 전수하고, 지적인 능력을 키워 주며, 도덕적 가치와 예술에 대해 가르침으로써 개인적으로는 전인적 인간이 되고, 사회적으로는 유능한 시민을 길러냄으로써 사회를 유지시키고 존속시키는 데에 주요 목적이 있다.

2) 사회화와 교육과정

교육에서 사회화 관점은 사회학의 창시자로 알려진 Durkheim까지 거슬러 올라간다. 그는 교육사회학자라고 지칭할 수 있을 정도로 사회적 연대의 장치로서 교육의 기능과 역할을 중시하였다. 사회화에 대한 그의 이론을 이해하기 위해서는 그가 살았던 19세기 후반과 20세기 초반의 역사적 상황을 이해할 필요가 있다. 이 당시에는 급속한 산업화와 도시화로 인해 전통적 제도가 쇠퇴하였다. 또 국민국가의 성장으로 새로운 규범을 통해, 새로운 사회적 연대를 만들어 가야 했다. 그는 당시에 발전한 과학적 논리를 통해 급속한 사회변동의 특징을 포착하고자 하였다. 이러한 관점은 오늘날에도 교육현상을 이해하고 설명하는 데 충분히 적용가능하다.

이 관점에서 보면, 교육과정이란 사회변동에 따라 당대에 요구되는 사회적 필요에 부응하기 위해 만들어지는 것이다. 교육과정은 사회화를 위한 도구로 볼 수 있기 때문에 기존 사회의 인식론적 한계 – 예를 들어, Foucault의 에피스테메 – 를 뛰어넘을 수가 없다. 이와 같이 사회화 관점은 기본적으로 문화의 전승을 강조하고 애국심을 강조하는 등 보수적인 관점으로 보일 수 있다. 하지만 꼭 그렇지는 않다. 사회는 지속적으로 변화하는 것이고, 그 속에서 민주주의와 인권이 지속적으로 발전해 왔다. 또 기술공학의 발전은 인간을 여러 가지 제약에서 해방시켰으며 새로운 가능성을 제시해 왔다.

이러한 생각은 영국의 교육과정 사회학자 Bernstein(2000)을 연상시킨다. 그는 교육이 사회구조를 전수하는 '메시지 시스템'이라고 보았기 때문에 Durkheim 주의자라고 볼 수 있다. 메시지 시스템이란 교육이 아동에게 사회가 원하는 메시지를 전달하는 시스템이라는 뜻이다. 그러나 이러한 시스템은 고정불변의 것이기보다 사회 변동에 따라 갈등을 겪으면서 새롭게 태어날 수 있는 가능성이 있다. 그는 '교육의 상대적 자율성'이라는 용어로 이러한 생각을 표현하였다.

그는 학교에서 가르치는 교육내용, 교사가 운영하는 수업의 형식, 그리고 교사가 학생들을 평가하는 방식, 이 세 가지의 유형은 사회의 특성을 반영한다고 보았다. 그는 교실이 사회의 세포라고 말하였다. 사회는 교육과정, 수업, 평가라는 활동을 통해서 사회가 학생들에게 전수하고자 하는 메시지를 전달한다고 본 것이다. 그렇기 때문에 크게 보면 교육과정이 사회화의 한 장치인 것이다. 오늘날 교육과정 분야의 많은 연구자들은 거시적 사회 구조가 교실의 미시적 활동에 어떠한 영향을 미쳤는지 분석하고 있다. 또 교실에서 이루어지는 활동이 더 큰 사회 구조의 불평등과 차별 문제를 시정하기 위해 어떤 역할을 할 수 있을지 분석하고 있다. 이와 같이 교육과정은 크게 보면 사회화의 장치이자 동시에 더 좋은 사회로 나아가기 위해 모순과 긴장을 내포하는 것이라고 볼 수 있다. 이러한 노력은 '더 좋은 사회화'를 위한 것이라 볼 수 있다.

나. 지식사회학

1) 특징

교육과정은 주로 지식으로 이루어졌다. 이 지식은 누군가에 의해 타당하다고 인정받고 선정되어야 한다. 이 과정에서 권력 관계가 개입할 수 있다. 이러한 권력 관계는 기본적으로 사회적이기 때문에, 교육과정은 지식사회학이라는 학문 분야와 매우 밀접한 관련이 있다. 지식사회학은 지식과 사회의 관계를 탐구하는 연구 분야이다. 좀 더 구체적으로 설명하면 인간의 지식과 신념은 사회적 과정을 통해 형성되는데, 이렇게 만들어진 지식이 해당 사회의 인간 삶에 어떤 영향을 미치는지 분석하는 연구 분야라 볼 수 있다.

지식사회학에서는 실재(reality)가 사회적으로 구성되는 것이라 보기 때문에, 사회구조에 관심을 둔다. 사회구조는 주로 계급, 인종, 젠더 등 권력 관계와 관련이 되며, 사람들의 정체성을 형성한다. 그렇기에 지식사회학은 이러한 사회적 변인 속에서 타당하다고 믿는 지식을 만들어내는 사람들은 누구이며, 누구의 지식이 더 존중받고 또 어떤 지식은 왜 소외되는가에 대해 분석한다. 이러한 지식은 누군가를 통제하므로 권력과 통제는 지식사회학의 키워드이다.

지식사회학은 이 영역을 개척했다고 알려진 Karl Manheim(1936) 이론으로 거슬러 올라간다. 그는 사람들이 생각하는 방식은 사회적 맥락에 의해 형성되는 것으로 사회적 지위와 이데올로기가 신념과 지식에 영향을 준다고 주장하였다. 그는 서로 상이한 사회 집단은 해당 문화를 공유하는 각 집단 내에서 사고하는 방식을 공유한다고 주장하였다. 또 그러한 집단 간 차이가 나타나는 이유는 그들이 생애에서 경험한 것과 사회에서의 계급 위치 등이 다르기 때문이라고 말하였다. 이러한 주장은 오늘날 당연한 것처럼 느껴지지만, 당시에는 매우 파격적인 것이었다. 그가 지식은 무조건적으로 객관적인 것이 아니며, 그것을 생산하는 물질적 조건과 관련되어 있다고 보았기 때문이다. 이는 지식의 물질성에 해당하는 것으로 이후 지식사회학의 발전에 기초가 된다.

우리가 지금 살고 있는 현재의 지식과 권력 관계를 밝히는 것은 쉽지 않은 일이다. 그러나 가까운 역사적 사례만 살펴보아도 지식과 권력 관계는 쉽게 이해할 수 있다. 지나간 시대는 보다 객관적으로 이해할 수 있으며, 당시의 권력관계는 어느 정도 사라져 그 관계를 밝히고자 하는 사람들을 더 이상 억압하지 않기 때문이다. 비교적 오래된 과거의 경우, 조선 시대에는 한글이 이미 발명되었으나 양반들은 여전히 한문을 숭상하였다. 왜냐하면 모든 사람들이 쉬운 한글을 통해 문해력과 비판적 사고력이 발전하면, 계급사회의 규범에 위기가 닥칠 수 있기 때문이었다. 어려운 한문을 숭상함으로써 교육에 대한 진입장벽을 높이고, 양반들의 지배가 당연한 것처럼 생각하도록 이끄는 내면화 장치가 필요했다. 한국 신문에서조차 한글을 전용하게 된 것은 1990년 이후에야 본격화되었다. 매우 최근까지 한문은 한국에서 신분 차별의 당연한 근거로 여겨졌다. 또 다른 예로, 한국 현대사에서 수십 년 동안의 군부독재 시절에 도덕이나 국어 교과서를 비롯해 많은 교과서는 군부독재를 정당화하는 도구로 활용되었다.

2) 지식사회학과 교육과정

교육과정에서 지식사회학을 도입한 대표적인 학자는 영국의 Michael F. D. Young이라 할 수 있다. 1970년대 〈지식과 통제〉(Knowledge and Control)라는 저서를 통해 기존에 교육과정을 이해했던 방식을 완전히 바꾸게 된다. 그래서 당시에 이것을 신교육사회학이라고 부르기도 했다. 그 이전에는 교육과 사회의 관계를 기능적 효율성 또는 계급 갈등 등 거시적 변수를 통해서 살펴보았지만 Michael F. D. Young 이후 신교육사회학이 발전하면서 교육과정의 사회학적 성격을 밝히는 것이 중요한 학문적 과제가 되었다.

이와 같이 지식은 해당 시대의 권력 관계를 통해서 생산되며, 특정 집단에 유리한 지식이 타당한 것으로 인정된다. 또 학생들이 학교에서 주어진 지식을 내면화하면서 기존 질서가 유지된다. 이와 같이 세계를 특정한 이념을 통해서 이해하는 방식과 학교 지식은 깊은 관련성이 있다. 이에 1970년대 들어 많은 교육과정 학자들은 이데올로기에 관심을 갖기 시작하였다. 그중에 대표적인 학자는 Michael Apple이다. 그는 〈이데올로기와 교육과정〉(Ideology and Curriculum)이라는 저서에서 교육과정의 중립성을 해체하였다. 그 이외에도 많은 연구자들

(Giroux, 2005; McLaren, 2015)이 미국 교육과정의 백인중심성과 인종주의를 비판하였고, 여성주의나 다문화주의 관점에서 기존의 교육과정을 비판하였다. 이러한 비판적 작업에 힘입어 오늘날 교육과정은 발전을 이룩할 수 있었다.

이와 같이 지식사회학은 교육과정의 학문적 발전에 큰 영향을 미쳤다. 한편 신교육사회학 이후 유능한 교육학자들이 학교 지식의 정치적 또는 사회적 성격을 비판적으로 분석하는 데 치중한 나머지 학생들이 실제로 학교에서 무엇을 배워야 하는가에 대한 논의는 다른 사람들에게 떠맡겨지고 있었다. 이는 비판적 안목을 가진 사람들이 어떤 지식이 학생들에게 더 필요하고도 중요한가에 대한 논의를 주도하지 못하게 됨으로써 이들 사이에서 위기의식이 나타나기 시작했다.

이러한 위기의식을 포착한 Michael F. D. Young은 2000년대 초반 이후에 자신의 입장을 다소 수정하게 된다. 1970년대에는 강자(the powerful)의 교육과정에 대해 비판적으로 분석하였지만, 이제는 강력한 지식(powerful knowledge)으로 학생들에게 권능을 부여(empowering)하는 것이 중요하다는 것이다. 이는 단순히 지식기반 사회에서 유행처럼 강조되는 지식의 중요성을 강조하는 것이 아니라 최근 진행되고 있는 역량기반 교육과정이 야기할 수 있는 폐해를 성찰해 보자는 주장이다(소경희, 2021). 그는 역량만을 강조하는 등 최근 교육과정이 기능이나 유용성만 강조되는 흐름 속에 놓여있다고 비판하였다. 왜냐하면 이러한 기능 위주의 교육과정은 노동계층 아이들에게 더 불리한 것이라고 인식했기 때문이다. 대신 Young은 노동계층 아이들을 포함하여 모든 학생이 자신의 잠재력을 최대한 실현하기 위해 반드시 필요한 전문적 또는 학문적 지식에 접근할 수 있도록 이러한 지식을 기반으로 구성된 교육과정을 정의로운 교육과정으로 보았다(노진아, 2020). 다시 말해 그는 노동계층 아이들에게 학문적 지식을 제대로 가르치는 것이야말로 평등과 사회 정의에 부합하다고 보았다.

이렇게 볼 때, 평등과 사회정의에 대한 그의 관심은 변하지 않았다고 볼 수 있다. 다만 그는 지식사회학적으로 학교 지식의 불평등에 대해 분석하는 작업은 이미 충분하며, 어떤 지식이 노동계층 학생들을 포함하여 모든 학생들에게 중요한가에 대해 논의하는 것이 교육과정 연구자들의 당면 과제라고 역설하였다. 오늘날 여전히 이러한 주장은 논쟁적이다. 그러나 교육과정에 대한 비판적 해체에서 발전적 재구성이라는 과제로 관심을 돌려주었다는 것은 큰 성과이다.

지식사회학이 처음 나왔을 때는 지성계에 충격을 안겨 주었으며, 사람들의 인식을 전환시키는 데 크게 기여했다. 그러나 오늘날 지식의 성격을 사회학적으로 분석하는 경향은 사회과학의 모든 영역과 예술, 철학 분야에서 너무나 당연시되고 있어 놀랄 만한 일이 아니다. 그럼에도 불구하고 최근 지식이 디지털화하고 네트워크화하면서 소셜미디어, 가상 현실 등에서 지식의 성격이 변화하고 있기 때문에, 새로운 지식 생산과 소비 현상을 사회학적으로 분석하는 것은 다시 중요한 과업이 되었다.

오늘날 디지털 사회로의 변화와 함께 글로벌화로 인해 지식이 전지구적으로 전파되는 현상이 나타나고 있다. 이에 최근에는 교육과정에 영향을 미치는 글로벌 지식의 성격에 대한 분석이 시도되고 있다(성열관, 2014; 김종훈, 2017, 2020). 이와 같이 오늘날 지식사회학은 기술의 발전, 글로벌화, 감염병의 유행, 생태학적 위기, 생명공학의 발전 등과 관련을 맺는다. 이와 같은 현상 속에서 새로운 지식의 생산과 소비 형태가 또 어떤 탐구 문제를 만들어내는 한, 지식사회학은 계속해서 또 어떤 역할을 하고자 할 것이다.

다. 페미니즘

1) 특징

페미니즘은 권리, 기회, 대표성의 차원에서 모든 젠더(gender)의 평등을 옹호하는 운동이자 학문적 관점을 말한다(허창수, 2019). 페미니즘은 젠더 불평등과 차별이 어떻게 일어나는지 분석하고, 이의 원인이 되는 문화적, 사회적 구조를 해체하고자 한다. 역사적으로 여성은 교육에 대한 접근이 어려웠으며, 고용과 임금에서 차별을 겪고, 성역할에 대한 고정관념 속에서 억압을 받아왔다. 페미니즘은 이러한 불평등을 해결하고 모두 −남성을 포함한− 를 위한 보다 공평하고 정의로운 사회를 만들기 위해 노력하는 사회운동이자 학문 분야이다. 페미니즘은 젠더 사이의 갈등을 유발하려는 것이 아니라 젠더 때문에 누군가의 기회가 제한되고 차별의 고통을 경험한다면, 이 문화를 해체하려는 것이다. 모든 개인은 젠더와 상관없이 존엄성과 자율성을 가진 사람으로서 권리, 기회, 복지, 대표성 측면에서 차별을 겪어서는 안 되기 때문이다.

페미니즘은 우선 권리, 기회, 대표성에 있어서 젠더에 기반한 차별을 없애는 법의 제정을 위해 노력해 왔다. 그러나 이는 소극적인 수준에서의 노력이며, 많은 페미니스트들은 여성을 억압하는 가부장적 권력 구조를 비판하고, 젠더 평등을 위해 노력해왔다. 최근에는 젠더가 인종, 계급, 섹슈얼리티, 장애 등과 같은 다른 형태의 차별과 관련된다는 사실을 인식하고 차별의 교차성을 극복하기 위해 사회적 연대를 강화하고 있다.

페미니즘은 이론뿐만 아니라 사회정책과 교육정책의 일환으로 우리의 삶 속에 깊숙이 들어와 있다. 정책 분야에서 페미니즘은 성 주류화(gender mainstreaming) 개념과 성인지감수성(gender sensitivity)과 관련성을 지닌다. 성 주류화는 페미니즘이 단지 여성만을 대상으로 하던 이전의 접근과 달리 가부장주의, 사회제도, 사회조직, 나아가 구조적 불평등을 문제시하고 이에 도전하기 위해 해당되는 모든 정책에 반영되어야 함을 의미한다.

2) 페미니즘과 교육과정

한국에서 페미니즘의 발전은 국제화 또는 글로벌화의 영향으로 보아도 무방하다(손흥숙, 2004). 성 주류화는 유엔 창설 50주년이자 유엔이 정한 '세계 여성의 해' 20주년인 1995년 베이징에서 열린 세계여성대회에서 공식적으로 채택한 원리이다. 그 이후로 한국의 정부 정책은 성 주류화 원리에 의해 설계하는 것을 원칙으로 하였다.

한국정부는 1996년에 OECD에 가입하였다. 한국은 OECD 회원국으로서 페미니즘 관련 국제 규범이 한국정부의 정책 수립에서 중요한 기준이 되었다. 오늘날 OECD는 성인지 감수성 차원에서 많은 글로벌 규범을 수립하고 있다. 성인지 감수성은 여성 혹은 남성이라는 이유로 차별당하지 않는 실질적 성평등 사회 실현을 위한 태도라 할 수 있다. 이러한 글로벌 규범에 힘입어 오늘날 한국에서는 성인지 감수성을 기르기 위해서 교육과정에서도 성인지 교육을 중시하고 있다.

최근까지 페미니즘은 성차별을 시정하고 여성의 권리를 적극적으로 신장하는 등 많은 기여를 해왔다. 그러나 성차별이 크게 시정됨에 따라 역설적으로 페미니즘에 대한 반작용이나 역차별 논쟁이 일어나고 있으며, 오늘날 상당히 많은 젠더 갈등이 벌어지고 있다(허창수, 2019). 이러한 상황에서 교육과정에서 페미니즘을 다루는 것은 교사들에게 점점 어려운 일이 되어가고 있다. 이에 젠더 문제를 남녀의 대결 관점에서 바라보지 말고, 페미니즘이 남녀 모두에게 이익이 된다는 관점을 취할 필요가 있다(정재원, 이은아, 2017).

그러므로 페미니즘은 인종, 계급, 성소수자를 포함해 오늘날까지도 억압받는 사람들의 목소리를 경청하고, 이들의 존엄성을 지켜주기 위한 민주주의 관점에서 이해할 필요가 있다. 최근에 젠더 평등은 빈곤, 기후 변화 등 다양한 글로벌 이슈와도 연계된다. 이 모든 관심은 차별당하는 사람들에 대한 관심을 높이고 이러한 현실을 개선하기 위한 실천 교육과 연계된다. 이에 페미니즘 관련 교육은 여성을 포함하여 모든 인간의 권리와 존엄성을 위한 교육의 일부라 볼 수 있다.

라. 다문화주의

1) 특징

다문화주의는 한 사회에서 복수의 문화가 공존하도록 하는 것이며, 이를 위해 문화적 다양성을 인정하고 존중하는 관점이나 태도라 할 수 있다. 또 다문화주의는 한 사회 속에서 다양한 문화적, 언어적, 종교적, 인종적 배경을 가진 사람들의 차이를 존중하고 전체와 조화를 이루고자 하는 철학이라고 볼 수 있다. 그러므로 다문화주의는 다양성에 대한 존중, 포용, 평등, 상호 존중, 사회정의와 같은 주제를 다룬다. 또 사회적 다양성만 다루는 것이 아니라 사회통합과 연대를 중시한다. 이를 위해 편견에 대한 주의와 각성과 같이 개인적 태도 차원과 차별을 허용하지 않는 법적 장치 같은 제도 차원에서 다양한 문제들을 다룬다.

유럽이나 북미 등의 국가들은 오랜 시간에 걸쳐 다양한 인종, 문화, 언어, 종교를 가진 다문화 사회를 형성해 왔다. 이 과정에서 갈등, 억압, 폭력, 인정투쟁 등을 거치면서 이의 대안으로 다문화주의가 구축되었다고 볼 수 있다. 그러나 여전히 인종 차별주의가 존재하며 이러한 차별은 사회통합을 위협하는 잠재적 위험 요소로 남아있다.

반면 한국은 아주 최근에 불과 몇십 년에 걸쳐 다문화 사회로의 이행이 진행되고 있다. 이와 같이 매우 짧은 시간에 걸쳐 다문화 사회가 형성되고 있는 만큼 국가 주도의 다문화 정책이 빠르게 설계되고 시행되었다. 최근에야 다문화 사회를 직면하게 된 한국은 다문화주의의 역사가 훨씬 긴 국가들로부터 많은 정책을 차용하고 있다. 특히 미국이 이러한 정책의 참조 국가가 되고 있다. 이러한 참조는 한국의 다문화주의 발전에 큰 도움이 된다. 그러나 유럽과 북미의 경험은 한국과 비교할 때 매우 큰 맥락적 차이를 지니고 있기 때문에, 한국의 역사와 실정에 맞는 방식으로 다문화주의를 발전시킬 필요가 있다.

오랜 시간에 걸쳐 다문화 사회를 이룩한 국가들은 각 역사적 국면에서 다문화 사회의 상을 은유적으로 표현해 왔다. 용광로 은유, 샐러드 보울 은유, 모자이크 은유 등이 가장 대표적인 것들이다. 남아프리카의 넬슨 만델라 대통령은 인종 차별 제도를 폐지하고, 새로운 국가 건설을 위해 '무지개 국가'(rainbow nation)라는 은유를 사용하였는데, 이는 남아프리카가 나아가야 할 다문화 사회의 상을 제시하는 데 강력한 상징이었다. 이와 같이 상징적 은유는 다문화주의의 핵심을 담고 있다.

먼저 용광로 은유는 다양한 문화나 인종 집단이 하나로 섞여서 새로운 문화나 국가를 만들어 나간다는 의지를 내포하고 있다. 문화적 차이나 인종적 차이가 갈등이나 폭력의 요소가 되지 않도록 서로의 문화를 녹여 새롭고 통합된 정체성을 만들어내는 것이다. 그러나 '녹인다'라는 은유에서 볼 수 있듯이 새로 유입되는 이민자의 문화는 기존 주류 문화에의 동화를 강요받기 쉽다. 그래서 동화주의라는 비판을 받기도 한다. 용광로 은유는 원래 동화주의 정책을 비판하고 다문화주의를 제창하고자 하는 의도 속에서 생겨난 것이다. 하지만 하나의 통일된 정체성을 확립하려고 하는 과정에서 여전히 문화적 다양성을 훼손시킬 수 있는 여지가 있다.

이에 반해 샐러드 보울 또는 모자이크 은유는 한 사회에서 다양한 문화와 정체성이 '공존'할 수 있음을 보다 강조하는 것이다. 다양한 재료가 샐러드 보울에 들어가지만 각 요소들이 녹는 것이 아니라 각자의 풍미와 색깔을 유지하면서 전체를 이룰 수 있다는 측면에서 용광로 은유보다 발전된 다문화주의를 상징하는 것으로 인식된다. 이와 유사한 은유로 다양성과 통일성의 조화를 상징하는 '문화의 태피스트리'(tapestry of culture)라는 은유도 있다. 다양한 요소들이 어우러져 아름다운 통일성을 이룬다는 측면에서 통일성과 다양성의 조화를 강조하고 싶을 때 이러한 은유를 사용할 수 있다. 특히 다문화주의는 우리가 만들어 나갈 사회로서 어떻게 설계하는지가 중요하다. 그런 의미에서 태피스트리 은유는 사회의 설계를 내포한다는 점에서 장점이 있다. 다문화주의에서 은유가 중요한 이유는 은유 속에 다문화주의의 발전 단계가 내포되어 있기 때문이다. 또 앞으로 우리가 함께 살아가야 할 다문화 사회의 상이 은유 속에 담겨 있기 때문이다. 앞으로도 다문화주의의 방향을 설정하고 이를 설명하려는 작업은 은유의 개발과 동시에 이루어질 것이다.

2) 다문화주의와 교육과정

다문화주의는 반편견 교육(anti-bias education)과 병행해서 수행될 수 있다. 다문화주의를 저해하는 것은 인종이나 민족 집단(ethnic group)에 대한 편견이나 스테레오타입에 기반하고 있다. 이에 학생들이 스스로 가지고 있는 편견을 발견하고 이에 대한 의식성(awareness)을 갖도록 도와주는 교육이 다문화주의 교육의 일부로 실시될 수 있다. 다문화주의는 상호 문화에 대한 이해는 물론 인종 사이에 존재하는 차별과 불평등을 해소해나갈 수 있어야 한다. 이에 다문화주의는 종종 사회정의 교육과 연계되는 경우가 많다.

최근 다문화주의는 이러한 관점에서 글로벌 시민성 교육과 융합되어 수행되는 경향이 있다. 글로벌 빈곤 문제에 대한 공감, 제국주의가 초래한 빈곤의 원인에 대한 파악, 글로벌 시민으로서의 책임감 등에 대한 교육은 특히 유네스코(UNESCO)를 통해 강조되고 있다. 많은 국제 분쟁이나 빈곤의 문제는 서구 제국주의가 남겨 놓은 부정적 유산과 관련이 있다. 이 점에서 탈식민주의도 다문화주의와 접점이 있다. 그동안 교육과정이나 교과서에 남아있는 서구 중심주의를 해체하는 노력이 필요하다(주재홍, 2016, 2020). 다문화주의 교육은 최근 새롭게 전개되는 글로벌화와 관련하여 탈식민주의 관점에서 다시 논의될 필요가 있다(홍원표, 2010).

한국은 그동안 동일한 언어, 동일한 문화, 동일한 역사를 공유하는 사람들이 인구 대다수를 차지하는 동질적인 사회였다. 실제로 한국인들은 스스로 단일 민족이라는 신화를 갖고 있었고, 민족적 정체성과 문화적 배타성이 강한 국가라고 볼 수 있다(성열관, 2010). 그러나 최근 몇 십 년 사이에 이민자, 외국인 노동자, 유학생, 그리고 다양한 이유로 한국에 사는 외국인들이 증가하고 있으며, 결혼 이주민과 이 가정에서 태어난 다문화 자녀들이 증가함에 따라 학교의 학생 인구 구성이 매우 달라졌다.

더욱이 최근에는 인구 감소 위기로 인해 많은 수의 이민을 받아야 한다는 주장이 늘어나고 있다. 이에 한국에서 다문화 사회가 더욱 급속히 진행될 것으로 예상된다. 한국의 다문화 교육은 한국적인 특징을 지닐 수밖에 없다. 최근에 나온 양영자(2021)의 논문은 현재 한국의 초·중등 교육과정 총론이 변혁 패러다임에 기반하여 정의를 지향하는 다문화적인 교육과정으로 개정되려면, 무엇이, 어떻게 바뀌어야 하는지를 잘 보여주고 있다. 기존 한국의 초·중등 교육과정에서는, "다문화교육이 모든 학생을 위한 교육의 철학으로 존재하기보다 각 교과에서 소재 차원으로만 수용되었고, 다문화 교육 대상을 시혜의 대상으로 인식하는 오류가 나타난다"(양영자, 2021:63)는 것이다. 이에 국가교육과정 총론에서부터 다문화주의 교육의 위상을 강화하는 것이 필요하다.

4 교사교육에 주는 시사점

교육과정에 대한 이론적 기초 없이 교육과정학을 이해하는 것은 거의 불가능하다. 이 기초이론은 주로 심리학, 철학, 사회학적 성격을 지닌다. 교사의 전문성 교육에서 이상에서 서술한 이론적 기초가 모두 중요하지만, 오늘날의 교육학 발전을 고려할 때, 다음 세 가지가 특히 중요하다고 생각된다.

첫째, 사회적 구성주의 또는 문화·역사적 학습이론을 주창한 Vygotsky에 대해 잘 이해할 필요가 있다. 물론 교사들은 행동주의, 인지주의, 사회적 구성주의, 도덕발달 이론이 교육의 각 국면에서 모두 필요하다는 것을 알아야 할 것이다. 예를 들어 행동주의는 암기나 기능 숙달에서 효과적이며, 문제해결력이나 고단계 사고력은 인지주의나 구성주의를 통해서 가능하다. 이 중에서도 Vygotsky 교육학은 Bruner가 미국 학계에 소개한 이후 오늘날 매우 중시되고 있다.

학습자는 새로운 기능을 익히는 과정에서 교사 등 보다 유능한 사람의 안내와 지원을 받아 성장한다. 그렇게 해서 다음 수준에 도달하면, 더 이상 비계는 필요 없게 된다. 학습에서 교사의 역할은 이와 같이 비계를 놓아주는 일이며, 이 일은 상호작용을 통해 일어난다. 이러한 상호작용이 보다 넓은 사회 속에서 일어나는 경우도 많다. 그래서 Vygotsky는 이러한 학습이 일어나는 활동 구조(activity system)를 강조하였다. 사회적 구성주의는 학습이 문화적, 역사적으로 만들어진 사회적 활동 구조 속에서 일어남을 강조하는 사조이다. 그래서 협력, 토론, 의미의 교섭 등을 통해 인간의 지식이 구성된다고 본다. 그런 의미에서 이러한 사조를 사회적 구성주의라 부르는 것이다. 이에 교사들은 학생들이 활동하는 교실의 구조와 문화를 잘 설계해야 한다. 이러한 전문성은 주요 학습이론에서 공통적으로 강조하는 것이다(Bronfenbrenner, 1979; Csikszentmihalyi, 1990, Lave & Wenger, 1991).

둘째, 교육학 이론에서 가장 많이 다루는 Dewey의 진보주의가 프래그머티즘이라는 철학과 어떤 관련을 지니는지 잘 이해할 필요가 있다. 왜냐하면 프래그머티즘의 인식론이 오늘날 교육학에서도 영향력 있게 남아있기 때문이다(Biesta, 2010). 진보주의가 '함으로써 배운다'(learning by doing)는 원리를 가장 중시하는 것도 바로 이러한 인식론을 반영한 결과이다. 오늘날 연구자들이 수행하는 탐구의 형식은 문제를 제기하고, 가설을 설정하고, 실험을 통해 결과를 도출하는 방법을 사용하는데, 이 역시 프래그머티즘에서 나온 것이라 볼 수 있다. 실험을 통해 채택된 것은 지식으로 남고, 기각된 것도 다음 실험에 중요한 정보를 제공해주기 때문에 이 역시 진리를 축적하는 데 도움이 되는 것이다.

이러한 주장은 1980년대 이후 구성주의자들의 주장과 인식론 측면에서 일맥상통하는 면이 있다. 이에 프래그머티즘 철학을 잘 알면, 교육학 기초 이론을 익히는 데 큰 도움이 된다. 최근 OECD의 글로벌 교육과정 거버넌스 영향에 따라 행위주체성(agency)과 변혁적 역량(transformative competencies)이 강조되고 있다. 2022 개정 교육과정은 이 두 가지를 크게 강조한 바 있다. 이를 위해서는 학생은 물론 교사의 행위주체성 역시 매우 중요하다(Sung et al., 2022). Biesta 등 (2015)에 따르면, 행위주체성(agency) 개념 역시 프래그머티즘 철학으로 이해할 수 있다.

셋째, 교육과정이 유지와 변혁 사이의 변증법적 위치에 놓인다는 것을 이해할 필요가 있다. 교육이 사회화의 목적을 지닌다고 하더라도 이를 전통적인 관점이라고 단언할 필요는 없다. 교육과정은 인류 문화에서 중요한 것을 지켜나가면서 동시에 인간을 억압에서 해방시키고, 존엄성을 지키기 위해 발전시켜 나가는 변증법적 성격을 지니는 것이다. 다시 말해 교육과정은 기존 사회가 인식할 수 있는 한계 속에서도 중요하다고 여겨지는 것을 전수하며, 동시에 더 나은 공동체를 위해 새로운 것을 가르치기 위한 사회적 갈등을 겪으며 갱신되는 존재이다. 교사들이 교육과정의 모순적, 그러나 변증법적 성격을 알고 있으면, 보다 성찰적인 지성인으로서 성장할 수 있다. 이 장에서 살펴본 지식사회학, 페미니즘, 다문화주의 역시 보다 더 좋은 사회, 더 좋은 교육을 위해 기존의 관습에 도전하는 흐름에서 이해할 수 있다.

PART

02

교육과정의 개발

curriculum
교육과정

이 장이 끝나면 대답할 수 있어야 하는 10가지 질문

1. Tyler에 따르면, 교육목표 설정에서 민주주의 가치는 왜 중요한가?
2. Ralph Tyler는 "당신의 교과가 그 분야에서 전문가가 되지 않을 학생들에게 어떤 도움을 줄 수 있는가?"라고 질문한 바 있다. 이 질문의 메시지는 무엇인가?
3. 교육목표 설정에서 교육심리학은 왜 핵심적인 장치가 되어야 하는가?
4. 교육목표 설정 측면에서 Tyler는 왜 Dewey주의자로 간주할 수 있는가?
5. '신'교육목표분류학은 Bloom의 원안과 비교할 때 어떤 점에서 '신'이라 할 수 있는가?
6. 메타인지 지식의 세 가지 특징은 무엇이며, 이것은 학습에 있어서 왜 중요한가?
7. 이해의 여섯 가지 측면은 목표분류학과 어떤 점에서 차이가 있는가?
8. 이해의 여섯 가지 측면은 Bloom의 분류학에 비해 교육적으로 더 의미있다고 볼 수 있는가? 그렇다면 왜 그런가? 그렇지 않다면 왜 그렇지 않은가?
9. 교육목표는 수업과 평가에 있어 어떤 기능을 하는가?
10. 교사들은 왜 교육목표에 대한 이론에 대해 잘 알아야 하는가?

Chapter 03

교육목표

1 교육목표의 선정

가. 교육목표 도출을 위한 세 가지 원천

교육목표 선정은 교육과정 개발에서 가장 먼저 하는 일이므로, 그것을 정당화해 줄 근거가 필요하다. 즉 정당성의 원천이 필요한 것이다. Tyler(1949)는 다음 세 가지 원천에서 교육목표가 도출되어야 한다고 주장하였다.

1) 학습자에 대한 연구

교육목표를 잘 선정하기 위해서는 학습자에 대해 잘 알아야 한다. 왜냐하면 학습자에 대해 잘 알고 있어야만 어떤 교육목표가 필요하고 또 그것들이 과연 잘 달성될 수 있는 것인지 가늠할 수 있기 때문이다. 그 중에서 가장 중요한 두 가지가 필요와 흥미이다.

첫째, Tyler(1949)는 필요가 격차(gap)에서 발생한다고 주장했다. 이 말은 무슨 뜻일까? 교육은 행동양식(behavior pattern)의 변화로 볼 수 있다. 교육과정을 통해 학생들은 어떤 상태에서 더 발달된 다음 상태로 나아간다. 학생들의 필요란 이 두 상태의 차이라 볼 수 있다. 대개 학습자들이 자신의 필요(또는 요구)를 직접 개진하는 것은 아니지만, 교육과정 개발자들은 학습자의 요구를 파악해야 한다. 이를 파악하기 위해서는 아동과 청소년들에게 어떤 성장이 필요한가에 대해 연구해야 한다. 그러므로 학습자의 요구는 학습자가 직접 요구하는 것이기보다 학습자의 성장에 필요한 발달 과업을 하나의 요구라 보고 전문가들이 도출하는 것이다.

둘째, 교육목표를 도출할 때, 학생들의 흥미를 반드시 고려해야 한다. 흥미는 학습에 학생들을 참여시키는 동기일 뿐 아니라 과제를 성공적으로 끝낼 수 있는 힘을 제공한다. 또 흥미를 고려해야만 학습이 끝난 이후에도 학교에서 배운 것에 대해 지속적으로 관심을 갖게 할 수 있다. 흥미는 학생들의 능동성과 관련이 깊다. 능동적인 학생들은 교육목표를 달성할 개연성이 높기 때문에, 학생들의 흥미에 대한 연구는 교육목표 선정에 큰 도움이 된다.

2) 학교 밖 당대 사회의 삶 연구

교육은 학생들을 미래의 성숙한 시민으로 성장시키는 것이다. 이에 교육목표를 선정하기 위해서는 학생들이 살고 있는 사회의 필요와 요구에 대해 알아보아야 한다. 당대 사회의 요구에 대해 살펴보면, 학생들이 성공적인 직업 생활과 시민 생활을 영위하기 위해 필요한 지식과 기능이 도출된다. 당대 사회에 대한 연구가 중요한 데에는 크게 두 가지 근거를 들 수 있다.

첫째, 학생들에게 사회적 삶에 대해 준비시켜주기 위해서는 사회를 알아야 한다. 당대의 삶은 매우 복잡할 뿐만 아니라 계속 변하는 것이다. 그러므로 학교는 학생들이 이러한 복잡한 삶의 측면을 익힐 수 있도록 노력을 기울여야 한다. 과거에는 중요했을지라도 오늘날 더 이상 중요하지 않은 지식을 가르치느라 학생들이 시간을 허비해서는 안 된다. 또한 당대의 삶에서 중요한 것을 학교가 준비시켜 주지 않으면 안 된다. 이에 당대 사회에 대한 분석은 교육목표 도출에 반드시 필요하다.

둘째, 사회적 삶과 학습의 연계는 전이의 효과성을 높인다. 전통적으로 교육은 학습자들의 마음 또는 정신(mind) 훈련을 중시해 왔다. 그러나 이러한 마음의 훈련 또는 이렇게 해서 얻은 힘이나 능력(faculty)이 당대의 삶에 적용되지 않는다면 제대로 된 교육목적을 도출하기 어렵다. 이러한 인지능력은 학생들이 맞닥뜨리게 되는 삶의 맥락에 맞게 사용될 수 있어야 한다. 훈련의 전이는 학생들이 배운 것(또는 훈련한 것)을 실제 삶에 적용할 때 활발하게 이루어질 수 있다. 다시 말해 삶에서 직면하는 상황과 학습이 일어나는 상황의 유사성이 높을수록 전이가 잘 이루어진다. 그러므로 당대 삶에 대해 분석해 보고, 이를 학습과 연계시키는 일은 바람직한 교육목표를 도출하는 데 큰 도움이 된다.

3) 교과 전문가들의 제안

교육내용은 교육목표 달성을 위해 필요한 것이다. 이러한 목표를 달성하기 위해 교육과정은 각 교과 영역에서 습득해야 하는 필수 개념과 기능 등으로 이루어져 있다. 그렇다면 이에 대해 누가 가장 많이 알고 있을까? 바로 교과 전문가들이라 볼 수 있다. 교육과정의 목표를 도출함에 있어, 개발자들은 교과별 교육목표, 단원목표 등을 추출해야 하는데 이러한 과업을 수행함에 있어 교과 전문가들보다 더 나은 사람을 찾는다는 것은 생각하기 어렵다. 그런데 여기서 한 가지 짚고 넘어갈 것이 있다. 교과 전문가들은 자신의 교과에 대한 중요성을 과대평가한 나머지 지나치게 세부적이고, 높은 수준의 목표를 제시할 공산이 크다는 것이다. 이를 잘 알고 있었던 Tyler(1949)는 교과 전문가들에게 "당신의 교과가 그 분야에서 전문가가 되지 않을 학생들에게 어떤 도움을 줄 수 있는가?"(p.26)에 대해 대답할 수 있어야 한다고 말했다. 다시 말해 "수학을 전공하지 않을 일반 학생들에게 수학 교육과정의 목표를 어떻게 제시해야 하는가?"라는 화두를 던진 것이다. 이는 해당 교과의 전문가가 되지 않을 대다수의 일반 학생들에게 해당 교과가 어떤 도움을 줄 수 있는가라는 질문을 염두에 두고 교육목표를 개발하라는 말이다.

그러므로 교과 전문가들은 특정 교과가 학생들에게 어떤 기능을 발달시키는지를 살펴보고 그것으로부터 교육목표를 도출해야 한다. 예를 들어 국어 교과에서 학생들의 교육적 필요는 무엇일까? 학생들은 국어 교과에서 어떤 기능을 발달시킬 수 있을까? 먼저 국어 교과는 학생들이 효과적으로 의사소통할 수 있도록 도와 줄 것이다. 둘째, 언어로 전달하고 싶은 메시지를 효과적인 말과 글로 표현할 수 있는 데 도움이 될 것이다. 셋째, 인간은 언어로 사고하므로 언어를 잘 배우면 사고력을 촉진시킬 수 있다. 그러므로 국어 교과에서 학생들의 필요가 무엇인지, 즉 어떤 기능을 발달시켜 줄 것인지 생각하게 되면, 교육목표를 자동적으로 추출할 수 있다. 이러한 논리는 Tyler의 진보주의 교육관을 잘 보여준다. 다시 말해 그가 John Dewey로부터 많은 영향을 받았음을 알 수 있다.

나. 두 가지 여과 장치

이상에서 살펴본 바와 같이, 교육목표는 중요하다고 판단된 세 가지 주요 원천에서 추정하여 도출한 것이므로 잠정적이라 보아야 한다. 그래서 잠정적 교육목표들을 정련해 나가야 한다. 그런데 어떻게 정련해 나가는 것이 도출된 교육목표에 권위를 부여해 줄 수 있을까? Tyler는 교육철학과 교육심리학이 잠정적으로 도출된 교육목표를 걸러줄 수 있는 체(screen)와 같은 장치로 보았다.

1) 교육철학

교육목표는 어디까지나 바람직하고 가치있는 것이어야 한다. 어떤 목표와 내용이 바람직하고 가치있는 것인가는 철학적 검토를 통해 가능하다. 바람직한 교육목표가 무엇이어야 하는가를 결정하는 원리는 다양할 수 있으나, 일반적으로 민주주의 가치가 그 기초가 된다. Tyler(1949:34)는 교육목표를 도출함에 있어 민주주의 가치의 특징을 다음과 같이 네 가지로 간략하게 정의하였다. 첫째, 민주주의 사회에서는 인종, 국적, 경제적 지위에 구애받지 않고 모든 사람의 존엄성이 인정된다. 둘째, 모든 사람들이 잘 교육 받을 권리를 균등하게 누린다. 즉, 교육에 평등하게 참여할 수 있는 기회를 부여받는다. 셋째, 민주사회에서는 획일성보다 개인의 개성을 존중한다. 넷째, 민주주의 사회의 가치는 독재나 권위주의가 아니라 지성적이고 합리적인 방법으로 문제를 해결하는 것에 있다.

이와 같이 교육목표를 도출함에 있어 민주주의 가치가 가장 중요하며, 이를 실현하는 데 도움이 되는 방향으로 교육목표가 도출되어야 한다. 이와 관련하여 그는 다음과 같이 두 가지 질문을 던졌다.

- 질문1: 교육받은 사람은 기존의 사회질서를 그대로 받아들이고, 적응해야 하는가? 아니면 자신이 살고 있는 사회를 개조하고자 노력하고, 혁신해야 하는가?
- 질문2: 개인이 속한 계층에 따라 서로 구별되는 교육을 받아야 하는가? 아

니면 평등한 교육을 받아야 하는가?

질문1은 전통적인 교육철학과 사회재건적 교육철학 사이의 관점 차이를 보여준다. 질문2는 학교교육이 일반 교육을 목표로 삼아야 하는가 아니면 직업 준비 교육을 목표로 삼아야 하는가와 관련이 된다. 이 두 질문은 결국 교육철학적 질문이라고 할 수 있다. 선정 가능한 수많은 교육목표 중에서 학교교육이 추구하는 교육철학과 모순되는 교육목표는 교육과정에 들어올 수 없다. 그러므로 수많은 교육목표 중에서 중요한 목표만을 정선하기 위해서는 '바람직한' 교육철학을 정립하고 그에 맞는 목표를 선정해야 한다. 다만 '무엇이 바람직한 것인가'는 쟁송의 영역일 수밖에 없다.[3]

2) 교육심리학

교육심리학은 주로 발달을 다룬다. 어떤 교육목표가 학생들의 인지적, 정의적 발달 단계에 부합한 것인지 알아보기 위해서는 교육심리학 전문가들이 나서야 할 것이다. 학생들은 교육목표를 달성함에 있어 어떤 조건에서 더 잘 학습하는가, 그리고 어떤 경험이 교육목표를 더 잘 달성케 할까 등 많은 질문이 학생들의 발달 단계와 관련이 있다. 이에 교육심리학은 교육목표를 정련하는 데 중요한 장치라 볼 수 있다.

Tyler는 교육심리학이 적어도 세 가지 측면에서 교육목표 선정에 활용된다고 말하였다. 이는 (1) 목표의 달성 가능성, (2) 목표들의 효율적인 배치, (3) 효과적인 학습조건에 대한 고려이다. 첫째, 교육목표를 선정할 때 그 목표가 주어진 교육 기간 동안 달성 가능한 것인지 알아보아야 한다. 교육을 행동의 변화로 보는 관점에서는 특히 특정 행동 변화를 이끌어 내기 위해 어느 정도의 기간이 필요한지 알 수 있어야 한다. 이를 위해서는 그동안 이루어진 교육심리학 연구결

---

3) Tyler는 Dewey의 프래그머티즘 영향을 크게 받았다. 프래그머티즘에서 '바람직하다'라는 추상적 아이디어는 연역적이거나 관념론적 철학이 아니라 실제적 결과로 그 의미가 결정되어야 한다고 본다. 실제적 결과는 인간의 삶에 유의미하고 그것을 향상시키는 것이다 (김두정, 2017).

과를 찾아봐야 할 것이다. 둘째, 교육목표를 선정했다면, 이것들을 각 학년이나 발달 단계에 맞도록 배치해야 한다. 학생들의 발달 과정에 따라 이에 부합하는 교육목표를 배치하기 위해서는 아동과 청소년들의 인지적, 정서적, 신체적 발달 수준에 대한 교육심리학 연구를 살펴볼 수밖에 없다. 셋째, 학생들에게 무엇인가 가르쳤다면 그것이 일시적으로 남아 있다가 사라지는 것이 아니라 장기간에 걸쳐 지속적으로 남아 있어야 한다. 이렇게 되기 위해서는 학습 조건이 잘 갖추어져야만 한다. 교육심리학은 어떤 조건에서 학습이 효과적으로 이루어지는지에 대한 정보를 갖고 있다. 이에 학습효과의 유지를 위해서 교육심리학 원리에 바탕을 두고 교육목표를 세워야 한다.

다. 교육목표 진술

Tyler는 교육목표가 선정되면, 이를 진술하는 형식이 매우 중요하다고 보았다. 교육목표는 교육과정 개발자나 교사들이 어떤 학습경험을 선정해야 되는지에 대한 지침을 제공한다. 그리고 교사들이 학생들을 어떻게 지도해야 하는지에 대해 안내할 수 있다. 그는 교육목표의 진술 방식에 적어도 다음 세 가지 방법이 있다고 보았다. 첫째, 교사가 무엇을 해야 하는지 밝히는 방식으로 교육목표를 진술하는 방법이다. 둘째, 교과에서 다룰 내용을 간략히 열거하는 방식이 있다. 셋째, 교육목표를 행동형으로 진술하는 방식이 있다.

그런데 이러한 세 가지 진술 방식은 각각 문제를 내포하고 있다. 첫째, 교사가 가르쳐야 할 것을 중심으로 목표를 진술하면, 학습의 결과로 학생들에게 나타나야 할 행동의 변화에 대해서 분명히 밝힐 수 없다. 둘째, 가르칠 내용을 열거하는 방식으로 교육목표를 나열해 놓으면, 교사가 무엇을 어떻게 가르쳐야 되는지에 대해 안내하지 못한다. 셋째, 학생들이 교육받은 결과로서, 즉 기대되는 행동으로만 교육목표를 제시하는 경우, 무엇(어떤 학습경험)을 가르쳐야 목표에 도달시킬 수 있는지 알 수 없다.

이 세 가지 진술 방식이 지닌 단점을 극복하는 최선의 교육목표 진술 방식은 교육목표를 내용과 행동의 형식으로 진술하는 것이다. 이와 같이 '내용＋행동'의 형식으로 진술된 교육 목표들은 내용과 행동의 2차원으로 이루어진 이원분류표로 나타낼 수 있다.

'내용＋행동'의 목표 진술은 학생이 무엇을 배워야 하고, 교사는 무엇을 가르쳐야 할지 안내하는 데 도움이 될 뿐만 아니라 학생평가에도 큰 도움이 된다. 평가는 학생들이 배워야 하는 것을 분명히 배웠는지 알아보는 활동이다. 이원분류표는 교사들에게 당초 교육목표를 준거로 하여, 학생들이 어떤 내용을 어느 정도나 익혔는지에 대해 평가하는 데 사용된다.

그런데 실제 교육과정 개발자나 교사가 이원분류표를 활용함에 있어 생길 수 있는 문제가 하나 있다. 그것은 행동 영역의 항목수(number of categories)를 어느 정도 선에서 만들어야 하는 것인가의 문제이다. 항목 수가 너무 적으면 서로 구별되어야 할 행동 특성들이 구분되지 않아 기대되는 행동의 변화가 무엇인지 알기 어렵다. 반면 항목 수가 너무 많으면 교사가 교수－학습 상황에서 목표들을

표 3-1 고등학교 생물학 교육목표 진술: 2차원 차트의 사용 예

구분	목표의 행동 측면						
	중요한 사실과 원리에 대한 이해	신뢰할 만한 정보에 익숙해지기	자료 해석 능력	원리를 적용하는 능력	연구 능력과 연구 결과를 보고하는 능력	넓고 성숙된 흥미	사회적 태도
A. 인간유기체의 기능							
1. 영양	V	V	V	V	V	V	V
2. 소화	V		V	V	V	V	
3. 순환	V		V	V	V	V	
4. 호흡	V		V	V	V	V	
5. 번식	V	V	V	V	V	V	V
B. 식물과 동물 자원의 이용							
1. 에너지 관계	V		V	V		V	V
2. 식물과 동물의 성장을 조건 짓는 환경요소	V	V	V	V	V	V	V
3. 유전과 발생	V	V	V	V	V	V	V
4. 땅의 이용	V	V	V	V	V	V	V
C. 진화와 발달	V	V	V		V	V	V

(좌측 세로: 목표의 내용측면)

자료: Tyler(1949). p.50.

일일이 기억할 수 없다. Tyler는 이에 대해 가급적이면 지나치게 세부적인 항목보다는 일반적인 목표가 더 바람직하며, 대개 7~15개 정도의 항목 수가 적당하다고 말하였다. 이는 그가 '8년 연구'를 통해 경험적으로 체득한 것으로 8년 연구에서는 10개의 항목수를 사용하였다.

2 교육목표분류학

Bloom의 교육목표분류학(taxonomy of educational objectives)은 Tyler를 계승한 것이다. Bloom은 이원분류표를 보다 심리학적 측면에서 과학적으로 발전시킨 것으로 볼 수 있다. 그러나 이러한 이유로 오히려 교실현장으로부터 유리된 결과를 초래하기도 하였다. 과학적으로 조차 인간의 능력을 세부적으로 나누기는 어려우며, 더욱이 교실에서의 교육목표는 세부적인 행동과 1:1 대응되지 않기 때문이다. 지나치게 세부적인 행동목표는 교실 수업에 방해가 되기도 한다 (Eisner, 2002). 그럼에도 불구하고 그의 분류학은 인간 능력에 있어 전체적인 그림—계통과 분류 측면에서—을 보여준다는 점에서 의의가 있다.

분류학은 택소노미(taxonomy)의 번역어다. 그리스어로 'taxis'는 순서 (order)를, 'nomy'는 법칙(law)을 가리킨다. 그러므로 분류학이란 계통을 밝히는 법칙이다. 이런 법칙은 생물학이나 동물학에서 많이 쓰인다. 이 분야에서는 계통을 밝히는 것 자체가 연구활동이자 연구결과이기 때문이다. 이러한 분류학은 개념이나 현상을 분류하는 쪽으로 응용될 수 있다. 이러한 응용 중 하나가 교육목표분류학이다. '택소노미'는 교육목표 또는 인간 능력의 범주와 분류에 대한 과학적 연구라 정의할 수 있다. Bloom(1956)은 교육목표를 다음과 같이 크게 6가지로 분류하고, 그 하위에 어떤 능력이 해당되는지 밝힘으로써 큰 업적을 남겼다.

가. 지식(knowledge)

지식은 학생들이 수업 시간에 배운 것을 기억해 냄으로써 사실이나 현상을 뇌에서 불러내는 것(recall)을 말한다.

- 구체적인 것에 대한 지식(knowledge of specifics): 학생들은 구체적이고 단편적인 정보를 기억해 낼 수 있어야 하며, 언어적 또는 비언어적 기호로 표시되는 것들이 무엇을 뜻하는지 알아야 한다. 학생이 역사 시간에 배운 사건이나 인물, 주요 연도에 대한 것을 기억한다면 이는 지식에 해당한다.
- 구체적인 것을 다루는 수단에 대한 지식(knowledge of ways and means of dealing with specifics): 단편적인 사실을 기억해내는 능력 외에도 학생들은 학교에서 배운 구체적인 것을 다루는 수단에 대한 지식도 갖출 필요가 있다. 형식(문학 작품인가, 논문인가?), 범주(종류는 무엇인가?), 준거(판단 기준은 무엇인가?), 방법론(실험인가, 관찰인가?)과 같이 정보를 다루는 수단에 대해 아는 것도 지식의 영역에 해당한다.
- 보편적, 추상적인 것에 대한 지식(knowledge of the universals and abstractions in a field): 학생들이 어떤 판단을 하기 위해서는 준거가 필요하다. 그런 기준이나 준거를 아는 것이 여기에 해당한다. 또한 보편적 법칙, 개념, 이론에 대해 아는 것도 지식 영역에 포함된다.

나. 이해(comprehension)

이해는 학생들이 수업 시간에 배운 내용을 기억해내는 것을 넘어서 주어진 자료에 내포된 의미를 파악하고 해석함으로써 새로운 정보를 얻을 수 있는 능력이다. 학생들이 자주 접하게 되는 시험에서 가장 많이 측정하는 것이 이해력(특히 해석과 추론)이라고 볼 수 있다.

- 번역(translation): 학생들은 주어진 자료를 보고 그 의미를 파악하여 새로운 언어적 형태로 바꾸어 표현할 수 있다.
- 해석(interpretation): 학생들은 주어진 자료를 파악하고 그 부분들 간의 관계를 파악하여, 자신의 견해를 피력할 수 있다.

- 추론(extrapolation): 대개 학생에게 주어진 자료는 경향성이나 추세를 포함하고 있다. 학생들이 이를 파악하여, 새로운 정보를 추정할 수 있다면 높은 이해력을 갖추고 있는 것이다.

다. 적용(application)

적용은 수업 시간에 배운 원리나 학설 그리고 개념에 대한 이해를 바탕으로 새로운 문제상황에 그것들을 적용하여 문제를 해결할 수 있는 능력이다. 학교에서 배운 내용은 이상적인 원리와 개념에 기초하고 있으며, 학생들이 직면하는 상황은 현실적이고 구체적이다. 이에 이상적인 원리를 구체적인 현실 사태에 적용하여 해결할 수 있는 능력이 적용력 또는 응용력이다.

라. 분석(analysis)

분석은 주어진 자료를 구성요소로 분해하고 부분 사이의 관계를 파악하며, 그것들이 조직되어 있는 방식을 발견해내는 것이다.

- 요소를 분석하는 능력(analysis of elements): 매우 복잡한 자료가 주어질 때, 학생들은 그 속에 담겨져 있는 각 요소들을 파악할 수 있다. 어떤 학생이 주어진 자료를 보고 그 속에 내재된 각 요소를 잘 파악할 수 있다면 높은 분석력을 지닌 것으로 볼 수 있다.
- 요소 사이의 관계를 찾는 능력(analysis of relationships): 각 요소가 파악되었다면, 그 구성요소 사이에 어떤 관계(예: 인과 관계)가 있는지 파악할 수 있는 능력을 말한다.
- 조직 원리의 분석(analysis of organizational principles): 예술작품이나 역사 등을 살펴보면 그 속에 각 요소들이 조직된 원리가 들어가 있다. 학생들이 그 원리를 파악할 수 있다면 높은 분석력을 지녔다고 판단할 수 있다.

마. 종합(synthesis)

분석이 나누는 것이라면, 종합하는 능력은 여러 가지 요소나 부분을 하나의 원리로 묶는 능력을 말한다. 그렇게 되면 종합하기 이전에는 분명하지 않았던 것들이 종합 이후에 어떤 유형이나 구조로 나타날 수 있다.

- 고유한 의사소통의 산출(production of a unique communication): 어떤 학생들은 자신이 경험한 것을 종합하여 효과적으로 이야기하는 능력이 있다. 또 어떤 학생들은 학교에서 배운 여러 가지 정보와 생각을 바탕으로 작문하는 능력을 갖출 수 있다. 이 학생들은 종합력을 갖추어 자신에게 적합한 의사소통 기술을 익힐 수 있다.
- 계획 또는 시행절차 산출(production of a plan or proposed set of operations): 종합력이 있는 학생은 문제해결을 위한 효과적인 계획을 잘 세우는 학생이라고 볼 수 있다. 학교에서 배운 다양한 지식을 종합하여, 설계도를 만들거나 연구 절차를 제시한다면 종합력이 있다고 볼 수 있다.
- 추상적 관계의 도출(derivation of a set of abstract relations): 어떤 학생이 수학 시간에 배운 다양한 정보를 이용하여 하나의 원리를 발견할 수 있다면 그 학생은 추상적인 관계를 도출할 수 있는 능력이 갖춘 것이다. 이는 종합력으로 볼 수 있다. 왜냐하면 다양한 요인을 분석하여 그 요인들 간의 관계를 하나의 개념 구조로 조직할 수 있었기 때문이다.

바. 평가(evaluation)

평가란 작품, 문제해결 방법, 대안 등이 얼마나 좋은 것인지에 대한 가치를 판단하는 능력이다. 어떤 것의 가치를 정확히 판단하기 위해서는 판단의 토대가 되는 표준이나 증거를 활용할 수 있어야 한다. 어떤 학생이 그러한 준거를 잘 활용하는 능력이 있다면, 평가 능력이 높은 것이다.

- 내적 증거로 판단(judgement in terms of internal evidences): 내적 증거에 의한 판단은 논리적인 정확성, 일관성 등에 의해 작품을 평가하는 것이다. 이러한 능력을 갖춘 사람은 어떤 작품의 가치를 판정함에 있어 일정한 내적 준거를 적용할 수 있다. Bloom은 민주주의하에서 공교육은 시민들이 다양한 사회적 대안들을 성숙하게 판단할 수 있도록 도와야 한다고 주장했다. 그러기 위해서는 어떤 주장이 논리적이고, 일관성이 있는지 내적 준거로 판단할 수 있어야 한다. 어떤 작가나 화자가 한 작품속에서 모순 없이 논리를 전개하고 있는지 내적 준거로 판단할 수 있는 능력이 필요하다.

- 외적 증거로 판단(judgement in terms of external criteria): 외적 준거에 의한 판단은 외부적 기준으로 대상이나 작품을 판단하는 것이다. 또 특정 주장과 신념에 대해 사회적으로 설정된 바람직한 준거를 기준으로 삼아 비판적으로 평가할 수 있는 능력을 말한다. 공인된 준거를 바탕으로 해당 작품이나 대안의 질을 판단할 수 있는 능력이 여기에 해당한다.

3 신교육목표분류학

가. 주요 변화

Bloom이 개발한 교육목표분류학은 1950년대에 발표된 것으로서 오늘날의 기준으로는 70여 년 이상의 세월이 흐른 것이다. 2000년대 들어 Anderson과 Krathwohl(2001)을 중심으로 오래된 버전의 분류학을 보다 개선하고자 하였다. 그러나 크게 보면 이 역시 Bloom의 분류학에서 크게 벗어난 것은 아니다. 그렇긴 해도 Anderson 등이 제시한 교육목표분류학은 어느 정도 변화를 시도하였는데, 그것들은 [그림 3-1]과 같이 정리할 수 있다.

첫째, Bloom의 인지 수준 6단계는 명사형으로 제시되었으나 Anderson과 Krathwohl의 신교육목표분류학에서는 동사형으로 제시되었다. 이에 '지식' 영역은 별도로 독립되고, 지식 대신 '기억하다'는 동사로 대체되었다. Bloom이 제안

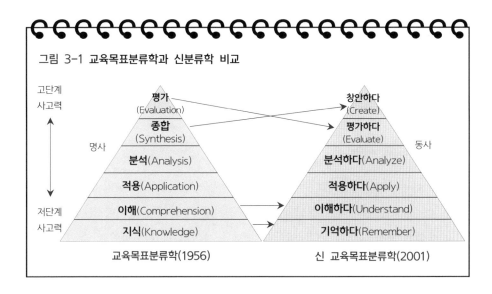

그림 3-1 교육목표분류학과 신분류학 비교

교육목표분류학(1956)

신 교육목표분류학(2001)

한 인지 6단계인, 지식, 이해, 적용, 분석, 종합, 평가에서 지식만 동사로 전환할 수 없는 용어이다. 이에 지식을 별도의 차원으로 독립시키게 된 것이다.

둘째, Bloom의 6단계에서 가장 상위 능력이었던 종합과 평가의 위계가 바뀌었다. 다만 '종합'은 '창안하다'로 그 이름이 변경되었다. 이는 창의성에 대한 교육적, 사회적 관심 증가와 관련이 있다. 창안은 '새로우면서 가치 있는' 산출물을 만드는 것이기 때문에 복잡성이 가장 높은 능력이라 볼 수 있다.

셋째, Bloom이 단지 지식이라고 보았던 것을 신분류학에서는 4가지 세부 유형으로 나누었다. 그것은 사실적 지식, 개념적 지식, 절차적 지식, 메타인지 지식이다. 신분류학 설정 당시 메타인지에 대한 관심이 크게 늘어, 여기서도 메타인지가 중요하게 다루어졌다.

나. 지식 차원의 4영역

지식차원에서 볼 때, 지식은 다음과 같이 4영역으로 나눌 수 있다.

1] 사실적 지식

사실적 지식은 원리나 개념보다 낮은 단순한 정보를 말한다. 그러나 사실적 지식을 알아야 나중에 개념과 원리 등을 학습할 수 있다. 어떤 학생이 수업시간에 용어에 대해 잘 알고 있거나, 정보에 대해 잘 알고 있다면, 필요한 사실적 지식이 갖추어진 것이다. 예를 들어 화학 실험을 하기 전에 실험에서 쓰이는 용어를 알아야 하는데, 이 용어가 사실적 지식에 해당한다. 역사적 사건에 대한 사실, 한 국가의 주요 수출품과 수입품을 아는 것도 사실적 지식을 아는 것이다.

2) 개념적 지식

인지심리학에서는 사람들이 스키마라 불리는 인지구조를 갖고 있다고 본다. 스키마는 정보를 처리해서 정보들 사이의 관계를 정립하는 것이다. 그렇기에 분리된 사실적 지식을 아는 것을 넘어서 그것들 사이의 관계를 파악할 수 있다. 어떤 학생이 개념적 지식을 잘 갖추고 있다면, 이 학생은 ① 개념들 사이의 차이를 알고, ② 원리를 잘 이해할 것이며, ③ 그 결과, 구체적인 것들을 일반화하거나 추상화하는 이론들을 잘 이해할 것이다.

3) 절차적 지식

학생들은 수업 시간에 용어나 정보에 대해 배우고 또 그것을 외우기도 한다. 그러나 이러한 것들만 가지고는 당면한 문제를 해결하기 어렵다. 문제해결을 위한 방법에 대한 지식을 가리켜 절차적 지식이라 하는데, 이러한 지식을 습득해야만 한다. 예를 들어 방정식을 풀기 위해서는 주어진 데이터에 공식을 적용할 수 있어야 한다. 이러한 절차적 지식은 학생들이 수업 시간에 교과를 배울 때 익힐 수 있다. 사회과에서 지도를 읽는 법을 배우거나, 과학과에서 어떤 공식을 배웠다면 절차적 지식을 배웠다고 볼 수 있다. 절차적 지식과 관련하여, 학생들은 수업 시간에 ① 단순히 공식을 익히기도 하고, ② 여기서 더 나아가 단순 공식보다는 실험 방법에 대한 지식을 익히기도 하고, ③ 어떤 절차가 더 효과적인지 판단하는 기준을 익히기도 한다.

4) 메타인지 지식

메타인지 지식은 '자신의 인지에 대한 지식'을 말한다. 쉽게 말해 '내가 무엇을 알고 있고, 또 무엇을 모르고 있기 때문에, 무엇을 더 학습해야 한다'는 것을 얼마나 알고 있는가이다. 첫째, 메타인지 지식을 잘 갖춘 학생들은 먼저 전략적 지식을 갖추고 있다. 전략적 지식이란 스스로 학습 전략을 선택하여 자신의 실력을 발전시킬 수 있는 지식이다. 둘째, 학생들이 과제의 성격에 대해 잘 아는 것도 메타인지에 속한다. 과제의 성격에 따라 지식은 다르게 적용될 수 있다. 그렇기에 학생들은 과제의 성격에 따라 어떻게 메타인지 지식을 활용해야 하는지 알아야 한다. 셋째, 학생들은 과제를 수행함에 있어 자신이 충분한 능력을 갖추고 있는지에 대해 알 필요가 있다. 메타인지 지식을 잘 갖춘 학생들은 특정 과제를 수행함에 있어, 자신이 과연 이에 대해 흥미와 관심을 갖고 있는지 돌아본다. 이와 같은 지식을 '자기-지식'(self-knowledge)이라 부른다.

다. 인지적 차원의 6단계

인지적 차원의 6단계는 다음과 같이 설명될 수 있다.

1) 기억하다(remember)

기억하는 능력은 장기 기억에서 적합한 지식을 인식하거나 불러내는 것이다. 역사적으로 중요한 사건이 일어난 연도와 장소를 기억하거나 세포의 구성 요소를 기억하는 것이 여기에 해당한다. 관련 동사는 열거하다(list), 연결하다(match), 이름을 말하다(name), 상기하다(recall), 인출하다(retrieve) 등이다.

2) 이해하다(understand)

이해하는 능력은 내가 어떤 것을 파악했다(comprehend)는 것이다. 어떤 개념 속에 다양한 요소들이 있다면 그것을 분류하는 능력이나 다양한 문화를 비교하는 능력이 여기에 속한다. 관련 동사는 해석하다(interpret), 예증하다(exemplify), 요약하다(abstract), 추론하다(extrapolate), 비교하다(compare), 설명하다(explain) 등이다.

3) 적용하다(apply)

적용하는 능력은 이전에 습득한 정보나 기능을 새로운 상황에 적용해서 문제를 해결하는 능력이다. 예를 들어 뉴턴의 제2법칙을 이용해서 새로운 문제를 해결하거나, 수학적 원리를 사용하여 주어진 데이터를 분석할 수 있는 능력이 여기에 해당한다. 관련 동사는 적용하다(apply), 활용하다(employ), 실행하다(implement), 조작하다(manipulate), 해결하다(solve) 등이 있다.

4) 분석하다(analyze)

분석은 무엇인가를 이루고 있는 요소나 부분들을 나누어 파악하고, 그것들 사이의 관계를 밝히는 능력이다. 이렇게 하면 전체적인 구조를 더 잘 이해할 수 있다. 어떤 학생이 사회제도를 부분적 요소들로 나누고 그것들 사이의 관계를 잘 정립할 수 있다면 분석력이 좋은 것이다. 관련 동사는 분석하다(analyze), 범주화하다(categorize), 구별하다(distinguish), 조직하다(organize), 해체하다(deconstruct) 등이다.

5) 평가하다(evaluate)

평가란 준거나 기준에 의해 어떤 것의 질을 판단하는 것을 말한다. 무엇인가를 만들어 내는 절차 또는 산물에 오류가 있는지 판단할 수 있는 능력이 여기에 속한다. 또 문제를 해결하는 데 있어 다양한 대안 중 가장 효과적인 방법이 무엇인지 판단할 수 있는 능력이 이에 해당된다. 문학이나 예술 작품의 질을 타당한 준거에 의해 판단할 수 있는 능력도 평가력이라 할 수 있다. 관련 동사는 평가하다(appraise), 결정하다(determine), 판단하다(judge), 등급을 매기다(grade), 정당화하다(justify) 등이 있다.

6) 창안하다(create)

각 요소들을 서로 이어서 새로운 패턴, 구조 또는 기능적 전체(functional whole)로 만들어 내는 능력이다. 역사적 주제에 대한 창의적인 연구 보고서를 쓰거나 상품을 발명하는 능력이 여기에 해당한다. 소설을 쓰거나 작곡을 하는 능력도 여기에 속한다. 또 관찰된 현상을 설명하기 위해 가설을 세울 수 있는 능력도 여기에 해당한다. 관련 동사는 공식을 세우다(formulate), 가설을 세우다(hypothesize),

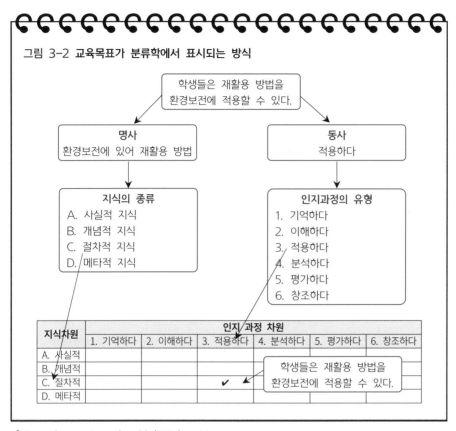

그림 3-2 교육목표가 분류학에서 표시되는 방식

자료: Anderson & Krathwohl (2001). p.32.

발명하다(invent), 생산하다(produce), 종합하다(synthesize) 등이다.

　　신교육목표분류학에서는 이와 같은 6가지 인지적 동사 측면과 4가지 지식 측면을 조합하여 교육목표를 진술한다. [그림 3-2]는 Anderson과 Krathwohl이 특정 교육목표가 분류학에서 표시되는 방식에 대해 제시한 예시이다.

　　이 사례에서 보여주는 바와 같이, 하나의 교육목표는 24개의 칸 중 한 칸에 해당한다. 이는 Bloom의 분류학에 비해 보다 엄밀하다는 장점이 있으나 하나의 평가(시험)에서 다루고자 하는 교육목표 전체를 볼 수 없다는 단점이 있다. 과학적으로는 더 엄밀할 수 있으나, 학교현장에서는 지나치게 복잡하여 실효성이 적다고 판단된다.

4 이해의 여섯 가지 측면

Bloom과 그의 후계자들은 교육목표를 낮은 단계에서 높은 단계로(6수준으로) 범주화하였다. 여기서 수준이 높고 낮음이란 인지적 복잡성(cognitive complexity)을 기준으로 한 것이다. 물론 Bloom도 이러한 단계들이 서로 중첩되기도 하고, 또 엄밀하게 구분되지 않을 때가 많다고 인정한 바 있다. 그럼에도 이들은 인지적 복잡성 수준에 따라 교육목표를 6수준으로 제시했다.

반면 Wiggins와 McTighe(2005)는 교육목표의 위계 대신에 '이해의 여섯 가지 측면'을 제시하였다. 여기서 측면(facets)이라는 말이 중요하다. 이 단어는 얼굴(face)이라는 어원을 가진 것으로 다각형 기둥의 면이라는 뜻을 갖고 있으므로 수평적인 뉘앙스를 지닌다. 이해의 여섯 가지 측면도 이와 같이 교육목표를 다양한 측면에서 고려한다는 취지에서 나온 말이다. 이해의 여섯 가지 측면은 Bloom을 많이 참조하였기 때문에 마치 수직적 위계가 있는 것처럼 보이기도 한다. 그러나 교육목표분류학에서 중시하는 목표의 엄격한 위계와 큰 차이를 지니고 있다.

가. 설명

설명(explanation)이란 학생들이 어떤 사건, 행위, 사상에 대해 타당한 근거를 갖고 기술하는 일 또는 정교한 이론을 들어 말할 수 있는 능력이다. 학생들은 2차 세계대전과 같은 역사적 사건 자체에 대해 잘 설명할 수 있을 뿐만 아니라 그 것이 어떤 원인에서 발생한 것인지 설명할 수 있어야 한다. 또 학생들은 어떤 개념에 대해 설명할 때, 그것이 작동하는 방식에 대해 알기 쉽게 설명하기 위해 좋은 예를 들어 말한다. 또 어떤 개념에 대해 근거나 증명을 통해 설명할 수 있다.

설명은 첫째, 사실에 대한 지식보다는 이유와 방법에 대한 지식이라고 할 수 있다. 학생들은 역사적으로 중요한 사건에 대해 배운 다음, 그것이 왜 일어났고 또 무엇에 영향을 미쳤는지 인과관계에 대해 설명할 수 있다. 또 과학 시간에는 물과 얼음이 서로 양태가 다르다 할지라도 사실은 똑같은 화학 물질로 이루어져 있음을 증명할 수 있다. 이와 같은 증명이 설명에 속한다. 이러한 능력은 이유와 방법에 대한 지식, 즉 설명 능력과 같은 것이다.

둘째, 학생들은 자신의 견해를 밝힐 수 있어야 하는데, 이것이 설명 능력이다. 학생들은 다양한 단편적 사실 또는 정보를 배운다. 그런데 학생들이 그 요소와 요소들이 어떻게 연결되어 있는지 설명할 수 있다면, 분명히 어떤 사태에 대해 종합적으로 이해한 상태에 있을 것이다. 이와 관련된 동사들은 지지하다, 정당화하다, 일반화하다, 예측하다, 입증하다, 증명하다, 실체를 밝히다 등이다. 단순 암기 시험은 그 자체로도 학생에 대한 정보를 얻어 낼 수 있으나 그 학생이 실제로 높은 이해(설명 능력)에 도달했는가에 대해 알려 주기 어렵다. 이와 같은 설명은 Bloom의 분류학에서 분석과 종합에 해당하는 능력이라고 볼 수 있다 (Wiggins & McTighe, 2005). 이렇게 볼 때, 설명은 지식 또는 '암기하다'와 같은 낮은 능력이 아님에 유의해야 한다.

나. 해석

해석(interpretation)은 의미를 발생시키는 이야기나 주어진 정보를 번역하는 것을 말한다. 번역이란 서로 다른 언어를 통역하는 것이기보다는 자신만의 의미로 재해석하는 것을 말한다. 이것은 어떤 의미를 갖고 있는가? 이것이 왜 중요한 문제인가? 이것은 인간의 삶에서 무엇을 밝혀 주는 것일까? 이것이 나에게 어떤 관련이 있단 말인가? 등의 질문들은 해석 측면과 관련된 것들이다.

첫째, 해석은 주어진 텍스트나 데이터의 의미를 찾는 것이다. 예를 들어 마틴 루터 킹 목사의 '나에겐 꿈이 있습니다' 연설에 대해 우리는 다양한 질문들을 던질 수 있다. 이와 같이 주어진 텍스트에 질문을 던지고, 의미를 밝히는 것이 바로 해석이다. 이를 역사 시간 사례에 적용한다면, 교사는 학생들의 진정한 이해를 돕기 위해 단편적 사실을 많이 암기하는 것보다 특정 사건의 중요성을 해석할 수 있는 기회를 제공해야 한다.

둘째, 해석이란 텍스트를 삶으로 가져오는 것을 말한다. 이와 관련된 수업 장면을 떠올린다면, 학생들은 주어진 책이나 예술 작품이 왜 중요한지 각자 해석해 볼 것이다. 또 주어진 과거나 현재 경험의 중요성에 대한 토론 장면을 떠올릴 수 있다. 이 장면들에서 텍스트를 삶으로 가져온다고 하는 것은 해당 텍스트가 지금 우리의 삶에 어떤 연관성을 지니는지 파악하는 것이다. 학생들은 텍스트나 데이터를 보고, 이것들이 내 삶의 경험 속에서 어떤 의미를 갖는지 해석해 볼 수 있다. 그렇기 때문에 해석은 열려있는 것이다. 같은 텍스트도 다양한 해석이 가능하다. 자연과학에서는 똑같은 물리적 현상을 설명함에 있어 하나의 공식이 필요하다. 그러나 인간 사건(human events)에 있어서는 통찰력 있는 또는 설득력 있는 해석이 두 개 이상 또는 다수 존재할 수 있다. 바로 이 점에서 설명과 해석 사이에 차이가 있다. 설명은 어떤 현상이 왜 나타나는가에 대해 말하는 것이지만, 해석은 그 현상의 의미가 무엇인지를 따진다.

다. 적용

적용(application)이란 학교에서 배운 지식을 새로운 상황이나 다양한 현실 맥락에서 사용할 수 있는 능력을 말한다. 내가 배운 지식과 기능을 어디에 어떻게 사용할 수 있을 것인가? 특정 문제를 해결하기 위해 나는 내 생각과 행동을 어떻게 변화시켜야 할까? 등의 고민이 적용의 측면과 관련이 있다. 적용을 다음과 같이 두 측면에서 살펴보면, 첫째, 적용은 지식을 맥락 속에서 사용하는 것을 말한다. 이것은 Bloom의 교육목표분류학에서 적용이라고 부르는 것과 거의 유사하다. 우리가 어떤 것을 잘 이해했다면, 습득한 지식과 아이디어를 새로운 맥락에 적용하여, 실천할 수 있다. 그래서 적용 능력이 있는 학생은 학교에서 배운 정보와 사실을 사용하여 당면한 문제를 해결할 수 있다. 이처럼 적용이란 노−하우(know−how)를 아는 것이라 볼 수 있다.

둘째, 적용은 실제세계 문제(real−world problem)와 관련된다. 연구자, 예술가, 엔지니어 등 많은 전문가들은 지식을 이용해서 실제 문제를 해결하는 사람들이다. 전문성은 통제된 상황에서 행하는 실험을 넘어서는 것이다. 다시 말해 실험실에서 알아낸 지식을 훨씬 더 복잡한 실제세계 문제에 적용하는 능력이다. 그렇기 때문에 단답형이나 선다형만으로는 이러한 적용 능력을 재기 어렵다. 이와 같은 지필 시험은 실제세계를 반영하기 어렵기 때문이다. 이에 반해, 법에서 판례를 연구하거나 의학에서 자주 사용하는 문제기반학습(problem−based learning)이 적용 능력을 키워줄 수 있다.

라. 관점

관점(perspective)이란 비판적이고 통찰력 있는 시각을 말한다. 이 사상은 누구의 관점인가? 이것은 정당화될 수 있는가? 이러한 주장에 충분한 증거가 있는가? 이것은 합리적인 주장인가? 이 사상의 강점과 약점은 무엇인가? 등의 질문이 관점과 관련이 있다.

관점은 많은 이점이 있는 교육목표이다. 보통 관점은 비판적 사고력이라고도 한다. 많은 사람들은 특정 관습이 전통적으로 받아들여져 왔기 때문에 당연하다고 생각하기 쉽다. 그러나 인종주의, 성차별 등 많은 관습은 오늘날 더 이상 받아들여지지 않는다. 그렇게 되기까지 많은 노력과 시간이 필요했는데, 이는 사람들의 비판적 사고력이 발전했기 때문에 가능한 것이었다. 학생들이 관점에 대한 능력을 잘 갖추면, 그동안 습관적으로 가져왔던 편견이나 관습으로부터 거리를 둘 수 있다. 그렇게 함으로써 보다 사려 깊은 사람으로 성장할 수 있다. 사려 깊은 사람은 기정사실로 인정된 것 같은 관습에 도전적 질문을 던질 수 있는 능력을 갖춘 사람이다. 한편 관점은 서로 경쟁할 수 있다. 사회는 다양한 관점을 가진 사람들로 구성되어 있다. 그리고 문학작품, 예술작품, 심지어는 과학 현상에 있어서도 다양한 관점이 있을 수 있다. 그러므로 학생들은 학교에서 문학, 예술, 과학 등에 대해 배울 때, 다양한 관점에 대해 배우는 것이 중요하다.

마. 공감

공감(empathy)은 다른 사람의 감정이나 세계관을 들여다보고 그들의 입장에서 생각해 볼 수 있는 능력을 말한다. 관점이 '다른 각도에서 보는 것'이라면 공감은 '다른 사람의 신발을 신어 보는 것'과 비슷하다. 쉽게 말해 다른 사람의 입장이 되어 보는 것이다. 다른 사람들은 볼 수 있지만, 내가 볼 수 없는 것은 무엇인가? 내가 이것을 이해하기 위해서는 무엇을 경험해야 할까? 이 작품은 내게 무엇을 느끼게 하려는 것일까? 등의 질문이 이와 관련된다.

첫째, 공감은 통찰의 한 방법이라고 볼 수 있다. 통찰력은 익숙한 것을 낯설게 하고, 낯선 것을 익숙하게 하는 능력과 관련성이 있다. 공감을 위해서는 학생들이 낯설게 느낄 수 있는 경험, 사상, 텍스트 등을 열린 마음으로 받아들일 수 있는 자세가 필요하다.

둘째, 공감은 마음의 변화를 수반한다. 우리가 어떤 것을 이해한다는 것은 지적인 마음(intellectual mind)의 변화뿐만 아니라 정서적인 마음(heart)의 변화를 수반한다. 그렇기 때문에 학생들이 공감을 잘 배우려면, 나 그리고 우리와 다른 사람들에 대한 존중이 필요하다. 존중은 사람들에게 열린 마음을 허락한다. 이와 같은 마음의 변화는 인종주의와 차별 같은 자민족 중심의 관점을 벗어나는 것이다. 사람은 남들과 같은 곳에 있어 보지 않으면, 즉 그곳에서 같은 것을 경험해 보지 않으면, 타인의 경험에 대해 정확히 이해하기 어렵다. 하지만 모든 사람들이 그것을 직접 경험할 수는 없다. 그래서 공감이라는 전략을 통해 교육의 목표를 보다 더 효과적으로 달성할 수 있다.

바. 자기-지식

자기-지식(self-knowledge)은 자신의 무지를 아는 지혜, 그리고 자신이 생각하고 행동하는 방식에 대해 한 발 떨어져서 보는 능력이다. 나는 어떻게 해서 나만의 관점을 형성하였는가? 나의 이해방식에는 어떤 한계가 존재하나? 내가 보지 못하고 있는 맹점은 무엇인가? 나의 편견이나 습관 때문에 내가 잘못 이해하는 것은 무엇인가? 등의 질문이 자기-지식과 관련이 있다.

선다형으로 이루어진 표준화 검사는 마치 과학적인 것 같지만 학생들이 자기-지식을 갖추고 있는지 측정하기 매우 어렵다. 또 행동주의에서 말하는 행동목표 역시 주어진 사실과 정보 습득에 도움이 될 뿐, 학생들의 자기-지식을 성장시키는 데는 큰 도움이 안 된다. 학생들은 자신이 무엇을 이해했고, 또 앞으로 무엇을 더 이해할 필요가 있는지 스스로 알 수 있어야 한다. 이와 같은 메타인지를 갖고 있는 학생들은 스스로 자신의 학습 과정을 조절할 수 있다. 성숙한 사람은 성찰 능력을 갖춘 사람이다. 이에 시험 점수가 높은 학생이라도 자기-지식이 부족하다면 교육목표를 충분히 도달했다고 볼 수 없다. 자기-지식은 지적인 학습전략을 넘어서 학생들을 성숙한 사람으로 만드는 것이다. 성숙함은 우리가 쉽게 가질 수 있는 편견과 관습에 대한 맹신으로부터 거리를 두는 태도이다. 성숙한 학생이 되기 위해서는 지식과 사상에 대해 의문을 제기하는 능력이 필요하다. 이는 소크라테스를 연상시킨다. '너 자신을 알라'라는 말은 자기–지식을 바탕으로 보다 더 나은 사람이 되기 위해 노력하라는 말로 해석할 수 있다(Foucault, 2005). 그러므로 자기–지식은 인식론적인 문제인 동시에 인생을 어떻게 살 것인가와 관련된 철학적 문제이기도 하다. 이 점에서 이해의 여섯 가지 측면은 Bloom 학파의 메타인지 관점보다 통합적이고 깊이 있는 입장을 취한다.

5 교육목표분류학과 이해의 여섯 가지 측면 비교

이상에서 살펴본 바와 같이 이해의 여섯 가지 측면은 Bloom의 분류학과 비교해서 많은 차이가 있어 보인다. 물론 이 두 이론 사이에는 상당한 유사성이 존재한다. 또 Wiggins와 McTighe도 이론적 기초로서 Bloom을 많이 인용하고 있는 것도 사실이다. 하지만 전반적으로 관점과 뉘앙스에서 많은 차이가 발견된다. 이를 정리하면 다음과 같다.

첫째, 수직과 수평의 차이이다. 위에서도 약간 언급했지만 Bloom은 쉬운 능력에서 어려운 능력으로 교육목표를 위계적으로 조직한 반면, Wiggins와 McTighe는 측면으로 목표를 배치했다.

둘째, 이해의 여섯 가지 측면은 학습의 전이에 상당히 많은 강조점을 두고 있다. 물론 전이는 거의 모든 교육과정 학자들이 주목하고 있는 것이다. 교육목표분류학에서도 마찬가지다. 한편 이해의 여섯 가지 측면에서는 학교에서 배운 지식을 실제 삶의 다양한 맥락에 적용함으로써 깊이 있고, 의미 있는 이해를 추구하는 것에 큰 사명감을 갖고 있다.

셋째, 교육목표분류학에 비해 이해의 여섯 가지 측면은 상당히 열려있는 교육목표를 추구한다. 관점이나 공감, 자기–지식에 대한 강조는 특히 개방된 인식론에 기초하고 있음을 보여준다. 교육목표분류학에서도 적용, 종합, 평가와 같이 고단계 사고력을 중시하고 있지만 그 능력을 측정함에 있어 인식론적으로 열려있다고 보기 어렵다. 이에 반해 이해의 여섯 가지 측면에서는 텍스트와 데이터에 대한 다양한 해석, 다양한 의미의 추구, 다양한 관점 그리고 공감을 강조한다는 점에서 큰 차이가 있다.

넷째, 교육목표분류학에 비해 이해의 여섯 가지 측면에서는 학생들이 학습 과정에 능동적으로 참여할 수 있는 전략을 염두에 두고 있다. 학생들은 정보나 사실에 대한 수동적인 수용자를 넘어, 수업에 적극적으로 참여할 때 더 잘 배울 수 있다. 이 관점에서는 사실, 개념, 원리 등을 의미 있는 방식으로 삶에 적용할 수 있는 능력을 보다 강조하는 경향이 있다. 이와 관련해서 평가에서도 수행평가나 참평가를 강조한다. 이러한 평가는 수업에서 학생들의 적극적인 참여를 중시한다. Bloom이 인간 능력 자체의 명료화에 관심이 있었다면, Wiggins와 McTighe는 수업과 평가와의 연계에 큰 관심을 보였다.

다섯째, 이해의 여섯 가지 측면은 교육목표분류학에 비해 보다 종합적이고 전인적인 접근을 취하는 경향이 있다. 예를 들어, 이해의 여섯 가지 측면은 깊이 있는 학습, 의미있는 학습, 편견을 극복하는 학습, 남의 처지를 공감하는 학습, 자신에 대해 알고 성찰하는 태도 등 보다 사려깊은 사람을 길러내는 데 관심이 있다. 반면 Bloom은 종종 행동주의 심리학자로 언급된다. 그는 교육목표를 세부적인 기능으로 나누어 구인들 사이의 차별성을 파악하는 데 힘썼다. 이와 같이 Bloom이 세부적인 능력 사이의 비교, 분석에 관심을 둔 반면 이해의 여섯 가지 측면은 교육목표를 여섯 개로 구분했다 할지라도 능력들 사이의 경계를 지나치게 인위적으로 규정하지 않기 위해 노력한다. 그리고 교사들이 맹목적으로 행동주의 심리학을 알아야 하기보다 교실에서 수업과 평가를 운영할 때, 학생들에게 이해의 여섯 가지 측면들이 균형적으로 발달할 수 있도록 도와주는 데 관심을 가졌다.

6 국가교육과정에서의 목표

국가교육과정에서 교육목표는 크게 추구하는 인간상, 학교급별 교육목표, 교과목표, 단원별 성취기준 등으로 제시되어 있다. 현행 국가교육과정에서는 "교육은 홍익인간의 이념 아래 모든 국민으로 하여금 인격을 도야하고, 자주적 생활 능력과 민주시민으로서 필요한 자질을 갖추어 인간다운 삶을 영위하고, 민주 국가의 발전과 인류 공영의 이상을 실현할 수 있도록 함을 목적으로 한다."고 밝히고 있다. 또 이러한 교육 이념과 교육 목적을 바탕으로, 교육과정이 추구하는 인간상을 네 가지로 제시하고 있다. 이는 다음과 같다.

- 전인적 성장을 바탕으로 자아정체성을 확립하고 자신의 진로와 삶을 스스로 개척하는 자기주도적인 사람
- 폭넓은 기초 능력을 바탕으로 진취적 발상과 도전을 통해 새로운 가치를 창출하는 창의적인 사람
- 문화적 소양과 다원적 가치에 대한 이해를 바탕으로 인류 문화를 향유하고 발전시키는 교양 있는 사람
- 공동체 의식을 바탕으로 다양성을 이해하고 서로 존중하며 세계와 소통하는 민주시민으로서 배려와 나눔, 협력을 실천하는 더불어 사는 사람

이러한 인간상을 구현하기 위해 국가교육과정은 교과 교육과 창의적 체험활동을 포함한 학교교육 전 과정을 통해 중점적으로 기르고자 하는 핵심역량을 6개로 설정하여 제시하였다. 이는 다음과 같다.

- 자아정체성과 자신감을 가지고 자신의 삶과 진로를 스스로 설계하며 이에 필요한 기초 능력과 자질을 갖추어 자기주도적으로 살아갈 수 있는 자기관리 역량
- 문제를 합리적으로 해결하기 위하여 다양한 영역의 지식과 정보를 깊이 있게 이해하고 비판적으로 탐구하며 활용할 수 있는 지식정보처리 역량
- 폭넓은 기초 지식을 바탕으로 다양한 전문 분야의 지식, 기술, 경험을 융합적으로 활용하여 새로운 것을 창출하는 창의적 사고 역량
- 인간에 대한 공감적 이해와 문화적 감수성을 바탕으로 삶의 의미와 가치를 성찰하고 향유하는 심미적 감성 역량

- 다른 사람의 관점을 존중하고 경청하는 가운데 자신의 생각과 감정을 효과적으로 표현하며 상호협력적인 관계에서 공동의 목적을 구현하는 협력적 소통 역량
- 지역·국가·세계 공동체의 구성원에게 요구되는 개방적·포용적 가치와 태도로 지속 가능한 인류 공동체 발전에 적극적이고 책임감 있게 참여하는 공동체 역량

핵심역량은 어디서 온 걸까?

핵심역량은 DeSeCo 프로젝트에서 온 것이다. 이 프로젝트는 OECD가 수행한 'Definition and Selection of Competencies'의 약자로서 역량의 정의와 선정이라는 과업을 말한다. 쉽게 말해 학생들에게 필요한 역량을 선정하는 연구라고 볼 수 있다. 이 프로젝트는 1997년 시작되었다. 이 역량이 추구하는 목표는 크게 두 가지였는데, 그것은 개인이 행복하고, 보다 좋은 사회를 만들기 위한 것이었다. 이는 개인의 성공과 사회적 웰빙(well-being)이라고 표현되었다.

이를 위해 최종적으로 3개의 핵심역량이 도출되었는데, 그것은 (1) 이질적인 집단에서 상호작용하는 역량(interacting in socially heterogeneous groups), (2) 자율적으로 행동하는 역량(acting autonomously), 그리고 (3) 상호 협력적으로 다양한 도구를 사용하는 능력(using tools interactively)이 도출되었다. 이는 다문화 사회와 다양한 후기 산업사회 위기에 직면한 OECD 국가들의 관심과 관련되는 것이다. 이 국가들은 지속가능한 사회, 다문화 사회 속에서 사회적 연대, 새로운 기술의 발달 속에서 노동시장의 변화 등 다양한 고민을 안고 있었던 것이다.

많은 OECD 국가들은 국가교육과정에 핵심역량을 비중있게 반영하였다(백남진, 온정덕, 2015). 한국에서는 2015 개정 교육과정에서 처음으로 핵심역량을 반영하였다. 이는 DeSeCo 프로젝트의 영향을 받은 것이다. 최근 OECD는 '교육 2030 학습 프레임워크'를 발표한 바 있는데, 이는 2022 개정 교육과정에 영향을 주었다.

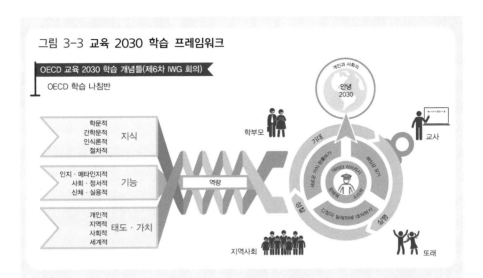

그림 3-3 교육 2030 학습 프레임워크

DeSeCo 프로젝트가 핵심역량 도출에 관심이 있었다면, 교육 2030 학습 프레임워크는 교육과정, 평가, 교육환경 등 종합적인 틀을 제시했다는 데 의의가 있다. 특히 역량을 지식, 기능, 가치 및 태도를 잘 가르치면 달성될 수 있는, 즉 포괄적 개념으로 정의했다는 것이 특징이다. 이러한 역량을 키우는 목적은 학생들 스스로 사회를 변화시키고 자신의 미래를 형성하는 주도적 학습자가 됨으로써 자신과 사회의 안녕을 추구하는 데 있다. 또 교육환경의 중요성을 인식하여, 학생의 성장을 위해 교사, 또래, 부모, 지역사회와의 협력을 강조하였다. 이를 통해 길러야 할 역량으로는 문해력, 수리력, 데이터 활용 능력, 건강관리 능력, 디지털 활용 능력을 설정했다. 또 (1) 새로운 가치 창조, (2) 긴장과 딜레마 조정, (3) 책임감 있는 시민 역량을 추가했다. 이러한 개념틀은 역량에 대한 모호성을 극복하고, 종합적인 교육 체제를 고려했다는 점에서 DeSeCo 프로젝트보다 진일보 한 것으로 평가될 수 있다.

이와 함께 국가교육과정은 학교급별로 추구해야 할 교육목표를 제시하고 있다. 학교급별 교육목표는 크게 다르지 않고, 거의 공통되나 학생의 발달단계를 고려하여 제시되어 있다. 이 중에서 고등학교 교육목표는 "중학교 교육의 성과를 바탕으로, 학생의 적성과 소질에 맞게 진로를 개척하며 세계와 소통하는 민주시민으로서의 자질을 함양하는 데 중점을 둔다."고 밝히고 있다. 네 가지 하위 목표는 다음과 같다.

- 성숙한 자아의식과 인간의 존엄성에 대한 존중을 바탕으로 일의 가치를 이해하고, 자신의 진로에 맞는 지식과 기능을 익히며 평생 학습의 기본 능력을 기른다.
- 다양한 분야의 지식과 경험을 융합하여 창의적으로 문제를 해결하고, 새로운 상황에 능동적으로 대처하는 능력을 기른다.
- 다양한 문화에 대한 이해를 바탕으로 자신의 삶을 성찰하고 새로운 문화 창출에 기여할 수 있는 자질과 태도를 기른다.
- 국가 공동체에 대한 책임감을 바탕으로 배려와 나눔을 실천하며 세계와 소통하는 민주시민으로서의 자질과 태도를 기른다.

교과 교육과정에서는 교과 목표와 단원별 성취기준이 제시되어 있다. 총론에서는 일반적인 교육목표를 밝히고 있으며, 종종 각론이라 불리는 교과 교육과정에서는 해당 교과별 목표가 제시되어 있다. 이 중에서 과학과를 예시로 살펴보면 다음과 같다.

과학과 목표(2022 개정 교육과정)

자연 현상과 일상생활에 대하여 흥미와 호기심을 가지고 과학적 탐구를 통해 주변의 현상을 이해하고, 개인과 사회의 문제를 과학적이고 창의적으로 해결하는 데 민주시민으로서 참여하고 실천하는 과학적 소양을 기른다.
(1) 자연 현상과 일상생활에 대한 흥미와 호기심을 바탕으로, 개인과 사회의 문제를 인식하고 과학적으로 해결하려는 태도를 기른다.
(2) 과학의 탐구 방법을 이해하고 자연 현상과 일상생활의 문제를 과학적으로 탐구하는 능력을 기른다.

(3) 자연 현상과 일상생활을 과학적으로 탐구하여 과학의 핵심 개념을 이해한다.

(4) 과학과 기술 및 사회의 상호 관계를 이해하고, 개인과 사회의 문제해결에 민주 시
    민으로서 참여하고 실천하는 능력을 기른다.

성취기준에 있어서는 단원명 아래, 단원별로 주요한 소수 성취기준만 제시
되어 있으며, 이를 효과적으로 달성하기 위한 탐구활동을 제안하고 있다. 또 교
사가 성취기준의 취지를 알 수 있도록 하기 위해 성취기준에 대한 해설과 고려
사항을 제시해 놓았다. 중학교 3학년 과학과에서 이를 예시하면 다음과 같다.

중학교 3학년 단원별 성취기준 예시(2022 개정 교육과정)

(19) 운동과 에너지

[9과19-01] 직선상에서 움직이는 물체의 운동을 그래프로 나타내고 해석할 수
있다.

[9과19-02] 자유 낙하하는 물체의 운동에서 시간에 따른 속력의 변화가 일정함
을 분석할 수 있다.

[9과19-03] 일의 정의를 알고, 자유 낙하하는 물체의 운동에서 중력이 한 일을
위치 에너지와 운동 에너지로 표현할 수 있다.

[9과19-04] 물체의 운동에서 역학적 에너지의 전환과 보존을 이해하고, 이를 활
용하여 일상생활 속 물체의 운동을 예측할 수 있다.

<탐구 활동>
• 여러 가지 물체의 자유 낙하 운동 분석하기
• 자유 낙하하는 물체의 역학적 에너지 보존 실험하기

(가) 성취기준 해설

- [9과19-01] 물체의 직선 운동에서 등속 운동과 속력이 일정하게 증가하거나 감소하는 운동을 다루며, 속력이 변하는 경우에는 시간-속력 그래프를 그려서 운동을 분석한다.
- [9과19-02] 자유 낙하하는 물체의 운동에서 물체의 종류나 질량에 상관없이 단위 시간당 속력 변화량이 9.8m/s로 일정함을 자료를 분석하여 이끌어내도록 한다.
- [9과19-03] 중력이 한 일은 운동 에너지, 중력에 대해서 한 일은 위치 에너지로 전환됨을 확인한다.
- [9과19-04] 단진자나 자유 낙하하는 물체 등의 사례에서 역학적 에너지 보존 법칙을 이용해 물체의 운동 상태를 예측할 수 있음을 설명한다.

(나) 성취기준 적용 시 고려 사항

- 초등학교 5~6학년군 '물체의 운동', 고등학교 '통합과학1'의 시스템과 상호작용, '물리학'의 힘과 에너지와 연계된다.
- 공기 등에 의한 마찰을 무시할 수 있는 물체의 운동을 기록한 실험이나 동영상 자료를 활용할 수 있다.
- 운동에 대한 기록과 자료의 해석·분석에 사진기나 운동 센서 등 다양한 디지털 탐구 도구를 활용할 수 있도록 한다.

7 교사교육에 주는 시사점

교사들 또는 예비 교사들은 교육학에서 교육목표에 대한 이론과 실천이 어떻게 발전되어 왔는지에 대해 알아야 한다. 또 교사들은 국가교육과정에 나와 있는 교육목표의 타당성과 역할에 대해 잘 알고 있어야 한다. 교육과정, 수업, 평가의 관점에서 그 이유를 살펴보면 다음과 같이 제시할 수 있다.

첫째, 교육목표는 교사들에게 내가 지금 가르치고 있는 교육내용이 교육목표를 달성하는 데 있어 얼마나 효과적인 것인지 성찰할 수 있도록 도와준다. 교육과정은 교육목표를 달성하기 위한 것으로 교육목표 달성과 관련이 없는 부분은 버리고 교육목표를 달성하는 데 필요한 것들을 포함시켜야 한다. 교사들은 국가교육과정을 재구조화 또는 재구성하거나 학교 교육과정을 개발한다. 이때 교육목표는 교사가 재구조화 또는 선정하는 교육내용이 과연 타당한 것인지 판단하는 기준이 된다.

둘째, 교육목표는 교사로 하여금 수업 설계를 어떻게 할 것인가에 대한 안내를 제공한다. 교사들은 학생들이 교육목표를 달성하는 데 있어 가장 효과적인 수업전략을 선택한다. 그러기 위해서는 교육목표에 대한 명확한 이해가 필요하다. 보통 교과교육에서 교육목표는 단원별 성취기준의 형식으로 제시된다. 현행 교육과정에서는 단원에 따른 성취기준과 이를 깊이 있게 달성할 수 있도록 하는 탐구활동까지 제시한다. 그런 다음 교사들이 각 성취기준이 어떤 의미를 갖고 있는지 알게 도와주고, 성취기준 적용시 고려사항에 대해 제시한다.

셋째, 교육평가는 학생들이 교육목표를 제대로 달성하였는지 여부를 파악하는 활동이다. 교육목표는 학생이 알 수 있어야 하는 것과 할 수 있어야 하는 것, 그리고 바람직한 태도와 가치를 지니게 되었는지 알아보는 활동이다. 그러기 위해서는 이 활동의 판단 기준이 있어야 되는데, 그 기준이 바로 교육목표라 볼 수 있다.[4]

위와 같이 교육과정, 수업, 평가에 있어서 교육목표는 교사의 전문성 강화와 밀접한 관련이 있다. 교사전문성은 교사가 교육목표를 정확히 인지하고, 이를 바탕으로 수업전략을 짜고, 평가계획을 수립할 수 있는 능력을 갖추었음을 뜻한다.

이상에서 밝힌 중요성 이외에 한 가지 부수적인 이점이 있다면, 그것은 학부모(또는 보호자)와의 의사소통 과정에서 교육목표가 사용될 수 있다는 것이다.

---

4) 기실 이러한 논리는 Ralph Tyler로부터 시작된 아주 오래된 것이다. 그러나 학자들의 관심과 관점에 따라 교육목표와 평가를 연계하는 방식에는 차이가 존재하기도 한다. Bloom과 같은 행동주의자들은 비교적 측정하기 쉬운 교육목표와 평가의 일치에 관심을 둔 반면, Wiggins와 McTighe는 관점, 공감, 자기-지식 등을 포함하여, 이해의 여섯 가지 측면과 이에 대응하는 평가 -주로 수행평가와 참평가- 를 강조하였다는 점에서 차이가 있다.

학부모들은 자녀들이 학교에서 잘 성장하는지에 대해 큰 관심을 갖는다. 교사가 학부모와 상담 또는 소통할 때, 학생들이 잘 성장하고 있는지에 대한 기준을 교육목표에 둘 수 있다. 이때 교육목표의 달성 여부는 교육과정에 나와 있는 교과목표, 단원별 성취기준 등이 될 수 있다.

MEMO

이 장이 끝나면 대답할 수 있어야 하는 10가지 질문

1. 경험과 학습경험은 어떤 점에서 비슷하고, 어떤 점에서 다른가?
2. John Dewey와 Ralph Tyler는 왜 교육내용보다 학습경험이라는 용어를 선호하였는가?
3. 교육내용 선정에서 기회의 원리에 대한 정의를 내린 후, 과학수업에서 기회의 원리가 충족된 예와 그렇지 않은 예를 제시하시오.
4. 교육내용 선정에서 만족의 원리에 대한 정의를 내린 후, 사회수업에서 만족의 원리가 충족된 예와 그렇지 않은 예를 제시하시오.
5. 스코프의 개념은 무엇인가?
6. 시퀀스의 개념은 무엇인가?
7. 진보주의자들, Bruner, 포스트모더니스트 모두 교육과정의 통합성을 중시하였다. 그럼에도 불구하고 이들이 통합성을 지지하는 논리는 어떻게 다른가?
8. 국가교육과정 편제표를 스코프와 시퀀스 개념을 통해 설명해 보시오.
9. 교사는 교육과정의 스코프, 즉 폭과 깊이를 결정함에 있어 어떤 전문성이 필요한가?
10. 전인교육, 전통과 미래, 정부와 교사, 세 측면에서 교육과정 균형성이 왜 필요한지 설명하시오.

학습경험

1 학습경험의 선정

가. 학습경험

교육과정 이론에서 학습경험은 학생의 학습을 촉진하는 학습환경 속에서 다양한 활동이나 상호작용 등을 통해 학습자에게 일어나는 경험을 말한다. 학생들은 학교에서 강의를 듣기도 하고, 실험을 하기도 하고, 문제해결 활동에 참여하고, 비판적 사고력을 계발하기도 한다. 이런 활동을 통해 학습자들은 학습경험을 만난다. 학습경험은 교육의 본질적인 요소로서 학생들이 지식, 기능, 태도를 익히고 적용할 수 있는 기회 속에서 경험될 수 있다. 이 점에서 학습경험은 학생의 삶에 적합한 맥락 속에서 더 잘 습득될 수 있다. 그러면 교육과정은 어떤 학습경험을 선정해야 할까? 학생들이 학교에서 배우는 것과 자신을 둘러싼 세상을 보다 더 깊게 이해할 수 있도록 도와주고, 자신과 사회의 긍정적 변화를 위해 도전할 수 있게 만드는 학습경험이야말로 교육적으로 의미있는 경험이라 볼 수 있다.

그렇다면 경험과 학습경험은 어떤 점에서 비슷하고, 어떤 점에서 다른 것일까? 경험이란 보고 듣거나 몸소 겪는 일이다. 좀 더 엄밀하게 말하면 자신이 객관적인 대상을 지각하거나 성찰해보는 것이다. 학생들은 가정이나 학교, 그리고 친구들 사이에서 많은 것을 경험한다. 그중에서도 교육적으로 유의미한 경험들이 있다. 다양한 상호작용을 통해 부모나 친구로부터 교육적으로 유의

CHAPTER 04 **학습경험** 115

미한 것을 배웠다면, 그런 것도 학습경험이라 볼 수 있다. 그렇지만 학습경험은 교육적으로 주의 깊게 엄선된, 그리고 계획된 경험이다. 이에 다양한 경험 중에서 간혹 학습경험에 해당하는 것이 있을지 몰라도, 학습경험은 주로 학교라는 곳을 염두에 두고 학생들이 교육목표를 달성하도록 도와주기 위한 기회를 통해 습득하는 경험이다.

이러한 학습경험은 어떤 곳에서, 어떤 조건에서 습득할 수 있을까? 학습경험은 교실에서 일어나기도 하고, 실험실이나 현장 학습, 공동체 생활 속에서도 일어날 수 있다. 교사의 강의나 학생주도의 활동을 통해서도 학습경험이 일어난다. 이와 같이 학습경험은 다양한 조건 속에서 일어나는 것이기 때문에, 학습조건이나 학습환경은 학습경험과 밀접한 관련이 있다. 교육의 내용이 단순히 가르쳐야 할 것이라면 학습경험은 학생이 교육의 목표를 달성하도록 도와주는 기회이기 때문에 효과적으로 설계되어야 한다. 이러한 맥락에서 최근에는 학생들의 학습 스타일과 선호도를 고려하여 학습경험이 효과적으로 일어날 수 있도록 설계하는 경향이 있다(Tomlinson, 2014).

이러한 경향은 크게 볼 때, John Dewey 전통에 있는 것으로 해석할 수 있다. 학습경험은 경험중심 교육 사상과 관련이 있다. Dewey는 학생들의 삶에 유의미하고, 적합한 학습경험이 주어져야 한다고 주장했다. 이러한 학습경험은 학생들의 지적, 사회적, 정서적 발달을 촉진할 수 있다. 그에 따르면 학습경험은 탐구의 과정에서 잘 습득할 수 있다. 학생들은 탐구의 과정에서 새로운 아이디어와 개념을 발전시킨다. 또 궁금한 질문을 던지고, 관찰하고, 가설을 검증함으로써 새로운 지식을 만들어 낼 수 있다. 물론 이러한 탐구의 과정은 교사들로부터 효과적으로 지도받아야 한다. 이때 교사는 학생들이 그들의 경험과 더 넓은 세상과의 관계를 파악하는 데 도움을 줄 수 있는 촉진자의 역할을 맡아야 한다. 이와 같이 교사들의 도움으로 학생들은 학교에서 배운 것을 자신들의 경험에 비추어 보고 어떤 행동을 해 나갈지 결정한다. 이를 통해 학생들은 자신이 속한 공동체의 삶에 보다 적극적으로 임할 수 있다. Ralph Tyler는 이러한 전통에서 교육내용이라는 용어보다는 학습경험이라는 말을 일관되게, 그리고 비중있게 사용하였다. 그로 인해 오늘날에도 학습경험이라는 용어가 많이 사용되는 것이다.

때로 학습경험은 교육내용과 같은 의미를 지니기도 하며, 구분되어 사용되기도 한다. 교육학자나 교육자들은 학습경험과 교육내용을 거의 같은 개념으로 구분하지 않고 사용하기도 한다. 한편 교육내용과 학습경험을 구분해서 쓰는 경우는 다음과 같이 두 개념을 구별할 수 있다.

- 교육내용: 교과, 지식, 역사적 사실, 원리 등을 열거한 것
- 학습경험: 교육목표를 달성하기 위해서 신중하게 선정된 경험

그러므로 교사들이 교육과정 이론이나 교육부 또는 교육청 문서를 읽을 때 교육내용이 학습경험과 같은 개념으로 쓰였는지 아니면 구별된 개념으로 쓰였는지 확인할 필요가 있다.

나. 학습경험 선정의 원칙

1] 기회의 원칙

기회의 원칙에서 '기회'란 교육목표를 달성할 수 있는 기회를 말한다. 다시 말해 특정 교육목표를 달성하기 위해서는 해당 목표에 들어있는 행동을 학습자가 실제로 경험할 수 있도록 해야 한다는 것이다. 예를 들어 교육목표가 문제해결력을 기르는 것이라면, 학생들이 실제로 문제를 해결할 수 있는 기회를 제공할 수 있어야 이 원칙에 부합한다. Tyler는 교육목표를 '내용＋행동'으로 진술하고 있다. 기회의 원칙은 내용 측면에서도 적용된다. 예를 들어 건강에 관한 문제해결력을 향상시키는 것이 교육목표라면 학생들에게 건강에 대해 알 수 있는 기회를 제공해야 한다. 이와 같이 기회의 원칙이란 교육목표를 달성할 수 있는 기회가 학습경험 속에 주어져야 함을 말한다.

2] 만족의 원칙

교육과정 개발자들이나 교사들이 학습경험을 선정할 때 학생들이 그 경험을 통해서 만족감을 느낄 수 있도록 해야 한다. 건강에 관한 문제해결력을 기르는

것이 교육목표라면 학생들이 건강문제를 효과적으로 해결하는 과정에서 만족스러워야 한다. 여기서 '만족한다' 함은 단지 '기분의 충족'을 말하는 것이 아니다. 만족이란 학생들의 흥미와 필요를 충족시켜 줄 수 있는 학습경험을 제공해야 함을 말한다. 이에 만족의 원칙을 충족의 원칙으로 이해할 수 있다. 학생들이 흥미를 느끼지 못하고, 필요를 충족시키지 못하는 학습경험은 교육목표를 달성하는 데 저해가 된다.

3) 가능성의 원칙

아무리 좋은 학습경험이라 할지라도 그것이 학생들의 능력 범위 밖에 있다면 교육목표를 달성할 수 없다. 학습경험은 학생들의 현재 발달수준에 맞는 것이어야 한다. 가능성의 원칙이 학생들에게 무조건 쉬운 학습경험을 제공해야 한다는 것은 아니다. 학생들이 학교에서 배우는 것은 늘 새로운 것이며, 대체로 어렵게 느낄 수밖에 없다. 그러나 학생들이 현재 수준에서 약간 어렵게 느낄지라도 교사의 지도와 스스로의 연마에 의해 다음 수준으로 발전하는 것이 교육이다. 그러므로 교육과정 개발자나 교사들은 학생들의 현재 수준에서 다음 수준의 차이를 파악하고 학생들이 도전할 수 있도록 도와줄 수 있는 전문성을 갖추어야 한다. 이러한 중요성은 오늘날 Vygotsky 심리학이나 몰입(flow)의 심리학(Csikszentmihalyi, 1990)에 의해서도 재조명되고 있다.

4) 다경험의 원칙

다경험(또는 다중 경험)의 원칙이란 하나의 교육목표 달성을 위해서 고정된 학습경험만을 제공할 필요는 없다는 것이다. 기실 '내용+행동'으로 제시되는 교육목표는 무한정한 경험 중에서 고를 수 있는 것이다. 그렇기 때문에 교육과정 개발자들과 교사들은 학습경험을 선정할 때 자율성을 발휘하여 가급적이면 가장 효과적인 학습경험을 골라야 한다. 교사들은 교육목표와 학습경험을 1:1 형식으로 대응시키기보다 학생들의 흥미를 고려하여, 필요를 충족시킬 수 있는 다양한 학습경험을 융통성 있게 선정할 필요가 있다.

5) 다성과의 원칙

다성과(또는 다중 성과)의 원칙이란 하나의 학습경험이 다양한 학습성과를 가져올 수 있으므로 교육과정 개발자가 학습경험을 선정할 때 여러 가지 교육목표 달성에 도움이 되는 학습경험을 선정하라는 제안이다. 이것을 전이효과가 높은 학습경험이라 말할 수 있다. 다성과의 원칙이란 하나의 학습경험이 여러 개의 성과를 가져올 수 있다는 말이지만 실제 의미는 이것을 넘어선다. 가급적 여러 가지 성과를 가져올 수 있는 학습경험을 선정할 필요가 있다는 것이다. 학생들이 보건 관련 문제를 해결하는 동안에 건강에 관한 지식을 습득하는 교육목표를 달성할 뿐만 아니라 문제해결력은 물론 공중보건에 대한 비판적 사고력을 기르는 등 다양한 교육목표를 동시에 달성할 수 있다. 이와 같이 가급적이면 다양한 성과가 기대되는 학습경험을 선택하는 것이 교육활동에 보다 유리하다.

다. 학습경험 선정의 추가적 원칙

이상과 같이 Tyler가 제공한 교육내용 선정의 일반원리는 아주 오래된 것이지만 오늘날에도 많은 영향을 미치고 있다. 한편 그의 제안 이후에 많은 교육과정 학자들이 내용선정 준거에 추가적인 원칙을 포함시켰다. 그 중에서 Print (2020)는 중요성, 타당성, 사회적 적절성, 유용성, 학습가능성, 흥미를 원칙으로 제시하였다. 이 중에서 학습가능성과 흥미는 Tyler의 그것과 큰 차이가 없다. 이에 이를 제외한 나머지 네 개의 내용선정 준거를 추가하면 다음과 같다.

1) 중요성

중요성(significance)은 해당 교육내용이 학문 또는 교과에 얼마나 필수적인 것인가에 대해 판단하는 것이다. 필수적이라면 중요성이 높은 것이다. 어떤 교과에서 해당 내용을 가르치는 것이 충분히 가치 있는 것인가도 중요성에 해당한다. 그런데 교육과정에 관심 있는 많은 사람들이 학교에서 가르쳐야 된다고 주장하는 것은 너무나 많다. 그렇기 때문에 오늘날 교육과정이 내용과다의 문제를 낳고 있다. 그러므로 중요성 준거는 '반드시' 중요한 것 또는 '가장 우선적'으로 중요하다고 판단되는 것들을 중심으로 논의해야 한다.

한편 이와 같은 원칙에도 불구하고 해당 교육내용이 누구에게 중요한 것인가? 또는 어떤 계층에게 유리한 것인가라는 질문에 대답하기는 쉽지 않다. 이에 중요성의 문제는 사회적, 정치적 갈등으로부터 자유로울 수 없으며, 이 때문에 사회적 타협의 과정을 거친다.

2) 타당성

우리는 어떤 내용이 믿을 수 있거나 참일 때 타당한 것으로 간주한다. 타당성은 내용의 정확성 여부를 따지는 것이다. 교과서의 내용 중에 타당성을 의심받게 되는 것이 있다면, 문제를 일으킬 수 있다. 그러므로 교육과정이나 교과서 개발자들은 내용의 정확성에 많은 관심을 두는 것이 사실이다. 한편 Tyler가 말했듯이 내용선정의 타당성 준거는 목표와 내용 간의 관련성을 중심으로 적용되는 것이다. 어떤 내용이 타당한 것이 되기 위해서는 그것이 진술된 교육목표를 달성하기에 효과적인가라는 준거를 충족해야 한다. 그러므로 크게 보아 타당성은 내용의 정확성과 목표달성의 필요성 준거, 두 가지 의미로 사용된다고 볼 수 있다.

3) 사회적 적절성

사회적 적절성은 건강한 공동체를 만들기 위해서 도덕적 가치, 민주주의 이상, 그리고 사회문제 해결에 적절한 교육내용을 포함한다는 원칙이다. 사회적 적절성은 민주주의의 원리에 따라, 비판적 사고력을 통해, 사회를 변화시키는 관점에서 나온 것이다. 이에 학생들이 더 나은 사회를 위해 적극적이고 참여적인 시민이 될 수 있도록, 이에 합당한 지식, 기능, 태도, 가치를 계발하는 것이 교육과정 설계에서 중요한 과제가 된다. 사회적 적절성은 사회의 발전 수준에 따라 과제가 달라질 수 있다. 민주주의가 충분히 성숙하지 않은 사회는 기득권을 보호하기 위해 오히려 민주주의적 교육내용을 강조하지 않으려는 성향이 있다. 그러므로 사회적 적절성은 민주주의가 발전된 수준에 따라 해석을 달리할 수 있다.

4) 유용성

유용성은 사회적 적절성과 유사한 것처럼 보이지만 실은 상당히 차이가 있다. 사회적 적절성은 사회문제의 해결과 민주주의 발전에 관심이 있는 반면, 유용성은 학생이 성인 생활을 준비하는 데 있어 얼마나 유용한 것들을 많이 배울 수 있는가와 관련된다. 사회적 적절성은 사회와 관련되고, 유용성은 개인의 성장과 준비에 대한 것이다. 이에 교육과정을 설계할 때 학생들이 교육과정을 통해서 실제 삶에서 더 적절하고 가치 있는 것이 무엇인지 생각해 보아야 한다. 그러나 사회적 유용성은 실제 고등학교 교육에서 많은 곤란을 겪는다. 고등학생들은 곧 성인이 된다. 이에 가정생활, 직업교육, 대인관계기술, 개인의 건강, 경제 생활에 필요한 지식과 태도 등 다양한 것들을 익혀야 한다. 하지만 이렇게 '유용한' 것들은 교육과정에 포함되지 않는 경향이 있다. 고등학교 교육과정은 학문 지향성을 지니고 있기 때문에 이러한 유용성은 잘 반영되지 않는다.

사실상 유용성은 미래 성인 삶에 대한 준비와 관련되지만, 학생들의 현재 욕구 충족 또한 중요하다. 학생들은 학교에서 행복을 느낄 수 있어야 하며, 그래야만 자존감의 상실을 걱정하지 않아도 된다. 대학 비진학자 등 사회에 바로 진출할 계획을 갖고 있는 학생들을 위해서는 유용성 준거가 교육과정에서 더 중요하게 인식되어야 할 것이다.

2 교육과정의 조직 구조

교육과정 개발에 있어 조직 구조(organizing structure)는 학습경험을 조직할 때, 그것을 조직하는 단위나 틀을 의미한다. 이 단위는 국어과, 수학과, 과학과 같이 높은 수준의 틀이 있는 반면 수업과 같이 낮은 수준의 틀이 있다. 이러한 구분은 일찍이 Tyler(1949)가 제시한 것으로 오늘날에도 널리 사용되는 경향이 있다. 쉽게 이해할 때, 교과는 넓은 수준에서, 코스는 중간 수준에서, 단원은 낮은 수준에서 조직할 수 있다.

가. 높은 수준

교육과정을 높은 수준5)에서 보면 교과나 광역 분야 등을 중심으로 조직할 수 있다.

- 교과(subjects): 교육과정에서 가장 많이 사용하는 편제 구조는 교과구조이다. 지리, 역사 등 교과로 교육과정을 묶는 틀을 교과구조라 말할 수 있다.
- 광역 분야(broad field): 교과들을 묶어 보다 넓은 사회과학, 언어, 자연과학 등으로 교과영역을 구조화하는 방식이다.
- 중핵 교육과정: 큰 틀의 교육과정을 개발할 때, 중핵(core)에 공통의 학습경험을 제공하는 구조를 말한다. 보통 주변에는 교과를 배치하여, 중핵에 통합시키는 경우가 많다.

나. 중간 수준

교육과정의 큰 틀이 정해졌다면 이제 중간 수준(intermediate level)에서 교육과정을 조직해야 한다. Tyler는 이 중간 수준을 코스(course)로 보았다. 코스는 보통 '교과목' 정도로 이해할 수 있다. 중간 수준에서 코스는 계열성 정도에 따라 다음과 같이 나누어 볼 수 있다.

- 계열성이 높은 코스: 사회과학 I, 사회과학 II, 사회과학 III과 같이 세부 사회 교과목을 조직하면 교과를 보다 일관성 있게 조직할 수 있다. 큰 수준에서의 사회과학이 중간 수준으로 내려오면 계열에 따라 순차적으로 학생들에게 각각의 코스로 제공된다.
- 계열성이 낮은 코스: 학기나 학년에 교과목을 배치하되 계열성은 그리 높지

---

5) Tyler(1949)는 이를 넓은 수준(largest level)이라 명명하였다. 이 책에서는 표현상 일관성을 위해 '높은 수준'이라는 말을 사용하였다.

않은 구조다. Tyler(1949: 98)는 이러한 예로 10학년의 고대사, 11학년의 근대 유럽사, 12학년의 미국사 코스를 들었다.

다. 낮은 수준

낮은 수준(lowest level)에서의 조직구조는 학습내용을 가장 작은 단위로 조직하는 과제와 관련된 것으로서, 일반적으로 수업(lesson), 주제(topic), 단원(unit) 등을 의미한다.

- 수업: 보통 몇 차시에 걸쳐 교육활동을 이끌어가는 단위이다. 레슨 플랜이라는 개념을 떠올리면 이해하기 쉽다.
- 주제: 수차례의 수업을 통해 길게 끌어가는 것으로서 수업(lesson)보다 비교적 길게 구성되는데, 적게는 며칠, 길게는 몇 주에 걸쳐 학습하게 된다.
- 단원: 주제보다 넓은 개념으로 몇 개의 관련 있는 주제를 모아 하나의 단원을 만든다. 보통 몇 주에 걸쳐 한 단원이 이어진다. 교과서는 몇 개의 주요 단원으로 이루어져 있다.

3 교육과정의 조직 원리

가. 스코프

스코프(scope)는 우리말로 범위라고 쓸 수 있다. 그러나 이 용어는 단순히 범위(range)를 넘어서 폭(breadth)과 깊이(depth)라는 개념을 포함하고 있다. 그래서 이것을 하나의 전문용어로 보아 '스코프'라는 말을 직접 사용하는 것이 효과적이라 판단된다. 특히 스코프에 깊이라는 개념이 들어가 있어서 범위라는 용어로 대체하기 어려운 점이 있다.

학습경험의 조직 원리에서 스코프는 학생들이 교과나 프로그램에서 배워야 할 내용(지식, 기능, 태도)의 폭과 깊이를 말한다. 교육과정에서 스코프는 교육목표에 의해 결정되며, 이때 학습자들의 흥미와 필요가 무엇인지에 대해 고려해야 한다.

- 폭: 교육과정에서 다루는 주제(topic)는 그것을 어느 정도나 다룰 것인가에 대해 결정해야 한다. 너무나 많은 내용을 가르치고 싶은 유혹을 참고 소수의 내용만을 정선할 수도 있으며, 충분히 많은 시간에 걸쳐 넓은 범위를 다룰 수도 있다. 이러한 결정은 교육과정 폭에 대한 것이다.
- 깊이: 학교에서 배워야 될 내용은 그것을 어느 정도나 깊게 배우게 할 것인가에 대해 결정해야 한다. 즉 학생들이 교과의 특정 내용을 배울 때, 그것을 얼마나 심층적인 내용까지 가르칠 것인가에 대해 결정해야 한다. 이러한 결정은 교육과정 깊이에 대한 것이다.

학교교육과정을 만들 때 무엇을 얼마나 가르쳐야 하는지 대한 결정은 매우 중요하다. 이러한 중요성은 결국 스코프의 문제라고 볼 수 있다. Print(2020)에 따르면 스코프는 학교에서 학생들이 배워야 할 내용의 성격과 균형에 대한 질문이라고 볼 수 있다. 그는 이와 관련하여 다음과 같이 네 가지 질문을 던졌다.

- 배분: 학생들은 제한된 시간 내에서 각 내용을 얼마나 많이 배워야 하는 것일까? 쉽게 말해 각 교과를 어떤 비율로 배분할 것인가? 학교에서 수학, 과학, 영어, 사회, 체육, 음악 등의 교과목에 시간을 배분할 때 어떤 비율이 바람직한가?
- 공통: 모든 학생들이 공통으로 배워야 할 교육내용은 어떤 것일까? 모든 학생들이 특정 학교급에서 예외 없이 이수해야 하는 공통 교육과정을 어느 정도 제시할 것인가?
- 선택: 학생들의 다양성을 고려하여 공통과목 이외에 선택과목을 두어야 한다면, 무엇을 선택과목으로 지정할 것인가? 선택과목은 어떤 역할을 하는 것일까?
- 포함과 배제: 오늘날 많은 교육과정 개발자들이 직면하고 있는 문제로서,

교육과정에서 어떤 내용이 삭제되어야 하고 또 어떤 내용이 새로 들어가야 하는가? 최근 들어 학교교육과정에 새로운 내용을 넣고자 끝없는 압력이 행사되고 있다. 이러한 상황을 고려할 때 새로운 내용에 자리를 내주기 위해 기존의 교육내용 중 어떤 것들이 삭제되어야 하는가?

이상의 네 가지 질문과 관련하여 많은 국가에서 그렇듯이 한국에서도 정치적 힘이나 교과의 위세에 따라 교육과정 스코프가 정해지기도 한다. 그럼에도 불구하고 논리와 이성은 교육과정 의사결정에서 매우 중요한 역할을 한다. 이상의 네 가지 질문은 시간배분의 균형성, 교육과정의 공통성, 선택교과, 그리고 포함과 삭제의 문제라고 정리할 수 있다. 이 네 가지 질문과 관련하여 교육과정 스코프를 결정함에 있어 논리적으로 고려해야 할 사항은 다음과 같다.[6]

첫째, 교육과정 시간 배분은 스코프에 관한 것으로 볼 수 있다. 교육내용의 폭과 깊이가 문제시되는 것은 학생들이 학교에서 배워야 할 총 시간이 제한적일 수밖에 없기 때문이다. 그래서 교육과정 총론은 교과별 시수를 배분하는, 즉 스코프를 정하는 역할을 하며, 각 교과에서는 주어진 시수 내에서 스코프를 정해야 한다. 교육내용은 학생들의 발달단계 또는 학년에 따른 폭과 깊이의 조합으로 배치된다. 그러므로 폭이 넓어지면 깊이가 얕아지고, 폭을 좁히면 좀 더 깊게 가르칠 수 있다. 각 교과는 제한된 시수 안에서 이 균형성을 찾아야 하는 과제를 안고 있다.

둘째, 교육과정 총론에서는 공통 교육과정에 무엇을 포함시키고, 어느 기간에 걸쳐 이수하게 할 것인지를 정해야 한다. 이러한 결정은 해당 사회와 교육자들의 교육관에 따라, 학생들이 배워야 할 공통의 내용이 있다고 생각하는가 여부에 따라 달라질 수 있다. 모든 학생들이 학교교육을 받은 결과로서 배워야 할 내용이 있을 수 있다. 그러한 것들은 전체 교육과정의 50%, 75%, 90%와 같은 비율로 표현될 수 있다(Print, 2020).

셋째, 교육과정 스코프는 아동이나 청소년들의 특별한 요구를 어떻게 충족

---

6) 이 내용은 Print(2020)의 주장에서 차용한 것임을 밝힌다.

시켜 주어야 하는가와 관련이 된다. 이러한 필요로 인해 선택 교육과정이 주어져야 한다. 이때 무엇을 선택과목으로 할 것이며, 어느 정도 비율에서 제공해야 하는지 결정해야 한다. 선택교과는 학생들의 필요, 흥미, 개성, 진로 등을 고려해서 개설되는 것이 바람직하다.

넷째, 교육과정 스코프에 대해 고려한다는 것은 어떤 교육내용이 포함되어야 하고, 또 어떤 것은 교육과정으로부터 배제되어야 하는지 결정하는 일이다. 오늘날 학교 교육과정은 학생들에게 가르칠 내용이 지나치게 과다하다. 이에 새로운 교육적 요구가 있다하더라도 반드시 학교라는 교육기관을 통해서만 가르칠 수 있는 것인지에 대해 재고해야 한다. 그럼에도 불구하고 그것들을 가르치기에 학교가 가장 적합한 곳이라면, 교육과정에서 덜 중요한 것들을 삭제해야 한다. 이 과정에서 전체 사회에서나 교과 전문가들 사이에서 논쟁과 충돌이 일어난다. 이러한 현상은 대부분의 국가에서 예외가 없는 현상이다. 그렇지만 교육과정에 새로 포함되는 것은 많고, 삭제되는 것이 거의 없다면 교육과정은 학생을 위한 것이 아니라 전문가 집단을 위해 존재하는 것일 수 있다.

나. 시퀀스

시퀀스는 보통 계열성이라고 쓰기도 한다. 시퀀스는 교육과정의 핵심 요소로서 학생들이 어떤 순서로 배워야 할 것인가를 정하는 것이다. 다시 말해 학생들이 어떤 것을 먼저 배우고, 어떤 것을 나중에 배우게 할 것인가에 대한 결정을 말한다. 시퀀스는 논리적으로 어떤 진행을 따르는 것이 좋은가에 대한 판단 결과로 정해질 수 있다. 학습자들이 습득한 지식, 기능, 태도를 바탕으로 그 다음에 배워야 할 지식, 기능, 태도는 무엇인지 파악하여 이것들을 적절히 배치하는 일이 시퀀스를 맞추는 일이다. 학생들이 새로운 상황에 기술이나 원리를 적용할 수 있도록 하려면, 이에 필요한 개념이나 선행지식을 먼저 가르쳐야 한다. 교육과정 개발에서 시퀀스에 대해서는 여러 학자들이 언급한 바 있으나 대부분 Ralph Tyler가 1949년에 제시한 선에서 크게 벗어나지 않는다.

❶ 단순한 것에서 복잡한 것으로: 교육내용을 배열하는 방법으로 가장 직관적

이면서 당연시되는 방법이다. 이는 과학과 수학을 포함해서 거의 모든 교과에서 전통적으로 사용하는 방식이라고 볼 수 있다. 교과 교육과정은 다양한 세부 요소와 이를 아우르는 복잡한 구조로 이루어져 있다. 복잡한 구조를 이해하기 위해서는 단순한 것을 먼저 배우고 차차 복잡성의 수준을 높여간다. 간단한 예로, 수학에서 나눗셈을 하기 위해서는 덧셈, 뺄셈, 곱셈을 이해할 수 있어야 한다. 이는 테니스나 기타를 가르치는 교육과정을 만들 때도 사용하는 직관적인 방법이다.

❷ 선수학습(prerequisite learning): 교육과정 시퀀스를 고려할 때, 개발자들은 특정 원리나 개념을 배우기 위해 미리 알아야 할 것을 파악해야 한다. 학생들이 법칙과 원리를 배우기 위해서는 그 이전에 필요한 사실과 개념을 익혀야 한다. 물리나 수학 과목에서는 특히 먼저 배워야 할 것과 그 다음에 배워야 할 것 사이의 연계가 정교하게 이루어져야 한다. Bloom(1956)은 복잡성 수준에 따라 인지적 능력을 위계적으로 구분했는데, 이러한 이론이 시퀀스를 고려하는 데 도움이 된다.

❸ 연대기적 방법: 교육내용을 시간적 순서에 따라 배열하는 것은 직관적으로 이해할 수 있다. 연대기적 방법이 특히 더 필요한 과목은 주로 역사와 같이 시간적 순서가 중요한 과목이다. 역사에서는 많은 사건과 사건들 사이에 시간적 인과관계가 성립되기 때문이다. 역사 이외에 과학이나 음악, 문학 등의 과목에서도 연대기적 방법이 사용된다. 학생들은 수업시간에 가장 최근의 과학 이론에 대해 배우는데, 그 이론 역시 시간적으로 축적된 결과이기 때문에 교육내용을 시간적으로 배열하는 것이 효과적이다.

❹ 전체에서 부분으로: 교육내용은 다양한 부분적 요소들로 나누어져 있는데 전체 구조를 먼저 익히고 하위 요소에 대해 배우는 것이 효과적일 때가 있다. 이러한 방법은 지리학에서 많이 사용된다. 대부분의 지리 교과서는 대륙별 특징을 개관한 다음 각 지방이나 국가에 대해 배우도록 구성되어 있다. 생물학에 있어서도 학생들은 종과 같이 대분류에서 출발해서, 점점 더 범위를 좁혀가며 배우는 경향이 있다.

❺ 구체적인 것에서 추상적인 것으로: 학생들은 추상도가 낮은 것에서부터 높은 순서대로 배워 나간다. 예를 들어 학생들은 가족과 같이 구체적으로 눈으로 보고, 삶에서 느낄 수 있는 것을 배운 다음 다양한 문화, 국가, 사회구조와 같이 추상성이 높은 주요 개념에 대해 배우게 된다.7)

이상의 전략은 주로 교과 교육과정에서 시퀀스를 고려할 때 어떻게 학습경험을 조직하는가에 대한 것이다. 그러나 시퀀스는 국가교육과정이나 학교교육과정 등과 같이 보다 큰 틀에서 사용되기도 한다. [그림 4-1]은 Print(2020)가 이수준에서 스코프와 시퀀스 개념을 간략히 잘 요약한 도식이다.

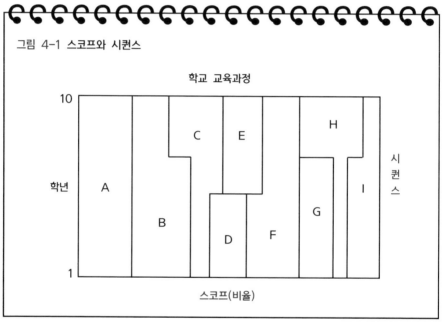

그림 4-1 스코프와 시퀀스

자료: Print (2020). p.159.

한국 국가교육과정(또는 학교교육과정)에서 스코프와 시퀀스가 어떻게 만나서 큰 틀의 교육과정이 설계되는지는 〈표 4-1〉을 통해 잘 살펴볼 수 있다.

---

7) 한편 최근에는 구체적인 것과 추상적인 것이 적절히 상호작용할 수 있도록 배치함으로써, 구체적인 것을 통해 추상적인 개념을 배우고, 추상적인 개념을 통해 구체적인 것을 더 잘 이해하도록 하는 방법도 부각되고 있다(Vygotsky, 1978).

표 4-1 국가교육과정에서 스코프와 시퀀스

시퀀스

구분		1~2학년	3~4학년	5~6학년
스코프	교과(군) 국어	국어 482	408	408
	사회/도덕	수학 256	272	272
	수학		272	272
	과학/실과	바른생활 144	204	340
	체육	슬기로운 생활 224	204	204
	예술(음악/미술)		272	272
	영어	즐거운 생활 400	136	204
	소계	1,506	1,768	1,972
창의적 체험활동		238	204	204
학년군별 총 수업 시간 수		1,744	1,972	2,176

자료: 2022 개정 교육과정 편제(초등학교)

표 4-2 도형과 측정영역 시퀀스

구분 범주	내용 요소					
	초등학교			중학교		
	1~2학년	3~4학년	5~6학년	1~3학년		
지식·이해	· 입체도형의 모양 · 평면도형과 그 구성 요소 · 양의 비교 · 시각과 시간 (시, 분) · 길이(cm, m)	· 도형의 기초 · 원의 구성 요소 · 여러 가지 삼각형 · 여러 가지 사각형 · 다각형 · 평면도형의 이동 · 시각과 시간(초) · 길이 (mm, km) · 들이(L, mL) · 무게(kg, g, t) · 각도(°)	· 합동과 대칭 · 직육면체와 정육면체 · 각기둥과 각뿔 · 원기둥, 원뿔, 구 · 다각형의 둘레와 넓이 · 원주율과 원의 넓이 · 직육면체와 정육면체의 겉넓이와 부피	· 기본 도형 · 작도와 합동 · 평면도형의 성질 · 입체도형의 성질	· 삼각형과 사각형의 성질 · 도형의 닮음 · 피타고라스 정리	· 삼각비 · 원의 성질

자료: 교육부 고시 제2022 – 33호 [별책 8] 수학과 교육과정, p.9.

시퀀스는 교과 교육과정 설계에서도 중요한 역할을 한다. 〈표 4-2〉는 2022 개정 수학과 교육과정 중 '도형과 측정' 영역의 시퀀스이다.

다. 계속성

계속성(continuity)은 교육과정의 구성요소가 반복적으로 제시되는 원리를 말한다. 계속성이라는 개념은 Tyler가 맨 처음 제시하였으나 이후 Bruner(1960)의 나선형 교육과정에서 다시 한 번 체계적으로 강조되었다. Tyler에 따르면, 계속성은 학습경험을 수직적으로 조직할 때 요구되는 원리이다. 국어 교과에서 읽기 능력의 증진이 교육목표로 설정되었다면, 이러한 목표를 제대로 달성하기 위해서 필요한 학습경험이 오랜 기간에 걸쳐 반복적으로 제시되어야 한다는 것이다. 과학교과에서 에너지의 개념을 학습시킬 때도 시간의 간격을 두고 거듭해서 학습경험을 만날 수 있도록 조직되어야 한다. 이는 배운 내용을 쉽게 망각하지 않고 반복적으로 연마하기 위해서도 필요한 것이다.

Bruner의 나선형 교육과정에서도 계속성은 중요한 역할을 한다. 그는 학문에 내재된 기본 개념이나 인과관계와 같은 핵심 아이디어가 반복적으로 제시되어야 한다고 보았다. 학생들이 학문의 기본적인 아이디어와 구조를 파악할 수 있게 하기 위해서는 학년을 진급해 올라감에 따라 교육내용을 나선형으로 배열해야 한다고 주장했다. 이와 같이 계속성은 단지 교육내용이 반복되는 것만을 의미하지 않고, 교육과정 전반에 걸쳐 지식의 폭과 깊이가 넓어지고 깊어지는 것을 의미한다. 이를 통해 학생은 중요한 개념과 기능, 그리고 원리를 더 크고 높은 수준으로 익혀나갈 수 있다.

라. 통합성

교육과정의 조직 원리로서 통합성(integration) 역시 Tyler가 처음 제시했다고 봐도 무방하다. 통합성이란 학습경험을 단편적인 교과라는 경계 안으로 구획시키는 것이 아니라 수평적으로 연결지어 조직하는 것을 말한다. 학습경험이 왜 수평적으로 조직되어야 할까? Tyler는 학습경험이 통합되면 적어도 두 가지 효과를 기대할 수 있다고 보았다. 첫째, 학습경험에 대한 학습 자체의 효과가 높아질 수 있다. 둘째, 학생들이 학습경험을 넘어 교육과정 전반에 걸친 안목을 기를 수 있다. 그는 이에 대해 다음과 같은 예를 들어 설명한 바 있다. 수학 문제의 풀이에서 학생들이 수학 교과의 학습에만 국한하지 않고, 사회, 과학 또는 일상생활의 문제해결에 그것을 활용한다면 당초 배우고자 했던 수학학습의 효과가 높아질 수 있다. 뿐만 아니라 수학문제 풀이 능력을 넘어서 수학이 사회, 과학, 그리고 일상생활의 문제들과 어떻게 연결되는지 알 수 있음으로써 전반적인 안목을 높일 수 있다.

교육과정 연구 분야에서는 지금까지 거의 예외 없이 통합성이 강조되어 왔다. 그럼에도 교사들은 자신들의 교과를 가르치는 데 익숙하고 교육과정 통합을 어려워한다. 역설적으로, 교육과정 통합이 잘 이루어지지 않고 있기 때문에 교육과정 통합에 대한 정당성은 늘 강조되어 왔다. 한편 교육과정 통합을 강조하는 학자들 사이에 미묘한 차이점은 있다.

탐구중심 교육과정을 강조한 Bruner는 지식과 개념이 주어진 문제를 탐구하는 활동에 통합되어야 한다고 보았다. 그렇게 함으로써 학생들은 원리와 학문의 기본 아이디어를 깊게 이해할 수 있다고 보았기 때문이다. Bruner가 직접 개발한 MACOS(Man: A Course of Study) 교육과정은 그 자체가 통합 교육과정으로서, 인류학, 생물학, 사회학을 통합한 것이었다. Bruner가 학문중심 교육과정을 주창한 학자로 알려져 있지만, 그는 실제로 분과 학문보다는 학문 사이의 통합을 통해 핵심 개념과 구조를 익힐 수 있다고 보았다는 점을 명료히 인식해야 한다.

경험중심 교육과정에서는 지식과 삶의 문제가 통합되어야만 학생들이 학습경험을 통해 교육목표를 잘 달성할 수 있다고 보았다. 교육과정이 정보의 조각이나 파편들만 제시한다면 학생들이 지식과 개념을 효과적으로 이해하지 못할 것이기 때문이다. 특히 진보주의자 중에서도 아동중심 교육을 넘어 사회 개혁에 관심을 가진 교육자들 역시 통합에 많은 관심을 기울였다. 학생들이 수업 시간에 배운 정보, 지식과 개념은 소외와 사회문제의 해결에 통합되어야 한다고 생각하기 때문이다.

이성 중심의 사고방식을 비판하는 포스트모더니즘이나 후기구조주의 사유방식에서도 통합은 매우 중요한 사상적 경향이다. 이 관점에서는 지식을 고정된 것으로 보지 않으며, 양화될 수 있거나 객관화 될 수 있다는 인식론을 취하지 않는다. 인식주체와 대상을 이원론적으로 구분하는 인식론을 극복하고, 주체와 대상이 상호작용하는 인식론을 추구한다. 그렇기 때문에 포스트모더니즘 영향하에서는 통합이라는 담론이 논의의 중심을 차지할 수밖에 없다.

이상에서 살펴본 관점의 차이와 관계없이, 통합은 학생들의 참여를 진작시키기 때문에 강조되기도 한다. 단편적인 사실을 전수할 때보다 학생들은 지식이 자신의 삶에 통합될 때, 학습과정에 보다 능동적으로 참여한다. 삶이라고 하는 것 자체가 통합성 또는 총체성을 지니고 있기 때문에 통합은 참여에 도움을 준다.

최근에는 STEM(또는 STEAM)과 같이 과학, 수학, 공학, 더 나아가서는 예술을 통합하는 노력이 정책적으로 장려되고 있다. 이러한 경향은 전인교육을 강조하는 통합성과는 미묘하게 차이가 있다. STEM은 교육적으로 가치있는 통합 방법임에도 불구하고 중앙정부가 이를 정책적으로 장려할 때는 전인교육보다 공학의 발전을 통한 국가발전 논리를 지니고 있다. 예를 들어 미국에서 STEM은 대선 공약이나 연방정부의 주요 교육정책으로 자리매김되었는데, 그 논리를 살펴보면 전인교육이라는 이념과 국가발전이라는 현실적 필요성이 타협된 것이라 볼 수 있다. 교육과정이란 타협의 산물이란 점에서 그리 놀랄 일도 아니다.

마. 연계성

연계성(articulation)이란 교육과정의 요소들이 서로 관련될 수 있도록 조직하는 것을 말한다. 교육과정 요소들 간의 관련성은 수직적일 수도 있고 수평적일 수도 있다. 수직적 연계성(vertical articulation)은 5학년 교육과정과 6학년 교육과정 사이의 연계와 같이 시간적으로 수직적인 관계에 적용된다. 수평적 연계성은 지식과 지식, 지식과 삶, 그리고 교과와 교과 사이에 관련있는 요소들을 수평적으로 연계하는 것을 말한다. 이와 비슷한 맥락에서 Ornstein과 Hunkinson(2016)은 연계성을 수평적 연계성과 수직적 연계성으로 구분한 바 있다. 그런데 대부분의 교육과정 교과서는 주로 수직적 연계성에 대해서만 다루고 있다. 그 이유는 아마도 수직적 연계성이 갖추어 지지 않았을 때 매우 큰 문제가 발생할 수 있기 때문이다.

수직적 연계성은 "이전에 배운 내용과 앞으로 배울 내용의 관계에 초점을 둔 것으로 특정 학습의 종결점이 다음 학습의 출발점과 잘 맞물리도록 하는 것"(김대현, 2017: 180)을 말한다. 실제로 국가교육과정을 개발하는 연구자들과 교사들은 수직적 연계성을 항상 중요하게 고려하고 있다. 왜냐하면 수직적 연계성에 실패하여 이전 학년까지 대부분 교육목표를 달성하였으나 다음 학년에 와서 갑자기 전반적으로 이해도가 떨어진다면 큰 문제가 발생하기 때문이다. 수직적 연계성은 학년에만 국한되지 않고 교육과정을 조직하는 모든 단위에서 고려되어야 한다. 그래서 학교급, 학년, 학기, 단원에 있어서도 연계성이 유지되도록 많은 노력을 기울이고 있다.

바. 균형성

교육과정의 균형성은 전인교육과 깊은 관련이 있다. 전인교육이란 학습자가 지적, 신체적, 정서적, 도덕적 측면에서 균형잡힌 교육을 받도록 하는 것이다. 한편 자세히 살펴보면 교육과정 균형성은 다양한 측면에서 의미를 지닌다. 균형성이란 교육과정에서 어느 한 측면만 과도하게 강조해서는 안 되며 모든 측면을 골고루 취급해야 한다는 것이다. 그렇다면 교육과정의 균형이 잡혔다는 것은 무엇을 뜻할까?

학생들이 지식을 습득하고, 문제를 탐구하고, 더 나은 자신과 사회를 만들기 위해 실천할 수 있는 기회를 제공하는 교육과정이 있다면, 지식, 탐구, 실천의 측면에서 균형이 잡혔다고 말할 수 있다(Newmann & Associates, 1996). 그러므로 수업시간에 배운 것을 내면화하여 삶에서 실천할 수 있는 기회를 확보해야만 균형을 이루는 데 도움이 된다.

전통적으로 중요시 여겨 온 교과 지식과 학생들의 미래 삶에서 중요하다고 여겨지는 것 사이에서도 균형이 필요하다. 특히 4차 산업혁명, 인공지능 등 매우 큰 변화의 기로에 서 있는 오늘날 학교에서 배워야 하는 것은 보다 열린 구조를 갖추어야 한다. 오래되었지만 중요한 것과 앞으로 중요하다고 여겨지는 것 사이에 균형을 유지하기 위해서는 교육과정 자체가 탄력적이거나 유연할 필요가 있다.

교육과정은 국가와 지역, 또는 정부와 교사 사이에서도 균형성이 필요하다. 오늘날 아동과 청소년이 놓인 삶의 형식이 매우 다양하고 복잡해지고 있다. 더욱이 개인의 개성과 인정에 대한 욕구가 높아지고 있다. 이와 같이 유동적이고 복잡한 시대가 도래함에 따라 국가수준의 교육과정에 많은 한계가 드러나고 있다. 물론 국가수준의 공통성은 교육의 평등성과 질을 보장할 수 있기 때문에 여전히 중요한 요소이다. 이에 공통성과 다양성이 균형을 이루기 위해서는 교육과정 개발시에 중앙정부, 시·도교육청, 학교와 교사 사이의 적절한 권한 분배가 필요하다.

4 국가교육과정에서의 학습경험

가. 편제

학생들이 학교에서 배워야 하는 교육과정은 발달단계를 고려하여 대체적으로는 학년별로 배치된다. 한국 국가교육과정은 초1(1학년)에서 고1(10학년)까지는 대체로 학년별로 배치되고, 고등학교 2, 3학년에서는 선택교과로 제시된다. 이와 같이 학습경험으로 이루어진 교육내용을 시간적 순서에 따라 시퀀스와 균형성 등을 고려하여 배치하고 편성한 것을 편제라고 부른다.

한국 국가교육과정은 교과(군)와 창의적 체험활동으로 편성하도록 되어 있다. 중학교를 예시하면, 교과(군)는 국어, 사회(역사 포함)/도덕, 수학, 과학/기술·가정/정보, 체육, 예술(음악/미술), 영어, 선택으로 정해져 있다. 선택교과는 한문, 환경, 생활 외국어(생활 독일어, 생활 프랑스어, 생활 스페인어, 생활 중국어, 생활 일본어, 생활 러시아어, 생활 아랍어, 생활 베트남어), 보건, 진로와 직업 등의 과목으로 되어 있다. 창의적 체험활동은 자율·자치 활동, 동아리 활동, 진로 활동으로 구성되어 있다.

각 교과의 비중은 대체로 시간 배당으로 표현된다. 중학교 시간 배당 기준은 〈표 4-3〉과 같다.

표 4-3 **중학교 시간배당**

구 분		1~3학년
교 과 (군)	국어	442
	사회(역사 포함)/도덕	510
	수학	374
	과학/기술·가정/정보	680
	체육	272
	예술(음악/미술)	272
	영어	340
	선택	170
	소계	3,060
창의적 체험활동		306
총 수업 시간 수		3,366

① 1시간 수업은 45분을 원칙으로 하되, 기후 및 계절, 학생의 발달 정도, 학습 내용의 성격, 학교 실정 등을 고려하여 탄력적으로 편성·운영할 수 있다.
② 교과(군)별 및 창의적 체험활동 시간 배당은 연간 34주를 기준으로 3년간의 기준 수업 시수를 나타낸 것이다.
③ 총 수업 시간 수는 3년간의 최소 수업 시수를 나타낸 것이다.
④ 정보는 정보 수업 시수와 학교자율시간 등을 활용하여 68시간 이상 편성·운영한다.

고등학교 교육과정 역시 교과(군)와 창의적 체험활동으로 편성한다. 중학교와 다르게 고등학교에서 교과는 보통 교과와 전문 교과로 구성된다. 창의적 체험활동은 마찬가지로 자율·자치 활동, 동아리 활동, 진로 활동으로 되어있다. 고등학교 교과는 〈표 4-4〉와 같이 정해져 있다.

표 4-4 **고등학교 교과 구분**

보통교과	• 보통 교과의 교과(군)는 국어, 수학, 영어, 사회(역사/도덕 포함), 과학, 체육, 예술, 기술·가정/정보/제2외국어/한문/교양으로 한다. • 보통 교과는 공통 과목과 선택 과목으로 구분한다. 선택 과목은 일반 선택 과목, 진로 선택 과목, 융합 선택 과목으로 구분한다.
전문교과	• 전문 교과의 교과(군)는 국가직무능력표준 등을 고려하여 경영·금융, 보건·복지, 문화·예술·디자인·방송, 미용, 관광·레저, 식품·조리, 건축·토목, 기계, 재료, 화학 공업, 섬유·의류, 전기·전자, 정보·통신, 환경·안전·소방, 농림·축산, 수산·해운, 융복합·지식 재산 과목으로 한다. • 전문 교과의 과목은 전문 공통 과목, 전공 일반 과목, 전공 실무 과목으로 구분한다.

고등학교 교육과정은 고교학점제 실시에 따라 학점으로 이수 기준을 정하고 있다. 고등학교 교육과정은 필수와 선택이 조화된 교육과정을 추구하고 있다.

〈표 4−5〉는 특성화 고등학교와 산업수요 맞춤형 고등학교의 이수 기준이다. 특성화 고등학교에서는 80시간 이상의 전문 교과를 이수하도록 되어 있다.[8]

표 4-5 특성화 고등학교와 산업수요 맞춤형 고등학교 학점 이수 기준

교과(군)		공통 과목	필수 이수 학점	자율 이수 학점
보통 교과	국어	공통국어1, 공통국어2	24	학생의 적성과 진로를 고려하여 편성
	수학	공통수학1, 공통수학2		
	영어	공통영어1, 공통영어2		
	사회 (역사/도덕 포함)	한국사1, 한국사2	6	
		통합사회1, 통합사회2	12	
	과학	통합과학1, 통합과학2		
	체육		8	
	예술		6	
	기술·가정/정보/ 제2외국어/ 한문/교양		8	
	소계		64	
전문 교과	17개 교과(군)		80	30
창의적 체험활동			18(288시간)	
총 이수 학점			192	

① 1학점은 50분을 기준으로 하여 16회를 이수하는 수업량이다.
② 1시간의 수업은 50분을 원칙으로 하되, 기후 및 계절, 학생의 발달 정도, 학습 내용의 성격 등과 학교 실정 등을 고려하여 탄력적으로 편성·운영할 수 있다.
③ 공통 과목의 기본 학점은 4학점이며, 1학점 범위 내에서 감하여 편성·운영할 수 있다. 단, 한국사1, 2의 기본 학점은 3학점이며 감하여 편성·운영할 수 없다.
④ 필수 이수 학점 수는 해당 교과(군)의 최소 이수 학점이다.
⑤ 자연현장 실습 등 체험 위주의 교육을 전문적으로 실시하는 특성화 고등학교의 전문 교과 필수 이수 학점은 시·도 교육감이 정한다.
⑥ 창의적 체험활동의 학점 수는 최소 이수 학점이며 ( )안의 숫자는 이수 학점을 시간 수로 환산한 것이다.
⑦ 총 이수 학점 수는 고등학교 졸업을 위해 3년간 이수해야 할 최소 이수 학점을 의미한다.

---

8) 일반계 고등학교 교육과정이나 전문계 고등학교 교과목 등 더 자세한 것은 〈부록: 2022 개정 교육과정〉을 참고하기 바란다.

나. 교과 교육과정

교과 교육과정을 개발할 때, 학습경험의 선정과 조직은 개발자들의 주요 과업이라 볼 수 있다. 교과 교육과정은 이상에서 살펴본 학습경험 선정의 원칙 및 내용 조직 원리를 적용하여 개발된다. 내용 조직에 있어 높은 수준에서는 교과(예: 사회과)가 선정되며, 중간수준에서는 교과목(예: 고등학교 통합사회1)이, 그리고 낮은 수준에서는 단원(예: 문화와 다양성)까지 개발된다. 교과 교육과정 개발자들은 스코프와 시퀀스를 고려할 뿐만 아니라 계속성, 통합성, 연계성, 균형성 등 교육과정 조직 원리를 적용하고 있다.

현행 2022 개정 교육과정에서는 그 이전과 비교할 때 지식, 기능, 태도를 보다 상세화하여 지식·이해, 과정·기능, 가치·태도로 구분하여 교육과정을 조직하고 있다. 교과 교육과정은 시퀀스를 고려하여 학년별로 내용 요소를 배치한다. 현행 교육과정에서는 해당 단원에서 가르치고자 하는 핵심 아이디어를 먼저 서술하도록 함으로써 교과 교육과정을 개발할 때, 해당 단원에서의 본질적 질문을 중심으로 내용이 조직될 수 있도록 유도하고 있다. 동시에 교사가 수업을 운영할 때도 핵심 아이디어를 염두에 두고 수업을 이끌어 나가도록 유도하고 있다.

〈표 4-6〉은 이상과 같은 학습경험 선정 및 교육과정 조직 원리가 교과 교육과정에서 어떻게 반영되는지 잘 보여 주고 있다. 이는 사회과 중에서 경제 영역에 해당하는 것이다. 다른 교과에서도 교육과정 내용구조는 〈표 4-6〉과 같은 형식을 취하고 있다.

표 4-6 사회과 경제 영역 내용구조

핵심 아이디어	• 가계와 기업은 합리적 선택을 통해 소비와 금융, 생산 등의 경제활동에 참여하면서 각자의 역할을 수행한다. • 시장에서 가격은 수요와 공급을 통해 결정되고 다양한 요인으로 인해 변동한다. • 우리나라 경제에서는 경제 성장, 물가 변동, 실업 등의 현상이 나타나며, 세계화 과정에서 다른 나라와의 교역이 활발해지고 있다.		
범주	내용 요소		
	초등학교		중학교
	3~4학년	5~6학년	1~3학년

지식·이해	경제생활	・자원의 희소성 ・경제활동 ・합리적 선택 ・생산과 소비 활동	・가계와 기업의 역할 ・근로자의 권리 ・기업의 자유와 사회적 책임	・합리적 선택 ・경제생활과 금융 생활 ・기업의 역할과 기업가 정신
	시장경제	-	-	・시장의 사례와 특징 ・수요와 공급, 시장 가격의 결정 ・시장 가격의 변동
	국가경제	・지역 간 교류 ・상호의존 관계	・경제 성장의 효과 ・경제 성장과 관련된 문제 해결 ・무역의 의미 ・무역의 이유	・경제 성장과 국내 총생산 ・물가 변동과 실업 ・국제 거래와 환율
과정·기능		・합리적으로 선택하기 ・지역 간 상호의존 관계를 조사하기 ・무역의 이유를 탐구하기 ・경제 성장의 문제를 합리적으로 해결하기		・경제 현상 및 문제 사례 조사하기 ・경제 현상 및 문제 탐구 방법 파악하기 ・경제 현상 및 문제 탐구 계획 수립하기 ・경제 관련 정보와 자료 수집·분석하기 ・경제 관련 분석 결과를 종합하여 추론하기 ・경제 문제의 원인 및 해결 방안 도출하기
가치·태도		・합리적 소비의 실천 ・경제활동의 자유를 존중하는 태도 ・공정한 분배에 대한 감수성		・선택 상황에서 편익과 비용을 고려하는 합리적 태도 ・경제 문제 관련 주장 및 근거의 경청과 존중 ・상충하는 가치를 균형 있게 고려하려는 자세 ・공동체의 경제 문제 해결에 적극적으로 참여하려는 태도 ・다양한 관점을 가진 구성원들과 협력하려는 태도

〈표 4-7〉은 고등학교 교과에 따른 교과목을 보여주는 사례이다. 고등학교 교육과정은 공통적으로 수강해야 하는 과목과 선택과목의 조화를 추구한다. 이 중에서 선택과목은 일반선택 과목, 여기서 더 나아가 진로를 심화시키는 진로선택 과목, 그리고 교과간 융합을 지향하는 융합선택 과목으로 구조화되어 있다. 예비교사들은 자신이 중등교사가 되면 어떤 과목을 가르칠 수 있고 또 가르치게 되어 있는지 알고 준비할 필요가 있다.

표 4-7 고등학교 보통 교과 및 과목명

교과(군)	공통 과목	선택 과목		
		일반 선택	진로 선택	융합 선택
국어	공통국어1 공통국어2	화법과 언어, 독서와 작문, 문학	주제 탐구 독서, 문학과 영상, 직무 의사소통	독서 토론과 글쓰기, 매체 의사소통, 언어생활 탐구
수학	공통수학1 공통수학2 기본수학1 기본수학2	대수, 미적분 I, 확률과 통계	기하, 미적분 II, 경제 수학, 인공지능 수학, 직무 수학	수학과 문화, 실용 통계, 수학과제 탐구
영어	공통영어1 공통영어2 기본영어1 기본영어2	영어 I, 영어 II, 영어 독해와 작문	영미 문학 읽기, 영어 발표와 토론, 심화 영어, 심화 영어 독해와 작문, 직무 영어	실생활 영어 회화, 미디어 영어, 세계 문화와 영어
사회 (역사/ 도덕 포함)	한국사1 한국사2 통합사회1 통합사회2	세계시민과 지리, 세계사, 사회와 문화, 현대사회와 윤리	한국지리 탐구, 도시의 미래 탐구, 동아시아 역사 기행, 정치, 법과 사회, 경제, 윤리와 사상, 인문학과 윤리, 국제 관계의 이해	여행지리, 역사로 탐구하는 현대 세계, 사회문제 탐구, 금융과 경제생활, 윤리문제 탐구, 기후변화와 지속가능한 세계
과학	통합과학1 통합과학2 과학탐구실험1 과학탐구실험2	물리학, 화학, 생명과학, 지구과학	역학과 에너지, 전자기와 양자, 물질과 에너지, 화학 반응의 세계, 세포와 물질대사, 생물의 유전, 지구시스템과학, 행성우주과학	과학의 역사와 문화, 기후변화와 환경생태, 융합과학 탐구
체육		체육1, 체육2	운동과 건강, 스포츠 문화*, 스포츠 과학*	스포츠 생활1, 스포츠 생활2
예술		음악, 미술, 연극	음악 연주와 창작, 음악 감상과 비평, 미술 창작, 미술 감상과 비평	음악과 미디어, 미술과 매체
기술· 가정/정보		기술·가정	로봇과 공학세계, 생활과학 탐구	창의 공학 설계, 지식 재산 일반, 생애 설계와 자립*, 아동발달과 부모
		정보	인공지능 기초, 데이터 과학	소프트웨어와 생활
제2외국어 / 한문		독일어, 프랑스어, 스페인어, 중국어, 일본어, 러시아어, 아랍어, 베트남어	독일어 회화, 프랑스어 회화, 스페인어 회화, 중국어 회화, 일본어 회화, 러시아어 회화, 아랍어 회화, 베트남어 회화, 심화 독일어, 심화 프랑스어, 심화 스페인어, 심화 중국어, 심화 일본어, 심화 러시아어, 심화 아랍어, 심화 베트남어	독일어권 문화, 프랑스어권 문화, 스페인어권 문화, 중국 문화, 일본 문화, 러시아 문화, 아랍 문화, 베트남 문화
		한문	한문 고전 읽기	언어생활과 한자

교과(군)	공통 과목	선택 과목		
		일반 선택	진로 선택	융합 선택
교양		진로와 직업, 생태와 환경	인간과 철학, 논리와 사고, 인간과 심리, 교육의 이해, 삶과 종교, 보건	인간과 경제활동, 논술

① 선택 과목의 기본 학점은 4학점이다. 단, 체육, 예술, 교양 교과(군)의 기본 학점은 3학점이다.
② 선택 과목은 1학점 범위 내에서 증감하여 편성·운영할 수 있다.
③ *표시한 과목의 기본 학점은 2학점이며, 1학점 범위 내에서 감하여 편성·운영할 수 있다.
④ 체육 교과는 매 학기 이수하도록 한다. 단, 특성화 고등학교와 산업수요 맞춤형 고등학교의 경우, 현장 실습이 있는 학년에는 탄력적으로 운영할 수 있다.

　　2015 개정 교육과정에 이어 2022 개정 교육과정에서도 고등학교에서 매우 다양한 과목이 개발되었다. 특히 2022 개정 교육과정에서는 융합선택 과목이 많이 개발되었다는 점이 큰 특징이다. 고교학점제란 학생이 기초 소양과 기본 학력을 바탕으로 진로·적성에 따라 과목을 선택하고, 이수기준에 도달한 과목에 대해 학점을 취득·누적하여 졸업하는 제도이다(교육부, 2021d).

　　고교학점제가 나오게 된 배경은 우선 고등학교 교실의 수업소외 현상과 관련이 있다. 이를 의식해서 교육부(2021d)도 '학생 맞춤형 교육을 통해 잠자는 교실을 깨울 수 있도록' 고교학점제를 도입한다고 밝힌 바 있다. 고교학점제는 첫째, 학생의 과목 선택권을 보장하기 때문에 학습 동기와 흥미를 유지할 수 있다. 둘째, 미래 사회에 필요한 역량을 기르는 데 고교학점제가 더 유리하다고 판단할 수 있다. 직업 세계가 급변하는 미래 사회에서는 자신의 진로를 스스로 개척하고 자기주도적으로 학습하는 역량이 필요하기 때문이다. 셋째, 학생 개개인의 다양성을 지원하기 위해 고교학점제가 필요하다. 고교학점제는 학생선택형 교육과정 운영을 통해 다양한 능력과 적성을 가진 학생 개개인의 역량을 최대한 발휘할 수 있도록 지원할 수 있는 제도이다.

　　기존에도 고교에서 선택과목을 운영한 것이 사실이다. 그러나 고교학점에서 선택의 폭이 크게 증가하였다. 또 고교학점제는 기존과 다른 주요 특징이 있다. 그중 하나는 '책임교육'과 관련된 것으로, 학생들이 목표한 성취 수준에 도달했을 때 과목을 이수했다고 인정하는 제도이다. 또 기존에는 고등학교에서 출석 일수로 졸업 여부를 결정하였다. 하지만 고교학점제가 시행되면, 누적된 과목 이수

학점이 졸업 기준에 이르렀을 때 졸업이 가능하게 된다. 이러한 장치는 고등학교 학생들을 책임지고 성장시킬 수 있도록 교육의 질을 관리하기 위한 것이다.

다. 창의적 체험활동[9]

1) 개요

한국 국가교육과정은 크게 보아 교과와 비교과로 구성되어 있는데, 이 비교과 영역이 창의적 체험활동이다. 그동안 특별활동, 재량활동 등 다양한 이름으로 불리기도 하였으나 오늘날 창의적 체험활동으로 정착되었다. 창의적 체험활동은 교과와의 상호 보완적인 관계 속에서 학생의 전인적인 성장을 위하여 운영하는 것이다. 특히 학교가 자율적으로 설계하고 운영할 수 있는 경험과 실천 중심의 교육과정 영역이라는 점에서 의의가 있다.

창의적 체험활동은 학생들이 자신의 삶과 연계된 다양한 활동에 참여함으로써 개인의 소질과 잠재력을 계발할 뿐만 아니라 창의성과 포용성을 지닌 민주시민으로서의 삶의 태도를 기르는 것을 목표로 한다.

교육부(2002)는 창의적 체험활동의 성격을 다음과 같이 밝히고 있다.

첫째, 창의적 체험활동은 역량 함양을 위한 학습자 주도의 교육과정이다. 둘째, 창의적 체험활동은 교과와의 연계, 학교급 간 및 학년 간, 그리고 영역 및 활동 간의 연계와 통합을 추구한다. 셋째, 창의적 체험활동은 학교급별 특성을 반영하여 설계한다. 학교는 학생의 흥미와 관심, 교육적 필요와 요구, 지역 사회의 특성 등을 고려하여 특정 영역과 활동에 중점을 두고 융통성 있게 설계할 수 있다. 넷째, 학교는 창의적 체험활동 교육과정을 설계하고 운영함에 있어 자율성을 발휘한다. 창의적 체험활동에서는 교사와 학생이, 학생과 학생이 공동으로 계획을 수립하고 역할을 분담하여 실천한다.

---

9) 이 절은 교육부가 발간한 교육부 고시 제2022-33호 [별책 40], 〈창의적 체험활동 교육과정〉에 기초하였다.

교육부(2022)에 따르면, 창의적 체험활동은 자율·자치활동, 동아리 활동, 진로 활동의 3개 영역으로 구성되며, 각 영역의 활동은 학생의 자기관리 역량, 지식정보처리 역량, 창의적 사고 역량, 심미적 감성 역량, 협력적 소통 역량, 공동체 역량의 증진을 도모한다. 또 학교는 학생의 발달단계와 교육적 요구 등을 고려하여 학생 개인별 또는 집단별로 영역 및 활동을 선택하여 집중적으로 운영할 수 있다. 단위학교는 학교의 자율성과 특수성을 반영하여 창의적 체험활동을 설계·운영할 수 있다. 교육부는 단위학교와 교사들이 이러한 취지를 잘 이해할 수 있도록, 창의적 체험활동 교육과정의 개요를 [그림 4-2]와 같이 제시하였다.

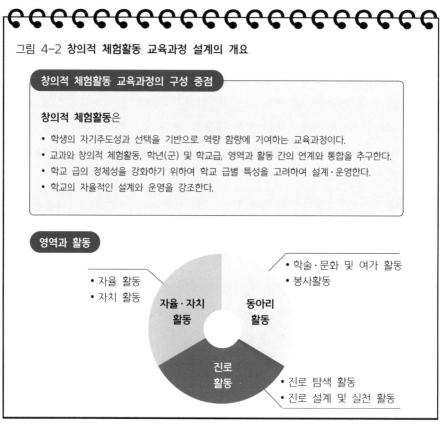

그림 4-2 창의적 체험활동 교육과정 설계의 개요

창의적 체험활동 교육과정의 구성 중점

창의적 체험활동은
- 학생의 자기주도성과 선택을 기반으로 역량 함량에 기여하는 교육과정이다.
- 교과와 창의적 체험활동, 학년(군) 및 학교급, 영역과 활동 간의 연계와 통합을 추구한다.
- 학교 급의 정체성을 강화하기 위하여 학교 급별 특성을 고려하여 설계·운영한다.
- 학교의 자율적인 설계와 운영을 강조한다.

영역과 활동

- 자율 활동
- 자치 활동

자율·자치 활동

동아리 활동

- 학술·문화 및 여가 활동
- 봉사활동

진로 활동

- 진로 탐색 활동
- 진로 설계 및 실천 활동

자료: 교육부(2022). p.4.

이와 같이 창의적 체험활동은 세 가지 주요 영역으로 이루어져 있다. 다음 내용은 2022 개정 교육과정에서 밝히고 있는 이 세 영역의 주요 내용이다(교육부, 2022).

2) 자율·자치활동

자율·자치활동은 학생의 자기주도성과 민주시민성 함양을 위해 이루어지는 영역으로 자율활동과 자치활동으로 구성된다. 자율·자치활동의 활동, 활동 목표와 예시 활동은 〈표 4-8〉과 같으며, 학교에서는 이를 바탕으로 내용과 구체적인 활동을 창의적으로 설계할 수 있다.

표 4-8 **자율·자치활동의 활동 목표와 예시 활동**

활동	활동 목표	예시 활동
자율 활동	학생이 주제를 스스로 선택하여 활동함으로써, 신체적·정신적·환경적 변화에 적응하고 자신의 삶을 개척해 나가는 자기주도성을 함양한다.	• 주제 탐구 활동: 개인 연구, 소집단 공동 연구, 프로젝트 등 • 적응 및 개척 활동: 입학 초기 적응, 학교 이해, 정서 지원, 관계 형성 등 • 프로젝트형 봉사활동: 개인 프로젝트형 봉사활동, 공동 프로젝트형 봉사활동 등
자치 활동	성숙한 민주시민으로서 타인과 원활하게 소통하고 공동체의 문제를 상호 연대하여 해결할 수 있는 역량을 함양한다.	• 기본생활습관 형성 활동: 자기 관리 활동, 환경·생태의식 함양 활동, 생명존중 의식 함양 활동, 민주시민 의식 함양 활동 등 • 관계 형성 및 소통 활동: 사제동행, 토의·토론, 협력적 놀이 등 • 공동체 자치활동: 학급·학년·학교 등 공동체 중심의 자치활동, 지역 사회 연계 자치활동 등

3) 동아리 활동

동아리 활동은 학생의 진로, 흥미와 적성에 부합하도록 동아리를 구성하거나 가입하여 다양한 체험을 하도록 하며, 나눔과 봉사를 실천함으로써 포용성과 시민성을 함양하는 데에 초점을 두는 영역으로 학술·문화 및 여가 활동, 봉사활동 등으로 구성된다. 중등 단계에서 특히 동아리 활동이 학생들의 성장에 중대한 영향을 미치고 있다는 인식을 감안할 때(김사훈, 이광우, 2014), 자율 동아리 활동 등 다양한 창의적 체험활동 기회가 충분히 주어져야 한다. 동아리 활동 영역의 활동, 활동 목표, 예시 활동은 〈표 4-9〉와 같으며, 학교에서는 이를 바탕으로 내용과 구체적인 활동을 창의적으로 설계할 수 있다.

표 4-9 동아리 활동의 활동 목표와 예시 활동

활동	활동 목표	예시 활동
학술·문화 및 여가 활동	동아리 활동을 통해 다양한 학술 분야와 문화에 대해 관심을 가지고 탐구력과 심미적 감성을 함양한다.	• 학술 동아리: 교과목 연계 및 학술 탐구 활동 등 • 예술 동아리: 음악 관련 활동, 미술 관련 활동, 공연 및 전시 활동 등 • 스포츠 동아리: 구기 운동, 도구 운동, 계절 운동, 무술, 무용 등 • 놀이 동아리: 개인 놀이, 단체 놀이 등
봉사활동	학교 안팎에서 나눔과 봉사를 실천함으로써 포용성과 시민성을 함양한다.	• 교내 봉사활동: 또래 상담, 지속가능한 환경 보호 등 • 지역사회 봉사활동: 지역사회 참여, 캠페인(학교폭력 예방, 안전사고 예방, 성폭력 예방, 생태환경 보호 등), 재능 기부 등 • 청소년 단체 활동: 각종 청소년 단체 활동 등

4) 진로 활동

진로 활동은 학생이 긍정적 자아 개념을 형성하고 자신의 흥미와 적성에 따른 진로를 탐색 및 설계하도록 하기 위한 영역으로, 학생 자신과 직업 세계에 대한 이해를 바탕으로 적성에 맞는 진로를 탐색, 설계, 경험하기 위한 진로 탐색 활동, 진로 설계 및 실천 활동 등으로 구성된다. 진로 활동의 활동, 활동별 목표와 내용으로서의 예시 활동은 〈표 4-10〉과 같으며, 학교에서는 이를 바탕으로 내용과 구체적인 활동을 창의적으로 설계할 수 있다.

표 4-10 진로 활동의 활동 목표와 예시 활동

활동	활동 목표	예시 활동
진로 탐색 활동	긍정적인 자아 개념을 형성하고 진로 및 직업 세계의 특성과 변화를 이해하여 자신의 진로와 관련된 건강한 직업 가치관을 확립한다.	• 자아탐색 활동: 자기이해, 생애 탐색, 가치관 확립 등 • 진로이해 활동: 직업 흥미 및 적성 탐색, 진로 검사, 진로 성숙도 탐색 등 • 직업이해 활동: 직업관 확립, 일과 직업의 역할 이해, 직업 세계의 변화 탐구 등 • 정보탐색 활동: 학업 및 진학 정보 탐색, 직업 정보 및 자격(면허) 제도 탐색, 진로진학 및 취업 유관기관 탐방 등
진로 설계 및 실천 활동	자신의 진로에 대한 이해를 바탕으로 희망하는 진로와 직업의 경로를 설계하고 실천한다.	• 진로 준비 활동: 진로 목표 설정, 진로 실천 계획 수립 등 • 진로계획 활동: 진로 상담, 진로 의사 결정, 진로 설계 등 • 진로체험 활동: 지역 사회·대학·산업체 연계 체험활동 등

5 교사교육에 주는 시사점

먼저 예비교사 교육에서 학생들이 학습경험의 의미를 잘 이해할 수 있다면 성공적인 프로그램을 운영 중이라고 판단할 수 있을 것이다. 그리고 학습경험 선정의 원칙이 무엇이고, 그것들이 왜 중요한지 알 필요가 있다. 특히 학습경험 조직 방법에서 스코프와 시퀀스의 개념과 역할에 대해 잘 숙지한다면 교사로서 전문성을 잘 갖추었다고 볼 수 있다.

첫째, 학습경험 선정의 많은 원칙 중에 기회의 원칙이 가장 중요하다고 판단된다. 이에 교사들은 자신들이 운영하는 교육과정과 수업이 과연 기회의 원칙에 부합하는지 시시각각 확인해 보아야 한다. 위에서 알아보았듯이 기회의 원칙에서 '기회'란 교육목표를 달성할 수 있는 기회이다. 그런데 학교나 교실에서 지식 이외에 탐구와 실천에 대한 기회를 충분히 부여하고 있는지 성찰이 필요하다. 많은 과학 수업에서 실험이 부족하며, 많은 지리 수업에서 학교 밖으로 나가지 않으며, 많은 예술 수업에서 충분한 창작 경험을 제공하지 않으며, 많은 사회 수업에서 실천하지 않는 경향이 있다. 교사들은 교육목표를 달성할 수 있는 기회가 학습경험 속에 충분히 주어졌는지 확인하고, 그렇지 않은 경우 보완할 수 있는 태도를 갖추어야 한다.

둘째, 교사들은 스코프와 관련해서 종종 교육과정 스코프의 폭과 깊이 사이에서 딜레마에 직면한다. 넓게 가르치면 깊이가 얕아지고, 깊게 가르치면 폭넓은 내용을 다루지 못할 수 있기 때문이다. 다시 말해 광범위한 주제와 기능을 다루어야 한다는 압박감을 느낄 수도 있고, 다른 한편으로는 더 적은 수의 주제에 대한 더 깊은 이해를 제공하기 원할 수도 있다. 이에 교사들은 지식과 기능을 우선순위화 할 수 있는 전문성을 갖추어야 한다. 교사들은 학생들이 배워야 할 가장 중요한 주제와 기능을 파악하고 우선순위를 정하여, 우선순위가 높은 것들에 많은 시간을 할애할 필요가 있다. 그리고 어떤 주제들은 자세히 다루지 않더라도 전이가 쉬운 것들이 있다. 이에 교사들은 핵심 개념에 대한 깊은 이해를 강조하고, 전이가 쉬운 것들은 가볍게 다룸으로써 폭과 깊이를 조정해야 한다.

셋째, 교사들은 시퀀스의 개념과 역할에 대해 잘 알고 있어야 한다. 기존의 국가교육과정은 교과 특성에 따라 시퀀스를 고려하여 개발된다. 그러므로 교사들은 자신이 가르치고 있는 학년의 교육과정이 어떤 단계를 거쳐 왔고, 앞으로 어떻게 깊어지는지 알고 있어야 한다. 순서가 잘 정해진 방식으로 가르친다는 개념인 시퀀스는 학생들이 이전에 배운 것을 바탕으로 새로운 것을 배우며, 그 다음 단계로 옮겨갈 수 있도록 도와준다. 이에 교사들은 지식의 영속적 이해와 전이를 촉진하기 위해 시퀀스의 개념을 숙지하고 있어야 한다.

MEMO

이 장이 끝나면 대답할 수 있어야 하는 10가지 질문

1. 8년 연구 경험은 Tyler의 평가관에 어떤 영향을 미쳤는가?
2. Taba의 교육과정 개발 모형은 Tyler 모형과 어떤 점에서 차별성이 있는가?
3. Tyler 모형과 Walker 모형은 어떻게 다른가?
4. 숙의 모형에서 토대의 개념은 무엇인가?
5. 숙의의 주요 원리는 무엇인가?
6. 계단식 모형과 거미줄형 모형은 어떻게 다른가? 각각의 예를 들어 설명해 보시오.
7. Eisner는 왜 행동주의에 비판적인가?
8. 교육적 감식안의 개념은 무엇인가?
9. Eisner가 강조한 표현양식의 개념은 무엇이고, 교사는 교실에서 이를 어떻게 활용해야 하는가?
10. 교육비평이 무엇인지 정의하고, 교사가 교육비평 활동을 수행하는 예를 제시하시오.

Chapter 05

교육과정 개발

1 기술적 모형

교육과정 개발에서 기술적 모형은 Ralph Tyler와 그의 제자인 Hilda Taba의 모형이 대표적이다. 이 장에서는 기술적 모형과 관련하여 이 두 대표적 학자를 중심으로 살펴볼 것이다.

먼저 Tyler는 교육과정학과 교육평가학에서 모두 각 영역을 개척한 학자로 잘 알려져 있다. 이와 같이 그는 교육과정과 수업, 평가를 아우르는 종합적인 관심을 가진 사람이었다고 볼 수 있다. 그의 저서 〈Basic principles of curriculum and instruction〉은 그가 대학에서 강의할 때, 학생들에게 나누어 주기 위한 자료에서 출발했다고 알려져 있다. 그래서 그런지 참고문헌이 하나도 없는 매우 얇은 분량의 저서이다. 어떻게 보면 이 저서는 누구나 생각할 수 있는, 직관적이거나 상식적인 주장으로 이루어져 있다. 한편 1940년대 당시에는 교육과정과 평가에 대한 학문이 정착되지 않았던 때이다. 이 책은 오늘날 가히 고전의 반열에 올랐다고 해도 과언이 아니다. 오늘날의 시점으로 보면 이 책의 내용은 다소 상식적인 말로 들릴 수 있지만 당시의 시점에서 본다면, 교육과정학과 교육평가학의 기초를 놓은 책이라 평가할 수 있다. 책의 구성과 내용에 있어서도 군더더기 없이 매우 체계적이고 효과적으로 쓰여졌다. 사실상 오늘날 많은 교육과정 교과서는 이 책의 확장판이라 해도 과언이 아니다.

가. 8년 연구

Ralph Tyler의 교육과정 개발 모형을 이해하기 위해서는 '8년 연구'를 이해할 필요가 있다. 왜냐하면 이 연구 프로젝트에서의 경험이 그의 교육과정과 평가이론의 기초가 되었기 때문이다. 8년 연구는 1933년부터 1941년까지 미국 전역의 30개 고등학교와 300여 개의 대학이 참여한 대규모 교육 실험이었다. 이 프로젝트는 미국의 진보주의교육협회가 주관한 고교-대학 연계 사업이라고 볼 수 있으며, 주요 목적은 고등학교 혁신이었다. 이 연구는 진보주의 교육의 효과가 고등학교에서도 나타난다고 볼 수 있는지 알아보기 위해 고안되었다. 1930년대 미국 초등학교와 중학교에서는 진보주의 교육이 정착했다고 볼 수 있을 만큼 패러다임의 전환이 이루어졌다. 그러나 고등학교에서는 진보주의 교육이 충분히 자리를 잡지 못하고 있었다. 그 이유는 대학입학전형에서 여전히 전통적 학문 교과의 지식을 탁월하게 습득했는지가 중요한 요소였기 때문이다.

이 프로젝트는 당시 고등학교를 전통 교과 위주로 대학입시를 준비하는 곳이라는 보는 관습을 혁신하고자 하는 의도를 갖고 있었다. 고교와 대학들은 협약을 맺고 대규모 실험을 시작하였다. 이 협약에서 고등학교에서는 학생들에게 대학에서 필요한 능력을 갖추도록 준비를 시키겠다고 진술하였고, 대학에서는 고등학교에 교과이수단위 규정 및 입학시험을 면제했다(이윤미, 2015). 이 실험은 쉽게 말해 진보주의 교육방식으로 고교를 졸업하고 대학에 입학했을 때, 그것이 약점으로 작용하지 않을 것이라는 가설을 검증하는 것이었다.

이 프로젝트를 통해 약 10여 년에 걸쳐 고등학교 교육과정을 혁신하는 동시에 해당 고등학교 졸업자들이 대학에서 어떠한 성과를 보여주는지에 대한 추수검사가 실시되었다. 이를 위해 다양한 평가 도구가 개발되고, 대규모의 연구 인력이 동원되었다(이윤미, 2015). Tyler는 이 중에서 평가팀을 이끌었다. 8년 연구는 고등학교에서 학생들의 필요와 관심에 초점을 맞춘 교육과정을 운영하도록 했다. 물론 이때 고등학교의 교육과정 자율성도 존중하였다. 이 당시 전통적 학문교과에서 진보주의 교육으로 교육과정이 바뀌게 됨에 따라 학생들을 어떻게 평가해야 하는지가 매우 중요한 이슈로 등장하였다. 이에 학생들이 교육목표를 달성하였는지 −학문지식을 습득하였는지를 포함하되 이를 뛰어 넘어− 알아보는 다양한 평가 방법을 사용하게 되었다.

연구결과 진보적인 교육과정으로 교육받은 학생들의 대학 초기 적응도와 성취도가 대체로 높게 나타났다. 이는 진보주의 교육이 초등학교나 중학교뿐만 아니라 고등학교에서도 의미 있게 이루어질 수 있다는 것을 시사하는 것이었다(이윤미, 2015: 156). 이때 Tyler는 대학에서 학생들의 성취도를 평가함에 있어 전통 교과에 대한 지식 습득 여부보다 교육의 목적이 무엇인지를 준거로 평가 도구를 만들어야 했다. 실험 대상 고등학교를 졸업한 학생들과 일반 고등학교를 졸업한 학생들을 공정하고 엄밀하게 비교하기 위해서는 타당하고 객관적인 준거가 필요했다. Tyler는 8년 연구의 참여 경험을 토대로 교육평가 이론을 정립할 수 있게 되었다. 참여과정에서 그는 단지 교과나 학문이 정해지면 자동적으로 가르칠 것이 정해지는 것이 아니라 학생들의 필요와 관심에서 교육 목표가 도출되어야 함을 주장하였다. 그는 또한 학생들의 학습을 평가하기 위해 당초의 교육목표가 무엇이었는지를 준거로 삼아야 한다고 보았다.

나. Tyler 모형

Tyler는 8년 연구에 참여하면서 교육과정 개발에 있어, 사회의 요구, 교과의 요구와 함께, 학생 중심의 접근법을 옹호하게 되었다. 교육과정이 학생들의 필요와 관심사에 맞게 설계되어야 하며, 교육목표는 학습자에 대한 이해에 기초해야 한다고 주장하였다. 이를 위해 교육목표를 제대로 설정하고, 적절한 학습경험을 선택하고, 목표에 비추어 학생의 성취도를 평가하는 교육과정 개발 모형을 체계적으로 구안하였다.

여기서 제시하는 Tyler 모형에 대한 설명은 이 책의 3장과 4장에서 이미 설명한 것과 중복될 수 있다. 그러나 Tyler 모형이 교육과정 개발의 기초인 만큼 중요하기 때문에 내용의 중복을 감수하고, 이 모형의 전모를 종합적으로 보여주기로 하겠다.

첫째, 교육과정 개발에서 가장 먼저 할 일은 교육목표를 파악하는 것이다. 이는 학생들이 교육과정을 이수한 결과로 어떤 지식, 기능, 태도를 갖추게 해야

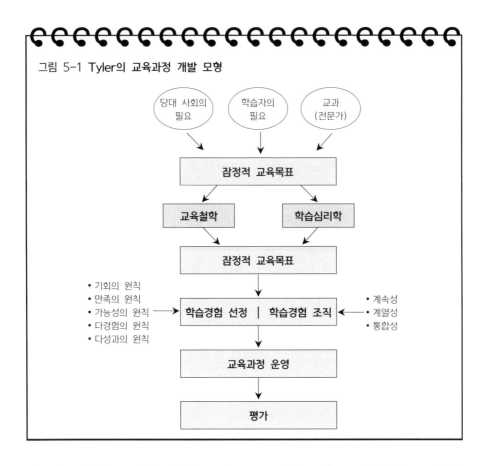

그림 5-1 Tyler의 교육과정 개발 모형

하는지를 결정하는 것을 말한다. 교육목표는 학생, 교사, 교육평가자 등 관련자들에게 효과적으로 전달될 수 있도록 명확하고 구체적이어야 한다. 이러한 교육목표에 따라 학습경험이 선정되어야 한다.

둘째, 교육목표가 파악되면 다음 단계는 학생들이 목표를 달성하는 데 도움이 될 만한 적절한 학습경험을 선택하는 것이다. 학습경험은 학생들의 필요와 관심사를 충족하도록 선정되어야 하며, 교육목표 달성에 필요한 것이어야 한다.

셋째, 학습경험이 선정되었다면, 그것을 어떤 순서로 조직할 것인가에 대해 고민해야 한다. 선정된 학습경험을 학습자의 발달단계에 따라 배치하는 일이 학습경험의 조직이다. 이때 학생들의 사전 지식과 기능을 바탕으로 계열성과 통합성 등의 기준으로 학습경험을 조직한다.

넷째, 마지막 단계는 교육과정의 효과를 평가하는 것이다. 평가에는 교육과정 평가와 학생 평가 모두 포함되는데, 보통 학생평가는 교육과정 평가에 포함된다. 그러므로 이 모형에서 평가는 보통 교육과정 평가를 뜻한다. 평가를 통해 수집된 자료는 교육과정의 개선에 활용된다.

학생들이 달성해야 할 교육목표의 첫 번째 원천은 당대 생활의 삶 또는 현대 생활이다. 교육은 당대 세계의 변화와 발전에 부응해야 한다. 교육과정 개발자들은 사람들의 삶에 영향을 미치는 당대의 문제들과 도전이 무엇인지 파악하고, 그것들을 교육과정의 목적에 반영해야 한다.

교육목적의 두 번째 원천은 학생들의 필요 또는 요구이다. 필요는 학생들이 현재 상태에서 다음 상태로 성장하기 위해 배우고 익혀야 할 것을 말한다. 이에 교육목표가 정당화되기 위해서는 학생들의 발달 단계를 고려한 필요에 따른 것이어야 한다.

교육목적의 세 번째 원천은 교과이다. 교과는 스스로 말을 하는 존재는 아니기 때문에 사실상 교과 전문가들이라 볼 수 있다. 교과는 문화유산을 담는 그릇이며, 학생들이 미래를 준비하기 위해 배워야 할 필수적인 교육내용이다. 그러므로 교과전문가들은 필수적인 교육목표를 도출하는 데 있어 주요 원천이라 볼 수 있다.

잠정적인 교육목표가 과연 바람직한 것인지에 대한 판단은 철학적인 판단일 수밖에 없다. 철학은 무엇이 가치있는 것인가를 구별할 때 유용한 지침을 제공하기 때문이다. 교육철학은 잠정적인 교육목표 중에서 바람직한 교육목표를 선별하는 과정에서 중요한 역할을 한다. 교육의 근본적인 목적이 민주주의에 있다면, 교육목표는 효과적이고 민주적인 참여에 필요한 지식, 기술, 태도를 양성하도록 개발되어야 한다.

교육철학이 교육목표의 가치 측면을 판단하는 데 도움을 준다면 학습심리학은 발달 측면에서 도움을 준다. 개발자들은 잠정적으로 추출한 교육목표 중에서 학습자의 발달을 도와주는 교육목표를 선별한다. 이 과정에서 학습심리학의 연구결과는 중요한 역할을 한다. 학습심리학은 학생들이 어떻게 배우는지, 어떤 조건에서 학습효과가 늘어나는지에 대한 과학적 근거를 제공한다. 학습심리학은 학생들의 인지적, 정서적, 사회적 발달 단계에 기초하여 교육목표가 달성가능한 것인지 가늠하는 데 도움을 준다. 또한 학습심리학은 학생들이 교육활동에 적극적으로 참여하고 의미를 느끼게 하는 데 많은 정보를 제공한다.

이렇게 해서 교육목표가 정련되면, 꼭 필요한 학습경험을 선정한다. 이때 학습경험은 어떤 원칙을 통해 도출해야 타당성이 확보될 수 있을까? Tyler는 이 원칙을 다음과 같이 다섯 가지로 제시하였다. 첫째, 기회의 원칙이다. 부연해서 말하자면 교육기회 부여의 원칙이다. 이 원칙은 학생들이 교육목적을 달성하는 데 꼭 필요한 교육기회를 제공하는 것을 말한다. 여기서 교육기회란 교육목적을 달성할 수 있는 기회이기 때문에, 교육목표와 관련된 지식, 기능, 태도를 계발할 수 있는 기회가 제공되도록 학습경험이 선정되어야 한다. 둘째, 만족의 원칙이다. 만족한다 함은 학습경험이 교육목표를 '충족'시키기에 충분함을 말한다. 또 학습경험이 학생들에게 참여의 동기를 부여해야 한다. 학생들에게 흥미롭고, 관련이 있고, 의미 있는 학습경험은 학습동기를 촉진하는 데 효과적이다. 그래야만 교육목표를 달성할 수 있다. 셋째, 가능성의 원칙이다. 이 원칙은 학생들의 발달 수준과 사전 지식 또는 선수 학습 정도를 고려하여 학습경험을 선정하는 것이다. 학습경험은 성취가능한 수준에서 제공되어야 하며, 적절한 정도의 도전이 가능하도록 해야 한다. 넷째, 다경험 또는 다중 경험의 원칙이다. 다중(multiple) 경험이란 하나의 교육목표라 하더라도 다양한 학습경험을 풍부히 제공하는 것이 효과적이라는 원칙이다. 다섯째, 다성과 또는 다중 성과의 원칙이다. 이 원칙은 가급적이면 여러 교육 성과를 동시에 달성할 수 있는 학습경험을 선택하는 것을 말한다. 하나의 학습경험이라 할지라도 다양한 교육목표를 달성할 수 있다. 그래서 가급적이면 다중 성과를 가져올 수 있는 학습경험이 교육에 유리하다.

이와 같은 원리에 따라 학습경험이 선정되면 이것들을 조직할 필요가 있다. 여기서 '조직한다' 함은 학습경험을 순서에 맞게 배열하거나 또는 서로 연계시켜 제시하는 것을 말한다. 학습경험을 구성하는 첫 번째 기준은 계속성(continuity) 또는 연속성이다. 보통 교육과정을 조직할 때 중요한 내용을 적절한 간격으로 반복적으로 제시한다. 두 번째 기준은 시퀀스 또는 계열성이다. 학습경험은 이전의 경험을 기반으로 하여 학생들에게 수준을 높여가는 방식으로 구성되어야 한다. 시퀀스, 즉 계열성은 계속성과 비슷한 용어로 들리지만, 단순히 반복되는 것이 아니라, 학생들이 배워야 할 지식, 기능, 태도 등의 수준을 높여 가는 것을 말한다. 선수학습 수준과 비교할 때 너무 어렵거나 너무 쉽지 않은 선에서 시퀀스를 조절해야 한다. 학습경험을 조직하는 세 번째 기준은 통합성(integration)이다. 통합성은 교육과정의 한 요소와 다른 요소를 수평적으로 연관시키는 것이다. 학습경험은 학생들이 서로 다른 학습 영역 간(예: 수학과 과학)의 연계를 염두에 두고 조직되어야 한다.

이와 같이 학습경험이 선정되고, 조직되면 학교와 교실에서 교육과정을 운영하게 된다. 교육과정 운영이 진행되는 중간에 그리고 교육과정 운영이 끝나는 시점에서 교육과정 평가를 수행한다.

교육과정 평가란 교육목표 달성 정도를 판단하는 일이다. 이는 교육과정 자체를 평가하는 것이며 학생들의 학업성취도 평가만을 의미하지 않는다. 학습자가 교육목표를 얼마나 달성하였는가는 교육과정 평가의 일부에 해당한다. 평가는 주로 교육과정 운영이 끝나는 시점에서 많이 이루어지지만, 교육과정 운영 중에 수시로 또는 수업 중에도 이루어지는 것이다. 평가의 결과는 그 자체로 끝나는 것이 아니라 종국에 교육과정을 개선하는 데 활용되어야 한다. 또 학생평가의 기법 또한 지필 검사에만 머무르는 것이 아니라 교육목표에 맞게 폭넓은 영역과 방법에 걸쳐 이루어져야 한다.

다. Taba 모형

기능적 교육과정 개발을 체계적으로 정리한 대표적 학자 중 하나는 Hilda Taba라 볼 수 있다. 그녀는 Tyler의 제자이며, 그녀의 주장은 사실상 Tyler 저서의 확장판에 불과하다고 평가할 수도 있다. 그렇지만 Tyler와 비교할 때, Hilda Taba(1962)의 가장 큰 특징은 교사를 교육과정을 개발하는 주체로 보았다는 데 있다. 특히 그녀는 학생들을 직접 가르치는 사람이 교육과정을 개발해야 한다고 보았다. 물론 Tyler의 저서에도 교육과정 개발자에 있어 교사가 중요한 사람으로 포함된다. 그렇지만 Taba는 교육과정 개발이 교실과 지역사회에 기초해야 하며, 이에 대해 가장 많이 알고 있는 교사로부터 출발해야 된다는 것을 강조했다.

이 때문에 Hilda Taba의 교육과정 모델은 종종 교육과정 개발에 대한 풀뿌리 접근법이라 불린다. 그 이유는 이 접근법이 학생들의 요구에서 출발하기 때문이며, 교사와 지역사회, 학부모 등이 협력하여 학생들의 필요와 관심사에 맞춘 교육과정을 만들기 때문이다. 다시 말해 교육과정 개발을 학생, 교실, 지역사회에서 출발하기 때문에 풀뿌리 접근법이라 불리는 것이다. 교육과정 개발에 대한 풀뿌리 접근 방식은 로컬이 아닌 외부 당국에 의해 이루어지는 하향식 접근에 대한 문제의식에서 출발하였다. 이러한 대안을 내놓은 이유는 학생들의 문화적 배경과 요구를 존중하고, 모든 이해관계자들을 참여시키게 되면, 결과적으로 학생들에게 더 의미 있고 효과적인 교육과정을 만들어 낼 수 있을 것이라 생각했기 때문이다. 이와 같이 풀뿌리 접근의 두 키워드는 협력과 지역이라고 볼 수 있다.

Hilda Taba의 교육과정 개발 모델은 [그림 5-2]와 같이 7단계로 구성되어 있다.

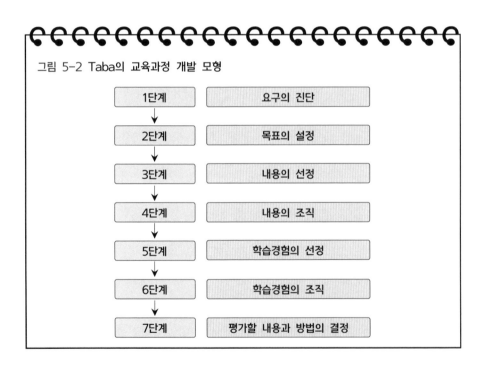

그림 5-2 Taba의 교육과정 개발 모형

1단계	요구의 진단
2단계	목표의 설정
3단계	내용의 선정
4단계	내용의 조직
5단계	학습경험의 선정
6단계	학습경험의 조직
7단계	평가할 내용과 방법의 결정

❶ 요구 진단: 첫 번째 단계는 학습자의 요구와 필요를 진단하는 것이다. 여기에는 학생들의 배경, 관심사, 성취도뿐만 아니라 학교의 사회적, 문화적 맥락에 대한 정보를 수집하는 것이 포함된다.

❷ 교육목표의 설정: 이 단계에서는 학습자의 요구와 교육과정이 구현될 학교의 상황에 대한 진단에 기초하여 명확하고 구체적인 목표를 수립한다. 이러한 목표는 가급적 측정가능해야 하지만, 그렇게 하기 어려운 가치, 태도, 감수성 등 교육의 광범위한 목표를 포함해야 한다.

❸ 내용의 선정: 이 단계에서는 학습자의 요구와 교육의 목표에 맞는 적절한 교과 내용을 선택한다. 이 단계에서 학생들이 목표를 달성하기 위해 배워야 하는 주요 지식, 개념, 주제 등을 파악한다.

❹ 내용의 조직: 이 단계에서는 교육과정의 순서와 속도를 고려하여 내용을 논리적이고 일관성 있게 조직한다.

❺ 학습경험의 선정: 이 단계에서는 학생들이 교육목표를 달성하는 데 적절한 학습경험을 선택한다. 학습경험은 능동적 참여를 조장하고, 전이를 촉진하고, 사고력을 기를 수 있는 활동, 방법, 토론, 실험, 상호작용 등을 말한다.

❻ 학습경험의 조직: 이 단계에서는 교육목표와 내용에 부합하고, 학생들이 지식과 기능을 습득하고 적용할 수 있는 기회를 제공하기 위해 학습경험을 조직한다. 학생들이 지식을 이해하고, 적용하고 실천할 수 있도록 돕기 위해 강의, 토론, 공학의 활용, 답사 등 학습활동을 배치하는 것이 학습경험의 조직이다.

❼ 평가: 마지막 평가 단계에서는 교육목표를 달성하고 학습자의 요구를 충족시키는 데 있어 교육과정의 효과를 평가한다. 이를 위해 적절한 평가도구가 있어야 하며, 이를 통해 학생의 성취도를 포함하여 다양한 정보를 수집한다.

학생에 대한 요구진단에서 출발하는 것을 제외하면 Taba 모형은 Tyler 모형의 확장판에 해당한다. 그렇지만 교사들이 교육과정을 어떻게 개발하고, 운영하고, 평가할 것인가에 대한 구체적이고 유용한 지침을 제공하였다는 점에서 의의가 있다. 또한 Taba는 교육내용과 학습경험을 구분하였다. 교육내용은 학생들이 배울 것으로 기대되는 교과나 지식을 가리키는 반면, 학습경험은 학생들이 그 내용을 이해할 수 있도록 사용되는 교육활동과 관련이 있다. 이러한 학습경험은 지식 습득, 비판적 사고력, 문제 해결력 등 다양한 교육목표를 촉진하도록 설계되어야 하며 학습자의 요구와 관심에 맞게 조정되어야 한다.

2 숙의 모형

가. 교육과정 숙의의 개념 및 방법

1) 개념

교육과정 숙의란 교육과정을 개발할 때 다양한 관점, 가치, 목표, 사회적 맥락 등을 고려하여 교육과정을 만들어 가는 사려 깊고 협력적인 활동을 말한다. 숙의란 본질적으로 대화에 참여 하는 것이다. 이는 교육과정을 어떻게 만들 것인가에 대한 이해당사자들과 전문가들의 대화라고 볼 수 있다. 교육과정 숙의는 매우 실제적인 문제를 해결하는 것으로서 교사, 학생, 학부모, 전문가 등 다양한 사람들과 집단적으로 문제를 해결하고 정해진 시간 내에 가장 최적의 대안을 찾아내는 활동이다.

교육과정학은 교육심리학이나 교육사회학과 같은 여타 교육학 학문분야와 다소 상이한 특징이 있다. 다른 사회과학에서는 주로 가설을 설정하고 데이터를 수집하여 데이터가 가설을 채택하는지 또는 기각하는지 등을 밝힘으로써 연구의 결론을 맺는다. 하지만 교육과정 분야는 학생들이 학교에서 무엇을 배워야 할지 결정하는 문제를 다룰 때가 많아 결론을 내기보다는 의사결정을 한다. 그렇다고 해서 교육과정 분야에서 이론이나 경험적 연구의 의미가 없다는 것은 아니다. 다만 교육과정 분야는 다른 학문분야에 비교해서 당면 문제를 해결해야 하는 매우 실제적인 특징을 갖고 있다.

1970년대를 전후하여 Joseph Schwab(1970)은 당시의 교육과정 연구가 지나치게 이론적 탐구에만 국한되어 있다고 비판하면서 교육과정 연구는 이론과 실제가 상호작용 해야 한다고 주장하였다. 그는 교육과정 연구는 실제적인 것(the practical)을 찾는 연구라고 보았다. 실제적인 것이란 교육과정 문제 상황에서 해결하고자 하는 것이 무엇인지 파악하고, 가장 적합한 이론을 찾고, 해당 문제에 맞추어 이론을 변용하여, 최적의 대안을 찾는 일이라 보았다. 이를 통해 기존의 교육과정 이론이 수정되거나 개선될 수 있다.

이와 같이 '실제적인 것'으로서의 교육과정 문제를 해결함에 있어 Schwab은 실제적 기예와 절충적 기예가 필요하다고 보았다. 첫째, 실제적 기예(arts of practical)란 관련 이론을 교육과정 문제 해결에 적용해 보는 과정에서 이론이 잘 적용되지 않는 부분을 수정하고 보완해 나가는 능력을 말한다. 둘째, 절충적 기예(arts of eclectic)란 실제 문제를 해결하는 데 있어 2개 이상의 이론들을 절충하여 문제 해결에 도움이 될 수 있도록 변용해서 사용하는 것을 말한다. 실제 문제를 해결하는 데 있어 보편적인 하나의 이론이 모든 것을 해결해주지 않을 것이기 때문이다. 그래서 기예(art)라는 말이 사용되었다고 볼 수 있다. 보편적인 원리나 이론이 다양한 맥락과 사례를 모두 설명해 주거나 해결해 주지 않기 때문에 기예가 필요한 것이다. 기예는 교사나 교육과정 전문가들이 상황에 맞게 기준이나 원리를 적절히 변용하여, 시시각각으로 최적의 대안을 찾아갈 수 있는 능력을 말한다. 숙의는 이러한 기예를 바탕으로 이루어진다.

2) 숙의 방법

숙의 개념은 그동안 교육과정 연구자들의 지속적인 관심을 받았다(김대현, 2017; 전호재, 2020). 그동안 숙의 방법을 제안해 온 다양한 연구자들(Schwab, 1970; Walker, 1971, 1990, 1997)의 의견을 종합하고, 최근의 흐름을 반영하면, 다음과 같이 교육과정 숙의 방법의 원리를 제시할 수 있다.

첫째, 포괄성. 교육과정 숙의가 정당성을 얻기 위해서는 교사, 학생, 학부모, 교육청 등 가장 필수적인 참여자가 포함되어야 한다. 동시에 특수교육, 장애, 상담, 학생복지, 아동 정신건강 등 학생의 '웰빙'과 관련된 전문가들이 포함되어야 한다. 이와 같이 교육과정 숙의는 이에 참여하는 사람들을 포괄적으로 참여시키고, 이를 통해 다양한 관점과 필요를 반영해야 한다.

둘째, 개방성. 효과적인 숙의를 보장하기 위해서는 숙의에 참여한 사람들 사이에서 개방성이 필요하다. 교육과정 숙의는 다양한 관점과 이해관계, 그리고 이데올로기 등이 충돌할 수 있는 영역이다. 교육과정 개발 자체가 쟁송의 영역이기도 하다. 이 때문에 쟁송이 만들어내는 문제를 해결하거나 보완하기 위해서 열린 대화 구조를 만드는 것이 중요하다. 이에 신뢰와 상호 존중의 대화 문화 조성이 필요하다. 숙의는 가치중립적이거나 완전히 합리적인 작업은 아니지만 균형과 타협의 자세를 요구한다.

셋째, 성찰성. 교육과정은 미래에 살아 갈 세대를 교육하기 위한 것이다. 이에 교육을 통해 기존의 사회문제와 잘못된 관행을 극복하고 새로운 사회질서를 만들어 갈 수 있는 시민을 길러내야 한다. 이에 교육과정 숙의는 당연시 여겨왔던 관행 중에 잘못된 것이 있다면 이에 대해 비판적으로 사고할 수 있는 분위기 속에서 진행되어야 한다. 최근 국가교육과정 숙의에 있어 기후위기, 양극화, 기술의 급속한 발전, 다문화 등을 고려하여 숙의에 임하는 경향이 있다. 이러한 모습은 성찰과 비판적 사고를 조장하는 숙의의 특징으로 볼 수 있다.

넷째, 지속성. 숙의는 협의의 의미에서 교육과정 관련자들이 만나 회의를 통해 합의점을 찾아가는 일로 볼 수 있다. 한편 광의의 의미에서 보면 어떤 교육과정을 만들어야 되는지에 대한 다양한 포럼, 토론회, 학회, 심지어는 미디어도 숙의에 참여하는 것으로 볼 수 있다. 협의적이든, 광의적이든 교육과정 숙의는 지속적이고 반복적인 과정이라고 볼 수 있다. 이와 같이 교육과정 숙의는 교육과정 개발자에게 지속적으로 피드백을 제공하며, 이것들 중 중요한 피드백은 개정 과정에서 고려될 수밖에 없다.

나. Walker의 숙의 모형

Decker Walker는 1960년대 미술 교육과정 개발 과정에 참여한 적이 있었는데, 그는 이 당시 많은 교육과정 개발자들이 Tyler가 제시한 교육과정 개발 모형을 적용하지 않는다는 것을 알게 되었다. Tyler의 교육과정 개발 모형은 매우 기계적인 절차를 담고 있다. 그런데 실제 교육과정 개발자들은 그와 같은 '연역적인' 순서를 지키지 않았을 뿐만 아니라 그다지 의존하지도 않았다는 것이다. Walker가 '귀납적'으로 교육과정 개발 과정을 살펴보았을 때 실제 개발자들은 자신들이 구축한 토대 위에서 다양한 관점을 가진 다른 교육과정 개발자들과 타협하며 최종적으로 교육과정 설계에 대해 의사결정 한다는 것을 깨달았다. 이에 Walker는 Tyler의 '인위적' 교육과정 개발 모형과 비교하여 자신의 모형을 자연적(naturalistic) 모형이라 명명하였다. 이 모형은 숙의를 중심으로 하고 있기 때문에 숙의 모형이라고 불리기도 한다.

먼저 이 모형에서 토대(platform) 또는 강령은 교육과정 개발자들이 이미 갖고 있는 신념 또는 가치관이라 볼 수 있다. 교육과정 개발자들은 자신의 신념과 가치관에 기초하여 교육과정이 어떻게 만들어져야 하는지에 대한 대안을 제시한다. 이런 대안에 대한 자신의 정당성을 입증하기 위해서는 종종 자료 탐색과 근거 제시가 필요하다. Walker는 미술 교육과정 개발 과정에 참여하면서 이러한 토대의 특징을 알게 되었다. 이때 참여한 전문가들은 대학교수, 교육행정가, 미술교사, 미술전공자 등으로 구성되어 있었다. 이들은 미술교육의 종사자 또는 전문가라는 공통점을 지녔으나 조금씩 상이한 관점이나 교육관을 지니고 있었다. 이들은 하나의 미술 교육과정을 개발하기 위하여 서로 다른 의견을 교환하고 조율해야 했다(김평국, 2022). 이와 같이 숙의 과정에 돌입하기 이전의 기본 입장을 토대 또는 강령이라 부를 수 있다.

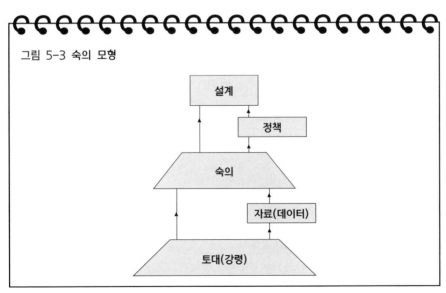

그림 5-3 숙의 모형

자료: Walker (1971). p.58.

둘째, 교육과정에 대한 다양한 생각을 가진 사람들은 대화와 회의를 통해 최선의 대안을 선택하는 실제적인 과정이 숙의이다. 이러한 관점은 Schwab의 숙의 관점을 수용한 것이다. 교육과정 설계자들은 의사결정을 하는 과정에서 한편으로 자신의 주장을 정당화하고 또 한편으로는 타협과 조율을 통해 합의를 해 나간다(Walker, 1971: 58).

셋째, 마지막 단계는 교육과정 설계이다. 교육과정의 강령 또는 토대에서는 대안이 추상적인 상으로 남아있다. 교육과정 설계는 이와 같이 추상적인 것을 구체적인 교육과정으로 만들어내는 과업을 말한다. Walker에 따르면 교육과정 설계는 교육과정 문서와 같은 최종 산출물을 만들어내는 의사결정을 일컫는다. 교육과정의 최종 산출물은 학생들의 교육에 절대적인 영향을 미치기 때문에 중요한 것이다. Walker의 정의에 따르면, 교육과정 설계는 최종산출물 자체를 말하는 것이 아니라 그 산출물을 만들어내는 의사결정을 뜻한다.

Walker의 1971년 논문은 매우 간략할 뿐만 아니라 그리 명료하지 않은 언어들로 정리된 측면이 있다. 오히려 Print(1988)가 Walker의 모형을 알기 쉽게 설명한 바 있다. 이를 소개하면 다음과 같다.

[그림 5-4]에서 볼 수 있는 바와 같이 신념, 이론, 개념, 관점, 목적과 목표

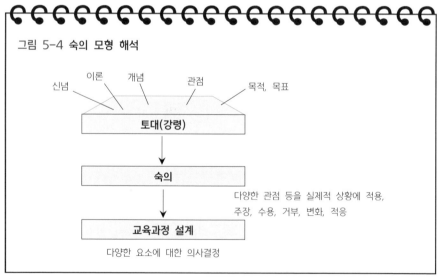

그림 5-4 숙의 모형 해석

자료: Print (1988). p.75.

는 강령을 이루는 요소들이다. 이러한 선호와 관점은 명료하게 정리되지도 않고, 때로 논리적이지 않을 수 있으나 개발자 각자에게 있어 교육과정 의사결정의 기초를 형성한다. 이런 토대는 개발자 각자의 선호, 신념, 관점을 실현시키기 위해 어떤 결정을 내릴 것인지에 대해 도움을 준다. 이런 토대 위에 있는 개인들 사이에서 만남과 상호작용이 시작되면 숙의의 단계가 시작된다. 개발자들은 자신의 강령을 방어하며 타인과의 차이를 확인하고 최종적으로는 합의를 이끌어내기 위해 노력한다. Walker에 따르면, 이 과정에서 교육과정 개발자들은 다양한 기준에서 대안들을 서로 비교해 본다. 그리고 정해진 마감 시간이 되면 최선은 아닐지라도 하나의 대안을 선택해야 한다. 왜냐하면 쟁송의 상황에서 누구에게나 최선의 대안이란 존재하지 않기 때문이다. 숙의를 통해 어느 정도 대안이 마련되면 설계 단계로 들어간다. Walker에게 있어 교육과정 설계란 의사결정과 같은 것으로 볼 수 있다. 의사결정의 결과는 교육과정 문서나 구체적인 교육과정 자료를 만들 수 있는 기초가 된다.

Walker는 Tyler의 교육과정 모형과 비교하여 고전적 모형이 처방적 (prescriptive)인 반면 자신의 모형은 기술적(descriptive)이라고 말한다. 자신의 모형은 시간성을 띠고 있으며, 그래서 토대에서 출발해서 교육과정 설계로 끝난다. 그리고 중간 과정에 숙의 단계가 있다. 반면에 Tyler 모형은 교육목표에서 시작해서 평가에서 끝난다.

교과 교육과정을 실제로 개발하고자 한다면 Tyler 모형을 따르는 것이 유리하고, 교육과정이 실제로 어떻게 개발되는지 그 특징을 기술하고자 한다면 Walker 모형을 따르는 것이 더 유리하다고 볼 수 있다. 그러나 오늘날 교육과정 개발 장면을 살펴보면 이 두 모델이 혼재되어 나타난다고 볼 수 있다.

3 예술적 모형

가. 문제제기

교육과정 숙의 모형이 Tyler 모형의 인위적 특성을 비판하면서 나온 것이라면, 예술적 모형은 교육과정에 대한 행동주의적 지배를 극복하려는 노력에서 나왔다. 이 예술적 모형은 1960년대 이후 Elliot Eisner가 주도했다. 그는 행동주의 인식론은 교육의 규범적 측면을 놓치고 있으며, 현장과도 유리된 이론이며, 인간의 창의성과 상상력을 제한할 수 있다고 비판하였다.

첫째, 지나친 행동주의화는 교육의 규범적 측면을 놓칠 수 있다. 교육과정 개발에 있어 예술적 모형은 1960년대 이후 Bloom 등이 발전시킨 행동주의의 지배와 관련이 있다. Tyler만 해도 목표(objectives)라는 단어 앞에 교육적(educational)이라는 수식어가 붙었고, 그 이후에 교수적(instructional)이라는 말로 구체화되기도 하였다. Eisner(2002: 105)는 여기까지만 해도 교육목표는 '교육적인 결과'(educational outcomes)와 관련 있는 것으로 볼 수 있다고 말했다. 그러나 과도한 행동주의에의 경향성으로 교육목표를 행동목표(behavioral objectives) 또는 수행목표(performance objectives)라는 말로 바꿔 쓰게 되었다. 행동목표나 수행목표는 측정할 수 있는 행동이나 양적으로 점수화할 수 있는 목표이다. 이러한 양화는 행동으로 표현되지 않는 많은 중요한 교육목표를 놓치게 만든다는 것이 Eisner의 핵심 문제제기이다. 이러한 행동주의 지배는 교육의 철학적 가치나 규범적 측면을 놓칠 수 있기 때문에 교육학적이기보다는 측정학적인 것에 지나지 않는다.

둘째, 교육의 행동주의화는 지나친 '과학화'에의 맹신으로 교실 현장과 유리되기 쉽다. 이와 관련하여 Eisner는 다음과 같이 역설하였다.

만약 행동주의자들을 만족시킬 수 있을 정도로 매우 구체적인 수준에서 교육목표를 준비해야 한다면, 초등학교 한 교사가 일 년 동안 달성해야 할 교육목표는 수백 개는 될 것이다. 예를 들어 그 교사가 매주 일곱 개의 과목을 가르칠 때, 그리고 더 나아가서 학생들을 세 개의 능력별 집단을 나누어 가르친다면, 한 과목에 하나의 교육목표만 가르친다 해도 1년(40주) 동안 다루어야 하는 행동목표는 7×3×40＝840개나 된다. 이는 어떤 교사도 감당할 수 없는 숫자일 뿐만 아니라 교육과정 가이드나 매뉴얼에 나와 있어도 그것들을 일일이 다 기억하기도 힘들 것이다(p.106).

이와 같이 행동주의는 교사의 행동까지도 세세하게 지시함으로써 교실에서 일어나는 교육활동의 질적 측면을 간과하기 쉽다. 이러한 교육목표들은 목록에 적혀 있어야만 되는 것이기 보다 역동적이고 통합된 방식으로, 즉 총체적으로 달성되는 것이다. 이와 같이 질적 속성을 가진 교육활동을 측정가능한 행동으로 명세화하고 양화하는 것은 교사의 업무를 탈숙련화하고 교육활동을 기계적으로 바라보는 우를 범할 수 있다.

셋째, 행동주의는 창의력과 고차원 사고력 등 다양한 인간 특성을 무시하기 쉽다. 측정가능한 능력에만 치중하다 보면 예술적 표현 능력, 공동체에 대한 책임, 풍부한 상상력 등 인간의 다양한 특징을 설명하는 데 실패한다. 또 학습자가 의미를 어떻게 구성하는지에 대한 이해를 제한할 뿐만 아니라 성찰과 윤리적 태도, 그리고 실제 상황에서 문제를 해결하는 능력 등을 길러내는 데 한계가 있다. Eisner(1983)는 "교육목표가 교육에 도움이 되는가, 방해가 되는가?"라는 질문을 던졌다. 교육목표는 당연히 교육활동에 도움이 되는 것이다. 그러나 교육목표가 지나치게 명세적으로 제시되면 교육에 해가 될 수도 있다. 왜냐하면 행동주의는 측정이 용이하지 않다는 이유로, 중요한 교육목표들을 배제할 수 있기 때문이다.

나. Eisner의 예술적 모형

1) 교육목표

Eisner는 교육목표를 [그림 5-5]와 같이 크게 세 가지로 제시하였다.

첫째, 측정이 용이한 교육목표로서 행동목표가 있다. 이상에서 살펴본 것처럼 Eisner가 행동주의를 비판하긴 하였지만 교육에서 행동목표는 여전히 중요하다고 보았다. 그가 비판한 것은 교육의 과도한 과학화 운동과 행동주의의 지배

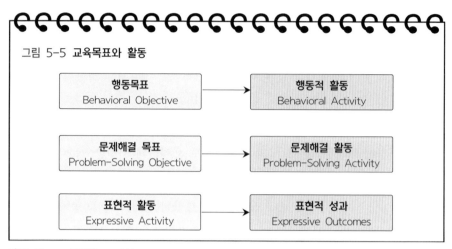

그림 5-5 **교육목표와 활동**

행동목표 Behavioral Objective	→	행동적 활동 Behavioral Activity
문제해결 목표 Problem-Solving Objective	→	문제해결 활동 Problem-Solving Activity
표현적 활동 Expressive Activity	→	표현적 성과 Expressive Outcomes

자료: Eisner (1979). p. 101.

현상이었다. 수학, 과학, 언어 등의 과목은 학생들이 교육받은 결과로서 무엇을 할 수 있고, 무엇을 알아야 하는지가 분명하다. 수학 시간에 연산을 배우거나 언어 시간에 철자를 배웠다면 교사들은 모든 학생들이 교육목표를 달성해야 한다고 기대할 수 있다. 학생들이 동일한 기능을 배우고 익힐 수 있다는 기대는 모든 학생들에게 동일하게 해당이 되기 때문에, 행동목표는 여전히 필요한 것이며 제 역할을 할 수 있어야 한다.

둘째, 탐구 능력과 사고력을 기르는 문제해결 목표가 있다. 행동목표에 있어서는 학생들이 습득해야 할 내용과 방법이 이미 정해져 있지만 문제해결 목표에서는 문제가 주어질 뿐이다. 내용과 방법은 교사와 학습자들 사이의 상호작용 과정에서 수시로 수정될 수 있다. 또 학생들이 개인적으로나 집단적으로 도달한 결론은 모두 상이할 수 있다. 문제해결 목표는 이러한 다름을 허용한다. 문제해결 목표는 실험을 주로 하는 과학이나 무엇인가 만들어 내야 하는 디자인 수업에서 많이 활용된다. 과학 실험이나 디자인에서 해답은 미리 주어지지 않고 문제만 미리 주어지는 것이다. 이와 같이 문제해결 목표는 문제해결력은 물론 학생들의 흥미를 유지시키고 사고력을 길러주는 데 유용하다.

셋째, 교육목표의 세 번째 유형은 표현 결과(expressive outcomes)이다. 이는 표현 성과라고 번역해서 이해하는 것이 더 효과적일 수 있다. 교육목표는 원래 학생들이 무엇을 달성해야 할지에 대한 기대가 처음부터 정해져 있음을 암시한다. 반편 표현 성과는 표현적 활동의 과정을 통해 나타나는 결과(consequence)이다. 수학이나 과학과 같은 과목은 학생들이 달성해야 할 행위가 매우 명확하나 미술이나 예술 교과에서 학생들은 일단 과정에 참여해봐야만 다양한 성과를 얻을 수 있다. Eisner는 이와 관련된 교과에서 교사들이 목표를 너무 구체적이거나 명료하게 제시하지 않아야 한다고 말한 바 있다. 학교는 학습 활동에서 학생들이 큰 성과와 만날 수 있는 기회와 여유를 줄 필요가 있다는 것이다. 이러한 필요성에 동의한다면, 예술 교과에서는 교육목표를 진술하더라도 구체적으로 기대되는 행위에 대한 구체적인 모습을 열어둘 필요가 있다.

2) 교육과정의 내용 선정

교육목표에 교육의 내용이 어느 정도 포함되어 있는 경우도 있지만 많은 경우 목표 자체가 어떤 내용을 선정해야 되는지 지시하는 것은 아니다. 예를 들어 생각해보자. 학생들은 '생물체의 생존이 환경에 의존한다'라는 것을 이해할 수 있어야 한다. 이때 교과 전문가들이나 교사들은 이를 위한 내용을 선정해야 한다. 이를 위해 단순한 형태의 식물의 삶에서 복잡한 인간의 삶까지 다양한 형태의 내용이 포함될 수 있다. Eisner가 여기서 강조하는 것은 교육내용의 선정은 교육과정 개발자들이나 교사의 손에 달려있다는 것이다. 이때 어떤 내용을 선정해야 되는가에 대한 기준이 필요하다.

그것들은 첫째, 교육목표를 달성하기 위해 유리한 교육 내용이 무엇인가? 둘째, 학생들에게 의미 있는 교육 내용은 무엇인가이다. 이와 관련하여 농촌 학생들이나 도시 학생들이 흥미를 느낄 수 있는 교육 내용을 다를 수 있다. 그러므로 교사들은 동일한 교육목표를 달성시켜야 하지만, 학생들이 처한 맥락과 경험에 근거하여 교육내용을 달리 정할 수 있다. 너무나 많은 것을 정부에서 정해 놓으면 학생들의 다양한 경험에 부합하는 교육내용을 선정하는 데 불리할 수 있다. 이에 가급적 교사에게 많은 권한을 부여하는 것이 좋다. Eisner는 이러한 생각에 기초해 교육과정 내용 선정의 관점을 위와 같이 제시한 것이다.

3) 학습기회의 조직

학습기회를 조직한다 함은 어떤 시간에 무엇을 공부해야 할지에 대해 계획을 세우는 일이다. Eisner는 학습기회의 조직 방식으로 계단식(staircase) 모형과 거미집(spiderweb) 모형, 두 가지가 있다고 보았다. 계단식 모형에서 교육과정은 건물이며, 한 계단씩 위를 향하여 올라가는 것은 학습이다. 이때 교사는 교육과정 설계자라기 보기 어렵다. 교사는 교육과정 설계자가 이미 정해 놓은 계획에 따라 학생들을 데리고 한 계단씩 인도해 나가는 역할을 맡는다. 한편 거미집 모형은 교사가 교육과정 설계자의 역할을 같이 맡는다. 교사는 학생들의 참여를 유도하기 위해서 다양한 활동, 연구 과제, 프로젝트, 실험, 학교 밖 활동 등 학습의 기회를 다양하게 조직한다. 이와 같은 거미집 모형에서 교사는 정해진 교육과정에 따라 계단을 오르는 것이 아니라 자신의 전문성과 창의성에 기초해서 융통성 있는 교육과정을 운영해 나간다.

Eisner는 거미줄 모형이 진보주의 교육과 더 친화성이 있다고 말했다. 진보주의 교육 또는 아동중심 교육은 아동의 개성이 서로 다름을 강조하고, 교육목표가 개인과 교실이 놓인 맥락에 따라 변형될 수 있다고 생각하는 경향이 있다. 반면 전통주의에서는 학생들이 반드시 배워야 할 교육의 내용은 어느 정도 정해져 있으며, 그것들을 계단식으로 배워야만 효과적으로 지식을 습득할 수 있다고 본다. 계단식 모형이나 거미줄 모형 모두 교과나 단원의 성격에 따라서 유용하게 활용될 수 있다. 다만 Eisner는 기존의 획일적 교육을 비판하면서 거미줄 모형이 보다 학생들의 흥미를 고려하고, 유의미한 학습을 가능하게 하며, 교사들의 창의성을 존중할 수 있다고 보았다.

4) 표현 양식

Eisner는 학생들이 배운 것을 표현하는 양식을 다양화해야 한다고 주장했다. 이는 표상 형식 또는 표현 양식(mode of representation)에 대한 것이다. 잠시만 생각해 보아도 교육과정은 글(문자)로 되어 있고 수업은 주로 말(언어)로 이루어진다. 또 학생들이 배워야 할 교육과정은 교과서라고 하는 글로 전환된다.

Eisner는 학생들이 배워서 알고 있는 것을 보여 주기 위해서 시험을 치를 때도 글로 써내야 하는 등, 말과 글이라는 표현 양식이 교육을 지배하고 있다고 비판하였다. 이런 상황을 극복하기 위해 Eisner는 다양한 표상 양식을 강조하기 위해 다음과 같이 멋진 예를 들었다.

가을에 대해 알려진 것들은 여러 가지 형태를 취할 수 있다. 가을에는 나무에 화학적 변화가 어떻게 일어나는가에 대한 과학적 명제, 가을에는 태양과 지구 사이의 위치가 어떻게 변화하는가에 대한 천문학적 명제, 가을 낙엽 타는 냄새를 느끼게 해 주는 시적인 표현, 버몬트의 가을 풍경 색깔이 우리의 의식 속에 어떻게 나타나는지에 대한 시각적 이미지, 탁탁 낙엽 밟히는 소리를 포착하는 청각적 형식 등. 다시 말해 가을은 이미 다양한 형식으로 알려져 있고, 또 보다 더 다양한 양식으로 표현될 수 있는 것이다(p.128).

말과 글이 교육과정과 수업에서 당연히 지배적인 표현 양식이라는 사실은 누구나 인정할 것이다. 그럼에도 불구하고 말과 글을 유일한 표현 양식으로 생각할 필요는 없다. Eisner에 따르면, 인간은 사물을 이해하고, 기억하고, 전달하는 데 있어 여러 가지 다양한 지적 체계가 있고 이를 통해 표현을 한다. 그래서 학생들은 개성에 따라 자기가 아는 것을 표현할 수 있는 방법이 다양하게 주어져야 한다는 것이다.

이러한 주장은 오늘날 학습 스타일을 인정하는 '개인화'(personalization) 교육과 상당히 유사한 이야기로 들린다. 이와 관련하여 Eisner는 학업성취도가 낮은 학생들에게 다양한 표현 양식을 사용할 기회를 박탈하는 것은 교육의 기회 평등을 저해하는 것이라고도 말했다. 학생들이 배운 것을 표현하는 양식을 한 가지로 제한시키게 되면 '잘 배웠다는 것'을 다른 방식으로는 표현할 기회를 차단하기 때문에 불평등을 더욱 심화시킬 수 있다. 이러한 주장은 교육과정을 개발할 때나 교사가 수업을 운영할 때 매우 창의적인 태도가 필요함을 시사한다. 또 교과마다 고유한 표현 양식이 있겠으나 그 양식을 독점적인 것으로 생각하지 말고 표현 양식을 열어 놓아야 한다는 점에서 그가 열린 교육과정관을 갖고 있음을 알 수 있다.

5) 평가

위에서 살펴본 것처럼 Eisner는 행동주의적 교육평가에 대해 매우 비판적이었다. 이를 극복하기 위한 대안으로 그는 교육적 감식안(connoisseurship)과 교육적 비평(educational criticism)이라는 개념을 창안하였다. 쉽게 말하면 교사는 교육적 감식안을 갖고 학생들의 성과를 비평하는데, 이 활동이 평가가 된다.

먼저 교육적 감식안은 학생들이 교육적으로 경험한 것의 가치를 분별하고 평가하는 능력을 말한다. Eisner는 예술 감상 분야에서 영감을 얻어 이 개념을 창안하였다. 예술 분야에서는 작품을 양적으로 측정하지 않고 오랜 경험과 전문성에 기초해 질적으로 가치를 매긴다. 그래서 Eisner의 평가관은 질적이다. 감식안을 가진 사람들은 작품의 창의성, 상상력 그리고 표현의 질을 평가한다. 마찬가지로 교사들도 오랜 경험과 지식을 바탕으로 학생들이 경험한 것에 대한 질과 잠재력을 감식할 수 있다. 미술교사가 학생들의 작품을 감상하고 평가할 때 감식안을 갖고 작품들의 질을 평가할 수 있듯이, 교과에서도 교사들은 학생들이 수행한 것들을 질적으로 감식할 수 있다(박승배, 2019). 예술 비평가들이 작품에 대해 세심하게 관찰하고 종합적으로 평가하는 것과 같은 방식으로 교사들이 학생들을 평가할 수 있다.

이와 같은 감식안은 교육적 비평을 위한 필요조건이라고 볼 수 있다. 감식안을 갖고 학생들을 평가한 교사는 보호자나 학부모 등 이해 당사자들과 평가 결과에 대해 소통할 필요가 있다. 그러기 위해서는 이를 전달할 수 있는 활동이 필요한데 그것을 교육적 비평이라 한다. 즉 감식안을 가진 사람만이 감지할 수 있는 미묘한 질적 판단 결과를 학부모를 포함한 비전문가가 이해할 수 있도록 표현할 수 있어야 한다(박승배, 2019: 201). Eisner는 이러한 기술을 다음과 같이 세 가지로 제안하였다.

첫째, 기술(description). 교육적 비평은 교육의 다양한 측면을 질적으로 묘사하고 기술하는 활동에서 시작된다. 양적으로 표현할 수 있는 것을 넘어 겉으로 보이지 않는 미세한 특성, 교육이 일어나는 상황, 상호작용 그리고 학생들이 경험한 것에 대해 자세한 기술을 제공한다. 둘째, 해석(interpretation). 해석은 교사가 위와 같이 기술한 것을 다시 해석할 수 있는 능력이다. 교사들은 자신들이 기술한 현상에 의미를 부여한다. 교사들은 학생들이 경험한 것들이 지적, 정서적, 미적 차원에서 어떤 의미를 갖는지 해석하여 학부모와 공유한다. 셋째, 평가 (evaluation). 교육비평은 학생들의 참여, 창의성, 개인의 성장과 같은 다양한 기준을 바탕으로 학생들의 성과에 대해 판단한다. 다시 말해 학생들이 수행한 결과의 질과 가치에 대해 평가한다.

예를 들어 과학 교사들은 학생들의 과학적 탐구 능력을 평가하기 위해서 교육적 비평 방법을 활용할 수 있다. 교사들은 대개 단지 과학적 사실이나 지식을 평가하는 것을 넘어서 실험을 통해 과학적 탐구방법을 익히도록 하는 데 관심이 있다. 이에 교사들은 학생들이 가설을 제대로 설정했는지, 그 가설을 입증하기 위해 실험 설계를 잘 했는지, 그리고 과학적 탐구를 좋아하고 열심히 참여하고 있는지 등을 관찰할 수가 있다. 교사는 이에 대해 평가함에 있어서 자신의 과학적 지식과 오랜 경험 등 전문성에 기초하는데, 이를 감식안이라 볼 수 있다. 교사는 이러한 감식안에 기초해 관찰, 기술, 그리고 평가의 단계로 교육적 비평이라는 평가 방식을 적용할 수 있다.

사회교사들도 학생들이 어떤 사회학적 개념이나 주제에 대해서 얼마나 잘 이해하고 있는지에 대해 교육적 비평을 통해 평가할 수 있다. 교육적 비평은 수행평가나 참평가 등 질적 평가에서 활용되는 것이다. 이에 교사는 학생들이 해당 주제에 대해 흥미를 갖고 있는지, 실제로 문제해결 과정에 적극적으로 참여하고 있는지, 이론적 개념을 현실적 상황에 제대로 적용하고 있는지, 단순히 외워서 개념을 아는 것이 아니라 그 의미에 대해 충분히 잘 알고 있는지, 학생이 수집한 정보와 증거가 자신들의 주장을 뒷받침하는 데 충분한 것인지, 학생들의 주장이 타당한 것인지 등 다양한 각도에서 평가할 수 있다. 여기서도 마찬가지로 교사는 학생들이 교육적으로 경험한 것을 관찰한 후 기술하고, 그것이 학생의 삶과 성장에 의미가 있었는지의 해석하고, 수행한 성과의 질을 평가함으로써 해당 학생에게 피드백을 줄 수 있다. 이는 교육적 감식안을 갖고 교육적 비평 방법을 통해서 학생을 평가하는 질적 평가의 한 예라고 볼 수 있다.

4 교육과정 평가

교육과정 개발 모형은 교육과정 평가까지 포함하는 경우가 많다. 왜냐하면 개발된 교육과정이 얼마나 당초 목적을 성취하였는지 평가함으로써 전체적인 개발 체제에 피드백을 줄 수 있기 때문이다. 이상에서 살펴본 Tyler와 Eisner 모형 역시 교육과정 평가를 포함하고 있다.[10] 교육과정 평가는 종종 프로그램 평가라고 불리기도 한다. 교육과정이나 교육 프로그램이 얼마나 효과적인가에 대해 판단하기 위한 체계적인 결정 과정을 교육과정 평가라고 정의할 수 있다.

교육과정 평가는 단위 학교를 통제하고 학업 성취도를 비교하는 데 목적을 두어서는 안 되며 학교 교육과정 개선 및 질 관리에 초점을 두어야 한다. 오늘날 단위 학교는 학교 교육과정 계획서를 만들어 정보를 공시하고 있다. 학교는 자신들이 만든 학교 교육과정 계획에 따라 교육과정을 운영하는 과정에서 스스로 가치와 장점을 파악하고, 취약점을 발견하는 것이 중요하다. 이는 모든 학생의 성장과 발달이라는 교육의 목적에 비추어 타당한 관점이다. 이에 대해 배호순(2000)은 다음과 같이 학교 교육과정의 초점을 분명히 하고 있다.

> 학교 교육과정 평가는 어디까지나 교육과정의 질 관리가 잘 이루어지고 있는지를 확인하는 수단이지 그 자체가 교육의 목표가 되어서는 안 된다. 교육과정 평가는 '평가를 위한 교육'이라는 주객전도 현상을 극복하고, '교육을 위한 평가'로 자리매김 하기 위한 것이다(p.41).

교육과정 평가는 교육과정을 평가하는 것이므로, 교육과정의 주요 구성 요

---

10) Fitzpatrick 외(2004)는 기존의 교육과정 평가 모형들을 목표 지향(goal—oriented), 관리 지향(management—oriented), 소비자 지향(consumer—oriented), 전문가 지향(expertise—oriented), 참여자 지향(participant—oriented) 평가 모형으로 구분하였다. 이 중에서 Tyler 모형은 목표 지향 평가이며, Eisner 모형은 전문가 지향 평가를 대표한다. 학교 교육과정 평가에는 목표 지향과 전문가 지향 평가가 적합도가 높으며, 나머지 평가 모형은 비교적 적합도가 낮다. 이에 이 책에서는 Tyler와 Eisner의 교육과정 평가를 주로 다루었다. 이 두 평가 관점은 단위학교 교육과정 평가에서 상보적으로 사용된다. 나머지 접근법에 대해 더 자세히 알기 원하는 독자들은 관련 전문 서적을 참고하기 바란다.

소가 그 평가 대상이 된다. 이에 교육과정 내용, 실행, 성과 등이 과연 당초 목표로 삼았던 것을 얼마나 달성했는가 정도 또는 충분히 달성했는가 여부를 평가하게 된다. 교육과정 평가는 교사의 수업 운영과 학생의 학습 방식 등 다양한 측면에 걸쳐 중요한 정보를 환류해 주기 때문에, 일정한 주기를 갖고 지속적으로 수행되는 경향이 있다.

교육내용은 학생들이 교육과정을 통해 배우게 되는 것들이 얼마나 적절한 것이며, 발달 단계에 적합한 것인지 평가하는 대상이 된다. 교사의 교수 전략이나 교육과정 운영 방식이 교육목표를 달성하는 데 있어 얼마나 효과적이었는지도 평가 대상이 된다. 교육내용과 교육활동이 적합했다면 결과적으로 학생들이 성취기준을 잘 성취했을 가능성이 높아진다. 그렇다면 과연 학생들이 교육목표에 충분히 도달했는지 살펴볼 필요가 있다. 이는 결과 또는 성과에 대한 평가라고 볼 수 있다. 교육은 진공 상태에서 일어나는 것이 아니라 학교의 풍토, 교사의 열의, 교실 문화는 물론 가정 배경이나 지역사회의 사회자본 등을 통해 영향을 받는다. 이에 교육과정 평가에서는 이와 같이 지역, 가정, 학교 풍토 등 교육환경에 대해서도 평가하게 된다.

이러한 교육과정 평가를 수행함에 있어, 배호순(2000:152)은 학교 교육과정에서 알아보아야 할 평가질문을 다음과 같이 제시하였다.

- 교육목표 및 내용의 난이도 수준은 적절한가?
- 교육내용의 분량은 적절한가?
- 교육목표 및 내용은 미래 사회에 유용한 것인가?
- 교육목표는 실제로 달성 및 실천할 만한 것인가?
- 교육과정 중에서 개선되어야 할 점은 무엇인가?
- 교육과정(교육목표 및 내용면)에 관한 문제중에서 가장 시급히 해결해야 할 것은?
- 교육과정 관련 문제 중에서 가장 심각한 것은?
- 교과목(교과) 숫자는 적절한가? 교과목이 너무 많지 않은가?
- 교원의 전문성 향상 노력은 적절한가? 효율적인가? 바람직한가?

- 교육목표를 본질적으로 달성하지 못하도록 저해하는 요인들은 무엇인가?
- 이상적인 교육활동을 실천하지 못하도록 방해하는 요인은 무엇인가?
- 현행 교육과정은 고등정신능력(고차적 사고능력)의 함양에 어느 정도 효과적인가?
- 학생들은 학교교육을 통하여 기초학습능력을 적절하게 함양하고 있는가?
- 학생들이 학교생활을 어느 정도 즐기고 있는가?
- 학생들은 학교생활을 통하여 만족스럽게 성장 발달하고 있는가?
- 학교 교육 환경은 학생들의 학습에 적절한가? 학습하는 데 지장이 없도록 조성되어 있는가?
- 학생들이 교사의 수업에 어느 정도 만족하고 있는가?
- 많은 학생들이 학교생활을 싫어하고 있는 이유는 무엇인가?
- 교원들은 자신의 교육활동(수업)에 어느 정도 만족하고 있는가? 학생을 가르치는 일에 어느 정도 만족하고 있는가?

단위학교 교육과정 평가는 학교 구성원들이 평가의 주체로서 자율성과 책무성을 바탕으로 학교교육의 전반을 확인하고 성찰하여 개선해가는 '계획-실천-평가-환류'의 과정으로 볼 수 있다. 이에 대한 서울시교육청(2024)의 사례를 제시하면 [그림 5-6]과 같다.

교육과정 평가는 학교교육의 각 영역에 걸쳐 진행된다. 학교마다 자율성을 지니기 때문에 교육과정 평가의 형식과 내용은 조금씩 상이하다. 그렇지만 〈표 5-1〉 예시는 대체로 단위학교에서 어떤 영역에 걸쳐 어떤 것들을 평가하고 있는지 잘 알려 준다.

표 5-1 **학교 교육과정 평가 영역**

영역/세부영역	평가영역의 취지 및 필요성
I. 학교자치문화	
I-1. 학교자율운영체제	• 소통과 공감, 자율과 책임을 기반으로 교육공동체의 민주적 학교문화 조성 • 교원이 수업, 학생 생활교육 등 교육활동에 전념할 수 있는 학교 여건 조성
I-2. 학부모 및 지역사회 연계	• 학부모의 협력적이고 적극적인 학교교육 참여 활성화 • 학교와 지역사회가 함께하는 배움과 돌봄의 교육공동체 구축
I-3. 행정·예산	• 업무 간소화로 행정업무의 효율성 제고 • 학교교육계획과 연계된 예산 편성·집행으로 학교자치문화 기반 구축
II. 교육과정 운영 및 교수·학습 방법	
II-1. 교육과정 편성· 운영	• 학생의 진로 희망·적성을 반영한 맞춤형 교육과정 운영 • 학교 교육공동체의 의견을 수렴한 학교 단위 특색 있는 학사 운영
II-2. 수업·평가 혁신	• 배움과 성장을 지원하는 학생 참여 중심 수업 강화 • 교원의 공동연구·실천을 통한 수업나눔 문화 확산 • '교육과정-수업-평가'의 연계로 성장과 발달을 돕는 과정중심평가 내실화
II-3. 교원 전문성 신장	교원들이 함께하는 연구·실천·성찰을 통해 성장하는 교직 문화 조성
III. 교육 활동 및 교육 성과	
III-1. 책임교육	• 예방-진단-지원의 체계적 맞춤형 기초학력 책임지도 • 학교와 지역이 연계·협력하는 교육복지통합지원체계 구축으로 학생 성장 안 전망 확대
III-2. 인문·과학 예체능교육	• 소통과 협력 중심의 독서·토론·글쓰기를 통한 독서문화 확산 • 미래역량 함양을 위한 수학·과학·AI·디지털 교육 강화 • 교육과정 기반 학교예술교육 및 학교체육 활성화
III-3. 민주시민교육	• 의사결정 과정에서 학생들이 함께 참여하고 실천하는 민주적 학교문화 정착 • 다양하고 자율적인 학교폭력 예방교육으로 평화로운 학교문화 조성
III-4. 안전하고 쾌적한 교육환경	• 체험 중심 안전교육 및 유관기관과의 협력을 통한 안전한 학교환경 조성 • 학교 시설 상시 점검으로 교육시설 안전 강화 • 학교 보건 관리 및 질 높은 학교 급식 제공
III-5. 기타(학교 유형, 특성에 따른 세부영역)	**자율형사립고**: 건학 이념에 맞는 교육목표 달성을 위해 특색 있는 교육과정 운영 **특수목적고**: 설립 취지에 맞는 교육과정 재구성 및 학교발전을 위한 교육공동 체의 지속적인 노력 제고 **특성화고**: 학생의 취업역량 강화를 위한 교육과정 운영을 통해 직업교육 경쟁 력 강화 **특수학교**: 학생의 가능성을 실현하기 위한 장애 유형·정도를 고려한 맞춤형 교육 지원과 사회적응력 향상을 위한 프로그램 지원

자료: 서울시교육청(2024). p.15.

그림 5-6 **학교 교육과정 평가 단계**

환류
- 학교평가 결과를 정리한 학교평가서 공개 (학교 누리집, 정보공시 등)
- 학교교육계획 연계를 위한 워크숍 운영
- 차년도 학교교육계획 수립에 반영

계획
- 학교교육계획 수립
- 학교평가운영위원회 구성
- 학교평가 평가지표 개발
- 연수 및 안내

평가
- 평가지표에 따른 평가문항 작성
- 학교 교육공동체 설문 평가
- 학교평가 결과 분석 후 학교평가서 작성
- 학교평가 결과 공유 및 개선 방안 마련을 위한 토론회 등 개최

실천
- 학교교육활동 추진
- 학교평가 연계 컨설팅 요청 및 실시
- 학교 간 그룹컨설팅 참여
- 자율점검 및 중간평가

자료: 서울시교육청(2024). p.11.

교육과정 평가는 학생과 학부모도 주요 주체로 참여시킨다. 〈표 5-2〉와 〈표 5-3〉의 문항은 실제로 학생과 학부모가 어떤 식으로 학교 교육과정 평가에 참여하는지에 대해 보여준다.

표 5-2 **교육과정 평가 설문지 예시(학생용)**

학생용					
Ⅰ. 학교자치문화에 관한 질문입니다.	매우 그렇다	그렇다	보통 이다	그렇지 않다	전혀 그렇지 않다
□ 우리 학교는 학급 및 학교행사에 우리의 의견을 반영한다.	⑤	④	③	②	①
□ 우리 학교는 지역사회와 연계한 특색있는 교육활동을 하고 있다.	⑤	④	③	②	①

자료: 서울시교육청(2024). p.43.

표 5-3 교육과정 평가 설문지 예시(학부모용)

학부모용					
Ⅰ. 학교자치문화에 관한 질문입니다.	매우 그렇다	그렇다	보통 이다	그렇지 않다	전혀 그렇지 않다
□ 다양한 경로를 통하여 학부모의 교육적 요구를 수렴하여 교육활동에 반영하고 있다.	⑤	④	③	②	①
□ 학교와 학부모 사이에 협력적 관계가 형성되어 학부모가 학교교육활동에 적극적으로 참여하고 있다.	⑤	④	③	②	①
□ 학부모에게 학교 운영에 대한 다양한 참여 기회를 제공하고 있다.	⑤	④	③	②	①

자료: 서울시교육청(2024). p.43.

5 교사교육에 주는 시사점

현직교사들을 포함하여 예비교사들이 교육과정 개발 모형을 배우는 것은 자신이 가르치는 교과가 어떤 과정을 통해 개발된 것인지 알게 한다. 또 교육과정은 숙의의 산물이라는 점을 알게 되면 성찰적 태도를 기를 수 있다. 그리고 교육과정 개발 모형에서 사실상 평가에 대한 관점이 전체 모형의 특징을 정하게 된다는 것도 교사들이 알아야 할 매우 중요한 점이다. 이를 자세하게 기술하면 다음과 같다.

첫째, 교사들은 교육과정이 어떤 개발 과정을 거쳐 나오게 된 것인지에 대한 큰 그림을 파악하고 있을 필요가 있다. 교사들은 단위학교 또는 교실에서 전체 교육 시스템의 매우 작은 부분을 담당하고 있다. 그럼에도 불구하고 전문가로서 교사들은 전체 교육과정에 대한 큰 그림을 인식하고 있어야만 자신의 기여가 교육과정 목표에 적합한 것인지 파악할 수 있다. 교육과정이 어떻게 개발되었는지 잘 파악하고 있으면, 자신이 소속된 학교 상황에 대한 맥락적 이해를 통해 효과적인 의사결정을 내릴 수도 있다. 교육과정 개발은 목표선정, 내용의 선정, 학습경험 조직, 그리고 평가에 이르는 일련의 절차를 따르고 있다. 교사들이 이에 대한 전체 구조를 알고 있으면, 자신의 수업이나 개별 목표를 더 큰 목표에 맞출 수 있다. 그렇게 되면 학교의 맥락과 학생들의 특성에 따라 교육과정을 유연하게 적용할 수 있다. 이와 같이 교사들이 교육과정을 바라보는 더 큰 시야를 갖게 될 때, 교사들은 자신들이 수행하고 있는 일의 의미를 더 잘 알 수 있으며, 자신들의 교육활동에 대해 확신을 가질 수 있다.

둘째, 숙의는 성찰을 이끈다. 이 장에서 우리는 교육과정이란 절대적인 지식의 집합이기보다 숙의의 산물이라는 것을 알게 되었다. 교육과정은 다양한 사상, 교육관 등이 타협하여 공식적으로 정해진 것임인 동시에 여전히 잠정적인 것이다. 교사들이 이와 같은 사실을 알게 되면 교육과정을 절대화하기보다는 지속적으로 개선해 나가야 할 대상으로 인식할 수 있다. 교사는 교실에서 학생들을 가르치는 교육자이지만 동시에 교과 전문가라고 볼 수 있다. 교사들 중에서 국가수준의 교과교육과정이나 교과서 개발에 참여하는 사람들은 소수이다. 그러나 여전히 다수의 교사들은 전국적으로 또는 지역별로 교과교육 조직(모임, 협회, 학회 등)을 통해 간접적으로 국가교육과정 숙의에 참여한다고 볼 수 있다. 교육과정이 숙의의 산물이라는 사실은 향후에 더 나은 관점이 채택될 수 있는 가능성을 열어 놓았음을 의미한다.

또한 교사들은 교육과정을 재구조화 또는 재구성하는 과정에서 학생들의 성장에 꼭 필요한 교육과정으로 개선해 나갈 수 있다. 뿐만 아니라 학교 안에서도 교사들이 숙의과정에 참여할 기회가 주어져야 한다. 학생들의 필요를 효과적으로 충족시키기 위해 교사들은 서로 대화하고 토론한다. 설사 그 과정에서 갈등과 긴장이 발생하더라도 적극적인 숙의를 통해 학교 교육과정을 공동으로 수립해 나가야 한다.

셋째, 평가가 교육과정 모형의 성격을 결정한다. 이는 특히 Tyler 모형과 Eisner 모형에 더욱 밀접하게 연관된다. 우리는 이상에서 대표적인 교육과정 개발 모형에 대해서 살펴보았다. Wiggins와 McTighe(2005)가 말했듯이 사실상 교육과정 개발은 평가를 어떻게 하느냐에 따라 그 성격이 정해지는 경향이 있다. 우리가 이 장에서 살펴본 어떤 교육과정 개발 모형도 상대평가나 표준화 평가를 전제로 교육과정을 개발하지 않는다. 평가는 단지 교육의 목표 달성 여부를 확인하려는 것으로 취급된다.

학교는 학생의 능력을 정확히 재려고 하다 보니 성적을 수량화해서 표시하는 경향으로 나아간다. 또 학생들의 보호자들은 자녀들이 얼마나 학교에서 잘하고 있는지에 대한 정보를 얻기 위해 정확한 점수를 알기 원한다. Eisner는 이러한 현실이 교사들에게도 표준화 평가가 마치 당연한 것처럼 느끼도록 하는 상식을 만들어 냈다고 비판한 바 있다. 여기서 살펴본 교육과정 개발 모형은 학생이 교육의 목표를 달성했는지에 대한 판단을 위해 대체로 절대적인 기준을 강조한다. 표준화와 서열화 중심의 평가는 오히려 많은 학생들의 성장을 방해하는 경우가 많다. 평가에 있어 서열화 문화는 성장 중심의 평가를 방해하고, 자존감의 저하, 참여 동기의 약화 등 많은 문제를 발생시키고 있다. 이에 예비교사들은 평가가 학생들의 교육목표 달성 여부를 파악하여 피드백을 통해 학습을 도와주기 위한 것임을 잊지 말아야 한다.

이 장이 끝나면 대답할 수 있어야 하는 10가지 질문

1. 교육과정 개발과 설계는 어떤 점에서 유사하고, 어떤 점에서 다른가?
2. 형식도야론이란 무엇인가?
3. 고대와 중세 시대에 3학 4과를 강조한 이유는 무엇인가?
4. 교과형 설계와 학문형 설계는 어떻게 다른가?
5. 인본주의 설계 방식이 부상하게 된 계기는 무엇인가?
6. Wiggins와 McTighe가 '참평가'를 개발했다는 사실과 UbD 교육과 정 주창자라는 사실은 어떻게 연관되는가?
7. 백워드 설계가 사실상 Tyler의 목표 모형의 부활이라는 주장은 타당한가? 그렇다면 왜 그런가? 그렇지 않다면 왜 그렇지 않은가?
8. 본질적 질문의 정의는 무엇이고, 이것이 왜 필요한가?
9. 왜 백워드 설계에서는 UbD라는 용어를 사용할까? U와 D의 관계를 통해 답해 보시오.
10. 자신의 교과에서 한 단원을 골라 UbD 모형으로 설계해 보시오.

Chapter 06

교육과정 설계

1 교육과정 설계의 개념

교육과정 설계는 가르칠 내용을 효과적으로 조직하여 교육목표를 달성하기 위한 계획이라고 말할 수 있다. 한편 교육과정 설계(design)는 교육과정 개발(development)이라는 용어와 자주 혼동된다. 왜냐하면 실제로 이 두 개념을 구분해서 쓰지 않거나 혼용해서 쓰는 경우가 많기 때문이다. 사실상 많은 교육과정 문서에서 개발과 설계는 구분없이 사용된다. 교육과정 설계는 교육목표를 달성하기 위해 내용을 선정하고, 조직하고, 평가하기 위한 계획을 세우고, 실제로 교육과정을 만들어 내는 것을 뜻한다. 이와 같은 원리를 최초로 제공한 Ralph Tyler의 교육과정 모형에 대해 사람들은 그것을 설계한다고 말하기도 하고, 개발한다는 용어를 쓰기도 한다. 그러나 이 두 개념은 또 엄밀히 구분해서 사용되는 경우도 있기 때문에 그 차이에 대해 알아볼 필요가 있다.

많은 교육과정 교과서에서 개발과 설계는 구분되어 사용된다. 직관적으로 설계는 계획을 세우는 일이고, 개발은 새로운 것을 만들어 내는 일이다. Tyler나 Walker의 경우 교육과정 '개발' 모형이라는 용어를 사용하며, Wiggins와 McTighe의 교육과정 모형에서는 '설계'라는 말을 사용한다.

이와 같은 구분에도 불구하고 여전히 두 개념은 많은 유사성이 있다. 보통 교육과정 교과서에서 새로운 교육과정을 만들어 내는 일(예: 국가교육과정, 교과교육과정, 학교교육과정 등)은 개발로, 교육내용을 어떻게 조직할 것인가에 대해 답하는 일은 설계로 구분하고 있다. 그래서 교육과정 설계는 교과중심,

학습자중심, 문제중심 설계 등 전략에 대해 다룬다. 이 세 가지 설계 전략에서 볼 수 있듯이, 교육과정 '설계'는 교육내용을 실제로 학습자들에게 어떤 식으로 -교과중심, 학습자중심, 문제중심 등- 만들어 전달할 것인가에 대한 초기의 계획이라 볼 수 있다. 집을 지을 때 '설계도'를 생각한다면 보다 직관적으로 이를 이해할 수 있다. 반면 Tyler 모형이나 Walker 모형 등으로 대표되는 교육과정 개발은 누가 주체가 되어 교육과정을 개발하고, 어떻게 교육목표를 정당화하며, 어떻게 교육과정을 평가할 것인가를 결정하는 거시적인 개발 활동이라 볼 수 있다.

2 교육과정 설계의 유형과 방법

가. 교과중심 설계

교과중심 교육과정 설계는 과거나 현재 가장 널리 사용되는 방식이다. 교과중심 설계가 가장 널리 사용될 수밖에 없는 이유는 무엇일까? 첫째, 학교는 학생들에게 인류문화를 전수하는 역할을 맡는데 교육내용은 교과라는 형식에 담을 수 있다. 교과가 체계적으로 인류문화를 전달하는 단위이기 때문에 교과중심 설계가 가장 많이 사용될 수밖에 없다. 둘째, 교육내용을 전수하는 교사들은 대학에서 각 교과를 가르치는 전문가로 훈련을 받는다. 이에 교사들은 '교과를 가르치는 사람'으로서 정체성이 형성된다. 셋째, 학교에서는 교육내용을 효과적으로 전달하기 위해 교과서를 사용하는데 이러한 관행은 교과중심 설계를 익숙하게 만드는 결과를 낳는다.

1) 교과형 설계

교과형 설계는 가장 오래된 교육과정 설계 방식인 동시에 오늘날에도 가장 쉽게 접할 수 있는 방식이다. 그런데 교과형 설계의 개념이 역사적으로 정의되었기 때문에 다소 혼동을 일으킬 수 있다. 다시 말해 과거 20세기를 전후한 시기의 교과형 설계와 일반적인 의미의 교과형 설계는 다소 상이한 의미를 지닌다. 이러한 차이점에 대해 상술하면 다음과 같다.

교과형 설계는 미국에서 전통주의 및 항존주의와 깊은 관련이 있다. 항존주의는 1930년대 미국 진보주의에 대한 비판에서 비롯된 교육 사조이다. 진보주의 교육사조가 나오기 전 전통주의 사조 역시 교과형 설계와 깊은 관련성이 있다. 항존주의는 교육이 어느 시대나 동일한 필수적인 것을 가르쳐야 된다고 믿었다. 전통주의에서도 전통적 자유교양교과를 가르쳐야 한다고 믿었다. 그러므로 우리가 교과형 설계라고 말할 때 그 의미는 과거 전통주의나 항존주의에 기초한 것이다.

전통주의에서 중시한 형식도야론은 육체의 근육을 강화하여 신체가 단련되듯이 마음의 근육을 통해 정신적 훈련이 가능하다고 믿었다. 형식도야론은 마음의 훈련을 위해 3학(문법, 수사, 논리) 4과(수학, 기하, 천문, 음악)와 같은 교과를 가르쳐야 한다고 보았다. 그러나 전통주의는 상류층 또는 엘리트 중심 교육을 전제한 것이기 때문에 현대 민주주의 교육에 적합하지 않다고 볼 수 있다. 오늘날 교육과정 개발자들이 교육내용을 조직할 때 자유교양교과를 따르지는 않는다. 그러므로 우리가 교과형 설계에 대해 정의할 때, 과거의 전통주의나 항존주의 교육철학에 기초한 것인지, 아니면 일반적인 의미에서 교과를 정의하는지 구분해야 한다.

오늘날에도 교과형 설계는 체계를 존중하는 것으로서, 학생은 교사의 지도하에 교과서에 제시된 지식과 개념을 익힐 것을 요구받는다. 교과형 설계는 한 과목과 다른 과목 사이에 경계를 지우고, 지식의 체계를 논리적으로 조직한 것이다. 그러나 현대적 의미에서 교과형 설계는 초등학교와 같이 발달 단계가 낮을수록 통합되는 경향이 있으며 점차 분화되다가 고등학교에서는 교과가 세부적으로 분할되는 경우가 많다. 최근 지식의 폭발적인 증가로 지식 영역이 보다 전문화되어 고등학교에서는 교과의 수가 많아지고 세분화되는 추세다.

교과용 설계는 교육내용을 조직할 때 교과서를 만드는 일과 매우 유사하다. 좋은 교과서를 만드는 일은 교과형 설계를 통해 교육내용을 효과적으로 조직한다는 말로 이해할 수 있다. 교과형 설계는 학생의 참여를 염두에 두지 않는 것은 아니나 교사의 능동적 역할을 강조하는 경향이 있다.

교과형 설계는 체계적이고 효율적이라는 장점에도 불구하고 몇 가지 측면에서 비판을 받기도 한다. 첫째, 교과형 설계는 학습자가 자신에게 필요한 내용을 선택할 수 있는 권리를 박탈한다. 이로써 학생들이 학습에서 의미를 느끼지 못하고 수동적으로 변할 수 있다. 둘째, 교과형 설계에서는 교과가 지나치게 세분화되고 전문화됨으로서 학문적 엘리트만을 위한 교육과정이 되기 쉽다. 전문적 지식에만 기반을 둔 교육과정은 많은 학생들을 소외시킬 우려가 있다. 오늘날 '수업시간에 자는 아이들'(성열관, 2018) 문제 등 실제로 많은 고등학교에서는 이러한 우려가 현실이 되고 있다.

2) 학문형 설계

학문형 설계 역시 교과를 중심으로 하는 방법을 취하고 있으나 원리와 방법 면에서 교과형 설계와는 큰 차이가 있다. 학문형 설계는 2차 세계대전 이후에 나타났다고 볼 수 있으며 1957년 소련이 인공위성, 스푸트니크 호를 우주에 쏘아 올림으로써 시작되었다고 해도 과언이 아니다. 당시 소련과 냉전 관계에 있던 미국은 소련의 과학기술에 놀라 '국방교육법'을 제정하여 과학과 수학 교육을 크게 지원하였다. 학문중심 교육과정의 주창자인 Bruner가 국가안보를 위해 학문형 설계를 구안했다고 볼 수는 없다. 그러나 학문중심 교육과정은 국방교육법의 지원을 받아 크게 인기가 성장하였다. Bruner는 잠시 대학교수를 휴직하면서까지 교육과정 개발에 전념한 적이 있는데, 그 당시 만든 유명한 사회과 교육과정을 MACOS(Man: A course of study)라 부른다. 한편 1970년대 미국의 민권운동과 학생운동의 영향을 받아 Bruner 역시 자신의 학문중심 교육과정을 다소 수정하기도 하였다. 그럼에도 불구하고 학문중심 교육과정은 오늘 교과 교육과정을 개발함에 있어 매우 중시되고 있다. 1970년대 이후 한국에서도 학문중심 교육과정으로부터 매우 큰 영향을 받았다. 김대영(2013)에 따르면, 〈교육과정연구〉의 창간호에서 이홍우(1974)는 Tyler의 교육이론이 교육의 목적을 외재적 가치에 두고 있다고 비판하며, 교육의 내재적 가치를 추구하기 위한 방편으로 학문중심 교육과정을 소개하였다.

학문중심 교육과정은 교육과정의 개발 주체를 일선 학교에서 대학으로 이동시켰다. 대학에서 교수들이 자신의 연구분야에서 사용하는 연구방법은 해당 학문을 공부하는 방법을 제시해 준다. Bruner는, 학문을 익힌다 함은 학자의 연구방식과 동일하다는 것에 착안하였다. 예를 들어 역사를 배우는 학생은 역사학자의 연구방법과 동일한 방법으로 교과를 배운다. 생물을 배우는 학생은 생물학자가 주장하는 절차를 따르면서 생물학적 주제를 연구하는 것이다. 또 이렇게 하면 학생들이 역사와 생물을 제대로 그리고 효과적으로 이해할 수 있다.

학문형 설계를 주장하는 사람들은 학문의 구조와 탐구과정에 대해 가르치는 것을 중시한다. 이것이 학문형 설계와 교과형 설계의 본질적인 차이라고 볼 수 있다. 교과형 설계와 학문형 설계를 명확하게 구분할 수 있는 가장 핵심적 특징은 학생들이 학문탐구 방법을 실제로 활용하게끔 하는지 여부에 있다(Ornstein & Hunkins, 2016).

우리가 어떤 것을 알게 되는 것은 그것들을 마주치고, 이해한 후, 가능한 한 단순하면서도 체계적인 방식으로 설명할 수 있을 때이다. 학생들은 실험과 탐구를 통해 교사와의 대화에 참여한다. 그런 참여를 통해서 학생들은 학문의 내용을 더 잘 이해할 수 있으며, 스스로 이야기를 만들어 나갈 수 있다. 그러므로 누군가 학문적 설계에 임하고자 한다면, 학생들이 스스로 탐구하고, 실험하고, 대화하고, 그 결과 자신의 이야기를 구성할 수 있도록 교육과정이 설계되어야 한다.

학문형 설계에 임하는 개발자들은 학생들을 일종의 '꼬마 학자'로 본다. 학생들이 수학을 배울 때 마치 초보 수학자가 된 것과 유사하게 취급한다. 대학에서 교수들이 수학을 연구하는 방법과 학생들이 수학을 배워 가는 방법은 수준의 차이만 있을 뿐 형식적으로 본질은 같다고 보는 것이다. Bruner는 학생들은 어떤 연령에서도 교육내용(학문)의 근본적인 원리를 이해할 수 있을 것이라고 믿었다. 이를 위해서 청소년 또는 성인기까지 기다릴 필요가 없다는 것이다(Ornstein & Hunkins, 2016).

학문형 설계가 오늘날 교육과정 개발에 많은 장점을 갖고 있지만, 이에 대한 비판이 많은 것도 사실이다. 첫째, 학생의 지적 활동은 어느 단계에서나 동일하다는 Bruner의 가설에 이의를 제기하는 연구자들이 많았다. 둘째, 학문형 설계는 대학에 진학하려는 학생들의 흥미를 해결하는 데만 관심을 두고 있다는 비판도 있다(Ornstein & Hunkins, 2016). 학생들의 필요와 요구사항은 매우 다양한데 학생들이 학문의 요구에 적응하는 과정에서 많은 한계가 존재한다. 학문형 설계에서는 모든 학생들이 유사한 학습 스타일을 갖고 있다는 가정을 했다는 점에서도 한계가 있다. 이러한 비판은 Bruner 역시 어느 정도 인정하였으며, 스스로에 의해서 다소 수정되었다.

MACOS란 무엇인가?

오늘날 Bruner를 있게 한 사건은 스푸트니크 쇼크(Sputnik Shock)이다. 이후 국방교육법의 지원을 받아 Bruner는 자신의 이론대로 교육과정과 교재를 개발하여 대규모로 보급하는 기회를 가졌다. 이는 Man: A course of study(이하 MACOS)라고 부르는 주로 초등학교 5학년을 대상으로 한 사회과 교재이다. 이 교육과정은 개발에 5년, 사용에 5년, 총 약 10년의 수명을 가졌던 것으로 알려져 있으나 사실상 보급하자마자 진화론 반대 논쟁에 휘말려 매우 짧은 기간 동안 활용되었다(Lutkehaus, 2008).

이 교육과정은 연어에 대한 삶을 배우는 것에서부터 시작한다. 연어는 강 상류로 헤엄쳐 올라와 산란하고 죽기 때문에, 연어는 부모의 보호 없이 일생을 시작한다. 학생들은 이 단원에서 연어와 인간의 생애과정 비교를 통해 인간의 특징을 파악할 수 있게 된다. 이어서 교육과정은 재갈매기(herring gull)와 개코원숭이(baboon)를 다룬다. 재갈매기와 개코원숭이는 모두 인간과 유사한 면과 다른 면을 가지고 있다. 학생들은 동물들의 삶과 특징을 인간과 비교함으로써 인간에 대한 이해를 넓혀나간다. 이렇게 해서 동물에 대한 탐구가 끝나면 같은 인류이지만 여전히 자연 속에서 사는 종족의 삶에 대해 배운다. 이 교육과정은 캐나다 북극 지역의 네트실릭(Netsilik) 에스키모와 같은 인간 문화를 배우게 함으로써, 학생들이 인간은 자연과 어떻게 상호작용 하는 존재인가 알게 되며, 인간사이에서의 공통점과 문화적 다양성을 깨닫게 하도록 설계되었다(Hanley et al., 1970).

그림 6-1 MACOS 교재 중 하나의 표지

이와 같이 이 교육과정은 인간을 이해하기 위해 인류학을 주로 다루었으며, 비교와 탐구를 중심으로 교재를 구성하였다. 이 당시 미국에서는 진화론에 대한 반대가 매우 강하였기 때문에 근본주의자들에 의해 이 교육과정은 좌초되었다.

MACOS 교육과정은 다음과 같이 평가할 수 있다. 첫째, '꼬마 과학자 가설'에 대해 과신하지 말아야 한다는 점이다. 다시 말해 MACOS를 통해 대학 연구자들이 하는 방식과 유사하게 원리를 이해하기에 학생들이 너무 어렸다는 점이다. 둘째, MACOS는 당시 국가주의나 애국심의 발로에서 전적인 재정지원을 받은 교육과정이었으나 이것을 만든 사람들은 그 기대대로 교육과정을 만들지 않았다. 오히려 개발 과정에서 상대적 자율성이 크게 발휘되었다. 셋째, MACOS는 문화상대주의를 강조하는 인류학 프로젝트로서 오늘날 다문화 논쟁과 궤를 같이하고 있다. 넷째, 많은 논쟁에도 불구하고 Bruner는 이 교육과정을 통해 중대한 교육적 유산을 남겼다고 볼 수 있다. 이 당시 내러티브나 스토리텔링이라는 용어는 잘 등장하지 않지만, 학생들과 교사들의 내러티브를 매우 중하게 여겼다(성열관, 한수현, 김영실, 2024).

나. 학습자 중심 설계

학습자 중심 설계는 교과중심 설계의 대안으로 나온 것이다. 학습자 중심 설계는 진보주의 또는 경험중심 교육과정의 일부로 이해할 수 있다. 학습자 중심 설계에서는 전인교육을 강조하는 초등학교 수준에서 사용되는 경우가 많으며 중학교에서도 자주 사용될 수 있다. 고등학교에서는 교과형 설계나 학문형 설계가 주요 조직 방법이 된다. 그렇지만 최근 고등학교에서도 학생들의 개성, 흥미, 진로를 고려하여 학습자 중심 설계를 하는 경우가 늘고 있다.

1) 아동중심 설계

아동중심 설계 옹호자들은 아동의 능동성에 큰 관심을 갖는다. 교과중심 설계는 학습자의 삶과 지식을 분리하는 경향이 있기 때문에 아동의 흥미와 요구를 외면하기 쉽다. 그러나 아동중심 설계 관점에서 지식은 주체와 대상이 상호작용한 결과로 볼 수 있다. 아동은 대상과의 상호작용을 통해서 지식을 능동적으로 구성한다. 이러한 관점은 오늘날 구성주의와 유사하다. 이와 같이 아동중심 설계는 학습자의 능동성을 설계의 중심에 둔다.

아동중심 설계는 아동에 대한 존중이 바탕에 깔려 있다. 물론 교사의 적절한 역할과 지도가 필요하다. 하지만 이들에게는, 교사가 아동의 호기심과 흥미를 막는다면 어떠한 교육도 진정으로 일어나지 않을 것이라는 믿음이 자리잡고 있다. 그러므로 아동중심 설계는 전략이라기보다는 하나의 철학이라고 볼 수 있다.

이런 철학은 Pestalozzi와 Froebel 등 아동중심 교육사상에 기반하고 있다. 미국에서 발전한 아동중심 설계는 이와 같이 독일 교육자들의 영향을 받았다. 미국 진보주의는 아동중심 교육을 주장하는 분파를 형성하였는데, 그중에서 대표적인 교육자가 Parker와 Kilpatrick이다.

Francis Parker는 아동을 존중하면 아동의 내면에 있는 자발성이 학습효과로 이루어진다고 보았다. 그는 모든 아동이 스스로 자신의 학습에 효과적으로 참여할 수 있는 능력을 갖추었다는 믿음을 갖고 있었다. 그는 교육과정은 학생들이 실제 삶의 상황에 적용할 수 있는 실제적 지식과 비판적 사고력을 길러주기 위해 설계되어야 한다고 주장하였다. 그는 또 교사들은 창의성, 호기심, 학습에 대한 사랑을 느낄 수 있도록 교육과정을 설계해야 한다고 보았다.

William Kilpatrick이 주장한 프로젝트 학습법 역시 아동이 스스로 학습할 수 있다는 믿음 위에서 성립되었다. 프로젝트 학습법이란 학생들이 소집단으로 협력하여 실제 문제를 조사하고, 해결하는 과정에서 지식과 기능을 익히는 학습 방법이다. 이때 아동들이 자신의 흥미에 기초하여 주제와 학습방법을 선정하기 때문에 다른 어떤 교육보다 동기를 진작시키는 방법이라 볼 수가 있다. 프로젝트 학습법에서는 학습자들이 스스로 참여할 때 적극성과 몰입 정도가 높아질 것을 믿는다. 또 사회적 협동 과정을 통해서 다양한 학습목표가 달성될 수 있을 것이라고 기대한다. 이때 삶과 교과의 지식이 통합되며, 그 결과 학생들이 흥미가 지속적로 유지될 수 있으며, 창의적으로 새로운 문제를 발견할 수 있는 기회가 제공된다. 이 점에 프로젝트 학습법은 아동중심 설계와 깊은 관련이 있다.

사실상 아동중심 설계는 경험중심 설계나 사회재건주의 설계와 유사한 면이 있다. 그럼에도 불구하고 아동중심 설계는 아동 자체에 대한 존중, 그리고 아동 스스로 문제를 발견하고 해결할 수 있도록 교육과정을 설계한다는 측면에서 차이가 있다.

2) 경험중심 설계

경험중심 설계는 학습자 중심 교육과정이라는 측면에서 아동중심 설계와 많은 특징을 공유하고 있다. 그러나 경험중심 설계는, 아동의 흥미와 요구에만 지나치게 많은 비중을 둔 교육과정은 그리 바람직한 교육과정이 아니라고 생각하는 경향이 있다. 바로 이 점에서 경험중심 설계와 아동중심 설계의 차이가 드러난다. 아동중심 설계에서는 아동의 자발성과 잠재력에 큰 관심을 두기 때문에 교육과정을 미리 계획하기 보다는 교육 중에 아동의 요구에 반응함으로써 탄력적인 교육과정을 설계한다.

그러나 이러한 설계는 교사의 역할과 적극적 지도의 중요성을 간과한 것으로 볼 수 있다. 경험중심 설계에서는 교사 역할의 중요성과 아동의 흥미를 모두 고려한다. 경험중심 설계에서도 아동의 흥미를 매우 중시하나 아동의 흥미 자체가 교육과정의 전부가 되어서는 안 된다는 입장이다.

이런 측면에서 경험중심 설계는 교과중심 설계와 아동중심 설계의 중간 정도에 있는 것으로 볼 수 있다. 경험중심 설계는 학생들을 흥미, 필요, 그리고 학습의 맥락을 고려하여 학습경험을 제공하는 데 초점을 둔다. 이 설계 관점에서는 교사가 전문성을 가지고 그러한 학습경험을 제공해 주어야 할 책임과 역할에 대해서도 잘 인식하고 있어야 한다. 경험중심 설계는 지식과 삶을 통합하고, 학생들이 서로 협력할 수 있는 기회를 충분히 제공해 줌으로써 의사소통 능력을 높이고 공동체로서 더불어 살아갈 수 있는 삶의 기술까지 발전시키는 종합적인 안목을 갖고 있다.

경험중심 설계에서 교사는 학습촉진자로서 학생들을 지도하는 동시에 학생들이 스스로 자신의 관심사를 파악하고 표현하며 실험해 나갈 수 있도록 돕는 촉진자의 역할을 한다. 교사들은 학생들과 협력하며, 공유된 경험을 통해 지식을 공동으로 생산해 나가는 사람들이다. 또한 학생들의 학습 과정을 면밀히 관찰함으로써 개별 학생들에게 필요한 경험을 맞춤형으로 제공한다. 또 학생들이 다음 단계로 발전할 수 있도록 적절한 피드백을 주는 사람이라고 볼 수 있다.

3] 인본주의적 설계

인본주의적 설계(humanist design)는 인간중심 설계라고도 부른다. 교육과정에서 인본주의적 설계는 지나친 학문형 설계와 교과형 설계의 반작용으로 나타났다. 인본주의적 설계는 교육철학에서는 실존주의, 심리학에서는 인본주의 심리학과 연계되어 나타났다. 미국에서 교육과정 혁신과 배급에 많은 역할을 담당해 온 ASCD(Association for Supervision and Curriculum Development, 장학과 교육과정 개발 협회)는 1960년대 이후 이러한 흐름을 받아들여 인본주의 교육과정을 널리 보급하고자 하였다(Ornstein & Hunkins, 2016). 당시 많은 교육자들은 학문중심 교육과정이 교육의 과업을 지나치게 제한적으로 해석한 결과 학생 개개인의 전인적 발달을 방해할 수 있다고 경고하였다. 다시 말해 학문과 교과에 대한 지나친 집중이 개인 학습자를 무시하고, 교육에서 개인적 성장과 자아실현의 중요성을 인식하지 못하도록 했다는 것이다.

이러한 교육과정 설계에 대한 반작용으로 인본주의적 설계가 대안으로 등장했다. 이 설계 방식은 교육이 아동의 정서적, 신체적, 도덕적 발달을 포함하여 인간의 행복에 초점을 맞추어야 한다는 믿음의 기초한다. 또한 개인이 자기를 표현하고, 성취감을 느끼고, 자신의 삶을 주체적으로 영위하는 것을 중시한다. 이를 위해서 학습자가 학문과 교과에 맞추는 것이 아니라 학습자 개인이 모두 독특한 존재라는 것을 교육과정에서 인식되어야 한다. 내용 숙달에 중점을 둔 교과형 설계와는 달리 인본주의적 접근은 긍정적 자아존중감과 학생들 사이의 협업을 강조한다.

인본주의적 설계에서는 학습자 중심 학습을 강조한다. 학습자의 관심사를 중심으로 교육과정을 설계하며, 또 이 설계 과정에 학생을 참여시킨다. 이는 아동중심이나 경험중심 교육과정과 공통점을 지닌다. 인본주의적 설계는 개인의 자존감과 개성에 관심을 두기 때문에 각 학생들의 개별적 요구, 강점, 학습 스타일에 맞는 교육과정을 설계한다. 그래서 교육과정이 상황에 따라 융통성 있게 조정될 수 있어야 한다. 학생들이 자신을 학문적 요구에 맞추기보다 자신들의 강점을 바탕으로 스스로 과제를 해결하고, 그 결과 자신감을 얻게 하는 기회를 충분히 보장해야 한다. 결과보다는 스스로의 노력과 진보, 즉 과정에 집중한다. 이러한 진보는 교육과정이 실제 삶의 문제를 해결할 때, 그리고 교육을 통해 만족을 느낄 수 있을 때 더 활발하게 이루어질 수 있다. 이런 면에서 인본주의 설계는 아동중심 설계와 서로 통하는 면이 있다.

인본주의적 교육과정 설계에 영향을 미친 인본주의 심리학에서는 교육에서 자아실현을 중시한다. 자아를 실현해 나가는 사람은 자신과 타인을 잘 수용하고, 자발성을 지니고 있으며, 다양성에 대해 개방적인 태도를 지니고 있으며, 타인의 곤란에 대해 감정이입과 공감을 할 수 있다. 또 남들과 더불어 사는 의사소통 능력을 갖추고, 공동체에 참여하면서, 행복한 삶을 영위할 수 있는 기술을 갖고 있는 사람들이다. 이와 같이 1970년 이후에는 경쟁 시스템에 학생들을 가두지 말고 자아실현과 행복을 위해 교육과정이 설계되어야 한다는 옹호자들이 많이 나타났다. 이러한 흐름은 교육과정을 보다 인본주의적으로 바꾸는 데 크게 기여하였다.

다. 문제중심 설계

문제중심 설계(problem-centered design)는 다양한 형태가 있을 수 있으나 기본적으로 사회재건주의(reconstructivist) 전통에서 나온 것이다. 아동중심 교육과

사회재건주의 관점은 미국 진보주의의 두 가지 다른 갈래로 볼 수 있다. 1930년대와 1940년대에 걸쳐 사회재건주의자들은 미국의 진보주의 교육이 지나치게 아동중심으로 흘러가고 있다고 비판하였다. 아동중심 교육은 아동 개개인의 필요와 관심을 중시하였다. 또 개인주의와 개인의 자율성에 높은 가치를 두었다. 반면 사회재건주의는 사회변화와 정의의 중요성을 강조하였다. 그들은 더 좋은 사회를 만들어 가는 것이 교육의 과업이라 주장하면서, 학생들을 민주시민으로 준비시키는 것이 교육의 주된 역할이라고 보았다. 그래서 비판적 사고력과 사회적 책임을 증진시키는 교육과정을 설계하였다. 아동중심 교육과 비교할 때, 이러한 방법은 공동체주의와 사회적 책임에 높은 가치를 둔다.

재건주의자들은 아동중심의 진보주의 교육을 긍정하면서도 아동중심 교육은 사회적, 경제적 정치적 문제를 해결하기에 충분히 준비가 안 된 개인들을 만들 수 있다고 우려하였다. 사회재건주의를 주창한 George Counts는 교육이 비판적 사고와 탐구를 장려해야 하며, 이렇게 해서 길러진 힘으로 부조리에 도전하고 사회변화를 향해 나갈 수 있는 사람을 길러내야 한다고 주장하였다. 그는 삶을 형성하는 사회적, 경제적, 정치적 구조를 이해하고, 공동체가 직면한 도전을 해결하는데 필요한 지식, 기술, 태도를 계발하는 교육이 필요하다고 역설하였다. 이러한 전통에서 문제해결 설계는 평등, 반차별, 정의와 같은 주제를 다루는 경우가 많다. 빈곤, 차별, 불평등과 같이 사회가 직면한 절박한 사회 문제에 대해서 무관심한 시민을 길러낸다면 우리가 어렵게 이룩해 온 민주주의의 지속가능성이 위협받기 때문이다.

오늘날 사회재건주의라는 용어는 자주 사용되고 있지 않으나 사실상 이 사상은 교육학 전반에 걸쳐 큰 분야를 형성해 왔다. George Counts는 오늘날 많은 교육학자와 교사들에게 영감의 원천으로 남아있다. 그 대표적인 학자가 Michael Apple(2013)이다. 그는 교육과정에서 인종, 젠더, 빈곤 등 차별과 부정의를 분석하였다. 그리고 민주주의 교육을 통해 차별을 극복할 수 있는 힘을 길러주는 교육이 중요하다고 보았다. 사회재건주의 교육은 오늘날 사회정의교육, 민주시민교육, 글로벌 시민교육, 환경교육, 반차별교육, 다문화교육 등 다양한 분야로 발전해 왔다.

사회의 변화를 촉진하고 사회문제를 해결함에 있어 문제중심 설계는 학생들의 삶과 지역사회의 요구를 적절히 파악할 수 있어야 한다. 이는 아동중심 설계나 경험중심 설계와 유사하다. 그럼에도 불구하고 사회문제 중심 설계는 학생들이 삶에서 직면한 사회문제를 이해하고, 그것에 도전할 수 있도록 설계된다. 교육과정 설계자는 이를 위한 지식, 기능, 태도와 같은 학습경험을 구안해야 한다. 민주주의에 대한 교육은 민주적인 과정을 거치지 않으면 안 된다. 이에 교육과정을 설계할 때 인종, 민족(ethnic group), 젠더, 성정체성 등 다양한 차이에 상관없이 모든 학생들이 교육에 적극적으로 참여할 수 있도록 해야 한다(Apple & Beane, 2007). 문제중심 설계는 학생들이 협력을 통해서 공동체의 문제를 해결해 나가는 것을 중시한다. '더 좋은 공동체'를 만들기 위한 태도를 가르치기 위해서는 실제로 학생들이 '좋은 공동체'에서 학습을 해나가야 하기 때문이다.

문제중심 설계는 아동에 대한 존중과 동시에 교과에 대한 중시, 모두를 포함하고 있다. 왜냐하면 실제로 사회, 언어, 역사, 예술 교과를 포함해서 과학이나 기술 과목에서조차 사회문제는 중요한 교육내용의 일부이기 때문이다. 그러므로 문제중심 설계는 지역사회나 공동체의 문제를 해결해 나가는 능력을 키워줄 뿐만 아니라 교과에서 기대하는 이해도를 효과적으로 높일 수 있다. 이와 같이 문제중심 설계는 학생들의 자발성, 교과에서의 다루고 있는 사회문제, 그리고 민주시민교육이라는 세 가지 차원을 조합한 것으로 볼 수 있다. 다시 말해 문제중심 설계는 아동중심 교육, 교과중심 교육, 그리고 사회재건주의 전통, 이 세 가지 차원을 유기적으로 통합할 수 있는 설계방식이다. 그 결과 사회의 변화를 촉진하는 활동적이고 참여적인 시민을 기르는 목적을 지닌다.

라. 중핵중심 설계

오늘날 많은 교육과정은 모든 학생의 전인적 성장을 위해 중핵 교육과정(core curriculum)을 설계한다. 이를 위하여 교육과정의 중핵에 특정한 주제, 사회문제 또는 학생들이 흥미를 가질 수 있는 활동을 배치한다. 중핵에 무엇을 배치하느냐에 따라 그 교육과정의 성격이 달라진다. 중핵의 외곽에는 보통 교과를 동심원으로 배치한다.

물론 중핵 교육과정은 교육과정을 만드는 사람들의 의도에 따라 다양한 형태를 지닐 수 있다. 그렇지만 대체로 교과를 외곽에 배치하고 중심에는 (1) 교과를 융합할 수 있는 활동, (2) 각 교과에서 놓치기 쉽지만 여전히 중요한 가치, (3) 학생들의 흥미에 기초한 활동 등을 중핵에 배치하는 경우가 많다.

이와 같은 중핵 교육과정은 교과와 삶 사이에서 균형잡힌 교육을 위해서 사용한다. '균형잡힌 교육'은 교과 지식은 물론 더 나은 세계를 만들기 위해 참여하는 '균형잡힌 시민'을 길러내기 위함이다. 쉽게 말해 균형잡힌 교육과정을 통해서 전인교육을 달성하고자 하는 것이라 볼 수 있다.

이런 취지에 기초할 때 중핵 교육과정을 만들기 위해서는 첫째, 해당 학교나 교육기관의 임무(mission)가 무엇인지 명확히 식별해야 한다. 이러한 철학과 임무에 따라 중핵에 배치할 것이 정해진다. 둘째, 주변에 어떠한 학문 교과를 배치할 것인가를 결정한다. 셋째, 중핵과 주변 교과를 연계할 수 있는 전략을 수립한다.

학생들은 교과에서 배운 지식을 삶의 영역에 적용할 수 있도록 깊이 있는 이해에 도달할 필요가 있다. 이에 사회문제를 중핵에 두는 경우가 많다. 이는 문제중심 설계와 유사하다. 최근 지속가능한 발전 목표를 향한 유네스코 교육과정을 사례로 들 수 있다. 유네스코는 불평등, 인종차별, 기후변화, 인권, 보건 등 사회적 이슈를 중심으로 교육과정을 보급하고 있다.

학생들은 각 교과에서 배운 것들을 서로 통합하여 이해할 수 있는 기회를 제공받아야 한다. 이에 융합 프로그램을 중핵에 배치하는 경우가 있다. 또 사회봉사나 예술, 스포츠, 건강 유지 활동과 같이 교과에서 놓치기 쉽지만 여전히 학생의 삶에서 중요한 것들을 중핵에 배치할 수도 있다. 이러한 배치는 IB(International Baccalaureate, 국제 바칼로레아) 교육과정에서 특징적으로 나타난다.

중핵 교육과정에서는 인격의 성장과 균형적 시민 형성에 관심을 지니기 때문에 학습 방법에서도 협력을 강조하는 경향이 있다. 또 평가에 있어서도 지식을 포함하여, 삶의 자세에 대해 종합적으로 평가하도록 설계된다.

IB 교육과정은 무엇인가?

IB(International Baccalaureate, 국제 바칼로레아) 교육과정은 지식과 인격이 모두 풍부하고, 융합적이며 배려심 있는 시민을 양성하는 것을 목표로 하는 교육과정이다.

IB 교육과정은 1960년대로 거슬러 올라가 당시 국제도시에서 외교관이나 다국적 기업 직원들의 자녀 교육을 위한 시도에서 시작이 되었다. 이러한 동기를 지닌 사람들이 1968년 스위스 제네바에서 비영리 교육재단을 설립하고, IB 교육과정을 발전시켜왔으며, 오늘날 전 세계적으로 크게 확장되고 있다. 이러한 기원을 갖기 때문에 IB 교육과정은 국적이 없는 국제적인 교육과정인 만큼 상호 문화 이해와 존중을 통해 더 나은 지구와 인류를 만들어 나가고자 하는 철학을 지니고 있다. IB 교육과정은 크게 네 가지 교육 프로그램을 제공한다.

- PYP(Primary Years Programme, 초등): 유치원부터 12세까지의 어린이를 대상으로 하는 초등 프로그램이다. 이 단계에서는 탐구와 전인적인 아동 발달에 중점을 둔다.

- MYP(Middle Years Programme, 중학교): 중학교 정도에 해당하는 프로그램이다. 이 단계에서는 학문적인 내용을 늘려가면서, 삶을 영위할 수 있는 기능을 배운다. 그런 다음 학생들이 배운 지식과 기능을 실제 세계와 연결할 수 있도록 교육과정을 조직한다.

- DP(Diploma Programme, 고등학교): 이 프로그램은 대학과 그 이후의 직업적 삶을 준비시키는 2년제 교육과정이다. 주로 대학 진학 준비와 관련된다. 이 교육과정은 여섯 개의 과목 그룹과 중핵교육과정을 중심으로 조직된다. 중핵 교육과정으로는 TOK(theory of knowledge)라고 부르는 융합 과정, CAS(예술, 스포츠, 봉사), 그리고 탐구 중심 에세이 쓰기로 구성된다.

- CP(Career-related Programme, 직업 준비): CP는 교과와 직업적 관심사를 결합하여 학생들이 대학 진학, 인턴, 취직 등을 준비할 수 있는 프로그램이다.

이 중에서 DP 교육과정의 구조는 다음과 같이 중핵 교육과정의 모습을 취하고 있다.

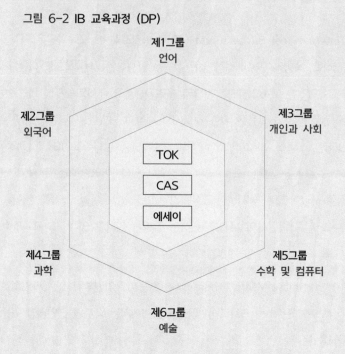

그림 6-2 IB 교육과정 (DP)

IB 교육과정은 학문적으로 높은 수준에 이르는 것과 동시에 인격과 독립적 자아의 발달에 중점을 둔다. 그래서 학생들은 창의적이고, 비판적으로 사고할 수 있도록 교육받는다. 이를 위해 사고력을 확장하는 논술형 평가를 중시하는 경향이 있다. 또한 깊이 있는 사고를 계발시키기 위해 IB 교육과정은 개념기반 교육과정을 차용하여, 이를 교육과정 설계원리로 삼고 있다(조현영, 2019; 임유나, 2022).

마. 타협과 조화의 기예

위에서 우리는 교육과정 설계에 교과중심 설계, 학습자중심 설계, 문제중심 설계와 같은 유형이 있다는 것을 알게 되었다. 또 교과중심 설계는 교과형 설계와 학문형 설계 등으로 이루어져 있다. 학습자중심 설계나 문제중심 설계도 다양한 방식을 포함하고 있다. 그러나 실제 교육과정 설계에 있어서 오직 한 가지 방식만을 선택하는 경우는 많지 않다. 예를 들어 2022 개정 수학 교육과정에서는 다음과 같은 설계 방식을 취하고 있다.

이 설계방식은 첫째, 가장 중심에 핵심 아이디어를 강조하고 있는데 이는 교과에서 가장 중요한 원리를 중심으로 교육과정을 설계하는 학문형 설계의 특징을 갖춘 것으로 볼 수 있다. 둘째, 핵심 아이디어 주위를 둘러싸고 있는 지식, 기능, 가치는 학생들이 교육목표를 달성하기 위해서 필요한 학습경험을 나타내고 있다. Tyler 전통에서 학습경험은 교육목표를 달성하기 위한 지식, 기능, 태도를 길러줄 수 있는 경험을 뜻한다. 셋째, 수와 연산, 변화와 관계, 도형과 특성 등은 수학 교과의 기본 내용을 담고 있다. 이는 교과형 설계의 특징에 가깝다고 볼 수 있다. 넷째, 문제해결, 정보처리, 추론, 의사소통 등은 수학을 배움으로써 학생들이 살아 갈 때 필요한 역량을 선정한 것으로 이는 최근 등장한 역량중심 교육과정을 염두에 둔 것이라고 해석할 수 있다. 역량은 모든 학생들이 달성가능하다고 믿는 진보주의나 학습자 중심 사조와 관련이 있다(Bernstein, 2000). 다섯

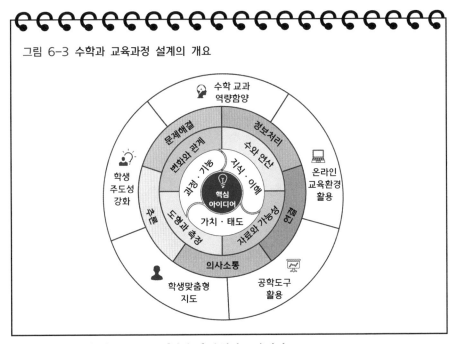

그림 6-3 수학과 교육과정 설계의 개요

자료: 교육부 고시 제2022-33호 [별책 8] 수학과 교육과정. p.9.

째, 이와 같은 수학 교육과정을 둘러싸고 있는 학생 맞춤형 지도, 학생주도성 강화, 공학 도구 활용 등에 대한 고려는 학생들에게 가장 적합한 학습 환경과 학습 조건을 조성해 주기 위한 것으로 이 역시 경험중심 설계와 통하는 면이 있다.

이렇듯 실제 교육과정 설계는 다양한 관점이 서로 타협되고 조화를 이룬 결과라고 볼 수 있다. 국가수준에서 교과교육 과정을 개발한다 함은 이런 기예를 발휘하는 것이라 볼 수 있다.

3 단원 설계

교육과정 설계에서 단원 설계 전략은 다양하나 이 책은 Wiggins와 McTighe 의 UbD 설계 방식을 중심으로 다루고자 한다. 그 이유는 첫째, UbD 모델이 비교적 교육학적 원리에 보다 충실한 접근이기 때문이다. 이 접근은 교육의 목표를 추구함에 있어 전인교육의 관점을 견지하고 있다. 둘째, 이 모형은 교육과정 – 수업 – 평가를 유기적으로 통합하는 효과적인 방법을 포함하고 있기 때문이다. 특히 이 저자들은 '참평가'라고 하는 평가방법을 발전시켜 온 사람들로서 평가혁신에 매우 큰 도움을 주고 있다. 셋째, 이 모델이 나온 미국에서는 물론 한국에서도 UbD 모형은 예비교사 교육과정에서 많이 사용되고 있다. 오늘날 한국에서도 많은 예비교사들이 이 모형을 중심으로 전문성 훈련에 임하고 있다(온정덕, 2013; 강현석, 이지은, 2013; 정상원, 2017). 특히 단원설계를 위한 공통 양식을 사용하고 있어 체계적인 훈련이 가능하고, 의사소통이 용이하다. 넷째, 이 모형은 단원 중심의 설계이기 때문에 지나치게 넓지도 않고, 그렇다고 차시 중심의 레슨 플랜도 아니다. 대신 중범위에 해당하는 단원을 중심으로 교육과정을 설계하기 때문에 빅 아이디어나 원리를 다루기에 적합하다.

가. 목표 모형과 탐구 모형의 절충

목표를 중심으로 하는 Tyler의 교육과정 모형과 탐구를 중심으로 하는 Bruner의 교육과정 모형은 서로 대립되는 관점으로 알려져 왔다. 그도 그럴 것이

Bruner는 경험중심 교육과정을 비판하면서 학문중심 교육과정을 성립시켰고, Tyler는 Dewey의 경험중심 교육과정을 실천적인 수준에서 발전시킨 사람이기 때문이다. 그러나 UbD 모형은 목표중심 모형과 탐구중심 모형을 절충해서 만들어졌다. 사실상 이 두 가지 모형의 조화와 절충은 UbD 교육과정의 근간이 되었다.

UbD 모형은 교육과정을 역진 방향(backward)으로 개발하기 때문에 순차적으로(forward) 개발하는 Tyler의 모형과 반대되는 것처럼 보인다. 그러나 역진 설계는 교사들에게 가장 먼저 평가해야 하는 것을 돌아보게 하는 장치라고 볼 수 있다. 그렇다면 UbD 모형에서는 왜 이렇게까지 목표를 강조하는 장치를 넣게 되었을까? 이는 미국의 교실 문화와 관련이 깊다. Wiggins와 McTighe는 미국의 교사들이 "교과서에서 아이디어를 얻어서 지도안을 짜고, 그저 흥미 있는 활동들로 시간을 때우는"(조재식, 2005: 72) 관행을 맹렬히 비판하였다. 그 대신 당초 교육과정이 목적한 바에 따른 설계 원리를 제안하였다.

어쩌면 백워드라는 용어는 Tyler 모형을 부활시키는 '강조어법'이라고 볼 수 있다. 수업 시간에 많은 교사들이 상당히 큰 비중으로 활동중심 수업을 운영하고 있다. 그러나 당초 교육목표가 무엇이었는지 잃어버리고 '활동을 위한 활동' 중심의 수업을 운영하는 것은 문제라고 볼 수 있다. UbD 교육과정에서는 활동중심 수업을 반대하는 것이 아니라 목표를 잃어버린 활동만 있는 수업에 이의를 제기하는 것이다.11) 쉽게 말해 지금 하고 있는 활동이 교육목표 달성에 꼭 필요한 활동인가를 중심으로 교육과정이 설계되어야 함을 강조한 것이다.

그렇다면 Bruner의 탐구중심 교육과정은 Tyler의 목표중심 교육과정과 어떻게 타협되고 조화를 이루게 되었을까? 목표중심 모형이 설계방식에 영향을 주었다면, Bruner는 교육내용을 선정하고, 조직하는 원칙을 제공하였다. 탐구중심 교육과정에서는 아이디어, 원리, 개념을 중심으로 교육과정을 설계한다. 여기서는 시시콜콜한 정보나 사실을 암송하고 낮은 수준의 기능을 훈련시키는 것보다는 학문에 내재되어 있는 원리를 이해하는 것이 중요하다(김경자, 온정덕, 2014). 원리

---

11) UbD는 활동을 매우 중시하고 있으므로 이에 대한 오개념을 주의할 필요가 있다. UbD 이론에서는 행동주의 심리학의 영향을 받은 행동목표와 거리를 두고 있다. 왜냐하면 수행평가와 참평가를 매우 중시하기 때문이다. 동시에 '활동을 위한 활동'에도 거리를 두고 있다.

를 이해하면 교과의 정수를 이해하는 데 도움이 될 뿐 아니라 학습 효율성도 높일 수 있다는 것이 Bruner의 생각이었다(강현석, 이지은, 배은미, 2002). 이것이 UbD 모형에 와서 '영속적 이해'(enduring understanding)라고 하는 말로 대체되었다. 영속적 이해란 학습자들이 학습한 이후에 머릿속에 오래 남아 있는 이해라고 정의된다.

이와 같이 Wiggins와 McTighe는 교육과정 설계의 형식에 있어 목표중심 모형을 차용하고, 교육내용의 선정과 조직 원리에 있어 탐구중심 또는 학문중심 모형을 채택하였다. 이렇게 함으로써 교육과정 이론에서 가장 영향력 있는 두 거장을 대립적 관계로 파악하지 않고 서로의 장점을 절충적으로 조합함으로써 새로운 모형을 창안하였다. 이는 교육과정학의 정체성과 관련하여 '절충의 기예'가 떠오르는 대목이다.

나. U와 D의 개념과 중요성

Wiggins와 McTighe의 저서, 〈Understanding By Design〉의 서문에서는 '좋은 설계 ─교육과정, 평가, 수업─ 에 관한 책'이라고 그 성격을 밝히고 있다. 어떻게 교육과정을 설계해야 학습자들이 참된 이해에 도달할 수 있는지에 관한 책이다. 이 책은 크게 보면 설계(Design)와 이해(Understanding)라는 두 가지 핵심 개념을 중심으로 이루어져 있다.

1) U의 개념과 중요성

학생들은 학교에서 많은 것을 배우고 이해한다. 보통 이해는 여러 가지 능력 중 하나로 다룬다. 그러나 특이하게도 Wiggins와 McTighe는 교육목표와 이해를 거의 같은 것으로 취급한다. 이 점에서 교육목표분류학을 만들어 낸 Bloom과 큰 차이를 보인다. 이러한 이해는 가급적 지속가능해야 바람직하다. 이것을 그들은 지속가능한 이해 또는 영속적 이해라 부른다. 이 개념은 학생들이 단원이나 교과목을 배운 후에도 가급적 장기적으로 빅 아이디어나 필수적인 개념을 알고 있어야 함을 말한다. 또 영속적 이해는 학생들이 교실 너머의 새로운 상황과 맥락에 적용할 수 있는 지속가능한 이해를 말한다. 그러므로 장기적으로 유지되

표 6-1 이해의 여섯 가지 측면

이해의 영역	정의
자기지식	자신의 무지를 알고, 지혜를 사랑하며, 자신의 사고와 행위를 성찰하는 능력
공감	다른 사람의 감정과 상황을 이해하고, 상대방의 처지에서 상황을 이해하는 능력
관점	하나의 현상을 다양한 관점, 즉 비판적이고 통찰력 있는 안목을 통해 볼 수 있는 능력
적용	새롭고 복잡한 상황에서 지식과 기술을 효과적으로 사용하는 능력
해석	하나의 텍스트를 다양한 맥락에서 해석하고, 사회적 의미를 파악하는 능력
설명	자신의 주장을 뒷받침하는 증거를 사용하여 개념과 현상에 대한 설명을 제공하는 능력

고, 또 전이가능한 이해를 영속적 이해라 정리할 수 있다. 영속적 이해는 Bruner 의 영향을 받았다고 평가할 수 있다. 그래서 영속적 이해는 학문이나 주제 영역 의 중심에 있는 중요하고 필수적인 개념을 숙지하는 것이다. 단지 학생들에게 사 실과 정보를 암기시키는 것이 아니라, 단원이나 교과목에서 본질적인 개념과 빅 아이디어에 대한 깊이 있는 이해를 중시한 것이다.

학생들이 어떠한 대상을 진정으로 이해했다면, 개인에게 성취가 나타날 것 이다. 이러한 생각에서 Wiggins와 McTighe는 이해의 6가지 요소를 개발하여 제 시하였다. 〈표 6−1〉은 그들의 주장을 알기 쉽게 정리해 본 것이다.

Wiggins와 McTighe는 교육과정 설계에서 염두에 두어야 할 '반복되는 두 가지의 과실'이 있다고 말하였다. 첫째, 목표 없는 내용의 적용이다. 이는 단순히 교재의 내용만을 충실히 다루는 것을 말한다. 둘째, 학습자들의 지적 목표와 유 리된 기껏해야 흥미 위주의 활동이다. 이 두 가지 반복되는 과실을 극복하기 위 해서는 명확하고 가치 있는 것, 즉 빅 아이디어를 중심으로 교육내용에 있어 우 선순위를 정하는 것이 중요하다. 이들은 세 가지 수준으로 우선순위를 설정하는 데, 그 구조는 [그림 6−4]와 같이 3개의 타원으로 시각화할 수 있다.

첫째, 빅 아이디어는 사실과 개념, 기능 등을 포괄하는 가장 중요한 개념이 나 원리이다. 빅 아이디어를 알면 학습자가 큰 그림을 보고 그 속에 놓인 부분들 을 연결하는 데 도움이 된다. 과학에서 에너지 보존의 법칙이 빅 아이디어의 좋 은 예로 볼 수 있다. 둘째, 알아야 할 중요한 사항은 원리를 이해하는 데 필수적 인 사실, 정보, 개념 등을 말한다. 교육과정의 많은 내용은 알아야 할 중요한 것 들로 이루어져 있다. 이것들을 잘 알지 못하면 더 깊이 있는 학습으로 나아가기

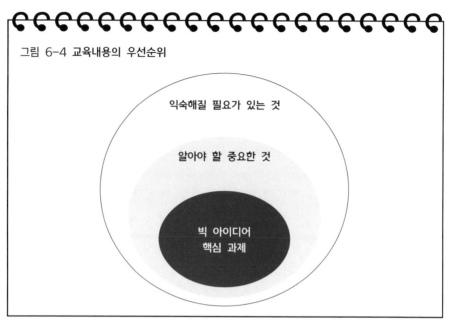

그림 6-4 교육내용의 우선순위

익숙해질 필요가 있는 것

알아야 할 중요한 것

빅 아이디어
핵심 과제

자료: Wiggins & McTighe (2005). p.71.

어렵다. 셋째, 교육내용 중에서 핵심 원리와 개념이 아니면 친숙하면 되는 것들로 다룰 필요가 있다. 알아야 할 중요한 지식이 빅 아이디어를 이해하는 데 필수적인 것이라면 친숙할 필요가 있는 지식은 반드시 필수적이진 않다. 그래서 우선순위에서 낮은 단계에 있는 것이라 볼 수 있다. 이는 학생들의 이해를 넓히거나 관심사를 허용하기 위해 교육과정에 포함되나 더 중요한 지식을 위해 덜 강조할 수 있는 지식이다.

　이와 같이 내용의 우선순위를 정하는 것은 왜 중요할까? 이러한 방식으로 내용의 우선순위를 정함으로써 교사는 가장 중요한 개념과 원리를 이해시키는 데 집중할 수 있다. 시간이 충분하다면 이러한 우선순위를 필요로 하지 않을 것이다. 그러나 부족한 시간 속에서 교육과정 내용을 다루기 위해서는 우선순위의 조정이 필요하다. 이는 학생들에게 의미있고, 깊이 있는 학습경험을 제공하기 위한 것이다. 대부분의 국가교육과정은 학생들에게 자신의 관심사와 목표에 맞는 관련 주제를 탐구할 수 있는 기회를 부여하도록 되어있으며, 학습자들의 삶에 의미있는 학습경험을 제공하도록 되어 있다. 이에 교사들은 교육과정의 우선순위화에 대한 전문성을 갖출 필요가 있다.

교육과정에서 빅 아이디어, 원리, 깊이 있는 이해 등을 강조하는 것은 최근 주목받고 있는 개념기반 교육과정과 많은 공통점이 있다. 개념기반 교육과정은 비교적 '개념'의 형성에 초점이 있는 것은 사실이나 빅 아이디어나 깊이 있는 이해 등 많은 측면에서 UbD와 공통점이 있다.

개념기반 교육과정이란 무엇인가?

개념기반 학습(concept-based learning)은 단순히 사실이나 명제적 지식을 암기하는 것을 넘어서 그것들을 가로지르는 핵심 개념이나 이론을 깊이 있게 이해하는 것이다. 그리고 이러한 학습이 가능하도록 설계된 교육과정을 개념기반 교육과정(concept-based curriculum)이라고 부를 수 있다. 개념기반 학습은 (1) 깊이 있는 이해, (2) 문제해결 능력, 그리고 (3) 배운 지식을 다양한 삶의 상황에 적용할 수 있는 전이 능력을 강조한다. 개념기반 교육과정은 이러한 학습이 일어날 수 있도록 학습경험을 선정하고, 이 내용을 구조화하여 제시한 것이라고 볼 수 있다.

예를 들어 학생들은 국어시간에 '주어진 소설 작품에서 인물 형성과 대 주제를 분석할 수 있다.'라는 목표보다 더 나아가 '학생들은 작품에서의 대화, 플롯, 텍스트를 통해 저자가 인물의 복잡성을 어떻게 발전시켰는지 이해하고 이를 전이시킬 수 있다.'라는 목표가 더 개념기반 교육과정에 부합하는 것이다(Stern, Ferraro & Mohnkern, 2017).

최근 개념기반 교육과정을 주도하고 있는 학자들은 Lynn Erickson과 Lois Lanning (2014)이다. 이들은 교육과정 내용 요소를 3차원으로 나누어 사실에서 시작해 개념을 거쳐 일반화로 나아가도록 교육과정을 설계한다. [그림 6-5]에서 보듯이 이들의 주장은 그동안 교육과정이 학생들이 무엇을 알아야 하고(know), 할 수 있어야 하는가(do)에 지나친 관심을 보였다는 것이다. 그 대신 이제 이 두 차원을 포함하되, 이를 기반으로 하여 이해(understand)의 차원으로 더 나아가야 한다는 것이다. 그 차

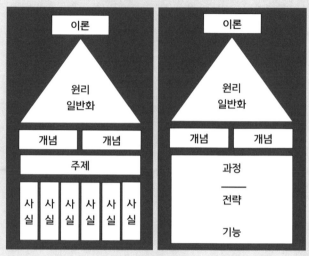

그림 6-5 지식과 과정의 구조

지식의 구조

이론

원리
일반화

개념   개념

주제

사실 사실 사실 사실 사실 사실

과정의 구조

이론

원리
일반화

개념   개념

과정
———
전략

기능

자료: Erickson & Lanning (2014). p.25.

원이 바로 개념을 거쳐 원리 및 일반화로 나아가기, 즉 이해를 깊게 하기이다.

예를 들어, 역사 시간에 학생들은 특정 역사적 시기에 벌어진 사실들을 알게 된다. 이러한 사실들을 가르치기 위해 하나의 주제(예, 천주교 박해)를 정한다. 이 과정에서 학생들은 다양한 개념(유학, 공권력, 박해, 순교, 서학, 문물 등)들을 이해할 수 있다. 그리고 이런 개념을 기초로 해서 기존 계급문화와 평등사상의 갈등과 같은 문화충돌이 일어나는 원인과 그것이 사회를 어떻게 혁신하는지에 대한 원리를 이해할 수 있다.

개념기반 교육과정은 깊이 있는 이해를 중시하기 때문에 높은 수준의 사고력 교육에 관심이 있다. 개념과 원리를 제대로 이해하기 위해 연구 질문을 만들고, 데이터를 분석하고, 종합하거나 일반화하는 능력을 중시한다. 이에 개념기반 교육과정에서는 탐구를 강조한다. 탐구 중심의 교육과정에서 평가는 서열을 매기는 것보다 학습 과정 중 피드백을 제공하는 형성평가가 도움이 된다.

한국의 2022 개정 교육과정은 이러한 개념기반 교육과정 이론을 일부 수용하였다. 교육부는 2022 교과 교육과정 개발의 지향점을 다음과 같이 제시하였는데, 이는 개념기반 교육과정 이론과 많은 측면에서 공통점을 지닌다.

- 역량 함양 교과 교육과정 개발을 위해 '깊이 있는 학습'과 '교과간연계와 통합', '삶과 연계한 학습', '학습과정에 대한 성찰'을 강조
- 소수의 핵심 아이디어를 중심으로 학습 내용 엄선, 교과 내 영역간 내용 연계성 강화
- 교과 고유의 사고와 탐구를 명료화하여 깊이 있는 학습 지원
- 교과 목표, 내용 체계, 성취기준, 교수학습, 평가의 일관성 강화
- 학생의 의미 있는 학습경험을 위한 교육과정 자율화의 토대 마련

그림 6-6 역량 함양을 위한 교과 교육의 강조점

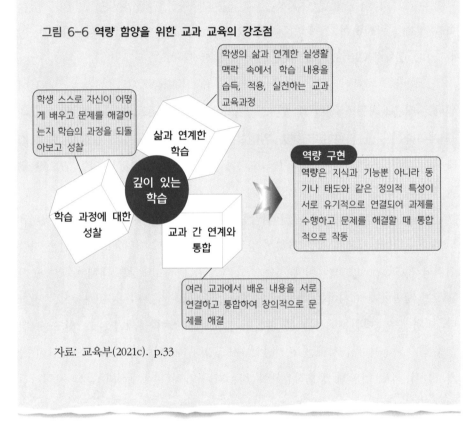

자료: 교육부(2021c). p.33

2) D의 개념과 중요성

UbD는 설계에 의한 이해 또는 디자인에 의한 이해라고 직역할 수 있다. 이때 이해는 학생들이 하는 것이고, 설계 또는 디자인은 교사들이 하는 것이다. 이

와 같이 UbD는 매우 단순하지만 명료한 명칭이라고 볼 수 있다. 여기서 디자인하는 사람, 즉 디자이너는 교사다. 그리고 교사들은 학생들이 교육내용을 이해할 수 있도록 설계한다.

여기서 교사에 의한 디자인이 왜 중요할까? 교사들이 학생들을 가장 잘 알고 있으며, 직접 가르치는 사람이며, 교육의 목표를 달성시키는 데 있어 가장 일선에 있는 사람들이기 때문이다. 교육과정 단원을 설계하고, 수업 전략을 선택하고, 평가하는 교육의 과업이 교사의 손에 달려있다. 학생 개인의 특성과 학급의 맥락이 다르기 때문에 일선 교사는 학생들에게 가장 관련성이 높고, 의미 있는 학습 성과를 파악하여, 그에 맞는 교육을 설계하여, 제공할 수 있는 사람이다. 이에 UbD 설계에서는 교사의 중요성을 높이 설정한다.

그렇다면 디자인은 무엇을 의미할까? UbD의 맥락에서 디자인은 학생들이 원하는 학습성과를 달성할 수 있도록 도와주기 위해 교육과정, 수업, 평가에 대해 계획하는 것을 의미한다. 이를 위해서는 학생들의 사전 지식, 관심사, 학습 스타일과 같은 학습이 일어날 맥락을 고려해야 한다. 디자인이 잘 되어 있으면 교육이 효과적으로 이루어질 수 있는 가능성이 높아진다.

Wiggins와 McTighe가 거의 언급한 적은 없는 것 같지만, 디자인은 행위유도성(affordance) 개념과 깊은 관련성이 있다. 디자인에서 행위유도성 개념은 지각심리학자 Gibson(1979)에 의해 처음 소개되었다. 행위유도성은 객체(예: 컴퓨터 마우스)가 사람에게 제시하는 행동(예: 컴퓨터 인터페이스 사용)의 유도 가능성을 말한다. 이와 같이 행위유도성은 문 손잡이의 모양과 같이 물체일 수도 있고, 어떤 행동을 유도하거나 금지하는 표지판일 수도 있다. 한편 회의실 배치도와 같이 참가자들이 서로 어떻게 상호작용해야 하는지를 제시하는 방식과 같이 사회적인 것일 수도 있다.

UbD 모형은 이와 같은 측면에서 행위유도성을 담고 있다고 판단할 수 있다. 특히 단원설계를 위한 UbD 설계 양식은 하나의 디자인으로서 교사들로 하여금 수행평가를 중심으로 하는 목표 중심의 교육을 이끄는 행위유도성을 지니고 있다. 위에서 말했듯이 디자인에서의 행위유도성 개념은 객체와 그것이 고무하는 행동 사이의 관계를 의미한다. 디자이너는 사용자들의 행위 패턴을 변화시킬

수 있다. 마찬가지로 디자이너로서의 교사는 수업시간에 교사와 학생들 모두의
행위 패턴 변화에 영향을 준다.

다. 단원 설계의 단계

UbD가 '설계에 의한 이해'(Understanding By Design)로 풀이되는 것과 같이
이는 참된 이해를 위해 교육과정을 제대로 설계하는 내용으로 이루어져 있다. 여
기에서 제안하는 교육과정의 설계 방식은 '역방향 설계'(backward design)이다. 이
설계방식의 핵심은 목표 지향적이며, 평가에서 시작해서 거꾸로 설계하는 방식
을 말한다. 이는 '바라는 결과의 확인(목표 확인), 수용 가능한 증거 결정하기(평가
계획), 학습경험과 수업계획'으로 크게 3단계로 이루어져 있다. 기존 '목표설정 →
수업계획 → 평가'의 일반적인 절차와는 달리, 평가계획이 수업계획보다 앞서는
역방향임에 주목해야 한다. UbD에서 제시한 역방향 설계의 3단계를 도식화하면
[그림 6-7]과 같다.

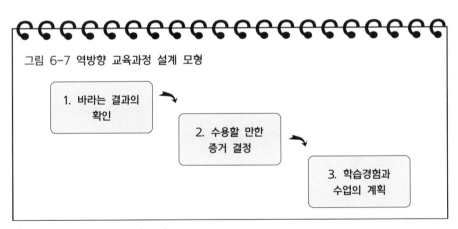

그림 6-7 역방향 교육과정 설계 모형

1. 바라는 결과의 확인

2. 수용할 만한 증거 결정

3. 학습경험과 수업의 계획

자료: Wiggins & McTighe (2005). p.18.

1) 1단계

교육과정 설계에서 백워드 접근은 바라는 결과가 무엇인지, 그래서 무엇을
평가해야 되는지에 대한 고민에서 출발한다. 단원이 끝났을 때 학생들은 무엇을

표 6-2 본질적 질문의 두 수준

전반적인(Overarching)	주제별(Topical)
• 형태와 함께 예술은 어떤 식으로 문화를 반영하는가?	• 잉가문명에서 축제 가면은 무엇을 드러내는가?
• 이것은 누구의 관점인가? 무엇이 관점의 차이를 만드는가?	• 원주민 미국인(Native American)의 입장에서 봤을 때 서부 개척은 어떤 의미를 가지는가?
• 다양한 신체 시스템은 어떤 식으로 상호작용 하는가?	• 음식은 어떻게 에너지로 전환되는가?
• 삼권 분립에서 견제와 균형은 어느 정도나 필요한가?	• 미국 정부에서 삼권 분립은 어느 정도나 교착상태를 유발하는가?
• 과학에서 피할 수 있는 오류와 피하지 못하는 오류를 구분하는 효과적인 방법이 존재하는가?	• 이 실험에서 측정 오류는 어디에서 나온 것이라고 볼 수 있는가? • 지난번 실험에서보다 이번 실험에서 더 많은 오류가 있다고 볼 수 있는가?
• 지배적인 국가들의 흥망성쇠에는 어떠한 공통요인이 있는가?	• 로마 제국은 왜 붕괴되었는가? • 대영제국은 왜 없어지게 되었는가? • 미국이 세계에서 우월한 지위를 차지하게 된 원인은 무엇인가?
• 작가들은 분위기를 조성하기 위해서 어떤 이야기 요소를 사용하는가?	• John Updike는 분위기를 조성하기 위해서 어떤 설정을 활용하는가? • Ernest Hemingway는 분위기를 조성하기에서 어떤 언어를 활용하는가? • Toni Morrison은 분위기를 조성하기 위해 이미지와 상징을 어떻게 사용하는가?

자료: Wiggins & McTighe (2005). p.115.

알게 되고, 할 수 있어야 되는지에 대한 확인이 설계의 첫 출발점이다. 교사들은 대체로 단원이 끝나거나 중간, 기말 고사가 다가오면 비로소 평가에 대해 생각하는 경향이 있다. 백워드 디자인은 이러한 경향과 완전히 다른 습관을 요구한다. 대신 당초 학생들이 달성해야 할 교육목표가 무엇이었는지를 가장 먼저 생각하게 하는 것이다. 교사들은 교과 교육과정의 목표, 단원목표, 성취기준을 가장 먼저 살펴보아야 한다.

그래서 백워드 설계에서 교사는 지식을 전달하는 사람의 정체성보다 평가하는 사람이라는 정체성이 필요하다. 이는 Wiggins와 McTighe가 원래 참평가와 수행평가의 대가들이었음을 상기할 때 쉽게 이해할 수 있다. 그러므로 백워드 디자인의 첫 번째 단계는 '바라는 결과 확인하기'이다. 이 단계에서 교사들은 국가 교육과정이나 시·도교육청의 교육과정을 살펴봄으로써 학생들이 무엇을 알아야 하며 무엇을 할 수 있어야 하며 어떤 가치와 태도를 갖추어야 하는지 파악한다.

그런 다음 어떠한 영속적 이해에 초점을 둘 것인가를 결정하고, 이해의 여섯 가지 측면 중에서 어떤 이해에 중점을 둘 것인지에 대한 의사를 결정한다. 특히 교육과정은 매우 많은 내용과 성취기준을 담고 있기 때문에 교사들은 핵심 성취기준을 중심으로 바라는 결과를 확인한다. 바라는 결과를 확인하는 일은 결국 무엇을 평가할 것인가에 대해서 고려해 보는 일과 대동소이하다. 가장 먼저 평가에 대해 생각하는 방식은 Tyler 모형을 뒤집는 것처럼 보이지만 사실상 그의 목표중심 교육과정을 부활시킨 것이다.

1단계에서 교사들은 본질적 질문을 개발한다. 본질적 질문은 교육과정 기준을 참고하여 만드는 것이지만, 그것을 넘어서 학생들이 주제에 대해 더 깊이 이해하도록 이끌어가기 위한 높은 차원의 질문을 말한다. 본질적 질문은 먼저 시간이 지나도 유지될 수 있는 빅 아이디어와 지속적인 이해를 이끌 수 있는 것이어야 한다. 학생들은 본질적 질문을 늘 염두에 두어야 하는데, 그 과정에서 생각이 깊어진다. 생각이 깊어진다 함은 학생들이 주제에 대해 비판적이고 다양한 관점을 이해하는 것으로 볼 수 있다. 또한 교사들이 본질적 질문을 만들 때, 그 질문이 호기심을 유도할 수 있어야 한다. 본질적 질문이 호기심과 탐구심을 유도해야만 학생들이 학습에 적극적으로 참여할 것이다. 또한 본질적 질문은 끝이 열려있는 것이어야 한다. 외워 쓸 수 있는 하나의 명료한 대답을 기대하는 질문이 아니라 깊이 생각해보거나 토론하거나 조사하거나 실험해 봄으로써 다가갈 수 있는 질문이 본질적 질문에 해당한다.

이러한 본질적 질문은 전반적인 질문과 주제별 질문으로 나누어 사용할 수 있다. Wiggins와 McTighe(2005)에 따르면 전반적인 수준에서 본질적 질문은 주로 학문 교과(discipline)에 해당하는 것이고, 주제별 수준에서 본질적 질문은 보통 단원(unit) 수준에서 사용되는 것이다(p.116).

2) 2단계

위에서 살펴보았듯이 1단계는 바람직한 결과를 확인하는 단계이다. 이제 바람직한 결과가 확인되었다면, 학생들이 어떤 증거를 보여줄 때, 바라는 결과에

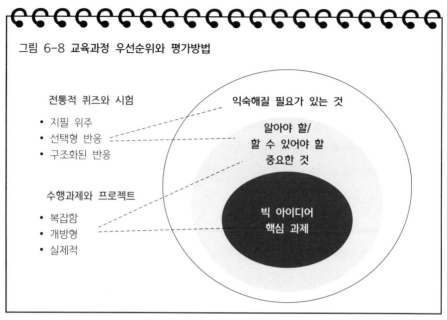

그림 6-8 교육과정 우선순위와 평가방법

전통적 퀴즈와 시험
• 지필 위주
• 선택형 반응
• 구조화된 반응

수행과제와 프로젝트
• 복잡함
• 개방형
• 실제적

익숙해질 필요가 있는 것

알아야 할/
할 수 있어야 할
중요한 것

빅 아이디어
핵심 과제

자료: Wiggins & McTighe (2005). p.71.

도달하였다고 판단할 수 있을지에 대한 기준을 정해야 한다. 교사들이 평가를 하기 위해서는 해당 학생이 사실을 알고 있고, 개념과 원리를 이해했다는 증거를 취합해야 한다. 그래야 해당 학생이 교육목표를 달성했는지 아니면 실패했는지 판단할 수 있다. 또 증거만 취합해서는 불충분하고, 어느 수준에서 성취했는지 판단하기 위한 기준을 마련해야 한다. 이것을 '수용 가능한 증거 결정하기'라고 말할 수 있다.

전통적인 평가에서는 학생들이 외워야 할 것을 분명히 외웠는가에 대해 확인하고 선다형 시험을 통해 학생들의 성취도를 점수로 평가하는 관행이 있다. Wiggins와 McTighe는 이러한 평가방식에 문제가 있다고 보고 이를 변화시키기 위하여 백워드 모형을 제안한 것이다. 이상에서도 언급한 바 있듯이, 이들은 기존 교사들의 수업 관행에 적어도 두 가지 문제가 있다고 보았다. 이는 첫째, 수업 시간에 피상적인 내용을 전수하고 암기 상태를 확인하는 등 깊이 없는 수업이다. 둘째, 개념과 원리에 대한 안목 없이 '활동을 위한 활동'을 위주로 하는 수업이다.

이러한 두 가지 경향의 수업 관행에 대해 매우 비판적이었던 그들에게 있어 수용 가능한 증거라 함은 학생들이 교육목표를 의미 있고 깊이 있게 달성하였는가를 판단하는 기준이다. 학생들이 이 기준을 통과했는가 알아보는 일은 이해의 여섯 가지 측면에 비추어 보아 학생들이 개념과 원리를 충분히 이해하고 새로운 상황에 적용할 수 있는 능력을 달성하였는지 확인해 보는 일과 같다. 그러므로 여기서 수용 가능한 증거란 암기 시험이나 선다형 시험을 포함하되 그런 시험 방식이 중심이 되는 것은 아니다. 왜냐하면 원리나 개념에 대한 평가는 암기와 선다형 시험보다 깊이 있는 프로젝트나 수행평가를 통해서 더 잘 측정할 수 있기 때문이다. 백워드 설계에서 왜 참평가나 수행평가가 더 중요할까? 그 이유는 교육에 있어서 영속적인 이해가 중요하기 때문이다.

이와 같이 가장 중요하다고 볼 수 있는 1단계와 2단계는 바로 평가에 관한 것이다. 그리고 평가에 관한 것은 결국 교육의 목표에 관한 것이다. 그리고 이 목표달성 여부는 영속적인 이해와 이해의 여섯 가지 측면에 기초한다. 이러한 특징은 백워드 설계가 기존의 많은 교육과정 설계 모형과 차별화되는 점이다.

3) 3단계

이상과 같이 평가를 중심으로 1단계와 2단계를 거친 후 수업을 어떻게 운영할 것인가는 마지막 3단계에 해당한다. 교사가 1단계와 2단계를 거치면서 교육과정 템플릿을 어느 정도 완성했다면 자신도 모르게 가르치는 사람보다는 평가하는 사람의 정체성이 더 강화되었을 수 있다. 이제 평가자 정체성을 염두에 두고 동시에 교수자의 정체성이 보다 강조되는 단계가 3단계라고 할 수 있다. 이제 3단계에서 수업 설계자로서 교사들은 학생들의 흥미를 이끌어내고 유지하며 교육목표에 도달할 수 있는 수업 방법을 구안해야 한다. 백워드 설계에서는 교사들이 이러한 원리를 쉽게 따를 수 있도록 돕기 위해 'WHERE TO'라고 하는 은유를 사용한다. 다시 말해 수업이 어느 방향으로 나아가야 하는가를 묻는 은유라고 볼 수 있다.

가) 방향과 이유(Where and Why)

방향은 학생들에게 학습의 목적과 경로를 인지하도록 도와주는 나침반이다. 교사와 학생 모두 수업이 어느 방향으로 가야 하는지 대한 공유인지를 갖고 있다면 훨씬 더 목적이 이끄는 수업을 효율적으로 진행할 수 있다. 그리고 학생들은 교사가 무엇을 평가할 것인가를 미리 알게 됨으로써 자신들이 어떤 노력을 경주해야 되는지 인식할 수 있다.[12] 이와 관련된 질문은 다음과 같다. 우리는 어디에서 출발해서 어디로 가고 있는가? 왜 우리는 그곳(교육목표)에 도착하려는 것인가? 학생들은 무엇을 할 수 있어야 하는가? 교육목표를 달성했다고 판정하기 위해서 어떤 증거가 필요한가?

나) 관심 끌기와 유지시키기(Hook and hold)

교사들은 수업에서 학생들의 관심을 끄는 전략을 활용한다. 다른 학습이론에서의 수업 전략에서와 마찬가지로 동기유발은 매우 중요하다. 그런데 백워드 설계가 다른 학습 이론과 차별성이 있다면 그것은 학생들에게 단원의 핵심이 될 수 있는 본질적인 질문을 던지는 것이다. 본질적 질문을 던짐으로써 학생들의 학습동기를 유발할 뿐만 아니라 탐구에 대한 욕구를 강화시켜줄 수 있다. 이와 관련된 질문은 다음과 같다. 학생들이 빅 아이디어와 수행과제에 몰입할 수 있기 위해, 교사는 어떤 본질적 질문을 던져야 할까? 학생들이 빅 아이디어를 구체적이고 흥미있는 사태에 적용할 수 있기 위해 어떤 학습경험을 제공해야 할까? 학생들이 주제와 과업을 수행할 때 그들에게 흥미와 호기심을 불어넣어 주기 위해 어떤 수업 방법이 필요할까? 어려운 내용으로 들어갈 때도 흥미를 유지시키는 방법은 무엇일까? 학생들의 도전과 상상력을 저해하는 관행이나 학교 문화는 무엇인가?

---

12) 교사와 학생들이 평가가 어떻게 이루어지는가에 대해 아는 것은 수업의 목적이 무엇인지를 아는 것과 같다. 이는 다시 한 번 백워드 설계가 Tyler의 포워드 설계와 대동소이함을 상기해 주는 것이다.

다) 탐구와 경험, 능력과 자질(Explore and experience, enable and equip)

최근 교육학 이론에서는 학생들의 능동성과 참여를 매우 중요하게 여기고 있다. 백워드 설계에서도 예외가 아니다. 백워드 설계에서는 탐구에의 참여를 매우 중시한다. 탐구는 학생들이 본질적인 질문에 대해서 답을 찾아갈 수 있는 경험을 제공하는 것을 말한다. 이를 위해 학생들은 교사로부터 수행해야 할 과제를 제공받는다. 학생들은 이 과제를 수행하는 과정에서 영속적 이해에 도달하게 되고, 교육과정이 의도한 지식, 기능, 태도를 습득하게 된다. 또 이 과정에서 학생들은 실생활에 전이할 수 있는 원리를 체득하게 된다. 이와 관련된 질문은 다음과 같다. 어떻게 해야 학생들이 빅 아이디어와 본질적 질문을 탐구(explore)하게 될까? 어떤 학습활동, 어떤 수업, 어떤 도움을 주어야 학생들이 교육목표가 의도했던 능력을 갖추게(equip) 될 것인가? 어떤 과제와 방과후 경험(experience)을 제공해야 학생들이 중요한 것들을 깊이 이해하고 발전시킬 수 있는 능력이 생길까?

라) 성찰, 재고, 수정(reflect, rethink, revise)

성찰은 학생들이 자기지식을 갖도록 도와주는 것이다. 교사는 학생들에게 자신들이 학습에 어떻게 참여하였고 무엇을 새로 습득하게 되었고 그 과정에서 부족한 부분이 무엇인지 스스로 찾아볼 수 있는 기회를 제공해야 한다. 이런 성찰의 과정을 통해서 학생들의 이해 수준이 깊어진다. 또 학생 본인이 본질적인 질문에 충분히 답할 수 있게 되었는지에 대해 돌아볼 수 있게 된다. 이와 관련된 질문은 다음과 같다. 학생들이 중요한 개념과 원리들을 이해한 방식에 대해 '다시 생각'(rethink)하도록 이끄는 방법은 무엇일까? 어떻게 하면 학생들이 생성한 산출물이나 수행이 자기평가나 피드백을 통해 수정(revise)되고 개선될 수 있을까? 학생들이 자신의 학습과 수행에 대해 성찰(rethink)할 수 있게 고무시키는 전략은 무엇일까?

마) 평가하기(Evaluate)

여기서 평가는 주로 학생의 자기평가를 말한다(Wiggins & McTighe, 2005:

198). 평가는 이해의 여섯 가지 측면 중에서 가장 중요하다고 할 수 있는 자기지식과 관련이 된다. 또 학습이론가들이 말하는 메타인지와도 깊은 관련이 있다. Wiggins와 McTighe는 여기서 자기평가를 크게 강조하고 있다. 이들은 그동안 학습설계에서 자기평가는 크게 간과되어 왔다고 비판하였다. 이와 관련된 질문은 다음과 같다. 어떻게 하면 학생들이 기꺼이 자기평가에 임하고 교정할 수 있을까? 어떻게 하면 학습자들이 자기평가를 통해 아직 해결하지 못한 문제들을 파악하고, 새로운 문제를 설정하고, 다음 학습을 위해 나아갈 수 있을까? 어떻게 하면 학생들이 단점을 파악하고, 산출물을 정련시키는 데 도움을 줄 수 있을까?

바) 맞춤형 및 개인화(Tailor and personalize the work)

맞춤형 학습은 학생들의 필요와 다양성을 고려하는 것이다. 이 부분에 있어, 저자들은 최근 맞춤형 교육(DI) 이론에서 많은 것을 차용하였다. 먼저 단원 설계의 1단계에서는 바람직한 결과를 설정하게 된다. 바람직한 결과는 모든 학생들에 해당하는 것이다. 다시 말해 교육목표는 학생들에 따라 차별적으로 적용되지 않는다. 본질적 질문은 본성상 열려있는 질문이다. 그렇기 때문에 다양성에 부응하기 유리한 것이다. 그렇다고 해도 본질적 질문 자체가 학생들의 수준에 따라 달리 제공되는 것은 아니다. 본질적 질문은 모든 학생들에게 동일하게 제공된다. 단 교육내용은 학생들의 다양성과 적성에 맞게 맞춤형으로 제공될 수 있다.

교사는 개별화 교육을 위해 수업이 진행되는 과정에서는 학습자료를 다양하게 제공할 수 있다. 예를 들어 학생들의 수준에 따라 서로 다른 텍스트를 제공할 수 있다. 그리고 학생들의 학습 스타일에 따라 서로 다른 학습 양식 ―구두적, 시각적, 또는 작문 등 ―을 제공할 수 있다. 학생들의 학습 스타일을 고려한다 함은 학생들의 최종 산출물과 과제의 형식을 학생들이 선택할 수 있음을 뜻한다. 이러한 주장은 최근 개별화 교육이나 개인화 교육에서 주장하는 것과 거의 유사하다. 이는 다음과 같은 질문과 관련된다. 어떻게 하면 다양한 발달상의 필요, 학습 스타일, 선행지식 정도, 흥미가 다른 학생들을 만족시킬 수 있는 맞춤형 교육을 제공할 수 있을까? 어떻게 하면 모든 학습자가 수업에 열중하고 최대한 효과적인 결과를 산출할 수 있도록 맞춤형 학습계획을 짤 수 있을까?

사) 조직하기(Organize for optimal effectiveness)

지금까지 우리는 바람직한 단원 설계의 요소들을 분석적으로 살펴보았다. 이제는 이 요소들을 어떻게 효과적인 시퀀스로 조직할 것인가가 중요하다. 효과적인 시퀀스는 학생들이 수업과 과제에 열중하도록 이끈다. 시퀀스란 가르치는 순서를 잘 조직하는 기술이다. 보통 많은 교사들이 시퀀스에 대해서 깊이 생각하지 않는 경향이 있다. 대체로 주어진 교과서의 순서에 따라 교육내용을 있는 그대로 가르치는 형식을 취하기 때문이다. 교과서의 조직이 교사가 가르치는 전형적인 시퀀스가 된다. 시퀀스를 강조하는 이유는 피상적인 전수 관행으로부터 벗어나기 위해서다. 교사들은 경험보다 법칙이나 이론을 먼저 가르쳐 줄 것인지 아니면 흥미 있는 경험을 통해서 이론과 법칙을 이끌어 낼 것인지 결정해야 한다. 이러한 것이 시퀀스에 대한 전문성이라 볼 수 있다. 전체-부분-전체(whole-part-whole) 학습법13)이나 학습하기-실천하기-성찰하기(learning-doing-reflecting) 학습법은 기본적으로 시퀀스의 문제이다. 이와 같이 조직하기와 관련된 질문은 다음과 같다. 학생들의 오개념을 교정하고, 학생들의 이해를 심화시키기 위한 최적의 시퀀스는 어떤 것일까? 교사들은 학생들의 몰입과 효과성을 최대화하기 위해서 시퀀스를 어떻게 조직해야 할까?

라. 단원 설계 연습

1) 템플릿의 활용

위에서 강조했듯이 디자인은 행위유도성을 갖고 있다. Wiggins와 McTighe가 고안한 단원 설계 템플릿은 교사들이 이 양식을 작성해 나가는 과정에서 교육과정-수업-평가가 유기적으로 통합되도록 유도한다. 단원 설계 템플릿은 다음과 같은 측면에서 상당한 유용성이 있다. 첫째, 이 양식은 예비교사 양성기관

---

13) 전체-부분-전체 학습법은 학생들에게 원리나 법칙에 대한 전체적인 관점을 제시한 다음 이를 작은 부분으로 나누어 훈련한다. 그리고 다시 전반적인 이해를 강화하기 위해 전체로 돌아가는 교육방법이다.

에서 학생들에게 수업과 평가를 어떻게 운영해야 되는가에 대해 가르쳐 줄 수 있는 좋은 전문성 훈련 도구이다. 둘째, 현직 교사에게 있어서도 이 양식은 영속적 이해와 질문을 중심으로 좋은 수업과 평가를 유도할 수 있다. 셋째, 이 양식은 한 교사에 의해서 한번 잘 개발되면 쉽게 공유되고 개선되어 나갈 수 있다는 장점이 있다. 단원 설계를 중심으로 한 공통 양식을 사용하기 때문에, 교사들이 온라인에서 서로 공유할 수 있다. 교사들은 자신들이 가르치는 교실의 맥락과 학생들의 특성에 따라 다른 교사가 개발한 단원 설계안을 개작하여 쓸 수 있다. 이와 같이 좋은 단원 설계안은 쉽게 확산될 수 있다는 장점이 있다. 그래서 이 양식의 첫 장에는 어떤 교사가 개발했고, 어떤 학년, 어떤 교과, 어떤 단원에서 사용할 수 있는지 정보를 밝히게 되어 있다.

표 6-3 단원 설계 템플릿

1단계 - 바라는 결과
설정된 목표 이 단원 설계에서는 어떤 목적(성취기준, 교과 목표, 학습 성과)이 설정되어야 하는가?

이해: 학생들은 다음과 같이 이해할 것이다. • 빅 아이디어는 무엇인가? • 개념과 원리에 대해 어떤 이해가 필요한가? • 예상되는 오개념은 무엇인가?	본질적 질문 • 탐구, 이해, 전이를 촉진하기 위해 어떤 질문을 던져야 하나?
학생들은 ~을 알 것이다. • 단원이 끝날 때 학생들은 어떤 지식과 기능을 습득해야 하는가? • 학생들은 그 지식과 기능을 습득한 결과로서 무엇을 할 수 있어야 하는가?	학생들은 ~을 할 수 있을 것이다.

2단계 - 증거를 평가하기

수행 과제 • 어떤 참(authentic) 수행과제를 통해 학생들이 바라는 결과(이해)를 습득했음을 증명하게 할 것인가? • 어떤 준거로 학생들이 이해했다는 것을 판단할 것인가?	다른 증거들 • 또 다른 어떤 증거(예: 퀴즈, 시험, 관찰, 숙제 등)를 통해 학생들이 바라는 결과를 성취했다는 것을 증명하게 할 것인가? • 어떤 식으로 학생들에게 자기평가와 성찰을 유도할 것인가?

3단계 학습 계획
학습활동: 바라는 목표를 달성하기 위해 어떤 학습경험을 제공할 것인가? 어떻게 이를 설계할 것인가? • W=학생들에게 단원이 어느 방향(where)으로 가고 있는지 그리고 목표가 무엇인지 인식하게 도와준다. 교사들에게는 학생들이 어디서(선행지식, 관심 등) 왔는지 알게 도와준다. • H=학생들의 관심을 끌고(hook) 유지(hold)시킨다. • E=학생들이 주요 개념을 경험(experience)할 수 있게 하고, 능력을 갖추게(equip) 하고, 중요한 이슈를 탐구(explore)할 수 있도록 한다.

- R=학생들에게 그들이 이해했는지 그리고 수행한 과제에 대해서 다시 생각(rethink)하고 수정(revise) 하도록 한다.
- E=학생들이 자신의 과제를 스스로 평가(evaluate)할 수 있도록 한다.
- T=다양한 필요와 관심, 그리고 능력에 따라 학습을 맞춤형(tailored)으로 제공한다.
- O=학생들이 지속적으로 최대한 과제에 열중할 수 있도록, 그리고 효과적인 학습을 위해서 학습계획이 조직되어야(organized) 한다.

자료: Wiggins & McTighe (2005). p.22.

2) 단원 설계 예시

Wiggins와 McTighe의 단원 설계에 기초한 템플릿 개발 사례는 여러 출처에서 매우 다양하게 소개되었다. 하지만 저자 본인들이 직접 제시한 대표 사례를 소개하는 것이 백워드 설계 방식을 설명하는 데 가장 유리하다고 생각된다. 이에 저자들이 제공한 사례를 가급적 있는 그대로 정리해 보고자 하였다. 다음 사례는 초등학교 5학년 학생들을 대상으로 한 '건강과 영양'이라는 교과목에 해당한다.

표 6-4 영양 단원 설계: 1단계

1단계 – 바라는 결과	
설정된 목표 학생들은 영양에 대해 이해하고, 자신과 다른 사람들의 식이요법을 계획할 수 있다. 학생들은 자신을 식습관을 이해하고 습관을 개선시킬 수 있다.	
이해: 학생들은 다음과 같이 이해할 것이다. • 건강한 식습관이란 무엇인가? • 여러분은 건강하게 먹는가? 그렇다면 그것을 어떻게 알 수 있는가? • 한 사람에게 건강한 식이요법이 다른 사람에게도 역시 건강한 것이라고 볼 수 있는가? • 왜 그렇게나 많은 건강 문제가 발생하고 있으며, 많은 정보에도 영양 부족 문제가 발생하는가?	본질적 질문 • 균형적 식이요법은 신체적, 정신적 건강에 기여한다. • USDA(United States Department of Agriculture) 음식 피라미드는 영양에 대한 가이드라인을 제공한다. • 개인 식사에서 요구되는 것은 연령, 활동 수준, 체중, 전반적인 건강 수준에 따라 다를 수 있다. • 건강한 삶을 위해 개인은 영양에 대한 올바른 정보에 따라 행동할 수 있어야 한다.
학생들은 ~을 알 것이다. • 핵심용어: 단백질, 지방, 칼로리, 탄수화물, 콜레스테롤 등 • 음식군과 영양가에 따른 음식 유형 • USDA 음식 피라미드 가이드라인 • 영양의 필요에 미치는 다양한 변수들 • 영양부족에 의해 야기되는 문제들	학생들은 ~을 할 수 있을 것이다 • 음식 라벨을 보고 영양정보를 해석할 수 있다. • 영양가에 따라 식이요법을 분석할 수 있다 • 자신과 다른 사람들을 위한 균형잡힌 식이요법을 계획할 수 있다.

이 단원 설계는 3주 동안에 걸쳐 진행할 수 있도록 설계된 것이다.

이 단원 설계안은 영양에 대한 학생들의 지식, 탐구, 그리고 더 나아가서는 실천의 습관을 길러 주기 위한 것이다. 목표를 설정하기 위해, 이 교사는 건강과 영양이라는 교과의 해당 단원에서 제시된 주정부의 성취기준에서 목표를 도출하였다. 제1단계에서는 학생들이 단원이 끝날 때 어떤 질문에 응답할 수 있어야 되는지 밝히고 있다. 그리고 탐구, 흥미, 영속적 이해를 가능하게 하는 본질적 질문을 개발하였다. 또 학생들은 단백질, 지방, 탄수화물, 음식군 등 지식을 익혀야 한다. 더 중요한 것은 이러한 지식을 바탕으로 실생활에서 식품의 라벨을 보고 영양가를 해석할 수 있는 등 삶에서 필요한 기술을 익혀야 한다. 특히 영양과 관련해서 실천을 매우 중시하는 목표를 설정하였다. 이는 '참' 또는 '진정한' 학습과 긴밀히 관련되는 것이다.

2단계 '평가하기'에서는 두 개의 수행과제를 제시하였다. 이 두 수행과제는 '당신이 먹는 것이 바로 당신이다'라는 영양 브로셔를 만드는 것과 3일 동안에 걸친 캠핑에서 사용할 식단을 개발하는 것이다. 수행과제를 수행평가 위주로 만든 것은 영양과 관련해서 실천이 가장 중요한 것이기 때문이다. 이런 노력이 참

표 6-5 영양 단원 설계: 2단계

2단계 - 증거를 평가하기	
수행 과제	다른 증거들
• 브로셔 제작: 학생들은 <당신이 먹는 것이 바로 당신이다>라는 브로셔를 만들어야 한다. 이 브로셔는 어린이들이 영양과 건강한 생활의 중요성에 대해서 알 수 있도록 만든다. 또 어린이들에게 나쁜 식이 습관을 고칠 수 있는 방법을 제공해야 한다. • 메뉴 제작: 학생들은 <맛있게 먹자>라는 메뉴를 개발한다. 학생들은 다가오는 캠핑을 위해 3일 동안의 메뉴를 개발한다. 그리고 학생들은 캠핑 책임자에게 편지를 써야 하는데, 그 편지에는 왜 이러한 메뉴가 선택되었는지 설명해야 한다. 그 설명에는 선택된 메뉴가 USDA 음식 피라미드 요건을 충족시키고 있다는 것을 보여주어야 한다. 또 학생들이 맛있게 먹을 수 있는 메뉴여야 한다. 한편 이 메뉴에는 적어도 한 개 이상 다른 음식을 선택할 수 있는 선택지를 넣어야 한다. 이는 당뇨, 채식주의, 또는 종교적인 이유에 의해서 선택권을 제공하기 위해서다.	• 퀴즈: 음식 군과 USDA 음식 피라미드 • 쓰기: 영양 부족으로 나타날 수 있는 건강 문제 중 두 가지 이상 기술하기. 그리고 이 문제들을 극복하기 위한 방안에 대해 쓰기 • 기능 습득: 음식 라벨을 보고 영양정보를 해석할 수 있는 능력이 있는가 점검하기

평가와 관련된다.

주요 수행과제가 수행평가 위주로 되어있다면 '다른 증거들'은 지식과 기능의 습득을 확인하기 위한 것으로 구성되어 있다. 첫 번째는 사실과 정보를 정확히 알고 있는가를 파악하기 위한 퀴즈, 두 번째는 영양 부족으로 나타날 수 있는 건강 문제 등에 대해 써보도록 하기, 세 번째는 식품 정보에 대한 리터러시 등 기능 습득에 대한 것이다. 이 평가 단계에서는 주요 수행과제와 보완적 평가(퀴즈, 에세이, 기능)가 균형적으로 제시되었다.

2단계에서는 자기평가도 포함되는데, 자기평가는 다음과 같이 세 가지가 제시되었다.

- 〈당신이 먹는 것이 당신이다〉라는 브로셔에 대해 자기평가 하기
- 〈맛있게 먹자〉라는 캠핑 메뉴에 대해 자기평가 하기
- 이 단원이 끝날 때, 그 전과 비교하여 여러분은 어느 정도나 건강하게 먹는 사람으로 변했는지 성찰하기

3단계는 학습계획이다. 학습계획은 전반적인 수업운영에 대한 계획이지만, 수업이 유기적 활동이기 때문에 위에서 소개한 평가활동도 포함되어 제시될 수 있다. 다음과 같은 학습계획안은 다소 길고 장황하지만, Wiggins와 McTighe의 제안을 가급적 있는 그대로 소개하고자 한다. 저자들은 〈표 6-6〉과 같은 순서를 시퀀스라 불렀다. 이는 학습경험을 조직하는 효과적인 순서를 의미한다. 아래 예시를 보면 시퀀스에 대한 개념이 쉽게 이해될 것이다. 또 학습계획은 저자들이 개발한 'WHERETO' 은유에 따라 설계된 것이다.

표 6-6 영양 단원 설계: 3단계

3단계 학습 계획

학습활동. 비리는 목표를 달성하기 위해 어떤 학습경험을 제공할 것인가? 어떻게 이를 설계할 것인가?

1. 여러분이 먹는 음식 때문에 여드름이 생길 수 있나요? 라고 흥미있는 질문을 던져, 학생들이 영양의 효과에 대해서 생각해 보게 한다. (H)
2. 본질적 질문을 던지고, 수행 과제에 대해 말해준다. (W)
3. 다양한 학습활동과 수행과제가 진행되는 동안, 필요할 때마다 핵심 어휘와 용어를 알려준다. 학생들은 건강 교과의 교과서에서 필요한 부분을 읽고 토론한다. 학생들은 매일 자신들이 먹고 마시는 것을 차트로 만들어나간다. 이는 나중에 학생들이 살펴보고 평가해 보기 위한 것이다. (E)
4. 개념을 습득할 수 있도록 강의를 한다. 학생들은 이에 따라 음식 사진을 범주화 해본다. (E)
5. 음식 피라미드 대해 설명하고 각 음식군에 어떤 음식이 속해 있는지 알게 한다. 학생들은 모둠으로 음식 피라미드 포스터를 만든다. 학생들은 각 음식군에 음식 사진을 붙인다. 이 포스터를 교실이나 복도에 전시한다. (E)
6. 음식군과 음식 피라미드에 대한 퀴즈를 낸다. (E)
7. USDA에서 발간한 영양 브로셔를 살펴보고 토론해본다. 이때 토론 질문은 '모든 사람들이 건강을 위해서 같은 식이요법을 추구해야 할까?' 등이 될 수 있다. (R)
8. 모둠 형태로 학생들은 어떤 가정의 불균형적 식이요법(가설적 상황을 제공)에 대해 분석한다. 그런 다음 이를 바로잡기 위한 개선점을 찾아보도록 한다. 이때 교사는 학생들을 도와주면서 관찰한다. (E2)
9. 모둠에서 활동한 것을 반 전체 학생들과 공유한다. 이때 교사는 학생들이 빈번히 오해하는 것이 있다면 반 전체 학생들에게 주의를 당부한다. (E, E2)
10. 각 학생들은 어린이들을 대상으로 영양의 중요성에 대해 가르칠 수 있는 브로셔를 직접 만들어 본다. (E, T)
11. 학생들은 자신들이 만든 브로셔를 상호 교환하고 동료평가를 받아본다. 그런 다음 피드백에 기초해서 브로셔를 수정한다. 이 때 동료 평가를 할 수 있도록 준거를 제공해 주는 것이 좋다. (R, E2)
12. <영양과 당신>이라고 하는 비디오를 보여주고 토론한다. 특히 잘 못된 식사가 건강 문제를 일으킨다고 하는 것을 알게 한다. (E)
13. 학생들은 지역 병원의 영양사를 연사로 초청하여 부족한 영양 문제에 대해서 배운다. (E)
14. 학생들에게 짧은 에세이 문제를 내준다. 그 문제는 다음과 같다. 부족한 영양의 결과로서 발생할 수 있는 건강 문제를 최소한 두 개 이상 쓰시오. 그리고 이 문제를 피하기 위해서 어떤 식사 습관의 변화가 필요한지 쓰시오. 교사들은 에세이를 읽고 등급 점수(grade)를 매긴다. (E2)
15. 교사들은 학생들에게 음식 라벨에 있는 영양가 정보를 읽고 해석하는 방법을 시범으로 보여준다. 학생들도 음식 또는 음료수 라벨을 보고 해석해 본다. (E)
16. 학생들은 독립적으로 캠프 메뉴를 개발해 본다. 그런 다음 학생들은 동료평가와 더불어 자기평가에 임하게 된다. 이때 교사는 학생들이 스스로 평가할 수 있도록 루브릭을 제공한다. (E2, T)
17. 단원이 끝날 무렵 학생들은 자신이 먹고 마시는 것을 기록했던 차트를 살펴본다. 학생들이 어떤 변화가 있었는지 알아채는가? 무엇이 개선되었는가? 학생들은 느낌과 외모에서의 변화를 인식하는가? (E2)
18. 학생들은 건강한 식사를 위한 자신만의 식이요법 계획을 세운다. 다가오는 교사, 학부모, 학생과의 만남에서 이를 제시한다. (E2, T)
19. 학생들의 개인적 식사습관 대한 자기평가를 통해서 단원을 끝맺는다. 그리고 학생들은 '건강하게 먹기'라는 목표를 달성하기 위한 액션플랜을 개발한다. (E2, T)

4 교사교육에 주는 시사점

교사가 갖추어야 할 교육과정 설계 전문성이 무엇인지 알아보기 위해서는 교육과정 설계의 정의에서 시작할 필요가 있다. 이러한 설계 연습은 예비교사 교육에서부터 충실히 진행될 필요가 있다. 예비교사 교육 단계에서는 실제로 설계해보고, 수업을 시연해보며, 피드백을 받아 전문성을 개선해 나가는 교육활동이 매우 효과적이다(백선희, 강호수, 심우정, 2021). 교육과정 설계는 가르칠 내용을 선정하고, 이를 효과적으로 조직하여 교육목표를 달성하기 위한 계획을 세우는 것이라 말할 수 있다. 어떤 교사들은 국가교육과정 개발자나 교과서 집필자로 활동하기도 하지만 비율적으로는 극히 소수에게만 해당한다. 대부분의 교사들은 국가교육과정의 성취기준을 고려하여 교실 교육과정을 설계한다고 볼 수 있다.

이와 같은 맥락에서 볼 때, 교사들은 첫째, 학습경험의 의미와 역할에 대해 숙지하고 있어야 한다. 학습경험이 사실상 교육내용과 같은 의미로 사용되기도 하지만, 교육과정에서 학습경험이라는 용어를 사용하는 목적을 잘 알 필요가 있다. 소극적 의미에서 교육내용이 단순히 가르쳐야 할 것이라면 학습경험은 학생이 교육의 목표를 달성하도록 도와주는 기회이다. 그러므로 교사는 교육목표를 달성하기 위한 경험을 신중하게 선정해야 하며, 효과적으로 조직해야 한다. 이를 위해 학습환경과 조건도 잘 설계해야 하는데, 최근에는 학습자들의 학습스타일과 선호도를 고려하는 쪽으로 나아가고 있다.

둘째, 교사는 자신이 가르치는 교과가 국가수준에서 어떻게 설계되었는지 숙지해야 한다. 이를 교육과정 문해력(literacy)이라고 부를 수 있다. 교육과정 문해력이란 교육과정 문서를 잘 이해하고 효과적으로 사용할 수 있는 능력을 말한다. 국가교육과정 문서에는 교과목표, 단원목표, 학습경험, 성취기준, 그리고 평가방법 등에 대한 개요가 들어가 있다. 최근 2022 개정 교육과정은 해당 교과 교육과정이 어떤 원리로 설계되어 있는지 서두에 잘 밝히고 있다. 교사들은 국가수준 교육과정을 숙지하며, 동시에 자신이 가르치고 있는 학급이 처한 상황과 맥락에 맞게 교육과정을 재구조화 한다. 교사들은 교육과정을 재구조화하기 이전에 국가수준 교육과정 문서에 나타난 교육의 방향과 관점에 대해 잘 파악하고 있어야 한다. 교육과정 문해력은 국가교육과정을 실현하기 위해 필요한 능력이지만 교실에서 수준 높은 교육활동을 전개하기 위해서 교사가 갖추어야 할 능력이기도 하다.

셋째, 교사들은 단위학교 또는 자신의 교육과정을 설계할 수 있는 능력을 갖추어야 한다. 교육과정 설계는 중앙정부 수준에서 이루어지기도 하지만, 단위학교나 교사 개인에 의해서도 이루어진다. 최근 사회의 복잡성이 증가하고, 학생들의 다양성이 늘어나고 있다. 또한 학생들의 개성과 학습 스타일을 존중하는 문화가 확산되고 있다.

그동안 국가 일변도의 경직된 교육과정에서 벗어나 단위학교의 자율성과 교사의 교육과정 자율성을 확대하는 것이 추세라고 볼 수 있다. 특히 고등학교에서는 학생들의 진로가 다양한 만큼 선택교과가 늘어나는 추세이다. 선택교과는 국가수준에서 설정하는 동시에 교사들에게도 신설할 수 있는 권한을 부여하고 있다. 실제로 교사들이 과목을 신설해서 교육과정을 만들어 운영할 수 있는 길이 열려 있으며, 이미 많은 교사들이 그런 활동에 임하고 있다. 그러므로 교사들의 교육과정 설계 능력이 더 중요한 시대가 되었다. 또한 학교 자율과정 등 학교에서 교사들이 협력해서 학교 나름의 교육과정을 설계해서 운영할 수 있는 여지가 늘어나고 있다. 이는 그동안 국가교육과정과 학교교육과정 사이의 거버넌스 상, 조화를 이루고자 했던 노력이 결실을 맺고 있는 것으로 볼 수 있다. 이제 이러한 권한이 제도적으로 보장됨에 따라 교사들이 이 제도를 활용하여 자신의 학교와 교실의 교육과정을 설계할 수 있는 전문성을 갖추어야 한다.

넷째, 중등학교의 경우 국가교육과정이 주로 교과중심 설계로 이루어져 있기 때문에, 교사들은 이 설계로 인해 소외될 수 있는 학생들에 대한 관심과 실천 역량을 갖추어야 한다. 위에서 우리는 지나친 교과형 설계에 대한 반작용으로 인본주의적 설계가 대안으로 등장했다는 것을 알게 되었다. 공교육은 학생들의 균형적 성장, 즉 정서적, 신체적, 도덕적 발달을 포함하여 전인교육의 사명을 담당해야 한다. 그러나 선별에 대한 지나친 관심으로 중등학교가 이 사명을 온전히 담당하는 데 한계가 있다. 그렇기에 어쩌면 좋은 교사는 '스킬'이 좋은 교사이기

보다 '교육철학'이 좋은 교사일 수 있다. 교사들은 어떤 학생이 교과에서 성적이 낮더라도 자신감을 잃지 않고, 자신의 삶을 주도적으로 영위할 수 있는 힘을 길러주어야 한다. 또한 교사들은 역량 자체를 내용으로 가르치기보다 역량을 길러줄 수 있는 교육의 형식을 취해야 한다(손민호, 2006). 이와 관련하여 최근 OECD에서, 그리고 이의 영향을 받은 2022 개정 교육과정에서 학생의 주체성과 변혁적 역량을 강조하고 있다.

학생 주체성과 변혁적 역량이란 무엇인가?

학생 주체성(student agency)과 변혁적 역량(transformative competencies)은 OECD가 권고하는 미래교육에서 지향해야 할 주요 가치이다. 주체성은 주도성 또는 행위주체성이라고 번역되어 사용되기도 한다. 이 개념은 <OECD 교육 2030: 미래 교육과 역량>(OECD Education 2030: The Future of Education and Skills) 프로젝트를 통해 도출되었다. OECD 교육 2030 프로젝트는 당시(2018년 기준) 중학교를 다니고 있는 학생이 취업을 하고 사회에 진출하는 시기인 2030년 무렵 필요한 미래 핵심역량이 무엇인가, 그리고 어떤 학교교육을 통해서 역량을 키워줄 것인가를 밝히기 위해 수행되었다.

이 프로젝트 결과 학생 주체성과 변혁적 역량이 주로 미래 역량으로 강조되었다. 학생 주도성은 학생이 스스로 학습이나 행동의 목표를 설정하고, 그 목표와 이를 추구하는 과정에 대해 성찰해보며, 사회의 변화를 만들어 내기 위해 책임감 있게 행동하는 능력을 말한다. 학습자가 직접 목표를 설정하며, 변화를 만들어가는 것이 왜 효과적일까? 이러한 과정을 통해 학습자는 더 자율적이고, 책임감있는 시민으로 역할을 하며, 그 과정에서 동기를 유지할 수 있기 때문이다.

변혁적 역량이란 학생이 자신, 타인 및 지구사회의 복지에 기여할 수 있는 태도와 능력을 말한다. 이를 위해서는 대체로 세 가지 요소가 필요하다. 첫째, 새로운 가치 창출로서 이 역량은 창의성과 비판적 사고를 통해 사회를 위해 가치있는 행동을 해나가는 능력이다. 둘째, 긴장과 딜레마의 조화로서 다양한 관점, 가치 등에 대한 다문화주의적 관점을 지니고, 지속가능한 해결책을 향해 노력하는 태도이다. 셋째, 책임감으로서 이 역량은 스스로 행동에 대해 결정하고, 그 행동의 결과에 대해 책임을 지는 태도이다. 이러한 태도는 자기를 인식하고, 타자를 존중하며, 더 나은 지구사회를 위해 윤리적으로 추론하고 행동하는 반성적 능력과 관련된다.

여기서 주목할 만한 것은 2022 개정 교육과정을 발표하면서, 교육부(2021c)는 OECD의 학생 행위주체성과 변혁적 역량을 그 근거로 삼았다는 사실을 밝혔다는 점이다. 교육부는 (1) 학생들이 학습한 내용을 삶의 맥락에서 적용하고 복잡한 문제를 해결하는 역량과 (2) 당면한 사회적 변화에 능동적으로 대응할 수 있도록 미래 핵심역량을 키우는 교육 혁신이 필요하다고 밝혔다. 그러면서 그 근거를 다음과 같이 밝혔다. 이는 최근 한국의 국가교육과정에 미친 OECD의 영향이 매우 크다는 것을 보여준다.

※ OECD Education 2030

학생 행위주체성(student agency) 및 변혁적 역량(transformative competencies) 강조

❶ 성장마인드, 정체성, 목적의식, 자기주도성, 책임감 등

❷ 목표를 정하고 성찰하고 책임감 있는 행동으로 변화를 만드는 능력

☞ 학생들은 자신과 타인 및 지구촌 구성원 전체의 웰빙을 향해 나아가는 법을 배울 필요가 있음

MEMO

이 장이 끝나면 대답할 수 있어야 하는 10가지 질문

1. 국가교육과정을, 서로 이질적인 요구 -정치, 경제, 교육학- 가 기묘하게 조합된 '브리콜라주'로 보는 이유는 무엇인가?

2. 국가교육과정이 교과와 특별활동이라는 2원 체제로 성립된 것은 언제부터라고 볼 수 있는가?

3. 2차 교육과정을 경험중심 교육과정이라 부르는 이유는 무엇인가? 한편 경험중심 교육과정이라고 보기 어려운 요소는 무엇이라 생각하는가?

4. 국민교육헌장은 무엇이고, 이것은 언제 생겨났으며, 언제 왜 폐지되었는가?

5. 4차 교육과정을 인간중심 교육과정이라 부르는 이유는 무엇인가? 한편 인간중심 교육과정이라고 보기 어려운 요소는 무엇이라 생각하는가?

6. 성평등 관점에서 볼 때, 5차 교육과정의 주요 성과는 무엇인가?

7. 한국 민주주의의 발전과 6차 교육과정의 관계는 무엇인가?

8. 고등학교에서 7차 교육과정의 의도와 현실은 어떻게 달랐는가?

9. 2007, 2009 개정 교육과정 각각의 핵심적 개정 동기는 무엇이라 볼 수 있는가?

10. 2015 개정 교육과정에서 핵심역량은 무엇이고, 왜 도입되었는가?

Chapter 07

국가교육과정 개발의 역사

1 사회변동과 국가교육과정

국가교육과정은 온국민이 직접 참여하지는 않지만, 크게 보면 '대의적 사회계약'이라 볼 수 있다. 이러한 사회계약은 사회변동에 따라 그 내용을 갱신해 나간다. 사회계약으로서 교육과정은 정치, 경제, 사회, 문화, 과학기술, 글로벌 영향 등 다양한 장(field)에 의해 결정된다. 이 중에서도 한국 국가교육과정의 형성에는 국가권력의 영향이 크게 작용하였다. 그러나 이는 해방 후에서 1980년대까지 특히 두드러졌으며, 한국사회가 민주화되면서 국가권력의 영향력은 비교적 약화되었다. 그동안 한국 국가교육과정의 역사적 변천을 살펴보면, 크게 보아 정치(국가권력), 경제(산업), 그리고 교육적 요구라는 세 차원에서 힘의 상호작용으로 형성되었다.

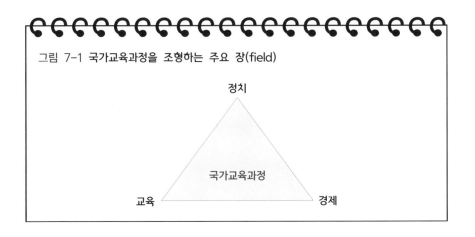

그림 7-1 국가교육과정을 조형하는 주요 장(field)

가. 정치

한국 국가교육과정 변천사에서 개정의 동인 중 가장 강한 요소는 정치적 변화로 볼 수 있다. 물론 이러한 동인은 민주주의가 정착하기 시작한 1987년 이후 약화되었다. 해방 직후 미군정과 미국의 경제 원조에 대한 의존 시기를 거치면서 한국에서는 미국 민주주의의 수용과 정착이 중요한 과제였다. 이는 국가교육과정에 있어서도 미국 진보주의 영향을 당연한 것으로 받아들이게 했다. 또 한국전의 경험 등은 교육과정에서 반공교육을 강조할 수밖에 없었다. 해방후 민주주의에 대한 열망은 자유당 정부의 독재로 좌절을 맞게 되었으나, 국민들은 4·19 혁명으로 이를 극복하고자 했다. 그러나 군사 쿠데타를 통해 권력을 장악한 박정희 정부는 장기간의 집권 과정에서 부정의한 권력에 대한 정당성을 옹호하고자 국가교육과정을 강하게 통제하였다. 이러한 경향은 1979년 다시 군사 쿠데타를 일으킨 전두환 정부에서도 그대로 이어졌다. 이러한 장기간의 독재와 이 과정에서 파생된 정치적 권위주의는 한국 교육과정에 지대한 영향을 주었다.

한편 1990년대 이후에는 시민사회의 성장으로 인해 국가교육과정 개정에 있어 다양한 교육주체의 참여 정도가 높아졌다. 한국 민주주의의 발전에 따라 한국의 국가교육과정도 내용과 형식에서 점차 민주주의를 반영하는 방향으로 나아갔다. 이와 같이 국가교육과정은 한국 정치 발전의 이력을 거의 그대로 반영하였다.

특히 한국에서는 정권의 변화에 따라 교육과정 개정이 이루어졌다(홍후조, 2016). 이러한 주장은 교육과정 개정의 시기와 정권 변화의 시기가 상당 부분 일치한다는 점에서 설득력이 있다. 한국 국가교육과정은 비교교육 관점에서 볼 때, 매우 중앙집권적인 개정방식을 취하고 있다. 국가교육과정 개정의 기본 정책은 물론 교육과정 내용의 세부적인 부분까지 중앙정부가 결정해 왔다(허경철, 2003). 한편 국가교육과정이 정치적 필요라는 하나의 요인만으로 설명되는 것은 아님에 유의할 필요가 있다.

나. 경제

한국은 한강의 기적이라는 불릴 정도로 세계에 유례가 없는 경제 성장을 이뤘다. 1950년대 한국은 세계에서 가장 평등한 국가에 속했는데, 그것은 일제의 식민지 수탈과 한국전쟁 결과 모두가 가난한 폐허의 상태였기 때문이다. 이와 같이 자본과 인적 자원이 충분하지 않은 상태에서 1960년대부터 수출주도형 경제발전을 이루어 나갔다. 1960년대는 주로 노동집약적인 경공업제품을 수출하다가, 1970년대부터 중화학공업 시설에 투자하고, 중공업제품 수출의 발판을 마련했다. 오늘날 2020년대에는 반도체, 자동차, 디스플레이 등 거의 모든 산업 분야에서 세계적인 기술력을 발휘하고 있다.

무엇보다도 1988년 서울올림픽 개최는 한국이 글로벌 사회에서 경제적으로 발전한 국가로 인식되는 계기가 되었다. 이 당시 한국은 타이완, 홍콩, 싱가폴과 함께 아시아의 네 마리 용으로 불리면서, 기존의 개발도상국에서 벗어나게 되었다. 1996년 한국은 경제협력개발기구(OECD)에 세계 29번째로 가입했다. 이후 과학기술의 발전에 힘입어 거의 모든 산업분야에서 선진국의 대열에 합류했으며, 2010년에는 세계 7대 수출국이 되었다. 물론 경제적으로 위기 없이 발전만 한 것은 아니다. 그러나 수차례의 경제위기를 극복하면서 오늘날 세계에서 과학과 산업이 가장 발전한 국가 중 하나가 되었다.

경제는 국가교육과정을 조형하는 데 있어 매우 중요한 요소로 기능해왔다. 한국전쟁 이후 만들어진 1차 교육과정에서는 전쟁 이후 폐허가 된 경제를 살리기 위해 근면과 직업 교육을 강조했다. 1960대 2차 교육과정에서는 경제발전을 위해 실업계 고등학교에서 실업전문교과를 50% 이상 이수하도록 부과하는 등 직업교육을 강화하였다. 한국 경제가 급속히 발전하였던 3차 교육과정 시기에는 수학과 과학, 기술교육이 한 층 더 강화되었다. 1997년 IMF 구제금융으로 이어진 경제 위기를 극복해나가면서 당시 정부는 '세계화는 늦었지만 정보화는 앞서가자'는 슬로건 아래 정보와 산업을 크게 발전시키고자 하였다. 이에 교육과정에서 컴퓨터 교육이 본격적으로 시작되는 계기가 되었다. 1996년 OECD 가입 이후에는 글로벌 교육과정 개혁 흐름으로부터 많은 영향을 받았는데, 2015 개정 교육과정에서 핵심역량의 도입이 대표적인 사례이다.

다. 교육

교육은 정치와 경제로부터 영향을 받으면서 동시에 상대적 자율성을 가진 장이라 볼 수 있다(Bernstein, 2000). 국가교육과정은 아동과 청소년 세대를 성인 세대로 사회화하기 위한 도구라 볼 수 있다. 그러나 동시에 누구나 타고난 존엄성을 존중받으며, 배울 수 있는 권리를 실현할 수 있어야 한다. 그러므로 정치와 경제 영역에서의 사회화 요구가 교육과정에 반영되는 동시에, 자아실현이라는 교육의 목적은 고유한 중요성을 지닌다. 이에 국가교육과정은 서로 이질적인 요구가 기묘하게 조합된 '브리콜라주' 같은 것이기도 하다. 어떤 교육과정도 하나의 논리로 설명되기 어려우며, 각 시대의 특성에 따라 정치, 경제, 그리고 교육적 논리가 복잡하게 조합된 덩어리로서 존재한다.

정치와 경제 장의 영향력에도 불구하고, 한국 교육과정 변천사를 보면 교육학 사조의 변화에 따라 국가교육과정의 개정이 이루어졌다. 예를 들어, 경험중심 교육과정 이론, 학문중심 교육과정 이론, 인간중심 교육과정 이론 등 각 시기마다의 교육과정 이론이 국가교육과정의 개정에 영향을 미쳤다. 이후에도 교육 사조의 변화가 교육과정 개정에 많은 영향을 준 것 또한 사실이다. 물론 이러한 주장을 그대로 수긍하기는 어렵다는 주장도 있다. 왜냐하면 "교육과정 이론은 교육과정 개정을 주도하는 요인이기보다는 그것을 정당화하는 부수적 요인으로서의 성격이 강했기 때문이다"(이혜영, 최광만, 윤종혁, 1998: 56). 이러한 주장들을 모두 고려하면, 국가교육과정에 대한 정치적, 경제적 영향력 아래 교육이 어느 정도 상대적 자율성을 지녔던 것으로 이해할 수 있다.

이러한 이유로 국가교육과정은 다양한 요인들이 모순적으로 섞여있기도 하다. 예를 들어 2차 교육과정은 한국전쟁 이후 그리고 군사 쿠데타를 통해 반공교육을 강화한 것이었으나, 동시에 교육 영역의 논리에 따라 경험중심 교육과정을 표방하였다. 교화를 중심에 두는 반공교육과 학생을 중심에 두는 경험중심 교육과정은 서로 이질적인 것이지만 실제로는 한 국가교육과정 시기에서 동시에 강조되는 것이 가능하였다. 또 여전히 군부독재 시기로 볼 수 있는 4차 교육과정기에 국민정신교육과 같은 권위주의적 정치 영역으로부터의 요구, 고도산업화라는 경제 영역의 요구가 강한 상황에서, 전인교육의 강화와 같은 교육 논리 역시 자리를 잡고 있었다. 3차 교육과정 시기의 학문중심 교육과정도 정치, 경제 영역의 요구보다는 교육적 논리에 의한 것으로 볼 수 있다.

다만 교육적 논리라 해도 크게 보면 정치, 산업, 과학 영역의 요구와 구분이 안 되는 경우도 많다. 학문중심 교육과정이 1957년 냉전 당시 소련의 인공위성 스푸트니크 발사와 관련된다는 것을 모르는 사람은 거의 없다. 이와 같이 정치, 경제, 교육은 서로 밀접히 연관되어 있으면서 동시에 상대적 자율성을 갖기도 한다. 또 한국의 교육과정은 일제 식민지배의 영향으로 해방 후에도 일본의 교육과정을 상당히 참고하였다. 또 미국과의 밀접한 관계 속에서 미국 교육의 영향이 크게 나타난다. 뉴 밀레니엄 이후로는 OECD의 영향을 크게 받게 된다.

국가교육과정 문서가 공포된다 하더라도 기존의 여건 위에서 각 장들의 행위자들은 나름대로의 자율성을 갖는다. 한편 국가교육과정이 교육적으로 바람직한 방향에서 만들어졌다 하더라도 기존의 교육문화라는 구조의 한계를 넘어서지 못하는 경우도 있다. 이러한 상대적 자율성과 구조적 한계를 전제한다 하더라도 국가교육과정은 그 자체가 공적 의미를 지니는 문서이기 때문에 각 시기별 문서의 특징을 알 필요가 있다. 국가교육과정 문서는 문서를 개발한 사람들의 목소리이자 전달하고자 하는 메시지이다. 이러한 사실을 알지 못하면 문서의 표면만 알게 될 뿐 시대의 특징과 문서의 의도 모두 읽지 못하게 될 수 있다. 이에 국가교육과정 변천사는 문서의 역사와 역사적 배경, 모두 알 수 있어야만 실체를 정확히 파악할 수 있다.

2 1차 교육과정 이전시기(1945-1953)

가. 배경

한국은 1945년에 일제로부터 해방되었다. 그러나 제대로 된 교육과정이라 볼 수 있는 1차 교육과정은 1954년이 되어서야 공포가 가능했다. 이에 사실상 약 8년간은 임시방편의 교육과정기라고 볼 수 있다. 그렇다 해도 이 시기가 8년이나 되기에, 1차 교육과정 이전 시기 역시 교육과정 변천사에서 중요하게 다루어질 수밖에 없다. 이 10년 동안은 긴급조치를 포함해서 한국전쟁 등 너무나 많은 일이 있었기 때문에, 이 기간을 모두 교수요목기라 통칭하기는 어렵다. 이에 이 절에서는 긴급조치기, 교수요목기, 한국전쟁시기에 걸쳐 당시 교육과정을 간략히 살펴보고자 한다.

한국은 8·15 광복으로 일제의 강점 하에서 벗어났으나 스스로 정부를 수립할 수 없는 상황이었다. 이에 미군이 정부수립 전까지 잠정적으로 국정을 맡게 되었다. 미 군정청은 교육관련 업무를 추진하기 위해 학무국을 설치했다. 이때 미군정은 한국 교육의 기본 방침을 반공체제의 구축과 자유민주주의 제도화에 두었다. 그래서 교육과정에서 미국식 민주주의 교육의 시작을 의미하는 공민 과목이 생겨났다.

당시는 국가가 기틀을 잡지 못한 시기였으므로 교과 편제나 시간 배당은 일제 강점 말기의 편제와 시간 배당을 근간으로 하였다. 미군정하에 있긴 하였으나 여전히 일본의 교육제도를 완전히 벗어나기 어려웠던 것이다. 당시 미군정청은 광복 직후 학교를 개교(1945년 9월 24일)하기 앞서 급하게 무엇인가를 정할 수밖에 없었다. 그래서 일본어, 일본사 대신 국어와 국사를 가르치게 하고, 일제의 수신과목을 공민으로 바꾸는 등 최소한의 조치만을 하였다.

교수요목기의 교육과정은 1946년 제정된 국민 학교, 초급 중학교(지금의 중학교), 고급 중학교(지금의 고등학교)의 임시 교육과정을 말한다. 1946년 학제가 6-6-4제로 개편이 되어 중등학교의 경우 4년제에서 6년제로 바뀌게 되었다. 이러한 가운데 군정청 학무국에서는 1946년 교수요목 제정 위원회를 조직하여 교수요목을 제정하였다.

1차 교육과정 이전 시기에 있었던 가장 중요한 사건은 1949년 교육법 제정이라 할 수 있다. 미군정청은 한국 교육실정에 밝은 전문가들로부터 자문을 받을 필요가 있었다. 그래서 만들어진 두 개의 위원회가 한국교육위원회(10인 위원회)와 더 큰 조직인 조선교육심의회(100여 명)였다. 한국교육위원회는 교육이념으로 홍익인간을 채택하였다. 이에 당시 교육법 제1조는 "교육은 홍익인간의 이념아래 모든 국민으로 하여금 인격을 완성하고 자주적 생활능력과 공민으로서의 자질을 구유하게 하여 민주국가발전에 봉사하며 인류공영의 이념실현에 기여하게 함을 목적으로 한다."고 규정하였다. 그리고 "교육의 제도, 시설, 교재와 방법은 항상 인격을 존중하고 개성을 중시하여 교육을 받는 자로 하여금 능력을 최대한으로 발휘할 수 있도록 하여야 한다."고 규정하였다. 그러나 얼마 지나지 않아 일어난 한국전쟁으로 인하여 그 후속 과제로서 1차 교육과정을 만드는 일이 지연되게 되었다.

나. 주요 특징

1차 교육과정 이전 시기의 교육과정 특징은 다음과 같이 정리될 수 있다.

- 일제 잔재 청산: 일제의 식민지배체제에 따른 전체주의적 교육을 탈피하고 민주주의 시대를 맞이한 새로운 한국을 위한 교육을 구상하였다.
- 민주시민 양성: 일본 제국주의적 성격이 강한 수신과를 폐지하고 새로운 민주시민을 양성하는 공민과를 신설했다. 이후 공민과는 역사, 지리 등과 통합하여 사회생활과가 되었다.
- 임시방편: 교수요목은 각 교과별로 가르칠 내용을 열거하는 정도에 불과하였고, 교수의 목표나 지도시의 유의사항 등이 없는 등 체제를 갖추지 못한 임시방편의 교육과정이었다.
- 전시중 교육: 전시 중 천막 등에서조차 교육이 실시되었다. 문교부는 '전시독본' 등 전시교재를 발간하였으며, 교사들에게 '전시학습지도요항'을 제공하였다.

미군정청 교수요목은 기초 능력의 배양, 교과의 분과주의, 체계적인 지도 및 지력의 배양, 홍익인간의 이념에 입각한 애국애족 교육의 강조, 일본 식민지 지배의 잔재를 제거하는 데 중점을 두었다. 이 당시 특징은 일본 제국주의적 성격이 강한 수신과를 폐지하고, 새로운 민주 시민을 양성하는 공민과를 신설했다는 점이다. 이후 1946년 공민, 역사, 지리, 자연 관찰(1–3학년)을 종합하여 사회생활과를 만들었다. 이 교과는 교육과정을 통합하여 민주시민을 기르는 데 주안점을 두었다.

이 당시, 해방 후 교과서를 갑자기 새로 만들어 보급할 수 있는 여건은 갖추어있지 않았으나 국어와 국사는 당연히 새로운 교과서가 필요했다. 국어는 조선어 학회에서 편찬한 '중등 국어 독본'이 있었고, 국사는 진단학회에서 마련한 '국사'가 있었으나, 여타 교과는 학교나 교육청에서 교수요목을 만들고 교재를 마련하여 사용하였다(교육부, 2016a). 1946년에 제정된 교수요목을 보면 교과별로 교육과정 체계가 일관성이 없이 상이하였다. 긴급조치기의 교육과정보다 발전된 형태였지만, 대강의 교수요목만을 제시하고 있다는 점에서 오늘날의 기준에서 보면 국가교육과정의 체계를 갖추고 있지는 못했다. 예를 들어 중학교 국어와 영어는 교수 요지, 교수 방침, 교수 사항, 교수의 주의로 구성되어 있으나, 수학과 이과의 교수요목은 제목만을 열거하고 있을 뿐 교수 목표나 지도시 유의 사항 등에 대한 언급이 없었다(교육부, 2016a).

해방 이후 한국은 새로운 국가를 건설하는 과정에서 극심한 대립과 혼란에 빠졌으며, 한국전쟁까지 발발해 그야말로 폐허 속에 놓이게 된다. 해방 후 한국은 1949년 교육법을 제정하여, 후속작업으로 교과서 편찬을 준비하고 있다가 한국전쟁을 맞게 되어 모든 것이 중단되었다. 한국전쟁 중에는 노천 수업, 천막 수업, 가교실에서 수업을 하는 등 교육에 대한 열의는 매우 높았으나 교사, 교과서, 그리고 수업을 할 수 있는 시설 자체가 기본적으로 갖추어지지 않았다. 그럼에도 전시 중 천막이나 심지어 노천에서도 교육이 실시되었으며, 이에 문교부는 전란 중에도 교육에 최대한 충실을 기하기 위해 '전시독본'을 발간하여 국민학교와 중학교에 배포하였다. 이와 함께 교사들을 위하여 '전시학습지도요항'을 제공하였다. 또 상용 한자 1,000자를 정하여 국민학교와 중학교에서 지도하도록 하였다(함종규, 2004).

3 제1차 교육과정(1954~1963)

가. 배경

미군정기를 거쳐 1948년이 되어서야 한국은 정부를 수립할 수 있었다. 그리고 1949년에 이르러 교육법을 제정하게 된다. 이를 계기로 이때까지 임시방편으로 사용하고 있었던 미군정의 교수요목을 명실상부한 교육과정으로 대체할 필요성을 느끼게 되었다. 이 당시 사회분위기를 보면, 가장 시급한 사회적 과제가 일제 식민지 잔재의 청산이었다. 미국과 한국 모두 일본 제국주의 통치제도와 구습을 타파하고 새로운 국가를 건설하는 것이 중요한 과제였지만, 미국은 미국식 민주주의 교육의 보급에 더 관심이 있었으며, 한국에서는 민족교육에 대한 관심이 높을 수밖에 없었다. 그런데 이후 1950년에 발발한 한국전쟁은 민족교육보다 반공교육을 강조하도록 이끌었다.

제1차 교육과정은 일본 식민지배에서 해방된 이후 1948년에 탄생한 한국 정부에 의하여 최초로 개발된 국가교육과정이다. 최초로 국가교육과정을 개발하려는 노력은 한국전쟁으로 중단되었다가 비로소 1954년부터 1955년에 걸쳐 제1차 교육과정이 완성된다. 이 교육과정은 최초의 교육법(1949)에 근거하여 '교육과정 시간 배당 기준표'(1954)와 '교과과정'(1955)으로 이루어졌다. 1차 교육과정은 두 번에 걸쳐 순차적으로 공포되었다. 이는 '우리 손으로' 만든 최초의 체계적인 교육과정이라는 점에서 제1차 교육과정이라 명명되었다.

이때는 커리큘럼, 교육과정, 교과과정이라는 용어를 혼용하여 사용하였는데, 여전히 교과과정이라는 용어를 사용하는 습관이 강하게 남아 있었다. 그래서 1차 교육과정을 교과중심 교육과정이라 부르는 경우가 있다. 하지만 1차 교육과정을 교과중심 교육과정이라 부르는 것은 재고의 여지가 있다. 교육과정 문서가 가르쳐야 할 교과에 대한 것으로 채워졌다 해서 교과중심 교육과정이라고 부른다면 개념상 혼란이 생겨날 수밖에 없다. 왜냐하면 교과중심 교육과정은 역사적 성격을 포함한 정의로서 진보주의 교육과정과 비교할 때, 전통주의 교육과정을 그렇게 부르기 때문이다.

실제로 1차 교육과정은 미국 진보주의 교육의 영향으로 '생활 중심'을 지향하고 있었으며, 교육과정 편제에서 최초로 교과 외에 특별활동이 편성되어 전인교육을 강조하였다(교육부, 2016a). 교과중심 교육과정은 생활중심 교육과정에 대비되는 개념인데, 1차 교육과정을 이렇게 대비되는 개념으로 동시에 명명할 수 있는가에 대해 재고해 보아야 한다. 설사 그렇게 -교과중심 교육과정으로- 부른다고 하더라도 개념상 구분에 유의해야 한다.

나. 주요 특징

제1차 교육과정의 주요 특징은 다음과 같이 정리할 수 있다.

- 반공교육: 한국전쟁 이후 반공의식을 고취하기 위해 도덕교육을 강화하였다. 고등학교의 1, 2학년의 경우 도덕이 필수교과로서 주당 3시간씩 배당되었다.
- 민주시민교육: 사회와 삶에서 민주주의를 제대로 경험하지 못한 국민들에게 민주시민의 가치와 태도를 길러주기 위해 사회, 도덕 교육을 강조했다. 사회생활 과목은 필수교과로서 주당 5시간이 배정되어 국어(4), 수학(4), 과학(4) 과목보다도 시간수가 많았다.
- 실업교육: 전쟁 이후 폐허가 된 삶을 재건하기 위해, 생산성 향상과 직업교육을 강조해야 했다. 실업가정 과목은 필수교과로서 주당 5시간이 배정되어 국어(4), 수학(4), 과학(4) 과목보다도 시간수가 많았다.
- 2원 체제: 교과과정과 특별활동이라는 2원 체제가 시작되었다. 교과를 주로 하되 교육목적을 제대로 달성하기 위해 비교과 활동으로 균형잡힌 교육과정을 추구하였다. 한국 국가교육과정에서 교과와 특별활동의 2원 체제는 1차 교육과정에서부터 자리 잡은 것이라는 점에서 의의가 있다.

제1차 교육과정은 단위학교에서 이를 어떻게 적용해야 되는지 지도하기 위해, 각급학교에 공통되는 '본 과정의 기본태도'를 밝힌 바 있는데, 이 기본 태도는 다음과 같다(함종규, 2003: 241에서 재인용). 아래 내용은 다소 길지만, 당시의 분위기를 생생하게 이해하기 위해 원문 그대로 인용해 보았다.

- 사회를 개선하고 향상시키는 계획안이어야 한다. 우리나라의 현실생활을 개선하고, 향상시킬 수 있는 포부와 이념을 포함시키도록 하였다.
- 육성하여야 할 인간의 구체적 자태를 밝히고 그 구현방법을 표시하여야 한다. 우리나라 교육의 목적을 구체적으로 분석하고 그를 구현할 방도로 서의 계획안이 되도록 하였다.
- 학생의 인격발전의 과정과 그 주요한 특징을 고려하여야 한다. 교육과정 내용을 학생의 심신발달 과정과 생활 이상에 맞도록 배열하였다.
- 내용은 적절 필수의 최소량이어야 한다. 교육과정의 내용은 극히 적절 필 요한 것에 그쳐, 그 수와 양을 최소한도로 제한하여야 한다. 따라서 엄선 된 최소량의 것으로 하여 학습의 부담을 경감하며, 그 중복, 혼란, 과중을 막도록 하였다.
- 교육과정은 유기적 통일체로서 각 내용은 서로 기능적이어야 한다. 구교 육은 단편적 지식인을 만드는 결과를 초래했다. 여기에서는 전일적이고 종합적인 내용으로서 아동의 각 방면의 욕구를 고루 충당하며, 그 개성을 최고도로 발전시킬 수 있는 것이 되도록 하였다.
- 교육과정의 내용은 시대와 지역의 요구에 적응하여야 한다. 이 교육과정 은 우리나라의 특수성에 비추어 특히 요청되는 반공교육, 도의교육, 실업 교육 등이 강조되어 있으며, 각 지역의 특색을 살리도록 유의하였다.
- 교육과정은 융통성이 있고, 탄력성이 있어야 한다. 본 교육과정은 부령(문 교부령)으로서 시행되는 것이지만, 그 내용은 풍부한 재료 단원을 포함할 수 있도록 하였다.

이와 같이 1차 교육과정은 한국전쟁 이후 파괴된 경제를 복구하고, 명실상부 한 국가를 만들기 위한 의지를 담고 있었다. 이를 위해 민주시민교육과 실업교육 을 강화했다. 또한 1차 교육과정은 한국전쟁 이전에 만들어진 교육법과 깊은 관 계를 지니고 있다. 중간에 한국전쟁을 겪었지만 1차 교육과정은 이 교육법에서 제시한 교육목적을 달성하기 위한 교육과정임을 염두에 두고 만들어진 것이었다.

교육과정 편제 측면에서는 교과와 특별활동의 2원 체제로 교육과정의 구조를 갖추고 있다는 점에서 특징이 있다. 이러한 구조는 오늘날까지 그대로 이어지고 있다. 특별활동은 교육목적을 달성하기 위하여 필요한 교과 이외의 기타 교육활동이라고 규정하여 4가지 활동영역을 제시하였다. 이는 다음과 같다.

제6조 본령에서 특별활동이라 함은 교육목적 및 교육목표를 달성하기 위하여 필요한 교과 이외의 기타 교육활동을 말한다. 특별활동은 다음 각호의 일에 해당하는 것이어야 한다.

• 집회 기타 민주적 조직 하에 운영되는 학생활동에 관한 것
• 학생의 개인능력에 의한 개별성장에 관한 것
• 직업준비 및 이용후생에 관한 것
• 학생의 취미에 관한 것

이상과 같은 특별활동에 대한 규정은 자치, 봉사, 동아리, 진로 등으로 이루어져 있는 오늘날의 교육과정과 유사하다. 이는 1차 교육과정 시기부터 교육과정의 균형성에 대한 관심이 있었음을 보여주는 것이다.

4 제2차 교육과정(1963~1973)

가. 배경

제2차 교육과정은 약 10년 정도에 걸치는 시기에 적용되었다. 이 교육과정은 1963년에 공포되었고, 1973년 이후 제3차 교육과정 이전까지 적용되었다. 이 10년 사이에는 한국 현대사에서 매우 중대한 두 개의 사건이 있었다. 그것은 1960년의 4·19 혁명과 1961년의 5·16 군사 쿠데타이다. 시기적으로 2차 교육과

정은 제3공화국 시절에 개발된 국가 교육과정이다.

그런데 이미 1960년 이전부터 2차 교육과정 개정을 위한 준비가 시작되었다. 그러나 5·16 군사정변 이후에 이러한 작업은 거의 새로 시작되다시피 했다. 이 교육과정은 '인간개조'를 위한 이념교육 강화라는 목적을 분명히 하였고, 교육과정 결정 과정에서도 정권의 영향력이 절대적인 비중을 차지하였다(이혜영, 최광만, 윤종혁, 1998).

정권 옹호를 위한 정치적 목적과는 사뭇 다르게 2차 교육과정에서는 경험중심 교육과정을 표방하였다. 경험중심 교육과정의 취지는 자주성, 생산성, 유용성이라는 개념으로 설명되었다. 자주성이란 우리의 문제를 중심으로 학습 내용을 선정하여 우리 국가와 민족의 무궁한 민주적 발전을 기하기 위한 것이라고 설명되었다. 생산성이란 학생들이 자신의 실질적 생활을 개선할 수 있는 태도와 기능을 길러주는 것이라고 진술되었다. 이는 경제발전과 과학기술 습득을 위해 중요한 것이었다. 유용성은 교육이 국가 사회의 절실한 요구를 충족시킬 수 있도록 한다는 것이었다. 다시 말해 사회의 요구와 필요가 그대로 학습의 과제가 되어야 한다는 것이었다. 이러한 문제의식을 당시의 생생한 표현을 통해 살펴보면 〈표 7-1〉과 같다.

표 7-1 경험중심 교육과정의 내용

교육과정의 내용	당시의 문제의식
자주성의 강조	구 교육과정은 제정 당시 여건의 미비로, 선진국가의 교육과정을 참고하거나 해방 전의 교육과정을 많이 참작한 관계로, 우리의 특수성과 자주성이 결핍되어 있었기 때문에, 우리나라의 발전을 위하여 절실히 요구되는 문제보다는 일반적으로 추상적인 민주국가의 건설을 위한 문제가 주가 되어, 교육의 이상과 현실이 서로 유리되어 왔던 것이다.
생산성의 강조	오늘날 모든 국민이 당면하고 있는 주요 과제가 국민경제의 조속한 재건에 있으므로, 앞으로의 교육과정에 있어서는 이 생산성이 강조되어야 하겠지만은, 특히 일진월보 하는 현대과학기술의 습득과 실업 및 직업교육을 획기적으로 개선하는 데 필요한 학습경험을 충분히 계속하여야 한다.
유용성의 강조	구 교육과정도 생활교육을 위주로 구성되었으나, 사회생활이나 학생생활에서 절실히 필요한 내용이 부족하였다. 또 그 운영방법에 있어서도 단편적 지식의 기억만을 강요하는 준비교육에 몰두하였기 때문에, 학습한 지식조차 쓸모 있는 산지식이 되지 못하였고, 사회생활에 필요한 기능과 태도의 육성과는 거리가 멀었다. 이 결과, 일상생활에서 활용하는 힘은 결핍되어 학교를 졸업한 후에도 사회생활의 현실에 직면하여 무력한 존재가 될 수밖에 없었던 것이다.

나. 주요 특징

제2차 교육과정의 주요 특징을 정리하면 다음과 같다.

- 교육과정의 체계성: 제1차 교육과정에서 별도로 공포했던 '교육과정 시간배당 기준령'과 '교과과정'을 합쳐 일련의 체계를 갖춘 교육과정이 되었다.
- 경험중심 교육과정 표방: 교육과정을 '학생들이 학교의 지도하에 경험하는 모든 학습활동의 총화'로 정의함으로써 경험중심 교육과정의 성격을 나타냈다.
- 반공교육 강화: '반공·도덕'이 하나의 교육과정 영역으로 설정되고 주당 1시간씩 모든 학년에 배정되었다.
- 실업교육 강화: 실업계 고등학교에서 실업전문교과를 50% 이상 이수하도록 부과했다.

2차 교육과정은 고시된 문서에서 '교과과정'을 '교육과정'으로 명칭을 바꾸었다. 이를 통해 교육과정이 교과활동뿐만 아니라 학교교육의 전 활동과 관련된 것이라는 메시지를 보내고자 하였다. 1차 교육과정 시기에는 국가가 아직 기틀을 잡지 못한 과정에서 '교육과정 시간배당 기준령'과 '교과과정'을 따로 발표하였다. 그러나 2차 교육과정 시기부터는 이를 통합하여 하나의 체계를 갖춘 교육과정이 탄생하였다.

제2차 교육과정은 총론 부분에서 개정취지, 일반목표, 개정의 요점, 시간배당을 제시하였고, 각론 부분에서는 각 교과별 개정 요점, 목표, 지도내용, 유의점, 학년별 목표를 설정하였다. 2차 교육과정은 1차에 비해 학교급별, 학년별, 교과별 세부 목표를 더 명확히 제시하였다. 그 이유는 단위학교 교사들이 보다 체계적이고 구체적으로 교육과정을 운영할 수 있도록 지도하기 위해서였다. 이에 이 교육과정은 1차 교육과정에 비해 훨씬 체계화된 문서라고 평가된다. 김용만 외(1998)에 따르면, 이 당시 교육목표를 강조하는 것은 교육학적 흐름과도 관련이 있다.

이는 당시의 교육과정 이론을 실제 교육과정 구성에 반영하려는 의도로도 볼 수 있다. 1956년 우리나라에 처음으로 소개된 정범모의 〈교육과정〉은 우리나라 교육과정 분야에서 널리 읽혀졌으며, 이 책의 이론적 근간인 타일러(Tyler)의 교육과정 이론은 교육목표를 강조했기 때문이다(김용만 외, 1998:114).

이 시기의 국가교육과정은 교육학 분야에서 미국의 진보주의가 확산되고 있었던 것과 관련이 된다. 비록 정치적으로는 1961년 군사 쿠데타 이후에 강한 국가권력 중심 문화가 자리 잡고 있었으나 교육 분야에서는 미국의 영향을 받아 경험중심 교육과정이 중시되는 경향이 있었다. 교육과정 내용 면에서는 자주성, 생산성, 유용성을 강조하고, 교육과정 조직 면에서는 합리성, 교육과정 운영 면에서는 지역성을 강조함으로써 경험 중심, 생활 중심 교육과정 성격을 뚜렷이 하였다.

이 시기에는 또 학교 급 간의 연계성과 교과 간의 통합성을 강조하였는데, 특히 국민학교의 1, 2학년에서 각 교과의 관련성을 고려하여 통합적인 지도가 가능하도록 하였다. 또 특별활동의 시간 배당을 학교의 실정에 맞게 신축성 있는 운영을 할 수 있도록 융통성을 부여하였다.

교육과정의 편제는 (1) 교과 활동, (2) 반공도덕 생활, (3) 특별 활동의 세 영역으로 나누었다. 이는 이 당시 반공교육이 강화되었다는 것을 알게 해준다. 반공교육은 어떤 정책보다도 군사정권의 정당성을 옹호하는 데 유리한 것이었다. 해방 후 그리고 한국전쟁 이후 반공교육은 당연히 강조될 수밖에 없었던 것이 사실이었지만 동시에 독재에 대한 비판을 허용하지 않기 위해서도 사용되었다.

이 당시에는 고등학교를 졸업하고 바로 취직할 학생들을 고려해 일반계 고등학교에서도 직업과를 두어 직업교육을 실시하고자 하였다. 또 인문과정과 자연과정 모두의 경우에도 실업교과를 이수하게 함으로써 실용적 능력을 함양시키고자 하였다. 학생들은 전체 이수단위의 10% 이상 실업과목을 이수해야 하도록 정해져 있었다. 그러나 일반계 고등학교에서 대학에 진학하려는 학생들이 늘어났고, 직업과도 잘 운영되지 않게 되었다. 이러한 상황을 고려하여, 2차 교육과정에서는 실업계 고등학교를 중심으로 실업전문과목을 50% 이상 이수하도록 부과하였다.

5 제3차 교육과정(1973~1981)

가. 배경

제3차 교육과정은 1973년 2월에 초등학교 교육과정이 공포된 이후 1981년에 공포된 제4차 교육과정이 적용될 때까지 시행된 교육과정이다. 이 교육과정은 이념 측면에서는 1968년에 선포된 '국민교육헌장'과 1972년에 선언된 '유신' 이념을 따랐고, 교육학적 측면에서는 1960년대부터 미국에서 대두된 학문중심 교육과정의 영향을 받았다.

1968년 발표된 국민교육헌장은 다음과 같이 시작한다.

우리는 민족 중흥의 역사적 사명을 띠고 이 땅에 태어났다. 조상의 빛난 얼을 오늘에 되살려, 안으로 자주 독립의 자세를 확립하고, 밖으로 인류 공영에 이바지할 때다. 이에 우리의 나아갈 바를 밝혀 교육의 지표로 삼는다.

이와 같이 국민교육헌장은 개인보다 국가를 앞세운 전체주의적 성격을 띠고 있었다. 이러한 전체주의는 실제 현장에서 실현되었다. 1970년대 초등학교 학생들은 393자의 국민교육헌장을 다 같이 외워서 낭독할 수 있을 정도로 국가권력을 어렸을 때부터 경험했다. 국민교육헌장은 "나라의 융성이 나의 발전의 근본임을 깨달아, 자유와 권리에 따르는 책임과 의무를 다하며, 스스로 국가 건설에 참여하고 봉사하는 국민정신을 드높인다"라는 구절에서 나타난 바와 같이 산업화와 국가발전이라는 시대적 과제를 제시했다. 반면 국민교육헌장이 일본 메이지 유신 이후 발표된 '교육칙어'를 그대로 모방한 것으로서, 국민교육헌장을 만들어 국민들에게 낭독케 하는 것은 군국주의의 잔재라고 비판받았다.

1972년 10월 박정희 대통령은 국회를 해산하고, 전국에 비상계엄령을 선포했다. 이어 본인의 종신 집권이 가능한 대통령 간선제 헌법개정안을 공고한 후 국민투표를 거쳐 유신헌법을 통과시켰다. 정권 유지를 위해 제2차 교육과정부터 도입한 반공도덕을 강화하는 등 이념교육 현상이 두드러졌다. 제3차 교육과정에 표방된 학문중심 교육과정은 수학과 과학 교육을 강화하는 등의 변화도 보이지만 이러한 변화는 부수적인 것이었고, 이념교육을 위한 교육과정이 더 두드러지게 나타났다(이혜영, 최광만, 윤종혁, 1998). 이와 관련하여 당시 교육부는 다음과 같이 교육과정 개편 방침을 밝혔다(김용만 외, 1988).

- 국민교육헌장 이념을 교육과정에 충실히 반영시킨다.
- 팽창하는 지식의 양에 대응하여 기본 개념을 중점적으로 지도한다.
- 교과 편제를 재조정하여 '반공·도덕 생활'을 도덕과로 하여 교과화한다.

나. 주요 특징

제3차 교육과정의 주요 특징을 정리하면 다음과 같다.

- 국민교육헌장: 3차 교육과정은 '유신' 이념을 토대로 한 제4공화국 체제하에서 이루어진 교육과정이었다. 이 교육과정은 국민교육헌장의 이념을 기본 축으로 하면서 교육과정의 기본방침을 설정할 정도로 국가권력의 정책적 입장을 강하게 반영하였다.
- 반공교육: 제3차 교육과정 개정에서는 초, 중학교 수준에서 '반공·도덕' 영역이 교과에 포함되면서 '도덕'이라는 교과가 신설되었다. 이 과목은 모든 학년에서 주당 2시간이 배당되었다.
- 민족 가치관 교육: 중학교 2~3학년 수준에서 '국사'가 교과로서 독립, 신설되고 주당 2시간씩 배당되었다. 국민적 가치관과 정체성을 보다 공고히 한다는 명분에서였다. 중학교 수준에서 '한문'이 교과로서 신설되었으며,

주당 1~2시간이 배당되었다. 민족 문화의 가치를 이해하고 발전시키기 위한다는 명분이 있었다.
- 학문중심 교육과정: 지식의 구조를 이루는 기본 개념과 개념들 사이의 관계를 이해하고 지적인 탐구방법을 익힐 수 있도록 지도하게 하였다.

제3차 교육과정은 이데올로기 교육의 강화라는 측면에서 보면 국민교육헌장 교육과정이라 할 수 있고, 교육과정 이론의 특성에서 보면 학문중심 교육과정이라고 할 수 있다(이혜영, 최광만, 윤종혁, 1998). 먼저 이데올로기 교육은 고등학교에서 교련이 주당 2시간씩 필수교과로 지정된 것과 관련이 있다. 이는 3차 교육과정에서 신설된 것이 아니라 2차 교육과정이 시행되는 중간에 부분 개정 형식으로 도입된 것이다. 교련은 고등학교 남학생들에게는 군사훈련을, 여학생들에게는 간호훈련을 시키기 위한 과목이었다.

교육과정의 편제 면에서 2차 교육과정에서는 교과 영역, 특별 활동 영역, 그리고 반공·도덕 영역 등 3개 영역이었던 것이, 제3차 교육과정 편제에서는 초등학교나 중학교의 편제에서 반공·도덕 영역이 없어지고 도덕과가 독립하였다. 그래서 다시 교육과정의 구조는 교과 활동과 특별활동의 이원 구조를 가지게 되었다. 한편 국사도 교과로 독립하였다. 여기서 도덕과와 국사과의 신설은 반공 교육의 방법 전환 및 체계적인 지도, 민족 주체성에 입각한 자주적, 발전적 사관 확립이라는 명분하에 이루어졌다(교육부, 2016a).

학문중심 교육과정과 관련해서는 수학, 물리, 화학 등 교과에서 특히 지식의 구조, 기본개념, 탐구방법 등 학문중심 교육과정의 지도 원리가 소개되었다. 그러나 교사들이 이를 이해할 수 있도록 하는 소통 자체가 부족했고, 실험과 탐구가 가능한 실험 설비 등이 부족했으며, 학부모들의 이해 부족 등 많은 문제가 나타났다. 이에 교육과정 문서상에서만 학문중심 교육과정이 존재했다는 비판이 일었다(김용만 외, 1998).

6 제4차 교육과정(1981-1987)

가. 배경

3차 교육과정은 해당 기간 동안 몇 차례에 걸쳐 부분적으로 수정을 해 왔지만, 제5공화국 출범에 따라 1980년대 초의 정치적, 사회적 특수 상황에서 4차 교육과정이 탄생하게 된다. 정치적 특수 상황이란 또 한 번의 군사 쿠데타를 말한다.

4차 교육과정 시기부터 정부는 한국교육개발원 등 연구기관은 물론 대학에 교육과정 개발을 위탁하기 시작하였다. 문교부는 1981년 말에 고시할 예정이었던 각급 학교 교육과정 개정안 개발을 위한 연구 과제를 1980년 10월에 한국교육개발원에 위탁하였다(교육부, 2016a). 문교부가 직접 개발하던 교육과정을 연구기관을 활용해서 개발하기 시작하였다는 점에서 역사적 의의가 있다. 인과관계를 명확히 특정할 수는 없지만 1977년에 발생한 검인정교과서 파동이라 불리는 비리사건 이후에 문교부의 영향력이 약간 줄어들었다. 이 사건은 검인정 교과서 보급을 둘러싼 교과서 회사와 교육부 직원들 사이의 뇌물 비리사건이다.

4차 교육과정은 7·30 교육조치와 깊은 관련성이 있다. 당시 민주화와 과도한 입시경쟁 해소에 대한 요구가 높아지는 상황에서 군부(국가보위비상대책위원회)는 1980년 과열과외 해소, 대학입학정원 확대를 내용으로 하는 7·30 조치를 발표하였다. 이와 함께 교육과정 개편에 대한 논의가 진행되었는데, 그 이유 중 하나는 유신관련 내용을 삭제하는 일이 시급한 과제가 되었기 때문이다(이혜영, 최광만, 윤종혁, 1998). 또한 입시경쟁에 따른 과도한 수업 부담을 경감함으로써 학생들의 전인적 성장을 유도해야 한다는 요구에도 부응해야 했다.

1970년대부터 이어진 인구의 급격한 팽창, 국민소득의 향상, 학부모의 높은 교육열 등으로 대학지원자가 급증함에 따라 대학교육에 대한 수요가 크게 증가하여 재수생 4만 명을 포함, 대학진학 희망자는 50만 명(1980년 기준)에 달했다. 그럼에도 불구하고 1980년 당시 대학입학정원은 전문대학을 포함해서 20만 명에 불과하였으며, 이와 같은 상황에서 지나친 학력별 임금격차와 일류대학 입학을

위한 과열과외 성행, 재수생 누적 등이 사회문제로 등장하였다. 당시 국가보위비
상대책위원회는 이에 대해 다음과 같이 정당성을 밝힌 바 있다.

과열과외 현상은 교육측면에서뿐 아니라, 사회정책면에서도 시급히 해결하지
않으면 안 될 중요한 과제라 하지 않을 수 없습니다. 이에 국보위(국가보위비상대
책위원회)는 우리의 학교교육이 입시준비중심의 교육으로부터 탈피하여 건전한
사회구성원으로서의 인격형성을 위한 교육이 되도록 교육풍토를 조성하고, 또한
과열과외로 인한 사회계층간의 위화감을 해소하면서 범국민적 단합을 촉진시키고
자 과감한 과외 해소방안을 마련하게 되었습니다.

이로써 과외가 전면 금지된다. 또 대학 졸업정원제를 실시하여, 다시 말해
사실상 입학정원을 현저하게 증가시킴으로써 국민들의 입시경쟁 욕망에 부응하
고자 했다. 이러한 입시경쟁 해소라는 사회적 요구는 4차 교육과정에서 부족하나
마 전인교육, 특별활동 강화, 학생들의 과목 선택권 제공 등으로 나타나게 된다.
4차 교육과정은 다시 한 번 군부정권이 유지되는 상황에서 국민정신교육이라고
포장된 이념교육이 강조되는 불행을 겪은 반면, 교육적으로는 전인교육, 분권화,
자율성 등 국가교육과정이 한층 발전하는 계기를 제공했다. 이러한 측면에서 볼
때, 정치적 요구와 교육적 요구가 타협한 교육과정이라 부를 수 있다.

나. 주요 특징

제4차 교육과정의 주요 특징은 다음과 같다.

- 국민정신교육: 초, 중, 고 각급학교에서 국민정신교육을 강조하였다.
- 과학기술교육: 산업의 발전에 따라 과학과 기술 교육을 강화하였다.
- 전인교육: 지·덕·체의 조화로운 발달을 강조하였다. 이 때문에 4차 교육
  과정을 인간중심 교육과정이라 부르는 경우가 있다.
- 통합교육과정: 초등학교 1, 2학년의 경우 편제표상에 각 교과별로 시간 배
  당을 하지 않고 몇 개의 교과로 묶어서 시간을 배당했다. 예컨대, 국어, 사

회, 도덕(바른생활)을 하나의 군으로 묶고, 산수와 자연(슬기로운 생활), 그리고 체육, 음악, 미술(즐거운 생활)을 각각 하나의 군으로 묶어 시간을 배당했다.

제5공화국 정부는 민주주의의 토착화, 정의사회의 구현, 복지사회의 건설을 국정 지표로 밝혔다. 그리고 미래 사회를 민주사회, 고도 산업사회, 건전한 사회, 문화사회, 통일 조국으로 전망하였다. 4차 교육과정은 이 사회에 기대되는 인간상을 건강한 사람, 심미적인 사람, 능력있는 사람, 도덕적인 사람, 자주적인 사람으로 설정했다. 그리고 이에 따른 교육과정 개정의 기본 방향은 국민정신 교육의 체계화, 전인 교육의 강화, 과학 기술 교육의 심화, 교육 내용의 양과 수준의 적정화에 두었다.

이러한 진술을 정리해 보면 (1) 국민정신교육과 같은 정치적 요구, (2) '고도 산업사회'와 같은 경제발전의 반영, (3) '전인교육의 강화'와 같은 교육 내적 요구 등이 융화된 교육과정으로 특징지울 수 있다.

4차 교육과정은 국민적 통합과 정체성 확립이라는 명분으로 국민정신교육을 강조했다. 이를 궁극적으로는 민족의 생존과 번영에 관련되는 것으로 정당화함으로써 국가주의가 연장되었다. 과학과 기술교육의 강화도 4차 교육과정의 특징이다. 고도 산업사회를 지향하는 데 있어 기반이 되는 과학기술 분야의 발전을 위해 기초과학 교육을 강화하기 위한 교육과정을 구성하였고, 기술교육의 생활화를 위한 요구가 반영되도록 하는 데 노력하였다. 또한 그 이전의 교육과정과 비교할 때 전인교육이 강조되었다. 지, 덕, 체의 조화로운 성장 발달을 촉진할 수 있는 교육내용으로 구성하고, 균형 있는 시간 안배를 기하며, 특별활동을 강화하는 등 전인적 인간교육을 실현할 수 있게 하는 데 중점을 두었다.

이와 관련하여 초등학교 1, 2학년에 통합 교육과정이 도입되었다. 1~2학년에서 교과 간의 통합을 시도하여 바른 생활(도덕＋국어＋사회)과 즐거운 생활(체육＋음악＋미술), 슬기로운 생활(산수＋자연)이라는 통합 교과서를 간행하였고, 이에 따른 교과의 통합 운영을 위해 1, 2학년의 교과 활동 시간을 2~3 교과를 합쳐서 시간을 배당한 것이 커다란 변화이다(교육부, 2016a).

제5차 교육과정(1987-1992)

가. 배경

제5차 교육과정은 5공화국 말에 개발되어 6공화국 시절에 시행된 교육과정이다. 제4차 교육과정 개정까지는 다양한 사회적 변화에 부응한다거나, 학문적 경향의 변화에 따른다는 비교적 뚜렷한 명분이 있었다. 그러나 제5차 개정 때에는 이러한 명분이 뚜렷하지 않았다. 다만, 명분보다 학교에서 사용 중인 교과서의 사용 기간이 5~7년을 넘을 수 없다는 행정상의 이유로 교육과정의 개정을 서두르게 되었다고 할 수 있다(교육부, 2016a).

그렇지만 이 교육과정은 당시 산업의 발전, 정보화에 대한 대비, 복지국가에 대한 관심, 국제관계의 변화 등을 염두에 두었다. 제5차 교육과정은 그 구성의 방향을 다음과 같이 밝혔다.

> 지식의 급격한 팽창과 과학의 발달에서 오는 고도산업화, 정보화 시대에 능동적으로 대처하고, 국제 관계의 변화에 주체적으로 대응하며, 자유 민주주의의 굳건한 바탕 위에 조국의 평화적 통일을 현명하게 주도하면서, 모든 국민이 쾌적한 환경 속에서 행복한 삶을 누릴 수 있는 복지 국가를 건설하기 위해 건전한 정신과 튼튼한 몸을 지닌 건강한 사람, 자신과 공동체의 일을 스스로 결정하여 실천하는 자주적인 사람, 지식과 기술을 익혀 문제를 슬기롭고 합리적으로 해결하는 창조적인 사람, 인간을 존중하고, 자연을 아끼며, 올바르게 판단하고 행동하는 도덕적인 사람을 기르는 데 역점을 두어 구성한다.

5차 교육과정은 21세기 고도 산업사회가 자율화, 개방화, 정보화, 국제화의 특성을 지닌 것으로 파악하고, 이에 대한 대응으로 교육과정을 개정한다고 밝혔다. 이러한 배경은 4차 교육과정과 큰 차이는 없다고 볼 수 있다. 그렇지만 5차 교육과정에서는 이념교육이 다소 약화되기 시작한 교육과정이라고 평가할 수 있다(이혜영, 최광만, 윤종혁, 1998). 이 교육과정에서는 이념교육이 약화되는 대신 적정화, 내실화, 지역화와 같은 용어가 키워드로 사용되었다.

나. 주요 특징

제5차 교육과정의 주요 특징은 다음과 같다.

- 초등학교 교과통합 강화: 4차 교육과정의 초등 저학년 교과 통합 기조를 유지하면서, '우리들은 1학년' 과목을 신설하였다.
- 지역화: 초등학교 사회과 4학년에 지역별 교과서가 개발되었다.
- 기초과학 강화: 중학교의 경우는 수학, 과학교육을 강화하기 위해 수학, 과학 수업 시간을 확대하였다.
- 기술과 가정 통합: 중학교 실업, 가정교과에서 남녀가 공통으로 이수할 수 있는 '기술·가정' 교과가 신설되었다. 중학교에서는 기술, 가정, 기술·가정의 3과목 중에서 어느 한 과목을 택하게 되었다.

초등학교의 경우 이미 4차 교육과정에서 교육과정 통합이 이루어졌는데, 5차에 들어와 이를 강화하는 차원에서 '우리들은 1학년' 과목을 신설하였다. 지역화와 관련하여 초등학교 4학년 사회과의 경우는 시·도 단위로 교과서를 편찬하도록 함으로써 지역사회의 이해를 바탕으로 하는 사회과 수업이 되도록 시도하였다. 이로써 각 시·도교육청이나 단위 학교가 자신의 특수 사정에 맞는 새로운 단원을 설정하여 원래의 교육과정 내용을 대체하거나 그에 첨가하여 가르칠 수 있는 것이 가능하게 하였다. 교과 활동에서도 자유선택 시간이 확대되었다. 학교의 설립 목적이나 학교장의 기본 철학에 의하여 특별 지도가 필요하다고 판단되는 특정 활동이나 특정 교과목(편제 외의) 교육을 위해 사용할 자유 선택 시간의 폭을 학년별로 주당 0~1시간에서 0~2시간으로 확대하여 학교장 재량의 폭을 확대하였다.

중학교의 경우는 수학과 과학교육을 강화하기 위해 수학, 과학 수업 시간을 확대하였다. 시간 배당은 수학, 과학 교육 강화 정책을 반영하여 3학년의 수학 및 과학과의 시간을 주당 1시간씩 증가시키고, 대신 실업·가정과의 시간을 1시간 줄였다.

5차 교육과정에서는 실업·가정과에서 남녀가 공통으로 이수할 수 있는 기술·가정이라는 과목이 신설된 것이 큰 특징이다. 남녀평등 사회를 지향하고 있는 사회에서 남자만 이수하는 과목(기술), 여자만 이수하는 과목(가정)을 분리하는 것은 남녀 간의 능력 차를 인정하는 것으로 남녀평등 사상에 위배되는 것이라는 의견을 받아들여 기술·가정 과목을 신설한 것이었다. 다만 여전히 통합에 대한 반대가 강해, 타협안으로 종래의 기술(남), 가정(여) 과목을 그대로 두고 남녀 공통 이수의 기술·가정 과목만을 신설하여 3과목 중 택일하도록 하는 것으로 결정된 것이다.

5차 교육과정에서도 특별활동 내실화가 강조되었다. 고등학교의 경우도 자유선택 및 특별활동 강화 조치는 지속되었다. 이와 관련하여 학급활동, 학생회활동, 클럽활동 등 학생자치활동을 강화하도록 하였다. 또한 이 시기 이념교육이 다소 약화되었는데, 이와 관련하여 학도호국단이 폐지되었다.

8 제6차 교육과정(1992-1997)

가. 배경

제6차 교육과정은 한국 민주주의 발전과 관련이 있다. 1987년 6월 민주화운동은 박종철 고문치사사건이 계기가 되었다. 이 사건의 진상이 폭로되면서 제5공화국은 지도력을 완전히 잃었다. 1987년 민주화 운동은 대통령 직선제를 다시 찾았으며, 그 이후 한국 민주주의가 한층 발전하는 계기가 되었다.

1987 민주화운동과 관련하여, 교원노조 운동, 참교육 운동 등이 전개되면서, 국가주도의 교육과정 운영 방식에 본격적으로 문제제기가 이루어졌고, 시·도교육청, 학교, 교사의 교육과정 구성에 대한 참여 요구가 강해졌다. 이러한 배경에서 교육부는 1990년부터 교육과정 개정 작업에 착수하였다(이혜영, 최광만, 윤종혁,

1998). 이러한 사회적 분위기의 변화는 교육과정 개정 작업에서도 민주적 절차를 강화하도록 이끌었다. 이러한 변화는 다음 기록에 잘 나타나있다.

> 교과별 각론 개정 연구에는 교수, 연구원, 현장 교원, 교육부 편수 담당자 등 550명의 연구자가 참여하였고, 협의진 1,218명, 자문진 178명을 합해 1,946명의 교과 교육 전문가가 참여하였다. 교육부에서는 개정 연구 결과를 접수하여, 1992년 5월부터 10월까지 최종 개정안을 확정하는 과정에서 각론 시안에 대한 공청회(23분과, 2,930명 참가)를 실시하였고 전국의 초·중등학교에 개정 시안을 송부하여 검토 의견(179개교, 8,134명 검토)을 종합하였으며, 정부 각 부처, 관련 기관, 단체 등 91개 기관에도 개정 시안을 보내어 검토를 의뢰하였다(교육부, 2016a).

이러한 학교 권한의 강화 이면에는 교육과정 운영에 관한 일선 학교의 책임을 강화하는 측면도 있다. 왜냐하면 실질적으로 교육과정 운영이 개선되기 위해서는 일선 학교에서 뚜렷한 교육목표를 세우고 다양한 교육자료와 교육방법을 개발하며 독자적인 교육과정을 구안하기 위하여 노력해야 하기 때문이다. 다시 말해 기존의 관행처럼 주어진 단위시간, 주어진 교육내용, 주어진 교과서에 맞추어 교육과정을 운영해야 한다는 타율적인 자세에서 벗어나야 한다. 이러한 관점에서 보면, 제6차 교육과정은 교육과정 운영에 관한 권한이 이양되는 변화만이 아니라, 교육과정 운영의 최종적인 책임이 일선 학교에 있다는 교육과정 운영에 관한 인식 변화가 동시에 반영되어 있다고 할 수 있다(이혜영, 최광만, 윤종혁, 1998).

이 당시 사회의 민주화에 따라 교육과정에서 몇 가지 관련된 변화가 있었다. 예를 들어 국사 과목의 경우 4·19 '의거'가 '혁명'으로, 5·16 '군사혁명'이 '군사정변'으로 각각 교체되었으며, 5공화국 정권에 대한 서술도 비판적으로 재조명되었다. 일재잔재의 영향인 국민학교의 명칭을 초등학교로 바꾼 것도 이 시기(1996년)였다. 김영석(2013)은 제6차 교육과정은 권위주의적 교육과정에서 탈피하여 민주화 시대의 교육과정을 지향한 전환점으로서 의미가 있다고 말한 바 있다. 그는 또 그동안 충성스런 '국민'만을 강조해 오다가, 민주주의 주체라 할 수 있는 시민을 강조한 것은 민주시민교육이라고 하는 현대 교육의 목표를 회복하고자 하는 상징적 조치라고 평가했다.

나. 주요 특징

제5차 교육과정의 주요 특징은 다음과 같다.

- 분권화: 중앙집권적인 교육과정을 지방분권형 교육과정으로 전환하는 계기를 마련하였다. 초등학교 3~6학년까지 '학교재량시간'이 처음으로 도입되어 주당 1시간씩 학교가 재량으로 교육과정을 편성할 수 있게 되었다.
- 개발 과정의 민주화: 다양한 민간 전문 인력과 교육과정 개정 과업을 분담하고, 여론 수렴과정을 구축하였다.
- 초등학교 영어 교육: 6차 교육과정이 중간에 개정되어 초등학교 3학년부터 '영어'가 교과로서 도입되어 주당 2시간씩 배당되었다.
- 중학교 선택교과: 중학교에서 한문, 컴퓨터, 환경, 기타 등 '선택교과'들을 제시하고 모든 학년에서 주당 1~2시간씩 선택하여 배우도록 했다.

오늘날의 기준으로 보면 교육과정 분권화 정도가 크지는 않지만, 당시의 기준으로 보면 제5차까지 교육부가 전담해 왔던 교육과정 편성, 운영권을 시·도교육청과 단위 학교로 일부 이양함으로써 '학교 교육과정'의 편성, 운영이라는 개념이 실질적으로 의미를 가지게 되었다.

종전에는 교육부가 고시한 국가 수준의 교육과정만이 각 학교에 직접 전달되었다. 그러나 제6차 교육과정에서는 교육부가 교육과정의 국가 수준 기준을 고시하고, 시·도교육청이 국가 기준을 근거로 하여 당해 시·도 교육과정 편성·운영 지침을 작성하여 각 학교에 제시하고 편성·운영을 지도하며, 각 학교는 국가 기준과 시·도 지침에 근거하여 학교 실정에 맞게 학교 교육과정을 편성·운영하도록 하였다(교육부, 2016a). 6차 이전의 국가교육과정 개발 과정과 다르게, 교육부가 광범위한 전문 민간 인력, 학교현장, 연구기관, 학부모 등 범 국가, 사회적인 네트워크를 구축하여 교육과정을 개발, 심의하였다. 다양한 여론 수렴 과정을 통해 민주적, 공개적, 전문적 의사결정 방식으로 개정작업을 수행했다는 것이 6차 교육과정의 큰 특징이다. 이에 대해서 김용만 외(1998)는 다음과 같이 쓰고 있다.

> 제6차 교육과정은 과거 어느 교육과정보다 개정 작업에 있어서 그 절차와 방법 면의 전문화, 민주화, 공개화에 노력한 흔적이 잘 나타나 있다고 볼 수 있다. 특히 과거에는 거의 소외시 되었던 시·도교육청과 현장교원의 개정 참여가 크게 확대되어 교육과정이 실제로 적용될 학교의 실정과 현장 교사의 의견이 충분히 반영될 수 있도록 배려했다는 점이 특이하다고 할 수 있을 것이다(김용만 외, 1998:331).

이와 함께 3~6학년은 학교장의 재량에 따라 서예, 공작, 노작실습, 야외수업, 영어회화 등의 수업을 할 수 있는 학교 재량 시간이 설정된 것도 학교의 선택권을 확대하는 조치라 볼 수 있다. 그동안 이데올로기 교과로 지적되었던 국민윤리를 윤리로 변경하고, 내용도 가치관, 인생관, 세계관, 시민윤리, 직업윤리 등을 중심으로 구성함으로써 이념교육이 약화된 것도 이 시기의 특성이다(이혜영, 최광만, 윤종혁, 1998).

또 중학교 선택 교과제를 도입하였다. 교육의 다양성과 적합성을 높이기 위해 마련된 선택 교과는 한문, 컴퓨터, 환경과 그밖에 필요한 교과를 지역과 학교의 독특한 특성과 필요에 맞게 설정하여 전 학년 주당 1~2시간 정도 운영하게 하였다. 당시 세계화, 정보화의 중요성이 대두됨에 따라 1995년 최초로 초등학교에서 영어를 가르치기 시작하였고, 컴퓨터 교육도 국가교육과정에 최초로 포함된 것이 6차 교육과정이었다.

1968년에 만들어져 교과서 표지 안쪽에 늘 자리잡고 있었던 국민교육헌장이 교과서에서 삭제된 것도 6차 교육과정시기이다. 이와 같이 6차 교육과정은 한국 정치의 민주화와 떼어서 생각할 수 없는 국가교육과정이다.

9 제7차 교육과정(1997-2007)

가. 배경

1990년대 한국에서는 오랫동안 지속되어온 군부 지배 사회에서 벗어나고자 했던 열망이 민주주의에 대한 요구로 이어졌다. 한편 1997년 IMF 구제금융으로 이어진 경제 위기로 신자유주의 사회개혁이 크게 영향을 주기 시작했다. 또한 '세계화는 늦었지만 정보화는 앞서가자'는 슬로건 아래 정보화 산업이 크게 발전하기 시작했다.

이러한 흐름은 7차 교육과정에 직간접적으로 영향을 주었다. 7차 교육과정은 1995년 5월 31일 발표되었던 5·31 교육개혁의 일환으로 만들어진 것이다. 1995년 대통령 자문기구인 교육개혁위원회에서는 정보화·세계화 시대에 대비하여 새로운 교육체제 수립을 위한 교육 개혁 방안을 발표하였다. 신교육 체제는 '열린 교육 사회, 평생 학습 사회'의 건설을 비전으로 삼았으며, 학생의 적성과 능력에 따라 다양한 학습을 할 수 있게 하려고 ① 필수 과목 축소 및 선택 과목 확대, ② 정보화·세계화 교육 강화, ③ 수준별 교육과정의 편성·운영을 교육과정 개선 원칙으로 설정하였다.

세부 개정 지침으로 ① 국민공통 기본 교육과정 체제 설정 등 신교육과정 편제 도입, ② 수준별 교육과정 도입, ③ 능력 중심의 목표 진술과 구체적 내용 제시의 최소화, 독서 교육 강화, 교과 교육에서의 컴퓨터를 활용한 교육 강화, 평가방법의 개선 등 교육과정 각론 개발의 주요 지침, ④ 선택 과목 도입에 따른 수능 제도의 개선, 교과서 제도의 자율화 확대 및 교과서의 질 제고, 다양한 교사 제도의 탄력적 운영 및 교사 연수 강화, 학교 환경 및 시설의 개선 등 지원 체제 확립을 제시하였다.

제7차 교육과정 개정에는 세계화, 정보화, 다양화라는 세 개의 키워드가 등장했다. 이 배경에는 과학기술과 학문의 급격한 발전, 경제, 산업, 취업 구조의 변화, 교육에 대한 요구와 필요의 변화, 교육 여건 및 환경의 변화 등 교육을 둘러싼 내외적인 체제 및 환경, 수요의 대폭적인 변화에 대한 인식이 자리 잡고 있었다. 이에 교육과정의 목적도 '21세기 정보화, 세계화 시대를 주도적으로 이끌어 나갈 수 있는 자율적이고, 창의적인 한국인 육성'으로 발표되었다.

또한 교육부는 교육과정 개정의 주요 방향을 다음과 같이 발표하였다. 첫째, 교과서 중심, 공급자 중심의 학교교육 체제를 교육과정 중심, 교육 수요자 중심의 교육 체제로 전환한다. 둘째, 학교의 경영 책임자인 교장과 수업 실천자인 교사가 교육 내용과 방법의 주인이 되고 전문가의 위치를 확보한다. 셋째, 지역 및 학교의 특성, 자율성, 창의성을 충분히 살려서 다양하고 개성 있는 교육을 실현한다.

이러한 변화는 1990년대 수요자 중심, 단위학교 경영제, 선택과 다양화 등 당시 글로벌 교육담론에서 영향을 받은 것이다. 동시에 강한 중앙집권적 지배 시스템을 바꾸어 보려는 민주화의 요구가 반영된 것이기도 하다.

나. 주요 특징

제7차 교육과정의 주요 특징은 다음과 같다.

- 10+2 체제: 초등학교 1학년에서 고등학교 1학년까지의 10년을 '국민 공통 기본 교육과정'으로, 고등학교 2~3학년의 2년을 '선택중심 교육과정'으로 설정하였다.
- 수준별 교육과정: 수업에서의 학생들의 개인차를 고려하기 위하여 수준별 교육과정을 도입하였다.
- 선택중심 교육과정: 고등학교 2~3학년에서 과목 선택권을 신장하는 선택중심 교육과정이 실시되었다.
- 단위학교 자율성 강화: 교육과정 편성과 운영에서 단위학교 자율성을 강화하였다. 이를 통해 다양성과 개별성이 강화될 수 있도록 의도하였다. 교육과정을 교과, 특별활동 외에 재량활동(창의적 재량활동 + 교과 재량활동)을 추가하여 구성하였다.

7차 교육과정에서는 초등학교 1학년부터 고등학교 1학년까지 10개 학년을 국민공통 교육기간으로 설정하였다. 국민공통 교육기간 단계에서 학생들은 10개의 국민공통 과목(도덕, 국어, 사회, 수학, 과학, 실과, 체육, 음악, 미술, 외국어)을 이수하고, 고등학교 2~3학년에서는 선택과목을 통해 교육과정의 다양화를 이루고자 하였다. 이를 '10+2'체제라 부를 수 있다.

또한 7차 교육과정에서는 수준별 교육과정을 도입하였다. 이것은 학생의 능력에 따라 학습단계를 구분하고, 단계적 학습이 이루어지도록 하는 방안으로서, 단계형 교육과정(수학, 영어)과 심화보충형 교육과정(국어, 사회, 과학)으로 구분되었다. 실제 운영에 있어, 수학, 영어 과목의 경우 수준별 이동수업으로 이루어졌다. 이는 우열반 편성 논란을 피해가기 어려웠고, 수준별 이동 수업이 과연 효과가 있는 것인가에 대한 비판이 일었다(성열관, 2008).

또한 학생의 과목 선택권을 높이기 위하여 고등학교 2~3학년 선택 교육과정에서 해당 시·도교육청과 단위 학교가 각각 28단위 이상을 결정하고, 학생들은 최대 50%까지 결정하도록 하였다. 이는 선택과 다양성이라는 당시 글로벌 교육담론의 영향을 받은 것이기도 하다. 한편 이상과 현실 사이에서 많은 간극이 존재하였다. 실제로 선택과목의 학교간 차이는 발견하기 거의 어려웠고, 현실에서 학생들의 선택권도 거의 충족되기 어려웠다(성열관, 2006).

이 밖에 학교 수준에서의 교육과정 자율의 범위를 확대하기 위하여 '재량활동'이라는 영역을 설정하였다. 그래서 7차 교육과정은 '교과 + 특별활동 + 재량활동'이라는 3원 체제로 구성되어 있었다. 이는 6차 교육과정의 '학교재량시간'과 그 취지는 동일한 것이지만, 위상을 높인 것이라 볼 수 있다. 다양화, 자율화와 같은 당시 5·31 교육개혁의 흐름에서 파악할 수 있다.

10 2007 개정 교육과정

가. 배경

제7차 교육과정 이후부터는 국가교육과정의 차수가 없어졌다. 2007 개정 교육과정부터는 변화가 필요한 부분만을 개정하는 수시, 부분 개정 방식을 채택했기 때문이다. 제7차 교육과정 시행 이후 약 10년이 지나면서 2007 개정에 대한 논의가 있었다. 10년은 교육과정이 사회 변화에 대응할 필요성을 느끼기에 짧지 않은 기간이었다. 그런데 2007 개정 교육과정이 고시된 이후 2009 개정 교육과정이 고시됨으로써 2007 개정 교육과정은 적용 기간이 가장 짧은 교육과정이 되었다.

그렇다고 해서 교육과정 개정의 사회적 요구가 없었던 것은 아니다. 당시에는 과학기술의 비약적 발전과 글로벌 경쟁이 강화됨에 따라 과학교육 강화에 대한 요구가 형성되어 있었다. 또 중국, 일본과 역사 문제에 있어 갈등을 겪고 있었다. 이에 역사교육 강화라는 정당성이 확보되었다. 주변국의 역사 왜곡에 능동적인 대처가 필요하다는 사회적 요구가 강하게 일어났던 것이다.

2007 개정 교육과정은 무엇보다도 주 5일 수업제 월 2회 실시에 따른 수업시수 일부 조정(2006년 3월부터 주 5일 수업제 월 2회 실시) 등의 필요로 인하여 교육과정 개정이 불가피하게 되었다. 이와 같이 2007 개정 교육과정은 주 5일제 수업실시로 수업시수 조정이 필요한 가운데, 당시 주변국들의 역사왜곡 문제 등 다양한 요구가 동시에 반영된 교육과정이라 할 수 있다.

나. 주요 특징

2007 개정 교육과정의 주요 특징은 다음과 같다.

- 주 5일제: 주 5일 수업제를 도입하기 위한 준비 단계로서 초등학교 1~2학년을 제외한 전 학년에서 주당 시간수를 1시간씩 감축하였다.
- 역사, 과학교육 강화: 한국인의 역사의식과 과학적 소양을 신장하기 위하여 고등학교 1학년의 국사와 과학 시간을 1시간씩 증가시켰다.
- 집중이수제: 주당 수업시수가 낮은 교과의 경우 '교과집중이수제'를 통해 수업을 내실화하도록 했다.
- 교과신설 가능: 고등학교 교육과정 자율화를 위해 교과 신설이 가능하게 하였다.

2007년 개정 교육과정에서는 주 5일 수업제 월 2회 실시에 따라 수업일수 및 수업시수를 학교 자율로 감축 운영하도록 하였다. 수업일수는 연간 220일의 1/10의 범위 내에서 탄력적으로 감축, 운영하도록 하였다. 수업시수는 초등학교 1, 2학년은 감축이 없고 초등학교 3학년에서부터 고등학교 3학년까지 주당 1시간 감축하였다(총 34시간 감축).

한반도 주변국들의 역사 왜곡에 대하여 능동적으로 대처하고 세계화 시대에 적합한 역사 교육의 필요성 증대에 따라 '사회' 교과 내에서 중등 '역사' 과목을 독립시키고 고등학교 1학년 역사 과목 수업시수를 주당 2시간에서 3시간으로 확대하였다.

중학교와 고등학교에 '교과집중이수제'를 도입하여 학교별 교육과정 운영 자율의 폭을 허용하였다. 그동안 주당 1~2시간씩 하는 수업은 피상적 맛보기 수업이 될 우려가 많았다. 이에 집중이수제 운영을 통해 해당 과목의 주당 수업시수가 늘게 되면 학생들의 체험활동, 창작활동 등이 강화되고, 발표나 토론수업 등이 가능하게 되어 학생들이 질 높은 교육을 받을 수 있게 한다는 것이 기본 취지였다. 이와 함께 고교 2~3학년에서 선택과목의 개설과 신설을 허용하였으며, 과목별 이수단위수를 증감할 수 있도록 해 고등학교 수준에서의 교육과정 운영의 자율의 범위를 확대하였다.

11 2009 개정 교육과정

가. 배경

이 당시 2007 개정 교육과정이 발표된 지 2년 만에 새로운 교육과정을 공포하는 것에 대한 의구심이 높았다. 이를 의식한 교육부는 보도자료에서 다음과 같은 문답식 안내를 하였다.

문: 2007 개정 교육과정이 전면 적용되기도 전에 교육과정을 개편하는 이유는?

답: 획일적 교육과정 운영 등 우리교육의 문제 해결을 위해 '국가교육과학기술자문회의'가 자문한 내용을 바탕으로 개정을 추진한 것임

이를 부연하면서 교육부는 다음과 같이 개정의 정당성을 밝혔다. 2007 개정 교육과정은 (1) 전국의 모든 학교가 국가가 정해준 동일한 교과목과 내용으로 운영되어 학교의 자율성과 다양성이 부족하고, (2) 교과활동 위주의 교육으로, 다양한 체험, 봉사, 진로교육 등 창의 인재 육성을 위한 교육이 부족하다는 비판이 제기되어 왔다는 것이다. 이는 2009 개정 교육과정이 다양성과 창의성을 위한 개정이었음을 보여준다.

한편 당시 중학교 등에서 학교폭력이 늘어나고 이에 대한 사회적 우려가 크게 증가하였다. 학교폭력의 양상이 지속적으로 증가하는 상황에서, 인성교육 실천에 대한 필요성이 강조되었다. 그래서 체육과 예술 관련 과목은 집중이수제에서 제외하는 등 교육과정을 수정, 보완하였다. 또 체육 활동이 학교폭력을 감소시킬 수 있다는 효과에 주목하여 중학교 교육과정에 학교스포츠클럽 활동을 편성, 운영하도록 했다.

나. 주요 특징

2009 개정 교육과정의 주요 특징은 다음과 같다.

- 9+3 체제: 국민공통 기본교육과정을 9년으로 축소하고, 고등학교 1학년부터 과목선택이 가능하도록 하였다.
- 20% 증감: 교과(군)별로 20% 증감 운영이 가능하도록 했다.
- 8개 과목 이내편성: 한 학기당 과목 수를 8개 이상 넘지 못하도록 했다.
- 창의적 체험활동: 기존의 재량활동과 특별활동을 합쳐 '창의적 체험활동'으로 개편하였다.

2009 개정 교육과정에서는 종래의 1학년에서 10학년까지의 국민 공통 기본 교육과정 기간을 1학년부터 9학년까지 축소하고, 고등학교 1학년부터 선택 교육 과정 체제가 도입되었다. 또한 '국민 공통 기본 교육과정'이라는 용어는 '공통 교육과정'으로 개칭된다. 이와 같이 공통 교육과정 이수 기간을 중학교 3학년까지로 조정한 것은 고등학생들에게 자신의 진로와 적성 및 필요에 따른 학습 기회를 보다 더 많이 제공하기 위한 것이었다.

2009 개정 교육과정에서는 종래의 수업 시수의 성격을 '연간 최소 수업 시수'에서 증감이 가능한 '기준 시수'로 전환하여 각 학교로 하여금 교과 수업 시수를 자율적으로 증감하여 편성하도록 하였다. 수업 시수의 증감 범위는 학교의 특성, 학생, 교사, 학부모의 요구를 고려하여 각 교과(군)별로 20% 범위 내에서 증감이 가능하도록 하였다. 다만, 체육, 예술(음악/미술) 교과는 기준 수업 시수에서 감축하여 편성할 수 없도록 하였다. 그러나 현실에서는 기대만큼 큰 변화를 가져오지는 못했다.

2007 개정 교육과정에서 도입된 집중이수제를 보다 강화하여, 한 학기 이수 과목 수를 '8개 이내'로 편성하도록 했다. 학기당 이수 교과목 수 '8개 이내' 및 '교과 집중이수'를 통해서 한 학기에 이수하는 교과목 수를 줄이고자 했다.

2009 개정 교육과정에서는 기존의 교과외 활동, 즉 5개 영역으로 세분화되어 있던 특별활동과 2개 영역으로 세분화되어 있던 재량활동이 통합되어 '창의적 체험활동'으로 운영되고 시수도 확대된다(초·중학교에서 주당 평균 3시간 이상, 고등학교 주당 평균 4시간 이상 운영). 이는 2009 개정 교육과정의 취지인 다양성과 창의성에 부합하는 개정 내용으로 볼 수 있다.

12 2015 개정 교육과정

가. 배경

2015 개정 교육과정은 한국 사회의 고도산업화와 글로벌 교육과정 개혁의 영

향을 받았다고 볼 수 있다. 이러한 관점에서 볼 때, 개정 당시 주요 키워드는 융합과 핵심역량이었다. 2010년대 한국은 전자, 통신, 가전, 자동차, 조선 등 거의 모든 분야에서 선진국 따라잡기를 넘어 과학기술을 선도하는 국가가 되었다. 인터넷 기술과 이동통신 기술을 하나로 녹여낸 스마트폰 시장은 특히 글로벌 경쟁에서 융합의 중요성을 부각시켰다. 2015 개정 교육과정은 이와 같이 과학기술의 장에서 발전시킨 창의융합형 인재라는 담론에 의해 큰 영향을 받은 교육과정이다.

교육부(2016a)도 2015 개정 교육과정의 중요한 개정 배경 중의 하나는 '창의융합형 인재' 양성에 대한 사회적 요구라고 명시하였다. 2008년 11월 국가과학기술위원회는 범부처 차원에서 '국가 융합기술 발전 기본계획(2009~2013)'을 발표하였다. 이를 이어 받아 미래창조과학부는 2014년 3월 국가 융합기술 발전 전략을 발표하면서 창의적 융합인재 양성을 융합기술 발전 전략의 하나로 제시하였다. 이는 미래 사회가 융합기술이 주도하는 산업구조를 갖춘 사회가 될 것이라는 판단에 근거한 것이었다고 볼 수 있다.

2015 개정 교육과정에 대한 개정 논의는 고등학교 교육과정 운영의 문제점, 즉 이른바 문과와 이과 사이의 과도한 칸막이가 야기하는 문제점을 개선하기 위한 '문·이과 통합' 논의(교육부, 2013; 2014)를 계기로 하여 시작되었다. 이는 근본적으로 '창의융합형 인재' 양성을 위한 교육과정의 발전 방향에 대한 논의의 일부로 이해할 수 있다.

2015 개정 교육과정은 기본 과제를 '행복한 학습의 구현을 위한 학습 경험의 질 개선'으로 설정하였다. 교육부는 학습 경험의 질과 관련된 한국 교육의 근본적인 문제점은 단편 지식의 암기 위주 교육과 문제풀이 중심 교육의 문제, 과도한 학습량과 지나친 경쟁으로 인한 학습 부담 증가 문제, 국제 평가에서의 높은 시험 성적에도 불구하고 교과에 대한 흥미도나 자신감 등 정의적 영역의 지표가 낮다는 사실에 있다고 보았다(황규호 외, 2015). 이에 반해 학습 경험의 질을 중시하는 교육은 학습의 양과 결과보다 학습의 질과 과정을 중시하는 교육, 학습의 즐거움을 일깨워 주는 교육, 미래 사회가 요구하는 핵심 소양과 역량을 실질적으로 길러주는 교육, 자기 성장, 자기 발전의 경험에 기초해 행복감을 증진하는 교육 등으로 요약할 수 있다(김경자 외, 2015).

나. 주요 특징

2015 개정 교육과정의 주요 특징은 다음과 같다.

- 핵심역량: 단순한 지식 습득에서 벗어나 실제적인 역량의 함양이 가능하도록 교과 교육과정을 핵심 개념 중심으로 구조화하고 협력 학습, 토의·토론학습 등의 학생 참여 중심 수업과 과정 중심 평가를 확대하는 등의 구체적인 수업 개선 방향을 제시하였다.
- 융합교육: 고등학교 사회과 및 과학과의 공통 과목은 '통합사회' 및 '통합과학' 등 융합적인 과목으로 개발하였다.
- 맞춤형 교육과정: 중학교 자유학기제 등 학생의 '꿈과 끼'를 키울 수 있는 학생 중심의 교육과정을 개발하였다
- 교육과정, 수업, 평가의 연계: 과정중심평가를 통해 교육과정과 수업이 평가와 유기적으로 연계되도록 했다.

2015 개정 교육과정은 무엇보다도 "미래 사회가 요구하는 핵심역량 함양이 가능한 교육과정을 마련한다"는 취지를 표방하였다. 핵심역량이란 추구하는 인간상을 구현하기 위해 교과 교육을 포함한 학교교육 전 과정을 통해 중점적으로 기르고자 하는 역량이라고 정의되었다. 2015 개정 교육과정에서는 자기관리 역량, 지식정보처리 역량, 창의적 사고 역량, 심미적 감성 역량, 의사소통 역량, 공동체 역량을 6가지 핵심역량으로 제시하였다.

2015 개정 교육과정이 표방한 인재상이 창의융합인재인 만큼 교육과정에서 융합 노력이 있었다. 이 노력의 일환으로 고등학교에서는 '일반 선택 과목'과 함께 '진로 선택 과목'을 개설하였다. 이는 보다 다양하고 풍부한 선택 과목들이 개설될 수 있도록 하며, 학생의 과목 선택권을 강화하기 위한 것이었다.

2015 개정 교육과정은 학생 개개인의 꿈과 끼를 키워주는 학생 맞춤형 수업이 이루어질 수 있도록 교육과정을 개발하였다. 이와 관련하여 중학교 학생들의 진로 탐색 활동을 지원하는 자유학기제가 실시되었다. 한편 자유학기제는 진로

교육 강화는 물론 평가혁신을 위한 제도로서 중요한 의미를 지닌다. 2015 개정 교육과정은 교육과정, 수업, 평가의 연계를 강조하였다는 측면에서 기존의 국가 교육과정과 차별성이 있다. 교수·학습에서는 학생의 다양한 특성과 요구를 파악하여 국가 교육과정의 내용을 재구성할 수 있도록 하였다.

이와 함께 학생이 특정 맥락에서 학습한 내용을 새로운 문제 상황에 적용하여 문제를 해결할 수 있도록 풍부한 학습 기회를 제공하는 것을 강조하였다. 또한 평가가 교수·학습의 일부분으로 이루어지도록 과정 중심의 평가를 강조하였다. 또 수행평가를 포함한 다양한 평가 방법을 통해 교과 내 지식 간, 영역 간, 교과 간 학습 내용을 연결하여 융합적 사고를 기르도록 강조하였다.

13 교사교육에 주는 시사점

가. 사회적 산물이자 개척자로서의 교육과정

교육과정은 사회의 유지와 존속을 위해 학생들을 사회화하기 위한 것이다. 그러므로 교육과정은 당대의 인식론적 조건을 뛰어넘기 어렵다. 다시 말해 교육과정은 특정 시기 또는 시대의 사회적 산물인 것이다. 동시에 교육과정은 더 좋은 사회를 만들어가기 위한 도구이기도 하다. 그래서 교육과정은 당대의 상식보다 약간 앞서 나가기도 한다. 예를 들어 성차별이나 가부장적 문화에 있어, 교육과정은 당대의 상식에 안주하기보다 미래를 개척하기 위한 발로에서 젠더나 다양한 가족의 형태에 대해 더욱 적극적인 자세를 취한다. 교육은 이러한 두 가지 기능을 동시에 수행하고 있다. 기존 사회의 한계 속에 놓이는 동시에 더 나은 사회를 개척하는 역할을 교육과정이 수행하고 있는 것이다.

물론 교육은 사회의 산물이므로, 교육이 사회를 쉽게 바꾸지는 못한다 (Bernstein, 2000). 그렇지만 교육과정의 미래지향성은 사회를 바꾸어 나가는 데 중요한 역할을 한다. 그러므로 사회와 교육과정의 관계는 '줄탁동시'로 보는 것이 타당하다. 한국 교육과정 변천사는 민주화 이전 시기에 교육과정이 어떻게 정권 유지의 수단으로 취급되어 왔는지 잘 보여준다. 그런 가운데 교육과정은 민주주의, 복지, 인권 등 더 나은 미래를 개척하는 역할을 맡기도 했다. 교사들은 이러한 교육과정의 두 가지 기능을 인식하고, 더 나은 미래를 위해 어떤 교육과정이 필요한지에 대해 말할 수 있는 지성인으로 성장해야 한다.

나. 브리콜라주로서의 교육과정

교육과정은 국가 권력, 산업, 과학, 예술, 스포츠 분야에서의 발전 등 다양한 요소에 의해 영향을 받는다. 그래서 한 교육과정 시기를 하나의 논리로 설명하기가 매우 어렵다. 예를 들어 1차 교육과정 시기를 교과중심 교육과정의 시대라고 명명하기에는 미군정 이후 미국식 진보주의 교육의 영향이 매우 컸다. 또 3차 교육과정 시기를 학문중심 교육과정 시기라고 부를 수는 있겠으나 학교 현장에서는 넘쳐나는 학생들로 실험과 탐구를 중심으로 하는 학문중심 교육과정을 실천하기가 거의 불가능한 상황이었다. 1975년 중학교 학급당 학생수는 64명이 넘었다(한국교육개발원 교육통계 서비스). 같은 해 서울의 경우 초등학교 학급당 학생수는 78명이 넘었다(서울 연구데이터 서비스)는 것을 생각할 때, 학문중심 교육과정을 운영할 수 있는 조건을 갖추었다고 보기 어렵다. 4차 교육과정 시기에는 지·덕·체의 조화로운 발달을 강조하기도 하였다. 이 때문에 4차 교육과정을 인간중심 교육과정이라 부르기도 한다. 그러나 이 시기만 해도 국민정신교육의 이름으로 교육과정에서 이데올로기 통제가 강한 시대였다.

이에 교육과정 변천사에서 특정 교육과정 시기를 하나의 이름으로 명명하는데 유의할 필요가 있다. 대신에 국가교육과정은 다양한 요소들의 기묘한 조합으로 이루어진 '브리콜라주' 같은 특징을 지닌다. 그러므로 특정 시기 교육과정의 특징을 단편적으로 인식하기보다는 종합적이고 비판적으로 이해할 필요가 있다. 교사에게 있어 비판적 사고력은 매우 중요한 전문성 요소로서 어떤 교사든지 갖추고 있어야 하는 역량이다.

다. 나를 사회화 시킨 교육과정

교사들은 지금 자신이 학생들에게 가르치고 있는 교육과정이 역사적으로 어떤 변화를 거쳐서 지금의 모습이 되었는지 알아야 한다. 교사 본인은 어떤 교육과정 시기에 초, 중, 고를 다녔는지 반추해보고, 당시의 교육과정이 자신에게 미친 영향에 대해 성찰하는 기회를 가져보는 것이 필요하다. 다시 말해 나를 사회화시킨 교육과정은 어떤 것이었는가에 대해 성찰해 본다면 교육과정의 개념과 역할에 대해 더 잘 이해할 수 있을 것이다.

뿐만 아니라 각 세대에 따라 배운 국가교육과정이 어떻게 다른지 살펴보는 것도 흥미로운 일이다. 한국은 단기간에 급속한 산업화와 민주화를 겪은 몇 안 되는 국가이기 때문에 세대 간 학교교육의 경험이 상당히 다르다. 이에 다양한 세대를 그 시대의 조건에 따라 사회화시킨 국가교육과정 변천의 역사를 아는 것은 교사를 지성인으로 키우는 데 큰 도움이 될 것이다. 교사는 학생들을 잘 가르치는 사람일 뿐만 아니라 더 좋은 사회를 만들어 가는 공적 지성인이기 때문이다. 그렇기에 교사교육에 있어 교육과정 변천사는 중요한 교육내용이다.

PART

03

교육과정의 운영

curriculum

교육과정

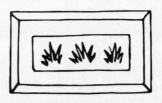

이 장이 끝나면 대답할 수 있어야 하는 10가지 질문

1. 오늘날 모두를 위한 교육과정이 강조되는 배경과 원인은 무엇인가?

2. 개별화, 차별화, 개인화는 어떤 점에서 공통적이며, 어떤 점에서 차이가 있는가?

3. Tomlinson의 맞춤형 교육에서 학생에 따라 맞추어 제공해야 할 4가지 사항은 무엇인가?

4. 보편적 학습설계에서 '보편적'의 의미는 무엇인가? 왜 보편적이라는 용어를 사용하는가?

5. 모두를 위한 교육과정에서 3단계 접근은 무엇이고, 이러한 접근은 어떤 점에서 효과적이라 볼 수 있는가?

6. 학습지원 대상 학생들을 도와줄 때, '팀'으로 지원해야 하는 이유는 무엇인가?

7. 교사들이 학교 교육과정을 만들 때, 왜 모두를 위한 교육과정을 설계해야 하는가?

8. 왜 일반교사들이 특수교육에서 주로 사용하는 IEP에 대해 알아야 하는가? 일반교사에게 IEP가 요구되는 경우는 언제인가?

9. 교사들은 기초학력 미도달 학생들을 어떻게 도와주어야 하는가?

10. 왜 교사들은 학교 밖 지원 체제에 대해 잘 알 필요가 있는가? 왜 이러한 역량이 교사전문성에 포함되었는가?

Chapter 08

모두를 위한 교육과정

1 필요성

학생들은 저마다의 속도가 있기 마련이고 또 저마다의 학습 스타일을 갖고 있다. 그러나 한 반에 많은 학생들이 있기 때문에 교사는 가장 알맞다고 생각하는 속도를 정해야 하고, 성취도가 높은 학생들은 지루해 하고, 성취도가 낮은 학생들은 뒤처지기 쉽다. 특히 이 중에서 성취도가 낮은 학생들은 소외되기 쉽고, 이러한 소외가 몇 년에 걸쳐 누적되면 학습된 무기력에 빠지게 된다. 모두를 위한 교육과정은 단 한명의 학생도 포기하지 않고 모든 학생이 자신의 가능성을 온전히 실현할 수 있도록 돕는다는 책임교육의 취지와 일맥상통한다.

모두를 위한 교육과정은 헌법과 교육법에 명시한 학습권의 실현 차원에서 그 의의를 찾을 수 있다. 또한 국가교육과정 기준은 스스로의 성격에 대해 "초·중등교육법 제23조 제2항에 의거하여 고시한 것으로, 초·중등학교의 교육목적과 교육목표를 달성하기 위한 국가 수준의 교육과정이며, 초·중등학교에서 편성·운영하여야 할 학교 교육과정의 공통적이고 일반적인 기준을 제시한 것"이라고 밝히고 있다. 이러한 진술에 따르면 국가교육과정 기준은 모든 학교에 제시된 것이고, 이를 통해 법으로 보장된 교육목적을 달성하기 위한 것이다. 국가교육과정 기준은 (1) 모든 학교에서 국가가 정한 지식, 기능, 태도를 가르칠 수 있도록 하기 위한 규제적 목적을 지닌다고 볼 수 있으며, 동시에 (2) 높은 수준의 교육을 모든 아이들에게 제공하고자 하는 교육의 평등 목적을 지닌다고 볼 수 있다. 책임교육은 이 중에서 후자에 강조점을 두고 있다.

　　교육과정은 학생들의 성장과 발달이라는 교육목표에 책임을 지기 위한 수단이라 볼 수 있다. 그러므로 사실상 국가교육과정은 모두를 위한 교육과정이어야 한다. 국가교육과정을 통해 모든 학생의 성장과 발달을 책임지기 위해 국가는 양질의 교사를 고용하여 학교교육을 담당하게 한다. 이에 교사는 교육공무원이면서 교육전문가이다. 먼저 공무원으로서 교사를 임용한다 함은 이상에서 밝힌 헌법과 법률에 따라 주어진 역할을 수행하게 한다는 것을 뜻한다. 그리고 교사가 교육전문가라 함은 국가교육과정을 전문적으로 운영할 수 있어야 함을 말한다. 이를 위한 전문성을 기르기 위해 교사자격증은 장기간의 훈련을 통해 획득된 지식과 능력, 윤리적 태도를 갖춘 사람에게 부여하고 있다. 또한 양질의 교육을 위해 교사는 헌법이 규정하고 있는 교육의 자주성, 전문성, 자율성을 일부 보장받고 있다. 이 점에서 교사는 공무원으로서 임용 주체인 국가가 부여하는 교육활동의 책임을 다해야 하는 의무가 있다. 이는 자녀에 대한 교육을 국가에 위탁한 학부모들에게도 책임을 다하는 결과가 된다.

　　이러한 책임교육 의무는 종국에는 모든 학생들의 성장과 발달이라는 교육목적 달성에 책임을 다 하는 일이며, 모든 국민의 교육권 실현이라는 헌법 실현에 부합하는 행위이다. 손종현(2017)에 따르면, 책임교육이란 글자 그대로 교사가 교육에 대해 책임을 지는 것을 말한다. 이는 국가의 책임을 대행해서 가르치는 사람인 교사와 가르치는 기관인 학교가 책임의 당사자로서 책임지고 교육활동을 수행해 나가는 것을 말한다. 그렇다면 교사는 무엇에 대해 책임을 져야 하는가? 손종현(2017)은 다음과 같이 4가지 책임교육의 대상을 제시하였다. 첫째, 교사의 책임은 학생의 다양한 필요에 기반한 다양한 형태의 학업성취에 대해 책임을 진다. 둘째, 학생들이 학습, 탐구, 흥미를 갖고 수업과 학교생활에 임할 수 있는 교육적 관계를 형성해야 할 책임이 있다. 셋째, 학교와 교사는 교육과정 목표에 따라 수업을 설계하고, 이를 운영하며, 학생들을 평가하는 교육활동에 책임을 지는 것이다. 넷째, 교육의 과정에서 균등을 이루는 책임이 있다. 이는 학업성취도가 우수한 일부 학생들만이 아니라 다양성을 가진 모든 학생들이 그 나름의 수월성을 추구할 수 있도록 정의롭게 교육을 운영하는 것이다. 이와 같은 논의에서 책임교육은 사실상 교사의 책임윤리와 깊은 관련이 있다.

교실에는 다양한 처지의 학생들이 앉아있다. 교사들이 아무리 노력해도 빈곤, 심리적 문제, 경계선 지능, 난독증 등 다양한 위기를 겪고 있는 학생들의 성장과 발달은 어려움에 처한다. 이러한 어려움 때문에 많은 국가에서 모두를 위한 교육과정 운영에 관심을 쏟고 있다. 한국에서도 최근(2021년) 기초학력보장법이 제정됨으로써 이러한 노력이 보다 가속화되었다. 단위학교에서의 교육과정은 수업시간에 소외된 학생들이 참여하고, 그 결과 잘 성장할 수 있도록 설계되어야 한다.

2 세 가지 주요 접근법

모두를 위한 교육과정에 대한 관점은 매우 다양하다. 그렇기에 그러한 관점을 모두 다루는 것은 논의의 복잡성을 야기할 수 있다. 이에 이 장에서는 개별화, 차별화, 개인화라는 세 가지 관점을 중심으로 논의를 이어가고자 한다. 이 중에서 '차별화'라는 용어는 다소 오해의 소지가 있기 때문에 종종 '맞춤형'이라는 용어로 대체해 사용하도록 하겠다.

개별화, 차별화(맞춤형), 개인화라는 개념은 사용자마다 매우 다양하게 활용하고 있기 때문에 하나로 정의하는 것은 쉽지 않다. 그리고 교실에서의 실제를 살펴보면, 특정 실천을 보고 그것이 개별화인지, 차별화인지, 개인화인지 엄격히 구분하는 것도 쉽지 않다. 그럼에도 불구하고, 보다 효과적인 논의를 위해 일단 개념적으로 구분해 보고, 실천에서 취사선택해 나갈 필요가 있다. 이를 위한 한 가지 효과적인 방법은 이에 대해 가장 열정적인 교육가라고 볼 수 있는 Bray와 McClaskey(2013)의 논의에서 출발해 보는 것이다. 이들은 이 세 개념의 차이를 다음과 같이 간명하게 조작적으로 정의했다.

- 개별화: 다양한 학생들의 학습필요에 맞추는 수업 원리
- 차별화: 다양한 학생들의 학습선호(학생들이 좋아하는 것)에 맞추는 수업

원리

• 개인화: 다양한 학생들의 학습필요, 학습선호 그리고 각 학생들의 '참여 관심'에 맞추는 수업 원리

Bray와 McClaskey(2013)에 따르면, 이 세 가지 개념은 〈표 8-1〉과 같이 요약될 수 있다.

표 8-1 개인화, 차별화, 개별화 개념 구분

개인화	차별화	개별화
학습자가:	교사가:	교사가:
자신만의 학습을 주도	다양한 학습자 그룹에 따라 교수를 제공	학습자 개인에게 교수를 제공
자신의 학습에 흥미, 열정, 포부를 연계	학습자 그룹의 필요에 따라 맞춤형 학습을 제공	개인 학습자의 필요에 따른 맞춤형 학습
자신의 학습을 도와줄 수 있는 적절한 기술과 자원을 선택할 수 있는 능력을 키운다.	학습자 그룹의 필요에 따라 학생들을 도와줄 수 있는 기술과 자원을 선택한다.	개인 학습자의 필요에 따라 기술과 자원을 선택한다.
역량기반 모델에 따라 학습 내용을 숙지했다는 것을 보여줄 수 있다.	카네기 유니트(Carnegie unit)[14]와 학년에 기초해 학습을 점검한다.	카네기 유니트와 학년에 기초해 학습을 점검한다.
학습으로서의 평가 (assessment as learning)	학습을 위한 평가 (assessment for learning)	학습한 것을 평가 (assessment of learning)
자기주도적인 학습자가 되어 자신이 내용과 기능을 숙달했는지 관리해 나갈 수 있다.	데이터와 평가를 활용하여, 학습자 그룹과 학생 개개인들에게 지속적인 피드백을 제공한다.	데이터와 평가를 활용하여, 학습자가 무엇을 배웠고, 성장했는지 확인한다.

자료: Bray & McClaskey (2013). p.13.

---

14) 과목을 이수하기 위한 시간. 수학 과목을 일주일에 3시간 배운다면 3단위라고 볼 수 있다. 1900년대 미국 카네기 재단(Carnegie Foundation)에서 만든 표준화된 학점 이수 단위다. 당시에는 고등학교마다 특정 과목을 이수하는 데 드는 시간에 대한 단위가 서로 달라 대학입학 전형에서 혼란이 있었다. 이러한 혼란을 극복하기 위해 표준화된 시수 단위를 만들었는데, 그것이 오늘날 사용되고 있는 단위이다.

우리는 이상의 구분을 절대시 할 필요는 없다. 그러나 이러한 구분은 논의의 효과적인 전개에 도움이 된다. Bray와 McClaskey의 구분에 따르면, 우선 맞춤형과 개별화는 교사주도적인 반면 개인화는 학생주도적인 면이 강하다. 개인화는 목표 설정 단계에서 학생의 참여를 크게 보장하며, 교육이 진행되는 과정에서도 학생의 적극적인 참여를 중시한다는 특징이 있다. 한편 실제 교육활동은 이렇게 엄밀히 구별되지 않기 때문에 위의 구분은 이상형(ideal type)으로 보는 것이 좋다.

가. 개별화

개별화는 다양한 학생들의 학습필요(learning needs)에 맞추어 교수하는 것을 말한다. 학습목표는 모든 학생들에게 동일하다. 단 학생들은 자신의 학습필요에 따라 상이한 속도로 성장해 나갈 수 있다. 예를 들어 어떤 학생들은 주어진 주제를 다른 학생들보다 더 오랜 시간에 걸쳐 학습한다. 또 이미 아는 것들은 건너뛸 수도 있고, 도움이 필요한 주제는 반복할 수도 있다(Bray & McClaskey, 2017). 개별화는 주로 특수교육 및 학습부진아동을 대상으로 하는 IEP 모형에서 많이 활용되는 경향이 있으며, 스웨덴의 경우 모든 학생들을 위한 개별화 계획을 세우기도 한다.

1) IEP(Individualized Education Plan)

IEP는 개별화된 교육계획이라고 불린다. IEP는 보통 학교에 재학중인 장애아동이 장애 정도나 다양성에 따라 필요한 특수교육 및 관련 서비스를 받을 수 있도록 하는 프로그램을 말한다. IEP는 우선 교사가 작성하되, 다양한 교육전문가, 아동 자신, 가족, 학교내 또는 학교외의 다양한 전문가로 구성된 팀에 의해 개발된다. 한국에서도 똑같이 IEP란 이름으로 불리며, 개별화교육프로그램이라고도 한다. 이 개념은 1994년 '특수교육진흥법'에 의해 처음 등장하였고, 이후 2007년 제정된 '장애인 등에 대한 특수교육법'에 의해 규정이 보다 구체화되었다. 이제 IEP는 특수교육 분야 교사, 가족, 관련 전문가들 사이에서 흔히 사용되고 있다(김현숙, 2018).

교육부(2021a)는 IEP와 관련하여 다음과 같이 권고하고 있다. 첫째, 학교는 장애아동을 위해 개별화교육지원팀(보호자, 특수교육 교원, 일반교육 교원, 진로 및 직업교육 담당교원, 특수교육 관련서비스 담당인력 등)을 구성한다. 이 권고에 따르면, 매 학년 시작일부터 2주 이내 개별화교육지원팀 구성, 매 학기 시작일부터 30일 이내에 개별화교육계획을 작성하게 되어 있다. 특수학급 미설치 일반학교에 배치된 특수교육대상학생은 인근 특수교육지원센터 및 특수학교(급) 등과 협력하여 개별화교육지원팀을 구성하여 개별화교육계획을 수립하도록 되어 있다.

둘째, 개별화교육계획에는 특수교육대상학생의 인적사항과 교육지원이 필요한 영역의 현재 학습수행수준, 교육목표, 교육내용, 교육방법, 평가계획, 제공할 특수교육 관련 서비스의 내용과 방법 등을 포함하도록 되어 있다. 또한 매 학기마다 개별화교육계획에 따른 각 특수교육 대상학생의 학업성취도 평가를 실시하고, 그 결과를 특수교육 대상학생 또는 보호자, 통합학급 교사에게 통보한다.

셋째, 인력 지원 등과 관련하여 개별화교육지원팀 구성·운영 시 일반교육 교원의 참여 및 역할을 확대하고 있다. 또한 교육과정 및 교과의 특성, 학생의 장애정도에 따른 다양한 학생집단 편성을 활용한다. 이에 더하여 특수교육 대상학생의 요구를 고려하여 다양한 교사조직 및 특수교육 보조인력(특수교육보조원, 사회복무요원, 자원봉사자 등)을 활용한다.

과거에 비해 오늘날 장애학생에 대한 인권과 학습권이 보다 강조되면서, 이와 같은 권고는 초·중학교 일반교사에게도 매우 중요한 사안이 되었다. 장애 정도가 심하지 않은 특수교육 대상 아동의 경우 일반학급 통합교육도 빈번하게 이루어지고 있다. 이에 초·중등 교사들의 전문성 요소에 통합교육의 중요성에 대한 인식, 수업방법, 평가방법 등이 포함되게 되었다. 이와 같이 장애학생들이 통합교육 환경에서 배울 수 있는 상황이 보편화되면서, 교사가 되기 위해서는 예비교사 교육과정에서 특수교육학개론을 필수과목으로 이수해야 한다.

2) IDP(Individualized Development Plan)

IEP가 특수교육에서 주로 사용되는 것인 반면 학습부진아동을 포함하여 모든 학생들을 대상으로 하는 개별화 계획이 사용되는 경우가 있다. 이러한 개별화

교육계획은 장애학생뿐만 아니라 모든 학생들을 위한 개별화 교육과정으로 확대된 시스템으로 스웨덴의 개별화 발달계획(IDP, Individualized Development Plan)과 유사하다. 핀란드에서는 이를 개별화 학습계획(ILP, Individualized Learning Plan)이라고 부른다. 스웨덴의 IDP에서는 느린 학습자들이 도달해야 할 목표를 서로 다르게 설정한다. 그리고 이를 설계할 때에 교사의 전문적 판단뿐만 아니라 학생의 희망, 학부모의 의견까지 종합적으로 고려하는 '3자 면담'을 실시한다. 일정한 기간 동안 교육과정이 운영되고 나면 교사는 각각의 학생들이 저마다 설정한 목표에 얼마나 도달했는지를 확인하는 평가를 진행하고, 그 결과를 바탕으로 다시 학생, 학부모와 소통을 한다.

이러한 개별화 발달 계획은 '진단 → 계획 → 지원 → 기록'의 절차를 통해 구체화될 수 있다. 첫째, 모든 학생의 성장을 위한 개별화 교육과정 운영을 염두에 두고 보다 체계적이고 구체적인 방식의 진단이 이루어져야 한다. 이 단계에서는 심리검사는 물론 가정환경을 포함해서 다양한 진단이 이루어질 필요가 있다. 둘째, 매 학년 초 3자 대화를 통해 학교와 가정이 학생의 성장과 발달을 위해 함께 책임지는 약속을 공유한다. 이를 통해 학생이 자신의 학습과 생활을 스스로 계획하고 실행하는 주체가 되도록 하고, 학교와 가정 모두 책임이 있음을 공유한다. 셋째, 개별 학생의 필요에 적합한 지원이 필요하다. 학생 개인에 대한 개별적인 진단과 3자 대화를 통해 성장발달 계획을 수립한 후에는 이에 따른 교육활동을 전개해 나간다. 이때 학생들에 대한 개별 지원이 중요하다. 지원은 일반지원, 집중지원, 특별지원 등으로 층위를 나눌 수 있다. 넷째, 과정중심평가 또는 성장중심평가를 염두에 두고 성장과정과 결과를 기록하며, 그 결과를 학생 및 학부모와 긴밀히 소통한다. 평가 및 기록은 개별화 계획이 잘 이행되었는지 살펴보는 것이 중요하다.

이러한 IDP는 모든 학생들을 대상으로 운영할 수 있다. 그러나 현실에서 교사들이 모든 학생들을 대상으로 3자 대화와 개별성장목표를 설정하는 것은 쉽지 않다. 왜냐하면 이러한 노력은 너무 많은 시간과 업무를 요구하기 때문이다. 그러므로 현실적으로 대략 80%의 학생들을 대상으로는 기존 학년별 성취기준을 적용하고, 성취도가 낮은 나머지 20% 정도의 학생들을 대상으로 IDP를 운영할 수 있다.

나. 차별화(맞춤형)

차별화는 학생들의 다양한 학습선호(learning preference)에 맞추어 교수하는 것을 말한다. 학습목표는 모든 학생들에게 동일하다. 단 학생들의 학습선호에 따라 또는 학생들에게 가장 잘 맞는 것을 알아보고 이에 따라 교수방법이나 접근이 다양할 수 있다(Bray & McClaskey, 2013). 맞춤형 교수는 문자 그대로 학생들에게 맞추어 가르치는 것을 말한다. 보다 정확히는 모든 학생의 학습 요구에 맞는 교육을 제공하는 수업을 말한다. 이러한 수업에서 교사들이 갖고 있어야 하는 전제는 모든 학생들은 공통 학습 목표에 도달할 수 있어야 한다는 것이다. 그러나 동시에 수업은 학생들의 흥미, 선호도, 장점, 그리고 무엇을 어려워하는가 따라 맞춤형으로 제공될 수 있다.

DI(Differentiated Instruction)를 우리말로 사용할 때, 의역하는 편이 보다 편리하다. 왜냐하면 'differentiated'를 '차별화'라고 번역하면, 차별이라는 용어에서 오개념이 발생할 수 있기 때문이다. 더욱이 DI에서 학생들의 능력 수준에 따라 내용, 과정, 산물을 차별화(differentiate)할 수 있지만, 이 접근에서는 능력별 집단화(ability grouping)를 매우 꺼려하기도 한다는 점을 유의할 필요가 있다. 다시 말해 DI는 평등의 관점을 보다 중시하는 교육철학을 갖고 있다. 이 문제와 관련하여, 이대식(2015)은 차별화보다는 '맞춤형'이 보다 적합한 번역으로 보고 있다. 또한 DI를 정의하는 여러 문서에서 '모든 학생들의 요구에 수업을 맞추기'(to tailor instruction to all students' learning needs)라는 표현을 쓰는 경향이 있기 때문에 '맞춤형'이라고 명명하는 것이 좋다.

맞춤형 교수는 다인수 교실에 놓인 학생들을 강의식 수업과 같이 경직된 방식으로 가르치는 대신, 여러 가지 다른 방법을 사용한다. 여기에는 모둠수업, 일대일 지도 등을 포함할 수 있다. DI는 학생들이 정보를 받아들이는 방식, 이해하고 생각하는 방식, 배운 것을 표현하는 방식에서 선택지를 가지고 있다는 것에 기초한다. DI를 주창하고, 보급해 온 Tomlinson(2014)은 교사들이 맞춤형 수업을 운영해 나가는 있어, 다음과 같이 네 가지 고려 사항을 제시했다.

- 내용: 학생이 배워야 할 내용이 무엇이고, 이를 위해 어떤 자료가 도움이 될까?
- 과정: 어떤 활동을 해야 학생들이 배운 내용을 이해하는 데 도움이 될까?
- 프로젝트: 학생들이 알게 된 것을 어떻게 표현하도록 할까?
- 학습 환경: 같이 협력하는 교실 분위기를 어떻게 만들어야 할까?

교사들은 이러한 고려사항을 염두에 두고 실제 교실에서 내용(content), 과정(process), 결과(산물, product)라는 세 측면에서 수업을 설계하게 된다. 그런데 내용과 관련해서 학생들은 공통 목표에 따른 공통 내용을 배우는 것이기 때문에, 사실상 다양한 내용이란 다양한 자료를 말한다고 볼 수 있다. '같은 내용을 다양한 자료를 통해' 배울 수 있다는 것이 DI에서의 수업설계원리이다. 다시 말해, 맞춤형 교수의 기본 전제는 모든 학생들이 동일한 핵심 내용에 접근할 수 있도록 해주는 것, 즉 공통목표 도달이라 볼 수 있다. 그런데 한 교실 안에서 학생들의 능력과 흥미 차이가 있다는 것을 고려하여, 학생 맞춤형으로 수업을 운영하는 것이다. 그리고 맞춘다 함은 내용, 과정, 결과(산물) 측면에서 학생들에게 맞추는 것을 말한다. 이대식(2016)이 요약한 바에 따르면, 맞춤형 수업에서 '맞춘다'는 것은 다음과 같이 정리할 수 있다.

- 내용을 맞춘다는 것: 학생들이 배울 자료를 다양화
- 과정을 맞춘다는 것: 학습자의 능력과 흥미 등에 따라 난이도와 활동 종류를 다양화
- 결과를 맞춘다는 것: 학습자가 선호하는 방식에 따라 자신이 학습한 것을 다양하게 표현할 수 있도록 허용

DI에 기반한 수업에서, 교사가 학습내용을 학생들의 다양성을 고려하여 '맞출' 때, 주의할 사항이 있다. 그것은 "내용 자체를 다른 것, 예컨대 보다 쉬운 것으로 대체하는 것은 맞춤형 교수가 아니라는 점"(이대식, 2016: 193)이다. DI 프레임워크에서는 내용은 같게 하면서, 난이도, 복잡성, 활동 선택만 다르게 해야 한

다는 것이 원칙이다. 이는 모든 학생들이 성취할 수 있다는 이상적 전제를 잃지 않으면서, 현실적으로 속도가 다양한 학생들의 맞춤형 성장을 도모한다는 원칙을 지키려는 노력의 일환이라 볼 수 있다. 이러한 점에서 DI를 소위 능력별 집단화의 하나인 '우열반 수업'으로 보면 큰 오해라고 볼 수 있다. 왜냐하면 DI는 학습에 어려움을 겪는 학생들에게 1차적인 관심이 있기 때문이다. 우열반 수업은 저성취 학생들에게 낙인효과를 불러일으킬 위험이 있다. DI 접근에서는 모든 학생의 성장이라는 보편성과 이를 위해 학생들의 특성을 고려하여, 학습에 곤란을 겪는 학생들을 우선적으로 고려하는 것이 중시된다.[15]

다. 개인화

개인화는 학생들의 학습필요, 학습선호, 그리고 다양한 학습자의 관심에 맞추어 교수하는 것을 말한다. 충분히 개인화된 학습환경에서 학습목표, 내용, 방법, 속도는 모두 달라질 수 있다. 개인화는 UDL(Universal Design for Learning)이라고 불리는 보편적 학습설계와 관련된다(Bray & McClaskey, 2013). UDL은 개인화를 위한 교수학습 전략이다.

UDL 프레임워크에서 보편적 설계라 함은 유니버설 디자인이라는 개념에서 유래되었다. 유니버설 디자인은 연령이나 장애에 관계없이 모든 사람들이 최대한 접근하고, 사용할 수 있도록 건축이나 시설 등을 설계하는 것을 말한다. 많은 국가에서 공공시설이나 정보(웹사이트 등), 상품 제공시 유니버설 디자인, 즉 보편적 설계를 의무로 하는 경우가 많다. 유니버설 디자인은 무엇인가를 디자인할 때, 과정 전반에 걸쳐 장애 등 사람들의 다양성을 고려해, 모두를 포용하는 제품, 시설, 서비스 등 윤리적인 환경을 만들어가는 것을 말한다. 이는 장애를 가진 사

---

15) 이 점에서 DI는 중재반응접근법이라고 불리는 RTI(Response to Intervention)와 호응하는 측면이 많다. 왜냐하면 이 두 접근법은 모두 발달이 느린 학생들에게 다양한 전략을 사용해 보고, 지속적으로 피드백을 제공하며, 그 효과를 시시각각으로 검토해 보기 때문이다. RTI는 모든 학생들을 대상으로 수업을 운영하되, 발달이 느린 학생들을 파악하여 따로 도움을 주며, 어떠한 개입이 효과적인 도움이 되었는가를 지속적으로 평가하는 전략이다. 이 접근에서는 이와 같이 증거기반 의사결정을 중시한다. 이러한 절차를 거친 후, 집중지원으로도 여전히 발달에 어려움을 겪는 학생들이 남아있다면, 이들을 학습장애로 판단하고 그에 따라 특수교육을 제공할 것인지에 대해 논의하게 된다.

람만 위한 것이 아니라 포용적인 사회를 만들어감으로써 전체 사회 구성원의 행복을 가져온다는 철학에 기초하고 있다.

이러한 보편적 학습설계는 장애, 언어 등 학생들의 다양성을 적극 포용하여 결국 모든 학습자의 성장을 도모한다는 목적을 지니기 때문에 특수교육대상 학생을 일반교육에 참여시킬 수 있는 통합교육의 교육적 대안으로 각광받고 있다 (김수연, 이희연, 2021). 그럼에도 불구하고, 김수연과 이희연(2021)에 따르면, 통합교육이 이루어지는 일반교육 현장에서 보편적 학습설계를 사용하는 것을 찾아보기는 쉽지 않다.

한편 최근에 보편적 학습설계에 대한 관심이 조금씩 생겨나고 있다. 이러한 관심은 일반학교에서 보편적 학습설계를 적용해보는 연구가 생겨나고 있다는 점 (최효선 외, 2020), 보편적 학습설계에 대한 번역서(Nelson, 2019; Galkienė & Monkevicienė, 2023)나 저서(조윤정 외, 2021)가 등장하고 있다는 점, 배움중심수업에서 보편적 학습설계가 응용되고 있다는 점(김수연, 이희연, 2021) 등에서 찾아볼 수 있다.

UDL 프레임워크를 만들고 보급하고 있는 CAST(Center for Applied Special Technology)는 왜 UDL이 필요한지 알기 쉽게 설명하기 위해 교사들에게 다음과 같은 교실 상황을 제시하였다.

어떤 교실에서 선생님들의 학생들은 나비의 변형(변태) 단계에 대한 글쓰기 과제를 수행해야 해요. 그런데 몇몇 학생들은 과학박물관에서 나비가 여러 단계를 통해 성장하는 것을 이미 보았습니다. 이 학생들은 자신이 알고 있는 것에 대해, 신이 나서 친구들에게 말해주고 싶어 해요. 또 다른 학생들은 나비의 변형 단계에 대해 잘 모르고 있어서, 이 주제에 대해 글을 쓰는 것에 대해 긴장하고 있습니다. 그리고 또 어떤 학생들은 글을 쓰는 것을 좋아하지 않습니다. 이 아이들은 선생님이 '글쓰기'라고 말하는 순간부터 이 활동을 두려워합니다(Posey, 2033: 1).

이렇게 다양한 아이들로 구성되어 있는 교실에 대한 상황 제시는 교사들로 하여금 모든 학생들을 성장시키되, 개별적으로 접근해야 함의 중요성을 환기시킨다. 아이들이 다양한 만큼 그 다양성에 부응하는 수업이 설계될 필요가 있는 것이다.

이에 UDL 프레임워크는 크게 세 가지 요소를 강조하고 있다. 첫째, 다양한 방식의 표상으로 교육내용을 제공하는 것이다. 이는 내용 제시 방법에 있어 같은 내용을 다양한 형태(언어, 수식, 기호 등)로 제공해야 함을 뜻한다. 둘째, 다양한 방식의 표현수단을 제공한다. 학습자의 요구와 선호하는 표현방법을 존중해서, 신체적 표현방식, 의사소통을 위한 매체 선택, 연습이나 수행의 기회를 충분히 제공함으로써 유창성을 높인다. 셋째, 다양한 방식의 참여를 제공한다. 다양한 학습자 특성 및 학습동기를 파악하여, 학습자와의 관련성을 높이고, 참여 방식의 선택권을 제공한다. 이때 친구들과 협력할 수 있는 분위기를 조성하고, 학습자 스스로 학습을 조절해가며, 자기평가 또는 성찰의 기회를 제공한다(CAST, 2011).

3 외국 사례

가. 캐나다

모두를 위한 교육과정과 관련하여, 흥미롭게도 대안적인 수업설계 모형으로 떠오른 UDL과 DI를 결합하여 주정부가 교사들에게 권고한 사례가 있다. 바로 캐나다 온타리오 주의 사례가 이에 속하는데, 더 흥미로운 것은 주 교육정책치고는 매우 이론기반이라는 점이다. 캐나다 온타리오 주에서는 다음 세 가지 접근법을 중심으로 수업을 운영하도록 교사들에게 권고하고 있다.

- UDL(Universal Design for Learning)
- DI(Differentiated Instruction)
- 예방 및 중재를 위한 중층적 접근(Tiered approach to prevention and intervention)

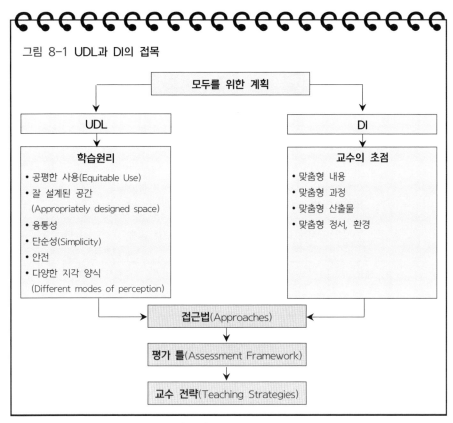

그림 8-1 UDL과 DI의 접목

모두를 위한 계획

UDL

학습원리
- 공평한 사용(Equitable Use)
- 잘 설계된 공간
  (Appropriately designed space)
- 융통성
- 단순성(Simplicity)
- 안전
- 다양한 지각 양식
  (Different modes of perception)

DI

교수의 초점
- 맞춤형 내용
- 맞춤형 과정
- 맞춤형 산출물
- 맞춤형 정서, 환경

접근법(Approaches)

평가 틀(Assessment Framework)

교수 전략(Teaching Strategies)

자료: Ontario Ministry of Education(2013). p.9.

먼저 UDL과 DI를 접목시켜 제시한 수업 및 평가 운영 모델은 [그림 8-1]과 같다. 온타리오 주에서는 지속적인 학습부진 예방 및 개입을 위해 종합적 접근을 취하고 있다. 이 단계적 접근은 UDL과 DI의 원칙을 종합적으로 구현하는 것이다. 단계적 접근은 학습에 있어 장애를 겪는 아이들을 조기에 식별하여, 지속적으로 성장과정을 모니터링하는 체계적인 방법이라 볼 수 있다. 이를 통해 학생들이 필요한 수준의 지원을 정확히 파악하여 제공할 수 있다. 이러한 방법은 개인화와 정밀한 필요 파악을 통해 학생들의 성취도를 향상시키는 데 도움을 준다. 학습장애가 있는 학생들을 도와주기 위해 교사들은 (1) 학생들의 강점과 필요가 무엇인지, (2) 그들이 어떤 유형에 속하는지, (3) 주어진 시간에 주어진 과목에서 배울 준비가 되어 있는지, 그리고 (4) 어떤 과제가 이 학생들의 관심을 끌고, 사고를 촉진할 수 있을지 잘 이해하고 있어야 한다.

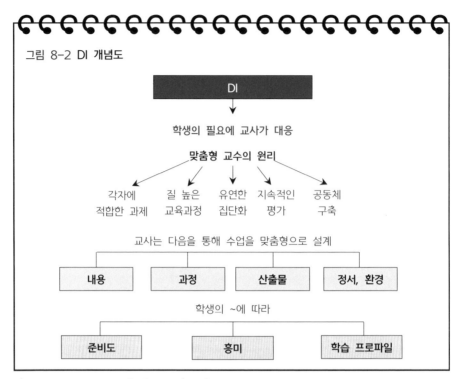

그림 8-2 DI 개념도

자료: Ontario Ministry of Education(2013). p.9.

온타리오 주에서는 이에 대한 교사들의 이해를 도와주기 위해 맞춤형 학습과 학생의 필요에 대한 정밀한 분석을 중시하고 있다. 온타리오 주정부는 [그림 8-2]에서 보여주는 바와 같이 DI 모델을 거의 그대로 채택하고 있다. 이에 학생들의 준비도, 흥미, 학습 프로파일16) 등에 맞추어 (1) 학생들이 배울 자료를 다양화하고, (2) 활동의 종류를 다양화하고, (3) 선호하는 방식에 따라 자신이 학습한 것을 다양하게 표현할 수 있도록 허용하고, (4) 학습 환경을 맞춤형으로 제공하고자 한다.

온타리오 주에서는 UDL과 DI의 접목을 추구하면서, 동시에 단계적 접근을 취하고 있다. 이는 학생들의 필요, 성취도, 흥미 등을 고려해서 1층위, 2층위, 3층위로 나누어 접근하는 것이다. 이는 궁극적으로는 2층위와 3층위 학생들을 도

---

16) 학습 프로파일은 학생들의 강점과 선호하는 학습 스타일은 무엇이고 또 부족한 부분은 무엇인지 파악한 것을 말한다.

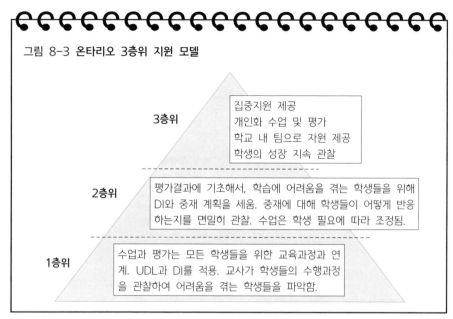

그림 8-3 온타리오 3층위 지원 모델

3층위
집중지원 제공
개인화 수업 및 평가
학교 내 팀으로 자원 제공
학생의 성장 지속 관찰

2층위
평가결과에 기초해서, 학습에 어려움을 겪는 학생들을 위해 DI와 중재 계획을 세움. 중재에 대해 학생들이 어떻게 반응하는지를 면밀히 관찰. 수업은 학생 필요에 따라 조정됨.

1층위
수업과 평가는 모든 학생들을 위한 교육과정과 연계. UDL과 DI를 적용. 교사가 학생들의 수행과정을 관찰하여 어려움을 겪는 학생들을 파악함.

자료: Ontario Ministry of Education(2013). p.24.

와주기 위한 것으로 볼 수 있다.

첫째, 1층위에서 평가와 교수는 모든 학생들을 위한 교육과정에 따라 계획된다. 이때 UDL과 DI를 종합적으로 적용한다. 교사들은 이 단계에서 학생들의 성장을 관찰하고, 모니터하며, 학습에 곤란을 느끼는 학생들이 누구인지 파악한다. 둘째, 1층위에서 평가 결과를 기초로 학습에 어려움을 느끼는 학생들을 파악했다면, 2층위에서는 이 학생들을 위해 DI를 보다 강화하고, 개입(특정 영역 또는 전체적으로)을 어떻게 할 것인지 계획을 세워야 한다. 개입(intervention)에 대해 학생들이 어떻게 반응하는지 긴밀히 관찰하고, 그 학생들의 필요를 파악하여 맞춤형 교수를 제공한다. 셋째, 3층위에서는 2층위에서의 노력으로도 성장에 어려움을 느끼는 소수의 학생들을 위한 개입에 들어간다. 교사들은 집중지원(intense support)이 필요한 학생들을 위해 엄밀하고, 개별화된 평가 및 교수를 위해 계획을 세워야 한다. 이 층위의 학생들을 위해서는 학교내 집중지원팀에서 지원을 담당해야 하고, 필요한 경우 외부의 조력을 받도록 연계해준다. 이 층위의 학생들을 위해서는 지속적인 성장에 대한 모니터링과 기록이 꼭 필요하다.

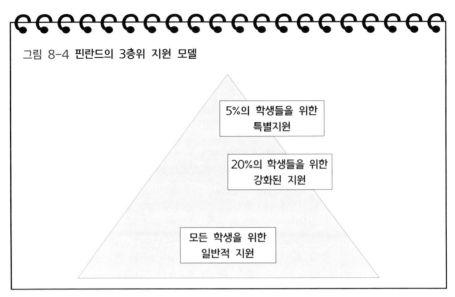

그림 8-4 핀란드의 3층위 지원 모델

5%의 학생들을 위한
특별지원

20%의 학생들을 위한
강화된 지원

모든 학생을 위한
일반적 지원

자료: Thuneberg et al. (2014). p.39.

나. 핀란드 사례

핀란드와 스웨덴과 같은 노르딕 국가들은 보편적, 맞춤형 수업 설계를 기반으로 교육과정을 구성하고 있다. 이러한 체제는 보편적 학습지원 시스템이나 맞춤형 지원과 같은 용어로 불리고 있다. 핀란드에서는 수업을 운영할 때 중층적 지원 시스템을 갖추고 있다. 이 시스템은 일반지원(general support), 집중지원(intensified support), 특별지원(special support) 등 세 단계로 이루어져 있다.

첫째, 일반 지원이란 느린 학습자를 위한 지원이기 보다는 일반 학생들을 대상으로 하는 지원을 말한다. 일반 지원 층위에서는 모든 학생들을 보편적으로 가르치는 동시에 개별 학생들의 필요, 동기, 흥미 등을 고려하여 수업을 운영한다. 여기에 해당하는 학생들은 개인별로 학습계획(learning plan)을 수립한다. 이 계획은 학생에게는 자기주도적인 학습을 가능하게 하고, 교사에게는 학생의 상황을 파악하고, 동료교사와 학부모 사이의 협력을 촉진하는 데 도움을 준다. 학부모에게는 자녀의 상황과 흥미를 파악하고, 교사와 의사소통하는 데 도움을 준다.

둘째, 집중지원은 일반지원과 특별지원 사이에 위치한 20% 학생들을 위한 지원으로서, 정규수업 이외에 다양한 형태의 보충학습 기회를 제공하는 것을 의미한다. 또 교사의 지원은 물론 심리적 지원이나 복지 지원이 종합적으로 제공될 수 있도록 하는 학생복지팀의 역할이 필요하다. 이 팀은 담임교사, 특수교육 교사, 교과교사, 복지사, 상담사, 의사 등 여러 분야의 전문가들로 구성된다. 학생들이 충분한 지원을 받고 학습과 학교 생활에 있어 어려움을 극복하였을 때는 집중 지원에서 다시 일반 지원으로 되돌릴 수 있다.

셋째, 특별지원은 집중지원으로도 성장에 어려움을 겪는 5% 학생들을 위해 전문가로 구성된 복지팀이 이 학생들을 위한 다양한 지원을 제공하는 것을 의미한다.

위에서 살펴본 바와 같이 핀란드에서는 모두를 위한 교육과정을 개별화 학습계획(ILP, Individualized Learning Plan)이라는 장치를 통해 구현하고자 한다. 이러한 개별화 교육계획은 스웨덴의 개별화 발달계획(IDP, Individualized Development Plan)과 대동소이하다. 이는 또 캐나다 브리티시 컬럼비아 주에서 제시한 개인화된 학습(Personalized Learning) 모형과도 매우 유사하다. 핀란드의 ILP는 장애학생을 포함하여 모든 학생들에 적용되는 교육과정이다. '모든 학생을 위한 교육 실현'이라는 목표 아래 핀란드에서는 2010년부터 집중지원 층위(20%)를 새로 추가하여 기존의 2층위 접근에서 3층위 접근으로 발전시켰다(Thuneberg et al., 2014). 이러한 3층위 접근은 캐나다의 그것과도 매우 유사하다. 이와 같이 최근 '모두를 위한 교육과정' 전략은 국제적으로 수렴되는 경향이 있다.

4 한국에서의 실천

한국에서도 기초학력에 미달하는 학생들이 늘어나고, 또 이 학생들은 다양한 위기 중복 상태에 놓여 있는 경우가 많아 종합적인 지원 정책을 추진해 왔다. 기초학력 미달 학생들을 위한 정책은 교육부는 물론 시·도교육청이 적극적으로 추진하고 있다. 그 대표적인 예가 기초학력 진단, 보정 시스템의 운영이다. 또 시·도교육청 중심으로 교육(지원)청 단위로 학습종합클리닉센터를 운영하고 있다. 대부분의 기초학력 미달 학생들이 학업성취도 이외에 다양한 학습결손요인을 갖고 있기 때문에 2014년부터는 이를 종합적으로 지원하고자 두드림학교가 운영되고 있기도 하다. 그러다가 2022년에 '기초학력 보장법'과 이를 위한 시행령이 시행되면서 법적인 근거를 명확히 했다.

가. 진단

기초학력에 대한 진단은 단위학교에서 반드시 실시하도록 되어 있다. 진단 도구나 방법은 학교의 자율적 선택에 따라 실시할 수 있다. 이에 단위학교에서 얼마나 기초학력의 진단과 지원을 잘 하고 있는가는 단위학교 역량과 의지에 달려 있다고 해도 과언이 아니다. 교육부와 각 시·도교육청은 진단결과를 보호자에게 통지하고 가정에서의 학습, 생활태도 등과 연계하여 학생별 학습을 지원하도록 안내하고 있다. 교육부는 시·도교육청을 통해 단위학교에서 기초학력 진단－보정 시스템을 활용하도록 하고 있다. 단위학교에서는 이러한 기초학력 진단－보정 시스템을 활용하여 3월 초 초기진단 이후 보정지도를 실시하고 단계적인 향상도 진단과 보정 과정을 통해 학생들의 기초학력 향상을 지원하게 된다.

기초학력이 부족한 학생들의 진단은 무엇보다도 교사의 관찰에 의해서 잘 파악될 수 있다. 그래서 1단계로 단위학교에서 학기초에 시행하는 기초학력 진단검사, 교사의 관찰, 면담 결과 등을 통해 학습지원 대상학생 후보군을 파악하는 것이 가장 기초적인 노력에 해당한다. 이렇게 해서 파악한 후보군을 대상으로 2단계에서는 보다 정밀한 검사를 시행한다. 이를 위해 학습 저해 요인(인지, 심리·정서, 행동, 환경 등)을 구체적으로 파악하기 위해 세부 검사도구를 선택하여 진단한다. 이 도구에는 학습유형, 사회·정서역량, 경계선 지능 학생 선별 도구 등이 포함될 수 있다. 3단계에서는 1, 2단계에서 수집한 정보를 토대로 학습지원 대상 학생 지원협의회에서 심의 후 최종 선정하고 교내 지원방안을 마련한다. 그리고 단위학교에서 충분히 도와주기 어려운 학생들을 선정하여 전문기관(의료, 상담 기관, 학습종합클리닉센터 등)에 의뢰할 수 있다(교육부, 2022a).

이와 같이 단위학교에서의 진단이 기초적으로 시행되면 종합적이고 심층적인 도움이 필요한 학생들을 위해 (지역)교육청의 역할이 중요하다. 지역교육청 단위로 운영되는 학습종합클리닉센터에서는 지능, 심리, 정서검사 등 전문 진단도구를 활용하여 학생의 학습저해 요인을 파악하고, 필요한 경우 전문기관과 연계하여 도움을 준다. 경계선 지능이 의심되는 학습지원 대상학생일 경우 지능검사뿐 아니라 기초학습능력검사, 적응행동검사 등을 실시하여 종합적으로 판단한다(교육부, 2022a). 단위학교에서 담당교사나 학습종합클리닉센터의 전문가는 심층진단 결과를 바탕으로 학부모(보호자)와 협의 후 개별 학생에 대한 맞춤형 지원프로그램을 설계하고, 이를 운영하다. 또 심층진단 결과, 특수교육이 필요하다고 판단된 경우 특수교육대상자 진단, 평가 의뢰에 관한 사항을 학부모(보호자)에게 안내하도록 되어 있다(교육부, 2022a).

나. 지원

1) 단위학교에서의 지원

느린 학습자를 도와주기 위해 가장 기본적이면서 효과적인 조직은 단위학교라 볼 수 있다. 단위학교는 기초학력 보장 지원에 관한 사항을 협의하고, 학습지원 대상학생 선정 및 지원방안 마련의 책임이 있다. 학교장은 본인을 포함하여, 교과, 담임, 상담, 특수, 보건, 영양 교사 등으로 팀을 구성하여 종합적으로 지원해야 할 책임을 진다. 그리고 학생의 상황과 학교의 여건에 따라 사회복지사, 진로교사 등도 많은 역할을 할 수 있다.

단위학교에서 교사들이 가장 어려워하는 부분은 학부모(보호자)와의 소통이다. 학교와 교사는 진단검사 결과, 학습동기 수준, 심리검사 결과 등 학생에 대한 세부정보를 제공하고, 지원 프로그램에 대해 친절하게 안내하도록 되어 있다(교육부, 2022a). 다만 학부모(보호자)의 동의를 받는 과정에서 상황에 대한 인식차이로 갈등을 겪기도 한다. 이에 진단 및 지원 과정에서 학부모와 함께 상황을 인식하고 해결하는 소통의 문화를 구축하는 것이 중요하다.

교육부는 느린 학습자가 특히 많은 학교부터 '두드림학교'로 지정하여 별도의 예산을 지원하고 있다. 두드림학교의 지원대상 학생은 복합적 요인으로 어려움을 겪는 부진학생으로 기초학력 부진학생 중 학습(읽기, 쓰기, 셈하기 등), 정서행

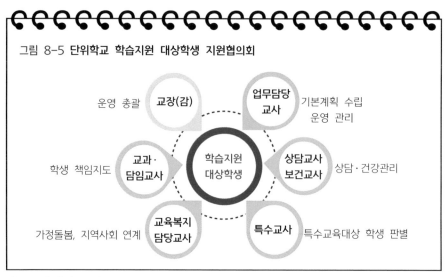

그림 8-5 단위학교 학습지원 대상학생 지원협의회

운영 총괄 　교장(감)

업무담당 교사　기본계획 수립 운영 관리

교과·담임교사　학생 책임지도

학습지원 대상학생

상담교사 보건교사　상담·건강관리

가정돌봄, 지역사회 연계　교육복지 담당교사

특수교사　특수교육대상 학생 판별

자료: 교육부 (2022a). p.14.

동, 돌봄 측면에서 한 가지 이상의 어려움을 지닌 학생이다. 두드림학교는 특히 기초학력 미달이 심리, 정서, 빈곤 등 복합적 요인에 의한 것으로 파악하고, 학생 중심의 다중지원체계를 구축한 후 개인별 맞춤형 프로그램을 제공하는 것이 특징이다.

2) 학교 밖에서의 지원

위에서 살펴본 바와 같이 학교와 교사는 학습지원 대상학생의 학력 수준과 기초학력 미달 원인 등을 고려하여 맞춤형 지원을 하도록 되어있다. 그러나 소수의 학생들은 학교 안에서의 지원으로 충분하지 않다. 이 경우 학부모(보호자)와 상의하여 학교 외부 전문기관과 연계하여 지원하도록 되어 있다. 이와 같이 추가적인 지원이 필요한 학생들은 다양한 학교 밖 지원을 받을 수 있다. 그 중에서도 대표적인 지원이 학습종합클리닉센터와 Wee 센터이다.

학습종합클리닉센터는 교육(지원)청 단위로 설치되어 운영되고 있다. 이 센터에서는 학교와 학부모의 의뢰로 지원대상 학생에 대한 학습 상담, 학습 코칭, 전문적 검사(경계선 지능, 읽기 곤란 등), 맞춤 지원과 같은 역할을 한다. 경계선 지능에 해당하는 학생들은 특수교육대상자로 선정될 정도는 아니지만 여전히 학습

장애를 지닌 학생들을 말한다. 이 센터에서는 가급적 1:1의 맞춤형 지원을 하고 있다.

Wee 센터는 느린 학습자보다는 심리, 정서적 위기를 겪는 학생들을 위한 프로그램이다. 그러나 학습에서의 장애와 심리적 위기가 중복된 사례가 많아 Wee 센터의 역할은 종합적이다. 여러 가지 위기 중에서 학교 내에서의 지원으로 충분한 경우가 있으므로 단위학교에서는 Wee 클래스를 운영한다. Wee 클래스는 학교 안에 설치된 상담실로 친구관계나 진로 등 다양한 고민을 상담교사와 함께 나눌 수 있는 공간이다.

그렇지만 이것으로 충분하지 않은 사례가 많아 학교 밖 지원으로 Wee 센터를 운영하고 있다. (지역)교육청에 설치된 Wee센터는 학교 안에서 해결되지 않는 근본적인 어려움을 해결하고, 지역사회 내 유관기관과의 연계를 통해 필요한 서비스를 제공한다. 개인 또는 집단 대상의 상담 서비스와 특별교육, 학업중단예방 등 다양한 맞춤형 프로그램을 운영하며 필요에 따라, 임상심리사에 의한 도움, 사회복지사에 의한 지역사회 연계 지원 등 개별 학생들에게 적합한 전문화된 통합 서비스를 제공하고 있다. 단위학교의 교육과정이 '모두를 위한 교육과정'이 되기 위해서는 소수의 학생들에 해당한다 할지라도 학교 밖 지원까지 연계할 수 있어야만 완성된 교육과정이라 볼 수 있다.

5 교사교육에 주는 시사점

가. 개인화 관점의 채택

느린 학습자들은 못하는 것을 보완하는 것도 중요하나 그것보다는 자신이 잘 하는 방식을 통해 교육목표를 달성하게끔 도와줄 필요가 있다. 이는 강점 강화의 관점이다. 또 최근 개인화 관점에서 지지되는 것이다. 그래서 교사들은 느린 학습자들이 선호하는 학습형태를 파악할 필요가 있다. 이렇게 해야 느린 학습자들이 수업에서 소외되는 것을 막을 수 있다. 또 최근 맞춤형 또는 개인화 학습이 느린 학습자들의 학업성취도 증진에 도움이 된다는 연구가 증가하고 있다. 맞춤형 또는 개인화된 접근은 학생들에 대한 피드백을 중요한 요소로 전제하고 있다. 피드백에 대한 교사의 태도와 능력은 느린 학습자들을 도와주는 데 있어 매우 중요하다.

나. 사회적 역량의 중요성 인식

교사들은 어떤 학생이 수학이나 영어를 형편없이 못한다면 큰일 난 것으로 생각할 수 있다. 물론 주요 교과를 못 따라가면 자존감이 약해지고, 수업시간에 계속 소외되어 무기력을 학습하게 된다. 그래서 학교에서 학력의 신장은 중요한 과업이다. 그런데 문제는 이러한 학생들이 어쩔 수 없이 현실에서는 늘 존재한다는 사실에 있다. 이에 교사들은 이 학생들이 의사소통능력, 창의성, 협력, 대인관계능력, 공감능력 등 사회적 역량 또한 낮은지 확인해 보아야 한다. 이 학생들이 학교를 졸업하고 자신의 삶을 영위할 때 영어, 수학만큼 중요한 능력이 많기 때문이다. 교사들은 느린 학습자의 능력 또는 역량을 종합적으로 볼 수 있는 눈을 가져야 하며, 사회적 역량을 키워줄 수 있는 전문성을 지녀야 한다(정준민, 2022). 교사들은 이 학생들을 위해 자존감의 향상과 사회적 역량을 증진시키면서 동시에 학업을 병행시켜야 한다.

다. 학습공학의 활용

교사들은 무수히 많은 업무로 인해 느린 학습자들에게 충분히 많은 시간을 할애하지 못하는 경우가 있다. 다행히 최근 발전하는 인공지능 기술 등 느린 학습자를 도와줄 수 있는 도구가 생겨나고 있다. 이에 교사는 어떤 기술이 이 학생들에게 도움이 될 지 관련 정보에 민감할 필요가 있다. 교사가 학습공학을 잘 활용하면, 더 정확하게 장애를 진단하고, 필요한 학습경험을 제공하고, 더 쉽게 평가할 수 있기 때문에, 느린 학습자를 위해 더 많은 에너지를 더 필요한 곳에 사용할 수 있다.

라. 팀으로 문제를 해결하는 능력

느린 학습자는 중복 요인을 지니고 있기 때문에 담임교사 혼자 해결하기 힘들다. 대신 교과교사, 상담교사, 지역사회복지사, 보건교사, 진로교사를 포함해서 확대된 교사전문가공동체를 통해 문제를 해결하는 것이 보다 효과적이다. 이러한 노력이 항상 성공적인 것은 아니지만, 이와 같이 팀으로 문제를 해결하지 않는다면 느린 학습자를 도와주는 일은 더 어려운 과제가 되고 만다. 위에서 살펴본 핀란드나 캐나다의 모델에서는 학부모도 팀의 일원이 될 수 있다. 그러나 현실적으로 낙인효과에 대한 우려 등으로 학부모(보호자)가 느린 학습자 지원 자체에 동의하지 않는 경우가 많다. 그러므로 교사는 학부모와 느린 학습자 지원에 대해 충분히 설명하고 동의를 구하는 등 의사소통 능력을 갖추어야 한다. 학부모까지 팀의 일원으로 참여시킬 수 있다면 가장 바람직하겠으나, 그렇지 못하더라도 학부모와 자주 소통하는 역량을 갖출 필요가 있다.

이 장이 끝나면 대답할 수 있어야 하는 10가지 질문

1. 교육과정을 통합하면, 학생들에게 어떤 점에서 이로운가?

2. 교육성취를 통합한다는 것은 무슨 의미있가?

3. 교과 간 통합과 교과 내 통합은 어떻게 다른가?

4. 다학문적 통합의 정의와 사례를 제시하시오

5. 간학문적 통합의 정의와 사례를 제시하시오.

6. 초학문적 통합의 정의와 사례를 제시하시오.

7. 교육과정 통합 템플릿은 어떤 점에서 유용한가?

8. 수행평가를 중심으로 교과를 통합하면 어떤 점에서 유리한가?

9. 교육과정 통합과 교사학습공동체는 어떤 관계를 지니는가?

10. 교육과정 통합 운영 과정에서 교사는 무엇을 배울 수 있는가?

Chapter 09

교육과정 통합

1 교육과정 통합의 필요성

가. 통합 교육과정의 이점

통합 교육과정(integrated curriculum)은 분절된 지식과 경험을 의미있는 방식으로 서로 관련지어 가르치는 교육과정이라고 할 수 있다. 즉, 학습자의 전인적 발달을 도모하기 위해 종래의 교과 경계를 허물고, 학습자의 경험과 참여를 중심으로 구성된 교육과정이다. 통합 교육과정은 보통 교과와 교과, 교과 내에서 지식과 경험, 교과와 삶, 지식과 실천 등 학생들에게 제공해야 할 교육경험 측면에서 필요한 요소들간의 연계를 통해 설계된 교육과정이다. 그렇기 때문에 통합 교육과정은 학생들을 협력시키고, 깊은 이해에 도달하게 하며, 학업성취를 증진시켜, 창조적이고 실천적인 인간으로 성장시키는 데 큰 도움이 된다.

학교에서는 다양한 교과를 단위로 교육과정과 수업이 운영된다. 한편 통합 교육과정은 이러한 교과의 단위를 뛰어 넘어 교과를 관통하는 주제를 중심으로, 관련된 교과를 통합한 교육과정이라 정의할 수 있다. 통합 교육과정은 학생들이 이론과 실제, 지식과 경험, 교과서에 배운 것과 삶에서 마주하는 것을 통합하는 교육과정이다. 그렇다면 왜 학교에서 통합 교육과정을 운영해야 하는 것일까? 통합 교육과정은 어떤 유용성이 있는가를 알아보면 다음과 같다.

첫째, 실용적인 관점에서 보면 교육과정을 통합함으로써 다양한 교과에서의 내용 중복을 감소시킬 수 있다. 교육과정은 교과 간 서로 충분한 조율이 부족함에 따른 내용의 중복 문제를 안고 있다. 통합 교육과정은 이 문제를 해결하는 데 유리하다.

둘째, 급속한 사회변화에 따른 문제 해결에 유리하다. 통합 교육과정은 이론을 통해 배운 것을 실제 삶에 적용해 보는 학습경험을 제공하기 때문에 삶의 문제 해결 역량을 높이는 데 도움이 된다. 또한 통합 교육과정은 '학습하는 방법의 학습'을 통해 다양한 문제에 대처하는 학습기회를 제공할 수 있다(Bruner, 1960). 그래서 관점의 차이는 존재하나 경험중심 교육과정이나 학문중심 교육과정 모두 통합 교육과정을 중시하고 있다.

셋째, 학생들의 참여도를 높여, 교육목표 달성에 유리하다. 통합 교육과정은 학생들의 흥미 유발에 도움이 되며, 학생들의 몰입을 유도한다. 이는 고단계 사고력 등 높은 수준의 교육목표 달성에 도움이 된다.

넷째, 통합 교육과정은 각 교과 교육과정에서 별도로 다루기 어려운 범교과 주제를 다루는 데 유리하다. 통합 교육과정을 잘 운영한다면 젠더, 세계시민교육, 기후위기, 지역사회와의 연계, 생태주의 등 중요한 주제이지만 개별 교과에서 다루기 어려운 주제를 가르칠 수 있다.

다섯째, 성공적으로 실현된 통합 교육과정은 학생들의 자존감을 높여 줄 수 있다. 다양한 통합 교육과정 운영 과정에서 학생은 자료 수합, 토론, 제작, 발표 등 다양한 역할을 소화하게 된다. 이러한 참여 체험은 일제식, 강의 일변도의 수업에서는 경험하기 어렵다. 인간은 사회 속에서 다른 사람들과 관계를 맺고 살아가는 사회적인 동물이면서 자아실현을 위해 노력하는 존재이다. 학생들도 다양한 통합 교육과정 활동을 통해 타인으로부터 인정받으며 긍정적 정체성을 형성할 수 있다(성열관 외, 2017).

이상에서 살펴본 바와 같이 통합 교육과정은 (1) 내용 중복 문제의 해소, (2) 문제해결 역량 강화, (3) 고단계 사고력 신장, (4) 범교과 주제를 다루기, (5) 긍정적 자아정체성을 기르기에 용이하다는 장점이 있다. 이처럼 통합 교육과정은 개인이 직면하는 삶의 문제나 사회가 당면한 이슈를 해결하는 능력을 길러주기 위한 것이다. 통합이 강한 교육과정은 이러한 능력을 기르기에 보다 유리하다. 또한 협동심과 민주주의의 생활태도를 길러주며, 인지, 정서, 신체의 균형적 성장을 의미하는 전인교육을 지향할 수 있다. 부수적으로는 학생들의 학교생활 적응과 만족감을 높일 수 있다(Beane, 1997). 그 이유는 바로 '통합'을 통해 얻을 수 있는 교육적 효과 때문인 것으로 볼 수 있다.

나. 교육성취 통합의 필요성

통합 교육과정은 전인교육의 실현에 큰 도움이 될 수 있다. 교육 성취로서의 지식, 기능, 인성의 조화로운 통합이 전인교육의 목적에 부합하기 때문이다. 지식 위주의 교육은 학생들이 어떻게 세상을 살아가기를 바라는가에 대한 관점이 미약하다. 물론 통합 교육과정 이전에 지식교육이 제대로 이루어져야 한다. 그러나 지식의 암기나 개념 이해 정도에서 끝나는 교육은 전인교육으로 보기 어렵다.

이러한 문제점을 염두에 두고 Drake와 Burns(2004)는 통합 교육과정을 통해 '지식, 기능, 인성'(Know/Do/Be)이라는 교육 성취의 통합을 추구하였다. 이러한 틀은 교육과정을 통합하는 과정에서 전인교육에 대한 상을 잃지 않도록 해주는 장점이 있다. 이들은 다음과 같이 지식, 기능, 인성에 대한 기본적인 질문을 던지고 있다(Drake & Burns, 2004: 33).

- 학생들이 알아야 할 가장 중요한 것은 무엇인가?
- 학생들이 할 수 있어야 하는 가장 중요한 것이 무엇인가?
- 우리는 학생들이 어떤 사람이 되길 바라는가?

Drake와 Burns는 이상의 질문에 대답함에 있어서, 지식은 기능에 통합되고, 이는 다시 인성에 통합되어야만 잘 교육받은 인간으로 성장할 수 있다고 말한다. 그들은 이를 '지식과 기능 위에 인성의 다리 놓기'라고 부르며, 이를 [그림 9-1]과 같은 도식으로 설명하고 있다.

첫째, 지식은 사실, 주제, 개념을 아는 것과 관련된다. 또 이를 일반화할 수 있거나 혹은 학교에서 배운 것을 지속가능한 이해의 형태로 간직할 수 있는 능력을 말한다. 낮은 수준의 지식은 지필고사 등 표준화 시험을 통해 측정이 용이하다는 특징을 가지고 있다. 둘째, 기능은 지식을 가지고, 의사소통, 종합, 평가,

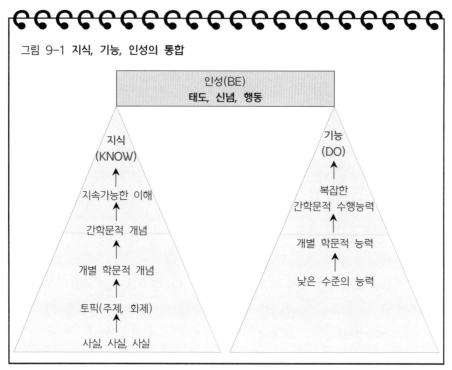

그림 9-1 지식, 기능, 인성의 통합

인성(BE)
태도, 신념, 행동

지식
(KNOW)
↑
지속가능한 이해
↑
간학문적 개념
↑
개별 학문적 개념
↑
토픽(주제, 화제)
↑
사실, 사실, 사실

기능
(DO)
↑
복잡한
간학문적 수행능력
↑
개별 학문적 능력
↑
낮은 수준의 능력

자료: Drake & Burns (2004). p.50.

분석 등 비교적 높은 수준의 능력을 발휘하는 것을 말한다. 기능은 지식보다는 측정이 어렵지만, 학생들이 수행을 통해 문제를 해결하는 과정에서 평가가 가능하다. 셋째, 인성 또는 사람됨은 학생들이 보여주기를 기대하는 태도, 신념, 행동과 관련된다. 인성은 본질적으로 태도나 가치의 영역에 존재하기 때문에, 측정이 용이하지 않으나, 수업에서 배운 것을 통해 사회적으로 유용하게, 그리고 가치 있게 실천하는가를 통해 평가할 수 있다.

이 틀은 교사들에게 "학생들이 무엇을 알고 행하며, 어떤 사람이 되기를 원하는가?"라는 질문에 늘 대답할 준비를 하도록 이끈다. 그리고 아는 것과 할 수 있어야 하는 것은 결국 어떤 사람이 되어야 하는가로 귀결된다. 이러한 생각은 교육과정 통합이 단지 인지적 효과에 머무르지 않고 교육의 본령을 추구하는 교육철학적 수준에서 논의되어야 함을 일깨워 준다. 이러한 논의는 다음 절에서 다룰 교육과정 통합의 원칙을 수립하는 데 있어 그 토대가 된다. 교육과정 통합의 원칙은 그것이 지식, 기능, 인성이 조화된 전인교육을 위한 활동이라는 점에 있다.

2 교과 간 통합과 교과 내 통합

가. 통합적 코드와 컬렉션 코드

어떤 교사가 교육과정을 통합적으로 재구성한다 함은 절연의 경계를 약화시키고, 서로를 유기적으로 결합하여 가르친다는 것을 의미한다(성열관, 2012). 교육과정에 있어서 구성부분 사이의 절연은 (1) 교과와 교과, (2) 지식, 기능, 태도, (3) 학교안과 학교밖, (4) 주제와 주제 사이에서 발생한다고 볼 수 있다.

Basil Bernstein(2000)은 교육과정이 얼마나 통합되었는지 또는 절연되어 있는지에 대해 기술해 보기 위해 교육의 '코드'라는 개념을 만들어 냈다. 코드란 분류화(classification)와 프레이밍(framing)에 따른 교육활동의 성격을 말한다. 분류화란 주어진 범주들 사이의 경계가 얼마나 강하게 유지되는가(절연 정도)를 말한다. 이때 범주는 교육과정에서 교과들(예: 국어, 수학, 역사 사이)이나 교육주체(예: 교사또는 학생)에 해당한다.

분류화가 강하다 함은 범주들간의 구분이 강해지는 것이다. 그래서 강한 분류화(C++)는 교과 사이의 경계가 강하거나 교사-학생, 학생-학생 사이의 절연이 강함을 나타내는 코드이다. 한편 프레이밍은 범주들 사이(예: 교사 또는 학생)의 의사소통 방식이 얼마나 일방적인가를 말해주는 코드이다. 그래서 강한 프레이밍(F++)의 수업은 교사가 일방적으로 통제하는 수업이다. 반면 교육이 통합적으로 운영된다면 교육의 분류화와 프레이밍 값이 모두 약한 수업으로 나타난다. 이를 요약하면 [그림 9-2]와 같다.

Bernstein에 따르면, 분류화(절연 정도)와 프레이밍(일방성 정도)의 조합에 따른 교육활동의 특징은 통합적 코드와 컬렉션 코드로 구분될 수 있다. 이를 구분하여 특징을 살펴보면 다음과 같다.

- 통합적 코드: 교과간 또는 교과내 교육과정이 서로 통합된다. 수업에 있어서는 일방성이 약하다. 교사와 학생, 학생과 학생 사이의 대화가 활성화되어 있고 협력이 잘 일어난다. 평가에 있어서는 정답이 열려 있다.

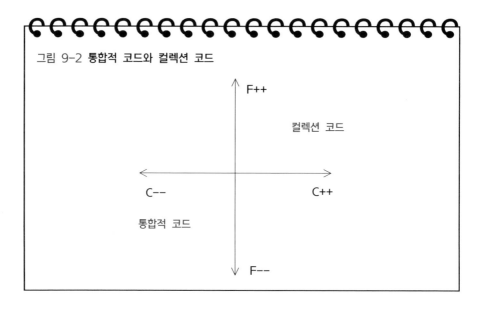

그림 9-2 **통합적 코드와 컬렉션 코드**

F++

컬렉션 코드

C--   C++

통합적 코드

F--

- 컬렉션 코드: 교과 간 또는 교과 내 교육과정 사이에 절연이 강하다. 수업에 있어서도 일방성이 강하다. 교사와 학생, 학생과 학생 사이의 대화가 거의 없다. 평가에 있어서는 정답이 정해져 있다.

이러한 교육활동의 코드는 교과간 또는 교과내의 통합 정도에 따라 다양하게 나타난다. 이에 대해서는 다음에서 살펴보자.

나. 교과 간 통합

교육과정은 교과와 비교과로 이루어져 있고, 대부분의 시간은 교과로 되어 있다. 이 교과들 사이의 경계가 얼마나 절연되어 있는가는 분류화 정도에 대해 말해준다. 교육과정이 교과 사이에서 통합된다 함은 교과간의 절연을 극복하고 다양한 학문 영역 사이의 주제, 개념, 제재 사이의 연계를 시도하는 교과 통합적인 교육과정을 의미한다. 어떤 교사가 통합 교육과정을 구현하고자 노력한다면 그 교사는 통합적 코드를 갖고 있다고 생각할 수 있다.

'교과 간' 통합 교육과정의 유형을 구분하는 틀로서 '다학문적' 통합, '간학문적' 통합, '초학문적' 통합이 있다(Drake & Burns, 2004). 이들 간의 본질적인 차이는 교과 영역 사이에 존재하는 분리의 정도에 따른 것이다. 그러므로 어떤 교사가 교육과정에 있어 교과 간 분리를 극복하려 한다면 통합을 중시하는 교육적 정체성을 가진 사람일 것이다. 이와 같이 교사는 일방적 교육과정 전수자 또는 교육과정 통합 전문가 등 다양한 정체성을 가지게 된다. 대부분 교사들의 교수적 실천 양식은 이 양극단의 중간 또는 그 사이 어딘가에 놓일 것이다. 그중에서 교과간 교육과정 통합을 보다 적극적으로 실천하는 유형의 교사들은 약한 분류화를 추구하는 것으로 볼 수 있다.

그러므로 교과 간 분류화 정도에 따라 교육과정의 특징을 정리하면 다음과 같이 정리될 수 있다.

- 강한 분류화(C+): 교육과정에서 분류화가 강하면 대체로 분과중심 교육과정(subject-based curriculum)으로 나타난다. 이는 교육과정에 있어서 구성부분 사이의 절연이 강하다는 것으로 교과와 교과 간의 연계가 없을 뿐만 아니라 교사들의 대화 속에서도 통합에 대한 이야기를 찾아보기 어렵다.
- 약한 분류화(C-): 교육과정에서 분류화가 약하면 통합 교육과정의 특징이 보다 많이 구현된다. 이는 교육과정의 구성부분(예: 교과) 사이의 경계가 약하다는 것으로 교과와 교과가 다양한 방식으로 통합되어 다양한 수업으로 표현됨을 의미한다.

다. 교과 내 통합

교과 간 통합뿐 아니라 교사들은 한 교과 내에서도 통합을 위한 노력을 기울일 수 있다. 예를 들어, 한 교과 내에서 지식, 탐구, 사회에의 기여 과정을 통합하는 참교육과정(authentic curriculum)은 교과 내 통합으로 이해될 수 있다. 이러한 교육과정은 약한 분류화 사례로 볼 수 있다. 그 이유는 한 교과 내에서라도 학습과 삶의 세계를 연계하고 있기 때문이다. 학생들은 교실 세계를 넘어서 실제 사회 이슈에 대한 문제를 파악하고, 이에 대한 해결책을 모색해야 한다.

통합 교육과정을 지지하는 교육학자들(Beane, 1997; Jacobs, 1989; Drake &

Burns, 2004)은 이러한 교육과정이 보다 평등한 성취를 높이는 경향이 있다고 보고하고 있다. 평등한 성취에 대한 추구는 계층 차이에 의해 나타나는 학업성취의 격차를 줄이는 노력으로 볼 수 있다. 오늘날 학습에 참여하지 않는 학생들이 증가하고 있는 교실 상황에서 교육과정은 학생들의 다양한 요구에 부응해야만 한다. 이를 위해서는 교실과 학교를 넘어선 공간, 즉 사회에서 중요성을 띤 이슈, 문제, 질문을 이해하고, 배운 것을 활용해서 자신과 사회를 위한 창조적 활동으로 통합시킬 수 있어야 한다.

통합 교육과정에서는 특히 잘 배웠다는 것을 증명하는 방법으로서, 얼마나 공동체에 기여할 수 있는가, 얼마나 사회적 의미와 연관시킬 수 있는가를 강조한다. 이는 외워야 할 것의 습득에서 머무르는 교육 활동을 넘어 교과 내에서 '지식＋탐구＋실천' 활동을 통합하고자 하는 노력으로 해석할 수 있다(Newmann & Associates, 1996). 반면 일제식 수업에서는 주로 지식의 습득에서 교육활동이 종료되는 경우가 많다. 그러므로 '교과 내' 분류화 정도에 따라 교육활동의 코드를 구분하면 다음과 같다.

- 강한 분류화(C+): 교육과정에서 교과내 분류화가 강하면 교과는 주로 지식 전수 및 습득 수준에 머무르게 된다. 이렇게 되면 삶과 교과 사이의 분류화도 강해진다.
- 약한 분류화(C-): 교육과정에서 교과내 분류화가 약하면 '지식＋탐구＋실천'이 체계적으로 통합된 수업이 가능함을 의미한다. 이를 통해 학생들은 스스로 탐구하고, 그 결과를 가지고 공동체에 기여하는 학습 활동에 참여할 수 있다. 이 경우 삶과 교과 사이의 분류화는 약해진다.

교과 내에서 지식, 탐구, 실천이 통합되면 수업과 평가도 통합적으로 변하게 된다. 통합 교육과정은 수업 및 평가와 긴밀한 관련성이 있다(Shepard, 2000). 통합 교육과정은 교수방법에 있어서 구성주의적 접근, 학생중심 수업, 경험중심 교육, 학생의 참여 등 진보주의 교육을 강조하는 경향이 강하며, 평가에 있어서도 참평가, 수행평가를 상대적으로 강조하는 경향이 높다(Wiggins & McTighe, 2005).

3 통합 교육과정의 유형

가. 세 가지 유형

통합 교육과정은 교육내용 또는 공통 기능을 서로 연결 짓는 것이다. 다양한 통합의 관점이 존재하지만 보통 지식, 주제, 기능, 쟁점 등이 통합의 대상이 된다(Drake & Burns, 2004). 이렇듯 통합 교육과정은 무엇을 무엇과 연계시키는가와 얼마나 교과 사이의 경계를 약화시키는가 정도에 따라 다양한 유형으로 분류될 수 있다. 가장 일반적인 구분은 Drake와 Burns(2004)에 따른 것으로, 이들은 연계의 방식과 정도를 중심으로 다음 세 가지의 기본 유형을 제시하였다. 다학문적 통합, 간학문적 통합, 초학문적 통합이 그것이다. 이 연구자들은 통합 교육과정 분야에서 독보적인 위치를 차지하고 있으며, 교사들이 갖추어야 할 전략에 대해 잘 설명하고 있다. 그래서 이 장은 주로 이 연구자들의 연구 성과에 기초해 작성되었다. 이들이 제시한 통합 교육과정의 유형을 간단히 요약하면 다음과 같다.

- 다학문적(multidisciplinary) 통합: 하나의 '주제'를 중심으로 여러 교과(즉, 다학문)의 내용을 통합
- 간학문적(interdisciplinary) 통합: 학문 사이의 공통학습 요소(주로 기능, 역량)를 중심으로 통합
- 초학문적(transdisciplinary) 통합: 학생의 '관심사'를 중심으로 하여 학문의 경계를 초월한 통합

이 세 가지 교육과정 통합방식을 비교하면 〈표 9-1〉과 같다.

표 9-1 교육과정 통합의 세 가지 유형

	다학문적	간학문적	초학문적
조직 중점	주제를 중심으로 조직된 교과들의 기준(standards)	각 교과에 깃들어 있는 간학문적인 기능과 개념	• 실생활 맥락 • 학생들의 질문(관심)
지식의	• 지식은 학문의 구조를 통해	• 공통 개념과 기능을 통한	• 모든 지식은 서로 연결되어

	다학문적	간학문적	초학문적
개념	가장 잘 학습됨 • 정답 • 하나의 진리	학문분야의 연결 • 지식은 사회적으로 구성 • 여러 개의 정답 가능	있고 상호의존적 • 여러 개의 정답 가능 • 지식은 확정되지 않고 모호한 것으로 간주됨
학문 분야의 역할	• 학문적 절차가 가장 중요한 것으로 간주됨 • 학문분야에 따른 기능과 개념을 가르침	• 간학문적인 기능과 개념을 강조	• 필요하다면 학문분야를 밝혀줌. 그러나 실생활이 더 강조됨.
교사의 역할	• 촉진자 • 전공자	• 촉진자 • 전공자 또는 다방면의 지식을 가진 사람	• 공동계획자 • 공동학습자 • 다방면의 지식을 가진 사람 또는 전공자
출발점	학문분야(교과)의 기준과 절차	• 간학문적인 다리 • 지식·기능·인성	• 학생의 질문과 관심사 • 현실세계의 맥락
통합의 정도	보통	중간·강	패러다임의 전환
평가	학문분야 기반	간학문적 기능과 개념 강조	간학문적 기능과 개념 강조
지식	• 여러 학문분야에 걸친 개념과 본질적 이해	• 여러 학문분야에 걸친 개념과 본질적 이해	• 여러 학문분야에 걸친 개념과 본질적 이해
기능	• 학문분야의 기능에 초점 • 간학문적 기능도 포함	• 간학문적 기능에 초점 • 학문분야의 기능도 포함	간학문적 기능과 학문 분야의 기능을 실생활 맥락에서 적용
인성	• 민주적 가치 • 인성교육 • 마음의 습관 • 삶의 기술(예: 팀워크, 책임감)		
계획 과정	• 역행 설계 (backward design) • 교육과정 기준(standards)에 기반 • 수업, 교육과정 기준, 평가를 서로 연계하기		
수업 평가	• 구성주의적 접근 • 탐구 • 경험학습 • 개인적 적합성 • 학생의 선택 • 맞춤형 수업 • 전통적인 평가와 참 평가의 균형 • 가르친 학문분야들을 통합하는 활동을 통해 평가함		

자료: Drake & Burns (2004). p.17.

나. 다학문적 통합

다학문적 접근은 주제(예: 환경)를 중심으로 서로 다른 교과들을 통합하는 방식을 말한다. 다학문적 접근에서 한 교과 영역 내의 하위 학문 분야를 통합하는 것을 학문 내 접근 방법이라고 한다. 쉬운 예로, 사회과에서 역사, 지리, 경제, 정치 분야를 통합하여 교육과정을 만들면, '사회과 학문 내 접근'이라 부를 수 있다. 이 경우에도 독립적인 하위 학문들 간 통합이기 때문에 다학문적 통합으로

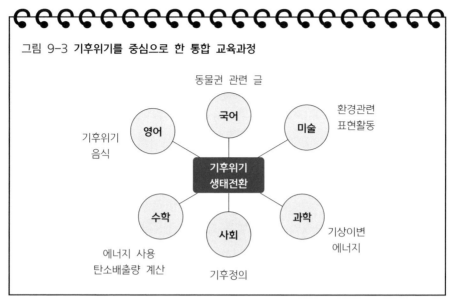

그림 9-3 기후위기를 중심으로 한 통합 교육과정

자료: 안혜정 (2022). p.142.

볼 수 있다. 다학문적 접근은 보통 주제중심 통합 교육과정과 유사하다. 간학문적 통합이 보다 융합적인 관점이지만 학교의 현실을 고려할 때, 다학문적 통합이 보다 현실적 유용성이 있다(Fogarty & Pete, 2009). 특히 중등학교에서는 (1) 교과별로 교사가 다르고, (2) 한 교실에 한 교사가 수업할 수밖에 없는 현실이며, (3) 평가가 교과별로 진행되어야 하고, (4) 교사들을 설득하여 통합 교육과정 운영에 참여시키기가 쉽지 않다는 현실을 고려할 때, 다학문적 통합이 일차적인 시도라 할 수 있다.

다. 간학문적 통합

간학문적 통합은 몇 가지 학문분야에 걸친 공통 개념이나 기능 등을 중심으로 하여 교육과정을 조직하는 방법이다. 다학문적 접근보다는 간학문적 접근에서 개별 교과의 경계가 훨씬 완화된다. 여기서는 학문 또는 교과 사이에서 공통적으로 중요한 기능(예: 에너지를 절약하는 태도)을 중심으로 통합된다. 여전히 교과의 독립성이 남아있으나, 다학문적 접근에 비해 통합적인 활동(예: 에너지 절약 프로젝트)이 비교적 더 강조된다고 볼 수 있다.

간학문적 통합은 교육과정 통합에 있어 보다 총체적인 접근 방식을 취하며, 서로 다른 주제 영역이 질적으로 융합된 학습 경험을 만들어 낸다. 이에 비해 다학문적 통합은 각 교과에서 공통주제에 해당하는 부분을 개별적으로 가르친 다음 서로 연결하여 각 교과에서 배운 내용이 어떻게 관련되어 있는지 보여준다. 다학문적 통합에서 각 개별 과목 영역의 고유한 특성이 남아있다면, 간학문적 통합은 서로 다른 교과 영역 간의 연계에 더 많은 관심이 있다.

라. 초학문적 통합

통합에 대한 초학문적인 접근방법은 학생의 질문과 관심사(예: 환경캠페인)를 중심으로 하여 교육과정을 통합하는 것을 말한다. 초학문적 접근으로서 가장 일반적인 것은 사회문제해결이다. 이 과정에서 중요한 것은 학생들이 협력하여 창조할 수 있는 문제해결과제, 예술작품, 보고서 등 결과물이 무엇인지 명시해주는 것이다. 이 과정에서 특정 교과의 지식은 문제해결 과정에서 통합되고 교과 사이의 경계는 허물어진다. 초학문적 접근이 모든 수업에서 다루어져야 하는 것은 아니지만, 교과 일변도의 학교 현실을 고려할 때 유용한 효과를 얻을 수 있다.

4 통합 교육과정 개발 전략

가. 교육과정 통합의 원리

통합 교육과정은 지식, 기능, 인성이 조화된 전인교육을 추구하며, 학생들이 주체적으로 문제를 해결할 수 있는 통합적 사고력을 키운다는 데에 목적을 두고 있다. 더불어 학생들의 성취도를 향상시키고 배움에 대한 기쁨을 누릴 수 있도록 도와주는 것이 중요하다. 이를 위해서는 교사들 사이의 협력이 전제되어야만 한다. 이러한 협력은 다음과 같은 목표를 중심으로 이루어질 필요가 있다.

- 지식, 기능, 인성이 조화된 전인교육
- 학생의 주체적 문제해결 능력 향상과 통합적 사고력 신장
- 학업성취도 향상과 배움의 기쁨 증진
- 다교과 간 협력 학습으로 전인적 교육목표 달성

기존의 학문체계 중심의 분과적 수업으로는 현대 사회에 일어나는 복잡한 문제를 제대로 해결하기 어렵다. 또 학습 내용이 현실의 실제 삶과 유리된 경우가 많아 통합 교육과정으로의 보완이 필요하다. 통합 교육과정은 여러 과목의 통합을 매개로 학생들의 흥미와 자발성을 끌어내, 보다 효율적이고 실제적인 학습이 이루어질 수 있도록 해야 한다. 이를 위해 다음과 같은 전략을 바탕으로 통합 교육과정 운영계획을 수립하고 실천해야 한다.

첫째, 교육과정을 통합해서 운영함에 있어 일정한 주제(또는 가치)가 없으면 다양한 교과를 하나로 묶기 어렵다. 그러므로 일정한 주제나 가치를 중심으로 교육과정 통합이 이루어지도록 해야 한다. 교육과정 통합을 시작하려면 모든 과목을 포괄하며 꿰뚫는 핵심적 가치가 있어야 한다.

둘째, 수행평가를 중심으로 한 통합 활동이 실제 학교현장에서 매우 유용하다. 통합 교육과정 운영 과정에서는 교육과정, 수업, 평가 역시 통합된다. 그러므로 대주제를 중심으로 2개 이상의 과목들이 통합될 때, 평가 계획과 연동시켜야 한다. 이렇게 하면 학생들의 참여도가 높아지고, 그 결과 교육목표 달성이 유리해진다. 평가는 결국 각 교과의 교사가 각각 수행할 수 밖에 없다. 이에 교사들은 통합 활동의 과정과 결과를 바탕으로 각 과목별 성취기준에 맞추어 평가해야 한다.

셋째, 교육과정 통합 활동이 학생들의 실질적인 학습 활동을 개선하고, 그 결과가 학생 역량과 학업성취도 향상으로 이루어지도록 해야 한다. 이때 성취도는 낮은 수준의 능력(예: 암기)에서 높은 수준의 능력(예: 비판적 사고력, 문제해결력, 창의력 등) 모두에 해당한다는 것을 유념할 필요가 있다. 특히 통합 교육과정은 높은 수준의 능력 향상에 도움이 된다.

넷째, 학습 활동 내용이 학생들이 매일 만나는 일상적인 삶과 연관되어 있

어야 한다. 지나치게 관념적이거나 학생들의 현실적인 삶과 거리가 먼 활동이어서는 좋은 결과를 이끌어 내기 어렵다. 통합 활동은 학생들의 흥미와 관심을 불러일으킬 만한 일상적이고 현실적인 활동이어야 하며, 그 활동이 학생들의 삶을 변화시키고 행동으로 나타날 수 있도록 해야만 의미 있는 통합 활동이 될 수 있다.

나. 통합 교육과정 개발 방법

이 장에서는 통합 교육과정 활동 템플릿을 중심으로 교육과정 통합 방법에 대해 다루고자 한다. 이 템플릿은 대주제(핵심가치), 하위주제, 과목별 성취기준, 과제, 통합 활동, 과목별 평가로 이루어져 있으며, 한눈에 교육과정 통합 활동의 전모를 파악하게 하는 장점이 있다. Drake와 Burns가 제시한 모형을 한국 중학교와 고등학교에 적용해 본 결과, 통합 활동을 구성함에 있어 각 교과에서의 수행평가를 통합하는 전략이 매우 효과적이다(성열관 외, 2017). 이에 '수행평가를 중심으로 한 교육과정 통합하기' 템플릿을 제시하면 [그림 9-4]와 같다.

주제중심 교육과정 통합에서 공통주제는 학교가 지향하고자 하는 교육목표를 함축적으로 담고 있는 개념 중에서 찾을 수 있다. 이 때 공통주제는 각 교과에서 이루어지는 교육목표를 모두 포괄하는 것으로 잡는 것이 좋다. 공통주제는 공존, 평화, 정의, 다문화 등과 같이 모든 교과목에 걸쳐 존재하는 높은 수준의 가치에 해당하는 경우가 많다.

공통주제가 대주제라면 하위주제는 공통주제를 보다 구체화한 것으로 볼 수 있다. 공통주제가 공존이나 정의와 같이 추상성이 높은 가치를 나타낸다면 하위주제는 단어나 구로 표현된다. 예를 들어 대주제가 지구라면 기후 위기는 하위주제가 될 수 있다.

성취기준은 학생들이 수업시간에 도달해야 할 목표라고 볼 수 있으며, 교사가 학생의 목표 달성여부를 파악할 때 필요한 실질적인 근거와 기준이다. 성취기준은 교과 교육과정에 나와 있으며, 학생들이 학습을 통해 성취해야할 지식과 기능, 태도 등 학생의 입장에서는 무엇을 공부하고 성취해야 하는지, 교사의 입장에서는 무엇을 가르치고 평가해야 하는지에 대한 기준이다. 그러므로 교사들은

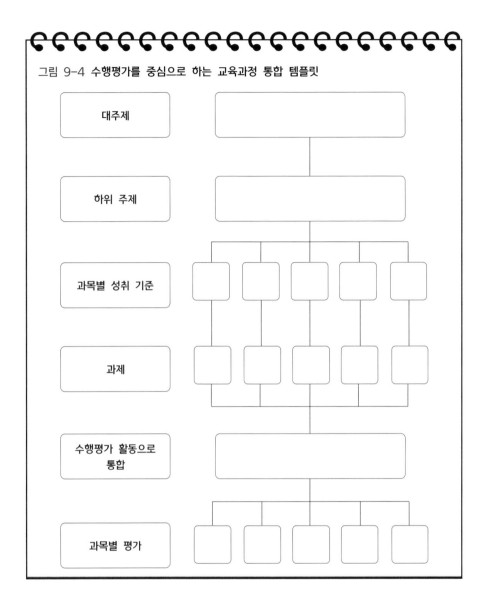

그림 9-4 수행평가를 중심으로 하는 교육과정 통합 템플릿

| 대주제 |
| 하위 주제 |
| 과목별 성취 기준 |
| 과제 |
| 수행평가 활동으로 통합 |
| 과목별 평가 |

이에 근거하여 목표 달성을 위한 과제를 만들어 낸다.

과제는 각 과목에서 학습 목표를 이루기 위한 활동 내용이다. 여러 교과의 과제들이 모여 완성된 통합 활동이 이루어진다. 예를 들어 통합 활동이 보고서를 완성해서 제출하는 것이라면, 국어교과에서는 성취기준을 달성하기 위해 '주제에 맞는 보고문을 쓰고 발표하기'와 같은 과제를 설정해야 한다.

통합 활동은 참여하는 학생들이 모든 과목에서 공통적으로 수행하는 활동이

표 9-2 통합 교육과정 설계의 실제

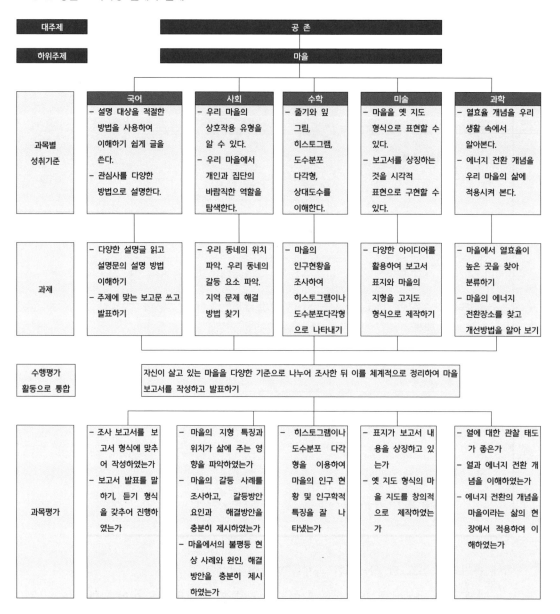

	국어	사회	수학	미술	과학
대주제	공존				
하위주제	마을				
과목별 성취기준	- 설명 대상을 적절한 방법을 사용하여 이해하기 쉽게 글을 쓴다. - 관심사를 다양한 방법으로 설명한다.	- 우리 마을의 상호작용 유형을 알 수 있다. - 우리 마을에서 개인과 집단의 바람직한 역할을 탐색한다.	- 줄기와 잎 그림, 히스토그램, 도수분포 다각형, 상대도수를 이해한다.	- 마을을 옛 지도 형식으로 표현할 수 있다. - 보고서를 상징하는 것을 시각적 표현으로 구현할 수 있다.	- 열효율 개념을 우리 생활 속에서 알아본다. - 에너지 전환 개념을 우리 마을의 삶에 적용시켜 본다.
과제	- 다양한 설명글 읽고 설명문의 설명 방법 이해하기 - 주제에 맞는 보고문 쓰고 발표하기	- 우리 동네의 위치 파악. 우리 동네의 갈등 요소 파악. 지역 문제 해결 방법 찾기	- 마을의 인구현황을 조사하여 히스토그램이나 도수분포다각형으로 나타내기	- 다양한 아이디어를 활용하여 보고서 표지와 마을의 지형을 고지도 형식으로 제작하기	- 마을에서 열효율이 높은 곳을 찾아 분류하기 - 마을의 에너지 전환장소를 찾고 개선방법을 알아 보기
수행평가 활동으로 통합	자신이 살고 있는 마을을 다양한 기준으로 나누어 조사한 뒤 이를 체계적으로 정리하여 마을 보고서를 작성하고 발표하기				
과목평가	- 조사 보고서를 보고서 형식에 맞추어 작성하였는가 - 보고서 발표를 말하기, 듣기 형식을 갖추어 진행하였는가	- 마을의 지형 특징과 위치가 삶에 주는 영향을 파악하였는가 - 마을의 갈등 사례를 조사하고, 갈등방안 요인과 해결방안을 충분히 제시하였는가 - 마을에서의 불평등 현상 사례와 원인, 해결방안을 충분히 제시하였는가	- 히스토그램이나 도수분포 다각형을 이용하여 마을의 인구 현황 및 인구학적 특징을 잘 나타냈는가	- 표지가 보고서 내용을 상징하고 있는가 - 옛 지도 형식의 마을 지도를 창의적으로 제작하였는가	- 열에 대한 관찰 태도가 좋은가 - 열과 에너지 전환 개념을 이해하였는가 - 에너지 전환의 개념을 마을이라는 삶의 현장에서 적용하여 이해하였는가

다. 통합 활동에 참여하는 각 교과의 활동들이 충실하게 이루어져야만 최종적으로 통합 활동이 완성될 수 있다. 이에 통합 활동이 어떻게 설계되는가에 따라 통합 교육과정의 성패가 결정된다 해도 과언이 아니다.

평가는 통합 활동에 참여한 개별 과목에서의 평가 활동이다. 과목 평가는 수행평가 중심 교육과정 통합 활동에서 필수적인 과정이다. 통합 활동은 교과를 가로질러 하게 되지만, 평가는 당초 교과별로 설정한 교육목표에 비추어 교과별로 수행된다.

이와 같은 개발 전략에 따라 실제 통합 교육과정을 설계, 운영한 사례는 〈표 9-2〉와 같다. 이 사례는 농촌 지역에 사는 중학생들이 공존이라는 대주제하에서, 자신이 사는 마을에 대해 조사하고, 마을의 문제를 해결하기 위한 프로젝트를 중심으로 설계되었다. 학생이 수행해야 할 구체적인 활동은 '자신이 살고 있는 마을을 다양한 기준으로 나누어 조사한 뒤 이를 체계적으로 정리하여 마을 보고서를 작성하고 발표하기'로 설계하였다. 교과간의 유기적 통합을 위해 국어 과목에서는 '주제에 맞는 보고문을 쓰고 발표하기'(기능)를, 다른 과목에서는 보고서에 담을 내용을 과제로 제시하고 있다. 이와 같은 통합 활동은 각 과목의 과제를 바탕으로 꾸며지는 것으로 다과목 통합 교육과정 운영 사례라 볼 수 있다. 통합 활동에는 다과목 통합 교육과정 운영에 참여한 학생과 교사뿐만 아니라 참여하지 않았던 다른 학년 학생, 교사, 관리자, 나아가서는 학부모들까지 참석하여 학생들의 보고서 발표를 들으면서 다과목 통합 교육과정 운영에 대한 인식을 공유할 수 있다.

이와 같은 모형은 다과목 통합 교육과정 운영 시 수행평가를 통합한다는 측면에서 장점이 있다. 다과목 통합 교육과정 운영은 학생의 부담을 줄여줄 뿐만 아니라 수행평가 본래의 취지에도 부합하는 활동이라고 할 수 있다. 현장에서 교사들이 이 모형을 활용한다면 (1) 템플릿에 따라 쉽게 통합 교육과정을 설계할 수 있고, (2) 교사들과 학생들이 무엇을 해야 하는지 간단하고도 명료하게 의사소통할 수 있고, (3) 수행평가 부담을 완화할 수 있으며, (4) 교육과정, 수업, 평가를 유기적으로 통합할 수 있다는 측면에서 장점이 있다.

다. 교육과정 통합의 전제로서 교사 협력

통합 교육과정이 잘 운영되는 학교와 잘 운영되지 않는 학교의 가장 큰 차이는 무엇일까? 대개는 교사의 협력 체제가 구축이 되어있는가의 여부에 따라 차이가 난다. 통합 교육과정 운영의 전제로서 교사 협력의 중요성을 밝힌 것으로 안혜정(2021; 2022)의 연구를 들 수 있다. 이 연구는 교사 협력이라는 전제하에서 통합 교육과정 연수, 실천, 성과의 체험, 동기의 강화로 이어지는 선순환 구조를 잘 보여주는 사례다. 이 사례는 서울의 한 일반계 고등학교에서 수행한 것으로서, 통합 교육과정 이전에 교사 협력 시스템의 중요성을 보여준다. 이 고등학교 교사들은 사회현안 프로젝트를 구안하고, 1년차에는 '차별과 혐오를 넘어서', 2년차에는 '기후위기, 생태전환' 교육과정을 기획, 운영하였다. 이를 위해 먼저 각 교과의 교사들은 해당 주제에 대해 함께 학습하고, 주제중심 통합 교육과정을 설계하였다. 1년차에는 1학년 수업에 들어가는 교과 중 국어, 영어, 사회, 과학, 한국사 5개 교과와 도서관 사서 교사가 함께하였으며, 2년차에는 국어, 영어, 수학, 사회, 과학, 미술 6개 교과와 도서관 등 12명의 교사가 참여하는 실천으로 확대되었다.

　　예를 들어 국어 시간에는 의류, 영어는 먹는 것, 수학은 학교 에너지 사용의 탄소배출량 계산, 사회는 기후정의, 과학은 기후 및 에너지, 미술은 기후위기를 미술작품으로 표현하는 활동 등을 다양하게 진행했다. 도서관에서는 관련 책을 읽고 참여하는 환경 주제의 인문학 특강을 운영하였다. 수업 이후 학생들은 기후위기에 대한 문제를 공유하게 되었고, 수업 이후 에너지, 의류, 음식 소비에 대해 경각심을 갖는 등 '태도의 변화'가 생겼다. 또 이전에는 나와는 상관없는, 나의 실천이 현실을 바꾸기 어렵다는 무력감을 가지고 있었으나 수업 이후 '나부터라도 실천하자'는 마음을 갖게 되는 등 문화의 변화가 일어났다. 그뿐만 아니라 선거 공약이나 관련 뉴스 등에 더욱 관심을 갖게 되었으며, 일부 학생들의 경우 자신의 진로와 관련한 '심화 탐구'로 이어졌다. 이와 같은 2년간의 경험을 바탕으로 이 고등학교에서는 학년별로 생태전환, 인권, 노동과 같은 가치를 다루는 교육과정을 구안하게 되었다(안혜정, 2022).

　　이상과 같은 사례는 교사학습공동체 구축과 같은 교사 협력 문화가 통합 교육과정의 전제임을 보여준다. 그리고 통합 교육과정을 운영해본 결과 교사들이 그 성과를 체험해 보았기 때문에 이 활동의 지속가능성이 높아진다(Gusky, 2002). Clarke와 Hollingsworth(2002)도 이와 비슷한 주장을 하였다. 이 주장에 따르면 교사는 외부로부터 정보와 자극을 받고, 개인 영역에서 지식, 태도, 신념의 변화

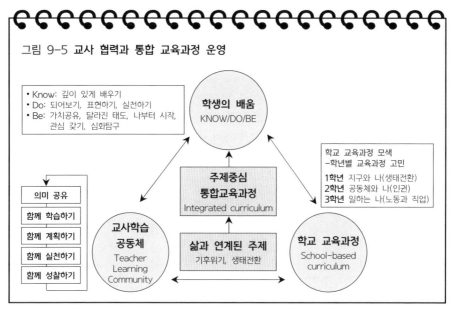

그림 9-5 교사 협력과 통합 교육과정 운영

- Know: 깊이 있게 배우기
- Do: 되어보기, 표현하기, 실천하기
- Be: 가치공유, 달라진 태도, 나부터 시작, 관심 갖기, 심화탐구

학생의 배움
KNOW/DO/BE

학교 교육과정 모색
-학년별 교육과정 고민
1학년 지구와 나(생태전환)
2학년 공동체와 나(인권)
3학년 일하는 나(노동과 직업)

주제중심
통합교육과정
Integrated curriculum

의미 공유
함께 학습하기
함께 계획하기
함께 실천하기
함께 성찰하기

교사학습
공동체
Teacher
Learning
Community

삶과 연계된 주제
기후위기, 생태전환

학교 교육과정
School-based
curriculum

자료: 안혜정 (2022). p.60.

를 겪으며, 이를 실제로 실천하는 과정에서, 학생들이 성장하게 됨을 확신할 때, 혁신적 신념과 태도가 강화된다. 통합 교육과정을 통해 지식, 기능이 인성으로 통합되는 성과를 교사들이 체험할 때, 협력 문화는 더 강화된다.

라. 단위학교에서의 개발 절차

이 부분은 실제로 단위학교에서 주제중심 통합 교육과정을 운영해 본 결과를 토대로 제시하는 것이다.[17] 대체로 이러한 개발 절차를 따르면 교사들이 용이하게 통합 교육과정을 설계하고, 운영할 수 있다. 한편 이러한 개발 절차는 서로 중복되기도 하고 순서가 약간 바뀔 수도 있다. 실제로 통합 교육과정을 운영하는 학교의 맥락에 따라 융통성 있게 적용하는 것이 좋다.

---

17) 이에 대해서는 다음 도서를 참고하길 바란다. 성열관, 김선영, 김진수, 양도길, 엄태현, 김성수(2017). 교육과정 통합, 어떻게 할 것인가: 수행평가를 중심으로 교육과정 통합하기. 서울: 살림터.

통합 교육과정을 운영하기 위해서는 교사 전체가 동의할 수 있는 대주제를 선정해야 한다. 대주제를 선정하는 방법은 여러 가지 있지만 단위 학교의 교육 방향을 포함하는 내용, 학생 발달 과정에서 습득되어야 할 가치, 각 교과의 학습 내용을 포괄하는 주제 가운데 잡는 것이 적절하다. 기본적으로 교과 협의회를 통해 선정된 가치를 놓고 전체 협의를 통해 최종 결정하는 것이 좋다. 이렇게 협의가 이루어진 뒤 담당 부서는 교육과정 통합 활동 추진 계획을 수립하여 해당연도 교육과정에 넣도록 한다.

Step 2　대주제를 중심으로 학년별, 2개 이상의 교과 연계

교과를 통합하고자 할 때 다과목 통합도 할 수도 있고, 2개나 3개 정도의 교과 교사가 모여 통합 활동을 마련하는 것도 효과적이다. 중·고등학교에서는 과목별 학습을 중요하게 여기므로 모든 내용을 통합하여 가르치기가 어렵다. 그러므로 국어나 미술, 사회, 역사처럼 통합이 용이한 과목을 바탕으로 통합을 시도하는 것이 보다 통합 활동을 수월하게 할 수 있다. 일반적으로 교과 통합을 할 경우에는 학습 내용의 유사성을 기준으로 연결하거나, 가치의 공유를 바탕으로 묶을 수 있다. 예를 들어 과학이나, 기술가정, 도덕에서 공통적으로 나오는 '청소년기의 몸과 성'에 대한 공통적인 내용을 바탕으로 통합 활동을 구성할 수 있다.

Step 3　교육과정 통합 교과의 내용 분석과 공통 학습 요소 추출

각 학년에서 통합할 교과를 결정하면, 해당 교사들은 각 교과의 내용을 분석하는 작업을 시도한다. 각 교과서의 성취기준이 어떻게 이루어졌고, 이에 따른 학습 내용은 무엇인지 살펴본다. 이렇게 하면서 공통된 학습 요소를 추출한다. 학습 요소 추출이 힘든 작업이겠지만 분석 활동을 하다보면 다른 교과에 대한 안목을 넓힐 수 있다. 각 교사들은 이전에는 자신의 과목만 가르치면 되었지만,

이렇게 공통 학습 요소 추출 작업을 하다보면 학생 입장에서 무엇을 배우는 지에 대해 종합적으로 이해할 수 있다.

Step 4　교육과정 통합 활동의 하위 주제 선정

통합 교육과정을 운영해 보기로 한 교사들이 대주제를 중심으로 각 교과에서 공통 요소를 추출한 후 이를 바탕으로 하위 주제를 선정할 수 있다. 교사들은 대략 큰 수준에서 대주제를 정하고, 이를 바탕으로 공통 요소를 추출해 보면서 이를 포괄할 수 있는 하위주제를 정한다. 때로는 대주제와 하위주제를 동시에 선정할 수도 있다. 실제 교육현장에서 통합 교육과정은 기계적으로 정해지는 것이 아니라 운영 중에 수정되는 경우가 많다. 교사들이 대주제를 먼저 정했다 하더라도 공통 내용을 찾는 과정에서 기존의 대주제보다 더 나은 대안을 찾을 수도 있다. 그리고 Step 1에서 4의 과정은 여러 가지 전략 중 하나일 뿐이기 때문에 실제 학교에서는 동시에 진행될 수 있다.

Step 5　교육과정 통합 활동 선정

교육과정 통합에서 제일 중요한 단계라 볼 수 있다. 실질적인 통합 활동의 성패가 여기서 나타나기 때문이다. 통합 활동은 각 과목별 학습 활동을 포괄하는 활동이어야 한다. 일반적으로는 학교에서 쉽게 할 수 있는 통합 활동은 조사, 분석, 발표에서부터 시작하여 공연, 예술과 같은 다양한 표현 활동을 할 수 있다. 이때 통합 활동을 하기 위해 필요한 학교 예산을 미리 확보하여 운영의 어려움이 없도록 해야 한다. 그리고 교사들이 해당 통합 활동이 교육목표와 성취기준 달성 여부를 평가하기에 적합한 것인지 점검해야 한다.

Step 6　교육과정 통합 활동 템플릿 작성

교육과정 통합활동 템플릿은 한눈에 어떻게 통합 활동이 이루어지는지를 알 수 있게 해주는 개념도라 할 수 있다. 지금까지 선정된 대주제, 하위주제, 과목별 성취기준에 따른 학습 과제나 평가 내용을 통합 활동과 결합하여 템플릿에 내용을 채운다. 이 활동은 해당 교사들이 모두 모여 워크숍 형식으로 진행하면 효과적이다. 그리고 교육과정 통합 활동이 교사들에게 너무 많은 문서 작업을 요구한다면 업무 과다로 이어져 원활히 진행되기 어렵다. 이에 템플릿이 간소할수록 효과적이다.

Step 7 교과별 학습지도안 작성

지금까지 이루어진 교육과정 통합 활동 템플릿을 바탕으로 해당 교사들은 통합 활동을 위한 교과별 학습 지도안을 작성한다. 지도안을 작성할 때는 학생을 중심에 두고, 수업을 어떻게 진행해 갈 것인가에 대한 흐름을 중심으로 작성하는 것이 중요하다. 아울러 타 교과와 함께 통합 활동을 수행하기 위해서는 통합 교육과정 운영 시기를 고려하는 등 교과서를 재구성하여 단원을 배치하고 학습 활동을 진행해 가도록 해야 한다.

Step 8 통합 활동 운영

통합 활동은 1주일간, 2주일간 또는 학기 전체에 걸쳐 장기적으로 이루어질 수 있다. 한국에서 교육과정 통합 활동은 보통 1주일이나 2주일에 걸쳐 운영되는 경우가 많다. 통합 활동을 운영할 때 학생들에게 (1) 이 활동의 취지에 대해 충분히 설명하고, (2) 학생들의 적극적 참여를 독려하며, (3) 다양한 학생들에게 다양한 역할을 제공하고, (4) 평가 계획에 대해 잘 밝혀야 한다. 수업에서는 모둠식 협력학습을 중심에 두고 학생 개개인이 지닌 각기 다양한 능력들이 발휘될 수 있도록 학생 중심의 수업을 만들어 간다.

Step 9 교과별 학생 평가

교육과정 통합 활동이 끝나면 해당 교사들은 학생들이 각 교과의 성취기준에 달성하였는지 확인해야 한다. 이때 상대평가보다는 성취기준 달성여부를 판단하는 절대평가 방식을 취하는 것이 좋다. 이는 통합 교육과정의 취지에 부합하는 방식이며, 삶과 지식의 통합을 강조하는 참평가의 관점이기도 하다.

Step 10 교육과정 평가

Step 9가 학생 평가라면 Step 10은 통합 교육과정 운영 결과에 대한 평가이다. 지금까지 순서에 따라 통합 교육과정을 실천하였다면 교육과정 통합 활동이 얼마나 계획에 맞게 운영되었는지 평가한다. 평가 준거는 통합 교육과정 운영 목적에 근거하면 된다. 또 학생과 교사들의 성찰도 필요하다. 학생들에게는 통합 활동 과정에서 (1) 학습 활동에 얼마나 흥미를 갖고 참여하였는지, (2) 자신이 능력을 발휘할 기회가 주어졌는지, (3) 얼마나 성장하였다고 생각하는지, (4) 피드백을 잘 받았는지 등에 대해 질문해 볼 수 있다. 교사들을 대상으로는 (1) 실질적으로 과목간 교사들의 협력이 유기적으로 이루어졌는지, (2) 이를 통해 학생들의 문제해결력과 고단계 사고력이 신장되었다고 보는지, (3) 내용 중복 문제를 효율적으로 해결하였는지, (4) 학생평가가 타당하게 이루어졌는지 등에 대해 점검해 볼 수 있다.

마. 실제 운영 사례

이상에서 제시한 단위학교에서의 개발 절차에 따라 실제 통합 교육과정을 운영한 사례가 많이 있다. 그중에서 중학교 2학년을 대상으로 한 사회정의에 대한 통합 교육과정 운영을 사례로 들 수 있다.[18] 이 사례에서는 도덕과에서 위안부 할머니들의 이야기를 다룬 '꽃 할머니'라는 책을 함께 읽고 위안부 할머니에게 응원 편지를 쓰는 수업이 진행되었다. 역사과에서는 일제 강점기에 대한 역사 수업이 진행되었고 국어과에서는 도덕과와 역사과에서 배운 내용을 바탕으로 위안부 문제에 대해 논설을 쓰는 활동이 진행되었다.

한편 수학과와 과학과에서는 '장애인 인권'을 주제로 한 수업이 진행되었다.

---

18) 이 사례는 성열관 외(2017)에서 가져온 것이다. 이 사례는 저자들 중에서 김성수에 의해 쓰여진 것임을 밝힌다.

과학과에서는 교과 내용 중 감각기관이 포함되어 있어 감각 기관들의 역할과 기능, 세부적인 내용에 대해 학습한 후 이상이 생긴 장애인들에게 도움을 줄 수 있는 발명품에 대한 아이디어를 창안하는 활동이 진행되었다. 수학과에서는 도형 단원과 연계하여 장애인을 위한 편의시설에 담긴 수학적 원리를 탐구하는 활동이 진행되었다. 이 중학교 교사들이 설정한 통합 교육과정의 세부 목표는 〈표 9-3〉과 같다.

표 9-3 교육과정 통합의 실제 운영 사례

교 과	세부 목표
도덕	- 사회 정의의 의미와 중요성을 이해하고 불공정한 사회 제도를 해결하기 위한 방법을 설명할 수 있다. - 공정한 경쟁의 의미와 조건을 이해하고, 공평하게 경쟁하는 사회를 만들기 위해 노력할 수 있다. - 공감과 배려를 통해 사회적 약자의 인권을 보장하는 자세를 지닌다.
국어	- 논증방식을 파악하며 주장하는 글을 읽을 수 있다. - 근거를 바탕으로 주장하는 글을 쓸 수 있다. - 논증의 방식을 배울 수 있다.
역사	- 일제강점기 위안부의 역사를 알 수 있다. - 위안부에 관련된 현재의 역사를 파악할 수 있다. - 제국주의에 대한 반박 근거를 조사하고, 학생으로서 할 수 있는 일을 찾아 실천할 수 있다.
과학	- 감각기관의 구조와 기능을 익히고 조절작용이 일어나는 과정을 설명할 수 있다. - 감각기관의 이상으로 장애를 가진 사람들의 다양한 유형을 알아본다. - 장애인의 감각기관을 대신할 수 있는 도구가 어떤 것이 있는지 조사해본다.
일본어	- 사회적 약자에는 어떤 사람들이 있는지 조사해서 발표할 수 있다. - 사회적 약자를 위해 할 수 있는 일에 대해 일본어로 쓸 수 있다.
체육	- 경기 규칙에 대한 이해를 바탕으로 스포츠맨십을 실천할 수 있다. - 경기 규칙에 따라서 경기를 함으로서 준법정신과 협동심을 함양할 수 있다.
영어	- The Paper Bag Princess를 읽고 전체 내용을 파악할 수 있다. - Discussion Topic에 대해 의견을 주고받을 수 있다. - 본인의 의견을 주장하는 영어 Essay를 작성할 수 있다.
정보	- 주어진 문제(사회정의)를 해결하기 위한 다양한 해결 방법을 찾을 수 있다. - 다양한 문제 해결 방법 중 최적의 해결 방법을 조사하여 선택할 수 있다. - 사회적 약자를 보호할 수 있는 제도를 검색하여 보고서를 작성할 수 있다.
기술·가정	- 사회적 약자를 배려하는 마음을 표현할 수 있는 문구(머리글자), 기호 등을 정하여, 이를 파우치에 바느질로 새길 수 있다.
수학	- 생활 속에서 사회적 약자를 배려한 시설물(건축물, 생활도구, 편의시설)을 찾아볼 수 있다. - 사회적 약자를 위한 시설물 속에서 수학적 원리(경사로, 각의 크기, 수평거리 등)를 적용해볼 수 있다.

중등학교 교사들은 각기 자신들의 교과를 갖고 있고, 해당 교과에 대한 전문성을 지니고 있다. 그러므로 자신의 교과를 잘 가르칠 수 있는 것은 교사에게 가장 중요한 자질이라고 볼 수 있다. 그럼에도 불구하고 교사들은 통합 교육과정을 공동으로 설계하고, 운영할 수 있는 능력과 태도를 지니고 있어야만 하는가? 결론부터 말하면 '그렇다'이다. 왜냐하면, 서두에서 밝혔듯이, 통합 교육과정은 학생들의 성장에 매우 이점이 많기 때문이다. 그리고 부수적으로는 교사들의 협업 문화를 증진할 뿐만 아니라 교사 자신의 안목을 넓히는 효과가 있다. 이를 좀 더 상술하면 다음과 같다.

첫째, 통합 교육과정의 운영은 학습 활동에 학생들의 흥미와 참여도를 높임으로써 교육목표 달성에 보다 유리하다. 통합 교육과정은 학습의 전이, 영속적 이해 등 교육학에서 중시하는 많은 측면에서 의미있는 시도다. 이를 통해 학생들의 참여동기가 높아지고 이는 높은 학업성취도로 이어질 수 있다.

둘째, 통합 교육과정은 다학문적 통합, 간학문적 통합 등 교과 간 통합을 지칭하는 경우가 많다. 그러나 교사들은 자신이 가르치는 교과 '내에서' 지식, 기능, 태도를 통합적으로 가르칠 수 있어야 한다. 이 책에서는 이것을 '교과 내 통합'이라고 지칭하였다. 교과 내 통합은 지식을 전수하는 선에서 그치지 않고 교과에서 배운 것을 통해 사회에 기여하고, 실천하는 활동까지 포함하는 것을 말한다. 다시 말해 학교에서 달성시켜 주어야 하는 다양한 교육목표 중에서 암기를 넘어 비판적 사고력, 공감, 감정이입, 실천과 같은 높은 수준의 교육목표를 포함하는 것이 중요하다.

셋째, 본문에서도 강조했듯이 교사 간의 협력이 없으면 통합 교육과정 운영은 불가능하다. 이에 통합 교육과정 운영 경험은 교사들 사이에 전문가로서의 관계를 구축할 수 있다.[19] 초등학교에서는 담임교사가 다양한 과목을 동시에 가르

---

19) 이 장에서는 주로 교과 수평적 통합에 대해 다루었다. 한편 최근에는 초등과 중등을 연계, 통합 운영하는 학교들이 증가하고 있다. 이러한 학교에서도 교사 전문성 공동체와 통합 교육과정 운영 가능성은 밀접한 관계를 지닌다(허가람, 박영림, 2023).

치고 있기 때문에 통합이 보다 용이하다. 그러나 중등학교에서는 통합 교육과정 운영에서 가장 쉽다고 볼 수 있는 다학문적 통합조차 용이하지 않을 수 있다. 그러므로 교사학습공동체가 잘 갖추어진 학년 또는 학교에서 통합 교육과정 운영이 가능하다. 통합 교육과정 운영 경험은 교사들의 협력을 조장하고, 교사들 사이의 대화를 촉진시킬 수 있다. 최근 교사 전문성 개발은 학교 내 교사들이 학습공동체를 형성하고, 서로의 교육실천을 공개하는 동시에 공유하면서 집단 전문성을 향상시켜 나아가는 것이 특징이다(서경혜, 2019).

넷째, 교사들은 교육과정 통합을 통해 학생들에게 삶의 역량을 키워줄 수 있어야 한다. 학교에서는 진학을 위한 시험을 준비시키기도 하지만, 궁극적으로는 삶을 영위하는 데 필요한 기능과 태도를 가르쳐 주어야 한다. 통합 교육과정을 운영하는 가장 큰 목적 중 하나는 앎과 삶의 연계라고 볼 수 있다. 학생들은 종종 학교에서 배운 것과 교문 밖으로 나오는 순간 마주치는 삶이 서로 다른 것이라 인식하기 쉽다. 그렇지만 오늘 뉴스에 나오는 것과 학교 수업에서 배운 내용이 밀접한 경우 이를 연계해서 배우는 것이 좋다(Hess, 2009). 왜냐하면 그러한 통합이 교육목표를 더 효과적으로 달성하는 데 도움이 되기 때문이다. 특히 최근 국가교육과정은 역량과 삶의 기술이 강조되고 있다. 그러므로 분과화되어 있는 교육과정의 단점을 보완하는 데 통합 교육과정만큼 효과적인 전략은 없다.

다섯째, 통합 교육과정이 학생들을 위한다는 명분으로 교사들의 헌신을 요구하는 것 같지만, 오히려 이를 운영하는 과정에서 교사들은 학생관과 교육관을 넓히며 성장의 기회를 갖는다. 통합 교육과정 운영에 참여한 교사들은 평소에 능력을 잘 발휘하지 못하는 학생들이 통합 교육과정을 통해 자신감이 높아지고 학업에 열중하는 모습을 종종 발견할 수 있다. 이렇듯 통합 교육과정의 운영은 교사의 성장을 독려할 뿐 아니라, 학생들을 재발견하는 데에도 도움을 준다. 또한 다른 교과에서 학생들이 무엇을 배우는지 살펴봄으로써, 학생들의 종합적, 전인적 성장을 위해 자신의 교과에서 맡아야 할 역할에 대해 제대로 인식할 수 있다. 이와 관련하여 실제 많은 교사들(구본희, 2020; 송승훈, 2019)이 이를 실천한 결과를 책으로 출판하여 다른 학교에서 재직하는 동료 교사들에게 큰 도움을 주고 있다.

이와 같이 통합 교육과정 운영은 교사의 보람을 높이고, 교육관을 형성하는 데 도움이 된다.

이 장이 끝나면 대답할 수 있어야 하는 10가지 질문

1. 시험주도 교육과정(test-driven curriculum)의 의미는 무엇이고, 이 것이 왜 문제인가?

2. 2010년대 이후 한국에서 교육과정, 수업, 평가는 어떤 식으로 연계되어 왔는가?

3. 2022 개정 교육과정은 교육과정, 수업, 평가의 관계를 어떤 식으로 설정하였는가?

4. 한국에서 일어난 '교육과정-수업-평가-기록 일체화'는 무엇이고, 왜 이러한 운동이 일어났는가?

5. 규준지향평가와 준거지향평가의 차이점은 무엇인가?

6. 성취평가제의 개념은 무엇이고, 왜 성취평가제가 도입되었는가?

7. 참평가란 무엇이고, 왜 참평가라는 개념이 나오게 되었는가?

8. 왜 루브릭은 학생과 교사, 모두에게 도움이 되는가?

9. 교사의 학생평가 전문성, 다섯 가지를 들고, 이것들이 왜 중요한지 밝히시오.

10. 왜 교사의 평가전문성 제고를 통해 교육과정과 수업을 바꾸려는 시도가 확산되고 있는가?

Chapter 10

교육과정, 수업, 평가의 연계

1 교육과정-수업-평가의 관계

　교육과정은 협의의 의미에서 학생들에게 무엇을 가르칠 것인가를 정한 것이다. 한편 교육과정을 광의적으로 해석하면 어떻게 교육내용을 가르칠 것인가 또 무엇을 어떻게 평가할 것인가에 대한 계획도 포함한다. 수업 또는 교수(instruction)는 교육과정의 목표를 달성하기 위한 방법과 전략에 대한 것이며, 학생들이 학습경험과 만나도록 유도하는 활동이다. 교수는 학생들의 능력, 선수 학습 정도, 학습 환경 등과 같은 다양한 요소를 고려하여 학생들의 동기를 유발하고, 학습에 참여시키는 전문적인 활동이다. 평가는 교육과정과 수업이라는 활동이 진행되는 과정에서 또는 끝난 시점에서 학생들의 성장과 발달 정도에 대한 증거를 수집하는 체계적인 과정이라고 할 수 있다. 평가는 학생들이 설정된 학습목표를 달성했는가에 대해 살펴보는 활동을 말하며 수행평가나 총괄평가 등 다양한 방식이 있다.

　이와 같은 교육과정, 수업, 평가는 서로 밀접한 관계를 맺고 있다. 이 관계는 다음과 같이 설명될 수 있다.

　첫째, 교육과정과 수업의 관계. 교육과정은 수업을 안내하는 설계도 또는 로드맵이라고 할 수 있다. 수업은 교육과정의 내용을 전달하고, 학습경험을 제공함으로써 학생들이 지식, 능력, 태도를 갖출 수 있도록 한다. 이것이 교사가 갖추어야 할 교수 능력의 핵심이다. 교육과정이 문서에 쓰여진 '잠재적 에너지'라면 수업은 직접 활동을 통해 교육과정의 목적을 달성하기 위한 '운동 에너지'라는 은유를 사용하면 이 두 개념 사이의 관계를 효과적으로 설명할 수 있다.

둘째, 교육과정과 평가의 관계. 교육과정은 학생이 달성해야 할 목표를 지식, 능력, 태도 차원에서 정한 교육의 계획이다. 평가는 학생들이 과연 그 목적을 달성하였는지 알아보기 위한 활동이다. 실제 학교교육에서 많은 사회적 관심이 학생들의 목표달성 여부보다는 상대적 위치나 서열 또는 점수에 쏠리고 있다. 그러다보니 평가가 교육과정을 왜곡하거나 이 둘의 관계가 유리되는 경향이 있다. 이러한 왜곡현상을 시험주도 교육과정(test-driven curriculum)이라고 부르기도 한다(McNeil, 2000). 그동안 이러한 왜곡과 유리를 극복하기 위해서 많은 노력이 있었으며 오늘날에는 특히 평가제도 개혁을 통해 교육과정 본래의 목적을 되살리려는 아이디어(Wiggins & McTighe, 2005; Popham, 2007)가 많이 생겨나고 있다.

셋째, 수업과 평가의 관계. 교사들은 수업을 운영하는 과정 중에 또는 학기 말에 있을 평가 결과를 염두에 두고 학생들을 가르칠 수밖에 없다. 다시 말해 교사들은 학생들이 교육목표를 달성하고 있는지 늘 신경쓰고 있다. 또한 평가결과는 교사들이 효과적인 교수 전략을 사용했는지, 학생들을 충분히 동기화했는지 등에 대해 피드백을 줄 수 있다. 교사들이 시시각각으로 자신의 교수활동을 점검하고, 피드백을 받기 위해서는 과정중심평가가 필요하다. 또한 학생들이 지식 측면에서 교육목표를 달성했는지 알아보기 위해서는 학기말(또는 중간고사)의 총괄평가가 필요하다. 이와 같이 평가는 교사들에게 효과적인 수업 운영을 유도한다. 그리고 효과적인 수업은 기대했던 평가결과를 가져올 수 있다.

2 교육과정-수업-평가 패러다임의 변천

전 세계적으로 교육과정-수업-평가 패러다임은 시간적 차이는 있으나 유사한 패턴으로 변화되어 왔다. 그것은 대략 19세기 전통주의에서 20세기 행동주의로의 변화, 그리고 다시 20세기 후반 구성주의 패러다임으로의 전환이라고 말할 수 있다. 예를 들어 Shepard(2000)는 미국에서 교육과정, 수업, 평가가 어떠한 관계를 지니면서 변천해 왔는지에 대해 큰 틀에서 보여주었는데 이는

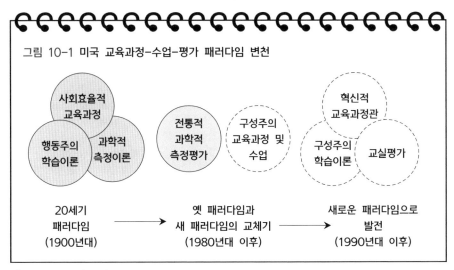

그림 10-1 미국 교육과정-수업-평가 패러다임 변천

사회효율적 교육과정	전통적 과학적 측정평가	혁신적 교육과정관
행동주의 학습이론 / 과학적 측정이론	구성주의 교육과정 및 수업	구성주의 학습이론 / 교실평가

20세기 패러다임 (1900년대) → 옛 패러다임과 새 패러다임의 교체기 (1980년대 이후) → 새로운 패러다임으로 발전 (1990년대 이후)

자료: Shepard (2000). p.5.

[그림 10-1]과 같다.

　1980년대 이전 행동주의 심리학은 학생이 과연 얼마나 교육목표를 성취하였는가에 대한 과학적인 측정과 연계되었다. 이에 평가는 행동목표를 세분화하고 이를 측정하는 데 큰 힘을 기울였다. 이러한 경향은 평가(evaluation)를 측정(measurement)으로 국한해서 보는 흐름을 낳았다. Shepard에 따르면 1980년대 구성주의가 등장하면서 과학적 측정 관행과 모순이 발생하게 된다. 그러다가 이러한 모순은 1990년대 들어 새로운 패러다임 속에서 해소되면서 다시 교육과정, 수업, 평가 사이의 새로운 관계가 등장하게 된다. 교육과정에서는 학생들의 개별성과 다양성을 존중하는 혁신적 교육과정이 등장하게 되고, 수업에서는 지식이 상호 구성되는 과정이 중시되고, 평가에 있어서는 수행평가 같은 과정중심평가가 이와 호응하게 되었다. 한국도 미국 구성주의의 영향을 받아 1990년대 이후 이와 비슷한 흐름이 전개되었다.

　한국 교육과정은 전통적으로 국가 주도의 성격이 매우 강하다. 여기에 한국 사회의 압축적 근대화는 경쟁적 평가체제를 유지하도록 이끌었다. 한국교육은 단기간의 경제성장에 현저한 기여를 하였으나, 그 이면에서는 지나친 경쟁 문제를 야기했다. 교육을 둘러싼 과도한 경쟁 체제는 지필시험 위주의 선발적 교육관

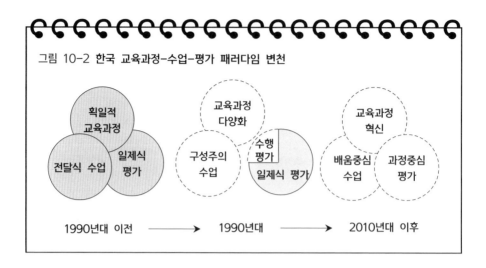

그림 10-2 한국 교육과정-수업-평가 패러다임 변천

획일적
교육과정

전달식 수업

일제식
평가

교육과정
다양화

구성주의
수업

수행
평가

일제식 평가

교육과정
혁신

배움중심
수업

과정중심
평가

1990년대 이전 ⟶ 1990년대 ⟶ 2010년대 이후

을 공고히 했다. 이러한 현상은 수업에 있어서도 지식 전수와 점수 경쟁이라는 특징을 낳게 하였다. 평가의 본질은 학생의 전인적 성장을 위해, 학생들이 경험해야 할 것을 충분히 경험했는가를 알아보는 교육적 활동이다. 그러나 한국에서는 시험을 떠올리면 경쟁을 전제하고, 성적을 통해 학생들을 변별하여 석차를 파악하려는 경향이 있다.

그동안 이를 극복하고자 시도되었던 많은 교육개혁에도 불구하고 대체로 1990년대까지 이러한 흐름이 이어졌다. 물론 오늘날에도 이러한 문화가 남아있으나 1990년대 이전에는 더욱 심했다고 볼 수 있다. 1990년대 들어 구성주의 교육 사조가 등장하고, 수행평가를 도입함에 따라 문제해결력과 창의성을 중시하는 수업이 강조되었다. 교육과정에 있어서도 학생들의 흥미, 적성, 다양성을 존중하는 흐름이 있었고, 이를 구성주의 수업과 연계할 수 있도록 설계하고자 노력하였다.

한국교육의 획일성 문제를 해결하기 위해 한국의 교사들과 연구자들은 1980년대 후반부터 시작하여 특히 1990년대에 열린교육 운동을 전개하였다. 열린교육이라 함은 한국교육이 매우 닫혀있는 체제라는 문제의식에서 출발하였음을 내포한다. 교육이 '열려 있다' 함은 다양한 각도에서 그 특징을 엿볼 수 있다. 첫째, 열린교육에서는 교육과정이 삶과 통합될 수 있도록 기존의 교과중심 교육과정으로부터 열려 있어야 함을 의미한다. 둘째, 기존의 경직된 강의식 공간이 학생 중심으로 재구조화되어야 함을 의미한다. 셋째, 열린교육 운동에서는 교사와 학생 사이에서 '마음이 열려 있어야 함'을 강조한다. 이는 교사와 학생의 권위적 관계에 대한 비판의 일환이었다. 넷째, 학생들과 학생들 사이에서 학습하는 관계, 특히 학습조직이 다양한 방식으로 열려있어야 함을 의미한다(강일국, 2009).

이와 같이 열린교육 운동은 교육과정, 교실공간, 교사와 학생의 관계, 그리고 학습집단 조직 측면에서 개방성과 다양성을 신장하기 위한 운동이었다. 이러한 열린교육은 기본적으로 아동중심교육이라고 할 수 있다. 특히 초창기 열린교육이 시작된 일부 학교들은 주로 사립 초등학교라는 것이 흥미롭다. 이들은 미국과 일본의 아동중심 교육에서 영향을 받아 한국교육의 획일성을 극복하고자 다양한 실천을 전개하였다. 이들은 소수의 학교에서 성공을 창출하고, 이를 확대해 나가는 '등대 효과'를 기대하였다. 실제로 정부는 열린교육을 주요 정책으로 채택하고 이를 확대해 나가고자 하였으나 그 방식이 '위로부터 아래로' 하달하는 관료주의를 벗어나지 못하고 말았다. 열린교육 운동의 실패는 이러한 확대정책 방식에 기인한다고 볼 수 있다.

이와 같은 흐름에서 수행평가가 대대적으로 소개되고 도입된 것도 1990년대이다. 1996년, 전국 최초로 서울시교육청은 초등학교에 수행평가를 부분적으로 적용했으며, 1997년에 '새물결운동'의 일환으로 수행평가를 확대하여 실시하였다. 새물결운동이란 1990년대 서울시교육청을 중심으로 일제식 수업과 교과서 중심의 주입식 수업 방법에서 탈피해 창의성과 다양성을 촉진하기 위한 교육개혁이었다. 새물결운동은 초등학교에서 시작하여, 중학교와 고등학교로 점차 확대해 나갔다. 교육부도 1999년부터 모든 학교에 수행평가를 도입하여 교육의 체질을 근본적으로 바꾸어 나가고자 했다. 하지만 이 당시 평가에 있어서는 여전히 구성주의 사조와 어울리지 못한 채 변별 위주의 관행이 남아있었다.

그러다가 2010년대를 전후하여 혁신교육의 등장과 2015 개정 교육과정의 영향으로 교육과정-수업-평가의 경계가 완화되고 서로 연계되는 패러다임으로 전환이 일어났다고 볼 수 있다. 혁신학교는 2010년대 들어 '한 아이도 소외시키지 않는다'는 모토하에 등장한 학교개혁 모델이다. 혁신학교는 1990년대 등장한 열린교육 운동과 매우 유사한 교육철학을 지니고 있었다. 그러나 혁신학교는

'아래로부터 위로'라는 전략을 표방하고 교사의 자발성과 공동체에 기초한다는 측면에서 큰 차이가 있었다. 이와 같은 혁신학교를 중심으로 교육제도 전반에 걸쳐 학생중심의 교육개혁이 일어났는데 이러한 일련의 정책들을 혁신교육 패러다임이라 부를 수 있다. 혁신교육은 모든 학생의 성장과 발달을 목적으로 학생의 흥미와 적성을 살려주고, 학생들의 목소리를 신장시키고, 교사학습공동체를 통해 학교개혁을 이룩하고자 하였다(Sung et al., 2022). 이러한 점에서 혁신교육은 공동체주의 교육이라고 평가할 수 있다. 혁신교육에서는 과도한 경쟁 문화가 학교에서 많은 학생들을 소외시킨다고 진단하고, 이러한 문제를 해결하기 위해 공동체적 삶과 학생 주도성(agency)을 강조하였다.

혁신교육에서 가장 중요한 개혁 전략 중 하나는 평가혁신이다. 혁신교육에서는 과정중심평가 또는 발달중심평가를 중시함으로써 지나친 점수 경쟁과 석차 중심의 변별 관행을 해소하고자 하였다. 2010년대 초반 혁신학교는 수업을 중심으로 학교를 바꾸는 전략을 채택하였기 때문에 수업혁신을 학교 변화의 중심에 놓았다. 그러나 이후에는 평가혁신이 교육과정과 수업을 포함하여 학교문화를 바꿀 수 있는 전략이라 여기게 되었다. 이를 통해 혁신교육은 교육과정－수업－평가의 연계를 강화하고 평가 패러다임을 바꾸는 데 큰 공헌을 하였다.

혁신교육뿐만 아니라 2015 개정 교육과정 역시 평가혁신에 일조하였다. 2015 개정 교육과정은 "평가는 학생의 교육목표 도달도를 확인하고 교수·학습의 질을 개선하는 데에 주안점을 둔다."고 명시함으로써 평가의 역할을 분명히 하였다. 또 평가의 목적이 선별보다는 피드백과 교사의 수업 개선에 있음을 분명히 하기 위해 다음과 같이 명시하였다.

- 학교는 학생에게 평가결과에 대한 적절한 정보 제공과 추수 지도를 통해 학생이 자신의 학습을 지속적으로 성찰하고 개선할 수 있도록 지도한다.
- 학생평가 결과를 활용하여 수업의 질을 지속적으로 개선한다.

또한 2015 개정 교육과정은 교육과정－수업－평가의 연계를 위해 "학교와 교사는 성취기준에 근거하여 학교에서 중요하게 지도한 내용과 기능을 평가하며

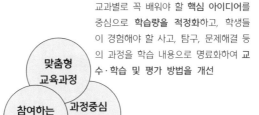

그림 10-3 2022 개정 교육과정에 나타난 교육과정, 수업, 평가 연계

맞춤형 교육과정

교과별로 꼭 배워야 할 **핵심 아이디어**를 중심으로 **학습량을 적정화**하고, 학생들이 경험해야 할 사고, 탐구, 문제해결 등의 과정을 학습 내용으로 명료화하여 교수·학습 및 평가 방법을 개선

참여하는 수업

비판적 질문, 토의·토론수업, 협업 수업 등 **자기능력과 속도에 맞춘 학습 역량을 기를 수 있도록 다양한 학생 주도형 수업**으로 개선

과정중심 평가

학습 내용분 아니라 준비도와 태도, 학생 간의 상호작용, 사고 및 행동의 변화 등을 지속해서 평가하는 등 **학습 과정을 중시하는 평가와 개별 맞춤형 피드백** 강화

교수·학습과 평가 활동이 일관성 있게 이루어지도록 한다."고 밝혔다. 특히 지나친 변별에만 신경을 쓰는 문화를 교정하기 위해 "학생에게 배울 기회를 주지 않은 내용과 기능은 평가하지 않도록 한다."는 규정을 담았다. 또 과정중심평가의 근거를 확보하기 위한 일환으로 "학습의 결과뿐만 아니라 학습의 과정을 평가하여 모든 학생이 교육목표에 성공적으로 도달할 수 있도록 한다."고 명시하였다.

2016년에 전면 도입된 자유학기제 역시 평가혁신을 위한 교육정책이었다. 자유학기제는 중학교 교육에서 평가혁신에 매우 큰 기여를 하였다. 최근 발표된 2022 개정 교육과정에서도 교육과정, 수업, 평가의 연계를 강조하고 있다(김영은, 2022). [그림 10−3]은 필자가 2022 개정 교육과정에 대한 교육부(2022b) 표현을 그대로 사용하되, 이 글의 흐름에 맞추어 교육과정−수업−평가의 연계 관점에서 재구성해 본 것이다.

자유학기제와 평가혁신의 관계는 무엇인가?

자유학기제는 중학교 교육과정 중 한 학기 동안 학생들이 중간, 기말고사 등 시험부담에서 벗어나, 꿈과 끼를 찾을 수 있도록 토론, 실험·실습, 프로젝트 학습 등 학생참여형 수업으로 개선하고, 진로탐색 활동 등 다양한 체험활동이 가능하도록 교육과정을 유연하게 운영하는 제도이다.

그림 10-4 자유학기 활동 편성·운영 개요

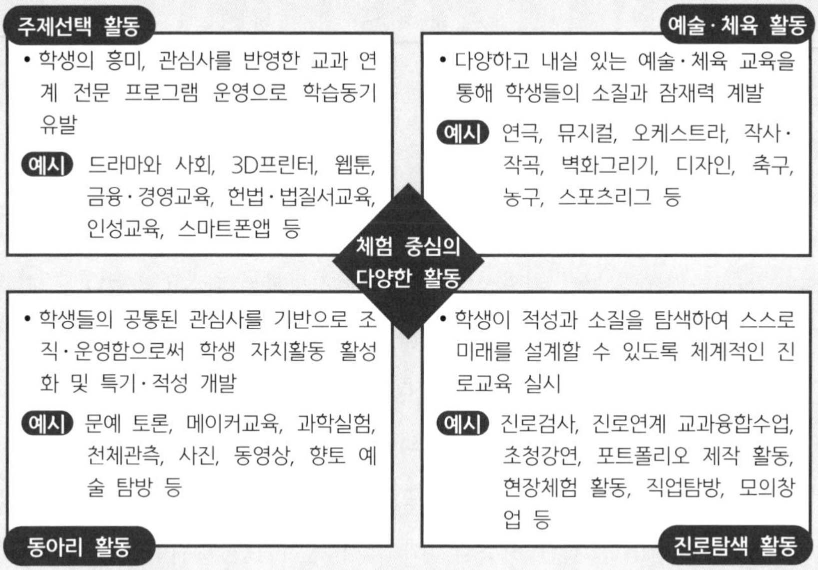

주제선택 활동
- 학생의 흥미, 관심사를 반영한 교과 연계 전문 프로그램 운영으로 학습동기 유발
- **예시** 드라마와 사회, 3D프린터, 웹툰, 금융·경영교육, 헌법·법질서교육, 인성교육, 스마트폰앱 등

예술·체육 활동
- 다양하고 내실 있는 예술·체육 교육을 통해 학생들의 소질과 잠재력 계발
- **예시** 연극, 뮤지컬, 오케스트라, 작사·작곡, 벽화그리기, 디자인, 축구, 농구, 스포츠리그 등

체험 중심의 다양한 활동

동아리 활동
- 학생들의 공통된 관심사를 기반으로 조직·운영함으로써 학생 자치활동 활성화 및 특기·적성 개발
- **예시** 문예 토론, 메이커교육, 과학실험, 천체관측, 사진, 동영상, 향토 예술 탐방 등

진로탐색 활동
- 학생이 적성과 소질을 탐색하여 스스로 미래를 설계할 수 있도록 체계적인 진로교육 실시
- **예시** 진로검사, 진로연계 교과융합수업, 초청강연, 포트폴리오 제작 활동, 현장체험 활동, 직업탐방, 모의창업 등

자료: 서울시교육청(2024). p.8.

자유학기제가 전면 도입된 것은 2016년부터이다. 현재에는 중학교 1학년 1개 학기(1학기 또는 2학기) 동안 교과 및 창의적 체험활동 시간을 활용하여 학생의 희망과 관심을 반영한 자유학기 활동을 연간 170시간 이상 편성·운영하며, 학생 참여형 수업과 이와 연계한 과정중심 평가를 실시하는 제도로 시행되고 있다. 일부 시도교육청에서는 이를 1학년 2학기까지 연장 적용하여 '자유학년제'라 부르기도 한다. 이 제도는 처음에는 진로를 중시하는 학기로 이해되었으나 점차 평가혁신과 수업혁신을 위한 학기로 인식이 변화되었다.

3 교육과정-수업-평가 일체화

교육과정－수업－평가의 일체화는 한국에서 발전한 개념이자 실천이다.[20] 이는 혁신학교 또는 혁신교육의 일환으로 발전한 것이다. 이 개념이 생겨난 이유는 한국에서 교육과정과 수업에서 많은 혁신 노력이 있었지만, 결국 서열식, 결과중심 위주의 평가 관행이 교육과정과 수업을 왜곡하는 현상이 지속되었기 때문이다. 이 개념은 다양한 형태의 평가로 학생이 도달한 정도를 확인하고 이를 통해 피드백을 주는 활동에 집중하게 된다면 교육과정과 수업의 취지를 잘 살릴 수 있을 것이란 기대에서 시작되었다(이명섭, 2022; 정윤리, 2024). '일체화'라는 용어는 사실상 '연계'와 유사한 의미를 지닌다. 그럼에도 이 운동을 주도한 교사들은 연계에 비해 일체화라는 용어가 교육과정, 수업, 평가의 경계를 적극적으로 넘나들면서 융합되어야 한다는 규범을 더 잘 표현해 줄 수 있기 때문에 이 용어를 사용하기 시작하였다(김덕년, 2017).[21]

초등학교에 비해 중등학교에서 연계 또는 일체화가 어렵기 때문에 교육과정, 수업, 평가 연계에 대한 논의는 중등교육에서 혁신교육이 확산되면서 본격화되었다. 고등학교에서는 특히 교육과정－수업－평가－기록의 일체화라는 용어가 사용되는 경향이 있다. 여기서 '기록'이라는 용어가 더 추가가 된 것은 고등학교에서 성적 우수 학생뿐만 아니라 모든 학생의 성장에 초점을 두고 학생들의 변화 과정과 결과를 학생부에 기록함으로써 고등학교 교육을 정상화하기 위한 것이었다. 김덕년(2017)에 따르면, 이 같은 진보는 학생부 기록에 대한 다음과 같은 인식의 변화가 있었기에 가능하였다. 첫째, 학생부가 단순히 성적 표기만이 아닌, 학생 성장을 기록할 수 있다는 점, 둘째, 학생부 기록에 대한 대학의 인식 변

---

20) 미국에서도 교육과정－수업－평가의 일체화(alignment) 운동이 있었으나 이는 한국에서의 흐름과 꽤 상반된다. 한국에서는 과정중심평가 등 평가혁신을 중심으로 일체화가 논의되고 있으나 미국에서는 오히려 기준 운동(standards movement)의 일환으로 이를 표준화로 이해하고 있다. 이 점에서 비슷한 용어에 대한 오개념에 유의해야 한다.

21) 교육과정－수업－평가－기록의 일체화는 많은 시·도교육청에서 교사 전문성 신장 교육에 사용되고 있다(박소영, 강현석, 2019). 이는 아래로부터의 교사 실천이 제도화되어 확산되고 있다는 측면에서 큰 의의가 있다.

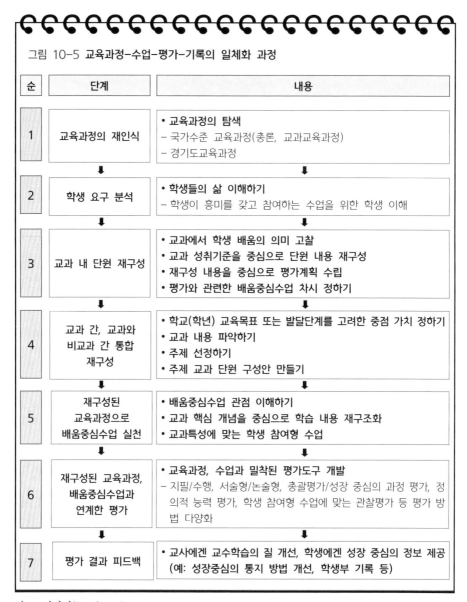

그림 10-5 교육과정-수업-평가-기록의 일체화 과정

순	단계	내용
1	교육과정의 재인식	• 교육과정의 탐색 – 국가수준 교육과정(총론, 교과교육과정) – 경기도교육과정
2	학생 요구 분석	• 학생들의 삶 이해하기 – 학생이 흥미를 갖고 참여하는 수업을 위한 학생 이해
3	교과 내 단원 재구성	• 교과에서 학생 배움의 의미 고찰 • 교과 성취기준을 중심으로 단원 내용 재구성 • 재구성 내용을 중심으로 평가계획 수립 • 평가와 관련한 배움중심수업 차시 정하기
4	교과 간, 교과와 비교과 간 통합 재구성	• 학교(학년) 교육목표 또는 발달단계를 고려한 중점 가치 정하기 • 교과 내용 파악하기 • 주제 선정하기 • 주제 교과 단원 구성안 만들기
5	재구성된 교육과정으로 배움중심수업 실천	• 배움중심수업 관점 이해하기 • 교과 핵심 개념을 중심으로 학습 내용 재구조화 • 교과특성에 맞는 학생 참여형 수업
6	재구성된 교육과정, 배움중심수업과 연계한 평가	• 교육과정, 수업과 밀착된 평가도구 개발 – 지필/수행, 서술형/논술형, 총괄평가/성장 중심의 과정 평가, 정 의적 능력 평가, 학생 참여형 수업에 맞는 관찰평가 등 평가 방 법 다양화
7	평가 결과 피드백	• 교사에겐 교수학습의 질 개선, 학생에겐 성장 중심의 정보 제공 (예: 성장중심의 통지 방법 개선, 학생부 기록 등)

자료: 김덕년(2017). p.4.

화와 학생부종합전형의 확대, 셋째, 교육과정, 수업, 평가의 결과를 진학으로 연계시키고자 하는 고등학교의 노력이 그것이다.

교육과정-수업-평가-기록의 일체화는 한국적 입시문화와 고교의 변화라는 맥락에서 발전한 개념이자 실천 원리이다. 이러한 원리하에 고등학교 교사들은 학생선택 중심의 교육과정, 학생참여 중심의 수업, 수업밀착형 평가에 많은 노력을 기울여왔다. 그리고 대학들은 이 성장기록부를 바탕으로 학생들을 선발하게 되는 학생부종합전형을 주요 전형 방식 중 하나로 채택하고 있다(성열관, 안상진, 강경식, 2022).

김덕년(2017)은 '교육과정－수업－평가－기록'의 일체화 과정을 [그림 10－5]와 같은 절차로 도식화해서 보여주었다. 이와 같은 교육과정－수업－평가의 일체화는 적어도 다음 세 가지 측면에서 의의가 있다. 첫째, 평가를 변화의 중심에 두고 교육과정과 수업을 연계하는 전략이다. 이러한 아이디어는 UbD 교육과정과 같이 효과적인 교육과정 개혁 원리와 문제의식을 공유하고 있다는 점에서 흥미롭다. 둘째, 이 개념은 '교－수－평－기 일체화'라고 불리는 한국 고유의 교육과정 혁신 운동이라는 점에서 의의가 있다. 특히 고등학교에서 평가의 왜곡으로 교육과정의 취지를 살리지 못하고, 교육과정－수업－평가가 별개로 취급받아왔던 관행을 바꾸려는 노력이었다는 점에서 큰 의미를 지닌다. 이는 고교정상화를 위해 도입된 학생부 전형제도와 관련되기 때문에 특히 한국적 맥락에서 중요한 의의라고 볼 수 있다. 이러한 특징은 다음 기술에서도 찾아볼 수 있다.

> 교육현장에서 서로 연결되어 함께 일어나야 할 교육활동이 분절적으로 이루어지다보니 왜곡현상이 심하게 이루어졌으며, 문제풀이식 수업도 그렇지만 오직 변별을 위한 평가도 온전한 모습은 아니었다. 한 줄로 세우기 위한 평가는 맹목적인 암기식 공부방법을 낳으며 성적이 좋은 학생들을 위해 과장되거나 미사여구를 사용하는 경우가 많았다. 교육과정－수업－평가－기록의 일체화는 이런 분절적인 교육활동을 서로 연결이 되도록 만들자는 것이다(김덕년, 2017: 7).

셋째, 이 교육과정 개혁 전략은 교사중심의 풀뿌리 운동에 기초하고 있다. 많은 교육과정 정책이 정부에서 설계되고 교사들에게 하달되어 추진되는 경향이 강하였다. 반면 교육과정－수업－평가－기록의 일체화 운동은 교육청과 교사 사이의 상호 리더십이 발휘되는 좋은 사례가 되었다. 교사들의 자발성에 기초한 이 운동은 많은 시도교육청의 주요 정책으로 채택되었으며, 이 정책은 다시 교사들의 자발성에 의해 크게 확산되었다. 이는 교육청의 '중간리더십'[22](Hargreaves & Shirley, 2009)이 작동한 사례라고 볼 수 있다.

4 교사가 알아야 할 평가 전략

가. 성취평가제

성취평가제는 2012년 '중등학교 학사관리 선진화 방안'에 의해 도입되었다. 성취평가제는 상대적 서열에 따라 '누가 더 잘했는지'를 평가(규준참조평가)하는 것이 아니라 '학생이 무엇을 어느 정도 성취하였는지'를 평가(준거참조평가)하는 제도이다. 성취평가제에서는 교과목별 성취기준에 도달한 정도에 따라서 학생의 성취수준을 '5단계(A-B-C-D-E)', '3단계(A-B-C)', '이수 여부(P)'로 평가한다.

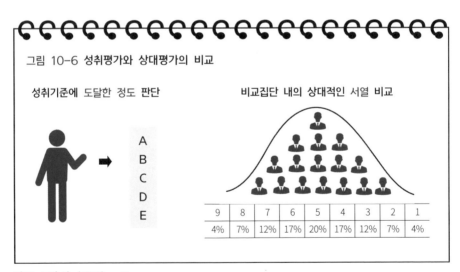

그림 10-6 성취평가와 상대평가의 비교

자료: 교육부 (2020). p.3.

---

22) 중간리더십(leadership from the middle)이란 아래로부터의 개혁 또는 위로부터의 개혁을 넘어, 교육청 수준이나 교장, 교감 수준인 중간에서 아래(교사)와 위(교육부 등)를 이어주는 역할을 강조한다.

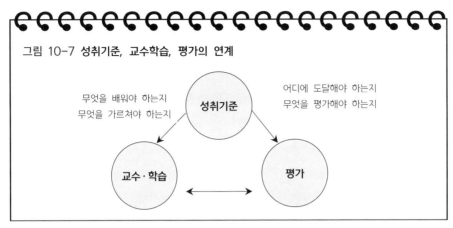

그림 10-7 성취기준, 교수학습, 평가의 연계

무엇을 배워야 하는지
무엇을 가르쳐야 하는지

성취기준

어디에 도달해야 하는지
무엇을 평가해야 하는지

교수·학습

평가

자료: 한국교육과정평가원 (2014). p.16.

성취평가제는 상대평가와 대비되는 개념으로 [그림 10-6]과 같이 비교해서 이해할 수 있다.

상대평가가 구간과 비율을 먼저 정해 놓고, 학생들을 점수에 따라 배치하는 방식이라면 성취평가는 기준을 먼저 정해 놓고 기준에 따라 학생들을 평가하는 방식이다. 그러므로 성장중심평가, 과정중심평가 등은 성취평가제와 지향점이 유사하다. 성취평가제는 기본적으로 성취기준에 준거를 두는 제도로서, 성취기준은 (1) 수업의 근거, (2) 평가의 근거, (3) 의사소통의 자료로서 기능한다. 성취기준은 첫째, 학습목표를 설정하고, 교수·학습 방법을 설계하며, 학생들이 학습목표에 도달하도록 수업을 운영하는 '수업의 근거'로서, 둘째, 평가 계획의 수립 및 평가 도구의 제작을 위한 '평가의 근거'이며, 셋째, 개별 학생의 학업성취 정도를 학생 및 학부모에게 구체적으로 설명하고자 할 때, 또는 학교생활기록부 교과학습발달상황의 세부능력 및 특기사항에 구체적으로 기록하고자 할 때, 의사소통의 자료로서 기능한다(한국교육과정평가원, 2014). 이러한 성취기준, 교수학습, 평가의 관계는 [그림 10-7]과 같이 설명될 수 있다.

나. 과정중심평가

과정중심평가는 결과중심평가와 대비해서 이해해 볼 수 있다. 과정중심평가는 학생이 지식을 알고 있는지 여부를 평가하는 결과중심적인 평가와 대비되어

그림 10-8 과정중심평가의 특징

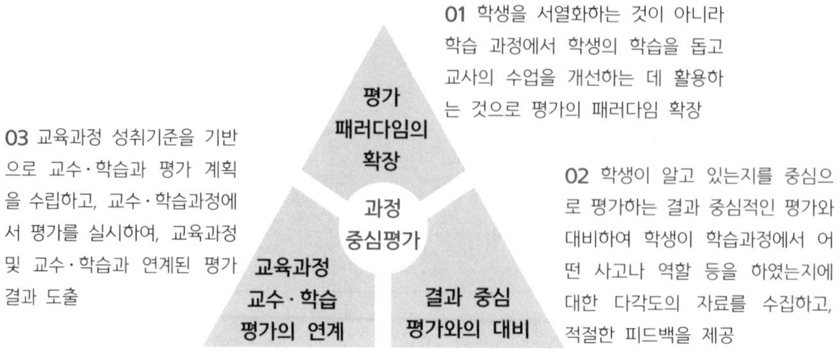

01 학생을 서열화하는 것이 아니라 학습 과정에서 학생의 학습을 돕고 교사의 수업을 개선하는 데 활용하는 것으로 평가의 패러다임 확장

02 학생이 알고 있는지를 중심으로 평가하는 결과 중심적인 평가와 대비하여 학생이 학습과정에서 어떤 사고나 역할 등을 하였는지에 대한 다각도의 자료를 수집하고, 적절한 피드백을 제공

03 교육과정 성취기준을 기반으로 교수·학습과 평가 계획을 수립하고, 교수·학습과정에서 평가를 실시하여, 교육과정 및 교수·학습과 연계된 평가 결과 도출

평가 패러다임의 확장

과정 중심평가

교육과정 교수·학습 평가의 연계

결과 중심 평가와의 대비

자료: 한국교육과정평가원(2019). p.3.

학생의 문제해결 과정에 중점을 두는 평가이다. 이 때문에 과정중심평가는 피드백을 중시한다(교육부, 2021b). 한국교육과정평가원(2019)은 과정중심평가를 다음 [그림 10-8]과 같이 세 가지 측면에서 설명하고 있다.

과정중심평가라는 개념은 성장중심평가라는 용어와 혼용되어 사용되기도 한다. 최근 평가 혁신과 관련해 많이 사용되고 있는 이 용어들은 크게 보아서 지향점이 같기에 세부적으로 구분하지 않아도 되지만, 그 강조점이 다르므로 정확한 의미를 구분해 볼 필요는 있다.

- 성장중심평가: 학습의 과정과 결과에 대한 피드백을 통해 학생의 성장과 발달을 돕는 평가. 학생의 배움과 교사의 교수 활동을 지속적으로 성찰하고 개선하여 모두의 성장을 지원하는 평가
- 과정중심평가: 성장중심평가의 방향성을 담고 있는 평가 방법의 하나로 교수·학습 중에 지속적으로 시행되는 평가이며 수행평가에서 학습의 결과뿐만 아니라 과정을 중시하는 평가

이와 같은 구분은 다소 모호하고 인위적이긴 하지만 성장중심평가는 상대평가보다 성장이 중요하다는 점, 그리고 성장을 위해 피드백이 중요하다는 점을 강

조한다. 한편 과정중심평가는 결과 중심에 대한 반성으로서 의미가 있다. 이와 같이 이 두 가지는 실제에서는 거의 구분되지 않지만, 강조점에서 차이가 있다.

과정중심평가는 특정 평가 방법이라기보다는 학생평가 패러다임을 전환하기 위해 강조된 것으로서, (1) 교육과정의 성취기준을 기반으로 수업과 평가를 연계한 평가 계획에 따라 (2) 교수·학습 과정에서 나타나는 학생의 특성과 변화에 대한 자료를 다각도로 수집하여, (3) 학생의 성장과 발달을 지원하기 위한 적절한 피드백을 제공하는 평가라 할 수 있다. 다시 말해, 과정중심평가는 기존에 실시되어 온 결과 중심의 학생평가 방식을 개선하기 위해 도입된 정책적 용어이다.

과정중심평가는 평가관(또는 평가 패러다임)에 가깝고 수행평가, 형성평가, 총괄평가 등은 평가 방법이라고 볼 수 있다. 2015 개정 교육과정에서 처음 등장한 과정중심평가는 암기를 통해 정답을 찾는 기존의 시험 형태인 '결과중심적 평가'에 대한 반성으로 학생들의 문제해결 과정 자체에 초점을 두는 모든 평가를 일컫는 말이다. 과정중심평가는 하나의 관점으로, 특정한 형태의 평가 유형을 지칭하는 것이 아닌 새로운 평가 패러다임에서 바람직한 평가의 모습을 그린 용어라고 보는 것이 좋다(신혜진, 안소연, 김유연, 2017). 그렇기에 학생 성장을 지원하는 교사의 평가관은 과정중심평가의 실천 방식과 매우 밀접한 관련성을 보여준다(김영실, 2022).

다. 형성평가

형성평가는 교실의 맥락에서 학생들의 학습에 대해 관찰하고 교육활동을 변화시켜 나가는데 사용하는 상시적인 평가와 피드백을 포함하는 개념이다. 이를 위해 교사들은 학생들이 잘 배우고 있는지 시시각각으로 확인할 필요가 있다. 이와 같이 교사들은 학생들의 이해 정도, 교육적 필요 등에 대한 정보를 수시로 수집하여 그에 따라 수업 전략을 수정해 나가야 한다.

형성평가는 다음과 같은 측면에서 교육적 유용성이 있다. 첫째, 학생들의 학습 상황에 대해 면밀히 살펴볼 수 있다. 형성평가는 학생들이 교육과정을 잘 따라오고 있는지에 대해 확인하는 데 유용하다. 이를 통해 학생들이 특정 교육목표를 달성하는 데 어려움을 겪는다면 그것이 무엇인지 파악하고 필요한 지원을 해

주는 데 유용하다. 둘째, 형성평가는 교사 자신의 수업 개선을 위한 방향성을 제시해준다. 교사들은 형성평가를 통해 자신의 교수 방법이 어떻게 개선되어야 하는지, 즉 학생들의 요구를 더 잘 충족시키기 위해 어떻게 수업을 바꾸어 나가야 하는지에 대해 알게 해준다. 셋째, 형성평가는 수업 중에 수시로 이루어지는 것이기 때문에 학생들에게 즉각적으로 피드백을 제공할 수 있다. 총괄평가는 수시로 시행되는 형성평가만큼 효과적인 피드백을 주기 어렵다. 학생들은 피드백을 통해 체계적으로 자신의 학습을 관리할 수 있다. 넷째, 형성평가는 시시각각으로 학생들의 결손을 막아줄 수 있기 때문에 학생들이 학습과정에 지속적으로 참여할 수 있도록 도와준다. 형성평가는 학생들의 메타인지를 발전시켜 스스로 자신의 학습전략에 대해 살펴보고, 자신의 학습 경로를 추적해 보는 등 학습의 주인이 되도록 도와줄 수 있다.

교사들은 형성평가를 활용할 때 다양한 기법을 사용할 수 있다. 그중에서 대표적인 몇 가지를 소개하면 다음과 같다.

- 관찰: 관찰은 특별한 전략이기보다 교사들이 수업 활동 중에 학생들에 대해 자연스럽게 알게 되는 과정이다. 군이 시험을 보지 않더라도 관찰 과정에서 학생들에 대한 많은 정보가 수집된다. 이와 같이 관찰을 위해 특별한 방법을 사용하는 것은 아니지만 교사의 관찰은 학생의 수업 이해 정도를 파악하는 데 있어 많은 정보를 제공해준다.
- 질문: 교사들은 수업시간에 학생들이 배우고 있는 내용을 제대로 이해했는지 확인하기 위해 간단한 질문을 활용한다. 이를 통해 형성평가가 의도하는 정보를 수집해 나갈 수 있다.
- 퀴즈: 교사들은 학생들이 주요 사실, 정보, 개념 등을 정확히 습득했는지 알아보기 위해 짧은 퀴즈나 진위형(T/F) 문항을 이용할 수 있다. 이러한 형성평가는 주요 지식과 명제와 같이 단순하지만 꼭 알아야 되는 내용이나 개념에 대해 물어보고, 그 결과에 따라 학생들에게 즉각적인 피드백을 주기가 용이하다.
- 짧은 서술: 교사들은 수업이 끝날 때 또는 한 단원이 끝날 때 학생들에게

간단한 쓰기 시험을 통해 특정 개념이나 사건에 대한 이해도를 측정할 수 있다. 매우 간단한 단답형 문항이 퀴즈라면 짧은 글 쓰기는 학생들에게 특정 개념이나 원리에 대한 서술을 몇 줄씩 요구할 수 있다.

이와 같이 형성평가는 조형적(formative) 평가라고 말할 수 있는 개념으로 학기 말에 학생들의 점수를 산출하는 총괄평가와는 달리 학생들의 학습과정을 지속적으로 조형해 나간다는 측면에서 의의를 찾을 수 있다.

라. 수행평가

수행평가는 학생들의 학업적 진보 과정, 능력, 그리고 역량을 종합적인 방식으로 평가하는 일을 말한다. 수행평가는 전통적인 선다형 표준화 평가와 대비되는 개념으로서 학생들이 지식과 개념을 이해하고, 그것들을 적용하여 문제를 해결하고, 배운 것을 실천할 수 있는지 알아보기 위해 다양한 방법을 통해서 학생들을 평가하는 것이다. 이에 수행평가는 전인적 평가 방식이라고 볼 수 있다. 수행평가는 단편적인 사실에 대한 암기를 넘어서 비판적 사고력, 문제해결력, 창의력, 협력 능력과 태도, 의사소통 능력, 그리고 공감과 감정이입 등 교육목표를 포괄적으로 달성하였는지 알아보는 평가라고 볼 수 있다. 수행평가 중에서도 특히 실제 세계의 문제 상황과 평가 장면을 가급적 연계시키고자 하는 평가를 참평가(authentic assessment)라고 부르는데, 이는 수행평가를 보다 발전시킨 방식이라 볼 수 있다. 다양한 수행평가 중에서 대표적인 방식들은 다음과 같다.

1) 논술형 평가

논술형 평가는 학생이 알고 있는 지식이나 정보를 활용하여 자신이 이해한 내용을 문장으로 써보게 하는 평가방식이다. 논술형 평가는 개인의 생각과 주장을 창의적이고 논리적으로 설득력 있게 조직해야 함을 강조하는 평가로 학생들의 심층적인 이해, 고등사고 능력 함양은 물론 능동적 학습 태도를 길러줄 수 있다.

2) 구술 평가

학생이 특정 교육 내용이나 주제에 대해 자신의 의견이나 생각을 이야기하도록 하여 학생의 준비도, 이해력, 표현력, 판단력, 의사소통 능력 등을 직접 평가하기 위해 활용하는 방법이다.

3) 토의·토론

교수·학습 활동과 평가 활동을 통합적으로 수행하는 대표적인 방법으로 특정 주제에 대해 학생들이 토의하고 토론하는 것을 관찰하여 평가하는 방법이다. 교사와 학생, 학생과 학생 간의 토의·토론의 장을 마련하여 학생의 토론 준비도(관련 자료 및 증거 수집 정도, 토론 내용의 조직 등), 의사소통 능력(이해력, 표현력, 설득력), 사고력(논리적, 창의적, 비판적 사고력), 토의·토론 태도 등을 평가한다.

4) 실험·실습

자연과학 분야에서 많이 사용하는 것으로 어떤 과제에 대하여 학생들이 직접 실험이나 실습을 하게 한 후 결과 보고서를 제출하여 실험·실습 과정과 제출된 보고서를 종합적으로 평가하는 방법이다.

5) 프로젝트

특정 연구 과제나 산출물 개발 과제 등을 수행하도록 한 다음, 프로젝트의 전 과정과 결과물(연구보고서나 산출물)을 종합적으로 평가하는 방법이다. 결과물과 함께 계획서 작성 단계에서부터 결과물 완성 단계에 이르는 전 과정도 중시하여 함께 평가한다.

6) 포트폴리오

학생이 쓰거나 만든 것들을 지속적이면서도 체계적으로 모아 둔 개인별 작품집 혹은 서류철을 이용한 평가 방법으로 학생 개개인의 변화, 발달 과정을 종합적이면서도 지속적으로 평가할 수 있다.

7) 자기평가 및 동료평가

자기평가는 특정 주제에 대해 자기가 수행한 결과와 과정에 대해서 스스로 평가하는 것이다. 이러한 평가는 자신의 학습에 대한 성찰 능력을 키워주고, 자기주도적 학습자가 되는 데 도움이 된다. 또 학생들은 동료평가를 통해서 친구들의 결과물이나 수행 과정에 대해 점수를 주기도 하고, 의견을 제공하기도 한다. 동료로부터 피드백을 받은 학생은 자신이 수행한 결과와 과정의 향상을 위해 기존 산출물을 수정해 나간다.

8) 참평가

참평가는 평가 장면을 설계할 때 실제 세계의 과제와 상황을 평가 장면과 가급적 유사하게 맞추어 평가하는 것이다. 그렇게 하는 이유는 학생들이 배운 지식과 능력을 실제 삶이나 문제해결 과정에서 잘 적용하거나 실천할 수 있는지 알아보는 것이 중요하기 때문이다.

마. 루브릭

루브릭(rubrics)은 학생들이 수행평가 등에서 교육목표를 얼마나 잘 달성하였는지 평가하는데 사용되는 채점 가이드라고 할 수 있다(최경애, 2019). 교사들이 루브릭을 활용하면 평가과정에서 보다 일관성 있게 점수를 매기거나 수준을 나눌 수 있고, 그에 따라 평가의 객관성이 높아질 수 있다. 루브릭은 보통 수행해야 할 내용(항목) 측면과 수행의 수준 측면, 즉 2차원으로 구성된다. 이 두 측면에서, 중학교 2학년 국어과 루브릭의 예를 제시하면 〈표 10－1〉과 같다.

루브릭을 만들기 위해 교사가 가장 먼저 해야 될 일은 해당 수행평가에서 측정하고자 하는 교육목표가 무엇인지를 분명히 파악하는 것이다. 이를 위해서는 교육과정에 진술되어 있는 성취기준을 찾아 과제의 학습목표로 삼는다. 과제의 성취기준을 명확히 하였다면, 교사가 그 다음에 할 일은 루브릭의 가로와 세로, 즉 2차원에 각각 어떤 요소를 넣을 것인지 결정하는 일이다.

위 사례에서 보는 바와 같이 루브릭은 보통 평가항목 차원과 평가수준 차원

표 10-1 중학교 2학년 국어과 루브릭의 예

	우수	보통	미흡
자료 수집 및 선정	설명 대상에 대한 다양한 자료를 수집하였다.	설명 대상에 대한 자료를 일부 수집하였다.	설명 대상에 대한 자료를 수집하지 않았다.
설명 방법 활용	설명 방법을 세 가지 이상 사용하였다.	설명 방법을 두 가지 사용하였다.	설명 방법을 한 가지 이하로 사용하였다.
문단 구성	문단 구성의 원리에 따라 한 문단에 하나의 중심 내용을 담아 문단을 구성하였다.	한 문단에 중심 내용에서 벗어난 내용이 들어있거나 두 가지 이상의 중심 내용이 담겨 있다.	문단 구성 원리를 모르고 문단을 구분하지 않고 서술하였다.
글의 통일성	글의 논점에서 벗어난 내용이 없었다.	글의 논점에서 벗어난 내용이 일부 들어 있다.	글의 논점을 파악하기 어렵고 통일성도 없다.
표현의 객관성	명료하고 객관적으로 표현하였다.	주관적 표현이 일부 있어 글의 객관성이 떨어진다.	설명문의 성격에 맞지 않는 주관적이고 감상적인 표현이다.

자료: 윤서연(2023). p.190.

으로 나눌 수 있다. 이 루브릭 사례에서는 학생들이 설명문을 쓰기 위해 꼭 필요한 자료를 수집하고, 효과적인 설명 방식을 선택하고, 글을 쓸 때 문단을 효율적으로 구성하며, 글의 통일성과 객관성을 유지해야 함을 알 수 있다. 그리고 교사는 이를 우수, 보통, 미흡이라는 3단계로 평가하고자 하는 계획이 나타나 있다.

그 다음에 교사가 할 일은 수행차원과 수행수준이 만나는 각 칸을 채우는 일이다. 이 칸에는 학생들이 해당 수행항목에 있어 어느 정도 수준에서 과제를 수행했는지 판단할 수 있는 준거를 넣어야 한다. 이때 서로 다른 수준의 성과가 잘 구별될 수 있어야 한다. 쉽게 말해 각 칸은 수행항목별로 학생들이 얼마나 수행을 잘 했는지 결정하는 준거가 된다. 이는 교사들에게 채점 가이드를 제공하는 것이기 때문에 잘 만들어진 루브릭은 채점 결과의 타당성과 객관성을 보장할 수 있다. 교사들은 각 칸에 해당하는 수행 결과를 점수로 변환시켜 최종 평가에 반영할 수도 있다.

루브릭은 여러 가지 면에서 장점을 지니고 있다. 첫째, 학생들에게 학습과 수행의 방향을 제시할 수 있다. 루브릭은 교사뿐만 아니라 학생들에게도 사전에 제공되는 것이 좋다. 이때 학생들은 루브릭을 보고 자신이 수행평가 과제를 어떻게 수행해야 하는지 안내받을 수 있다. 그러므로 루브릭은 교사를 위한 채점 가이드뿐만 아니라 학생들의 수행평가 안내문이라고 볼 수 있는 것이다. 둘째, 루브릭은 교사들에게 수행평가를 위한 표준화된 채점 도구를 제공하여 평가의 타당성과 일관성을 높일 수 있다. 이는 모든 학생에게 동일하게 적용되기 때문에 공정성을 높일 수 있는 방식이다. 특히 어떤 학생이 평가 결과에 대해 이의를 제기하는 경우, 교사는 루브릭에 따라 평정된 결과를 알려주기에 용이하다. 셋째, 루브릭은 학생들에게 어떤 평가항목에서 어떤 점을 개선해야 되는지에 대한 구체적인 피드백을 제공하기 쉽다. 이를 통해 학생들은 수행평가 항목 중에 특히 어떤 부분에서 자신의 노력이 더 필요한지에 대해 알 수 있다. 넷째, 루브릭은 교사가 교육과정 – 수업 – 평가의 연계 활동에 효과적으로 임할 수 있도록 도와준다. 루브릭은 교사들이 채첨 가이드를 만들 때부터 교육목표나 성취기준을 점검하게 만든다. 그리고 루브릭에 따라 학생들의 지식, 능력, 태도 차원의 증거를 수집해야 하므로 이에 따른 수업을 설계할 수밖에 없다. 이는 수업과 평가가 유기적으로 통합될 수 있는 결과를 낳게 한다. 이와 같이 루브릭은 학생과 교사 모두에게 유용성을 지니는 평가 전략이다.

바. 피드백

피드백은 교사들이 학생들에게 학습의 과정과 결과에 대한 정보를 제공하고 학생들이 잘 한 측면과 개선이 필요한 측면을 알려주어 성취도를 향상시키는 방법이다. 피드백은 학습 결과에 대한 정답이나 오답 등을 알려 주는 것에서부터 학생의 장단점이나 전반적인 성취도를 알려 주는 것을 포함한다. 교사들은 성취기준에 기초하여 지식, 기능, 태도 영역에서 학생에게 개선 과제에 대해 알려준다. 이와 같이 피드백은 결국 학습을 증진하기 위한 목적으로 시행되는 것이며 학생들이 교육목표나 성취기준에 도달하도록 변화시키려는 의도로 제공되는 것이다.

피드백은 부수적으로는 학생들의 자기효능감을 높이고, 수업에 긍정적으로 참여할 수 있는 태도를 길러주는 데 도움이 된다. 오늘날 학교에서 평가는 많지만 그에 따른 피드백이 충분하다고 보기는 어렵다. 많은 교사들이 학생들의 점수나 성적을 산출하지만 그 결과에 대한 피드백을 주는 활동에는 적극적이지 않은 경우가 많다. 이에 교사에게 있어서 피드백을 실천할 수 있는 태도와 전문성이 강조될 수밖에 없다.

이와 같이 학생평가에 있어서 피드백은 다양한 역할을 수행한다. 이를 요약하면, 첫째, 피드백은 학생들에게 자신의 강점을 파악할 수 있도록 도와준다. 교사들은 피드백을 통해 학생들의 노력과 성취에 대해 인정해 주면서 학생들이 어떤 교육목표를 달성하였는지 알려준다. 이를 통해 학생들은 자신의 강점을 파악하고, 전반적인 학습을 주도적으로 관리해 나갈 수 있다.

둘째, 피드백은 학생들이 부족하거나 개선해야 될 부분을 알려 줄 수 있다. 교사들은 성취기준에 근거하여 지식, 기능, 태도 측면에서 부족한 부분을 알려주고 학생들이 목표와 수행 수준의 차이를 파악할 수 있도록 도와준다. 피드백은 총괄평가와 다르게 그때그때 필요한 경우에 학생들에게 제공될 수 있기 때문에, 학생들이 자신의 학습 과정을 돌아보고 학습 성과를 증진하는 데 큰 도움이 된다. 이것을 적시 피드백이라 부를 수 있다. 물론 총괄평가 결과에 따라 피드백을 제공할 수도 있으나 보다 효과적인 도움을 주기 위해서는 학습과정 중에 제공되는 적시의 피드백이 중요하다.

셋째, 피드백은 학생들의 오개념을 수정해 주는 데 활용된다. 즉, 학생이 어떤 개념을 이해하였다고 믿고 있으나 사실상 오개념을 갖고 있는 경우, 이를 파악하는 데 도움을 준다. 교사는 오개념을 습득한 학생이 있다면 이를 교정해 주기 위해 맞춤형 피드백을 제공해 줄 수 있다.

넷째, 피드백은 단순히 인지적 측면에서의 장단점을 알려 주는 것을 넘어 격려와 칭찬을 통해 자신감과 동기를 부여할 수 있다. 학생들이 교사의 지지와 격려를 받는다면 수업에 보다 더 적극적으로 참여하며, 교실에서 안정감을 느낄 수 있다. 그렇기 때문에 피드백은 안전한 수업 환경과 문화를 만들어 나가는 데 도움이 된다.

다섯째, 피드백은 개별화 맞춤형 교육을 실현하는 도구이다. 학생들이 부족한 부분은 개인마다 모두 다르다. 교사는 학생 개개인의 필요와 요구, 개별적 특성에 따라 학습을 향상시킬 수 있는 차별화된 피드백을 제공할 수 있다. 이처럼 피드백은 개별화 교육을 실천하는 데 핵심적인 역할을 한다.

5 교사가 갖추어야 할 평가 전문성

교사는 학교 교육과정을 개발하고 효과적인 수업을 운영하며 학생들이 교육목표를 잘 달성하였는지 평가할 수 있는 전문성을 갖추어야 한다. 또한 학급을 운영하며, 학생들의 생활지도 측면에서도 전문성을 갖추고 있어야 한다. 이 중에서 평가 전문성은 가장 핵심적이다. 전문성 없는 평가는 종종 교육과정과 수업활동을 왜곡할 수 있기 때문이다. 김수동 외(2005)에 따르면 교사가 갖추어야 할 평가전문성은 [그림 10-9]와 같이 다섯 가지로 요약될 수 있다.

교사가 갖추어야 할 가장 중요한 전문성 중 하나는 평가 방법의 선정 능력이다. 교사는 시간적 흐름(사전 진단, 학기 중, 학기 말 등)에 따른 평가 방법에 대해 잘 알고, 적절한 평가 방법을 선택할 수 있어야 한다. 이는 진단평가, 형성평가, 총괄평가를 시행하는 목적을 알고 있다는 말과 같다. 교사는 판단 기준(절대 기준, 상대 기준)에 적합한 평가 방법을 선정할 수 있어야 하는데, 이를 위해서는 규준참조평가와 준거참조평가의 목적과 특징에 대해 잘 알고 있어야 한다. 이를 위해 다음과 같은 능력을 갖추어야 한다.

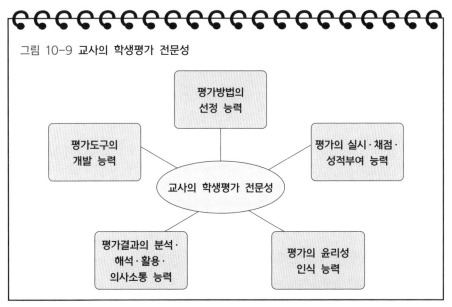

그림 10-9 교사의 학생평가 전문성

자료: 김수동 외 (2005). p. 15.

- 다양한 평가방법의 장단점 이해
- 학습목표에 적합한 평가 방법 선택
- 학생의 특성과 수준에 적합한 평가방법 선택
- 평가방법이 교수−학습 활동에 미치는 영향 이해

둘째, 교사는 평가도구의 개발 능력을 갖추어야 한다. 교사는 평가의 목적과 내용에 적합한 평가 도구를 개발, 선택, 사용할 수 있는 전문성이 필요하다. 이를 위해 다음 능력을 갖추어야 한다.

- 선택형, 서답형, 논술형 평가의 제작 원리를 충실히 반영하여 평가 도구를 개발
- 교육목표 달성에 적합한 수행평가 과제 개발
- 높은 수준의 능력(문제해결, 창안, 공감, 비판적 사고력)을 포함하는 평가 도구 개발

셋째, 교사들은 채점, 성적 부여 등 평가를 수행할 수 있는 전문성을 갖추어야 한다. 우선 교사는 평가 계획에 부합하도록 평가를 해야 한다. 이를 위해서는 평가 계획이 잘 수립되어야 한다. 평가 계획에는 평가 방법과 평가 도구에 대한 계획이 포함된다. 그러므로 교사들은 이를 정확히 숙지한 후 평가를 한다. 학생에게 평가 계획에 대해 사전에 자세하게 공지하는 것도 중요하다. 평가를 하기 전에 학생에게 채점기준에 대해 설명하면 학생들이 교육목표가 무엇이었는지 상기할 수 있다. 교사들은 채점과 성적 부여의 전문성 측면에서 다음과 같은 능력을 갖추어야 한다.

- 평가의 목적에 부합하도록 성적을 부여
- 채점기준을 정확하게 숙지하여 채점
- 규준참조평가(상대평가) 원리에 따른 성적 부여
- 준거참조평가(절대평가) 기준에 따른 성적 부여

넷째, 교사들은 평가결과의 분석, 해석, 활용, 의사소통 측면에서 높은 전문성을 지녀야 한다. 교사들의 평가 전문성은 평가 결과에 대해 추론하는 능력이다(Popham, 2007). 즉, 학생들에 대한 평가 결과를 타당하게 분석하고 해석할 수 있는 능력이 요구된다. 평가결과는 우선 교사가 자신의 수업에 문제는 없었는지, 교육목표가 충분히 달성되었는지 판단하는 증거로 이용될 수 있다. 또 평가결과는 학생에 대한 교육적 의사결정에 활용될 수 있다. 교사들은 평가결과에 대한 해석 및 의사소통 측면에서 다음과 같은 능력을 갖추어야 한다.

- 평가결과를 토대로 학생의 강점과 약점을 파악하고 학습의 개선 방향 제시
- 규준이나 준거에 근거하여 평가결과를 해석할 수 있는 능력
- 학부모 등에게 평가목적을 설명하고 평가결과를 해석할 수 있는 능력

다섯째, 교사의 평가 전문성 구성 요소로 평가의 윤리성이 있다. 평가의 윤리성이란 교사가 학생에 대해 평가를 할 때 평가자로서 기본적으로 갖추어야 할 가치와 사고 체계를 반영하는 것이다. 예를 들어 평가 활동 전반에 내재해 있어야 할 학생에 대한 인격 존중의 윤리, 법적 윤리, 평등과 공정성에 대한 인식, 자신의 평가 활동을 평가할 수 있는 성찰의 윤리 등이 이에 해당한다. 이 밖에 교사들은 윤리성 측면에서 다음과 같은 태도를 지녀야 한다.

- 학교, 교육청, 국가 수준의 평가 관련 지침 및 규정을 준수하는 태도
- 학생의 평가 결과에 부당한 영향을 미치지 않도록 평가 도구의 보안에 주의
- 학생의 권리를 보호하기 위해 개인의 평가 결과에 대한 비밀 유지
- 평가 권한의 오남용이 학생의 정의적 특성에 미치는 영향 고려
- 평가 도구에 성별, 사회경제적 배경에 따라 불리하게 작용할 수 있는 내용이나 방법이 선정되지 않았는지 확인

6 교사교육에 주는 시사점

교사의 평가 문해(assessment literacy)는 실제 평가 과정에서 교사가 능숙하게 평가 전문성을 사용할 수 있는 것을 말한다. 이러한 평가 문해는 교사들이 평가 도구를 선정하고 평가 결과를 해석하며 그 결과 학생들의 추가적인 학습을 설계하거나 지원하는 데 사용할 수 있는 능력이다. 어떤 교사가 높은 수준의 평가 문해를 갖고 있다면 그 교사는 타당성이 높은 평가도구를 개발할 수 있고, 효과적인 루브릭을 개발할 수 있고, 이에 근거해 평가결과를 정확히 해석하여 학생들에게 의미 있는 피드백을 제공해 줄 수 있다. 그동안 많은 발전에도 불구하고 여전히 한국교육은 경쟁이 심하고, 점수나 서열을 산출하는 평가 방식에 대한 관심이 높다. 그렇기 때문에 교사의 평가 문해 역시 이러한 한국적 교육 문화를 고려할 수밖에 없다. 여기서는 한국의 평가 문화를 고려하여 교사가 갖추어야 할 평가 문해를 '목적이 이끄는 평가' 관점(성열관 외, 2023)에서 제시해 보고자 한다.

가. 목적이 이끄는 평가로서 성취평가제를 이해하자

성취평가제는 절대기준평가, 절대평가, 준거참조평가와 같은 방식을 포괄하는 개념이다. 성취평가제에 대한 정의는 다양하지만, 가장 중요한 핵심은 상대평가가 아니라는 사실이다. 성취평가제가 공식적으로 정의되는 바는, "학생 점수의 상대적 서열에 따라 누가 더 잘했는가를 평가하는 것이 아니라 학생이 무엇을 어느 정도 성취하였는가를 평가하는 제도"이다. 그리고 성취평가제하에서 교사들은 교과목별 성취기준에 도달한 정도에 따라 학생의 학업 성취수준을 결정한다. 이와 같이 절대평가로서 성취평가제는 목적이 이끄는 평가라고 볼 수 있다. 교육목표 또는 성취기준은 '내용＋행동'의 형식으로 진술되는데, 내용이란 세부 교과 내용을 말하고, 행동은 수행할 수 있는 능력이다. 이때 행동은 안다, 파악할 수 있다, 추론할 수 있다, 해석할 수 있다, 문제를 해결할 수 있다, 분석할 수 있다, 종합할 수 있다, 창안할 수 있다, 공감할 수 있다, 감상할 수 있다, 비판적으로 사고할 수 있다, 실천할 수 있다, 태도를 갖는다, 습관을 들인다, 참여한다 등 다양한 동사로 표현된다.

목적이 이끄는 평가는 학생들이 이들 동사와 같이 행동할 수 있게 되었는지 알아보기 위해, 즉 목표달성 여부를 알아보기 위해 가장 효과적인 평가방법을 찾도록 한다. 어떤 목표는 선다형 객관식 시험이, 어떤 목표는 외워 쓰도록 하는 단답형이, 어떤 목표는 논술형 평가가, 또 어떤 목표는 수행평가나 참평가가 가장 효과적인 도구일 것이다. 그럼에도 불구하고 지나친 경쟁의식에 사로잡힌 문화 속에서는 상대평가만이 공정하다고 여겨진다. 선다형 객관식 평가는 여러 번 평가했을 때 같은 결과가 나올 확률은 높을 수 있다. 그러나 위에서 언급한 많은 교육목표는 객관식 시험으로만 측정할 수는 없다. 객관식 선다형 지필평가도 물론 중요한 평가도구이지만, 이는 어디까지나 객관식 평가로 측정하기에 효과적인 목표에만 해당하는 것이다. 목적이 이끄는 평가는 이러한 상대평가에 사로잡힌 사회적 편견을 극복하는 데 큰 도움이 될 것이다.

나. 평가와 수업을 동시에 생각하자

수업과 평가를 유기적으로 연계해야 한다는 이야기가 나온 지는 아주 오래되었다. 그렇지만 실천에 있어 실질적인 변화를 가져오기는 쉽지 않다. 이 연계는 초등학교 저학년으로 갈수록 용이하고, 고등학교 3학년으로 갈수록 어렵다. 수업과 평가가 유기적으로 연계되어야 하는 것은 그 자체가 목적이 아니다. 학생들이 주어진 교육목표를 달성하는 데 있어 이 연계가 도움이 되기 때문에 그것을 주장하는 것이다. 그러므로 수업과 평가의 연계 역시 '목적이 이끄는 평가' 관점에서 바라보아야 한다. 어떤 교육목표가 전수와 암기에 있다면, 수업도 전수와 암기 위주로 운영하는 것이 효과적이다. 교육목표가 문제해결이라면, 수업시간에 문제해결 방법을 가르쳐 주고, 문제해결 과정을 직접 경험하게 해 주며, 평가에서는 실제로 문제해결을 할 수 있는지를 알아봐야 한다. 교사는 수업시간에 개별 학생들의 목표 달성여부를 판단할 수 있는 증거를 모아야 한다. 바로 이러한 이유로 수업과 평가가 연계되어야 한다. 그러므로 교사는 평가계획과 수업계획을 동시에 진행하는 것이 좋다.

다. 내가 지금 하고 있는 것이 꼭 필요한 수행평가인지 질문해보자

수행평가를 열심히 하는 것보다 수행평가를 하는 이유와 목적을 분명히 세우는 일이 더 중요하다. 그래서 교사들은 '내가 지금 하고 있는 것이 꼭 필요한 수행평가일까?'라는 질문을 염두에 두는 것이 좋다. 수행평가는 학생들에게 암기 중심 학습과 시험 잘 보는 기술 습득보다는 고단계 사고력과 문제해결 능력을 키워주기 위해 시작되었다. 수행평가의 목적은 구체적인 문제 상황에서 학생이 실제로 행동하는 과정 및 결과를 평가하고 동시에 학생들이 그런 식으로 학습하도록 유도하는 것이다. 학습결과나 점수획득 중심의 평가에서 벗어나 과정 중심의 평가를 지향하며, 그 과정에서 학생들의 의사소통능력을 키워주는 것이 수행평가의 주요 특징이다. 그래서 교사들은 수행평가 문제를 개발하기 전에 교육목표를 먼저 확인해야 한다.

수행평가는 평가방법이자 동시에 학습의 촉진을 위한 수업 도구이다. 그래서 교사들은 다음과 같은 질문을 스스로에게 던질 필요가 있다. 첫째, 주어진 교육목표 중에서 어떤 것을 지필평가로 하고, 어떤 것을 수행평가로 해야 하나? 둘째, 내가 낸 수행평가 과제가 교육목표 달성 여부를 확인하고 동시에 의도했던 학생들의 학습을 촉진할 수 있는 도구가 될 것인가? 셋째, 다른 과목에서도 수행평가가 많을 텐데, 학생들에게 이 과제가 과도한 부담을 주지 않는가? 가급적이면 학생들에게 너무 많은 부담을 주지 않으면서도 교육목표 달성에 최대한 효율적인 과제를 개발하는 것이 오늘날 교사가 갖추어야 할 전문성 중 하나가 되었다.

라. 학생의 성장에 관심이 많은 교사는 형성평가를 자주 한다

최근 과정중심평가라는 용어가 중시되고 있다. 과정중심평가는 결과중심의 총괄평가에만 주목하던 습관을 바꾸기 위해 나온 용어로 볼 수 있다. 학기 중간 시점과 끝나는 시점에서 보는 중간, 기말 시험을 총괄평가라고 한다면 수시로 필요하다고 느끼는 경우 학습을 도와주기 위한 평가를 형성평가라 부른다. 형성평가, 총괄평가 모두 중요하다. 문제는 지나치게 총괄평가 위주의 시험이 사실상 지배적 평가활동으로 인식된다는 데 있다. 총괄평가 역시 학기 말 또는 학년 말에 피드백을 통해 학생들에게 부족한 점을 알려줄 수 있다. 그렇지만 총괄평가는 즉각적으로 피드백을 줄 수 없기 때문에 한계를 지닌다.

현행 국가교육과정에서도 "학습의 결과뿐만 아니라 학습의 과정을 평가하여 모든 학생이 교육목표에 성공적으로 도달할 수 있도록" 할 것을 명시하고 있다. 여기서 중요한 것이 '모든 학생의 교육목표 도달'이다. 어떤 교사가 모든 학생의 교육목표 도달을 중시한다면, 형성평가를 아주 잘하고 있을 것임에 틀림없다. 왜 냐하면, 형성평가는 그때그때 모든 학생들이 의도한 교육목표를 달성했는지 확인해보고 넘어가기 위한 장치이기 때문이다. 교사가 수시로 특정 학생에게 도달하지 못한 교육목표가 있는지 확인해보고, 그때마다 피드백을 주어 다 같이 교육목표를 달성하도록 이끌어 주는 것이 형성평가이기 때문이다.

마. 전문적인 교사는 피드백의 원래 목적을 알고 있다

오늘날 성장중심평가, 과정중심평가, 성장참조평가 등 새로운 평가 전략에 대한 교사들의 전문성과 실천 의지가 강조되고 있다. 하지만 정작 중요한 것은 피드백이다. 피드백은 "꼭 안 해도 되지만, 좋은 교사가 되기 위해 하면 좋은 것" 이 아니다. 피드백을 주는 것이 평가의 당초 목적 중 하나이다. 그러므로 피드백을 선택의 문제로 보아서는 안 된다. 평가활동은 교육목표의 달성 여부를 알아보는 것인데, 그 목적은 학생들에게 목표달성이 안 된 부분을 알려주어 결국 달성하도록 도와주기 위한 것이다. 그러므로 피드백이야 말로 '목적이 이끄는 평가'를 실천하는 것이다. 교사들이 피드백에 대한 관점이 정립되면 평가를 보는 눈도 달라질 수 있다. 그렇게 되면 선별만을 위한 시험에서 발달을 우선시하는 평가로 교육관의 전환이 일어날 수 있다.

교사에 의한 적절한 피드백은 무엇보다도 학생들의 동기를 높일 수 있다. 학생의 입장에서 교사가 자신의 학습에 대해 염려해준다는 느낌을 받게 되면 더 열심히 참여하고 싶은 마음이 일어날 수 있다. 또 자신의 장점과 단점을 이해하고 보완해야 할 학습이 무엇인지 알게 됨으로써 학습의 효과를 높일 수 있다. 이는 메타인지와 관련이 된다. 메타인지를 통해 학생들은 자신이 무엇을 알고 있고, 또 무엇을 모르고 있는지, 그리고 개선을 위한 전략은 무엇인지에 대해 더 잘 알 수 있게 된다. 교사의 적절한 피드백이 주어지면 학생들은 자신의 학습에 있어 주인의식을 갖고, 이전보다 학습에 더 적극적으로 참여하게 된다. 이와 같이 피드백은 인지적 측면뿐만 아니라 정의적 측면에서도 학생의 성장에 큰 도움이 된다. 그러므로 피드백의 목적과 효과에 대해 잘 아는 것이 교사 전문성 요소 중 하나이다.

바. 루브릭은 학생과 교사, 모두에게 도움이 된다

교사들은 루브릭의 장점에 대해 알고 이를 잘 활용할 수 있어야 한다. 많은 교사들이 루브릭을 사용하지 않는 가장 큰 이유는 그것의 장점을 잘 모르고 있기 때문이다(최경애, 2019). 루브릭은 다양한 장점을 지닌다. 첫째, 루브릭은 학생들에게 학습 내용과 목표가 무엇인지 전달하는 데 용이하다. 학생들이 좋은 점수를 받기 위해 수행평가 결과에 어떤 요소가 들어가야 하는지 명료하게 밝힘으로써, 학생들에게 과제의 성격을 잘 전달할 수 있다. 둘째, 교사가 피드백하기 편하다. 수행평가에서는 학생들에게 피드백을 주는 것이 중요하다.[23] 셋째, 평가의 신뢰도가 높아진다. 루브릭에 의한 평가는 똑같은 과제를 다시 평가해도 비슷한 결과가 나올 개연성을 높인다. 그래서 학생들의 이의 제기에 대응하기가 수월해질 수 있다. 넷째, 교사들이 보다 빨리 채점할 수 있다. 루브릭은 과제의 핵심 요소에 대한 판정을 체계적으로 할 수 있기 때문에, 책상에 쌓여있는 학생들의 수행과제를 비교적 빠른 시간에 해결할 수 있다.

사. 선다형 시험의 장점과 단점을 모두 인식하자

가장 좋은 평가는 학생이 교육목표에 잘 도달했는지 확인하는 데 있어 가장 효과적인 도구가 될 수 있는 평가이다. 그동안 지필평가, 그중에서도 선다형 총괄평가가 지나치게 많아서 문제이지, 지필평가 그 자체는 아무 문제를 지니지 않는다. 오히려 지필평가는 매우 효과적이고, 많은 장점을 지닌다. 지필평가는 대

---

23) 한편 현실에서 모든 학생들에게 피드백을 주기엔 학생 수가 너무 많다. 루브릭은 학생들이 어떤 점이 부족했는지 스스로 파악하게 함으로써 자기 자신이 스스로 피드백을 할 수 있는 장점을 지닌다.

표적으로 선다형, 단답형, 논술형 등이 있는데, 논술형은 수행평가에서도 많이 사용된다. 이 중에서 단답형은 수업시간에 학생들이 배운 내용 중에서 반드시 외워야 할 것을 외웠는지 확인하는 데 매우 효과적인 평가방법이다. 선다형은 채점이 편하기 때문에 교사가 신속하게 학생들의 수준을 진단하는 데 사용할 수 있다. 그렇지만 단순히 교사가 학생들로부터 이의 제기가 적고, 기계에 의한 채점이 가능해 선다형 평가를 선호한다면 그것은 잘못이다.

채점의 편의성도 물론 주요 고려사항이나, 그것은 부수적인 것일 뿐, 선다형 평가는 교육목표 달성 여부를 확인함에 있어 선다형 평가가 가장 효과적이라고 판단될 때 사용하는 것이다. 또 평가의 목적이 선별에 있을 때 선다형 평가가 효과적이다. 이는 초등학교와 중학교에서는 거의 해당사항이 없으며, 고등학교의 경우 선별(내신등급 산출)을 목적으로 평가하는 경우에 해당된다. 물론 초등학교와 중학교에서 총괄평가의 일환으로 선다형 문항을 주로 활용할 수 있다. 그러나 이 경우에도 선다형 평가의 비중이 지나치게 높은 것은 바람직하지 않다. 이에 선다형 시험과 관련하여, 교사들은 다음과 같은 사항을 고려할 필요가 있다. 첫째, 선다형 객관식 시험의 비중과 수행평가 등 다른 유형의 평가 비중을 어떻게 정할 것인가? 둘째, 선다형 객관식 시험을 통해 어떤 교육목표 달성 여부를 알아볼 것인가? 다시 말해 전문적인 교사는 선다형 객관식 시험의 장점을 활용하는 능력, 그리고 그것을 절대시 하는 않는 태도, 둘 다 갖추어야 한다.

PART

04

교육과정의 이해

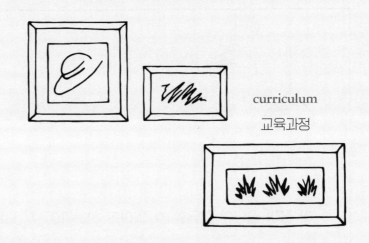

curriculum

교육과정

이 장이 끝나면 대답할 수 있어야 하는 10가지 질문

1. 잠재적 교육과정의 존재를 인정하지 않는 논거는 무엇인가?

2. 잠재적 교육과정의 존재를 인정하는 논거는 무엇인가?

3. 잠재적 교육과정과 표면적 교육과정은 어떻게 다른가?

4. 잠재적 교육과정을 의도하지 않은 교육과정으로 볼 때, 발생할 수 있는 모순은 무엇인가?

5. 의도하지 않은 잠재적 교육과정의 개념에 대해 사례를 들어 설명하시오.

6. 의도한 잠재적 교육과정의 개념에 대해 사례를 들어 설명하시오.

7. 기능주의는 잠재적 교육과정을 어떻게 해석하는가?

8. 문화 재생산론은 잠재적 교육과정을 어떻게 해석하는가?

9. 왜 Kohlberg의 정의공동체를 잠재적 교육과정으로 볼 수 있는가?

10. 교사는 왜 잠재적 교육과정에 대해 성찰해야 하는가?

Chapter 11

잠재적 교육과정

1 잠재적 교육과정의 개념

가. 정의

잠재적 교육과정에서 '잠재적'이라 함은 주로 감추어진(hidden) 측면을 말한다. 또 잠재적 교육과정은 공식 문서에 쓰여지지 않은 이면의 교육과정을 말한다. 이 교육과정은 지식과 기능도 포함하겠으나 주로 가치 및 관점과 관련된다. 공식적으로 쓰여진 교육과정은 교사들이 수업을 통해 학생들에게 의도적으로 가르치는 지식과 기능으로 구성되는 반면, 잠재적 교육과정은 의도하지 않았지만 습득하게 되는 가치와 태도로 구성된다. 한편 잠재적 교육과정을 학교문화로 보고 이를 의도적으로 구축하고자 하는 경우도 많아 이에 대해 정의 내리기는 늘 어려운 일이다.

잠재적 교육과정이란 용어를 처음 쓴 사람은 Philip Jackson(1968)이다. 그가 잠재적 교육과정이란 용어를 창안한 이유는 학생들이 학교에 다니면서 배우는 암묵적인 규칙과 가치의 전수 현상이 있다는 것을 말하고 싶었기 때문이다. 그는 1968년도에 나온 그의 저서 〈교실에서의 삶〉(Life in Classrooms)에서 학생들은 학교가 은연중에 기대하는 것을 충족시키기 위해 보이지 않는 규범을 내면화해 나간다고 말했다. 이것은 교육을 2차 사회화 과정으로 이해하는 것을 뜻한다. 다만 Jackson은 잠재적 교육과정을 통해 학생들이 순응을 배운다고 보았다. 당시만 해도 미국 교실은 교사와 학생 사이에 많은 권력 차이가 있었고, 학생들은 학교와 사회 안에서의 불평등한 권력 분배를 받아들이는 법을 배운다는 것이다. 학생들이 순응, 그리고 불평등을 참는 법을 배우는 것은 겉으로 잘 드러나지 않는 것이기 때문에 숨겨진 교육과정 또는 잠재적 교육과정이라는 용어가 개발된 것이다.

잠재적 교육과정에는 사실 개념상의 혼란이 존재한다. 예를 들어 학교에서 학생들은 순응주의나 기회주의는 물론 욕설도 배우며, 흔히 이 역시 잠재적 교육과정의 일부라고 이해된다. 또 이것들을 배우게 만드는 학교문화 역시 잠재적 교육과정으로 일컬어진다. 여기서 전자는 학습결과를 의미하며, 후자는 학습풍토와 관련된 것이다. 그러므로 잠재적 교육과정 개념의 혼란을 피하기 위해서는 이에 대한 개념을 엄밀히 제한하여 정의할 필요가 있다. 반면 그 개념을 제한하여 정의하는 경우, 잠재적 교육과정이 활용되는 용례를 모두 포괄할 수 없을 뿐만 아니라 학문의 개방적 발전을 제약할 수 있다.

이에 이 책에서는 잠재적 교육과정을 연역적으로 정의하지 않고, 그동안의 교육과정 담론을 귀납적으로 정리하는 방식을 취하고자 한다. 잠재적 교육과정은 표면적 교육과정에 대비하여 개념을 정의할 수밖에 없다. 따라서 이 책에서 잠재적 교육과정은 "공식 교육과정에 명시적으로 나타나 있지 않지만 학생들이 은연중에 배우게 되는 경험과 그것을 가능하게 하는 문화 풍토"를 잠재적 교육과정이라 정의하고자 한다.

나. 잠재적 교육과정의 성립여부

오늘날 잠재적 교육과정의 개념이 과연 성립하는가에 대한 논쟁은 찾아보기 어렵다. 그러나 1960년대 이 개념이 처음 등장했을 때, 그리고 1970년대 이후 잠재적 교육과정 개념의 성립 여부에 대한 논쟁이 있었다. 한국에서도 잠재적 교육과정은 개념이 성립되기 어렵다는 주장이 있었다. 이에 대한 주장들을 간략히 정리하면 다음과 같다.

첫째, 교육과정은 계획이기 때문에 결과를 포함하지 않는다는 입장이다. Peters(1966)와 같은 전통적 학자들은 학습의 결과는 교육과정에서 제외되어야 한다고 주장했다. 교육내용과 그것을 가르치기 위한 교수방법은 교육과정에 포함되어야 하지만 학생들의 학습결과는 교육과정에서 제외되어야 한다는 것이다. Jackson은 교육의 작용 전 단계(preactive phase)가 계획의 차원에 해당하며, 교육의 상호작용적 단계(interactive phase)는 계획과 무관한 차원으로서 잠재적 교육과정에 해당한다고 주장했다. 이러한 주장은 전통적 학자들의 비판에 전적으로 상반되는 것이다(박순경, 1996a).

둘째, 잠재적 교육과정은 가치와 사실을 혼동하는 오류를 지니고 있어서 개념이 성립하기 어렵다(이홍우, 1977)는 주장이다. 교육과정은 학생들에게 가르칠 가치가 있는 것들을 모아 놓은 것이기 때문에 가치의 영역인 반면, 잠재적 교육과정이라는 것은 의도하지 않게 학생들이 배웠다는, 즉 사실의 영역이라는 것이다. 의도와 무관한 학습결과는 현실에서 발생할 수 있다 치더라도, 그것은 그저 결과이지 교육과정으로 지칭하기 어렵다는 주장이다.

셋째, 교육과정은 교수 의도를 가지고 만든 것인데, 의도하지 않은 것을 교육과정이라 부르는 것은 논리적인 모순(김안중, 1987)이라는 주장이다. 교육은 가르치는 자와 배우는 자의 구분을 전제로 하고 있으며, 교육과정이란 가르치는 자의 가르치려는 의도를 표현한 것인바, 의도와 무관한 교육과정이란 있을 수 없기 때문이다. 김안중(1987)은 형식상 학교 안에서 일어나는 학습이라 할지라도 잠재적 교육과정은 본질상 학교 밖의 사회에서 이루어지는 비체계적인 학습과 동일한 것이라고 보았다. 이에 따라서 표준적인 의미에서의 교육과정 개념으로부터 배제되어야 한다고 주장했다.

이러한 주장의 공통점은 교육과정을 의도한 학습계획으로 보기 때문에 발생한다. 교육과정을 '미리 의도한 가치있는' 것을 가르치기 위한 계획으로 정의하는 순간 이러한 논리적 모순이 발생한다. 교육과정에 대한 이러한 전제는 (1) 나중에 일어나는 것을 교육과정 개념에 포함하기 어렵고, (2) 의도하지 않은 것을 교육과정이라 부를 수 없으며, (3) 나쁜 것을 배우는 것은 교육과정이라 지칭하기 어렵게 만든다. 이는 교육과정을 문서로 볼 것인가, 해석의 텍스트로 볼 것인가에 대한 논쟁을 내포하고 있다. 이러한 분리는 크게 보면 개발 패러다임과 이해 패러다임의 갈등을 예견하는 것이었다.

이해 패러다임의 등장 및 전개 과정에서 잠재적 교육과정에 도저히 동의할 수 없는 학자들도 있었다. 대표적으로 Lakomski(1988)는 쓰여지지 않은 교육과정이 있다면 우리가 그것을 어떻게 실증적으로 검증할 수 있는가라고 물으면서, 숨겨진 교육과정을 찾았다면 그것은 더 이상 숨겨진 교육과정이 아니라고 비판하였다. 그는 잠재적 교육과정은 명료한 증거를 찾을 수 없는 개념적 허구(conceptual vacuousness)라고 비판하였다.

교육과정이 숨겨져 있다는 것은 하나의 비유이다. 그러나 이 비유가 중요한 이유는 교육과정 속에 숨겨진 것들을 찾고, 그것들을 인식해야 교육이라는 것을 더 정확히 이해할 수 있기 때문이다. Gordon(1988)은 교육을 하나의 텍스트로 볼 때 잠재적 교육과정이라는 개념이 성립한다고 보았다.

> 우리가 교육을 하나의 텍스트로 인식하게 된다면, 그것은 우리에게 다양한 종류의 교육적 '잠재성'이 있다는 것을 알게 해 준다. 또 그동안 교육자들의 이러한 잠재성에 너무 관심을 갖지 못했다는 점도 알게 해준다. '사회가 자신의 경험을 읽는 일부로서의 교육'(education as part of a society's reading of its own experience)에 대해서 말이다. 잠재적 교육과정은 종종 그 사회에서 신성하게 여겨지는 것이 무엇인지 알아내기 위해, 해당 사회의 모든 구성원들에 의해 읽히는 텍스트라 볼 수 있다(p.426).

Gordon(1988)은 이상과 같이 잠재적 교육과정에 대해 다소 추상적으로 진술하였지만, 이를 알기 쉽게 풀어쓰면 교육과정은 개발의 대상이기도 하지만 해석의 대상이며, 교육과정 속에 잠재되어 있는 의미를 해석해 내는 것은 개발만큼 중요한 연구자들의 과업이라는 것이다. 교육과정은 그 사회에서 신성한 것, 즉 가르칠 필요가 있는 것으로 여겨지는 것의 집합체이다. 그런데 이 신성한 것은 특정 시점의 특정 사회에서 간주된 것이지 진실인 것은 아니다. 교육과정은 사회의 산물로서 왜 우리가 특정한 것을 가치있는 것으로 여기는가를 해석해야 할 대상이다. 그러므로 Gordon이 볼 때, 잠재적 교육과정은 학생으로부터 숨겨진 것이기도 하고, 교사들로부터도 숨겨진 것이기도 하나 크게 보아 사회의 모든 성원으로부터 숨겨진 것이다. 이와 같이 교육뿐만 아니라 문학작품, 예술작품, 영화, 드라마 등 우리 삶에서 중요한 것들은 해석의 대상이자 텍스트인 것이다.

한국 교육과정 이론의 발전과정에서 이러한 전환은 주로 박순경(1996a, 1996b), 김재춘(2002), 김영천(1996) 등의 논문을 통해 이루어졌다. 김재춘, 박순경은 주로 개념적 연구를 수행한 반면, 김영천은 질적 현장 연구를 통해 한국에서 잠재적 교육과정 연구를 한층 발전시켰다. 박순경은 한국에서 잠재적 교육과정 개념은 이미 정립된 것이라고 주장했다. 이에 대해 박순경(1996a)의 핵심 주장은 다음과 같다. 첫째, 이해 패러다임에서 교육과정은 해석의 텍스트다. 그러므로 텍스트로서의 교육과정 개념이 성립한다. 교육 텍스트에는 교육적 잠재성이 존재하는데, 표면적 교육과정만으로는 이러한 잠재성을 포착할 수 없다. 둘째, 교육적 잠재성에 대한 이해는 학교에서 일어나는 다양한 현상을 평면적 시각으로부터 입체적 시각으로 볼 수 있는 가능성을 제공한다. 어디까지 명시적이냐 또는 잠재적이냐의 논쟁은 무의미하며, 궁극적인 의미에서 잠재적 교육과정 개념은 교육 현상에 대한 해석학적 이해를 가능하게 한다.

이러한 논쟁이 있었음에도 불구하고 잠재적 교육과정의 성립 여부는 더 이상 논쟁의 영역이 아니다. 이의 근거로는 우선 오늘날에는 잠재적 교육과정의 성립 여부에 대해 의심하는 사람을 찾아보기 어렵다. 모든 교육과정 교과서는 잠재적 교육과정을 중요한 일부 또는 하나의 챕터로 다루고 있다. 둘째, 대부분의 교육과정 교과서에서는 의도한 교육과정, 전개된 교육과정, 실현된 교육과정을 모두 교육과정의 개념에 포함하고 있다. 그러므로 논쟁이 존재한다는 사실과 관계없이 교육과정에 대한 개념 정의는 의도에만 국한되지 않는다고 보는 것이 현실적이다. 의도한 것만 교육과정이라면 전개된 그리고 실현된 교육과정이란 말 역시 성립하지 않기 때문이다. 셋째, 오늘날 많은 교육과정학 연구는 교육과정을 개발의 대상이기 보다 분석해야 할 텍스트로 바라보기 때문에 표면적 교육과정은 물론 잠재적 교육과정이 자주 분석된다. 이 개념이 성립되지 않는다면 교육과정 연구에서 제외되어야 하지만 현실은 그 반대다.

이러한 인식론적 변화는 교육과정학에서 이해 패러다임의 발전에 영향을 준 포스트모더니즘과 관련이 있다. 그 중에서도 문학 텍스트에 대한 해석이 저자의 의도로부터의 독자로 이동하면서 독자들이 주관적으로 구성하는 다양한 실재가 있다는 문학 이론의 영향이 있다. 교육과정이 문학 텍스트는 아니지만 교육과정 저자들이 집필하는 세계와 그것이 해석되고 실현되는 세계는 다르다. 후자에는 교육적 잠재성이 흔히 존재한다. 이 잠재성의 영역이 잠재적 교육과정이다.

다. 잠재적 교육과정에 대한 주요 연구

이 분야를 개척한 학자로 볼 수 있는 Jackson은 잠재적 교육과정의 세 가지 측면에 대해 밝혔다. 이 세 가지는 군중(crowds), 상찬(praise), 그리고 권력 (power)이다. 교실에서 학생들은 군중 또는 집단 중 한 사람으로 살아가기 위해 하던 일을 유예(delay)하기도 하고, 자기-부인(self-denial)도 하게 된다. 또한 상찬을 둘러싸고 다른 학생들과 끊임없는 경쟁에 놓인다. 권력은 교사와 학생 사이의 관계에서 발생하는 것이다. 학생들에게 있어서 교사는 최초로 만나는 상급자일 수 있으며, 권력에 순응하는 법을 배운다. 이러한 군중, 상찬, 권력과 관련된 잠재적 교육과정에서 배운 것은 학생의 인생 전반에 걸쳐 영향력을 갖게 된다.

Robert Dreeben(1968)은 교실을 사회화의 장소로 묘사했다. 학교교육에서 표면적 교육과정과 잠재적 교육과정은 모두 학생들이 성인이 되었을 때 사회의 성원으로 충원시키기 위한 기능을 하는 것이다. 사회의 성원이 되기 위해 학생들은 아동기부터 독립심을 배워야 한다. 또 효율적인 사회를 이루기 위해서 학생들에게 경쟁을 가르칠 필요가 있다는 것이다. Dreeben은 독립심, 사회적 성취와 같은 사회적 가치를 전수하는 것이 교육이라 보았다. 학생의 개성이나 독특성보다는 사회적 필요를 더 주장한 것이다. 이러한 관점에서 잠재적 교육과정은 사회화 도구로 이해된다.

표 11-1 잠재적 교육과정에 대한 주요 연구

관점	주요 연구		의도성 여부	잠재성 여부
사회화 기능	긍정적	Dreeben(1968)	비의도적	잠재적
	부정적	이용숙(1996) 김영천(1996)		
재생산 기능	경제적	Bowles & Gintis(1976)	비의도적	잠재적
	문화적	Apple(1979)		
적극적 활용	Power, Higgins & Kohlberg(1989) Apple & Beane(2007)		의도적	잠재적, 때로 표면적

Dreeben이 긍정적 사회화 관점에서 잠재적 교육과정을 밝혔다면, 이용숙(1996)은 부정적 관점에서 이를 밝혔다. 이용숙은 한국에서 잠재적 교육과정을 (1) 획일주의, (2) 권위주의와 순종주의, (3) 형식주의와 결과우선주의, (4) 여유 없음과 체벌에의 순응, (5) 비교우위주의와 경쟁적 동료관계의 수용으로 파악했다.

> 이와 같은 한국 학교의 다섯 가지 잠재적 교육과정은 한국의 공식적인 교육과정에서 표방하는 교육목표와는 완전히 배치되는 것이다. 학교에서의 생활 경험을 통해서 잠재적 교육과정을 학습하게 되는 학생들은 공식적 교육과정에서 표방하는 '협동적, 자주적, 창의적인 건강한 사람'으로서보다는 '비협동적, 비자주적, 비창의적이며, 정신적으로 건강하지 못한 사람'으로 성장할 가능성이 높을 수밖에 없다. 공식적 가치와 실질적 생활가치 사이에 괴리가 있을 때, 보다 더 중요하고 영향력이 있는 것은 실질적 생활가치이기 때문이다(이용숙, 1996: 324).

김영천(1996)은 1990년대 초등학교 참여관찰을 통해 잠재적 교육과정의 주요 특징을 발견하였다. 그 당시 한국 초등학교 교실에서 매우 독특한 문화 중 하나는 경례의식이다. 수업을 시작하기 전에 반장에 의한 '차렷 – 경례' 구호와 함께 이루어지는 경례의식은 많은 것을 함축하고 있다. 경례는 '이제부터 수업이 시작된다'는 시그널을 상호 인식하게 하는 효과적인 관리 기능을 가지고 있는 교실의 통제방법이다. 그러나 이러한 주의집중 전략을 넘어서 경례의식은 하나의 문화적 전략이라 볼 수 있다. 김영천(1996)에 따르면, 경례에 부여하는 의미는 존경과 복종이라 할 수 있는데, 이는 "학생에게는 교사에 대한 존경과 충성심에 대한 표현이며 교사에게 경례는 자신의 권위가 일관적으로 인정되게 유지되고 있음을 확인시키는 확실한 증거"(p.75)라 볼 수 있다. 이 "경례를 끊임없이 실천하고 목격함으로써 참여자들은 한국사회의 가장 중요한 문화적 규범 중의 하나인 권위와 복종의 가치를 생산하고 있으며 따라서 한국사회의 위계적 인간관계 구조가 확산되고 재생산"(p.75)되는 것이다. 당시 교사들은 많은 수의 학생들을 관리하느라 경례의식 뿐만 아니라 학생들의 신체에 대한 통제를 자주 사용하였다.

Bowles와 Gintis(1976)는 〈자본주의 미국에서의 학교교육〉(Schooling in Capitalist America)을 출판한 후 잠재적 교육과정에 대한 많은 관심을 불러일으켰다. 이들은 학교가 고상한 이미지와는 달리 지배집단의 이익을 재생산하는 데 도움을 준다고 비판하였다. 학교는 경제 시스템에 노동력을 제공하는데, 이때 학생들의 계급에 따라 서로 다른 심성과 태도를 길러준다는 것이다. 특히 1970년대 미국학교는 노동계층 아동들에게 수동적이고, 복종적인 태도를 강조했다는 것이다. 이와 같이 학교교육에 내재된 잠재적 기능은 학교가 사회이동을 촉진하는 도구라는 신화와 충돌한다. 이들의 주장은 학교구조와 경제 시스템이 서로 거울처럼 대응되는 방식으로 작동한다는 것이다. 그래서 이를 '대응 이론'이라 부른다.

Michael Apple(1979)은 대응이론을 비판하면서, 자신의 이론은 Bowles와 Gintis의 경제적 재생산론과의 비교를 통해 성립된다고 주장했다. 이 두 경제학자는 미국 자본주의 하의 교육 시스템은 학생의 인지적 능력과 성인 세계의 계급 위치를 대응시키고 있다고 봄으로써 계급적 재생산론을 발전시켰다. 반면 Apple은 헤게모니 이론에 기초하여, 인간의 정체성이 경제적 모순에 의해서만 설명되는 것이 아니고 문화적으로 다층적 수준에서 결정된다고 보았다. 뿐만 아니라 교육이 계급을 재생산하는 방식도 교실과 경제의 직접적 대응에 의해 설명되는 것이 아니라 공식적 또는 잠재적 교육과정에 의해 문화적으로 이루어지는 것으로 보았다.

그에 따르면 교육과정은 지배 계급의 문화를 마치 중립적인 것처럼 은폐하지만 특정 문화를 소유한 계층은 그것을 자본으로 하여 학업성취를 높이는 데 활용하며, 성적에 의한 사회적 차별이 정당한 것처럼 내면화시키고 있다는 것이다(Apple, 1979). 그 결과 불평등한 사회 구조는 물리적인 억압을 통해 유지되기보다는 문화자본의 기능 밑에 숨어 있다고 보았다. 그는 문화자본이 권력관계를 은폐하고, 시민들의 자발적인 동의를 얻어 헤게모니적으로 사회를 지배하고 있다는 주장을 내 놓게 된다. 이러한 문화자본은 학교에서 잠재적 교육과정이 작동하는 데 있어, 중요한 역할을 한다.

한편 Michael Apple의 후기 사상은 잠재적 교육과정을 '의도적으로' 강조한다는 면에서 전기 사상과 차이가 있다. 그는 학교에서 민주주의라는 잠재적 교육과정을 구축할 필요가 있음을 강조하였다(Apple & Beane, 2007). 학교는 모든 학생들에게 공통 경험을 제공해야 하는데, 그 중 하나는 이들이 민주적 삶을 영위하도록 도와주는 도덕적 책임이다. 이러한 민주주의 교육은 학생들이 공적 영역에 참여하여 자신의 역할을 스스로 찾아나갈 수 있도록 힘을 길러주는 일이다. 이에 Apple은 민주적 학교는 진보주의적(progressive) 학교의 특징을 포함하되, 그것보다 훨씬 높은 수준의 민주주의를 고양하는 학교라고 주장한다. 진보주의 학교들이 인본주의적이고 학생중심적이긴 하지만 그것만으로는 부족하다는 것이다. 민주적 학교는 사회적 불평등으로 인한 곤란을 완화시켜주는 역할뿐만 아니라 학생들이 스스로 그러한 불평등을 초래하는 사회적 조건을 변화시킬 수 있어야 한다.

라. 표면적 교육과정과 잠재적 교육과정 비교

한국 교육과정 연구에서 잠재적 교육과정의 개념은 김종서(1976)의 연구에 의해 정립되었다. 그 이후 어떤 논의도 이 연구에 필적하기 어렵다. 다만 이 연구는 잠재적 교육과정 담론이 생겨나서 성장하기 시작할 시점에 쓰여진 것이기에 그동안의 사회변화를 반영하는 연구물을 통해 보완되어야 한다. 그럼에도 이 분야에서 김종서(1976)의 연구가 독보적이기 때문에 일단 있는 그대로 살펴볼 필요가 있다.

첫째, 표면적 교육과정은 주로 교과를 공적으로 진술하는 것이라면, 잠재적 교육과정은 주로 교과 이외의 활동과 관련이 있다. 놀이, 행사, 캠핑, 쉬는 시간, 스포츠, 봉사활동 등이 오늘날 주로 교과 이외의 활동으로 볼 수 있다. 잠재적 교육과정이 교과와 관련되는 경우도 있다. 김종서(1976)가 든 예로는, 수학을 배움으로써 수학이란 정말 어렵고 재미없는 것이라는 것을 배웠다면 이는 잠재적 교육과정이 된 것이다.

둘째, 표면적 교육과정이 주로 지적 측면에 관한 것이라면 잠재적 교육과정은 비지적, 특히 정의적 측면과 깊은 관련성이 있다. 1960년대 이후 1970년대까지 이루어진 잠재적 교육과정 연구는 순응, 복종과 같은 정의적 측면의 것이었다.

셋째, 표면적 교육과정은 주로 지식에 관련되는 반면 잠재적 교육과정은 주

표 11-2 표면적 교육과정과 잠재적 교육과정

구분	표면적	잠재적
교과 대 비교과	주로 교과와 연관	주로 비교과와 연관
지적 대 정의적	지적인 측면	정의적 측면
지식 대 가치	지식	기능(적응력 등)
시간	단기적	장기적
바람직성	바람직한 내용	바람직 또는 바람직하지 않은 내용

자료: 김종서(1976)의 내용을 표로 정리한 것임

로 기능이나 태도에 관련된다. 교육과정은 지식, 기능, 태도 및 가치로 구성되어 있다. 김종서는 잠재적 교육과정에서 기능의 학습이 중요한 것이라고 보았다. 표면적 교육과정은 학문과 지식에 더 많은 관심을 두는 반면 잠재적 교육과정은 사회에 적응할 수 있는 기능과 더 관련된다는 것이다. 학생들이 학교를 졸업하면 사회에 잘 적응할 수 있어야 하며, 학교를 다니는 기간에는 하나의 작은 사회로서 학교라는 곳에 적응하는 삶의 기술을 배운다. 이때 이 삶의 기술은 잠재적 교육과정에 더 밀접한 것이다.

넷째, 표면적 교육과정은 일시적, 단기적으로 배우는데 반하여 잠재적 교육과정은 장기적, 반복적으로 배우는 것이다. 교과서에서 주어진 것들은 정해진 시간 계획에 따라 정해진 내용을 한 번 배우면 그만인 반면, 잠재적 교육과정의 일부로서 학교생활은 학년이 올라가도 매년 같은 양식의 생활을 되풀이한다. 그렇기에 잠재적 교육과정이 개인에게 평생에 걸쳐 미치는 영향은 매우 클 수밖에 없다.

다섯째, 표면적 교육과정이 주로 바람직한 내용인 데 반하여 잠재적 교육과정은 바람직한 것뿐만 아니라 그렇지 않은 것도 포함한다. 잠재적 교육과정은 의도(바람직한 것)와 관계없이 배우기도 하는 것이기 때문에 도덕적으로 나쁜 것도, 좋은 것도 섞여 있기 마련이다. 학교 문화에 바람직하지 못한 면이 있으면 학생들이 나쁜 것을 배울 수 있다.

이러한 비교는 매우 잘 된 것이라 할지라도 1970대에 수행된 것이기 때문에 그 이후의 잠재적 교육과정 연구를 반영하지는 않은 것이다. 이상과 같은 비교가 여전히 어느 정도 유효하다 할지라도 고정된 것으로 인식할 필요는 없다. 이에 다음과 같은 재고가 필요하다.

잠재적 교육과정은 교과와 비교과 모두에 해당한다. 왜냐하면 오늘날 잠재적 교육과정은 교과와 밀접한 관련이 있는 것으로 나타나기 때문이다. 교과 수업을 통해 성역할, 능력주의, 국가주의 등 학생들은 교과에 숨겨져 있는 것들을 경험할 수 있다. 교과라는 표면적 교육과정 속에는 숨겨진 사회적 메시지가 있기 때문에(Bernstein, 2000), 표면적 교육과정은 교과에, 잠재적 교육과정은 비교과에 적용된다는 구분은 지나치게 이분법적이다.

마. 잠재적 교육과정의 유형

잠재적 교육과정의 유형 또는 종류를 구분할 때, 기능주의적 접근과 네오 맑시스트 접근으로 나누는 방식이 있다. 기능주의적 방식에서, 학교는 학생들에게 사회질서를 지식, 기능, 가치 등의 형식으로 전달하는 역할을 한다. 이때 잠재적 교육과정 역시 사회의 현 시스템에 학생들이 적응할 수 있도록 사회화 역할을 담당한다. 공식적 교육과정과 마찬가지로 교육의 사회화 기능은 잠재적 교육과정을 통해서도 수행된다.

반면 네오 맑시스트 접근은 사회의 지배 담론과 권력이 잠재적 교육과정을 통해 학생들에게 전수된다는 입장이다. 잠재적 교육과정을 통해 학생들은 불평등한 사회 질서를 암묵적으로 습득하게 된다. 불평등한 사회질서는 학교 문화에 스며들게 되고, 숨겨진 메시지를 통해 이러한 가치와 규범이 학생들에게 전달된다.

이러한 구분은 사회학 이론을 기능론과 갈등론으로 구분하는 것과 매우 유사하다. 하지만 잠재적 교육과정을 기능주의와 네오 맑시스트 접근으로 단순히 구분하는 것에는 문제가 있다. 이는 과잉 단순화의 오류이다. 왜냐하면 네오 맑시스트 접근이 잠재적 교육과정을 비판적으로 본다 할지라도 그것을 극복하기 위하여 '민주주의 문화'와 같은 새로운 잠재적 교육과정을 요구하기 때문이다(Apple & Beane, 2007). 그러므로 잠재적 교육과정을 기능론과 갈등론과 같이 이분법적으로 구분하는 것은 잠재적 교육과정에 대한 깊이 있는 이해를 저해할 수 있다.

표 11-3 **잠재적 교육과정의 유형**

구분	의도한	의도하지 않은
표면적	국가교육과정 학교교육과정	해당없음
잠재적	Kohlberg의 정의공동체 접근 김대석, 성정민, 김경성(2020)	Philip Jackson(1968) 김영천(1996) 이용숙(1996) 백병부, 조현희, 김아미(2020) 소설 <우리들의 일그러진 영웅>

위에서 살펴본 바와 같이 잠재적 교육과정은 의도성과 잠재성을 중심으로 이해되고 있다. 하지만 의도성에만 집착하면 잠재적 교육과정 개념에 혼란이 생기게 된다. 잠재적 교육과정의 중요성을 인식하고, 그것을 의도적으로 이용하려는 시도도 매우 많기 때문이다. 이에 의도성과 잠재성을 모두 고려하여 잠재적 교육과정의 유형을 구분하면 〈표 11-3〉과 같다.

이러한 구분법을 적용하여, 이 장의 나머지 부분에서는 '의도한-잠재적' 교육과정과 '의도하지 않은-잠재적' 교육과정이라는 두 개의 범주를 통해 잠재적 교육과정의 성격에 대해 파악해 보고자 한다.

2 '의도하지 않은-잠재적' 교육과정

가. <우리들의 일그러진 영웅>을 통해 본 잠재적 교육과정

이문열의 소설 〈우리들의 일그러진 영웅〉은 잠재적 교육과정을 설명하는 데 매우 효과적인 텍스트다. 이 소설은 한국 문학사에서 중요한 작품이기 때문에 대부분의 학생들이 학교에서 배우는 텍스트이기도 하다. 그런 측면에서 오래된 작품이지만 여전히 많은 학생들이 알고 있는 내용이기 때문에, 잠재적 교육과정과 연관시켜 설명하기 용이하다. 이 소설의 주인공은 한병태와 엄석대라는 초등학교 아이들이다. 이문열은 이 두 아이들을 통해 힘 있는 아이와 힘 없는 아이들 간의 권력과 복종이 어떻게 나타나는지 보여준다. 이를 통해 당시 한국 사회의 권력에 대한 욕망과 현실을 보여주고자 했다. 이 소설을 출간한 출판사는 다음과 같이 소설의 내용을 요약하였다.

> 서울에서 시골로 전학 온 한병태는 학급의 급장(반장)인 엄석대가 반 아이들을 좌지우지하며 횡포 부리는 것이 못마땅하다. 석대가 누리는 권력의 부당함을 담임선생님에게 호소하지만, 담임선생님은 그런 석대의 폭력을 눈감아준다. 부모님에게도 하소연해 보지만 오히려 석대처럼 힘을 키워보라고, 전교 1등을 해보라는 엄한 충고를 듣는다. 그러던 어느 날 병태는 엄석대가 매번 전교 1등을 하는 은밀한 이유를 알게 된다. 한편 병태는 엄석대가 만든 그 권력이 폭력적이고 정의롭지 않다는 것을 알지만, 그런 엄석대와 친구들의 무리 속으로 자신만은 들어가지 못한다는 소외감에 눈물 흘린다. 엄석대가 만들어놓은 규칙에 동조하는 것이 비굴한 복종일 수 있지만 권력자의 그늘 아래서 평온함을 누리는 것 또한 나쁘지 않다고 생각한다. 〈우리들의 일그러진 영웅〉은 엄석대를 통해 독재자의 횡포를 고발하면서도 그런 독재자를 옹호하고 따를 수밖에 없는 한병태의 인간적 고뇌를 세밀하게 묘사한다. 또한 새로 부임한 선생님과 반의 우등생들을 지식인에 빗대어 그들이 자유와 합리가 통용되는 새로운 질서, '즉 민주주의를 만들어나가는 것이 가능한가?'라는 궁극의 물음을 던진다.

흥미롭게도 이형빈(2015)은 이 소설을 잠재적 교육과정의 관점에서 분석하였다. 이형빈에 따르면, 〈우리들의 일그러진 영웅〉의 엄석대가 학급의 반장으로서 막강한 권력을 행사하고 있는 원천에는 담임교사로부터 위임받은 합법적인 권력이 있다. 담임교사가 엄석대에게 이와 같은 권력을 위임한 이유는 그의 위치에서 친구들인 다른 학생들의 사소한 일상이나 생각하는 방식까지 효율적으로 관리할 수 있었기 때문이다. 동시에 엄석대는 담임교사에게 위임받은 권력을 이용해서 친구들에게 자신이 원하는 질서를 학습시켜 나갔다. 이는 복종하는 학생은 보상을 받을 수 있고, 그렇지 않으면 폭력이나 따돌림의 위험을 감수해야 한다는 것이었다. 엄석대는 심지어 부정행위를 통해 자신의 성적을 스스로 만들어

가는 부조리를 저지르기도 했다. 이 소설에서 더 흥미로운 것은 새로운 담임이 부임한 이후이다. 새로운 담임이 등장하면서 엄석대의 대리통치 문화는 위기에 처하게 되었다. 하지만 새로운 담임교사 역시 완전히 새로운 질서를 세우지는 못했다. 그는 교실의 민주주의가 중요하다고 생각했지만, 이 역시 학생들이 중심에 없는 위로부터의 민주주의였기 때문이다.

이 소설은 잠재적 교육과정과 관련하여 몇 가지 시사점을 준다. 첫째, 잠재적 교육과정을 이야기하는 학자들은 교실을 사회의 축소판 또는 소우주(microcosm)라고 보는 경향이 있는데, 이 소설의 문제의식과 매우 유사하다. 엄석대와 한병태의 교실은 1950년대 후반 이후 다양한 감시장치를 통해 국민들의 일상을 통제하며, 자기를 검열하게 만들고, 부패를 일삼았던 당시의 정치적 질서를 그대로 반영한 곳이다. 또한 당시 새로운 민주주의에 대한 열망이 일어났으나 결국 국민이 계도의 대상이었던 것과 마찬가지로 교실에서도 학생들은 민주주의의 주체가 아니라 대상으로 취급될 수밖에 없었다.

둘째, 잠재적 교육과정 연구자들은 잠재적 교육과정이 공식적 교육과정 못지 않게 중요한 교육적 의의와 효과가 있는 것으로 보는데, 이 소설은 그러한 입장을 지지한다. 왜냐하면 이 소설에서는 학생들이 교실에서 지식을 배우는 것 못지 않게 중요한 삶의 방식을 습득하며, 그것이 학교를 졸업하고 사회에 나갔을 때 평생에 걸쳐 영향을 미칠 수 있는 것임을 암시하기 때문이다.

나. 빙산모형

잠재적 교육과정과 관련해서 한국에서 최근 잘 수행된 연구로서 백병부, 조현희, 김아미(2020)의 연구가 있다. 이들은 빙산모형을 이용해서 초등학교 6학년 교실문화를 연구했다. 수면 아래 잠겨 있는 빙산 부분과 잠재적 교육과정에서 숨겨진(hidden) 부분은 서로 은유적 유사성이 있다. 이 연구자들은 Hall(1976)의 빙산 모형을 응용하여, 학생문화에서 가시적으로 나타나는 것들과 비가시적 영역의 관계를 파악하고자 하였다. 학교의 문화를 빙산으로 가정할 때 일반적으로 쉽게 관찰할 수 있는 외적 문화는 빙산의 일각에 불과하다. 연구자들은 기저에 놓인 숨겨진 문화를 포착할 수 있어야 한다. 외적 문화에서 드러난 행동은 표면적

표 11-4 빙산모형 분석틀

영역	특징	하위영역		예시	주요질문 (탐구방법)
표면 (외적)	• 눈으로 쉽게 관찰 가능함 • 표면적으로 학습됨 의식하기 쉬움 • 쉽게 변화함 • 객관적 지식의 형태로 존재함 • 정서적 하중이 비교적 낮음	행동 및 언어		음식, 의복, 음악, 예술, 문학, 축제, 놀이 등	문화가 어떻게 나타나는가? (관찰)
심층 (내적)	• 눈으로 쉽게 관찰되지 않음 • 암묵적으로 학습됨 • 의식하기 어려움 • 쉽게 변화하지 않음 • 주관적 지식의 형태로 존재함 • 정서적 하중이 높거나 막대함	가치 및 사고 유형	태도, 신념, 해석 (암묵적 규칙)	예의, 관습, 시간개념, 대화의 패턴, 비언어적 의사소통 방식 등	
			중심가치 (무의식적 규칙)	정상과 이상, 경쟁과 협력, 자아개념, 옳고 그름, 좋음과 나쁨, 수용 가능한 것과 불가능한 것 등에 관한 학습된 생각	그러한 문화가 어디서 비롯되는가? (관찰, 심층면담)
형성적 요인					
미디어, 교육시스템, 가족, 지역사회 여건 등					

자료: 백병부, 조현희, 김아미(2020). p.10.

으로 학습되는 것이지만 숨겨진 문화는 암묵적으로 학습되며, 때로 무의식적으로 학습된다. 표면에 나타나는 문화는 주로 행동(behavior)의 형태로 나타나며, 수면 아래에 놓인 문화는 가치나 신념으로 나타난다.

잠재적 교육과정은 말 그대로 숨겨진(hidden) 교육과정이기 때문에 숨겨진 부분들을 파악하는 것이 중요하다. 이러한 분석틀을 응용하여, 백병부, 조현희, 김아미(2020)는 한국 교실에서 잠재적 교육과정을 연구할 수 있는 분석틀을 제시하였다. 이 분석틀은 교실에 존재하는, 그렇지만 잘 보이지 않는 문화를 찾아내는 데 유용해 보인다.

초등학교 6학년 교실을 관찰한 이 연구에서 저자들은 첫째, 학생들이 학습의 과정보다 결과에 매우 민감하다는 것을 보여주었다. 학생들에게 있어 자신이 무엇을 틀렸는지 보다 몇 점인지가 더 중요했다. 학생들 중에는 수업 중 활동 과제가 최종 성적에 반영되는지 물어보는 아이들이 여럿 있었고, 교사의 답에 따라 활동에 임하는 학생들의 태도가 달라지기도 했다(백병부, 조현희, 김아미, 2020: 14).

둘째, 교실은 배제와 소외를 만들어 내는 공간이기도 했다. 이러한 구별은 '인싸'와 '아싸'라는 용어로 통용되었다. 특히 '아싸'의 지대에 놓인 학생들이 소외를 경험하는 곳이 다름 아닌 교실이었다.

이러한 표면적 문화 기저에 놓인 요인은 성적중심 사회 또는 능력주의 사회라 볼 수 있다. 학생들은 성적중심 문화가 떠받치고 있는 사교육 시장에서 많은 스트레스를 받고 있었다. 한편 이러한 기저에 놓인 조건(형성적 조건)이 모든 아이들에게 공통적으로 적용되고 있음에도 불구하고, 이를 완충시킬 만한 수단은 사회경제적 배경에 따라 달랐다. 이에 대해 저자들은 다음과 같이 썼다.

> 사회경제적 조건이 좋은 지역의 가정은 사교육을 둘러싼 부모와 자녀 사이의 갈등이 존재하지만, 사교육이 미래 삶을 위한 투자라는 것에 대한 부모와 자녀의 합의가 존재한다. 나아가 이들 지역의 부모들은 자녀들과 많은 시간을 보내면서 자녀들의 삶에 깊이 관여하고 있고, 이 과정에서 역할모델의 노릇을 하고 있다. 따라서 이들은 학업에 대한 부담이 상당함에도 불구하고 이를 감내해내고 있으며, 가정에서의 결핍이나 친구관계에서 오는 어려움을 상대적으로 덜 겪고 있다. 반면 사회경제적 조건이 열악한 지역의 가정에서는 경제적 어려움과 여러 갈등요인이 상존하는 상황에서 아이들을 형성적 조건으로부터 보호해줄 만한 여력을 갖추기가 쉽지 않다 (백병부, 조현희, 김아미, 2020: 25).

이와 같이 빙산모형은 눈으로 쉽게 관찰가능한 교실 문화가 실제로 어떤 기저의 요인에 기반하고 있는지 분석할 수 있는 틀을 제공한다. 이 모형은 교실 문화가 표면적으로 어떻게 나타나는가와 함께 그러한 문화가 심층적으로 어디서 비롯되는가에 대해 체계적으로 분석하는 데 도움이 된다.

3 '의도한-잠재적' 교육과정

개인의 도덕성 발달단계에 관심이 많았던 Kohlberg는 후기에 학교의 문화 풍토로 관심을 돌리게 된다. 그가 주로 개인의 도덕성 수준에 대해 연구한 방법론은 가상적 딜레마를 사용하는 것이었다. 그러나 가상적 딜레마에서 높은 도덕 수준으로 평가받은 학생들이 실제 삶에서는 반드시 그 정도의 수준으로 행동하는 것은 아니었다. 그래서 이 문제에 대해 많은 비판을 받았다. 이러한 비판을 수용하면서, 그는 가상적 딜레마보다 학교에서 일어나는 실제 삶의 문제들에 대한 민주적 토론과 해결책을 찾는 일의 중요성을 포착하였다. 가상적 딜레마에서 실제 삶의 딜레마로 이동한 것이다.

이 과정에서 그는 잠재적 교육과정이란 용어를 자주 사용하였다. 그는 학교의 윤리적 수준에 대해 깊은 관심을 갖게 되었으며, 클러스터 스쿨이라는 공립 대안학교를 교사들과 공동으로 운영하게 된다. 학교의 도덕적 풍토에 대해 장기적으로 연구한 결과, Kohlberg는 학교의 윤리적 수준도 단계가 있다고 주장하였다. 이 결과를 그와 함께 정리한 Power 등(1989)에 따르면, 가장 낮은 수준(0)에서 학생들은 학교를 아예 존중하지 않는다. 이 수준에서 학생들은 학교가 자신에게 무가치한 것으로 느낀다. 제1수준에서는 도구주의적 가치가 학교를 지배한다. 도구주의적 가치는 학교를 통해 자신의 욕구를 충족하려는 것으로 볼 수 있다. 제2수준에서는 자신의 학교가 다른 학교와 경쟁하는 관계에 놓일 때(예: 운동시합), 학생들은 학교와 동일시하게 된다. 제3수준에서는 서로 돕는 우정의 공동체가 형성된다. 제4수준에서는 규범적 공동체가 형성되는 단계로서 학교가 추구하는 공공선의 가치에 대해서 공유하고 모든 학생들이 그 가치를 규범적으로 존중하는 단계이다. Kohlberg와 동료 연구자들은 학교의 변화란 제1수준에서 제4수준으로 가는 과정에 놓인다고 보았다.

잠재적 교육과정은 특히 학생들의 도덕발달 있어 매우 효과적이다. 이런 관점은 '함으로써 배운다'는 진보주의 교육과 깊은 관련성이 있다. Kohlberg는 다양한 교육 이론을 검토한 결과 Dewey의 교육론이 자신의 정의공동체 접근에 가장 부합한 것이라 주장하였다. Kohlberg가 잠재적 교육과정이란 용어를 자주 사

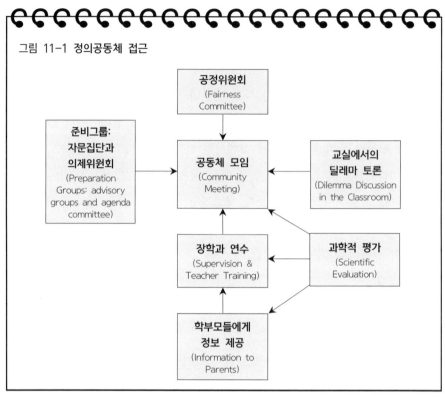

그림 11-1 정의공동체 접근

```
            ┌─────────────┐
            │   공정위원회   │
            │  (Fairness   │
            │  Committee)  │
            └──────┬──────┘
                   │
                   ▼
┌─────────────┐  ┌─────────────┐  ┌─────────────┐
│  준비그룹:    │  │             │  │ 교실에서의    │
│ 자문집단과    │  │  공동체 모임   │  │  딜레마 토론   │
│ 의제위원회    │─▶│ (Community   │◀─│ (Dilemma    │
│ (Preparation │  │  Meeting)    │  │ Discussion  │
│ Groups:      │  │             │  │ in the      │
│ advisory     │  │             │  │ Classroom)  │
│ groups and   │  │             │  │             │
│ agenda       │  │             │  │             │
│ committee)   │  │             │  │             │
└─────────────┘  └─────────────┘  └─────────────┘
                        ▲
                   ┌─────────────┐  ┌─────────────┐
                   │  장학과 연수   │  │  과학적 평가   │
                   │ (Supervision │◀─│ (Scientific │
                   │ & Teacher    │  │ Evaluation) │
                   │ Training)    │  │             │
                   └─────────────┘  └─────────────┘
                        ▲
                   ┌─────────────┐
                   │ 학부모들에게   │
                   │  정보 제공    │
                   │ (Information │
                   │ to Parents)  │
                   └─────────────┘
```

자료: Oser, Althof & Higgins—D'Alessandro (2008). p.398.

용한 이유는 학생들에게 윤리를 직접 가르치는 것보다, 잠재적 교육과정이 상당한 역할을 할 것이라 보았기 때문이다. 공식적 교육과정뿐만 아니라 잠재적 교육과정이 학생들의 도덕발달을 도모하는 데 매우 효과적이라고 본 것이다.

그는 개인의 도덕성은 그 개인이 어떤 집단에 속해 있는가에 따라 상당히 달라질 수 있다고 보았다. 학생들은 도덕적 환경과 풍토를 통해서 많은 것을 배우며 그것은 교과서나 교재보다 더 효과적일 수 있다. 공식적 교육과정을 통한 도덕교육도 중요하겠으나 그것만으로는 충분하지 않으며, 학교 자체가 정의로운 장소가 되어야만 한다. 직접적인 도덕교육은 당장 효과가 있는 것처럼 보일 수 있으나 지속가능성을 보장하기 어렵기 때문에, 보다 영속적 효과를 원한다면 학교 풍토를 도덕적으로 만드는 것이 훨씬 효과적이라고 본 것이다.

정의공동체 접근은 잠재적 교육과정의 구축을 위해 자치활동과 토론을 중심으로 교육활동을 조직하는 것이다. 이 정의공동체 학교 조직에서 가장 중요한 것이 학교 전체 회의이다. 물론 정기적인 학급회의 등도 잘 이루어져야 한다. 정의 공동체는 학생들이 학교의 풍토 또는 조직문화에 따라 잘 배우기도 하고, 그렇지 않기도 하다는 관점을 가지고 있다. 이에 학생들이 스스로 위원회와 회의를 주재해 나갈 수 있도록 학교의 조직을 잘 설계해야 한다. 이러한 방법은 (1) 격주나 매주 정기적으로 회의 일정을 고정하는 방식, (2) 문제가 발생하면 그때마다 회의를 소집하는 방식, (3) 일상적으로 잘 나타나는 논의 주제별로 소위원회를 두는 방식 등 다양할 수 있다.

의제 위원회(agenda committee)는 종종 자문 그룹의 지원을 받아 학교공동체 회의를 준비하고 주관한다. 이 회의는 모든 학급의 대표들과 두 명 이상의 교사로 이루어지는 것이 보통이다. 의제 위원회의 역할은 무엇보다도 좋은 의제를 만드는 것이다. 좋은 의제란 더 좋은 학교를 만들기 위해 반드시 토론해야 할 쟁점을 다룰 수 있는 것이어야 한다. 다시 말해 학교 공동체 회의에서 토론할 좋은 의제를 설정하기 위해 공동체 구성원들의 삶과 이에 관련된 사회적, 도덕적 문제에 초점을 맞추는 것이다. 이를 위해 의제를 생각해 내고, 그 의제에 대해 숙의해 보며, 회의에 온 사람들이 의제를 쉽게 이해하도록 정리하고, 효율적인 토론을 위한 형식을 개발해 내야 한다. 예를 들어 수학여행을 어디로 갈지에 대해 결정하는 것보다도 수학여행에서 학생들은 어떻게 행동해야 하며, 어떤 태도를 지닐 것인지에 대해 토론하는 것이 정의공동체의 핵심 의제라 볼 수 있다(Oser, Althof & Higgins-D'Alessandro, 2008).

공정위원회(fairness committee)는 학생들 사이에 갈등을 중재하고 규칙을 어기는 행위 등을 교정하는 위원회다. 어떤 학생이 문제 행동을 일으킨다면 이 학생에게 규범에 맞는 행동을 요구하면서, 동시에 그렇게 될 수 있도록 지원하는 역할까지 맡는다. 정의공동체 학교의 목적에 맞게 공정위원회는 학교가 공공선을 중심으로 운영되도록 유도하며, 변화가 필요한 학생의 행동을 개선시키거나 때로 처벌을 권고할 수 있다. 그러나 어디까지나 처벌이 중심 의무는 아니다. 이 위원회는 왜 일부 학생들이 문제행동을 일으키는지 알아보고, 그 문제의 배후에 있는 원인을 해결하기 위한 노력까지 담당한다. 왜냐하면 궁극적으로 문제 학생들을 다시 공동체의 일원으로 돌아오게 하는 것이 중요하기 때문이다.

도덕적 딜레마 토론은 이미 도덕적 판단 능력을 촉진하는 데 유용한 수단으로 검증된 것이다. 이에 정의공동체 접근에서는 딜레마 토론을 매우 중시한다. 이 토론은 학교의 교과와 연계시켜 운영하는 것이 효과적이다. 교실 딜레마 토론이 잘 운영되면 이때 익힌 의사소통 능력과 태도가 전이되어 각종 위원회 활동에서 많은 능력을 발휘할 수 있게 된다.

학교를 정의공동체로 만들기 위해서는 학교장의 리더십과 교직원들의 적극성이 중요하다. 이를 위해 교사들을 위한 전문성 신장 연수 등 많은 지원이 필요하다. 정의공동체 학교가 성공적으로 수행되면 학생들은 물론 교사들 역시 큰 보람을 느낀다. 교사들은 정의공동체 학교 교사라는 정체성이 더욱 발달하게 되며, 자부심을 느낄 수 있다. 학부모들은 학교에 대한 정보를 자주 접할 수 있어야 하고, 또 학교에 참여해야 한다. 또 학교 전체 공동체 회의에 참여하기도 하고, 또 분임토의 퍼실리테이터로 봉사하기도 한다. 물론 자녀들과의 일상적 대화 자체도 간접적으로는 학교 공동체에 참여하는 것이다.

그리고 정의공동체 학교와 같이 혁신을 지향하는 학교에서 가장 힘든 과제가 지속가능성이다. 이를 위해 정의공동체가 소기의 목적을 달성하고 있는지 평가와 피드백이 중요하다. 이를 위해 연구자들과의 결합은 큰 도움이 될 수 있다. 연구자들은 학교를 관찰하고 데이터를 수집하여, 학교 공동체 구성원들에게 피드백을 줄 수 있다. 이러한 노력은 정의공동체의 지속가능성을 높이는 데 유용하다. 그래서 정의공동체 접근에서는 과학적 평가라는 프로젝트가 함께 수행된다.

이상에서 살펴본 정의공동체 접근은 잠재적 교육과정을 의도적으로 활용하는 것이다. 아예 잠재적 교육과정을 설계한다고 말하고 있기 때문에 '의도하지 않았지만' 배우는 것으로서의 정의는 여기서 성립하지 않는다. 이 접근은 학교 조직에 잠재된 문화 풍토에 대한 관심이 적극적으로 표현된 것으로 정밀하게 의도된 것이다. 이에 '의도된 – 잠재적' 교육과정에 대해 설명할 때 매우 좋은 사례이다.

4 교사교육에 주는 시사점

가. 반성적 실천

교사가 잠재적 교육과정에 대해 잘 인식한다면, 스스로의 교육행위를 성찰하는데 도움이 된다. 반성적 실천이란 교사가 자신이 행한 수업에 대해, 자기 자신에 대해 그리고 학생들에 대한 편견은 없었는지 스스로 인식하면서, 더 나은 수업을 위한 대안을 모색하는 것이다. 물론 교사들은 반성적 실천이라고 하는 전문적 행위를 형식적으로 하지 않더라도 시시각각으로 오늘 수업이 잘 되었는지, 학생들이 제대로 이해했는지, 학생들이 왜 딴 짓을 하는지 등등에 대해 돌아보게 된다. 그러나 반성적 성찰 행위는 학생들의 설문 피드백을 받아보거나 '수업 나눔' 등 체계적인 절차를 지니는 것이 일반적이다. 이러한 반성적 성찰은 교사학습공동체를 통해 협력적으로 임하게 된다. 이때 자신의 수업운영방식이나 평가방식에서 잠재적 교육과정 요소를 발견할 수 있다. 오늘날 반성적 실천은 교사의 전문성 개발의 핵심적 위치를 차지한다.

이를 위해서는 교사의 자발성이 매우 중요하다. 왜냐하면 체계적인 성찰은 교사에게 추가적인 시간과 에너지를 쓰게 하기 때문이다. 잠재적 교육과정에 대한 성찰도 마찬가지이다. 성찰적인 교사들은 잠재적 교육과정에 대해 돌아볼 수 있는 태도인 개방성을 지니고 있다(김성수, 이형빈, 2019). 이러한 태도와 노력이 없다면 잠재적 교육과정에 대한 성찰은 가능하지 않을 것이다.

나. 교실문화 구축

정의공동체나 배려공동체와 같이 민주적 학교문화가 구축되면 학생들의 인지적, 정서적 성장에 효과적이다. 또한 교실문화는 교사들에게 효과적인 수업운영을 도와줄 수 있다. 교실이란 곳은 '학생들이 주민인 작은 공동체'이기 때문에, 이곳에서의 개인은 문화의 영향을 크게 받는다. 이에 경쟁, 훈육, 역할 기대 등 학생의 정체성에 영향을 주는 잠재적 교육과정은 교사의 학급관리(classroom management) 방식과 관련이 있다. 김달효(2009)는 중학교 학생들이 교사의 훈육에 대해 어떻게 인식하는지 알아보고, 그 결과 교사들의 훈육 유형을 민주형, 방임형, 타협형, 지원형, 전제형으로 구분하여 제시하였다. 이 연구에 따르면, 효과적인 훈육은 일차적으로는 학생의 문제행동을 감소시키고 긍정적인 학습태도를 지니게 하여, 궁극적으로는 학급풍토를 공동체적으로 개선해 나갈 수 있다. 특히 이 연구에서는 교사의 훈육이 민주형과 지원형일 때 방임형, 전제형, 타협형 훈육보다 효과가 높은 것으로 나타났다. 최근 중등학교에서 수업방해 현상이 증가하고 있다. 이러한 문제에 효과적으로 대처하기 위해 과거의 체벌이나 강압적 훈육보다 교실문화 구축 전문성이 오늘날 교사들에게 더 요구되고 있다(성열관, 2021). 교사가 잠재적 교육과정의 개념과 작동방식에 대해 잘 이해하고 있다면 효과적인 학급경영은 물론 효율적인 수업 운영에도 큰 도움이 된다.

다. 잠재적 교육과정의 역기능 보완

교사들이 잠재적 교육과정에 대해 잘 인식하고 있다면, 문화자본이 교실에서 불평등을 만들어 내는 것을 막을 수 있다. 잠재적 교육과정에 대해 연구한 많은 학자들은 중산층 학생들의 문화자본이 학교에서 요구하는 규범과 유사하기 때문에 더 유리하다는 것을 밝혀왔다. 또 교사들 역시 중산층이기 때문에 부지불식간에 이러한 학생들을 더 유리하게 평가할 수 있다. 특정 문화에 대한 교사의 선호와 편견은 교실에서 암묵적으로 발생하는 교육의 불평등을 강화할 수 있다. 이에 잠재적 교육과정의 이러한 속성을 잘 인식하고 있는 교사들은 이러한 역기능을 완화하거나 해결하는 데 큰 역할을 할 수 있다.

교사들은 잠재적 교육과정의 중요성을 인식하고, 자신의 수업에서 이를 어떻게 다루어야 하는지에 대해 생각해 보아야 한다. 특히 학생들의 가정 배경 등에 따라 문화자본이 적은 학생들이 불리하기 때문에 모두의 성취에 대한 기대가 평등하게 유지되어야 한다. 그래서 학생들에게 과제를 내주거나 그것들을 평가할 때, 가급적 문화자본의 차이가 영향을 주지 않도록 유의해야 한다. 취약한 학생들이 잘 이해하고 있는지 수시로 수업시간에 비공식 평가나 관찰을 수행해야 한다. 왜냐하면 이 학생들은 많은 학생들 앞에서 질문하거나 발표하는 능력이 부족할 수 있기 때문이다. 그렇지 않으면, 인구학적 배경에 따라 잠재적 교육과정에 더 익숙한 학생들이 이익을 얻을 수 있다. 교사들은 교실에서 문화자본과 같은 교육 불평등이 재생산되는 것을 막기 위해 마땅히 해야 할 역할과 책임이 있는 것이다. 이는 잠재적 교육과정의 부정적 측면을 미연에 방지하고자 하는 노력으로 볼 수 있다.

이 장이 끝나면 대답할 수 있어야 하는 10가지 질문

1. 교육과정 재개념화란 무엇을 어떻게 재개념화한다는 것인가?
2. 교육과정 재개념화의 사회적 배경은 무엇인가?
3. 실존주의는 교육과정 재개념화에 어떤 영향을 미쳤는가?
4. 소외란 무엇이고, 왜 교육에서 소외의 극복이 중요한가?
5. 쿠레레의 정의에서 동사 측면을 강조한다는 것은 무슨 뜻인가?
6. 은행저금식 교육과 문제제기식 교육을 비교하시오.
7. 교육과정의 실존적 재개념화와 구조적 재개념화는 각각 무엇이고, 어떻게 다른가?
8. 교육과정 사회학은 무엇을 연구하는 분야인가? 왜 이 학문이 교사교육에서 중요한가?
9. 공적 지성인으로서의 교사는 어떤 사람인가?
10. 예비교사 교육에서 자서전적 방법의 4단계는 무엇인가?

Chapter 12

교육과정 재개념화

1 교육과정 재개념화

가. 재개념화의 배경

교육과정 재개념화(reconceptualization)는 1970년대에 시작해서 그 이후 미국 교육과정 학계의 학문적 분위기를 바꾸었을 뿐만 아니라 전 세계적으로 교육과정 연구에 영향을 미친 사건이다. 교육과정 재개념화는 특정한 정의를 지니는 것이 아니라 교육과정을 비판적 관점으로 분석하기 시작한 학문적 경향을 말한다. 이러한 경향은 교육과정에 대한 역사적, 사회학적, 인종적 관점뿐만 아니라 페미니스트 관점, 포스트모던 관점, 실존주의적 관점, 심미적 관점 등 다양한 이론적 렌즈를 통해서 교육과정을 분석하고 이해하려는 경향을 통칭하는 것이다(Pinar 외, 1995).

교육과정 재개념화 운동이 특히 1970년대에 이루어진 이유는 무엇일까? 1970년대 미국은 사회과학 전 분야에 걸쳐 많은 변화를 겪었다. 이는 1960년대의 민권 운동과 관련된다. 1960년대 광범위하게 일어났던 민권운동과 평화운동은 당시 대학에 있던 교수들과 학생들에게 큰 충격을 주었다.

이러한 사회변동은 첫째, 교육학을 포함한 사회과학자들에게 인종 및 사회적 불평등에 대한 관심과 연구를 촉진하였다. 민권운동과 반전평화운동에서 영감을 받은 사회과학자들은 인종차별, 거주지 분리(segregation), 불평등의 원인과 결과를 연구하는 쪽으로 학문의 성격을 변화시켜 나갔다.

둘째, 민권운동은 인종뿐만 아니라 젠더, 계급 등 다양한 형태의 사회적 억압이 어떻게 개인의 경험 속에서 교차하고 있는지 연구하도록 이끌었다. Pinar 등 재개념화 진영에 속한 연구자들은 교육과정에서 이와 같이 사회구조와 개인 경험의 관계에 대한 연구를 주도해 왔다. 다시 말해 다양한 형태의 억압이 어떻게 상호 관련되고, 학교에서 그리고 학교를 졸업한 이후 개인의 삶에 어떤 영향을 미치는지 이해하고자 했다.

셋째, 사회 구조나 억압이 구체적 개인 삶에 영향을 미치는 방식을 이해하기 위한 방법으로서 질적연구가 부상하였다. 이는 기존 실증주의의 대안으로 등장한 것이다. 크게 보면 민권운동은 사회과학 연구 방법론에도 영향을 미친 것이다. 사회과학자들은 소외된 집단의 경험을 이해하기 위해서 그들의 삶 속으로 들어가 주요 특징을 기술하고 드러낼 필요가 있었기 때문이다. 일부 학자들은 소외를 극복하고 해방과 사회정의를 위해 실천하는 과정을 연구대상으로 하였는데, 이러한 동기는 실천연구(action research)라는 연구방법론을 탄생시키기도 하였다. 이는 Habermas(1972)의 해방적 지식에 영향을 받은 것이기도 하다.

나. 교육과정 재개념화

1960년대 미국 민권운동으로 인한 사회 분위기와 사회과학 방법론의 변화는 교육과정 연구에도 큰 영향을 미쳤다. Pinar(1978)는 교육과정 재개념화가 기존의 패러다임과 어떻게 다른지 보여주기 위해 전통주의자 관점, 개념적 – 경험주의자 관점, 그리고 재개념주의자 관점으로 나누었다. 이러한 구분은 어느 정도 임의적이며, 그의 개인적 주관에 따라 구분한 것이기 때문에 절대시할 필요는 없다. 그러나 재개념화 운동 이후에 교육과정 연구 패러다임에 큰 영향을 남겼기 때문에, 그의 이러한 구분이 오늘날에도 여러 교육과정 교재에 그대로 남아 있다.

첫째, 전통주의에서는 Ralph Tyler가 정리한 교육과정, 수업, 평가의 일반 원리에 따라 학교와 교사들이 어떻게 교육과정을 개발하고, 학생들을 가르치고 평가할 것인가에 대한 실용적 연구에 관심을 갖는다. 전통주의자들의 관심은 실질적으로 학교와 교사를 도와주고, 학교를 장학하며, 이러한 능력을 갖춘 교사를 양성하는 등 상당히 기술적인 관심에 국한되었다고 볼 수 있다.

표 12-1 교육과정 연구의 구분

구분	초점 질문	주요 학자	주요 관심
전통주의자 (traditionalists)	교육과정을 어떻게 개발할 것인가?	Ralph Tyler Hilda Taba	-교육과정 개발모델 -처방과 문제해결
개념적-경험주의 (conceptual-empiricists)	교육과정 연구의 엄밀성을 어떻게 높일 것인가?	Joseph Schwab Decker Walker	-논리적, 개념적 분석 -데이터에 의한 분석(양적, 질적)
재개념주의자 (reconceptualists)	기존 교육과정 연구를 어떻게 이론적으로 해체하고 재구성할 것인가?	Bill Pinar Michael Apple	-실존적 해방 -정치적 해방 -페미니즘 -포스트모더니즘 -다문화주의

둘째, 개념적–경험주의자는 1970년대 이후에 사회과학의 영향을 받아 교육과정 연구를 엄밀하게 추구했던 연구자들을 지칭하는 용어이다. '개념적'이라는 말은 이 당시 교육과정 연구자들이 개념과 용어를 엄밀하게 정의하고, 논리적이고 분석적으로 교육과정 문제에 접근했던 경향을 말한다. 또 '경험적'이라 함은 가설을 설정하고, 데이터를 수집한 후 해당 데이터가 어느 정도나 가설을 지지하는지를 중심으로 연구하는 경향을 말한다. 이는 당시 교육과정 연구에 사회과학 방법론을 도입하여 사용하고자 했던 흐름이다. 이와 같이 교육과정 연구 분야에서 논리적이고 분석적으로 글을 썼던 연구자들과 가설을 설정하고 경험적인 데이터를 사용한 연구자들을 모두 합쳐서 Pinar는 개념적–경험주의자라고 불렀던 것이다.

셋째, 1960년대 후반 인권운동과 1970년대 이후 미국 민주주의의 발전에 힘입어 교육과정 연구분야에서도 해방적 관심과 평등을 중시하는 흐름이 있었다. 그 흐름을 대표한 사람은 Michael Apple이다. 또 정치적 해방보다 개인의 실존적 해방에 관심을 갖고 있었던 사람이 바로 Bill Pinar이다. Apple은 개인적으로 재개념화라는 말을 사용한 적이 거의 없고, 큰 관심도 없었으나 Pinar에 의해 재개념주의자로 분류되었다. Pinar는 교육과정에 대한 정치적 해방과 자신이 추구했던 실존적 해방 관점의 연구자들을 통칭하여 재개념주의라고 명명하였다. 이당시에는 재개념화를 주창한 Pinar에 대한 비판과 많은 논쟁이 있었던 것이 사실이나 오늘날 교육과정 연구 분야에서는 사실상 재개념화로 패러다임이 전환되었다고 볼 수 있다. 김대현(2011)은 이러한 흐름을 [그림 12–1]과 같은 도식으로

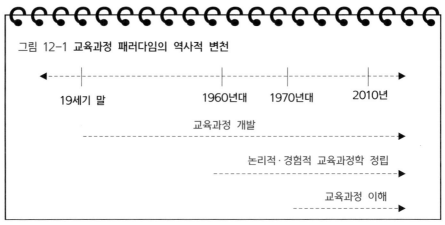

자료: 김대현(2011). p.28

설명한 바 있다.

　　교육과정 재개념화를 주도한 Pinar는 이 학문적 운동이 해방적 관심을 중심으로 이루어진다고 하였는데, 이는 Habermas(1972)의 인식론으로부터 영향을 받은 것이다. 많은 연구자들(박승배, 2019; 김대영, 홍후조, 2014; 이용환, 2002)은 교육과정 재개념화가 해방적 관점에서 이루어졌다고 보며, 이를 크게 보아 실존적 해방과 구조적 해방으로 나누어 본다.

　　실존적 해방은 Pinar를 중심으로 한 학파가 주도했으며, 구조적 해방은 Apple을 중심으로 이루어졌다. Habermas는 도구적 지식은 무엇인가 만들어 내는 일(work)에 관심이 있다고 보았는데, 교육과정 개발 패러다임에서는 교육과정을 만들어 내는 일을 담당하는 사람들(curriculum workers)이 주로 참여한다. 반면 해방적 관점은 권력관계에 관심이 있으며 성찰을 통해 비판적 의식으로 나아가면서 삶에서 억압을 해결할 수 있는 방법을 찾는다. 이러한 작업을 함에 있어 실존적이고 개인적인 삶에 주목하느냐 아니면 구조적 불평등과 민주주의에 주목하는가를 기준으로 Pinar와 Apple을 각각 중심으로 하는 학파로 나뉘는 경향이 있다(이용환, 2002).

　　교육과정 재개념화 운동이 일어나기 전 1960년대 미국 교육의 상황을 살펴보면, 교육과정 내용에서는 학문 교과 전문가들이, 교육방법과 평가에서는 행동주의자들이 주류를 점하였다. 김대영과 홍후조(2014)에 따르면, 재개념화 이전의 상황을 경험적−분석적 접근이라고 말할 수 있다. Pinar는 이 시기의 상황을 '개념적−경험적'이라고 불렀는데 서로 유사한 측면이 있다. 이러한 분위기는 크게 다음과 같은 상황으로 요약될 수 있다.

첫째, 학문중심. 1957년 소련의 인공위성 스푸트니크 발사 성공 후 1958년 미국은 국방교육법(National Defence Education Act)을 제정하여 수학과 과학 등 학문중심 교육과정을 이끌어 나가게 되었다. 교육과정 내용 구성 측면에서는 각 학문구조에 상응하는 교육과정 개발이 요청되었다. 둘째, 행동주의. 이와 동시에 미국의 교육과정은 교육목표를 측정가능한 행동목표로 진술함으로써, 교육의 효과성 제고에 관심을 기울였다. 또 교과목 지식을 효과적으로 전달하는 교수 방법을 개발하라는 사회적 요구가 강조되었다. 그리고 이러한 정책에 대한 성과관리를 요구하게 되었는데, 책무성에 대한 요구 증대는 자동적으로 수량화된 연구를 요구하였다. 셋째, 분석적 글쓰기. 1960년대 분석철학의 유행은 교육과정 연구에서도 용어에 대한 엄밀한 정의와 사용을 중시하는 흐름을 낳았다. 이와 같이 재개념화 이전의 교육과정 연구 분위기는 학문중심, 행동주의, 개념 분석 등 혼종의 형태로 존재하였다(김대영, 홍후조, 2014).

한편 교육과정 재개념화는 존재해도, 재개념주의가 정립된 것은 아니다. 정확히 말해서 재개념주의를 정립하고자 추구하는 사람은 없었다. 교육과정 재개념화는 오랫동안 교육과정 학계를 주도해 왔던 Tyler 및 Bloom의 영향을 받아, 교육과정 연구를 교육과정 개발로 간주하는 관행에서 벗어나기 위한 것이었다. 대신 교육과정 '이론가'로서 정체성을 갖는 사람들의 다양한 학문적 활동을 통칭하는 용어가 재개념화이다(이용환, 2002). 그런데 여기서 흥미로운 사실은 교육과정 재개념화 개념을 만들어 낸 Pinar조차 재개념주의라는 하나의 사조를 만드는 것은 부적절하다고 보았다는 데 있다. 다시 말해 재개념화는 교육과정 개발에 종속된 교육과정 연구 관행을 극복하고 다양한 이론적 발전을 통칭하는 하나의 흐름일 뿐이다. 재개념주의라는 하나의 단일한 원리나 사상을 구축하는 것은 재개념화 운동과 모순되는 것이다.

다. 쿠레레

Pinar는 교사들과 교육과정 연구자들에게 교육과정 재개념화의 중요성을 설득하고자 쿠레레(Currere)라는 교육과정에 대한 어원을 상기시켰다. 쿠레레는 라틴어로 말이 달리는 경주로 또는 달리는 것을 의미한다. Pinar는 후자를 강조하였다. 이는 이미 만들어진 명사로서의 교육과정이 아니라 교육과정의 동사적 측면을 부각하기 위한 것이었다. 한편 많은 사람들은 교육과정이 말들이 달리게 되어 있는 경주로라고 생각한다. 이 때문에 흔히 교육과정을 코스(course)라고 부르기도 한다. 하지만 Pinar는 교과목이나 프로그램과 같이 정해진 경주로가 아니라 말이 달리는 여정을 통해 경험하는 것을 쿠레레로 본다.

Pinar는 왜 이렇게 교육과정의 동사적 측면을 강조했을까? 그는 교육과정 연구가 합리성에 경도된 나머지 인간실존의 문제를 외면한다고 보았기 때문이었다. 교육학계에서는 교육과정을 학교에서 가르치는 교과나 행동주의에서 말하는 의도된 학습결과로 보는 경향이 너무 심해서 학습자의 내면 세계나 학교에서 경험한 개인적인 의미는 거의 고려하지 않았다(박승배, 2019). 행동주의적 사고방식에서는 교육이 항상 객관적이고 통제가능한 과업이라고 간주하지만 이것은 겉으로 드러난 현상일 뿐 교육과정은 학생들에게 다양한 의미로 다가간다. 학생들은 교육과정을 다양한 시각으로 바라보고 있으며, 때로 교육과정으로부터 소외를 겪기도 한다. 교육과정은 학생들에게 배우는 기쁨을 느끼게 하기도 하고, 학생들을 억압하는 경우도 있으며, 학생의 삶에 상처를 주기도 한다. 이러한 실존적 경험을 드러내고 분석함으로써 더 나은 교육과정을 만들어 나가는 것이 필요하다. 이를 위해 쿠레레의 동사적 의미가 필요한 것이다. 또한 쿠레레의 동사적 의미는 교사들의 성찰 방법으로 이해되기도 하고, 교육의 질적 속성을 중시함으로써 교육과정 연구의 재개념화를 뜻하기도 한다.

교육과정 재개념화 과정에 참여한 많은 연구자들이 있지만 가장 대표적인 두 사람을 꼽는다면 Bill Pinar와 Michael Apple이라고 볼 수 있다(박승배, 2019; 김대영, 홍후조, 2014; 이용환, 2002). Pinar는 실존주의적 접근을 대표하고, Apple은 구조적 또는 사회학적 접근을 대표한다. 실존주의적 접근은 개인적 의미와 미시적 현상에 대한 분석을 강조하고, 사회학적 접근은 불평등의 구조적 원인과 사회 정의를 강조한다. 그러나 이 두 접근은 서로 상보적인 관계를 지닌다. 흥미롭게도 Pinar와 Apple 모두 브라질 출신 교육학자인 Freire로부터 큰 영향을 받았다. Freire는 실존주의 철학과 사회 불평등의 구조적 원인 모두에 관심이 있었는데, Pinar는 그중에서 실존주의 측면을 부각하고, Apple은 비판적 교육학 측면에서 영향을 받았다.

2 실존적 재개념화

가. Bill Pinar

Pinar는 교육과정 재개념화를 실질적으로 이루어내는 데 가장 큰 기여를 한 학자라고 할 수 있다. 그는 1970년대 이후 교육과정 학계의 거장들과 논쟁하면서 교육과정을 개발 패러다임에서 이해 패러다임으로 전환해야 한다고 주장하였다. 그는 〈교육과정 이론화 저널〉(Journal of Curriculum Theorizing)을 창간하고 미국 내는 물론 전 세계적인 교육과정 연구자들과 교류하면서 교육과정 연구의 성격을 바꾸어 나갔다. Michael Apple과 마찬가지로 그는 1970년대 민권운동, 반전운동, 인종차별 폐지 운동 등을 경험하면서 교육과정 재개념화의 필요성을 느꼈으며 이러한 사건들을 계기로 하여 기존의 교육과정 연구와 작별하면서 새로운 교육과정 패러다임을 정립하고자 하였다.

그는 교육과정학 이전에 영문학을 공부하였으며, 정신분석학과 현상학에 관심이 있었다. 이 때문에 그의 글에는 많은 문학적 표현과 은유가 사용되고 있으며, 정신분석학적 기법을 쿠레레 방법에 적용하였다. 그는 교육의 비인간화 문제에 대해 성찰하면서 교육과 인간의 본질을 찾아가고자 노력했다. 그러므로 누군가 그의 이론을 깊이 이해하고자 한다면 영문학, 정신분석학, 현상학에 대한 사전 지식이 필요하다.

Pinar는 미국 루이지애나 주립 대학과 캐나다의 브리티시 컬럼비아 대학에 재직하면서 많은 제자들을 양성하였으며, 사실상 그 제자들이 오늘날 교육과정 이해 패러다임을 발전시키고 있다. 그는 처방적 역할만을 하는 교육과정 연구에는 깊이 있는 사회과학적, 인문학적, 심미적 이론이 결여되어 있다고 지적하였다. 이에 대한 대안으로 교육과정 자체가 다양한 이론적 분석의 대상이 되어야 한다고 주장하였다. 그가 1995년 편집한 〈교육과정 이해하기〉(Understanding Curriculum)는 1970년대 이후 교육과정 패러다임이 어떻게 변화했는지를 집대성한 책으로 교육과정학에 큰 족적을 남겼다.

이와 같이 그는 교육과정이란 다양한 관점에서 분석하고 이해할 수 있는 텍스트라고 보았다. 자세히 보자면, 그는 교육과정을 역사, 정치, 인종, 젠더, 현상학,[1] 포스트모더니즘, 자서전, 심미적, 신학적 텍스트 등으로 보고 이를 다양한 관점에서 이론적으로 이해해야 할 대상이라고 보았다. 이는 교육과정 연구분야를 매우 열린 시각에서 보는 방식이다.

한편 이러한 이론적 성장에도 불구하고 여전히 학교에서는 학생들에게 무엇을 어떻게 가르치고 또 어떻게 평가할 것인가를 둘러싼 실제적 문제가 남아 있다. 그렇기 때문에 이해 패러다임은 개발 패러다임과 상호 보완적인 관계를 지닐 수밖에 없다. 이해 패러다임은 학교교육에 존재하는 차별과 억압을 직시하는 데 도움을 주었고, 교사들과 학생들이 비인간화와 소외로부터 벗어나 자신을 치유하고 미래를 열어갈 수 있도록 도왔다. 그 역시 자서전적 방법과 퀴어 연구(성적 정체성과 관련된 연구)를 통해 교육과정 이론을 발전시키는 데 크게 기여하였다.

나. 실존주의

실존주의는 20세기 들어 주로 유럽을 중심으로 등장한 철학 사조다. 실존주의는 문학, 심리학, 교육학, 윤리학 등을 포함한 다양한 분야에 영향을 미쳤다. 교육과정 분야에서는 교사와 학생의 정체성, 학교의 의미, 성찰과 해방, 삶의 의미 등 미시적이고 질적인 연구에 영향을 미쳤다(Pinar, 1995). 실존주의는 인간의

---

[1] 한국에서 현상학은 질적 연구에서 자주 언급된다. 교육과정학과 관련해서는 이근호(2010)의 연구를 참고하기 바란다.

주관적 경험, 자유와 해방, 그리고 삶의 책임과 의미를 찾는 것을 중시한다. 실존주의자들은 개인이 미리 정해진 목적을 실현하는 도구가 아니며, 개인들의 실존적 선택과 행동을 통해 삶의 의미와 가치를 창조해 나간다고 주장한다. 그래서 전통적 가치에 순응하거나 외부로부터 주어진 정체성을 채택하기보다 자신에게 진실한 삶을 영위하는 것을 중요하게 여긴다. 이를 위해서 개인들은 자신의 삶을 운영할 수 있는 자유를 지녀야 하며, 스스로 선택한 삶을 가꾸어 나갈 수 있어야 한다. 이러한 삶은 법칙에 의해 통제되는 것이 아니기 때문에 실존적 인간은 종종 불안을 느낀다. 삶은 불확실한 것이며 자유와 책임에 대한 부담에서 오는 실존적 불안이 존재한다는 것을 인정할 필요가 있다. 그래서 실존적 삶은 나는 누구이며, 어떻게 살아갈 것인가와 같은 질문 속에서 나름대로의 의미를 찾아가며 사는 것이다.

실존주의는 교육과정 연구에 큰 영향을 미쳤다. 오늘날 교육과정을 실존주의적으로 이해하고자 하는 많은 연구자들은 학생들이 학교에서 겪은 주관적 경험에 대한 분석, 자율성과 성찰능력의 신장, 그리고 삶의 의미를 추구하는 교육과정을 강조한다. 학생들은 종종 합리적이고 체계적으로 제작된 교육과정의 대상이 되어 자신에게 진실한 삶을 영위하기보다는 정해진 교육목표와 평가 결과에 끌려가는 존재가 된다. 이러한 비판은 오늘날에도 유용한 것이지만 1970년대와 80년대에는 특히 이에 대한 비판이 쏟아졌다. 교육과정 연구에서 실존주의는 외재적 동기가 개인들을 지배하는 소외나 비인간화 문제를 극복하고 참된 자아의 회복과 스스로 의미를 찾아가는 자율적이고 책임있는 존재에 대한 관심을 환기시켰다. 이와 같이 실존주의는 교육과정 연구에 큰 영향을 미쳤으며, 오늘날 많은 교육과정 연구물들이 실존주의를 철학적 기초로 하고 있다.

다. 쿠레레 탐구 방법

왜 Pinar는 쿠레레 방법과 같이 당시에는 생소하고 이해하기 힘든 탐구방법을 제안했을까? 가장 큰 동기는 학교와 교육과정이 안고 있는 인간 소외 문제를 정면으로 응시하고, 이로부터 해방되어 가는 과정의 중요성을 강조하기 위해서였다(Pinar, 1978). 소외란 인간이 자신의 본성을 잃어버리는 것을 말한다. Pinar는 학교에서 학생들이 겪는 소외 현상을 여러 가지 각도에서 분석하였는데, 그중에서 중요한 것들을 골라 제시하면 다음과 같다(Pinar, 2004).

첫째, 실패를 통한 열등감. 학생들은 학교에서 끊임없이 평가를 받으며 많은 실패를 경험한다. 시험은 학생들을 우등생과 열등생으로 나누기 때문에, 성적이 낮은 학생들은 지속적인 실패를 경험하는 과정에서 자아존중감과 자신감을 잃는다. 우등생 역시 불필요한 우월감뿐만 아니라 열등감을 겪는 경우가 허다하다. 이와 같이 학교에서 학생들이 경험하는 실패는 열등감이라는 무의식을 키우며 소외를 가속화한다.

둘째, 개성의 상실. 학교교육은 엄격한 통제와 규율, 그리고 집단 문화로 이루어져 있기 때문에 그 속에서 개인의 자유와 개성이 억압된다. 학생들은 자신만의 세계를 가질 수 없으며 학교가 이끌어가는 몰개성적인 활동에 통합될 수밖에 없다.

셋째, 도구적 습관. 학생들은 외재적 동기가 지배하는 학교 문화 속에서 교사나 부모에게 인정받기 위해 공부하고, 점수를 얻기 위해 책을 읽는 등 교육의 수단적인 습관에 길들여진다. 그렇게 되는 과정에서 학생들은 자신만의 고유한 기준을 잃고, 타인의 기준에 길들여져 참된 자아를 상실하게 된다.

이와 같은 소외가 학생들을 모두 '미치게' 만들었다면 다소 과장일 수 있을 것이다. 그러나 Pinar는 이러한 소외와 비인간화 문제는 실로 심각한 것이며, 학생들의 무의식에 깊게 형성되어 삶 전체에 걸쳐 영향을 미친다고 보았다. 이에 학교에서 잃어버린 자아를 찾는 방법으로 정신분석학을 차용하게 된다. 쿠레레 탐구 전략은 정신분석 방법이 응용된 것이다.

위에서 살펴본 바와 같이 Pinar는 쿠레레를 동사적 의미에서 교육과정으로 정의하였을 뿐만 아니라 이를 교육과정 탐구 방법의 하나로 정립하고자 하였다. 실제로 이 방법은 교육과정 연구와 예비교사 교육 등에서 종종 사용되고 있다. 그는 쿠레레라는 은유를 활용하여 교육과정이 개인적인 삶의 여정과 유사한 것으로 묘사하였다. 교육과정이란 한 개인의 여정과 같이 사람들이 과거의 기억을 반추하고, 현재 세계에 대해 이해하여, 앞으로의 자신을 찾아가려는 열망과 같은 것이다. 사람들은 과거의 경험을 돌아보고 현재 상황을 살펴보면서 미래의 가능

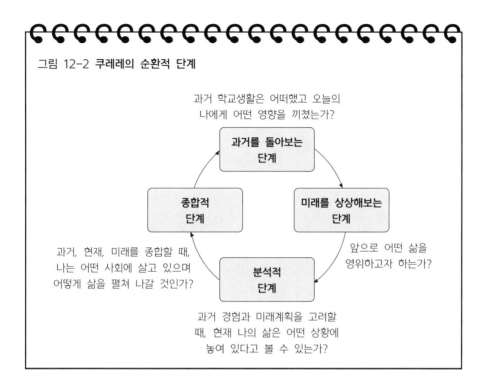

그림 12-2 쿠레레의 순환적 단계

과거 학교생활은 어떠했고 오늘의
나에게 어떤 영향을 끼쳤는가?

과거를 돌아보는
단계

종합적
단계

미래를 상상해보는
단계

과거, 현재, 미래를 종합할 때,
나는 어떤 사회에 살고 있으며
어떻게 삶을 펼쳐 나갈 것인가?

분석적
단계

앞으로 어떤 삶을
영위하고자 하는가?

과거 경험과 미래계획을 고려할
때, 현재 나의 삶은 어떤 상황에
놓여 있다고 볼 수 있는가?

성에 대해 상상을 한다. 그는 다음과 같은 네 단계로 이러한 과정을 밟아나가자
고 제안하였다. 이 과정은 [그림 12-2]와 같은 도식으로 요약될 수 있다.

❶ 과거를 돌아보는(regressive) 단계: 각 개인이 학교나 교육과정에서 과거에
자신이 경험한 것이 무엇인지 돌아본다. 그것이 자신의 삶과 교육에 어떠
한 영향을 미쳤는지, 자신이 받은 교육이 자신의 신념과 가치의 측면에서
어떤 식으로 뿌리를 내렸는지 살펴 보게 한다.

❷ 앞으로 나아가는(progressive) 단계: 아직 오지 않은 미래(먼 미래, 1년 후,
또는 몇 년 후)에 대해 상상해 본다. 과거의 경험들을 반추하여 현재 나의
관심은 어디로 향하고 있는가 살펴보고, 이와 연관지으면서 자신의 미래
모습과 삶을 그려본다.

❸ 분석적 단계: 과거의 경험과 미래에 대한 전망을 통해 현재 삶을 이해해
본다. 과거, 미래, 현재가 어떻게 복잡하게 얽혀 있는지 이해한다. 이 단
계에서는 특히 자신의 경험이 사회 및 제도에 어떻게 연관되어 있는지 분

석해 본다.

❹ 종합적 단계: 이 단계에서는 과거의 경험, 현재의 관심, 미래에 대한 비전
을 정치적, 문화적 맥락에서 종합하여 새로운 안목을 얻는다. 자신의 삶
을 풍부하게 만들 수 있도록 인생과 사회를 만들어 나간다.

라. 자서전적 방법

자서전이란 자기 삶에 대한 이야기며, 이 이야기는 바로 실존적인 것이다.
Pinar는 이러한 원리에 착안하여 개인들의 교육적 경험에 대한 이야기를 통해 교
육의 문제를 비판적으로 검토하고, 자신과 사회를 돌아볼 수 있는 방법론을 만들
고자 하였다. 이러한 동기에서 제안된 자서전적 방법은 교육자들이나 학생들이
교육과정과 관련된 경험과 기억을 떠올리면서 자신의 삶에 대한 이야기를 하도
록 이끈다. 이때 개인적이고 주관적인 이야기와 그것에 영향을 준 사회적, 문화
적, 정치적 맥락의 관계를 파악하는 것이 중요하다. 그렇게 함으로써, 개인들은
무엇이 자신의 정체성과 자신이 믿는 가치를 형성하였는지 성찰할 수 있다.

이러한 측면에서 볼 때, Pinar는 개인적이고 미시적인 관심만 가진 사람이
아님을 알 수 있다. 실존적 경험에서 출발하되 개인적인 경험은 더 넓은 사회적,
문화적 맥락과 얽혀 있다는 것을 인식하는 것이 중요하기 때문이다. 자서전적 방
법을 통해 교육자는 자신이 이끌어가는 교육과정에 영향을 미치는 숨겨진 가정,
편견, 이데올로기 등을 파악할 수 있다. 그는 다음과 같이 세 단계를 통해 자서
전적 방법을 수행해 볼 것을 제안하였다.

❶ 내가 경험한 것을 있는 그대로 써보기: 자신이 학교에서 겪은 경험과 느낌
을 있는 그대로 표현한다.
❷ 내 경험에 대해 비판적으로 검토하기: 왜 그러한 경험을 할 수밖에 없었는
지, 무엇이 자신의 행동과 사고에 영향을 미쳤는지, 자신이 그렇게 생각
하게 된 밑바탕에 어떠한 전제나 가정이 존재하는지에 대해 비판적으로
검토한다.

❸ 타인의 자서전과 공유하기: 위의 두 단계에 걸쳐 쓴 다른 동료들의 자서전을 함께 읽어 보고 자신과 타인이 함께 경험한 것들을 인식하고 공감한다.

자서전적 방법은 연구자들과 교사들에게 모두 활용된다. 즉 이 방법은 탐구 기법일 뿐만 아니라 교육적 도구이기도 하다. 이 방법은 또 예비교사들인 대학생들에게도 자주 사용된다. 학생들은 자서전 쓰기 과정을 통해 자신의 이야기를 쓰면서 교육과정과 연관시켜 보고, 다른 학생들의 이야기도 들어보면서 자기 자신의 삶을 성찰해 볼 수 있다. 학생들은 종종 이러한 글쓰기를 통해 실존적 해방을 향해 나아간다. 자신이 당연하다고 믿고 있었던 편견이나 억압을 인식하고, 그것들을 변화시켜 나가는 삶이 해방의 과정이기 때문이다. 이렇듯 자서전적 방법은 성찰과 변화의 도구로서 사용될 수 있다.

Pinar의 자서전적 방법을 교사교육에 적용하여 논의한 한혜정(2009)에 따르면 교사의 성찰은 (1) 교육내용으로서의 지식에 대한 성찰, (2) 학생의 삶과 교육과정의 관계에 대한 성찰, (3) 더 나아가 좋은 사회에 대한 성찰로 이루어져야 한다. 교사는 수업시간에 자신이 가르치는 것이 학생에게 왜 필요한지, 필요한 것이라면 학생들에게 의미있는 것으로 만들어주기 위해 어떻게 가르쳐야 하는지에 대한 끊임없는 반성이 필요하다는 것이다. 더 나아가 학생들이 살아가야 할 사회는 어떤 사회여야 하는가에 대한 반성까지 확장되어야 한다.

자서전적 방법을 교사교육에 적용함으로써 실현하고자 하는 것은 무엇일까? 한혜정은 이러한 질문을 던지고 이에 대해 다음과 같이 답하였다. 자서전적 방법은 획일적인 한 가지 공적 기준을 강요하는 교육문화에서 벗어나 다양한 목소리가 공존하는 문화를 창출하도록 도와줄 수 있다는 것이다(한혜정, 2009: 34). 이러한 교육문화는 교사와 학생들이 자서전적 방법을 통해 메타인식이 가능하도록 도와줌으로써 실현될 수 있다는 것이다(한혜정, 2009: 35). 메타인식은 자신의 삶과 사회제도와의 관계를 반성적으로 인식할 수 있는 능력을 말한다. 한혜정은 이를 위한 교사의 역할을 다음과 같이 쓰고 있다.

학생들로 하여금 메타인식이 가능하도록 지도하는 사람은 교사라는 점에서 교사부터 자서전적 방법의 실천을 통한 자아성찰의 작업을 시작해야 한다. 교사는 다양한 배경의 학생들을 가르치는 데에 필요한 의욕과 능력을 갖추어야 한다. 감정적 무감각의 상태에 있는 교사는 자신의 비판적 사고력을 마비시킬 뿐만 아니라 학생들에게 순응과 침묵의 태도만을 의도적으로 혹은 비의도적으로 가르칠 수밖에 없기 때문이다(한혜정, 2009: 34).

한혜정은 Pinar의 자서전적 방법이 교사들이나 학생들에게 어떤 식으로 인식을 발전시켜 나가는지에 대해 잘 설명하였는데, 그가 제시한 발달단계 5수준은 다음과 같다. 아래 내용은 한혜정(2009: 27~34)이 제시한 '자서전적 방법의 인식 단계와 방법적 원리'를 요약한 것임을 밝힌다.

❶ 감정적 무감각으로부터 탈피: 감정적 무감각 상태란 사람들이 세상에 벌어지고 있는 현상이나 사건을 깊이 의식하지 않고 살아가는 상태라 볼 수 있다. Pinar의 자서전적 방법의 첫 단계인 후향(과거를 되돌아보기)은 과거의 경험을 떠올리게 함으로써 내가 어떻게 생각하고 느끼는가에 대해 스스로 생각해 보는 것이다.

❷ 거리두기: 우리가 자신의 내면적 인식이 어떤 상태에 있으며, 어떻게 형성되어 왔는지, 어떤 교육적 영향이 나에게 남게 되었는지 알아보려면 가능한 한 자신이 생각하는 습관으로부터 거리를 두고 객관적으로 살펴보아야 할 필요가 있다. 이러한 노력이 거리두기이다.

❸ 교만을 깨닫기: 이 맥락에서 교만이란 자신의 인식이 지배적인 가치와 관점에 맞는 것은 좋아하고, 그것에 배치되는 것은 싫어하고 배제하는 메커니즘을 말한다. 쉽게 말해, 자신의 인식이 가지고 있는 차별적 속성이다. 이 단계에서는 그러한 교만(예: 가부장주의)을 깨닫는 노력이 필요하다.

❹ 자기 개입적 인식: 이 단계에서 우리는 사회나 제도 속에서 일어나는 문제를 방관자적 관점이 아닌 자기 개입적 관점에서 인식한다. 이 단계에서 인식의 주체인 나는 사회정치적 왜곡이 자신의 세계인식, 교육관, 자아관에 어떻게 영향을 미치는지 분석하게 됨으로써 사회정치적 문제를 남의

문제가 아닌, 자신의 문제로 인식하게 된다.

❺ 메타인식: 자신의 내면에서 출발하여 사회나 제도로까지 확장된 인식을 자신의 내면으로 다시 돌려 자신의 내면과 사회 전체에 대한 새로운 안목을 얻는 단계이다. 이 단계는 인종, 성, 계층, 성정체성 등 다양한 층위가 복잡하게 얽혀 있는 사회적 차원 위에서 자아와 끊임없는 메타적 대화를 나누는 메타인식의 단계이다.

3 구조적 재개념화

가. Michael Apple

Michael Apple은 미국 위스콘신 대학교의 명예교수이자 세계적인 교육학적 업적을 이룬 저명한 교육학자이다. 그는 20세기 가장 중요한 50명의 교육학자에 선정된 바 있다. 그가 미국 위스콘신 대학에서 가르치기 시작한 것은 반전 시위가 한창이던 1968년이었으며, 약 10년 후인 1979년에 〈이데올로기와 교육과정〉(Ideology and Curriculum)을 출판하게 된다. 이 책은 지난 20세기 교육학에 지대한 영향을 미친 역사적 저서 20권에 선정되었다. 또한 그는 미국교육학회(AERA)로부터 평생업적상(Lifetime Achievement Award)을 수여받기도 하였다.

어떤 학자의 학문적 특징은 생애사와 깊은 관련을 맺는다. 그는 유년 시절 매우 가난하였으며, 그 가난 때문에 낮에는 인쇄공으로 일하고 밤에는 야간대학을 다녔다고 회상한다. 당시 한 대도시(Paterson, New Jersey)의 낙후된 지역에는 교사가 부족했기 때문에 그는 19세 때부터 보조교사로 일하기 시작해서, 나중에 정식 교사가 된 이후에도 계속 유색인종 거주 지역에서 읽기(literacy)를 가르쳤다. 그 시기에 지역 교사 노조 위원장을 맡기도 하였다.

이후 컬럼비아 대학에 진학하여 Huebner 교수의 지도로 교육과정 분야에서 박사학위를 받았으며, 미국 교육과정 역사가인 Kliebard 교수의 권유로 위스콘신 대학에서 교육과정과 교육사회학 전공을 지도하기 시작하였다. 현상학적 연구자인 지도교수의 영향으로 그는 네오맑시즘과 현상학, 그리고 독일의 비판이론을 기초로 해서 그의 연구 세계를 개척하기 시작했다. 개인적으로는 입양한 흑인 아들을 통해 인종주의가 얼마나 아이의 성장에 상처를 주는지 그리고 다른 유색인종 아이들이 처한 가난과 그것으로부터 파생하는 범죄, 마약, 가족 해체와 같은 문제들이 얼마나 해악한 것인지에 대해 많은 관심을 보였다.

그는 한국에도 많은 관심을 갖고 있으며, 한국이 제2의 고향이라고 말할 정도로 한국교육자들과 영향을 주고 받았다. 그가 한국에 대해 많은 애정을 갖게 된 계기는 처음 한국을 방문했던 1989년도에 군부독재에 저항하는 대학생들과 시민들의 시위를 지켜본 이후 30년 넘게 한국 민주주의 발전에 큰 감명을 받았기 때문이다. 2013년에 출간한 〈교육은 사회를 바꿀 수 있는가?〉(Can Education Change Society?)라는 저서에서 그는 이때의 경험을 매우 길게 다루었다. 이 책에서, 그 역시 한국 정보부 요원들의 감시를 받았으며, 한국에서의 활동에 많은 제약과 위협을 느꼈다고 상술하고 있다. 이러한 경험이 강렬하게 남아 한국에 더 많은 관심을 갖게 되었으며, 한국 민주화와 사회 각 방면에서의 눈부신 성장은 그에게 많은 영향을 남겼다고 쓰고 있다.

나. 이데올로기와 교육과정

Michael Apple의 교육과정 이론은 교육과정 사회학 분야의 성장과 함께 이루어졌다. 교육과정 사회학은 교육과정이 사회적, 정치적, 문화적, 경제적 요인에 의해 어떻게 조형되는가에 대해 분석하는 학문 분야이다. 영국에서 Basil Bernstein(2000)과 Michael F. D. Young(1971)이 발전시킨 교육과정 사회학 연구는 미국 연구자들에게 많은 영감을 주었다. Apple은 Bernstein의 지나친 구조주의적 사유에 대해 항상 비판적이긴 하지만(Apple, 2002), 교육과정, 수업, 평가 활동에서 사용되는 언어를 통해 사회적 이데올로기가 문화적으로 학생들에게 전수되는 과정을 밝힌 업적을 높게 평가하였다. 특히 교실이라는 미시적 사회 조직체가 거시적 사회 구조의 메시지를 어떻게 중계하는지에 대한 통찰력을 얻음으로써 자신의 교육과정 사회학 이론을 발전시키는 데 도움을 받았다.

교육과정은 사회의 권력관계와 이데올로기, 그리고 다양한 사회적 변인이 영향을 미치는 사회적 산물인 동시에 쟁송의 산물이라고 볼 수 있다. 이러한 문제의식을 바탕으로 교육과정 사회학은 사회적, 인종적, 경제적 구조가 교육목표, 교육내용, 학습방법, 그리고 평가방법 등에 미치는 영향 관계를 분석한다. 이에 교육과정 사회학에서는 학교지식은 누구에게 유리한 것인가? 누가 교육과정을 결정할 수 있는 권력을 지니고 있는가? 그리고 교육은 사회적 불평등을 어떻게 재생산 또는 매개하는가? 교사와 학생들은 불평등이나 차별에 어떤 식으로 도전하는가에 대해 분석한다. 뿐만 아니라 교육과정 사회학은 차별과 억압을 극복하고 사회정의와 민주주의를 촉진하기 위한 교육과정 개발에도 관심을 지닌다.

우리가 가치 있다고 믿는 지식은 사회로부터 형성된 것이다. 그에 따르면 교육과정은 가치중립적인 것이 아니라 사회의 편견과 차별을 반영하는 문화적 재생산 장치이다. 특정 시기에 지배적인 문화는 사회적 약자들을 소외시키고 배제하면서 자신들의 특권을 유지하기 위해 교육과정을 이용한다. 이러한 이용은 의식적이기도 하고 무의식적이기도 하다. 이는 우리의 편견이 의식적이기도 하고 무의식적이기도 한 것과 유사하다.

명시적 교육과정뿐만 아니라 잠재적 교육과정 역시 문화적 재생산 장치라고 볼 수 있다. 교사와 학생들이 학교에서 당연한 습관처럼 여기는 특정 규범과 신념은 잠재적 교육과정으로서 때로 명시적 교육과정보다 더 효과적으로 문화적 재생산에 기여한다. 잠재적 교육과정은 은연중에 이루어지는 것이지만 학생들의 정체성, 열망, 그리고 그들이 이상적으로 그리는 사회에 대한 관점을 형성해 나가는 데에 강력한 효과를 지닌다.

Apple의 저서 〈이데올로기와 교육과정〉(1979)은 1970년대 유럽에서 발전한 비판이론의 지적 성과를 반영하는 동시에 Bowles와 Gintis의 〈자본주의 미국에서의 학교교육〉(1976)을 지양하면서 나오게 된 저서이다. Apple은 이들을 높이 평가하면서도 이 책의 핵심 주장인 경제적 재생산론에 대해 매우 비판적이었다. Apple은 Gramsci의 헤게모니 이론과 독일의 비판이론을 수용하면서 인간 주체의 정체성이 경제적 모순에 의해서만 설명되는 것이 아니고 문화적으로 다층적 수준에서 결정된다고 보았다. 뿐만 아니라 교육이 계급을 재생산하는 방식도 교실과 경제의 직접적 대응에 의해 설명되는 것이 아닌, 공식적 또는 잠재적 교육과정에 의해 문화적으로 이루어지는 것이라고 보았다.

경제와 의식은 깊은 관련성을 지니지만 반드시 일대일 대응관계를 맺는 것은 아니다. 구조주의자인 Karl Marx는 경제는 하부구조이고, 의식이나 이데올로기는 상부구조로 보았다. 하부구조는 상부구조를 결정한다. 하지만 Apple은 하부구조인 경제가 상부구조인 의식을 자동적으로 결정한다고 보지 않았다. 소수의 권력자가 학교교육을 의도적으로 조작한다는 생각은 지나치게 단순하며 기계적이기 때문이다. 경제와 문화가 상당히 긴밀하게 연계되어 있지만, 그 관계를 분석하는 것은 쉽지 않은 일이다. 왜냐하면 그 관계가 매우 복잡하고 은폐되어 있기 때문이다. 그렇지만 이러한 관계를 이해할 수 있는 열쇠 중 하나가 헤게모니라는 개념이다(Apple, 1979).

헤게모니는 물리적 힘에 의한 강제적 지배가 아니고 동의에 기반한 지배를 가능하게 하는 믿음이나 문화적 규범을 말한다. 교육의 맥락에서 헤게모니는 지배층이나 권력층이 선호하는 가치가 교육을 통해 전수되거나 유지되도록 도와주는 규범을 말한다. 교사들이 이러한 헤게모니를 내면화하면, 교육과정과 교육방법, 그리고 평가방법 등 교육이라는 제도적 실천에 영향을 미친다. 이와 같은 영향력을 발휘하는 믿음과 규범이 헤게모니이다.

헤게모니는 사회적 지배를 아무 의심없이 믿게 만드는 효과를 지닌다. 이러한 효과는 교육이 한 세대에서 다음 세대로 문화적 불평등을 재생산하도록 이끈다. 그렇게 되면 낮은 계층의 사회 집단이나 소외된 집단의 사회 이동이 제한되기 쉽다. 헤게모니는 학생들에게 기존의 문화적 가치와 규범이 당연한 것으로 여기도록 하며, 기존의 사회 시스템을 재생산하는 데 있어 동의의 기반을 제공한다. 이와 같이 헤게모니는 교육과정에서 무비판적인 사상과 가치를 전수하는 데에 영향을 미친다. 이 과정에서 주변화된 사람들의 역사와 현실은 배제되기 쉽다. 기존의 사회 불평등을 위협할 수 있는 내용은 교육과정과 교과서에 들어오기 어렵다. 헤게모니는 교육내용뿐만 아니라 수업방법, 평가방법, 교사와 학생들의 상호작용 등 학교생활의 미시적인 영역에도 영향을 미친다.

이러한 문제를 지적하며 Apple은 대항 헤게모니 또는 반－헤게모니 (counter－hegemony) 전략을 제안하였다. 반－헤게모니 실천은 지배적인 이데올로기와 권력구조에 대한 도전을 말한다. 이를 위해서 기존의 시스템에 대해 의심하고, 사회적 약자의 역사와 관심을 부각하여 사회정의와 민주주의를 촉진하는 교육이 중요하다. 이를 위해 학생들의 자율성과 문제해결력, 주도성을 강조한다. 그리고 기존 사회에 대한 관심과 더 나은 사회를 만들어 나가려는 윤리적이고 민주적인 태도를 중시한다. Apple에 따르면 반−헤게모니 지식과 태도를 직접 가르치는 것도 중요하나, 그보다는 학생들을 토론과 사려깊은 상태로 유도하는 것이 반−헤게모니 교육에 더 효과적이다(Apple, 2013). 왜냐하면 아무리 좋은 생각이라도 그것을 주입하는 것보다 생각할 수 있는 힘을 기르는 것이 민주주의를 지켜나가는 데에 더 효과적이기 때문이다.

다. 비판적 교육학

비판적 교육학은 학생들에게 사회문제를 해결하는데 참여할 수 있는 기회를 제공하고 실천할 수 있는 힘을 부여함으로써 능동적 주체로 성장시키는 교육적 접근 또는 이론이라고 볼 수 있다. Apple은 Paulo Freire의 영향을 받아 미국에서 비판적 교육학을 발전시키는 데 큰 공헌을 하였다.

유성상(2023)은 Freire의 교육사상을 [그림 12−3]과 같이 요약하였다. Freire(1970)에 따르면 인간의 본질은 자유와 능동성에 있다. 그런데 인간이 억압적 상황에 놓이고 수동적으로 변하면 인간의 본질로부터 소외된다. 이와 같이 소외된 상태를 비인간화 상태라고 볼 수 있다. 수동식 교육을 지칭하는 은행저금식 교육은 억압 상태를 유지, 존속시킨다. 비인간화된 피억압자는 자유를 갈망하며, 억압상태에서 해방되길 원한다. 반면 해방은 문제제기식 교육을 통해 실현될 수 있다. 이러한 교육은 문화적 실천이라 볼 수 있다. 이 과정에서 학습자들은 비판적 의식을 발전시키면서 소외로부터 벗어나 능동적 주체로 돌아갈 수 있다.

비판적 교육학은 대체로 다음과 같은 특징을 지닌다. 첫째, 의식화. 학생들은 자신들이 살고 있는 세계를 형성하는 사회적, 문화적, 경제적 힘을 인식하고 그 속에 내재된 차별과 불평등 요소를 의식할 수 있어야 한다. 둘째, 실천. 실천은 종종 프락시스(praxis)라는 용어로 사용되기도 한다. 학습자가 자신의 경험과 세계를 비판적으로 분석한 후 문제를 제기하고, 이를 해결하는 과정에서 적극적

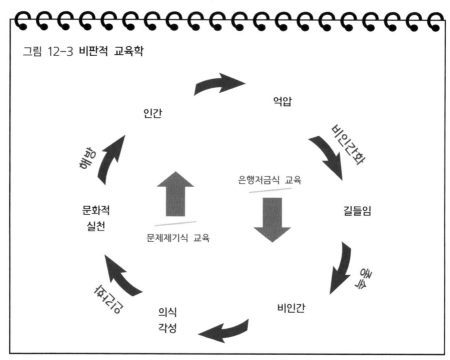

그림 12-3 비판적 교육학

자료: 유성상 (2023). p.386.

으로 실천할 수 있는 태도를 갖출 수 있다. 그러나 사려깊은 태도가 없는 행동은 맹목적이고 위험할 수 있다. 이에 비판적 교육학에서는 높은 사고력과 실천이 균형적으로 통합되는 것을 중시한다. 셋째, 대화. 비판적 교육학에서는 Freire의 전통에 따라 대화를 매우 강조한다. 대화는 상대방을 존중하는 태도로 열린 토론을 가능하게 하고, 민주적 의사결정의 바탕이 된다. 넷째, 비판적 사고. 학생들은 비판적 사고 능력을 함양함으로써 높은 수준의 사고력에 도달할 수 있다. 학생들은 주어진 정보를 비판적으로 분석하고, 다양한 관점에서 해석하여 미디어나 예술작품 이면에 존재하는 근본적인 가정과 편견을 발견할 수 있어야 한다. 다섯째, 문제해결력. 비판적 교육학에서는 문제해결 능력을 매우 강조한다. 학생들은 협력을 통해 사회문제를 해결하고 그 과정에서 지식을 발전시킬 수 있다.

이와 같이 비판적 교육학은 지식과 실천의 유기적 연계를 통해 인간이 사회변화에 관여할 수 있는 능력을 갖추게 한다. 그렇게 되면 학습자들은 수동적 주체에서 벗어나 자신감을 향상시킬 수 있다. 이러한 교육을 통해 능동적인 인간으로 발전한다 함은, Freire가 강조하였듯이, 소외를 극복하고 참된 자아를 찾아가는 것이다.

　Apple의 지적 과업은 미국의 상황에서 교육과정의 정치적 중립성 신화를 해체하고 약자들의 역사와 문화를 승인하는 일이었다. 1970년대 이후 교육과정이 중립적이라는 기존의 신화를 탈피하고 이를 극복하고자 하는 데 있어 그와 같은 입장에 선 연구자들은 매우 많았다. 그중 선두에 서 있던 Apple은 학교지식이 어떻게 지배 이데올로기와 관련되어 있는가를 보여주었고, 특정 학교지식의 선택과 배제는 기존 질서의 문화적 반영임을 밝혔다. 그의 연구는 교사들이 행하는 매일 매일의 교수 활동이 불평등한 기존 질서의 유지와 어떤 관련이 있는지 보여주었으며, 교육이 이러한 현상을 극복하기 위해서는 민주주의 교육으로 나아가야 한다고 주장하였다.

　1995년 발간된 〈민주적 학교들〉(Democratic Schools) 이후 Apple은 민주주의 교육으로 관심을 옮겼다. 그는 민주주의 교육은 학교의 의사결정 구조를 민주화하는 동시에 민주주의와 사회정의를 실천할 수 있는 교육내용을 담아야 한다고 주장했다. Apple은 불평등과 차별로부터 해방되기 위해 교육은 비판적이고 민주적인 접근방식으로 이루어져야 한다고 주장하였다. Freire(1970)가 말한 '은행 적립식' 교육에서 벗어나 교사들은 학생들에게 비판적 사고력을 길러 주어야 하며, 당연하게 여겨온 관습에 의문을 제기하고 인종적 차별과 경제적 불평등에 도전할 수 있는 교육기회를 제공받아야 한다는 것이다.

　Apple에 따르면 민주적 학교는 학생을 중심에 두는 진보주의적(progressive) 학교의 특징을 포함하되, 그것보다 훨씬 높은 수준의 민주주의를 고양하는 학교여야 한다. 진보주의 학교들이 인본주의적이고 학생중심적이긴 하지만 그것만으로는 부족하다는 것이다. 학교는 학생들의 자아존중감을 높여주기 위해 학습 문화를 개선하는 노력 이상의 무엇인가를 추구해야 한다는 것이다. 민주적 학교는 사회적 불평등으로 인한 곤란을 인식시키고, 학생들이 스스로 그러한 불평등을 초래하는 사회적 조건을 변화시킬 수 있어야 하기 때문이다. 이와 같이 보다 정의로운 사회를 만들어 가는 과정에 참여함으로써 학생들은 민주적 시민의식을 길러나갈 수 있다.

이런 의식에는 미국의 심각한 인종차별 문제에 대한 극복 의지가 담겨 있다. 그는 이를 위해 문화적, 인종적 다양성을 인정하며 사회적 차별을 극복할 수 있는 시민성을 발전시켜 나갈 수 있도록 높은 수준의 사고력을 길러 주어야 한다고 주장하였다. 그는 민주주의 교육은 학생들이 공적 영역에 참여하여 자신의 역할을 스스로 찾아 나갈 수 있도록 힘을 길러주는 일이라고 보았다. 그리고 이를 임파워먼트(empowerment)라고 지칭하였다.

2013년 Apple은 〈교육은 사회를 바꿀 수 있는가?〉(Can Education Change Society?)를 출간하면서 이러한 주장을 보다 구체화하였다. 그는 노동자, 시민, 유기적 지식인들의 연대를 통해 보다 평등한 사회질서에 기여하는 학교를 만들어 가자고 주장하였다. 이를 위해 사랑, 돌봄, 연대를 통해 불평등한 사회를 바꾸어 나가는 프로젝트가 필요함을 역설하고 있다. 이와 같이 Apple은 그의 후기 사상에서는 사랑, 돌봄, 연대가 주요 키워드로 등장한다. 그에 따르면 경제적 불평등뿐만 아니라 정의적 또는 정동적 불평등(affective inequality)이 오늘날 삶에 많은 영향을 미친다는 것이다. 한 사람이 존엄한 존재로 인정받고 사랑받으며 충분한 돌봄을 받는 것은 삶의 질을 결정하는 주요 요인이다. 그런데 이와 같은 정동적 문제는 개인적인 것이기보다 정치적인 것이다. 왜냐하면 어떤 정치 체제를 만들어 나가는가에 따라 해당 구성원들이 사회적으로 인정받고 돌봄을 받는 정도가 달라지기 때문이다. 예를 들어, 의료보장 등 복지가 충분한 사회를 만들어가는 것은 사회적 약자들에게는 더없이 중요한 일이다.

이를 위해 물질적 불평등에 의한 소외 현상에 대한 직시, 사회적 약자들의 자녀에 대한 진심 어린 관심, 그리고 민주주의, 반인종주의, 다문화주의 등 미국이 역사적으로 이룩해 온 성과에 대한 '집단 기억'(collective memory)을 상기해야 한다고 주장하였다. 집단 기억이란 한 사회집단이 공통적으로 겪은 경험을 공유하고 보존하려는 것이다. 오늘날 당연하다고 여겨지는 많은 것들은 역사적으로 과거의 투쟁과 숭고한 희생 위에서 쟁취한 것이다. 그러한 경험을 잊지 않고 집단적으로 기억하는 것은 그 사회의 구성원들의 정체성을 형성하는 데 매우 중요한 요인이다. 오늘날 성차별, 장애인차별, 인종차별 등은 절대로 있어서는 안 되는 것으로 인식되고 있지만, 이는 장기간 편견과 싸워 온 역사를 거쳐 이제야 당연하다고 여겨지게 된 것들이다. 이와 같은 역사를 잊지 않고 기억하려는 노력을 통해 집단 기억이 보존될 수 있다.

4 교사교육에 주는 시사점

교육과정 이해 패러다임을 중심으로 한 재개념화 운동은 교사교육에 있어서도 큰 영향을 미쳤다. Bill Pinar는 교사교육의 실제성을 강조하면서도 가르치고 평가하는 기술만을 익히는 교사교육을 비판하였다. 그는 대학에서의 교사교육은 이론과 교양교육에 충실함으로써 평생 교직에 임하는 교사들의 지적 토대가 되어야 한다고 보았다. 교사들은 현장에 나가면 임상적으로 충분한 경험을 쌓으면서 가르치고 평가하는 기술을 향상시켜 나간다. 그렇기 때문에 오히려 대학에서는 자기성찰의 경험과 다양한 비판적 사고력을 길러나가야 한다고 보았다.

이러한 문제의식은 교사의 탈숙련화에 비판적이었던 Apple에게도 마찬가지였다. 이 책에서는 재개념화 운동의 대표적 학자로서 Pinar와 Apple을 중심으로 살펴보았지만, 사실상 미국에서의 교사교육은 광범위하게 재개념화의 영향을 받았다. 이러한 영향은 다음과 같이 정리할 수 있다.

가. 성찰적 글쓰기

쿠레레 방법은 교사교육에서 광범위하게 도입되어 왔다. 쿠레레 방법은 교사들이 자신의 개인적 과거 경험을 되돌아보게 하고, 교사로서 미래 삶에 대해 전망하며, 학생들을 위해 어떤 교사가 될 것인가에 대해 성찰하도록 한다. 이러한 방법에 기초하여 많은 교사교육 기관에서는 학생들에게 성찰적 글쓰기 또는 성찰적 저널과 같은 방법을 사용하고 있다. 이러한 성찰적 글쓰기는 교사들이 자신이 갖고 있는 믿음, 편견, 가정을 객관화하고 자신의 편견이 학생들을 억압하거나 소외시키고 있는 것은 아닌지 돌아보게 한다. 성찰적 글쓰기는 예비교사들에게 자신이 가르치고 평가하는 기술자가 아니라 진정한 교육을 실현해 나가는 주체가 되는 것의 중요성을 환기시키는 효과가 있다.

표 12-2 예비교사 교육에서 자서전적 방법 예시

단계	과제 형식	관련 질문
되돌아보기 (후향)	자서전	• 중학교와 고등학교를 다닐 때의 경험이 오늘의 나를 만드는 데 어떤 영향을 미쳤나요? • 과거의 학교 경험은 내가 교사가 되려고 하는 데에 어떤 영향을 미쳤나요?
앞으로 나아가기(전향)	내러티브	• 여러분의 미래를 그려보시오. 그 미래는 교사가 되려는 지금 여러분의 삶에 어떤 의미를 지니나요?
분석하기	보고서	• 후향과 전향의 활동을 통해 보았을 때, 여러분 삶의 경험은 현재 어떤 사회적, 정치적, 문화적 의미를 지니나요?
종합하기	에세이	• 후향, 전향, 분석 활동 후에 여러분은 어떤 교사가 되고자 하나요? • 그런 교사가 되기 위해 어떤 노력이 필요한가요? • 교사가 되면 어떤 교육을 만들어 가고자 하나요?

많은 교사교육 프로그램에서는 실제로 Pinar의 4단계 자서전적 방법을 사용하고 있다. 이를 예시하면 〈표 12-2〉와 같다.

나. 개별 학생중심 접근

개별 학생중심 또는 배움중심 접근이란 표준화된 교육과정을 전수하는 데 초점을 두기보다는 학생들이 잘 배우고 있는지에 초점을 두는 접근이라고 볼 수 있다. 교육과정 재개념화에서는 성별, 젠더, 인종, 성정체성, 계급 등 다양한 배경에 따라 개인이 경험한 교육이 다를 수 있다고 본다. 그렇기 때문에 교육과정 재개념화가 교사교육에 영향을 미쳤다면, 교사들이 교육과정을 설계할 때 학생들의 다양한 배경과 과거의 경험을 고려하도록 이끈다. 이와 같이 교육과정 재개념화는 학생중심 접근일 수밖에 없다.

학생중심 접근은 다른 교육과정 이론들에서도 중요하게 다루고 있다. 하지만 재개념화에 따른 학생중심 접근은 교육과정이 학생들의 경험이나 배경에 따라 때로 억압적일 수 있음에 주의한다. 그러므로 일반적으로 진보주의 교육에서 말하는 학생중심 접근과는 다소 차이가 있다. 교사가 학생의 다양한 배경과 과거 경험을 고려한다면 교육과정 설계는 물론 학생들을 가르치고 평가할 때도 학생의 고유한 필요와 관심을 충족시키는 방법에 대해 생각하지 않을 수 없다. 이와 같이 교육과정 재개념화 운동은 교사교육이 교육과정의 표준화의 방향이 아니라 개별화의 방향으로 나아가도록 유도하였다.

다. 임파워먼트

비판적 교육학은 미국뿐만 아니라 전 세계적으로 교사교육의 변화에 지대한 영향을 미쳤다. 오늘날 많은 교사교육 기관에서 예비교사들이 Freire는 물론 Apple, Giroux 등 비판적 교육학자들의 글을 읽고 토론하는 경우를 흔히 볼 수 있다. 특히 교사들은 인종차별이나 젠더차별 등 다양한 차별을 통해 학생들을 억압하거나 소외시키는 일이 없어야 한다. 이에 비판적 교육학은 교사들에게 요구되는 새로운 전문성 신장에 크게 기여하였다. 또한 세계의 많은 아동들은 빈곤과 같이 교육을 방해하는 심각한 문제를 겪고 있다. 비판적 교사들은 다양한 사회 문제로부터 상처나 고충을 안고 사는 학생들을 교실에서 만날 수밖에 없다. 이에 비판적 교육학은 교사들이 사회정의 문제에 관심을 갖도록 하는 데 크게 기여하였다.

이러한 견지에서 비판적 교육학은 학생들의 임파워먼트뿐만 아니라 교사들의 임파워먼트도 강조하고 있다. 이를 위해 교사들은 교육과정, 수업, 평가 운영에서 자율성을 가질 수 있어야 한다. 또한 비판적 교육학에서 강조하고 있는 대화와 협력의 중요성이 교사교육에서도 강조되고 있다. 오늘날의 교사들은 수업 시간에 학생들이 자신들의 생각을 자유롭게 개진할 수 있고, 기존의 관습에 도전하며, 토론에 적극 참여할 수 있도록 노력하고 있다. 또한 실생활 문제와 지식을 연계할 수 있도록 문제해결 또는 문제 제기식 수업을 이끌어 나갈 수 있는 전문성을 요구받고 있다. 문제해결 학습을 위해 교사들은 지역사회와 협력하면서 학생들이 실제 살아가고 있는 삶의 공간에서 유의미한 교육이 일어날 수 있도록 노력하고 있다.[2] 이러한 현상이 모두 비판적 교육학에서 나온 것이라고 볼 수는 없으나 비판적 교육학은 오늘날 논쟁중심 토론, 문제해결 학습, 학교와 지역사회의 협력 등을 통해 학생의 성장을 도모하고 있다.

---

2) 이 장에서는 임파워먼트를 주로 학교교육 내에서 살펴보았다. 한편 임파워먼트는 학교밖 청소년 등 다양한 어려움을 겪는 학생들에게 매우 중요한 교육 방법이자 역량이다(전아름, 2018).

라. 공적 지성인으로서의 교사

교육과정 재개념화는 사실상 교사교육의 재개념화를 이끌었다. Apple과 함께 비판적 교육학의 주요 연구자인 Henry Giroux는 교사가 어떤 사람인가에 대한, 즉 교사의 존재론에 대해 많은 글을 썼다. Giroux가 말하는 교사의 존재는 공적 지성인(public intellectuals)으로서의 교사이다. 공적 지성인은 단지 지식을 전수하는 기능적 역할에 머무는 것이 아니라 공적 담론을 만들어 나가는 데 참여하고, 사회적 이슈를 비판적으로 다룰 수 있는 능력이 있어야 한다. 특히 그러한 이슈가 교실에서 학생들이 배우는 것과 이후 학생들의 삶에 영향을 미치는 경우에는 더욱 그렇다.

유기적 지성인이란 교사, 교수, 학자, 의사와 같은 지식인들이 자신의 전문 분야에서 역량을 발휘할 뿐만 아니라 삶의 현장에서 사회적 약자들과 연대하며 더 나은 사회를 만들기 위해 노력하는 지식인들을 말한다. 유기적 지식인은 기존의 지식인들이 불평등을 유지하는 도구적 역할에 머무는 것을 비판하고 전문가들의 사회적 책임을 강조하는 개념이다. 교사들은 공적 지성인으로서 사회 변화에 적극적으로 참여함으로써 보다 정의롭고 평등한 교육환경을 만들어 내는 데 기여한다. 그러기 위해서 교사들은 교육이 기존 관습과 권력구조를 반영하여 형성된 것임을 의식할 필요가 있다. 이러한 의식을 갖고 있는 교사들은 교사 주도성(teacher agency)을 발휘할 가능성이 높다. 교사들은 단순히 관료 행정의 말단 존재가 아니라 주도성을 가지고 주요 의사결정 과정에 참여할 수 있어야 한다.

또 학생들의 필요와 공동체의 주요 문제를 다룰 수 있는 교육과정을 설계하고 수업에서 학생들의 참여를 이끌어 낼 수 있는 능력을 갖추어야 한다. Freire의 영향을 받은 Giroux는 학생들이 대화와 협력에 참여하면서 소외를 극복하고 능동적 주체로서 인간의 본질을 회복할 수 있도록 돕기 위해서는 교사의 역할이 매우 중요하다고 보았다. 이러한 역할이 바로 공적 지성인의 역할이기 때문이다. 이러한 그의 생각은 교사가 단순히 지식을 전수하는 직업에 종사하면서 대가로 월급을 받는, 그 이상의 존재론을 요구하는 것이라고 볼 수 있다.

MEMO

이 장이 끝나면 대답할 수 있어야 하는 10가지 질문

1. 성별(sex)과 젠더(gender)는 어떻게 다른가?

2. 페미니즘의 발전은 그동안 교육과정에 어떤 긍정적 영향을 미쳤는가?

3. 페미니즘 교육과정은 왜 남성과 여성, 모두에게 유익한가?

4. 다문화 교육의 목적은 무엇인가?

5. 다문화주의는 어떤 유형으로 나눌 수 있으며, 각 특징은 무엇인가?

6. 다문화주의 교육과정은 어떤 특징을 지니는가?

7. 다문화 교육에서 문화감응 또는 문화적으로 적합하다는 것은 무엇이고, 어떤 점에서 효과적인가?

8. 비판적 인종이론은 무엇이고, 어떤 점에서 유용한가?

9. 교육과정은 왜 포스트모던 텍스트로 볼 수 있는가?

10. 포스트모던 교육과정 이론의 특징은 무엇인가?

Chapter 13

교육과정 이해 패러다임

우리는 이전의 장에서 교육과정 재개념화의 배경에 대해 살펴보고, 실존적 차원과 구조적 차원에서 교육과정이 어떻게 재개념화되었는지 살펴보았다. 이해 패러다임은 재개념화의 과정에서, 그리고 결과로서 나타난 교육과정 패러다임이라고 볼 수 있다. 이는 크게 보아 개발 패러다임과 대비되는 개념이다. 이해 패러다임은 다양하고 중층적인 이론과 학설로 구성되어 있다. 이 장에서는 이해 패러다임에서 중시되는 대표적인 관점으로 볼 수 있는 젠더, 다문화, 포스트모더니즘 관점에서 교육과정 이해 패러다임에 대해 살펴보고자 한다.

1 젠더 텍스트로서의 교육과정

가. 젠더 텍스트

텍스트로서 교육과정이란 교육과정이 단지 지침이나 가르칠 계획을 넘어서 해석되고 비판될 수 있는 텍스트라는 말이다. 교육과정은 해체와 재구성의 대상이다. 그러므로 교육과정을 젠더 텍스트로 본다는 것은 젠더 관점에서 교육과정을 분석하고, 더 나은 교육과정을 만들기 위해 노력함을 의미한다.

이를 위해 성별(sex)과 젠더(gender)의 생물학적 개념과 사회학적 개념을 먼저 이해해야 한다. 생물학적 결정은 간단히 생물학적 차이로 성을 구별하는 것으로, 남성과 여성이라는 이원론적 구분이며, 사회학적 의미에서는 사회에서의 행동이나 역할 등을 통해 젠더가 결정된다. 사회학적 의미에서는 남성성과 여성성으로 구분하는 것 이상의 다양한 성체성으로 나타날 수 있다. 따라서 우리가 성(sex)이라고 하는 것은 생물학적 구분에 의한 것이고, 젠더는 사회학적 의미에 근거한 개념이다(허창수, 2019). 최근 들어서 양성평등 교육이 새롭게 부각되고 있지만, 젠더의 관점에서 보았을 때는 여전히 불충분한 것이다.

젠더의 관점에서 보면 페미니즘은 학교와 교육과정에서 젠더의 구분에 따라 존재하는 불평등한 편견과 고정관념이 어떻게 나타나는지 분석하는 데 도움이 된다. 페미니즘은 교육과정 발전에 많은 기여를 해 왔으나 여전히 많은 과제들이 남아 있다.

첫째, 페미니즘의 발전에 따라 오늘날 교과서는 성역할을 고정적으로 진술하지 않게 되었다. 한동안 교과서는 성역할에 대한 고정적 묘사나 기술을 통해 고정관념을 강화해 왔지만, 오늘날 이와 같은 비판과 노력에 힘입어 남성과 여성의 편협한 성역할 구분은 과거에 비해 훨씬 개선되었다. 페미니즘은 여전히 남아 있는 편견과 관습에 대해 분석하고 이를 극복해 나가는 데 도움을 준다.

둘째, 여권의 신장으로 교육기회의 접근 측면에서 성차별이 크게 완화되었다. 성차별은 교육기회의 접근에 대한 불평등을 낳는다. 한국에서 산업화 시대에만 해도 학교를 다닐 수 있는 기회조차도 성별에 근거하여 분배되었다. 오늘날 이러한 문제는 거의 해소되었지만 교육의 유형에 접근하는 기회의 불평등에 대해서는 여전히 논쟁적이다. 여전히 과학, 수학, 공학은 여학생들보다 남학생들이 더 적합하다는 전제하에서 진로를 지도하거나 특정 교과의 경우 여학생이 더 적합하다고 보는 인식은 여전히 편견으로 남아 있을 수 있다.

셋째, 2010년대만 해도 잠재적 교육과정으로서 학교의 급훈이나 교사의 언행에서 성차별적 표현이 종종 발견되었으나 오늘날 이러한 표현은 상당 부분 찾아보기 힘들어졌다. 이는 급속한 문화변동의 한 예라 볼 수 있다. 그럼에도 불구하고 여성의 경우 학교에서 성차별적 표현이나 행위에 보다 더 노출되는 습속이 남아있다.

넷째, 교과서에 여성의 대표성이 매우 높아졌다. 그동안 페미니즘의 발전으로 대표성에 대한 문제제기가 있어왔고 많은 노력을 통해 교과서나 교육과정에서 여성의 대표성을 높여왔다. 그러나 여전히 인류의 발전에 대한 기술에 있어 여성의 기여는 낮게 묘사되고 있다. 이는 다양한 역할 모델에 대한 학생들의 포부, 전망과 진로 선택에 영향을 미칠 수 있다. 오늘날 교육과정 개발자들은 항상 이러한 지적을 염두해 두고 교과서나 교육과정 개발에 임하고 있다.

나. 젠더와 교육과정

이해 패러다임으로 분류할 수 있는 페미니즘 교육학은 페미니즘에서 발전한 원리와 관점을 교육과정과 학습에 적용하는 교육적 접근이라고 볼 수 있다. 페미니즘에 기반한 교육과정은 젠더 불평등에 대해 인식하고, 가부장적이거나 남성 중심적 규범에 내재된 차별 요소와 편견에 대응하는 태도를 길러준다. 그렇기 때문에 종종 실천주의(activism)와 연계된다. 페미니즘에 기반한 교육과정과 수업의 원리는 다음과 같이 요약될 수 있다.

첫째, 젠더 차별에 대한 인식. 페미니즘에 기초한 교육은 학생들이 젠더에 의한 차별이 역사적으로나 현실적으로 광범위하게 벌어지고 있다는 것에 대해 배우도록 한다. 이러한 차별은 시대에 따라 국가나 문화에 따라 차이가 존재한다. 학생들은 역사적으로 젠더에 의한 차별이 어떻게 이루어졌고, 오늘날 젠더 차별은 지역에 따라 어떻게 나타나고 있는지에 대한 정보를 습득한다.

둘째, 실천과 변화의 강조. 페미니즘은 젠더에 대한 억압과 해방의 과정에서 발전된 사회이론이자 운동이다. 그러므로 태도, 가치, 의지 등 실천과 변화를 중시할 수밖에 없다. 학생들의 적극적인 참여와 임파워먼트가 없다면 페미니즘에 기초한 교육은 큰 의미를 지니지 못하게 된다. 학생들 스스로 가부장적 지배에 대한 사례를 찾아내고, 그러한 이야기에 도전하며 다양한 관점에서 젠더 차별 문제에 대해 토론할 수 있어야 한다.

셋째, 사회적 약자에 대한 관심. 페미니즘이 크게 성장하기 시작한 1970년대에는 남성지배적 문화 속에서 여성에 대한 차별과 이를 극복하기 위한 방안에 강조점이 있었다. 그러나 최근 들어 젠더 문제는 다른 유형의 억압과 깊은 관련성이 있다는 주장이 널리 인정받고 있다. 사실상 한 개인은 여러 사회적 정체성을 동시에 가지고 있다. 예를 들어 여성이면서 동시에 특정 계급, 인종, 지역, 국가에 속한다. 이러한 정체성은 서로 상호작용하면서 독특한 개인의 경험을 만들어 낸다. 페미니즘은 특히 소외되고 대표성이 낮은 목소리를 지지한나. 그러므로 젠더, 인종, 계급 등에서 사회적 약자와의 연대에 큰 관심을 두고 있다.

넷째, 성찰과 사고력. 오늘날의 눈으로 보면 봉건시대는 물론 산업화 시기만 해도 성차별이 노골적으로 이루어졌다. 이에 이의를 제기하는 사람을 찾기는 어려울 것이다. 그러나 그 당시로 돌아간다면 성차별에 문제를 제기하는 사람들을 찾기 어려울 것이다. 다시 말해 차별과 억압은 성찰 능력이 없이는 극복할 수 없다. 왜냐하면 사회 구성원 다수가 '상식적으로' 강자의 지배를 당연하게 느끼기 때문이다. 그러므로 억압에 대해 문제제기하는 사람들의 목소리를 경청하고, 당연한 것이라고 느끼는 사회 규범에 의문을 제기하고, 고정관념과 편견에 대해 성찰할 수 있는 능력이 필요하다. 페미니즘에 기초한 교육은 이러한 성찰 능력과 태도를 매우 중요하게 여긴다.

다섯째, 모두에게 유익. 페미니즘에 기초한 교육과정은 남성과 여성, 또는 다양한 젠더 사이의 대결에 관심이 있는 것이 아니라 모든 사회구성원에게 유익한 것이라는 전제가 있다. 그러므로 페미니즘에 기초한 교육과정을 만들 때, 해당 교육이 모든 학생들에게 유익한 것임을 깨달을 수 있도록 설계되어야 한다. 미래의 동료 시민으로 살아갈 학생들이 보다 인간 해방의 관점을 옹호하고, 더 포용적인 사회를 만들기 위한 지식, 능력, 태도를 길러줄 수 있도록 교육과정이 개발되어야 한다.

이는 오늘날 학교에서 운영되는 성인지 감수성 교육이 '모두에게 유익하다'는 목표와 관련된다. 성인지 감수성은 여성만을 위한 것이 아니라 종국에는 남성에게도 유익한 것이다. 가부장적 문화 속에서 여성이 일차적으로 억압의 대상이 되지만 남성 또한 원하지 않는 억압자의 위치에 놓일 수 있으며, 그것으로부터 해방되고자 할 때 많은 사회적, 심리적 비용을 치러야 하기 때문이다. 그래서 성인지 감수성의 초점은 여성보다 젠더관계에 있으며 모두에게 도움이 되는 상태를 지향한다.

다. 여성주의 페다고지

교사들은 수업 시간에 젠더 문제를 어떻게 다루어야 할까? 이 질문과 관련하여, 정재원과 이은아(2017)는 여성주의 페다고지의 핵심 요소를 성찰성(reflection), 위치성(positionality), 개방성(openness), 감수성(sensitivity), 실천성(practicality)으로 설정하였다. 그리고 단지 여성주의뿐만 아니라 다양성의 가치를 체화하고 타인에 대한 배려와 공감의 정서를 함양하기 위한 교육방법을 제시하였다. 최근 페미니즘이나 다문화주의에서는 여성, 인종, 장애 등 하나의 요인을 고집하지 않고 종합적인 접근을 취하는 것이 추세라고 볼 수 있다. 이 다섯 가지 핵심 요소와 특징을 요약하면 다음과 같다.

첫째, 성찰성. 혐오의 문제를 다루기 위해서는 특정 집단에 대한 뿌리 깊은 편견에 대한 성찰이 전제되어야 한다. 교사는 학생들이 자신의 무의식 안에 있는 다양한 편견을 인식하도록 돕기 위해 효과적인 소집단 활동을 설계해야 한다.

둘째, 위치성. 개인은 젠더, 인종, 계급, 성적 취향 등 다양한 변수의 교차지점에서 자신의 정체성을 형성한다. 정민승(2004)은 페미니즘에 기초한 교육에서 위치성의 확인이 교육내용의 주가 되어야 한다고 보았다. 왜냐하면 비판적 성찰을 가능하기 위해서는 위치성에서부터 출발해야 하기 때문이다. 남성이라고 해서 모두 억압자가 아니며 여성이라고 해서 모두 피억업자가 아닌 것처럼 정체성은 하나의 변수로 일반화하기 어렵다. 그렇기에 학생들은 자신의 위치를 자각하고, 그 위치에서 자신이 경험하는 것과 느끼는 것을 더 큰 사회구조 변수와 연계하여 분석할 수 있어야 한다.

셋째, 개방성. 페미니즘에 기초한 교육학에서는 젠더 불평등에 대해 인식하고 변화를 향한 의지를 갖게 하는 것이 중요하다. 이는 타인의 이야기를 경청하고 자신의 이야기를 나누는 개방적 태도에서 출발한다. 이를 위해 교사는 학생들이 자신의 경험을 드러내는 것이 안전하다고 느낄 수 있는 수업 풍토를 조성해야 한다.

넷째, 감수성. 이는 젠더 감수성 또는 성인지 감수성이라는 개념과 연관된다. 감수성은 연령, 장애, 지역, 학력, 가족 형태 등 다양한 차이들을 인정하고 타인의 처지에 민감해지는 것을 말한다. 민감하다는 것은 인지적, 정서적, 의지적 측면에서 모두 발휘될 수 있다. 이에 차이를 차별의 근거로 보지 않아야 한다는 인식, 타인의 상황에 관심을 기울이는 마음, 차별 문제 해결에 동참하는 태도 모두 중요하다.

다섯째, 실천성. 여성주의 페다고지를 최종적으로 완성하는 핵심 요소가 실천성이다. 실천은 문제를 해결하고 변화를 일으키기 위해 필요한 것일 뿐만 아니라 학생들이 페미니즘을 이해하는 데에도 큰 도움이 된다. 학생들은 실천하는 과정에서 개념을 더 잘 이해할 수 있으며, 또 이렇게 이해한 개념은 실천에 큰 도움이 되기 때문이다.

2 다문화 텍스트로서의 교육과정

가. 다문화 텍스트

다문화 교육은 교실에서 학생들이 인종적, 문화적 다양성을 인정하고 존중할 수 있도록 다양한 문화를 이해하고, 포용성을 증진시키며, 문화적 의식성 (awareness)을 고양시킬 수 있도록 교육하는 것이다. 다양한 문화에 대해 가르치는 것은 인종차별주의에 도전할 수 있는 역량을 길러주는 교육을 포함한다. 미국에서는 아프리카계 미국인들이 장기간 억압을 받았으며, 이러한 억압에서 해방되기 위한 투쟁 과정에서 다문화주의가 발전하였다. 그렇기 때문에 다문화 교육에서 인종주의에 내재된 편견을 파악하고 이에 적극적으로 대항하는 교육을 포함하는 경향이 있다.

James Banks(2006)에 따르면 다문화 교육은 일종의 교육개혁 운동이다. 그는 교육제도에 은폐되어 있는 인종주의를 철폐하고 모든 학생들에게 동등한 교육 기회를 제공하는 것이 다문화 교육이라 주장하였다. 그는 유색인종 학생들뿐만 아니라 모든 학생들이 (1) 긍정적 자아 개념, (2) 다양한 인종 집단으로부터 온 사람들과 협력할 수 있는 능력, (3) 정의로운 태도로 다원주의 사회에서 상호작용하고, 타협하고, 효과적으로 의사소통할 수 있는 능력, (4) 다문화 사회의 정치적, 경제적, 사회적 제도에 유능하게 참여할 수 있는 능력, (5) 다문화 사회에서 보다 윤리적으로 의사결정할 수 있는 능력을 기르는 것을 다문화 교육의 목적이라 보았다.

Banks의 관점은 민주주의의 장으로서 학교를 바라보는 Dewey의 교육철학에 맞닿아 있다. 물론 둘 사이에 차이가 있겠으나 교육의 기본 원리에서 많은 공통점이 있다. Dewey는 교사가 단순한 지식 전달자가 아니라 학생들이 스스로 학습해 나갈 수 있도록 도와주는 촉진자 역할을 해야 한다고 보았다. 이에 교사들은 학생들이 능동적으로 학습에 참여하여 질문을 제기하고, 직접 실험해 보고, 문제를 해결할 수 있도록 지도해야 한다. 이러한 과정은 사실상 탐구와 같다. 학생들은 탐구를 통해 비판적 사고력과 문제 해결력을 기를 수 있다.

Dewey는 학교가 학생들의 탐구 능력뿐 아니라 책임감 있는 시민이 되도록 지도해야 한다고 주장하였다. 이를 위한 가장 효과적인 방법은 학교 자체가 민주주의의 실험실이 되어야 한다고 보았다. 이때 학생들은 교사들을 보고 배우기 때문에 교사들 스스로가 민주주의의 가치를 내면화하고, 열린 대화를 촉진하며 협력을 장려하고, 실천을 조장하는 역할을 해야 한다고 주장했다. 이는 Banks가 말하는 교사의 역할과 공통점이 많다. 이와 같이 Banks는 다문화교육이 별도로 취급되지 않고 시민교육과 병행되어야 한다고 보았다.

이와 같이 여러 학자들에 의해 다문화교육의 목적이 밝혀졌으나 비교적 최근 논의인 Gay(2012)의 주장을 살펴볼 필요가 있다. 이 주장에 따르면, 다문화교육은 학문적, 문화적, 사회정의적 목적을 지닌다. 첫째, 다문화교육의 학문적 목적은 교육과정과 수업을 다양화함으로써 다문화 집단 간 학업성취 격차를 해소해 나가는 것이다. 둘째, 문화적 목적은 자신이 속한 집단의 문화가 보편타당한 것이라는 관점에서 벗어나 타문화를 그들의 맥락에서 이해하는 것이다. 이때 문화란 단지 음식, 의복, 명절 등과 같이 표면적인 것들을 넘어서, 가치관, 관습, 의사소통 양식 등과 같은 심층문화를 포괄한다(Sleeter & Grant, 1999; 조현희, 2018:39에서 재인용). 셋째, 사회정의적 목적은 사회적 차별을 인식하고, 이를 발생시키는 불평등 문제를 해결하기 위해 실천하는 사람을 기르는 것이다. 이를 위해서는 불평등 문제에 대한 지식, 이를 해결할 수 있는 능력, 그리고 실천에의 의지가 모두 중요하다.

나. 다문화 교육 접근법

Sleeter와 Grant(2008)는 다문화교육 분야에서 영향력 있는 연구자들이다. 이들은 다문화교육에 관한 도서와 논문들을 망라해서 검토해 본 결과 다음과 같이 다섯 가지 접근법을 취하고 있다고 정리하였다. 이들은 교육연구자들이 '다문화 교육'이라는 용어를 사용하는 방식을 분류하였고 각각의 접근에 대한 장점과 단점을 다음과 같이 기술하였다.

1) 문화적으로 다른 것을 가르치기

'예외적이거나 문화적으로 다른 것을 가르치기'(teaching the exceptional and culturally different)란 이민자 학생들에게 주류 언어와 문화를 가르치는 것이다. 즉, 여기서 문화적으로 다른 것이란 이민자나 소수 집단에게 있어 주류 문화를 말한다. 여기서 다루는 나머지 네 가지 접근은 모든 학생들을 대상으로 하지만 이 첫 번째 접근은 이민자 학생들이나 소수 집단 학생들만을 대상으로 한다. 여기에는 유색인종 학생들, 특수교육 학생들, 백인 여학생, 저소득 학생들이 포함된다. 이는 이민자 학생들이 새로운 사회에 적응할 수 있도록, 이들이 주류 언어와 문화에 동화되도록 돕는 방식을 말한다. 이러한 접근은 해당 학생들에게 학업 성취도를 높여주고 사회 이동을 촉진하는 목적을 갖고 있다. 또 다양한 문화권의 학생들이 선호하는 학습 스타일을 교수학습에 활용한다(Sleeter & Grant, 2004). 그러나 이 접근은 적응의 관점에서 진행되기 때문에, 학생들이 인종주의가 지닌 불평등한 권력관계에 대해 파악하는 데에는 한계가 있다. 뿐만 아니라 다문화 교육은 '전체'를 위한 교육이어야 하는데, 이러한 접근은 소수 집단 학생들에 제한된다는 측면에서 한계가 있다.

2) 인간관계 접근

인간관계(human relation) 접근법은 다양한 인종이나 문화 집단들이 서로의 문화를 이해하고, 존중하며 보다 효과적으로 의사소통하는 데 도움을 주기 위한 것이다. 이 접근에서는 소수 집단이 자신의 정체성을 긍정적으로 형성하고 자부심을 가지며, 동시에 다양한 다른 문화집단과 공존하는 법을 가르친다. 인간관계 접근은 학교에서나 삶에서 매우 중요하고 필요한 접근이다. 그럼에도 불구하고 이러한 접근은 빈곤이나 제도화된 차별 그리고 인종차별로 인한 무기력 등 사회 구조에 내재된 근본적인 인종주의 문제를 다루지 않는다는 단점이 있다.

3) 단일집단에 대한 학습

단일집단에 대한 학습(single-group studies) 접근은 교사가 수업시간에 특정 인종 집단의 문화에 대해서 가르치는 것이다. 한 국가에서 역사적으로 억압을 겪었거나 사회적으로 인정받지 못한 인종적, 문화적 소수 집단을 하나 정하여, 그 집단이 역사적으로 어떻게 희생되어 왔으며 또 사회에 어떤 기여를 해 왔는지에 대해서 배울 수 있는 기회를 제공하는 것이다. 그러나 Sleeter와 Grant는 수업에서 한 문화 집단을 다룬다는 것이 다문화교육의 목적을 얼마나 효과적으로 달성할 수 있을지에 대해서는 의문이라고 말하였다.

4) 다문화 교육

다문화 교육(multi-cultural education) 접근법은 위의 세 가지 방식보다는 훨씬 더 다문화주의의 목적에 부합하는 것이라고 볼 수 있다. 이러한 접근은 인종, 언어, 문화, 젠더, 장애, 사회 계급 측면에서 불평등이 어떻게 제도화된 차별 구조를 지니고 있는지 분석할 수 있게 한다. 그럼으로써 학생들이 다문화주의에 대해 보다 수준 높은 사고력을 발전시킬 수 있다. 한편 Sleeter와 Grant에 따르면, 이러한 접근을 취하는 사람들 사이에서는 인종과 소수 민족에 더 초점을 둘 것인지 아니면 계급, 젠더, 장애 등 더 넓은 범위에서 다문화 교육을 펼칠 것인지에 있어 이견이 존재한다.

5) 사회재건주의 관점

사회재건주의적(social reconstructionist) 접근은 다문화 교육에서 실천 영역을 강조하는 것이다. 이 관점에서 학생들은 다문화와 관련하여 억압과 불평등이 왜 발생하는지에 대해 이해하는 것을 중요시 여긴다. 학생들은 사고력과 실천하는 힘을 발휘함으로써 보다 더 나은 사회를 만들어 나가는 데 동참한다. 이러한 관점은 다문화주의를 젠더, 장애 등 보다 넓은 사회적 이슈와 연결시키는 경향이 있다. Sleeter와 Grant는 이 다섯 번째 접근법이 가장 발전한 단계에 해당한다고 하면서도, 나머지 네 가지 접근법 역시 나름대로의 장점과 기여가 있음을 잊지 말아야 한다고 말하였다.

다. 다문화주의의 유형

다문화주의는 역사적으로 복잡하게 전개되어 왔기 때문에 그것을 유형화하는 것이 쉽지 않다. 그럼에도 Jenks, Lee 그리고 Kanpol(2001)이 제시한 바와 같이 보수적 관점, 자유주의적(liberal) 관점, 그리고 비판적 관점으로 나누는 경향이 있다.

첫째, 보수적 다문화주의. 이 접근에서는 해당 사회의 전통적인 문화와 관행을 유지하면서 다문화 이주민이나 소수집단을 기존 문화에 동화시키는 것을 중시한다. 이러한 동화주의 접근은 문화적 차이의 중요성을 과소평가하고 민족이나 국가라는 하나의 정체성으로 통합하고자 한다. 보수적 다문화주의는 형식적 기회 평등 관점을 갖고 있다. 이에 정부는 기회를 균등하게 보장하면 되며, 이민자 등은 다른 사람들과 마찬가지로 자유경쟁 논리에 따르면 된다. 이러한 접근은 문화적 배경과 상관없이 모든 학생에게 같은 기준을 적용하기 때문에 공정하다고 여긴다. 그러나 보수적 접근은 다문화 사회의 장점을 살리지 못할 뿐만 아니라 지배와 갈등을 온존시킬 위험이 있다. 대체로 다문화 사회의 진입 초기에 주로 동화주의를 취하는 경향이 있으며 인구구성이 더욱 다양해지면서 보다 실질적 다문화주의로 이동한다.

둘째, 자유주의적 다문화주의. 자유주의적 다문화주의에서는 소수 집단이 주류 사회에 동화되기를 요구하기보다는 구성원들의 모든 문화를 존중하면서 문화 집단 간 상호 이해를 강조한다(박영진, 장인실, 2020). 이러한 접근에서는 타집단에 대한 편견을 줄이고, 문화의 다양성을 수용한다. 동화주의 관점에서는 모두에게 동등한 기회가 균등하게 보장되어야 한다고 보지만, 자유주의적 다문화주의에서는 다양한 문화가 균등하게 인정되어야 한다고 본다. 그리고 이러한 문화적 차이는 전체 사회의 다양성에 기여한다는 전제를 지닌다. 그럼에도 자유주의적 다문화주의는 다소 낭만적인 측면이 있다. 왜냐하면 구조적 불평등에 대해 적극적으로 다루지 않아 인종주의적 편견과 지배를 벗어나는 데는 불충분하기 때문이다.

셋째, 비판적 다문화주의. 이 관점은 자유주의적 다문화주의가 추구하는 다양성의 인정을 넘어 구조적 불평등 문제를 해결하고자 한다. 문화는 역사적, 정치적, 사회적 맥락에서 형성된 것이기 때문에 인종적 불평등은 기존의 서사에 도전함으로써 조금씩이나마 개선될 수 있다. 인종은 경제적 불평등은 물론 다양한 차별과 밀접한 관계를 지니고 있다. 이러한 차별에 도전하고 의식과 무의식에 자리 잡은 편견을 극복하기 위해서는 사회정의를 향한 노력이 필요하다. 포용적이고 평등한 사회를 만들어 가는 일은 실질적 다문화주의를 발전시키기 위한 노력과 병행되는 경향이 있다. 그래서 비판적 다문화주의 관점에서는 다문화 이외에도 인권, 정의, 평등, 민주주의 같은 주제에 많은 관심을 둔다.

이러한 이론상 구분에도 불구하고 실제에서 다문화교육을 살펴보면 다양한 수준과 관점이 동시에 존재한다. 박영진과 장일실(2020)은 2010년부터 2020년까지 약 10년 동안 이루어진 경기도교육청의 다문화교육 정책을 살펴보았는데, 실제에 있어서는, 보수적, 자유주의적, 비판적 다문화주의 관점이 혼재되어 있었다. 이 연구에 따르면, 초기에는 보수적, 자유주의적 관점에 기초한 정책이 주를 이루다가 2018년 이후 점차 비판적 다문화주의 관점으로 이동하는 것을 확인할 수 있다. 다문화주의는 문화를 바꾸어 가는 이론이자 개혁운동이기 때문에 시간이 축적되어야 변화가 가능하다. 그러므로 다문화주의는 관용의 관점, 동화주의 관점, 상호 문화이해 관점, 비판적 관점, 변혁적 관점 등이 동시에 존재하며, 그 강조점이 점차 동화의 관점에서 비판적 관점으로 이동하고 있다고 볼 수 있다.

라. 다문화교육의 다양한 차원

다문화교육에서 권위 있는 학자인 Banks(2006)는 다문화교육이 [그림

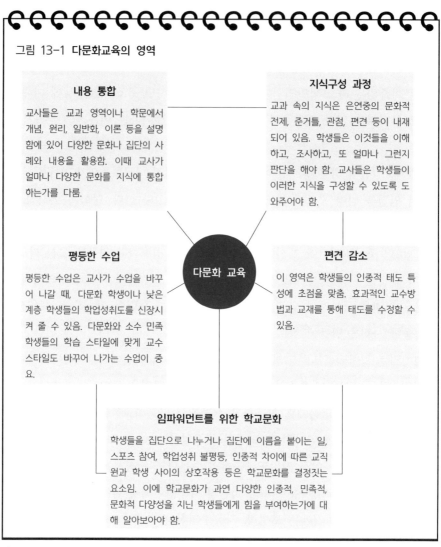

그림 13-1 다문화교육의 영역

내용 통합

교사들은 교과 영역이나 학문에서 개념, 원리, 일반화, 이론 등을 설명함에 있어 다양한 문화나 집단의 사례와 내용을 활용함. 이때 교사가 얼마나 다양한 문화를 지식에 통합하는가를 다룸.

지식구성 과정

교과 속의 지식은 은연중의 문화적 전제, 준거틀, 관점, 편견 등이 내재되어 있음. 학생들은 이것들을 이해하고, 조사하고, 또 얼마나 그런지 판단을 해야 함. 교사들은 학생들이 이러한 지식을 구성할 수 있도록 도와주어야 함.

평등한 수업

평등한 수업은 교사가 수업을 바꾸어 나갈 때, 다문화 학생이나 낮은 계층 학생들의 학업성취도를 신장시켜 줄 수 있음. 다문화와 소수 민족 학생들의 학습 스타일에 맞게 교수 스타일도 바꾸어 나가는 수업이 중요.

다문화 교육

편견 감소

이 영역은 학생들의 인종적 태도 특성에 초점을 맞춤. 효과적인 교수방법과 교재를 통해 태도를 수정할 수 있음.

임파워먼트를 위한 학교문화

학생들을 집단으로 나누거나 집단에 이름을 붙이는 일, 스포츠 참여, 학업성취 불평등, 인종적 차이에 따른 교직원과 학생 사이의 상호작용 등은 학교문화를 결정짓는 요소임. 이에 학교문화가 과연 다양한 인종적, 민족적, 문화적 다양성을 지닌 학생들에게 힘을 부여하는가에 대해 알아보아야 함.

자료: Banks (2006). p.5.

13-1]과 같이 5가지 영역에서 유기적으로 이루어져야 한다고 말한 바 있다.

1] 내용 통합

학교에서 교과는 주로 학문으로 되어있다. 또 학문은 주요 개념과 이론 등을 다룬다. 이때 교사들은 적재적소에 다문화 내용을 통합하여 개념과 이론 등을 가르칠 수 있다. 특히 학교에서 가르치는 교과 중에서 사회, 역사, 문학, 예술 등 다문화 교육과 관련성이 높은 교과가 있다. 이러한 교과에서 다양한 인종의 문화나 사회적 기여에 대해 다룰 수 있다. 그렇다고 해서 수학과 과학과 같은 교과에서는 내용 통합이 불가능하다는 것은 아니다. 교사들은 기본적으로 모든 교과에서 다문화의 내용과 사례를 통합하여 가르칠 수 있다. 이 영역에서는 교육과정에서 다양한 문화가 교과서나 실제 수업에서 통합되어 제시되는 것이 중요하다.

2) 지식구성 과정

학생들은 학교에서 배우는 것을 통해 자신의 지식을 구성한다. 인종차별은 교묘하게 이루어지고, 의식적으로 또는 무의식적으로 이루어지기 때문에 그 속에 내재된 가정이나 믿음을 파악할 수 있어야 한다. 이에 교사들은 학생들이 다양한 문화적 관점에서 지식을 비판적으로 분석할 수 있도록 기회를 제공해야 한다. 학생들은 자신이 배우는 지식이 사회적으로 형성된 것이고, 문화적 맥락에 의해 영향을 받는다는 것을 인식할 수 있어야 한다. 학생들은 다문화교육을 통해 다양한 문화적 관점에 대해 이해할 수 있을 뿐 아니라 더 나은 다문화 사회에 대한 관점을 형성해 나갈 수 있다.

3) 편견 감소

이 영역은 태도의 측면과 관련이 있다. 이 영역에서 학생들은 스스로가 인종과 다양한 문화에 대해 고정관념을 갖고 있는 것은 아닌지 살펴본다. 편견을 갖고 있다면 이를 줄여나가는 학습 기회를 제공받아야 한다. 교사들은 학생들을 다양한 문화에 대한 이해, 공감, 존중을 촉진하는 활동과 토론에 참여시키면서 타문화에 대한 부정적인 태도와 오해를 줄여나간다.

4) 평등한 수업

이 영역은 특히 교사의 수업 스타일과 관련된다. 학생들이 수업시간에 평등하게 처우받는다는 것은 각자의 다양한 학습 스타일이나 배경을 고려해서 배울 수 있음을 뜻한다. 또 소수 문화 집단의 학생들은 차별받기 쉬우므로 교사는 다양한 문화적 배경을 가진 학생들의 성공을 지원하는 포용적인 수업 환경을 조성해야 한다. 그래야만 소수 집단 학생들의 학업성취도 역시 증진시킬 수 있다.

5) 임파워먼트를 위한 학교 문화

학교의 문화와 참여 구조가 다양성, 형평성, 사회 정의를 중요하게 표방하고 있다면, 소수 문화 집단의 학생들이 보다 소속감을 느끼면서 성장할 수 있다. 이는 학교가 추구하는 가치와 문화가 얼마나 다문화주의적인가와 밀접한 관련이 있다. 그래서 이러한 학교는 학교 스포츠, 학생 구성, 학업성취도 등 모든 면에서 인종차별 요소를 제거하고, 다문화적 원칙에 기반하려는 의식성을 갖고 있다. 학교라는 제도적 기관이 사회정의에 대한 책임 의식을 느끼고, 학교의 모든 구성원들에게 다문화 사회를 향해 나아갈 수 있는 참여 기회를 제공해 준다면 보다 포용적인 학습 풍토를 만들어 줄 수 있다.

마. 문화감응교수 및 문화적으로 적합한 교육

최근 다문화교육에서는 학생들의 문화적 배경을 적극적으로 고려하는 접근법이 강조되고 있다. 문화감응교수(Culturally Responsive Teaching)와 문화적으로 적합한 교육(Culturally Relevant Pedagogy)이 대표적이다. 이 두 접근법은 수업에서 학생들의 인종적 배경, 그에 따른 삶의 경험, 정체성 등을 교육과정과 수업에 반영한다.

그러나 약간의 차이도 있는데 첫째, 문화감응교수는 교수 전략적인 측면에서 학생들 개개인의 문화적 배경에 대한 고려를 강조한다. 문화감응교수는 미국에서 인종 간 학업성취도 격차 문제를 해결하고자 하는 발로에서 시작된 것이다. 이 문제를 해결하기 위한 대안으로 문화감응교수는 교사들이 학생들 각각의 문화적 배경에 대해 예민하게 살펴본 후, 그에 알맞은 수업 방법과 전략을 적용하는 것을 말한다. 하지만 이 접근은 여기에서 더 나아가 소수집단의 경험과 역사, 내러티브를 공식교육과정에 포함시키는 것을 중요한 목표로 삼고 있다(Gay, 2010; 조현희, 2020). 이러한 전략을 짤 때는 모든 학생들이 인정받고, 서로의 목소리를 경청하고, 존중하는 수업 분위기를 만드는 것이 중요하다. 왜냐하면 포용적 수업 분위기가 조성되어야만 학업성취도가 높아질 수 있으며, 교육목표를 달성하기에 유리하기 때문이다.

둘째, 문화적으로 적합한 교육은 교육과정 측면에서 보다 강조되는 경향이 있다. 특히 교사가 교육과정을 설계할 때 학생들의 문화적 배경에 비추어 적합하고 의미 있는 경험과 교육과정을 연계시키는 것을 중시한다. 학교에서 학생들은 학문적 내용을 배우지만 그것이 항상 학생들의 삶의 경험과 연결되는 것은 아니다. 학문에서의 추상적인 개념과 삶이라는 구체적인 경험이 서로 연관될 때 학생들은 추상적인 개념을 더 잘 이해할 수 있다. 뿐만 아니라 삶을 변화시키는 데에 있어 학문적 개념을 효과적으로 사용할 수 있다. 특히 이 접근법에서는 인종적 편견에 대해 비판적으로 다루면서, 학생들이 문화 다양성에 대한 의식성을 기를 수 있도록 가르치고자 한다. 문화 다양성에 대한 의식성이 없는 것을 문화적 색맹(cultural blindness)이라 부르는데, 문화적으로 적합한 교육은 학생들이 그와 같은 시민으로 자라지 않도록 지도하는 것이다.

교사가 교실에서 수업을 전개할 때, 사실상 이 두 접근법은 경계가 매우 모호하며, 상호 보완적 관계를 지닌다. 정윤경(2012)은 오늘날 문화감응교수의 의미가 교수법 수준으로 국한되어 이해되는 경향을 크게 경계했다. 문화감응교수 이론을 주창한 Gay(2010) 역시 이를 단순히 교수 전략이 아니라 패러다임이라고 보았다. 문화감응교수는 Banks, Apple, Giroux 등과 마찬가지로 평등과 사회정의 관점에서 다문화교육을 구축하고 있기 때문이다. 문화감응교육이 인종 간 학업성취 격차를 줄일 수 있는 방법을 모색한다 할지라도 그것은 기법적인 수준에서 머무는 것이 아니라 평등과 사회정의 관점에서 궁극적인 방법을 모색하는 것이기 때문이다.

이와 같은 의미에서 문화감응교수는 Ladson-Billing(1995)의 문화적으로 적합한 교육에 호응한다. Ladson-Billing은 미국에서 다문화교육을 능숙하게 수행하는 교사들을 관찰하고 그 특징을 크게 다음 세 가지로 정리했다. 첫째, 유능한 다문화 교육자들은 저소득층 유색 인종 학생들도 높은 수준의 학업성취를 이룰 수 있다는 기대를 저버리지 않았다. 오히려 높은 수준의 기대를 하고 있었다. 둘째, 이러한 기대를 갖고 그들은 학업으로부터 이탈하려는 학생들의 문화적 배경을 섬세하게 살펴본 후, 이에 적합한 방식으로 학업성취도를 높이고자 하였다.

단순히 암기식, 반복식, 통제식 교육에서 벗어나 학생들의 문화적 경험과 교과의 내용을 서로 연계하면서 가르쳤을 때 효과가 있었다. 특히 이 학생들이 학교생활에서 주도성을 발휘하도록 해 주었다. 학생들은 인정을 받고 주도성을 발휘할 때 학업성취도 역시 높아졌다. 셋째, 학생들이 평등과 사회정의의 중요성을 깨닫고 실천하는 과정에서 비판적 사고력과 문제해결력이 높아졌다. 다시 말해 학생들이 보다 민주적 사회를 만들어 나가는 데 참여하는 과정에서 질적인 성장이 이루어졌다. 이 세 번째 관점은 다문화주의와 민주주의를 서로 연계시키는 Banks의 관점과 유사하다.

바. 비판적 인종이론

오늘날 다문화교육에서는 비판적 인종이론(Critical Race Theory)이 이론적 배경으로 사용되는 경우가 많다(강지영, 2022). 간단히 CRT라고 불리기도 하는 이 관점은 최근에 미국에서 큰 정치적 쟁점이 되면서 전 국민들의 관심을 받았다. 일부 주지사들이 학교에서 CRT를 가르치는 것을 금지하겠다고 밝히면서 평범한 시민들도 뉴스에서 CRT에 대해 자주 듣게 된 것이다. CRT는 미국 법학계에서 나온 것으로 교육분야에서는 Ladson—Billings(1995)을 중심으로 발전되었다. 미국에서는 1960년대 인권운동 이후 인종주의가 크게 개선되었다. 그러나 여전히 법과 제도는 소수 인종, 여성, 장애인 등 소수자에 속하는 사람들의 권리를 제대로 보호하지 못하고 있다. 미국에서 버락 오바마(Barack Obama)가 대통령(2009~2017)이 되었을 정도로 미국에서 인종차별주의는 크게 개선되었다. 그러나 여전히 흑백 거주지역 분리, 인종 간 학업성취 격차 등 인종주의는 삶의 전 영역에서 개선되지 않은 채 남아있다.

이러한 증거는 최근 BLM(Black Lives Matter)라 불리는 저항운동에서 명확히 드러났다. CRT에서는 이와 같이 겉으로는 인종차별주의가 사라진 것처럼 보이지만 실제로는 미국 사회에서 깊게 제도화되어 있다고 인식한다. 여기서 '제도화되었다'함은 어떤 제도가 정착되었다는 뜻이기보다 사람들의 마음과 관습, 그리고 사회구조에 깊이 자리 잡았다는 뜻이다. 사회에서 인종은 생물학적 실체인 것처럼 보이지만 실제로는 사회적으로 구성된 것이다. 흑인과 백인의 학업성취도 격차 역시 유전적 특징에 의한 것이 아니라 사회적 차별이 제도화되어 있기 때문이다. 오늘날 다문화교육에서 주목받고 있는 CRT는 이러한 제도화된 차별을 극복하고자 하는 것이다. 이러한 이론적 근거들이 다문화교육에서 지지를 받고 있기 때문에 향후 다문화교육은 마음이나 감정에 내재된 구조적 불평등 문제에 보다 더 많은 관심을 보일 것으로 보인다.

3 포스트모던 텍스트로서의 교육과정

가. 포스트모던 텍스트

포스트모더니즘은 거대담론이나 당연시 여겨지는 이론들을 해체하고 파편화한 후 그것들을 다시 조립하여 새로운 관점으로 재창조한다. 이를 해체와 재구성이라고 말할 수 있다. 그렇다면 교육과정 이론에서 해체와 재구성의 대상이 되는 주요 이론은 무엇일까? 보통 포스트모더니즘 관점에서 교육과정을 비평하는 사람들은 Tyler의 교육과정 개발 4단계 절차와 Bloom의 교육목표분류학을 주된 비판의 대상으로 삼고 있다. 이들이 비판의 대상이 되는 이유는 이들의 이론이 교육과정 분야에서 지배적 지위를 갖고 있을 뿐 아니라 실증주의에 바탕을 두고 있기 때문이다.

또 교육과정은 지식을 다루기 때문에 포스트모던 연구자들은 지식−권력 관계의 분석에 관심을 둔다. 교과서 역시 포스트모더니즘 관점에서 관심의 대상이다. 교과서가 사회적 담론을 반영하는 구성물이기 때문이다. 뿐만 아니라 교과서는 저자와 독자가 있기 때문에 포스트모더니즘의 주요 분석 대상이 된다. 여기서는 다음과 같이 네 가지 측면에서 포스트모더니즘과 교육과정의 관계를 해석해 볼 수 있다.

첫째, 표준화 비판. 포스트모더니즘에서는 예외 없이 설명할 수 있는 하나의 원리가 있다는 생각에 비판적이다. Tyler 모형도 그런 원리 −예외 없는 하나의 원리− 중 하나라고 볼 수 있다. Cherryholmes(1988)에 따르면, Tyler의 교육과정 개발 원리는 목표, 절차, 합리성, 논리, 평가, 결과와 같은 기술적 담론으로 이루어져 있다. 합리적인 목표의 도출, 교육내용의 선정, 조직, 그리고 평가 등은 교육활동을 마치 공정과 같은 절차로 설명하고 있다. 포스트모더니즘에 기초하여 교육과정 이론을 전개한 Doll(1993) 역시 Tyler 모형을 비판하였다. 그에 따르면 Tyler 모형은 목표에서 평가에 이르는 선형적이고 닫힌 시스템에 갇혀있으며, 이러한 시스템하에서는 지식의 전수(transmission)만이 보장되고, 변용(transformation)은 불가능하다.

둘째, 측정가능하다는 신화 비판. Bloom은 Tyler의 이론을 행동주의적 관점으로 발전시켰다. Tyler가 중요시한 교육목표를 측정가능하게 분절화했고, 교육목표분류학을 정립함으로써 학습결과를 수량화하고, 행동주의 학습을 유도하며, 심리측정학 중심으로 교육의 정체성을 바꾸어 나가는 역할을 하였다. 교육목표분류학은 교육에 대한 연구와 교실에서의 실천을 수량화하고, 효율성을 강조하는 문화를 조성하는 데 기여했다. 그 결과 인간적이고 실존적인 관계는 교육학 연구에서 점점 자리를 잃게 되었다. 이러한 현상에 대한 비판으로 교육과정 재개념화 운동이 일어나고, 1980년대 이후 인간중심 사조가 다시 조명을 받기 시작했다. 이러한 반작용은 교육목표분류학에 내재된, 모든 것은 측정가능하고 목표에 따른 효율적인 수행만이 교육을 발전시킬 수 있다는 신화가 만연했기 때문에 일어난 것이다.

셋째, 중립적 신화 비판. Foucault의 관점에서 볼 때, 행동주의자들은 교육이 정치, 역사, 문화, 경제 등 사회적 맥락에서 결정된다는 사실을 중시하지 않는다. 특히 Bloom이 그렇다. 교육과정과 수업은 인종 문제를 포함하여 당대의 지배 이데올로기와 권력관계를 반영하고 있다. 그러나 그러한 것을 언급하지 않은 채 기술공학적인 절차만을 강조하는 것은 교육과정 이론이 마치 중립적 성격의 것인 양 믿게 하는 효과를 만들어 낸다. Foucault는 이를 '진리효과'라고 말한 바 있다. Cherryholmes에 따르면, 1950년대 고안된 교육과정은 페미니즘, 인종차별주의, 빈곤, 불평등과 같은 문제를 거의 다루지 않았으며, 1970년대 이후에 들어서야 교육분야에서 지식-권력 관계에 대한 통찰이 시작되었다.

넷째, 경직된 교과서관 비판. 포스트 모더니즘은 텍스트가 지니는 의미의 유동성을 강조한다. 텍스트의 의미는 고정되어 있기보다는 불확정성을 띠며 동시에 다양한 해석에 종속될 수밖에 없다. 그럼에도 교과서는 마치 단일하고, 절대 불변의 것인 양 보일 수 있다. 우리가 한 시대에 진리라고 믿는 것은 얼마 안 가서 부정되거나 수정되는 경우가 허다하다. 포스트모더니즘은 단일하고 객관적인 진리가 있다는 거대담론에 도전한다. 왜냐하면 계몽적 거대담론은 비판적 사고를 방해하고, 그 결과 인류를 전체주의의 위험에 빠뜨릴 수 있기 때문이다.

나. 포스트모더니즘과 교육과정

만약 여러분이 포스트모더니즘에 기초해서 교육과정을 비판하거나 분석하고자 하더라도 Tyler의 교육과정 개발 모형 등 기존의 이론을 전면 부정해서는 안 될 것이다. 포스트모더니즘 방법론은 기존에 정당화되었던 거대담론을 해체하고 이를 다시 새로운 관점으로 재구성하는 역할을 맡는다. 그러므로 포스트모더니즘이 상대주의적 관점을 취하고 있다 할지라도 모든 것을 상대화하거나 부정하는 것이 아니다. 포스트모더니즘은 객관적 진리가 있다고 믿는 주장이 빠질 수 있는 전체주의 위험에 대해 성찰하면서 새로운 존재론과 인식론을 제안한다.

예를 들어 기존의 교과서를 비판적으로 분석한다 할지라도 교과서의 존재와 기능을 전면적으로 부정하는 것이 아니라 교과서가 지니고 있는 절대적 권위와 내용을 해체하고 지식-권력 관계를 엄밀하게 분석해 나가면서 새로운 관점에서 교과서를 저술하게 된다. Cherryholmes, Doll, Slattery 등 포스트모더니즘에 기초해 교육과정을 연구하는 학자들도 교육과정 개발에 대해 적지 않은 글을 남겼다. 물론 이들이 교육과정 개발 모형을 직접 제안하는 것은 아니다. 이들은 대신 교육과정을 개발할 때, 개발자들이 임해야 할 인식론과 태도에 있어 중요한 제안을 남겼다. 이들의 복잡한 −사실상 지나치게 현학적인− 논의를 가급적 가독성 있게 정리하면 다음과 같다.

첫째, 닫힌 체제에서 열린 체제로. 교육은 체제 또는 시스템이라고 볼 수 있다. Doll(1993)에 따르면, 포스트모더니즘에서는 불확실성, 복잡성, 혼돈, 불확정성 등과 같은 유동성을 지닌 시스템을 중시하는 반면 근대 사회는 과학적 합리성, 질서 정연한 절차, 예측 가능한 시스템을 중시한다. 교육과정에 있어서도

Tyler 모형을 포함하여 많은 교육과정 개발 이론은 합목적성, 측정, 예측가능성을 강조한다. 이러한 모형에서는 비선형적이고 불확실한 절차와 가변적 실천을 허용하지 않는 경향이 있다.

반면 열린 체제는 유동성이나 혼돈을 허용한다. 열린 체제 속에서 사람들은 스스로 다양한 네트워크를 만들어 나가며 구성원들끼리 끊임없이 상호작용하면서 더 새롭고, 더 발전된 구조로 변형된다. 이와 같이 열린 체제에서 어느 정도의 무질서는 창조를 위한 에너지라고 볼 수 있다. 자율성과 불안정성을 허용하지 않는 닫힌 체제 속에서는 새로운 의미, 새로운 작품이 생성되는 교육적 경험을 기대하기 어렵다. 이에 Doll을 포함하여 포스트모더니즘에 기초한 교육과정 이론가들은 교육과정을 열린 체제로 보아야 한다고 주장한다.

둘째, 전수에서 변용으로. 포스트모더니즘에 기초한 교육을 '전수에서 변용으로'의 변화라고 특징 지은 사람은 William Doll이다. 그는 교육은 정보의 전달이 아니라 지식의 변형 과정을 포함해야 한다고 주장하면서, Tyler의 교육과정 개발 모형은 지식의 전달에는 유용하나 지식의 변형에는 불리한 모형이라고 비판했다. 전수는 지식을 전달하는 일이기 때문에, 그 과정에서 전달하는 사람이 있고 전달받는 사람이 있다. 그렇기 때문에 전수에서는 일방성이 강화된다. 그리고 전수의 방향은 좀처럼 바뀌는 것이 아니다. 전통적인 방식의 교육에서는 전수가 강조되며, 학생은 지식의 수동적 수용자로 가정된다.

반면 변용(transformation)은 변형, 변태, 또는 변혁이라고 번역할 수 있는 개념이다. 변용은 형태가 변화한다는 것을 말한다. 다시 말해 교육에서 전수가 일어나더라도 그것을 가르친 사람과 배운 사람 사이에서 형태의 근본적 변화가 일어난다면 변용으로 발전한 것이다. 학생들이 학교에서 배운 것을 비판적으로 사고하고, 성찰하며 기존 지식을 이미 알고 있는 경험에 통합하여 새로운 지식으로 만들어 낸다면 그것은 전수보다는 변용에 해당하는 것이다. Doll은 Dewey의 교육학이 변용을 허용하는 이론에 해당한다고 높이 평가하였다. Doll은 학교에서 이러한 변용을 허용하기 위해서 학교의 구조가 개방적이고 자율적으로 변해야 한다고 주장했다. Slattery 역시 Dewey가 강조한 생태학적 관점은 몸과 마음이 통합되고, 교실과 교실 밖이라는 경계를 허물고 유기적으로 연계된다는 점에서 포스트모던 관점과 공유되는 측면이 있다고 말하였다.

셋째, 교과서 저자에서 학생 독자로. 김영천과 주재홍(2009)에 따르면, 모더니즘 교육과정에서 교과서는 학생들이 수동적으로 따라야 하는 정전(canon)이다. 정전이란 전통적으로 권위를 인정받은 텍스트를 말한다. 하지만 포스트모더니즘에서는 교과서 독자인 학생들이 텍스트와 관계를 지니도록 하는 것이 중요하다. 학생들은 의미의 창출자로서 교과서를 통한 의미구성에 능동적으로 참여할 수 있다. 그래서 Doll은 교과서를 다루는 교실이 교과서를 변용할 수 있는 자율적 조직이어야 한다고 말하였다. 포스트모더니즘의 중핵을 이루는 Jacques Derrida(1976)의 '해체' 개념은 이러한 논의를 발전시켰다. 그에 따르면 언어는 안정적인 것이 아니라 불확정적이며 고정되지 않는 것이다. 텍스트 역시 복합적이고 모순된 의미를 모두 내포하고 있다. 이에 텍스트를 통해서 객관성이나 진리를 파악해 가는 일은 언제나 복잡성이나 모호성을 있다는 것을 인정하지 않을 수 없다.

다. 질적 패러다임

포스트모더니즘은 교육과정을 질적 패러다임 연구로 발전시키는 데에 큰 기여를 하였다. 교육과정 연구에서 행동주의 접근의 전형을 보여준 Bloom의 교육목표분류학은 위계적이고, 선형적인 구조를 갖는다. 그는 인간의 인지 능력을 6단계로 매우 세분화하였다. 그러나 실제로 우리가 사고를 할 때, 다양한 능력을 종합적으로 활용한다. 그럼에도 불구하고 교육의 과학화 분위기 속에서 행동주의는 교수 프로그램의 효과성을 분석하기 위하여 측정가능한 행동을 수량화하여 분석하는 것을 주로 교육학 연구로 삼았다.

그러나 교육은 합리성, 객관성, 점수라고 하는 양적 지표에 제한되는 것이 아니며, 인간의 행동을 오류 없이 측정하기도 쉽지 않다. 행동주의 관점의 교육학 연구가 실험 결과를 일반화하는 데에 관심이 있었다면 포스트모던 교육학은 교육의 질적 성격에 더 많은 관심을 쏟았다. 실험실과 같은 통제된 상황에서 수행하는 연구는 실제 교실 상황과 매우 다르기 때문에, 일반화조차도 매우 제한적일 수밖에 없다. 이에 포스트모던 교육학에서는 이러한 실증주의 신화를 탈피하고 교육의 질적인 풍부성을 강조하는 쪽으로 나아갔다.

이러한 인식론적 패러다임 전환은 실제로 광범위하게 일어났다. 한국에서 대략 2000년대 이후 교육과정 연구는 대부분 질적 연구 위주로 이루어지고 있다. 교육과정을 질적으로 분석하는 연구에서는 학생이나 교사의 내러티브나 정체성을 다룬다. 교육의 질적 속성에 대한 관심은 개인이나 개인이 속한 공동체가 어떻게 자신들의 정체성을 형성하고 있는지 살펴보게 한다. 정체성에 대해 알아보기 위해서는 이야기를 들어보아야 한다. 행동을 측정하기보다는 이야기, 즉 내러티브를 들어보는 것이 보다 교육의 질적 속성을 파악하는 데에 유리하기 때문이다.

이와 같이 양적 패러다임에서는 증명 가능하며 일반화 가능한 지식을 보다 타당한 지식이라고 보는 반면에 질적 패러다임에서는 주변화된, 소외된 이야기를 경청하면서 지식의 해방적 가능성을 강조한다. 포스트모던 교육과정 관점을 발전시킨 Lather(2007)는 '해방적 타당도' 개념을 창안하면서, 교육과정 이론의 해방적 기능을 강조하였다. 그리고 Slattery(2006)는 '해석학적 순환' 개념을 차용하여, 실증주의의 오류를 지적하며 교육과정 연구는 연구자와 연구 대상 텍스트 사이의 지속적인 상호작용을 통해 새로운 관점과 의미 해석을 만들어 가는 일이라고 보았다.

4 교사교육에 주는 시사점

이해 패러다임에서 바라보는 교사의 전문성은 쿠레레 방법으로 대표되는 자전적 성찰, 비판적 사고력, 해방적 지식 등과 관련된다. 이 장에서는 여기서 다룬 페미니즘, 다문화주의, 포스트모더니즘과 관련해서 시사점을 찾아보고자 한다.

가. 남녀 모두에게 유익하다는 관점

페미니즘과 관련하여 교사들은 여성에 대한 차별과 혐오, 그리고 오늘날 남성과 여성의 상호 혐오 문화가 존재한다는 것을 인식해야 한다. 그리고 교사들이, 페미니즘이 여성뿐만 아니라 남성에게도 유익한 것이라는 관점을 지니게 된다면, 보다 적극적으로 반차별 교육에 임할 수 있다. 가장 중요한 전제는 교사들이 페미니즘의 필요성에 대해 인식하고 있을 뿐만 아니라 페미니즘 자체에 대해서도 잘 알고 있어야 한다는 것이다. 교사들은 페미니즘이 역사적으로 어떤 단계를 거쳐 발전했는지 알고 있어야 하며, 다양한 관점의 특징에 대해 요약할 수 있고, 가장 최근의 흐름을 인지하고 있어야 한다. 페미니즘의 중요성을 인식하지 못하는 교사들은 교과서에 나와 있는 최소한의 내용만 다루고 넘어갈 것이다.

오늘날 여성에 대한 명백한 억압은 느슨해졌으며, 겉으로는 잘 포착되지 않을 때도 있다. 심지어는 남성에 대한 억압이 존재한다고 주장하는 사람들도 생겨나고 있다. 이러한 현상은 오늘날 교사들이 페미니즘을 교실로 가져오기 어렵게 만든다. 그러므로 교사들은 남녀 대결의 문제가 아닌 젠더 차별의 문제에 초점을 맞추어 수업을 운영할 필요가 있다. 하나의 정답을 요구하는 수업이 아니라 다양한 관점에 대해 경청하고, 생산적으로 토론할 수 있도록 수업을 설계하는 것이 중요하다.

또 토론이 남녀 사이의 대결이 되지 않도록 주의하고, 어떤 학생이든 자신의 관점과 경험을 나누는 데에 있어 편안함을 느끼는 안전한 수업 분위기를 조성해야 한다. 학생들에게 토론을 통해 생각이 바뀔 수 있는 것이며, 이러한 과정을 통해 학생들이 조금씩 더 나은 사회를 만들어 나갈 수 있을 것이라는 믿음을 공유할 필요가 있다. 이와 같이 페미니즘은 젠더와 관련하여 학생들이 차별적 관습을 인식하고, 이를 비판적으로 해체하고, 다시 건설적인 담론에 참여할 수 있는 교육기회를 제공한다는 점에서 의의가 있다. 이러한 의의는 결국 교사들의 문제의식과 수업 전문성에 달려있다고 보아도 과언이 아니다.

나. 문화적 감수성

문화적 감수성 또는 민감성은 타 문화나 다른 사람들의 정체성에 대해 알고, 이해하며 수용하면서 상호작용하는 역량이다. 이는 급격한 인구 구성의 변화를 겪고 있는 한국에서 교사들에게 중요한 덕목이 되었다. 이와 관련하여 교사들은 모든 개별 교실마다 문화 다양성의 정도와 특징이 다름을 인식하고, 이에 알맞은 교육과정과 수업을 설계해야 한다. 또 학생들이 인종차별주의에 도전하고,

불평등 문제를 해결할 수 있는 시민으로 성장할 수 있도록 도와주어야 한다. 이 때 문화적으로 적합한 교육과정과 문화감응교수는 교사의 전문성 신장에 큰 도움을 준다.

다문화교육은 교실에서 다양한 배경을 가진 학생들을 공평하게 다루는 것이다. 더 나아가 학생들이 인종차별을 포함한 다양한 문화적 차별에 도전하는 교육을 말한다. 이를 위해서는 교사의 문화적 민감성이 전제되어야 한다. 먼저 교사는 자신의 정체성을 인식하고, 그에 따른 편견에 대해 성찰해야 한다. 이와 같은 성찰적 태도는 다문화교육을 수행하는 교사 전문성의 필수 요소이다. 인종과 문화적 차이에 대한 편견이 없는 교사들은 어떤 특징을 지닐까? 이러한 교사들은 인종에 상관없이 모든 학생들이 높은 수준에서 교육목표를 달성할 수 있을 것이라는 기대가 평등하다. 좋은 학교란 '높은 기대가 평등한 곳'이라고 말할 수 있다. 높은 기대가 평등한 교사들은 학생들의 문화적 배경에서 장점을 찾고, 다양한 전략을 사용하여 모든 학생이 성공할 수 있는 기회를 제공한다. 또 문화적 차이 때문에 평가 등에서 불리하지 않도록 늘 주의하는 감수성이 필요하다.

이주민이나 이주민 자녀 인구가 많은 지역의 교사들은 학교를 둘러싼 지역 커뮤니티에 대해 잘 알고 있어야 한다. 그리고 다양한 문화적 배경을 가진 보호자들과 상호작용하면서 그들이 가진 문화적 장점을 이용한다. 이와 같이 다문화주의에 대한 관심, 학생의 문화적 배경에서 장점을 찾아 개별화 교육에 활용하기, 그리고 지역사회와의 협력 능력은 더욱 더 가속화되는 한국의 인구구성 변화에 대비하는 데 있어, 매우 중요한 교사의 전문성이다.

다. 열린 교과서관

교육과정에 대한 포스트모더니즘의 관점은 교사들에게 '수용자로서의 학생'을 중시하도록 이끈다. 한국의 교육문화에서 교과서는 비판을 허용하지 않는 권위를 지니고 있으며 독자들, 즉 교사와 학생들은 교과서야말로 객관적이고 중립적이며 타당한 것이라는 생각을 갖고 있다(이용환, 2022). 그러나 이해 패러다임에서 교과서 텍스트는 역사적, 사회적, 제도적 맥락은 물론 지식―권력 관계와 밀접한 관련이 있다. 교사는 교과서의 전달자로서 사회로부터의 메시지를 학생들에게 전수한다(Bernstein, 2000). 한국과 같이 교육내용의 결정권이 국가에 집중되어 있는 경우, 교사가 전달하는 것은 국가의 의도이다(이용환, 2022).

한편 중앙정부는 교사들이 열린 교과서관을 가져야 한다고 주장하기도 한다. 그러나 국가가 허용하는 열린 정도는 매우 제한적이다. 실제로 국가교육과정은 매우 닫힌 체제라고 볼 수 있는데, 이는 포스트모더니즘 관점에서 추구하는 열린 체제와는 상당히 거리가 있는 것이다. 이러한 한계 속에서도 교사들은 학생들이 텍스트를 창의적으로 재해석하고, 삶과 융합하며, 이를 통해 배움의 기쁨을 누릴 수 있도록 도와주어야 하는 책무가 있다(한수현, 강에스더, 2023). 이러한 책무와 관련하여 포스트모더니즘은 지식을 고정불변의 것으로 보는 교사들의 습관에 의문을 제기하고, 수용자의 관점을 중시하며, 지식-권력 관계에 대해 성찰할 수 있도록 도와준다. 이러한 성찰을 통해 교사들은 단지 가르치는 기술자가 아니라 지성인으로 성장할 수 있는 것이다.

APPENDIX
부록

초 · 중등학교 교육과정 총론

교육과정의 성격

이 교육과정은 초·중등교육법 제23조제2항에 의거하여 고시한 것으로, 초·중등학교의 교육 목적을 달성하기 위해 초·중등학교에서 운영하여야 할 학교 교육과정의 공통적이고 일반적인 기준을 국가 수준에서 제시한 것이다.

이 교육과정 기준의 성격은 다음과 같다.

가. 국가 수준의 공통성을 바탕으로 지역, 학교, 개인 수준의 다양성을 추구할 수 있도록 학교 교육과정의 기준과 내용에 관한 기본사항을 제시한다.

나. 학교 교육과정이 학생을 중심에 두고 주도성과 자율성, 창의성의 신장 등 학습자 성장을 지원할 수 있도록 교육과정의 기준과 내용을 제시한다.

다. 학교의 전반적인 교육 체제를 교육과정 중심으로 운영할 수 있도록 교육과정의 기준과 내용을 제시한다.

라. 학교 교육과정이 추구하는 교육 목적의 실현을 위해 학교와 시·도 교육청, 지역사회, 학생·학부모·교원이 함께 협력적으로 참여하는 데 필요한 사항을 제시한다.

마. 학교 교육의 질적 수준을 국가와 시·도 교육청, 학교 수준에서 관리하고 개선하기 위해 기반으로 삼아야 할 교육과정의 기준과 내용을 제시한다.

I. 교육과정 구성의 방향

이 장에서는 국가 교육과정의 개정 배경과 중점을 설명하고, 이 교육과정으로 교육을 받는 사람이 갖출 것으로 기대하는 모습과 중점적으로 기르고자 하는 핵심역량 및 교육 목표를 제시한다.

- '교육과정 구성의 중점'에서는 교육과정 개정의 주요 배경과 이에 따른 개정 중점을 제시한다.
- '추구하는 인간상'은 초·중등 교육을 통해 학생들이 갖출 것으로 기대하는 특성을 나타낸 것으로, 교육의 본질과 방향을 제시하는 기능을 한다.
- 핵심역량은 추구하는 인간상을 구현하기 위해 학교 교육의 전 과정을 통해 중점적으로 기르고자 하는 능력이다.
- '학교급별 교육 목표'는 추구하는 인간상과 핵심역량을 바탕으로 초·중·고등학교별로 달성하기를 기대하는 교육 목표이다.

1. 교육과정 구성의 중점

우리나라 초·중등학교 교육과정은 사회 변화와 시대적 요구를 반영하여 지속적으로 개정되고 발전해 왔다. 우리 사회는 새로운 변화와 도전에 직면해 있으며, 이에 대응하기 위해 교육과정을 개정할 필요성이 제기되었다. 교육과정의 변화를 요청하는 주요 배경은 다음과 같다.

첫째, 인공지능 기술 발전에 따른 디지털 전환, 감염병 대유행 및 기후·생태환경 변화, 인구 구조 변화 등에 의해 사회의 불확실성이 증가하고 있다.

둘째, 사회의 복잡성과 다양성이 확대되고 사회적 문제를 해결하기 위한 협력의 필요성이 증가함에 따라 상호 존중과 공동체 의식을 함양하는 것이 더욱 중요해지고 있다.

셋째, 학생 개개인의 특성과 진로에 맞는 학습을 지원해 주는 맞춤형 교육에 대한 요구가 증가하고 있다.

넷째, 교육과정 의사 결정 과정에 다양한 교육 주체들의 참여를 확대하고 교육과정 자율화 및 분권화를 활성화해야 한다는 요구가 높아지고 있다.

이에 그동안의 교육과정 발전 방향을 계승하면서 미래 사회를 살아갈 학생들이 주도적으로 삶을 이끌어가는 능력을 함양할 수 있도록 교육과정을 구성한다.

이 교육과정은 우리나라 교육과정이 추구해 온 교육 이념과 인간상을 바탕으로, 미래 사회가 요구하는 핵심역량을 함양하여 포용성과 창의성을 갖춘 주도적인 사람으로 성장하게 하는 데 중점을 둔다.

이를 위한 교육과정 구성의 중점은 다음과 같다.

가. 디지털 전환, 기후·생태환경 변화 등에 따른 미래 사회의 불확실성에 능동적으로 대응할 수 있는 능력과 자신의 삶과 학습을 스스로 이끌어 가는 주도성을 함양한다.

나. 학생 개개인의 인격적 성장을 지원하고, 사회 구성원 모두의 행복을 위

해 서로 존중하고 배려하며 협력하는 공동체 의식을 함양한다.

다. 모든 학생이 학습의 기초인 언어·수리·디지털 기초소양을 갖출 수 있도록 하여 학교 교육과 평생 학습에서 학습을 지속할 수 있게 한다.

라. 학생들이 자신의 진로와 학습을 주도적으로 설계하고, 적절한 시기에 학습할 수 있도록 학습자 맞춤형 교육과정 체제를 구축한다.

마. 교과 교육에서 깊이 있는 학습을 통해 역량을 함양할 수 있도록 교과 간 연계와 통합, 학생의 삶과 연계된 학습, 학습에 대한 성찰 등을 강화한다.

바. 다양한 학생 참여형 수업을 활성화하고, 문제 해결 및 사고의 과정을 중시하는 평가를 통해 학습의 질을 개선한다.

사. 교육과정 자율화·분권화를 기반으로 학교, 교사, 학부모, 시·도 교육청, 교육부 등 교육 주체들 간의 협조 체제를 구축하여 학습자의 특성과 학교 여건에 적합한 학습이 이루어질 수 있도록 한다.

2. 추구하는 인간상과 핵심역량

우리나라의 교육은 홍익인간의 이념 아래 모든 국민으로 하여금 인격을 도야하고, 자주적 생활 능력과 민주시민으로서 필요한 자질을 갖추어 인간다운 삶을 영위하고, 민주 국가의 발전과 인류 공영의 이상을 실현할 수 있도록 함을 목적으로 한다.

이러한 교육 이념과 교육 목적을 바탕으로, 이 교육과정이 추구하는 인간상은 다음과 같다.

가. 전인적 성장을 바탕으로 자아정체성을 확립하고 자신의 진로와 삶을 스스로 개척하는 자기주도적인 사람

나. 폭넓은 기초 능력을 바탕으로 진취적 발상과 도전을 통해 새로운 가치

를 창출하는 창의적인 사람

다. 문화적 소양과 다원적 가치에 대한 이해를 바탕으로 인류 문화를 향유하고 발전시키는 교양 있는 사람

라. 공동체 의식을 바탕으로 다양성을 이해하고 서로 존중하며 세계와 소통하는 민주시민으로서 배려와 나눔, 협력을 실천하는 더불어 사는 사람

이 교육과정이 추구하는 인간상을 구현하기 위해 교과 교육과 창의적 체험 활동을 포함한 학교 교육 전 과정을 통해 중점적으로 기르고자 하는 핵심역량은 다음과 같다.

가. 자아정체성과 자신감을 가지고 자신의 삶과 진로를 스스로 설계하며 이에 필요한 기초 능력과 자질을 갖추어 자기주도적으로 살아갈 수 있는 자기관리 역량

나. 문제를 합리적으로 해결하기 위하여 다양한 영역의 지식과 정보를 깊이 있게 이해하고 비판적으로 탐구하며 활용할 수 있는 지식정보처리 역량

다. 폭넓은 기초 지식을 바탕으로 다양한 전문 분야의 지식, 기술, 경험을 융합적으로 활용하여 새로운 것을 창출하는 창의적 사고 역량

라. 인간에 대한 공감적 이해와 문화적 감수성을 바탕으로 삶의 의미와 가치를 성찰하고 향유하는 심미적 감성 역량

마. 다른 사람의 관점을 존중하고 경청하는 가운데 자신의 생각과 감정을 효과적으로 표현하며 상호협력적인 관계에서 공동의 목적을 구현하는 협력적 소통 역량

바. 지역·국가·세계 공동체의 구성원에게 요구되는 개방적·포용적 가치와 태도로 지속 가능한 인류 공동체 발전에 적극적이고 책임감 있게 참여하는 공동체 역량

3. 학교급별 교육 목표

가. 초등학교 교육 목표

초등학교 교육은 학생의 일상생활과 학습에 필요한 기본 습관 및 기초 능력을 기르고 바른 인성을 함양하는 데 중점을 둔다.

1) 자신의 소중함을 알고 건강한 생활 습관을 기르며, 풍부한 학습 경험을 통해 자신의 꿈을 키운다.

2) 학습과 생활에서 문제를 발견하고 해결하는 기초 능력을 기르고, 이를 새롭게 경험할 수 있는 상상력을 키운다.

3) 다양한 문화 활동을 즐기며 자연과 생활 속에서 아름다움과 행복을 느낄 수 있는 심성을 기른다.

4) 일상생활과 학습에 필요한 규칙과 질서를 지키고 서로 돕고 배려하는 태도를 기른다.

나. 중학교 교육 목표

중학교 교육은 초등학교 교육의 성과를 바탕으로, 학생의 일상생활과 학습에 필요한 기본 능력을 기르고, 바른 인성 및 민주시민의 자질을 함양하는 데 중점을 둔다.

1) 심신의 조화로운 발달을 바탕으로 자아존중감을 기르고, 다양한 지식과 경험을 통해 책임감을 가지고 적극적으로 삶의 방향과 진로를 탐색한다.

2) 학습과 생활에 필요한 기본 능력 및 문제 해결력을 바탕으로, 도전정신과 창의적 사고력을 기른다.

3) 자신을 둘러싼 세계에서 경험한 내용을 토대로 우리나라와 세계의 다양한 문화를 이해하고 공감하는 태도를 기른다.

4) 공동체 의식을 바탕으로 타인을 존중하고 서로 소통하는 민주시민의 자질과 태도를 기른다.

다. 고등학교 교육 목표

고등학교 교육은 중학교 교육의 성과를 바탕으로, 학생의 적성과 소질에 맞게 진로를 개척하며 세계와 소통하는 민주시민으로서의 자질을 함양하는 데 중점을 둔다.

1) 성숙한 자아의식과 인간의 존엄성에 대한 존중을 바탕으로 일의 가치를 이해하고, 자신의 진로에 맞는 지식과 기능을 익히며 평생 학습의 기본 능력을 기른다.

2) 다양한 분야의 지식과 경험을 융합하여 창의적으로 문제를 해결하고, 새로운 상황에 능동적으로 대처하는 능력을 기른다.

3) 다양한 문화에 대한 이해를 바탕으로 자신의 삶을 성찰하고 새로운 문화 창출에 기여할 수 있는 자질과 태도를 기른다.

4) 국가 공동체에 대한 책임감을 바탕으로 배려와 나눔을 실천하며 세계와 소통하는 민주시민으로서의 자질과 태도를 기른다.

Ⅱ. 학교 교육과정 설계와 운영

이 장에서는 초·중등교육법에 근거한 국가 교육과정에 따라 학교 교육과정을 설계하고 운영할 때 지향해야 할 방향과 고려해야 할 일반적인 원칙을 제시한다.

- '설계의 원칙'에서는 학교 교육과정을 설계하고 운영할 때 반영해야 할 주요 원칙들과 유의사항 및 절차 등을 안내한다.
- '교수·학습'에서는 학습의 일반적 원리에 근거하여 수업을 설계하고 운영할 때 고려해야 할 주요 원칙들을 제시한다.
- '평가'에서는 학교 교육과정 설계·운영의 맥락에서 평가가 학습자의 성장을 지원하는 데 고려해야 할 원칙과 유의사항을 제시한다.
- '모든 학생을 위한 교육기회의 제공'에서는 다양한 특성을 가진 학습자들이 차별을 받지 않고 적합한 교육기회를 갖게 하는 데 필요한 지원 과제를 안내한다.

1. 설계의 원칙

가. 학교는 이 교육과정을 바탕으로 학교 교육과정을 자율적으로 설계·운영하며, 학생의 특성과 학교 여건에 적합한 학습 경험을 제공한다.

    1) 학습자의 발달 수준에 적합한 폭넓고 균형 있는 교육과정을 통해 다양한 영역의 세계를 탐색해보는 기회를 제공하고, 학습자의 전인적인 성장·발달이 가능하도록 학교 교육과정을 설계하여 운영한다.

    2) 학생 실태와 요구, 교원 조직과 교육 시설·설비 등 학교 실태, 학부모 의견 및 지역사회 실정 등 학교의 교육 여건과 환경을 종합적으로 고려하여 학습자에게 적합한 학습 경험을 제공한다.

    3) 학교는 학생의 필요와 요구에 따라 학교의 특성을 고려하여 다양한 교육 활동을 설계하여 운영할 수 있다.

    4) 학교 교육 기간을 포함한 평생 학습에 필요한 기초소양과 자기주도 학습 능력을 갖출 수 있도록 지원하며 학습 격차를 줄이도록 노력한다.

    5) 학생들의 자발적인 참여를 원칙으로 하여 학교와 시·도 교육청은 학생과 학부모의 요구에 따라 방과 후 활동 또는 방학 중 활동을 운영·지원할 수 있다.

    6) 학교는 학교 교육과정의 효율적인 설계와 운영을 위하여 지역사회의 인적, 물적 자원을 계획적으로 활용한다.

    7) 학교는 가정 및 지역과 연계하여 학생이 건전한 생활 태도와 행동 양식을 가지고 학습할 수 있도록 지도한다.

나. 학교 교육과정은 모든 교원이 전문성을 발휘하여 참여하는 민주적인 절차와 과정을 거쳐 설계·운영하며, 지속적인 개선을 위해 노력한다.

    1) 교육과정의 합리적 설계와 효율적 운영을 위해 교원, 교육 전문가, 학부모 등이 참여하는 학교 교육과정 위원회를 구성·운영하며, 이 위원회는 학교장의 교육과정 운영 및 의사 결정에 관한 자문 역할을 담당한다. 단, 특성화 고등학교와 산업수요 맞춤형 고등학교의 경우에는 산업계 전문가가 참여할 수 있고, 통합교육이 이루어지는 학교의 경우에는 특수교사가 참여할 것을 권장한다.

    2) 학교는 학습 공동체 문화를 조성하고 동학년 모임, 교과별 모임, 현장 연구, 자체 연수 등을 통해서 교사들의 교육 활동 개선이 이루어지도록 한다.

    3) 학교는 학교 교육과정 설계·운영의 적절성과 효과성 등을 자체 평가하여 문제점과 개선점을 추출하고, 다음 학년도의 교육과정 설계·운영에 그 결과를 반영한다.

2. 교수·학습

가. 학교는 학생들이 깊이 있는 학습을 통해 핵심역량을 함양할 수 있도록 교수·학습을 설계하여 운영한다.

    1) 단편적 지식의 암기를 지양하고 각 교과목의 핵심 아이디어를 중심으로 지식·이해, 과정·기능, 가치·태도의 내용 요소를 유기적으로 연계하며 학생의 발달 단계에 따라 학습 경험의 폭과 깊이를 확장할 수 있도록 수업을 설계한다.

    2) 교과 내 영역 간, 교과 간 내용 연계성을 고려하여 수업을 설계하고 지도함으로써 학생들이 융합적으로 사고하고 창의적으로 문제를 해결하는 능

력을 함양할 수 있도록 한다.

3) 학습 내용을 실생활 맥락 속에서 이해하고 적용하는 기회를 제공함으로써 학교에서의 학습이 학생의 삶에 의미 있는 학습 경험이 되도록 한다.

4) 학생이 여러 교과의 고유한 탐구 방법을 익히고 자신의 학습 과정과 학습 전략을 점검하며 개선하는 기회를 제공하여 스스로 탐구하고 학습할 수 있는 자기주도 학습 능력을 함양할 수 있도록 한다.

5) 교과의 깊이 있는 학습에 기반이 되는 언어·수리·디지털 기초소양을 모든 교과를 통해 함양할 수 있도록 수업을 설계한다.

나. 학교는 학생들이 수업에 능동적으로 참여하고 학습의 즐거움을 경험할 수 있도록 교수·학습을 설계하여 운영한다.

1) 학습 주제에서 다루는 탐구 질문에 관심과 호기심을 가지고 스스로 문제를 해결하는 학생 참여형 수업을 활성화하며, 토의·토론 학습을 통해 자신의 생각을 표현하는 기회를 가질 수 있도록 한다.

2) 실험, 실습, 관찰, 조사, 견학 등의 체험 및 탐구 활동 경험이 충분히 이루어질 수 있도록 한다.

3) 개별 학습 활동과 함께 소집단 협동 학습 활동을 통하여 협력적으로 문제를 해결하는 경험을 충분히 갖도록 한다.

다. 교과의 특성과 학생의 능력, 적성, 진로를 고려하여 학습 활동과 방법을 다양화하고, 학교의 여건과 학생의 특성에 따라 다양한 학습 집단을 구성하여 학생 맞춤형 수업을 활성화한다.

1) 학생의 선행 경험, 선행 지식, 오개념 등 학습의 출발점을 파악하고 학생의 특성을 고려하여 학습 소재, 자료, 활동을 다양화한다.

2) 정보통신기술 매체를 활용하여 교수·학습 방법을 다양화하고, 학생 맞춤형 학습을 위해 지능정보기술을 활용할 수 있다.

3) 다문화 가정 배경, 가족 구성, 장애 유무 등 학습자의 개인적·사회문화적 배경의 다양성을 이해하고 존중하며, 이를 수업에 반영할 때 편견과 고정 관념, 차별을 야기하지 않도록 유의한다.

4) 학교는 학생 개개인의 학습 상황을 확인하여 학생의 학습 결손을 예방하도록 노력하며, 학습 결손이 발생한 경우 보충 학습 기회를 제공한다.

라. 교사와 학생 간, 학생과 학생 간 상호 신뢰와 협력이 가능한 유연하고 안전한 교수·학습 환경을 지원하고, 디지털 기반 학습이 가능하도록 교육공간과 환경을 조성한다.

1) 각 교과의 특성에 맞는 다양한 학습이 이루어질 수 있도록 교과 교실 운영을 활성화하며, 고등학교는 학점 기반 교육과정 운영을 위해 유연한 학습공간을 활용한다.

2) 학교는 교과용 도서 이외에 시·도 교육청이나 학교 등에서 개발한 다양한 교수·학습 자료를 활용할 수 있다.

3) 다양한 지능정보기술 및 도구를 활용하여 효율적인 학습을 지원할 수 있도록 디지털 학습 환경을 구축한다.

4) 학교는 실험 실습 및 실기 지도 과정에서 학생의 안전사고를 예방하기 위해 시설·기구, 기계, 약품, 용구 사용의 안전에 유의한다.

5) 특수교육 대상 학생 등 교육적 요구가 다양한 학생들을 위해 필요할 경우 의사소통 지원, 행동 지원, 보조공학 지원 등을 제공한다.

3. 평가

가. 평가는 학생 개개인의 교육 목표 도달 정도를 확인하고, 학습의 부족한 부분을 보충하며, 교수·학습의 질을 개선하는 데 주안점을 둔다.

  1) 학교는 학생에게 평가 결과에 대한 적절한 정보를 제공하고 추수 지도를 실시하여 학생이 자신의 학습을 지속적으로 성찰하고 개선할 수 있도록 한다.

  2) 학교와 교사는 학생 평가 결과를 활용하여 수업의 질을 지속적으로 개선한다.

나. 학교와 교사는 성취기준에 근거하여 교수·학습과 평가 활동이 일관성 있게 이루어지도록 한다.

  1) 학습의 결과만이 아니라 결과에 이르기까지의 학습 과정을 확인하고 환류하여, 학습자의 성공적인 학습과 사고 능력 함양을 지원한다.

  2) 학교는 학생의 인지적·정의적 측면에 대한 평가가 균형 있게 이루어질 수 있도록 하며, 학생이 자신의 학습 과정과 결과를 스스로 평가할 수 있는 기회를 제공한다.

  3) 학교는 교과목별 성취기준과 평가기준에 따라 성취수준을 설정하여 교수·학습 및 평가 계획에 반영한다.

  4) 학생에게 배울 기회를 주지 않은 내용과 기능은 평가하지 않는다.

다. 학교는 교과목의 성격과 학습자 특성을 고려하여 적합한 평가 방법을 활용한다.

  1) 수행평가를 내실화하고 서술형과 논술형 평가의 비중을 확대한다.

  2) 정의적, 기능적 측면이나 실험·실습이 중시되는 평가에서는 교과목의 성격을 고려하여 타당하고 합리적인 기준과 척도를 마련하여 평가를 실시한다.

  3) 학교의 여건과 교육활동의 특성을 고려하여 다양한 지능정보기술을 활용함으로써 학생 맞춤형 평가를 활성화한다.

  4) 개별 학생의 발달 수준 및 특성을 고려하여 평가 계획을 조정할 수 있으며, 특수학급 및 일반학급에 재학하고 있는 특수교육 대상 학생을 위해 필요한 경우 평가 방법을 조정할 수 있다.

  5) 창의적 체험활동은 내용과 특성을 고려하여 평가의 주안점을 학교에서 결정하여 평가한다.

4. 모든 학생을 위한 교육기회의 제공

가. 교육 활동 전반을 통하여 남녀의 역할, 학력과 직업, 장애, 종교, 이전 거주지, 인종, 민족, 언어 등에 관한 고정 관념이나 편견을 가지지 않도록 지도한다.

나. 학습자의 개인적 특성이나 사회·문화적 배경에 의해 교육의 기회와 학습 경험에서 부당한 차별을 받거나 소외되지 않도록 한다.

다. 학습 부진 학생, 특정 분야에서 탁월한 재능을 보이는 학생, 특수교육 대상 학생, 귀국 학생, 다문화 가정 학생 등이 학교에서 충실한 학습 경험을 누릴 수 있도록 필요한 지원을 한다.

라. 특수교육 대상 학생을 위해 특수학급을 설치·운영하는 경우, 학생의 장애 특성 및 정도를 고려하여, 이 교육과정을 조정하여 운영하거나 특수교육 교과용 도서 및 통합교육용 교수·학습 자료를 활용할 수 있다.

마. 다문화 가정 학생을 위한 특별 학급을 설치·운영하는 경우, 다문화 가정 학생의 한국어 능력을 고려하여 이 교육과정을 조정하여 운영하거나, 한국어 교육과정 및 교수·학습 자료를 활용할 수 있다. 한국어 교육과정은 학교의 특성, 학생·교사·학부모의 요구와 필요에 따라 주당 10시간 내외에서 운영할 수 있다.

바. 학교가 종교 과목을 개설할 때는 종교 이외의 과목과 함께 복수로 과목을 편성하여 학생에게 선택의 기회를 주어야 한다. 다만, 학생의 학교 선택권이 허용되는 종립 학교의 경우 학생·학부모의 동의를 얻어 단수로 개설할 수 있다.

III. 학교급별 교육과정 편성·운영의 기준

이 장에서는 학교 교육과정을 편성하고 운영할 때 고려해야 할 주요 기준들을 학교 급별로 제시한다.

- '기본 사항'에서는 모든 학교급에 해당하는 학교 교육과정 편성·운영의 일반적인 기준을 제시한다.
- 초·중·고 학교급별 기준에서는 '편제와 시간(학점) 배당 기준'과 '교육과정 편성·운영 기준'을 제시한다.
- 특수한 학교에 대한 기준에서는 초·중등학교에 준하는 학교, 기타 특수한 학교 와 초·중등교육법 별도 규정에 의하여 설립된 학교, 초·중등교육법 시행령에 따라 교육과정 운영의 특례를 받는 학교 등에 대한 교육과정 편성·운영 기준을 제시한다.

1. 기본 사항

가. 초등학교 1학년부터 중학교 3학년까지의 공통 교육과정과 고등학교 1학년부터 3학년까지의 학점 기반 선택 중심 교육과정으로 편성·운영한다.

나. 학교는 학교 교육과정 편성·운영 계획을 바탕으로 학년(군)별 교육과정 및 교과(군)별 교육과정을 편성할 수 있다.

다. 학년 간 상호 연계와 협력을 통해 학교 교육과정을 유연하게 편성·운영할 수 있도록 학년군을 설정한다.

라. 공통 교육과정의 교과는 교육 목적상의 근접성, 학문 탐구 대상 또는 방법상의 인접성, 생활양식에서의 연관성 등을 고려하여 교과(군)로 재분류한다.

마. 고등학교 교과는 보통 교과와 전문 교과로 구분하며, 학생들의 기초소양 함양과 기본 학력을 보장하기 위하여 보통 교과에 공통 과목을 개설하여 모든 학생이 이수하도록 한다.

바. 교과와 창의적 체험활동의 내용 배열은 반드시 따라야 할 학습 순서를 의미하는 것은 아니며, 학생의 관심과 요구, 학교의 실정과 교사의 필요, 계절 및 지역의 특성 등에 따라 각 교과목의 학년군별 목표 달성을 위해 지도 내용의 순서와 비중, 교과 내 또는 교과 간 연계 지도 방법 등을 조정하여 운영할 수 있다.

사. 학업 부담을 적정화하고 의미 있는 학습 활동이 이루어질 수 있도록 학기당 이수 교과목 수를 조정하여 집중이수를 실시할 수 있다.

아. 학교는 학교급 간 전환기의 학생들이 상급 학교의 생활 및 학습을 준비하는 데 필요한 교육을 지원하기 위해 진로연계교육을 운영할 수 있다.

자. 범교과 학습 주제는 교과와 창의적 체험활동 등 교육 활동 전반에 걸쳐 통합

적으로 다루도록 하고, 지역사회 및 가정과 연계하여 지도한다.

안전·건강 교육, 인성 교육, 진로 교육, 민주시민 교육, 인권 교육, 다문화 교육, 통일 교육, 독도 교육, 경제·금융 교육, 환경·지속가능발전 교육

차. 학교는 가정과 학교, 사회에서의 위험 상황을 알고 대처할 수 있도록 체험 중심의 안전교육을 관련 교과와 창의적 체험활동과 연계하여 운영한다.

카. 학교는 필요에 따라 계기 교육을 실시할 수 있으며, 이 경우 계기 교육 지침에 따른다.

타. 학교는 필요에 따라 원격수업을 실시할 수 있으며, 이 경우 원격수업 운영 기준은 관련 법령과 지침에 따른다.

파. 시·도 교육청과 학교는 필요에 따라 이 교육과정에 제시되어 있는 과목 외에 새로운 과목을 개설할 수 있다. 이 경우 시·도 교육감이 정하는 지침에 따라 사전에 필요한 절차를 거쳐야 한다.

하. 특수교육 대상 학생에 대해서는 이 교육과정 해당 학년군의 편제와 시간(학점 배당)을 따르되, 학생의 교육적 요구를 고려하여 특수교육 교육과정의 교과(군) 내용과 연계하거나 대체하여 수업을 설계·운영할 수 있다.

2. 초등학교

가. 편제와 시간 배당 기준

1) 편제

가) 초등학교 교육과정은 교과(군)와 창의적 체험활동으로 편성한다.

나) 교과(군)는 국어, 사회/도덕, 수학, 과학/실과, 체육, 예술(음악/미술), 영어로 한다. 다만, 1, 2학년의 교과는 국어, 수학, 바른 생활, 슬기로운 생활, 즐거운 생활로 한다.

다) 창의적 체험활동은 자율·자치 활동, 동아리 활동, 진로 활동으로 한다.

2) 시간 배당 기준

표 1

구 분		1~2학년	3~4학년	5~6학년
교 과 (군)	국어	국어 482 수학 256 바른 생활 144 슬기로운 생활 224 즐거운 생활 400	408	408
	사회/도덕		272	272
	수학		272	272
	과학/실과		204	340
	체육		204	204
	예술(음악/미술)		272	272
	영어		136	204
	소계	1,506	1,768	1,972
창의적 체험활동		238	204	204
학년군별 총 수업 시간 수		1,744	1,972	2,176

① 1시간의 수업은 40분을 원칙으로 하되, 기후 및 계절, 학생의 발달 정도, 학습 내용의 성격, 학교 실정 등을 고려하여 탄력적으로 편성·운영할 수 있다.

② 학년군의 교과(군)별 및 창의적 체험활동 시간 배당은 연간 34주를 기준으로 2년간의 기준 수업 시수를 나타낸 것이다.

③ 학년군별 총 수업 시간 수는 최소 수업 시수를 나타낸 것이다.

④ 실과의 수업 시간은 5~6학년 과학/실과의 수업 시수에만 포함된다.

⑤ 정보교육은 실과의 정보영역 시수와 학교자율시간 등을 활용하여 34시간 이상 편성·운영한다.

나. 교육과정 편성·운영 기준

1) 학교는 학년(군)별 교과(군)와 창의적 체험활동의 수업 시수를 학년별, 학기별로 자율적으로 편성할 수 있다.

  가) 학교는 학생이 학년(군)별로 이수해야 할 교과를 학년별, 학기별로 편성하여 학생과 학부모에게 안내한다.

  나) 학교는 모든 교육 활동을 통해 학생이 기본 생활 습관, 기초 학습 능력, 바른 인성을 함양할 수 있도록 교육과정을 편성·운영한다.

  다) 학교는 학교의 특성, 학생·교사·학부모의 요구 및 필요에 따라 자율적으로 교과(군)별 및 창의적 체험활동의 20% 범위 내에서 시수를 증감하여 편성·운영할 수 있다. 단, 체육, 예술(음악/미술) 교과는 기준 수업 시수를 감축하여 편성·운영할 수 없다.

  라) 학교는 교육의 효과를 높이기 위하여 필요한 경우 학년별, 학기별로 교과 집중이수를 실시할 수 있다.

  마) 학교는 창의적 체험활동의 영역을 학생들의 발달 수준, 학교의 여건 등을 고려하여 학년(군)별로 자율적으로 편성·운영한다.

2) 학교는 모든 학생의 학습 기회를 보장할 수 있도록 학교 교육과정을 편성·운영한다.

  가) 학교는 각 교과의 기초적, 기본적 요소들이 체계적으로 학습되도록 교육과정을 편성·운영한다. 특히 국어사용 능력과 수리 능력의 기초가 부족한 학생들을 대상으로 기초 학습 능력 향상을 위한 별도의 프로그램을 편성·운영할 수 있다.

  나) 전입 학생이 특정 교과를 이수하지 못할 경우, 시·도 교육청과 학교에서는 보충 학습 과정 등을 통해 학습 결손이 발생하지 않도록 한다.

다) 학년을 달리하는 학생을 대상으로 복식 학급을 편성·운영하는 경우에는 교육 내용의 학년별 순서를 조정하거나 공통 주제를 중심으로 교재를 재구성하여 활용할 수 있다.

3) 학교는 3~6학년별로 지역과 연계하거나 다양하고 특색 있는 교육과정 운영을 위해 학교자율시간을 편성·운영한다.

가) 학교자율시간을 활용하여 이 교육과정에 제시되어 있는 교과 외에 새로운 과목이나 활동을 개설할 수 있으며, 이 경우 시·도 교육감이 정하는 지침에 따라 사전에 필요한 절차를 거쳐야 한다.

나) 학교자율시간에 운영하는 과목과 활동의 내용은 지역과 학교의 여건 및 학생의 필요에 따라 학교가 결정하되, 다양한 과목과 활동으로 개설하여 운영한다.

다) 학교자율시간은 학교 여건에 따라 연간 34주를 기준으로 한 교과별 및 창의적 체험활동 수업 시간의 학기별 1주의 수업 시간을 확보하여 운영한다.

4) 학교는 입학 초기 및 상급 학교(학년)으로 진학하기 전 학기의 일부 시간을 활용하여 학교급 간 연계 및 진로 교육을 강화하는 진로연계교육을 편성·운영한다.

가) 학교는 1학년 학생의 학교생활 적응 및 한글 해득 교육 등의 입학 초기 적응 프로그램을 교과와 창의적 체험활동 시간을 활용하여 진로연계교육으로 운영한다.

나) 학교는 중학교의 생활 및 학습 준비, 진로 탐색 등의 프로그램을 교과와 창의적 체험활동 시간을 활용하여 진로연계교육을 자율적으로 운영한다.

다) 학교는 진로연계교육의 중점을 학생의 역량 함양 및 자기주도적 학습 능력 향상에 두고, 교과별 학습 내용 및 학습 방법의 학교급 간 연계, 교과와 연계한 진로 활동 등을 통해 학생의 학습과 성장을 지원한다.

5) 학교는 학생의 발달 특성을 고려하여 학교 교육과정을 편성·운영한다.

　　가) 학교는 1~2학년 학생에게 실내·외 놀이 및 신체 활동의 기회를 충분히
　　　　제공한다.

　　나) 1~2학년의 안전교육은 바른 생활·슬기로운 생활·즐거운 생활 교과
　　　　의 64시간을 포함하여 교과 및 창의적 체험활동을 활용하여 편성·운
　　　　영한다.

　　다) 정보통신 활용 교육, 보건 교육, 한자 교육 등은 관련 교과와 창의적 체
　　　　험활동 시간을 활용하여 체계적인 지도가 이루어질 수 있도록 한다.

3. 중학교

가. 편제와 시간 배당 기준

1) 편제

가) 중학교 교육과정은 교과(군)와 창의적 체험활동으로 편성한다.

나) 교과(군)는 국어, 사회(역사 포함)/도덕, 수학, 과학/기술·가정/정보, 체
　　육, 예술(음악/미술), 영어, 선택으로 한다.

다) 선택 교과는 한문, 환경, 생활 외국어(생활 독일어, 생활 프랑스어, 생활
　　스페인어, 생활 중국어, 생활 일본어, 생활 러시아어, 생활 아랍어, 생활
　　베트남어), 보건, 진로와 직업 등의 과목으로 한다.

라) 창의적 체험활동은 자율·자치 활동, 동아리 활동, 진로 활동으로 한다.

2) 시간 배당 기준

표 2

구 분		1~3학년
교과 (군)	국어	442
	사회(역사 포함)/도덕	510
	수학	374
	과학/기술 · 가정/정보	680
	체육	272
	예술(음악/미술)	272
	영어	340
	선택	170
	소계	3,060
창의적 체험활동		306
총 수업 시간 수		3,366

① 1시간 수업은 45분을 원칙으로 하되, 기후 및 계절, 학생의 발달 정도, 학습 내용의 성격, 학교 실정 등을 고려하여 탄력적으로 편성 · 운영할 수 있다.

② 교과(군)별 및 창의적 체험활동 시간 배당은 연간 34주를 기준으로 3년간의 기준 수업 시수를 나타낸 것이다.

③ 총 수업 시간 수는 3년간의 최소 수업 시수를 나타낸 것이다.

④ 정보는 정보 수업 시수와 학교자율시간 등을 활용하여 68시간 이상 편성 · 운영한다.

나. 교육과정 편성 · 운영 기준

1) 학교는 교과(군)와 창의적 체험활동의 수업 시수를 학년별, 학기별로 자율적으로 편성할 수 있다.

   가) 학교는 학생이 3년간 이수해야 할 교과목을 학년별, 학기별로 편성하여 학생과 학부모에게 안내한다.

   나) 학교는 학교의 특성, 학생 · 교사 · 학부모의 요구 및 필요에 따라 자율적으로 교과(군)별 및 창의적 체험활동의 20% 범위 내에서 시수를 증감하여 편성 · 운영할 수 있다. 단, 체육, 예술(음악/미술) 교과는 기준 수업 시수를 감축하여 편성 · 운영할 수 없다.

다) 학교는 학생의 학업 부담을 적정화하고 의미 있는 학습 활동이 이루어
질 수 있도록 학기당 이수 교과목 수를 8개 이내로 편성한다. 단, 체육,
예술(음악/미술) 교과 및 선택 과목과 학교자율시간에 편성한 과목은
이수 교과목 수 제한에서 제외하여 편성할 수 있다.

라) 학교는 선택 과목을 개설할 경우, 2개 이상의 과목을 동시에 개설하여
학생의 선택권을 보장한다. 학교는 필요한 경우 새로운 선택 과목을 개
설할 수 있으며, 이 경우 시·도 교육감이 정하는 지침에 따라 사전에
필요한 절차를 거쳐야 한다.

마) 학교는 창의적 체험활동의 영역을 학생들의 발달 수준, 학교의 여건 등
을 고려하여 자율적으로 편성·운영한다.

2) 학교는 모든 학생의 학습 기회를 보장할 수 있도록 학교 교육과정을 편성·운
영한다.

가) 전입 학생이 특정 교과목을 이수하지 못할 경우, 시·도 교육청과 학교
에서는 학습 결손이 발생하지 않도록 보충 학습 과정 등을 제공한다.

나) 교과목 개설이 어려운 소규모 학교, 농산어촌학교 등에서는 학습 결손
이 발생하지 않도록 온라인 활용 및 지역 내 교육자원 공유·협력을 활
성화한다. 이 경우 시·도 교육감이 정하는 지침에 따른다.

3) 학교는 지역과 연계하거나 다양하고 특색 있는 교육과정 운영을 위해 학교자
율시간을 편성·운영한다.

가) 학교자율시간을 활용하여 이 교육과정에 제시되어 있는 교과목 외에 새
로운 선택 과목을 개설할 수 있다.

나) 학교자율시간에 개설되는 과목의 내용은 지역과 학교의 여건 및 학생
의 필요에 따라 학교가 결정하되, 학생의 선택권을 고려하여 다양한
과목을 개설·운영한다.

다) 학교자율시간은 학교 여건에 따라 연간 34주를 기준으로 한 교과별 및

창의적 체험활동 수업 시간의 학기별 1주의 수업 시간을 확보하여 운영한다.

4) 학교는 학생들이 자신의 적성과 미래에 대해 탐색하고 학습의 즐거움을 경험할 수 있도록 자유학기와 진로연계교육을 편성·운영한다.

가) 중학교 과정 중 한 학기는 자유학기로 운영하되, 해당 학기의 교과 및 창의적 체험활동을 자유학기 취지에 부합하도록 편성·운영한다.

(1) 자유학기에는 지역 및 학교 여건을 고려하여 자율적으로 학생 참여 중심의 주제선택 활동과 진로 탐색 활동을 운영한다.

(2) 자유학기에는 토의·토론 학습, 프로젝트 학습 등 학생 참여형 수업을 강화하고, 학습의 과정을 중시하는 다양한 평가 방법을 활용하되, 일제식 지필 평가는 지양한다.

나) 학교는 상급 학교(학년)로 진학하기 전 학기나 학년의 일부 시간을 활용하여 학교급 간 연계 및 진로 교육을 강화하는 진로연계교육을 편성·운영한다.

(1) 학교는 고등학교 생활 및 학습 준비, 진로 탐색, 진학 준비 등을 위해 교과와 창의적 체험활동 시간을 활용하여 진로연계교육을 자율적으로 운영한다.

(2) 학교는 진로연계교육의 중점을 학생의 역량 함양 및 자기주도적 학습 능력 향상에 중점을 두고 교과별 내용 및 학습 방법 등의 학교급 간 연계를 통해 학생의 학습과 성장을 지원한다.

(3) 학교는 진로연계교육을 창의적 체험활동의 진로 활동 및 자유학기의 활동과 연계하여 운영한다.

5) 학교는 학생들이 삶 속에서 스포츠 문화를 지속적으로 향유하여 건전한 심신 발달과 정서 함양이 이루어질 수 있도록 학교스포츠클럽 활동을 편성·운영한다.

가) 학교스포츠클럽 활동은 창의적 체험활동의 동아리 활동으로 편성하고 학년별 연간 34시간 운영하며, 매 학기 편성하도록 한다.

나) 학교스포츠클럽 활동의 종목과 내용은 학생들의 희망을 반영하여 학교가 결정하되, 다양한 종목을 개설하여 학생들의 선택권이 보장되도록 한다.

4. 고등학교

가. 편제와 학점 배당 기준

1) 편제

가) 고등학교 교육과정은 교과(군)와 창의적 체험활동으로 편성한다.

나) 교과는 보통 교과와 전문 교과로 한다.

(1) 보통 교과

(가) 보통 교과의 교과(군)는 국어, 수학, 영어, 사회(역사/도덕 포함), 과학, 체육, 예술, 기술·가정/정보/제2외국어/한문/교양으로 한다.

(나) 보통 교과는 공통 과목과 선택 과목으로 구분한다. 선택 과목은 일반 선택 과목, 진로 선택 과목, 융합 선택 과목으로 구분한다.

(2) 전문 교과

(가) 전문 교과의 교과(군)는 국가직무능력표준 등을 고려하여 경영·금융, 보건·복지, 문화·예술·디자인·방송, 미용, 관광·레저, 식품·조리, 건축·토목, 기계, 재료, 화학 공업, 섬유·의류, 전기·전자, 정보·통신, 환경·안전·소방, 농림·축산, 수산·해운, 융복합·지식 재산 과목으로 한다.

(나) 전문 교과의 과목은 전문 공통 과목, 전공 일반 과목, 전공 실무
　　　 과목으로 구분한다.

다) 창의적 체험활동은 자율·자치 활동, 동아리 활동, 진로 활동으로 한다.

2) 학점 배당 기준

가) 일반 고등학교와 특수 목적 고등학교(산업수요 맞춤형 고등학교 제외)

표 3

교과(군)	공통 과목	필수 이수 학점	자율 이수 학점
국어	공통국어1, 공통국어2	8	
수학	공통수학1, 공통수학2	8	
영어	공통영어1, 공통영어2	8	
사회	한국사1, 한국사2	6	
(역사/도덕 포함)	통합사회1, 통합사회2	8	학생의 적성과
과학	통합과학1, 통합과학2 과학탐구실험1, 과학탐구실험2	10	진로를 고려하여 편성
체육		10	
예술		10	
기술·가정/정보/ 제2외국어/ 한문/교양		16	
소계		84	90
창의적 체험활동		18(288시간)	
총 이수 학점		192	

① 1학점은 50분을 기준으로 하여 16회를 이수하는 수업량이다.
② 1시간의 수업은 50분을 원칙으로 하되, 기후 및 계절, 학생의 발달 정도, 학습 내용의 성격, 학교 실정 등을 고려하여 탄력적으로 편성·운영할 수 있다.
③ 공통 과목의 기본 학점은 4학점이며, 1학점 범위 내에서 감하여 편성·운영할 수 있다. 단, 한국사1, 2의 기본 학점은 3학점이며 감하여 편성·운영할 수 없다.
④ 과학탐구실험1, 2의 기본 학점은 1학점이며 증감 없이 편성·운영하는 것을 원칙으로 한다. 단, 과학, 체육, 예술 계열 고등학교의 경우 학교 실정에 따라 탄력적으로 운영할 수 있다.
⑤ 필수 이수 학점 수는 해당 교과(군)의 최소 이수 학점이다. 특수 목적 고등학교의 경우 예술 교과(군)는 5학점 이상, 기술·가정/정보/제2외국어/한문/교양 교과(군)는 12학점 이상 이수하도록 한다.
⑥ 국어, 수학, 영어 교과의 이수 학점 총합은 81학점을 초과하지 않도록 하며, 교과 이수 학점이 174학점을 초과하는 경우에는 초과 이수 학점의 50%를 넘지 않도록 한다.
⑦ 창의적 체험활동의 학점 수는 최소 이수 학점이며 ( )안의 숫자는 이수 학점을 시간 수로 환산한 것이다.
⑧ 총 이수 학점 수는 고등학교 졸업을 위해 3년간 이수해야 할 최소 이수 학점을 의미한다.

나) 특성화 고등학교와 산업수요 맞춤형 고등학교

표 4

교과(군)		공통 과목	필수 이수 학점	자율 이수 학점
보통 교과	국어	공통국어1, 공통국어2	24	학생의 적성과 진로를 고려하여 편성
	수학	공통수학1, 공통수학2		
	영어	공통영어1, 공통영어2		
	사회 (역사/도덕 포함)	한국사1, 한국사2	6	
		통합사회1, 통합사회2	12	
	과학	통합과학1, 통합과학2		
	체육		8	
	예술		6	
	기술·가정/정보/ 제2외국어/ 한문/교양		8	
	소계		64	30
전문 교과	17개 교과(군)		80	
창의적 체험활동			18(288시간)	
총 이수 학점			192	

① 1학점은 50분을 기준으로 하여 16회를 이수하는 수업량이다.
② 1시간의 수업은 50분을 원칙으로 하되, 기후 및 계절, 학생의 발달 정도, 학습 내용의 성격 등과 학교 실정 등을 고려하여 탄력적으로 편성·운영할 수 있다.
③ 공통 과목의 기본 학점은 4학점이며, 1학점 범위 내에서 감하여 편성·운영할 수 있다. 단, 한국사1, 2의 기본 학점은 3학점이며 감하여 편성·운영할 수 없다.
④ 필수 이수 학점 수는 해당 교과(군)의 최소 이수 학점이다.
⑤ 자연현장 실습 등 체험 위주의 교육을 전문적으로 실시하는 특성화 고등학교의 전문 교과 필수 이수 학점은 시·도 교육감이 정한다.
⑥ 창의적 체험활동의 학점 수는 최소 이수 학점이며 ( )안의 숫자는 이수 학점을 시간 수로 환산한 것이다.
⑦ 총 이수 학점 수는 고등학교 졸업을 위해 3년간 이수해야 할 최소 이수 학점을 의미한다.

3) 보통 교과

표 5

교과(군)	공통 과목	선택 과목		
		일반 선택	진로 선택	융합 선택
국어	공통국어1 공통국어2	화법과 언어, 독서와 작문, 문학	주제 탐구 독서, 문학과 영상, 직무 의사소통	독서 토론과 글쓰기, 매체 의사소통, 언어생활 탐구
수학	공통수학1 공통수학2 기본수학1 기본수학2	대수, 미적분 I, 확률과 통계	기하, 미적분 II, 경제 수학, 인공지능 수학, 직무 수학	수학과 문화, 실용 통계, 수학과제 탐구
영어	공통영어1 공통영어2 기본영어1 기본영어2	영어 I, 영어 II, 영어 독해와 작문	영미 문학 읽기, 영어 발표와 토론, 심화 영어, 심화 영어 독해와 작문, 직무 영어	실생활 영어 회화, 미디어 영어, 세계 문화와 영어
사회 (역사/ 도덕 포함)	한국사1 한국사2 통합사회1 통합사회2	세계시민과 지리, 세계사, 사회와 문화, 현대사회와 윤리	한국지리 탐구, 도시의 미래 탐구, 동아시아 역사 기행, 정치, 법과 사회, 경제, 윤리와 사상, 인문학과 윤리, 국제 관계의 이해	여행지리, 역사로 탐구하는 현대 세계, 사회문제 탐구, 금융과 경제생활, 윤리문제 탐구, 기후변화와 지속가능한 세계
과학	통합과학1 통합과학2 과학탐구실험1 과학탐구실험2	물리학, 화학, 생명과학, 지구과학	역학과 에너지, 전자기와 양자, 물질과 에너지, 화학 반응의 세계, 세포와 물질대사, 생물의 유전, 지구시스템과학, 행성우주과학	과학의 역사와 문화, 기후변화와 환경생태, 융합과학 탐구
체육		체육1, 체육2	운동과 건강, 스포츠 문화*, 스포츠 과학*	스포츠 생활1, 스포츠 생활2
예술		음악, 미술, 연극	음악 연주와 창작, 음악 감상과 비평, 미술 창작, 미술 감상과 비평	음악과 미디어, 미술과 매체
기술· 가정/정보		기술·가정	로봇과 공학세계, 생활과학 탐구	창의 공학 설계, 지식 재산 일반, 생애 설계와 자립*, 아동발달과 부모
		정보	인공지능 기초, 데이터 과학	소프트웨어와 생활
제2외국어/		독일어, 프랑스어,	독일어 회화, 프랑스어 회화,	독일어권 문화,

교과(군)	공통 과목	선택 과목		
		일반 선택	진로 선택	융합 선택
한문		스페인어, 중국어, 일본어, 러시아어, 아랍어, 베트남어	스페인어 회화, 중국어 회화, 일본어 회화, 러시아어 회화, 아랍어 회화, 베트남어 회화, 심화 독일어, 심화 프랑스어, 심화 스페인어, 심화 중국어, 심화 일본어, 심화 러시아어, 심화 아랍어, 심화 베트남어	프랑스어권 문화, 스페인어권 문화, 중국 문화, 일본 문화, 러시아 문화, 아랍 문화, 베트남 문화
		한문	한문 고전 읽기	언어생활과 한자
교양		진로와 직업, 생태와 환경	인간과 철학, 논리와 사고, 인간과 심리, 교육의 이해, 삶과 종교, 보건	인간과 경제활동, 논술

① 선택 과목의 기본 학점은 4학점이다. 단, 체육, 예술, 교양 교과(군)의 기본 학점은 3학점이다.

② 선택 과목은 1학점 범위 내에서 증감하여 편성·운영할 수 있다.

③ * 표시한 과목의 기본 학점은 2학점이며, 1학점 범위 내에서 감하여 편성·운영할 수 있다.

④ 체육 교과는 매 학기 이수하도록 한다. 단, 특성화 고등학교와 산업수요 맞춤형 고등학교의 경우, 현장 실습이 있는 학년에는 탄력적으로 운영할 수 있다.

표 6

계열	교과 (군)	선택 과목				
		진로 선택				융합 선택
과학 계열	수학	전문 수학 고급 미적분	이산 수학	고급 기하	고급 대수	
	과학	고급 물리학 과학과제 연구	고급 화학	고급 생명과학	고급 지구과학	물리학 실험 화학 실험 생명과학 실험 지구과학 실험
	정보	정보과학				
체육 계열	체육	스포츠 개론 기초 체육 전공 실기 스포츠 경기 기술	육상 심화 체육 전공 실기 스포츠 경기 분석	체조 고급 체육 전공 실기	수상 스포츠 스포츠 경기 체력	스포츠 교육 스포츠 생리의학 스포츠 행정 및 경영
예술 계열	예술	음악 이론 합창·합주 미술 이론 조형 탐구 무용의 이해 안무 문예 창작의 이해 소설 창작 연극과 몸 연극 제작 실습 편집·사운드 사진의 이해 사진 감상과 비평	음악사 음악 공연 실습 드로잉 무용과 몸 무용 제작 실습 문장론 극 창작 연극과 말 연극 감상과 비평 영화 제작 실습 사진 촬영	시창·청음 미술사 무용 기초 실기 무용 감상과 비평 문학 감상과 비평 연기 영화의 이해 영화 감상과 비평 사진 표현 기법	음악 전공 실기 미술 전공 실기 무용 전공 실기 시 창작 무대 미술과 기술 촬영·조명 영상 제작의 이해	음악과 문화 미술 매체 탐구 미술과 사회 무용과 매체 문학과 매체 연극과 삶 영화와 삶 사진과 삶

① 특수 목적 고등학교 선택 과목은 과학, 체육, 예술 계열에 관한 과목으로 한다.
② 특수 목적 고등학교 선택 과목의 기본 학점 및 증감 범위는 시·도 교육감이 정한다.

4) 전문 교과

표 7

교과(군)	선택 과목				기준 학과
	전문 공통	전공 일반	전공 실무		
경영·금융	성공적인 직업 생활 노동 인권과 산업 안전 보건 디지털과 직업 생활	상업 경제 기업과 경영 사무 관리 회계 원리 회계 정보 처리 시스템 기업 자원 통합 관리 세무 일반 유통 일반 무역 일반 무역 영어 금융 일반 보험 일반 마케팅과 광고 창업 일반 비즈니스 커뮤니케이션 전자 상거래 일반	총무 노무 관리 사무 행정 회계 실무 유통 관리 자재 관리 공급망 관리 물류 관리 원산지 관리 무역 금융 업무 전자 상거래 실무	인사 비서 예산·자금 세무 실무 구매 조달 공정 관리 품질 관리 수출입 관리 창구 사무 고객 관리 매장 판매	경영사무과 세무회계과 유통과 금융정보과 마케팅과
보건·복지		인간 발달 보육 원리와 보육 교사 보육 과정 아동 생활 지도 아동 복지 보육 실습 영유아 교수 방법 생활 서비스 산업의 이해 복지 서비스의 기초 사회 복지 시설의 이해 공중 보건 인체 구조와 기능 간호의 기초 기초 간호 임상 실무 보건 간호 보건 의료 법규 치과 간호 임상 실무	영유아 건강·안전· 영양 지도 사회 복지 시설 실무 요양 지원	영유아 놀이 지도 대인 복지 서비스	보육과 복지과 간호과

교과(군)	선택 과목			기준 학과
	전문 공통	전공 일반	전공 실무	
문화·예술· 디자인·방송		문화 콘텐츠 산업 일반 미디어 콘텐츠 일반 영상 제작 기초 애니메이션 기초 음악 콘텐츠 제작 기초 디자인 제도 디자인 일반 조형 색채 일반 컴퓨터 그래픽 공예 일반 공예 재료와 도구 방송 일반	영화 콘텐츠 제작 광고 콘텐츠 제작 게임 디자인 애니메이션 콘텐츠 제작 캐릭터 제작 VR·AR 콘텐츠 제작 제품 디자인 실내 디자인 편집 디자인 목공예 방송 콘텐츠 제작	음악 콘텐츠 제작 게임 기획 게임 프로그래밍 만화 콘텐츠 제작 스마트 문화 앱 콘텐츠 제작 시각 디자인 디지털 디자인 색채 디자인 도자기 공예 금속 공예 방송 제작 시스템 운용	문화콘텐츠과 디자인과 공예과 방송과
미용		미용의 기초 미용 안전·보건	헤어 미용 메이크업	피부 미용 네일 미용	미용과
관광·레저		관광 일반 관광 서비스 관광 영어 관광 일본어 관광 중국어 관광 문화와 자원 관광 콘텐츠 개발 전시·컨벤션·이벤트 일반 레저 서비스 일반	호텔 식음료 서비스 실무 국내 여행 서비스 실무 전시·컨벤션· 이벤트 실무	호텔 객실 서비스 실무 국외 여행 서비스 실무 카지노 서비스 실무	관광과 레저산업과
식품·조리		식품과 영양 기초 조리 디저트 조리 식음료 기초 식품 과학 식품 위생 식품 가공 기술 식품 분석	한식 조리 중식 조리 바리스타 식공간 연출 축산 식품 가공 건강 기능 식품 가공 음료·주류 가공 떡 제조 제빵	양식 조리 일식 조리 바텐더 수산 식품 가공 유제품 가공 김치·반찬 가공 식품 품질 관리 제과	조리과 식음료과 식품가공과 제과제빵과
건축·토목		공업 일반 기초 제도 건축 일반 건축 기초 실습 건축 도면 해석과 제도	철근 콘크리트 시공 건축 마감 시공 건축 설계 토목 시공 측량 공간 정보 융합	건축 목공 시공 건축 도장 시공 토목 설계 지적 공간 정보 구축 소형 무인기	건축과 건축 인테리어과 토목과 공간정보과 스마트시티과

교과(군)	선택 과목			기준 학과
	전문 공통	전공 일반	전공 실무	
		토목 일반 토목 도면 해석과 제도 건설 재료 역학 기초 토질·수리 측량 기초 드론 기초 스마트 시티 기초 건물 정보 관리 기초	서비스 국토 도시 계획 주거 서비스	운용·조종 교통 계획·설계	
기계		기계 제도 기계 기초 공작 전자 기계 이론 기계 일반 자동차 일반 기계 기초 역학 냉동 공조 일반 유체 기계 산업 설비 자동차 기관 자동차 섀시 자동차 전기·전자 제어 선박 이론 선박 구조 선박 건조 선체 도면 독도와 제도 항공기 일반 항공기 실무 기초	기계요소 설계 선반 가공 연삭 가공 측정 특수 가공 기계 소프트웨어 개발 건설 광산 기계 설치·정비 승강기 설치·정비 자전거 정비 사출 금형 제작 사출 금형 조립 프레스 금형 제작 프레스 금형 조립 냉동 공조 설계 보일러 설치·정비 피복 아크 용접 가스 텅스텐 아크 용접 보일러 장치 설치 자동차 전기·전자 장치 정비 자동차 섀시 정비 자동차 도장 자동차 튜닝 전장 생산 항공기 기체 제작 항공기 기체 정비 항공기 왕복 엔진 정비 항공기 전기·전자 장비 정비	기계 제어 설계 밀링 가공 컴퓨터 활용 생산 성형 가공 기계 수동 조립 운반 하역 기계 설치·정비 공작 기계 설치· 정비 오토바이 정비 사출 금형 설계 사출 금형 품질 관리 프레스 금형 설계 프레스 금형 품질 관리 배관 시공 냉동 공조 유지 보수 관리 판금·제관 이산화탄소·가스 메탈 아크 용접 로봇 용접 냉동 공조 장치 설치 자동차 엔진 정비 자동차 차체 정비 자동차 정비 검사 선체 조립 선체 생산 설계 항공기 전기·전자 장비 제작 항공기 가스 터빈	기계과 공조산업 설비과 자동차과 조선과 항공과

교과(군)	선택 과목			기준 학과
	전문 공통	전공 일반	전공 실무	
			항공기 정비 관리	엔진 정비 항공기 계통 정비 소형 무인기 정비	
재료		재료 일반 재료 시험 세라믹 재료 세라믹 원리·공정	제선 압연 금속 재료 가공 도금 도자기 용융 세라믹 제조	제강 주조 금속 열처리 금속 재료 신뢰성 시험 탄소 재료	금속재료과 세라믹과
화학 공업		공업 화학 제조 화학 스마트 공정 제어 화공 플랜트 기계 화공 플랜트 전기 바이오 기초 화학 에너지 공업 기초 에너지 화공 소재 생산	화학 분석 화학 공정 유지 운영 고분자 제품 제조 바이오 화학 제품 제조 에너지 설비 유틸리티	화학 물질 관리 기능성 정밀 화학 제품 제조 바이오 의약품 제조 화장품 제조 신재생 에너지 실무	화학공업과 바이오화학 공업과 에너지화학 공업과
섬유·의류		섬유 재료 섬유 공정 염색·가공 기초 패션 소재 패션 디자인의 기초 의복 구성의 기초 편물 패션 마케팅	텍스타일 디자인 제포 패션 디자인의 실제 서양 의복 구성과 생산 한국 의복 구성과 생산 패션 상품 유통 관리	방적·방사 염색·가공 패턴 메이킹 니트 의류 생산 패션 소품 디자인과 생산 비주얼 머천다이징	섬유과 의류과
전기·전자		전기 회로 전기 기기 전기 설비 자동화 설비 전기·전자 일반 전자 회로 전기·전자 측정 디지털 논리 회로 전자 제어	발전 설비 운영 전기 기기 설계 전기 기기 유지 보수 내선 공사 자동 제어 기기 제작 자동 제어 시스템 운영 전기 철도 시설물 유지 보수 전자 제품 생산 전자 제품 설치 정비 가전 기기 하드웨어 개발	송·변전 배전 설비 운영 전기 기기 제작 전기 설비 운영 외선 공사 자동 제어 시스템 유지 정비 전기 철도 시공 철도 신호 제어 시공 전자 부품 생산 가전 기기 시스템 소프트웨어 개발 가전 기기·기구 개발 산업용 전자 기기·	전기과 전자과

교과(군)	선택 과목				기준 학과
	전문 공통	전공 일반	전공 실무		
			산업용 전자 기기 하드웨어 개발 산업용 전자 기기 소프트웨어 개발 정보 통신 기기 소프트웨어 개발 전자 응용 기기 기구 개발 전자 부품 기구 개발 반도체 제조 반도체 재료 로봇 하드웨어 설계 로봇 소프트웨어 개발 로봇 유지 보수 의료 기기 인허가 LED 기술 개발 3D 프린터용 제품 제작	기구 개발 정보 통신 기기 하드웨어 개발 전자 응용 기기 하드웨어 개발 전자 응용 기기 소프트웨어 개발 반도체 개발 반도체 장비 디스플레이 생산 로봇 기구 개발 로봇 지능 개발 의료 기기 연구 개발 의료 기기 생산 3D 프린터 개발	
정보·통신		통신 일반 통신 시스템 정보 통신 정보 처리와 관리 컴퓨터 구조 프로그래밍 자료 구조 알고리즘 설계 컴퓨터 시스템 일반 컴퓨터 네트워크 인공지능 일반 사물 인터넷과 센서 제어	네트워크 구축 무선 통신 구축·운용 응용 프로그래밍 개발 시스템 프로그래밍 네트워크 프로그래밍 빅 데이터 분석 정보 보호 관리 사물 인터넷 서비스 기획	유선 통신 구축·운용 초고속망 서비스 관리 운용 응용 프로그래밍 화면 구현 데이터베이스 프로그래밍 시스템 관리 및 지원 인공지능 모델링 컴퓨터 보안	통신과정보 컴퓨터과 소프트웨어과
환경·안전·소방		인간과 환경 환경 화학 기초 환경 기술 환경과 생태 산업 안전 보건 기초 소방 기초 소방 법규	대기 관리 폐기물 관리 토양·지하수 관리 환경 생태 복원 관리 전기 안전 관리 화공 안전 관리	수질 관리 소음 진동 관리 환경 유해 관리 기계 안전 관리 건설 안전 관리 가스 안전 관리 소방 시설 공사	환경과 산업안전과 소방과

교과(군)	선택 과목			기준 학과
	전문 공통	전공 일반	전공 실무	
		소방 건축 소방 기계 소방 전기	소방 시설 설계 소방 안전 관리	
농림·축산		농업 이해 농업 기초 기술 농업 경영 재배 농산물 유통 농산물 거래 관광 농업 친환경 농업 생명 공학 기술 농업 정보 관리 농업 창업 일반 원예 생산 자재 조경 식물 관리 화훼 장식 기초 산림 휴양 산림 자원 임산 가공 조림 조경 동물 자원 반려동물 관리 곤충 산업 일반 농업 기계 농업 기계 공작 농업 기계 운전 작업 농업용 전기·전자 농업 토목 제도·설계 농업 토목 시공·측량 농업 생산 환경 일반	수도작 재배 육종 농촌 체험 상품 개발 스마트 팜 운영 과수 재배 화훼 장식 임업 종묘 산림 보호 목재 가공 조경 설계 조경 관리 수의 보조 젖소 사육 가금 사육 말 사육 농업용 기계 설치· 정비	전특작 재배 종자 생산 농촌 체험 시설 운영 채소 재배 화훼 재배 버섯 재배 산림 조성 임산물 생산 펄프·종이 제조 조경 시공 종축 애완동물 미용 돼지 사육 한우 사육 곤충 사육 농업 생산 환경 조성	농업과 원예과 산림자원과 조경과 동물자원과 농업기계과 농업토목과
수산·해운		해양의 이해 수산·해운 산업 기초 해양 생산 일반 해양 오염·방제 전자 통신 운용 어선 전문 수산 일반 수산 생물 수산 양식 일반	근해 어업 해면 양식 내수면 양식 수상 레저 기구 조종 산업 잠수 어촌 체험 시설 운영 선박 갑판 관리	원양 어업 수산 종묘 생산 수산 질병 관리 일반 잠수 어촌 체험 상품 개발 선박 통신 선박 운항 관리 선박 기기 운용	해양생산과 수산양식과 해양레저과 항해과 기관과

교과(군)	선택 과목			기준 학과
	전문 공통	전공 일반	전공 실무	
		수산 경영 수산물 유통 양식 생물 질병 관상 생물 기초 수산 해양 창업 활어 취급 일반 해양 레저 관광 요트 조종 잠수 기술 항해 기초 해사 일반 해사 법규 선박 운용 선화 운송 항만 물류 일반 해사 영어 항해사 직무 열기관 선박 보조 기계 선박 전기·전자 기관 실무 기초 기관 직무 일반	선박 안전 관리 기관사 직무 선박 보조 기계 정비	선박 기관 정비	
융복합· 지식 재산		스마트 공장 일반 스마트 공장 운용 스마트 공장 설계와 구축 발명·특허 기초 발명과 기업가 정신 발명과 디자인 발명과 메이커	스마트 설비 실무 특허 출원의 실제	특허 정보 조사· 분석 지식 재산 관리	스마트공장과 발명특허과

● 전문 교과의 과목 기본 학점 및 증감 범위는 시·도 교육감이 정한다.

나. 교육과정 편성 · 운영 기준

1) 공통 사항

가) 고등학교 교육과정의 총 이수 학점은 192학점이며 교과(군) 174학점, 창의적 체험활동 18학점(288시간)으로 편성한다.

나) 학교는 학생이 3년간 이수할 수 있는 과목을 학기별로 편성하여 학생과 학부모에게 안내한다.

다) 학교는 학생이 자신의 진로에 적합한 과목을 이수할 수 있도록 진로·학업 설계 지도와 연계하여 선택 과목에 대한 정보를 적극적으로 안내한다.

라) 과목의 이수 시기와 학점은 학교에서 자율적으로 편성·운영하되, 다음의 각 호를 따른다.

   (1) 학생이 학기 단위로 과목을 이수할 수 있도록 편성·운영한다.

   (2) 공통 과목은 해당 교과(군)의 선택 과목 이수 전에 편성·운영하는 것을 원칙으로 한다.

   (3) 학생의 발달 수준 등을 고려하여 공통수학1, 2와 공통영어1, 2를 기본수학1, 2와 기본영어1, 2로 대체하여 이수하도록 편성·운영할 수 있다. 이와 관련된 구체적인 사항은 시·도 교육감이 정하는 지침에 따른다.

   (4) 선택 과목 중에서 위계성을 갖는 과목의 경우, 계열적 학습이 가능하도록 편성한다. 단, 학교의 실정 및 학생의 요구, 과목의 성격에 따라 탄력적으로 편성·운영할 수 있다.

마) 학교는 학생의 학업 부담을 완화하고 깊이 있는 학습이 이루어질 수 있도록 학기당 이수하는 학점을 적정하게 편성한다.

바) 학교는 학생의 필요와 학업 부담을 고려하여 교과(군) 총 이수 학점을 초과

이수하는 학점이 적정화되도록 하며, 특수 목적 고등학교는 특수 목적 고등학교 선택 과목에 한하여, 특성화 고등학교 및 산업수요 맞춤형 고등학교는 전문 교과의 과목에 한하여 초과 이수할 수 있다.

사) 학교는 일정 규모 이상의 학생이 이 교육과정에 제시된 선택 과목의 개설을 요청할 경우 해당 과목을 개설해야 한다. 이와 관련된 구체적인 사항은 시·도 교육감이 정하는 지침에 따른다.

아) 학교는 다양한 방식으로 학생의 선택 과목 이수 기회를 확대하기 위해 노력하되, 다음의 각호를 따른다.

  (1) 학교에서 개설하지 않은 선택 과목 이수를 희망하는 학생이 있을 경우 그 과목을 개설한 다른 학교에서의 이수를 인정한다. 이와 관련된 구체적인 사항은 시·도 교육감이 정하는 지침에 따른다.

  (2) 학교는 필요에 따라 이 교육과정에 제시되어 있는 과목 외에 새로운 과목을 개설할 수 있다. 이 경우 시·도 교육감이 정하는 지침에 따라 사전에 필요한 절차를 거쳐야 한다.

  (3) 학교는 학생의 필요에 따라 지역사회 기관에서 이루어진 학교 밖 교육을 과목 또는 창의적 체험활동으로 이수를 인정한다. 이와 관련된 구체적인 사항은 시·도 교육감이 정하는 지침에 따른다.

  (4) 학교는 필요에 따라 대학 과목 선이수제의 과목을 개설할 수 있고, 국제적으로 공인된 교육과정이나 과목을 개설할 수 있다. 이와 관련된 구체적인 사항은 시·도 교육감이 정하는 지침에 따른다.

자) 학교는 창의적 체험활동의 영역을 학생의 발달 수준, 학교의 여건 등을 고려하여 자율적으로 편성·운영하고, 학생의 진로 및 적성과 연계하여 다양한 활동이 이루어질 수 있도록 한다.

차) 학교는 학생이 교과 및 창의적 체험활동의 이수 기준을 충족한 경우 학점 취

득을 인정한다. 이수 기준은 출석률과 학업성취율을 반영하여 설정하며, 이와 관련된 구체적인 사항은 교육부 장관이 정하는 지침에 따른다.

카) 학교는 과목별 최소 성취수준을 보장하기 위해 학교의 여건 등을 고려하여 다양한 방식으로 예방·보충 지도를 실시한다.

타) 학교는 학교급 전환 시기에 학교급 간 연계 및 진로 교육을 강화하는 진로연계교육을 편성·운영한다.

  (1) 학교는 학생의 진로·학업 설계 지도를 위해 교과와 창의적 체험활동 시간을 활용하여 진로연계교육을 자율적으로 운영한다.

  (2) 졸업을 앞둔 시기에 교과와 창의적 체험활동 시간을 활용하여 대학 생활에 대한 이해, 대학 선이수 과목, 사회생활 안내와 적응 활동 등을 운영한다.

파) 학교는 특수교육 대상 학생을 위해 필요시 특수교육 전문 교과의 과목을 개설할 수 있다. 이 경우 진로 선택 과목 또는 융합 선택 과목으로 편성한다.

2) 일반 고등학교

가) 교과(군) 174학점 중 필수 이수 학점은 84학점으로 한다. 단, 필요한 경우 학교는 학생의 진로 및 발달 수준 등을 고려하여 필수 이수 학점 수를 학생별로 다르게 정할 수 있으며, 이와 관련된 구체적인 사항은 시·도 교육감이 정하는 지침에 따른다.

나) 학교는 교육과정을 보통 교과 중심으로 편성하되, 필요에 따라 전문 교과의 과목을 개설할 수 있다. 이 경우 진로 선택 과목으로 편성한다.

다) 학교가 제2외국어 과목을 개설할 경우, 2개 이상의 과목을 동시에 개설하도록 노력해야 한다.

라) 학교가 필요에 따라 이 교육과정에 제시되어 있는 과목 외에 새로운 과목을 개설할 경우 진로 선택 과목 또는 융합 선택 과목으로 편성한다.

마) 학교는 교육과정을 특성화하기 위해 특정 교과를 중심으로 중점학교를 운영할 수 있다. 이 경우 자율 이수 학점의 30% 이상을 해당 교과(군)의 과목으로 편성하도록 권장하며, 이와 관련된 구체적인 사항은 시·도 교육감이 정하는 지침에 따른다.

바) 학교는 직업교육 관련 학과를 설치·운영하거나 직업 위탁 과정을 운영할 수 있다. 이 경우 특성화 고등학교와 산업수요 맞춤형 고등학교의 학점 배당 기준을 적용할 수 있으며, 이와 관련된 구체적인 사항은 시·도 교육감이 정하는 지침에 따른다.

3) 특수 목적 고등학교(산업수요 맞춤형 고등학교 제외)

가) 교과(군) 174학점 중 필수 이수 학점은 75학점으로 하고, 자율 이수 학점 중 68학점 이상을 특수 목적 고등학교 전공 관련 선택 과목으로 편성한다.

나) 이 교육과정에 제시되지 않은 계열의 교육과정은 유사 계열의 교육과정에 준한다. 부득이 새로운 계열을 설치하고 그에 따른 교육과정을 편성할 경우에는 시·도 교육감이 정하는 지침에 따라 사전에 필요한 절차를 거쳐야 한다.

다) 학교는 필요에 따라 전문 교과의 과목을 개설할 수 있다. 이 경우 진로 선택 과목으로 편성한다.

라) 학교가 필요에 따라 이 교육과정에 제시되어 있는 과목 외에 새로운 과목을 개설할 경우 진로 선택 과목 또는 융합 선택 과목으로 편성한다.

4) 특성화 고등학교와 산업수요 맞춤형 고등학교

가) 학교는 산업수요와 직업의 변화를 고려하여 학과를 개설하고, 학과별 인력 양성 유형, 학생의 취업 역량과 경력 개발 등을 고려하여 학생이 직업기초능력 및 직무능력을 함양할 수 있도록 교육과정을 편성·운영한다.

    (1) 교과(군)의 총 이수 학점 174학점 중 보통 교과의 필수 이수 학점은 64학점, 전문 교과의 필수 이수 학점은 80학점으로 한다. 단, 필요한 경우 학교는 학생의 진로 및 발달 수준 등을 고려하여 필수 이수 학점을 학생별로 다르게 정할 수 있으며, 이와 관련된 구체적인 사항은 시·도 교육감이 정하는 지침에 따른다.

    (2) 학교는 두 개 이상의 교과(군)의 과목을 선택하여 전문 교과를 편성·운영할 수 있다.

    (3) 학교는 모든 교과(군)에서 요구되는 전문 공통 과목을 학교 여건과 학생 요구를 반영하여 편성·운영할 수 있다.

    (4) 전공 실무 과목은 국가직무능력표준의 성취기준에 적합하게 교수·학습이 이루어지도록 하며, 내용 영역인 능력단위 기준으로 평가한다.

나) 학교는 학과를 운영할 때 필요한 경우 세부 전공, 부전공 또는 자격 취득 과정을 개설할 수 있다. 이와 관련된 구체적인 사항은 시·도 교육감이 정하는 지침에 따른다.

다) 전문 교과의 기초가 되는 과목을 선택하여 이수할 경우, 이와 관련되는 보통 교과의 선택 과목 이수로 간주할 수 있다.

라) 내용이 유사하거나 관련되는 보통 교과의 선택 과목과 전문 교과의 과목을 교체하여 편성·운영할 수 있다. 이 경우 시·도 교육감이 정하는 지침에 따라 사전에 필요한 절차를 거쳐야 한다.

마) 학교는 산업계의 수요 등을 고려하여 전문 교과의 교과 내용에 주제나 내용 요소를 추가하여 구성할 수 있다. 단, 전공 실무 과목의 경우에는 국가직무능력표준에 기반을 두어야 하며, 학교 및 학생의 필요에 따라 내용 영역(능력단위) 중 일부를 선택하여 운영할 수 있다.

바) 다양한 직업적 체험과 현장 적응력 제고 등을 위해 학교에서 배운 지식과 기술을 경험하고 적용하는 현장 실습을 교육과정에 포함하여 운영한다.

   (1) 현장 실습은 교육과정과 관련된 직무를 경험할 수 있도록 운영한다. 특히, 산업체를 기반으로 실시하는 현장 실습은 학생이 참여 여부를 선택하도록 하되, 학교와 산업계가 현장 실습 프로그램을 공동으로 개발하고 현장 실습의 과정과 결과를 평가하도록 한다.

   (2) 현장 실습은 지역사회 기관들과 연계하여 다양한 형태로 운영할 수 있으며, 이와 관련된 구체적인 사항은 시·도 교육감이 정하는 지침에 따른다.

사) 학교는 실습 관련 과목을 지도할 경우 사전에 수업 내용과 관련된 산업안전보건 등에 대한 교육을 실시해야 하고, 안전 장구 착용 등 안전 조치를 취한다.

아) 창의적 체험활동은 학생의 진로 및 경력 개발, 인성 계발, 취업 역량 제고 등을 목적으로 프로그램을 운영할 수 있다.

자) 이 교육과정에 제시되지 않은 교과(군)의 교육과정은 유사한 교과(군)의 교육과정에 준한다. 부득이 새로운 교과(군)의 설치 및 그에 따른 교육과정을 편성·운영하고자 할 경우에는 시·도 교육감이 정하는 지침에 따라 사전에 필요한 절차를 거쳐야 한다.

차) 학교가 필요에 따라 이 교육과정에 제시되어 있는 과목 외에 새로운 전공 실무 과목을 개설하여 운영할 경우 국가직무능력표준에 기반을 두어야 하며, 이 경우 시·도 교육감이 정하는 지침에 따라 사전에 필요한 절차를 거쳐야 한다.

카) 산업수요 맞춤형 고등학교는 산업계의 수요와 직접 연계된 맞춤형 교육과정 운영이 가능하도록 교육과정 편성·운영의 자율권을 부여하고, 이와 관련된 구체적인 사항은 시·도 교육감이 정하는 지침에 따른다.

5. 특수한 학교

가. 초·중·고등학교에 준하는 학교의 교육과정은 이 교육과정에 따라서 편성·운영한다.

나. 국가가 설립 운영하는 학교의 교육과정은 해당 시·도 교육청의 편성·운영 지침을 참고하여 학교장이 편성한다.

다. 고등공민학교, 고등기술학교, 근로 청소년을 위한 특별 학급 및 산업체 부설 중·고등학교, 기타 특수한 학교는 이 교육과정을 바탕으로 학교의 실정과 학생의 특성에 알맞은 학교 교육과정을 편성하고, 시·도 교육감의 승인을 얻어 운영한다.

라. 야간 수업을 하는 학교의 교육과정은 이 교육과정을 따르되, 다만 1시간의 수업을 40분으로 단축하여 운영할 수 있다.

마. 방송통신중학교 및 방송통신고등학교는 이 교육과정에 제시된 중학교 및 고등학교 교육과정을 따르되, 시·도 교육감의 승인을 얻어 이 교육과정의 편제와 시간·학점 배당 기준을 다음과 같이 조정하여 운영할 수 있다.

  1) 편제와 시간·학점 배당 기준은 중학교 및 고등학교 교육과정에 준하되, 중학교는 2,652시간 이상, 고등학교는 152학점 이상 이수하도록 한다.

  2) 학교 출석 수업 일수는 연간 20일 이상으로 한다.

바. 자율학교, 재외한국학교 등 법령에 따라 교육과정 편성·운영의 자율성이 부

여되는 학교와 특성화 중학교의 경우에는 학교의 설립 목적 및 특성에 따른 교육이 가능하도록 교육과정 편성·운영의 자율권을 부여하고, 이와 관련한 구체적인 사항은 시·도 교육감(재외한국학교의 경우 교육부 장관)이 정하는 지침에 따른다.

사. 효율적인 학교 운영을 위해 통합하여 운영하는 학교의 경우에는 이 교육과정을 따르되, 학교의 실정과 학생의 특성에 맞는 학교 교육과정을 운영할 수 있도록 교육과정 편성·운영의 자율권을 부여하고 이와 관련된 구체적인 사항은 시·도 교육감이 정하는 지침에 따른다.

아. 교육과정의 연구 등을 위해 새로운 방식으로 교육과정을 편성·운영하고자 하는 학교는 교육부 장관의 승인을 받아 이 교육과정의 기준과는 다르게 학교 교육과정을 편성·운영할 수 있다.

Ⅳ. 학교 교육과정 지원

이 장에서는 학교 교육과정의 충실한 설계와 운영을 위해 국가와 시·도 교육청 수준에서 이루어져야 하는 행·재정적 지원 사항들을 유형별로 제시한다.

- '교육과정의 질 관리'에서는 학교 교육과정의 질 관리와 개선을 위한 지원 사항을 제시한다.
- '학습자 맞춤교육 강화'에서는 다양한 특성을 가진 학습자들의 학습을 지원하는 데 필요한 사항을 제시한다.
- '학교의 교육 환경 조성'에서는 변화하는 교육 환경에 대응하여 학생들의 역량과 소양을 함양하는 데 필요한 지원 사항을 제시한다.

1. 교육과정 질 관리

가. 국가 수준의 지원

1) 이 교육과정의 질 관리를 위하여 주기적으로 학업 성취도 평가, 교육과정 편성·운영에 관한 평가, 학교와 교육 기관 평가를 실시하고 그 결과를 교육과정 개선에 활용한다.

　가) 교과별, 학년(군)별 학업 성취도 평가를 실시하고, 평가 결과는 학생의 학습 지원, 학력의 질 관리, 교육과정의 적절성 확보 및 개선 등에 활용한다.

　나) 학교의 교육과정 편성·운영과 교육청의 교육과정 지원 상황을 파악하기 위하여 학교와 교육청에 대한 평가를 주기적으로 실시한다.

　다) 교육과정에 대하여 조사, 분석 및 점검을 실시하고 그 결과를 교육과정 개선에 반영한다.

2) 교육과정 편성·운영과 지원 체제의 적절성 및 실효성을 평가하기 위한 연구를 수행한다.

나. 교육청 수준의 지원

1) 지역의 특수성, 교육의 실태, 학생·교원·주민의 요구와 필요 등을 반영하여 교육청 단위의 교육 중점을 설정하고, 학교 교육과정 개발을 위한 시·도 교육청 수준 교육과정 편성·운영 지침을 마련하여 안내한다.

2) 시·도의 특성과 교육적 요구를 구현하기 위하여 시·도 교육청 교육과정 위원회를 조직하여 운영한다.

　가) 이 위원회는 교육과정 편성·운영에 관한 조사 연구와 자문 기능을 담당한다.

나) 이 위원회에는 교원, 교육 행정가, 교육학 전문가, 교과 교육 전문가, 학부모, 지역사회 인사, 산업체 전문가 등이 참여할 수 있다.

3) 학교 교육과정의 질 관리를 위해 각급 학교의 교육과정 편성·운영 실태를 정기적으로 파악하고, 교육과정 운영 지원 실태를 점검하여 효과적인 교육과정 운영과 개선에 필요한 지원을 한다.

가) 학교 교육과정 편성·운영 체제의 적절성 및 실효성을 높이기 위하여 학업 성취도 평가, 학교 교육과정 평가 등을 실시하고 그 결과를 교육과정 개선에 활용한다.

나) 교육청 수준의 학교 교육과정 지원에 대한 자체 평가와 교육과정 운영 지원 실태에 대한 점검을 실시하고 개선 방안을 마련한다.

2. 학습자 맞춤교육 강화

가. 국가 수준의 지원

1) 학교에서 학생의 성장과 성공적인 학습을 지원하는 평가가 원활히 이루어질 수 있도록 다양한 방안을 개발하여 학교에 제공한다.

가) 학교가 교과 교육과정의 목표에 부합되는 평가를 실시할 수 있도록 교과별로 성취기준에 따른 평가기준을 개발·보급한다.

나) 교과목별 평가 활동에 활용할 수 있는 다양한 평가 방법, 절차, 도구 등을 개발하여 학교에 제공한다.

2) 특성화 고등학교와 산업수요 맞춤형 고등학교가 기준 학과별 국가직무능력표준이나 직무분석 결과에 기초하여 학교의 특성 및 학과별 인력 양성 유형을 고려하여 교육과정을 편성·운영할 수 있도록 지원한다.

3) 학습 부진 학생, 느린 학습자, 다문화 가정 학생 등 다양한 특성을 가진 학생을 위해 필요한 지원 방안을 마련한다.

4) 특수교육 대상 학생에 대한 정당한 편의 제공을 위해 필요한 교수·학습 자료, 교육 평가 방법 및 도구 등의 제반 사항을 지원한다.

나. 교육청 수준의 지원

1) 지역 및 학교, 학생의 다양한 특성을 반영하여 학교 교육과정이 운영될 수 있도록 지원한다.

　가) 학교가 이 교육과정에 제시되어 있는 과목 외에 새로운 교과목을 개설·운영할 수 있도록 관련 지침을 마련한다.

　나) 통합운영학교 관련 규정 및 지침을 정비하고, 통합운영학교에 맞는 교육과정 운영이 이루어질 수 있도록 지원한다.

　다) 학교 밖 교육이 지역 및 학교의 여건, 학생의 희망을 고려하여 운영될 수 있도록 우수한 학교 밖 교육 자원을 발굴·공유하고, 질 관리에 힘쓴다.

　라) 개별 학교의 희망과 여건을 반영하여 필요한 경우 공동으로 교육과정을 운영할 수 있도록 지원한다.

　마) 지역사회와 학교의 여건에 따라 초등학교 저학년 학생을 학교에서 돌볼 수 있는 기능을 강화하고, 이에 대해 행·재정적 지원을 한다.

　바) 학교가 학생과 학부모의 요구에 따라 방과 후 또는 방학 중 활동을 운영할 수 있도록 행·재정적 지원을 한다.

2) 학생의 진로 및 발달적 특성을 고려하여 자신의 진로를 스스로 설계해 갈 수 있도록 다양한 방안을 마련하여 지원한다.

　가) 학교급과 학생의 발달적 특성에 맞는 진로 활동 및 학교급 간 연계 교육을 강화하는 데 필요한 지원을 한다.

나) 학교급 전환 시기 진로연계교육을 위한 자료를 개발·보급하고, 각 학교급 교육과정에 대한 교사의 이해 증진 및 학교급 간 협력 관계 구축을 위한 지원을 확대한다.

다) 중학교 자유학기 운영을 지원하기 위해 각종 자료의 개발·보급, 교원의 연수, 지역사회와의 연계가 포함된 자유학기 지원 계획을 수립하여 추진한다.

라) 고등학교 교육과정이 학점을 기반으로 내실 있게 운영될 수 있도록 각종 자료의 개발·보급, 교원의 연수, 학교 컨설팅, 최소 성취수준 보장, 지역사회와의 연계 등 지원 계획을 수립하여 추진한다.

마) 인문학적 소양 및 통합적 읽기 능력 함양을 위해 독서 활동을 활성화하도록 다양한 지원을 한다.

3) 학습자의 다양성을 존중하고 학습 소외 및 교육 격차를 방지할 수 있도록 맞춤형 교육을 지원한다.

가) 지역 간, 학교 간 교육 격차를 완화할 수 있도록 농산어촌학교, 소규모 학교에 대한 지원 체제를 마련한다.

나) 모든 학생이 학습에서 소외되지 않도록 교육공동체가 함께 협력하여 학생 개개인의 필요와 요구에 맞는 맞춤형 교육 활동을 계획하고 실행할 수 있도록 지원한다.

다) 전·입학, 귀국 등에 따라 공통 교육과정의 교과와 고등학교 공통 과목을 이수하지 못한 학생들이 해당 과목을 이수할 수 있도록 다양한 기회를 마련해 주고, 학생들이 공공성을 갖춘 지역사회 기관을 통해 이수한 과정을 인정해 주는 방안을 마련한다.

라) 귀국자 및 다문화 가정 학생을 포함하는 다양한 배경의 학생들이 그들의 교육 경험의 특성과 배경에 의해 이 교육과정을 이수하는 데 어려움이 없도록 지원한다.

마) 특정 분야에서 탁월한 재능을 보이는 학생, 학습 부진 학생, 특수교육 대상 학생들을 위한 교육 기회를 마련하고 지원한다.

바) 통합교육 실행 및 개선을 위해 교사 간 협력 지원, 초·중등학교 교육과정과 특수교육 교육과정을 연계할 수 있는 자료 개발 및 보급, 관련 연수나 컨설팅 등을 제공한다.

3. 학교의 교육 환경 조성

가. 국가 수준의 지원

1) 교육과정 자율화·분권화를 바탕으로 교육 주체들이 각각의 역할과 책임을 충실하게 수행할 수 있는 협조 체제를 구축하고 지원한다.

2) 시·도 교육청의 교육과정 지원 활동과 단위 학교의 교육과정 편성·운영 활동이 상호 유기적으로 이루어질 수 있도록 행·재정적 지원을 한다.

3) 이 교육과정이 교육 현장에 정착될 수 있도록 교육청 수준의 교원 연수와 전국 단위의 교과 연구회 활동을 적극적으로 지원한다.

4) 디지털 교육 환경 변화에 부합하는 미래형 교수·학습 방법과 평가체제 구축을 위해 교원의 에듀테크 활용 역량 함양을 지원한다.

5) 학교 교육과정이 원활히 운영될 수 있도록 학교 시설 및 교원 수급 계획을 마련하여 제시한다.

나. 교육청 수준의 지원

1) 학교가 이 교육과정에 근거하여 학교 교육과정을 편성·운영할 수 있도록 다음의 사항을 지원한다.

가) 학교 교육과정 편성·운영을 위해서 교육 시설, 설비, 자료 등을 정비하고 확충하는 데 필요한 행·재정적 지원을 한다.

나) 복식 학급 운영 등 소규모 학교의 정상적인 교육과정 운영을 지원하기 위해 교원의 배치, 학생의 교육받을 기회 확충 등에 필요한 행·재정적 지원을 한다.

다) 수준별 수업을 효율적으로 운영하도록 지원하며, 기초학력 향상과 학습 결손 보충이 가능하도록 보충 수업을 운영하는 데 필요한 행·재정적 지원을 한다.

라) 학교 교육활동 전반에 걸쳐 종합적인 안전교육 계획을 수립하고 사고 예방을 위한 행·재정적 지원을 한다.

마) 고등학교에서 학생의 과목 선택권을 보장할 수 있도록 교원 수급, 시설 확보, 유연한 학습 공간 조성, 프로그램 개발 등 필요한 행·재정적 지원을 한다.

바) 특성화 고등학교와 산업수요 맞춤형 고등학교가 산업체와 협력하여 특성화된 교육과정과 실습 과목을 편성·운영하는 경우, 학생의 현장 실습과 전문교과 실습이 안전하고 내실 있게 운영될 수 있도록 행·재정적 지원을 한다.

2) 학교가 새 학년도 시작에 앞서 교육과정 편성·운영에 관한 계획을 수립할 수 있도록 교육과정 편성·운영 자료를 개발·보급하고, 교원의 전보를 적기에 시행한다.

3) 교과와 창의적 체험활동 등에 필요한 교과용 도서의 개발, 인정, 보급을 위해 노력한다.

4) 학교가 지역사회의 관계 기관과 적극적으로 연계·협력해서 교과, 창의적 체험활동, 학교스포츠클럽활동, 자유학기 등을 내실 있게 운영할 수 있도록 지원하며, 관내 학교가 활용할 수 있는 우수한 지역 자원을 발굴하여 안내한다.

5) 학교 교육과정의 효과적 운영을 위하여 학생의 배정, 교원의 수급 및 순회, 학교 간 시설과 설비의 공동 활용, 자료의 공동 개발과 활용에 관하여 학교 간 및 시·도 교육(지원)청 간의 협조 체제를 구축한다.

6) 단위 학교의 교육과정 편성·운영 및 교수·학습, 평가를 지원할 수 있도록 교원 연수, 교육과정 컨설팅, 연구학교 운영 및 연구회 활동 지원 등에 대한 계획을 수립하여 시행한다.

　　가) 교원의 학교 교육과정 편성·운영 능력과 교과 및 창의적 체험활동에 대한 교수·학습, 평가 역량을 제고하기 위하여 교원에 대한 연수 계획을 수립하여 시행한다.

　　나) 학교 교육과정의 효율적인 편성·운영을 지원하기 위해 교육과정 컨설팅 지원단 등 지원 기구를 운영하며 교육과정 편성·운영을 위한 각종 자료를 개발하여 보급한다.

　　다) 학교 교육과정 편성·운영의 개선과 수업 개선을 위해 연구학교를 운영하고 연구 교사제 및 교과별 연구회 활동 등을 적극적으로 지원한다.

7) 온오프라인 연계를 통한 효과적인 교수·학습과 평가가 이루어질 수 있도록 하며, 지능정보기술을 활용한 맞춤형 수업과 평가가 가능하도록 지원한다.

　　가) 원격수업을 효과적으로 지원하기 위해 학교의 원격수업 기반 구축, 교원의 원격수업 역량 강화 등에 필요한 행·재정적 지원을 한다.

　　나) 수업 설계·운영과 평가에서 다양한 디지털 플랫폼과 기술 및 도구를 효율적으로 활용할 수 있도록 시설·설비와 기자재 확충을 지원한다.

참고문헌

강일국 (2009). 새교육운동과 열린교육운동의 특징 비교 연구. 교육사회학연구, 19(3), 1 – 23.

강지영 (2022). 비판인종이론(Critical Race Theory)이 한국의 교육과정 연구에 주는 시사점 탐색. 교육과정연구, 40(2), 23 – 49.

강현석, 이지은 (2013). 백워드 교육과정 설계 2.0 버전의 적용 가능성 탐색. 교육과정연구, 31(3), 153 – 172.

강현석, 이지은, 배은미 (2022). 최신 백워드 교육과정과 수업설계의 미래. 교육과학사.

고경민, 김영실 (2023). 교육과정 재구성을 둘러싼 한 초등학교의 모순과 변화: Engeström의 활동이론 관점에서. 교육과정연구, 41(3), 99 – 125.

교육부 (2016a). 2015 개정 교육과정 총론 해설. 교육부.

교육부 (2016b). 2015 개정 특수교육 교육과정 길라잡이. 교육부.

교육부 (2020). 학생평가 톺아보기. 교육부.

교육부 (2021a). 2021년도 특수교육 운영계획. 교육부.

교육부 (2021b). 중학교 학생평가 톺아보기. 교육부.

교육부 (2021c). 2022 개정 교육과정 총론 주요사항(시안). 교육부.

교육부 (2021d). 2025년, 포용과 성장의 고교 교육 구현: 고교학점제 종합 추진계획 발표. 교육부 보도자료.

교육부 (2022a). 제1차 기초학력 보장 종합계획(2023 – 2027). 교육부.

교육부 (2022b). 2022 개정 교육과정 총론. 교육부.

구본희 (2020). 보니샘과 함께하는 자신만만 프로젝트 수업 10. 우리학교.

김경자 외 (2015). 2015 개정 교육과정 총론 시안 개발 연구. 교육부.

김경자, 온정덕 (2014). 이해중심 교육과정: 백워드 설계. 교육아카데미.

김달효 (2009). 중학생이 인식하는 교사의 훈육유형과 훈육효과 분석. 인문사회과학

연구, 22, 287－314.

김대석, 성정민, 김경성 (2020). 잠재적 교육과정의 이론과 실제: 아이들의 눈으로 본 학교와 교실 이야기. 박영스토리.

김대영 (2013). 한국 교육과정 연구의 역사 1: 1945－1987. 교육과정연구, 31(4), 1－26.

김대영, 홍후조. (2014). 교육과정 연구 패러다임 비교, 분석: Habermas의 사회지식 분류체계를 중심으로. 교육과정연구, 32(1), 1－23.

김대현 (2017). 교육과정의 이해. 학지사.

김덕년 (2017). '교육과정－수업－평가－기록의 일체화'에 대한 고찰. 한국교육개발원.

김두정 (2017). 실용주의(pragmatism)와 교육. 교육과정연구, 35(3), 81－99.

김사훈, 이광우 (2014). 고등학교의 창의적 체험활동 교육과정 편성·운영에 관한 교사 인식 조사. 한국교원교육연구, 31(2), 373－395.

김성수, 이형빈 (2019). 수포자의 시대: 왜 수포자를 포기하는가?. 살림터.

김수동, 김경희, 김수진 (2005). 교사의 학생평가 전문성 기준. 한국교육과정평가원.

김수연, 이희연 (2021). 배움중심수업과 보편적 학습설계의 비교 분석: 모든 학생을 위한 수업 혁신에 대한 고찰. 학습자중심교과교육연구, 21(15), 307－324.

김안중 (1987). 잠재적 교육과정에 대한 비판적 검토. 윤팔중 외(편), 교육과정 이론 의 쟁점. 교육과학사.

김영석 (2013). 제6차 사회과 교육과정 개정 과정에 대한 기억의 재구성: 국민에서 시민으로. 사회과교육연구, 20(2), 13－28.

김영실 (2020). 사회문제의 교육문제화 현상 비교연구: 1990년대 한국과 프랑스의 시민교육 교육과정을 중심으로. 교육과정연구, 38(2), 27－53.

김영실 (2022). 초등학교 교사들의 과정중심평가 실천 방식과 수행 유형 분석. 교육 과정평가연구, 25(2), 139－166.

김영은 (2022). 역량 기반 교육과정 편제 방향 및 교육과정 구성 방안에 대한 논의. 통합교육과정연구, 16(2), 111－139.

김영천 (1996). 교실질서의 성취와 회복: 한국 초등학교 교실에서의 관리/통제에 대 한 미시문화기술적 연구. 교육사회학연구, 6(2), 67－91.

김영천, 주재홍 (2009). 포스트모더니즘에서 생각해보는 교육과정 연구: 탐구주제와 연구영역들. 교육과정연구, 27(2), 1－31.

김용만 외 (1998). 한국 교육과정 변천에 관한 연구. 한국 교육과정·교과서연구회.

김재춘 (2002). 잠재적 교육과정의 재개념화 필요성 탐색. 교육과정연구, 20(4), 51-66.

김종서 (1976). 잠재적 교육과정. 익문사.

김종훈 (2017). 글로벌 교육 거버넌스로서의 OECD PISA에 대한 비판적 검토. 교육과정연구, 35(1), 43-64.

김종훈 (2020). OECD PISA의 의도와 실제 간 차이 탐색: 교육과정 개혁에 대한 권력 효과를 중심으로. 교육과정연구, 38(2), 5-26.

김평국 (2014). 국가 교육과정의 적용 단계에서 교사의 의사결정 참여와 전문성 신장: 교육과정 자율화 정책을 중심으로. 교육과정연구, 32(3), 95-122.

김평국 (2022). 교육과정의 실제와 이론: 학생 중심 초등 전문가 양성. 아카데미프레스.

김현숙 (2018). 장학자료에서 제시하는 개별화교육프로그램(IEP) 운영 방안에 대한 고찰. 유아특수교육연구, 18(4), 51-79.

노진아 (2022). 정의로운 교육과정 구현은 어떻게 가능한가?: '힘 있는 지식'(powerful knowledge)론의 가능성과 한계를 중심으로. 교육과정연구, 40(1), 55-78.

류영휘, 강지영, 소경희 (2023). 포스트휴먼 시대의 교육과정 연구 방법: '후기질적 탐구'를 중심으로. 교육과정연구, 41(1), 53-78.

민용성 (2018). 교육과정 분권화 정책의 방향과 과제: 초·중등교육법의 개정안을 중심으로. 학습자중심교과교육연구, 18(8), 737-754.

박소영, 강현석 (2019). '교육과정-수업-평가-기록 일체화'에 관한 교원의 인식과 요구 분석. 수산해양교육연구, 31(6), 1734-1742.

박순경 (1996a). 잠재적 교육과정 논의(1): 잠재적 교육과정은 존립불가능한가? 교육과정연구, 14(1), 285-300.

박순경 (1996b). 잠재적 교육과정 논의(2): 재개념화의 논리 탐색. 한국교육, 23(1), 41-59.

박승배 (2019). 교육과정의 이해. 학지사.

박영진, 장인실 (2020). 경기도교육청의 다문화교육 정책(2010-2020) 분석연구: Jenks, Lee, & Kanpol의 다문화주의 유형에 근거하여. 다문화교육연구, 13(2), 111-134.

박창언 (2013). 교육과정의 지방자치를 위한 국가 권한의 문제와 과제. 교육과정연구, 31(1), 79-102.

박휴용 (2020). 인본주의적 교육과정 인식론에 대한 열린 고찰: 포스트휴머니즘적 비판을 중심으로. 열린교육연구, 28(5), 49－78.

배호순 (2000). 교육과정 평가 논리의 탐구. 교육과학사.

백남진, 온정덕 (2015). 호주 국가 교육과정에서의 역량 제시 방식 탐구. 교육과정연구, 33(2), 99－128.

백병부, 조현희, 김아미 (2020). 초등학교 6학년의 학교생활과 사고체계 탐색: 거주 배경의 차이를 중심으로. 교육논총, 40(4), 1－31.

백선희, 강호수, 심우정 (2021). 초·중등교원 양성기관에서 예비교사의 교육과정 경험과 전문성 함양에 대한 인식. 한국교원교육연구, 38(3), 89－118.

서경혜 (2019). 학교중심 교사 전문성 개발의 가능성과 한계. 한국교원교육연구, 36(2), 105－130.

서우철, 이경원, 한은정 (2013). 수업을 살리는 교육과정. 맘에드림.

서울시교육청 (2024). 2024 학교평가 가이드북. 서울시교육연구정보원.

서울시교육청 (2024). 한 권으로 보는 자유학기(년)제. 서울시교육청 중등교육과.

성열관 (2006). 고교 교육과정 다양성 정도에 대한 질적 사례연구: 비평준화 지역의 두 고등학교 사례를 중심으로. 교육과정연구, 24(1), 181－207.

성열관 (2008). 수준별 교육과정의 감환된 의미로서 영어, 수학 이동수업의 효과성 검토. 교육과정연구, 26(2), 167－189.

성열관 (2012). 교수적 실천의 유형학 탐색: Basil Bernstein의 교육과정 사회학 관점. 교육과정연구, 30(3), 71－97.

성열관 (2014). 핵심역량 교육과정의 글로벌 규범과 로컬의 전유. 교육과정연구, 32(3), 21－44.

성열관 (2018). 수업 시간에 자는 아이들: 교실사회학 접근. 학이시습.

성열관 (2021). 수업방해 행위 및 방해학생들의 유형과 특징: 중학교 교실 참여관찰. 교육학연구, 59(2), 191－216.

성열관 외 (2023). 목적이 이끄는 평가. 살림터.

성열관, 김선명, 김진수, 양도길, 엄태현, 김성수 (2017). 교육과정 통합, 어떻게 할 것인가: 수행평가를 중심으로 교육과정 통합하기. 살림터.

성열관, 안상진, 강경식 (2022). 대입제도 옹호연합의 변동과 시사점. 한국교육, 49(1), 87－116.

성열관, 한수현, 김영실 (2024). MACOS 논쟁의 성격과 시사점. 교육학연구, 62(1),

219－242.

소경희 (2021). 교육과정 지식 논쟁: Michael Young의 '강력한 지식' 논의에 대한 비판적 검토. 교육과정연구, 39(4), 35－60.

손민호 (2006). 실천적 지식의 일상적 속성에 비추어 본 역량(competence)의 의미: 지식기반사회? 사회기반지식!. 교육과정연구, 24(4), 1－25.

손종현 (2017). 교사 책임교육을 지속가능케 하는 교육정책. 열린교육연구, 25(4), 101－124.

손흥숙 (2004). 양성평등교육정책: 주변에서 주류로?. 교육사회학연구, 14(2), 129－150.

송승훈 (2019). 나의 책 읽기 수업: 어디로 튈지 모를 학생들과 함께 한, 한 학기 한 권 읽기의 실제. 나무연필.

신혜진, 안소연, 김유연 (2017). 과정중심평가 활용의 정책적 분석: 서울특별시 소재 중학교 교사의 수행평가 활용 사례를 중심으로. 교육과정평가연구, 20(2), 135－162.

안혜정 (2021). 논쟁적 주제 '차별과 혐오'를 다룬 고등학교 사회현안 프로젝트 수업 사례 연구. 시민교육연구, 53(3), 117－150.

안혜정 (2022). 교사학습공동체를 기반으로 한 주제중심 통합교육과정 운영사례연구. 경희대학교 박사학위 논문.

양영자 (2021). 초·중등 교육과정 총론에서 다문화교육의 현재와 미래. 교육과정연구, 39(3), 61－82.

양정현 (2005). 교과서 구성에 대한 교육과정과 교과서 발행제도의 규정성: 7차 역사과 교육과정과 교과서를 중심으로. 역사교육연구, 2, 1－36.

엄수정, 문민지, 우라미, 이은혜, 황순예 (2022). 생태전환교육과정: '실뜨기' 탐구 공동체의 상상과 실천. 경기도교육연구원.

엄수정, 우라미, 황순예 (2021). 포스트휴먼 기후변화교육의 상상과 실천. 교육과정연구, 39(3), 83－109.

온정덕 (2013). 이해중심 교육과정과 맞춤형 수업의 통합: 초등예비교사들의 현장 적용을 중심으로. 한국초등교육, 24(1), 25－41.

우정길 (2018). 포스트휴머니즘 인간관에 대한 비판적 성찰: 기능과 욕망의 관점에서. 교육철학연구, 40(2), 75－99.

유성상 (2023). 파울로 프레이리와 교육: '페다고지'와 의식화. 심성보 외(편), 교육

사상가의 삶과 사상(서양편). 살림터.

윤서연 (2023). 어떤 것이 잘된 루브릭일까?. 성열관 외(편), 선생님, 평가 어떻게 하세요?. 살림터.

이근호 (2010). 존재의 교육과정 탐구: 현상학적 접근의 교육과정적 의미. 교육과정 평가연구, 13(3), 31－47.

이대식 (2016). 맞춤형 교수(differentiated instruction)에서의 '맞추는 것'의 본질과 성격. 통합교육연구, 11(2), 187－216.

이립 (2018). 자율화의 관점에서 현행 인정교과서 제도에 대한 비판적 고찰. 교육문화연구, 24(6), 45－64.

이명섭 (2022). 교육과정－수업－평가 일체화. 교육과 실천.

이병호, 홍후조 (2008). 우리나라 교과 교육과정 문서 체재의 개선에 관한 연구. 교육과정연구, 26(1), 27－58.

이상은, 소경희 (2019). 미래지향적 교육과정 설계를 위한 OECD 역량교육의 틀 변화 동향 분석: 'Education 2030'을 중심으로. 교육과정연구, 37(1), 139－164.

이용숙 (1996). 한국 학교문화의 특성과 잠재적 교육과정. 한국문화인류학, 29(2), 289－340.

이용환 (2002). 교육과정 패러다임의 변화와 교사. 교육과정연구, 20(1), 27－51.

이윤미 (2015). 1930년대 미국의 중등교육개혁: '8년연구'의 재조명. 한국교육사학, 37(4), 131－161.

이주연, 우라미 (2021). 고교학점제에 따른 학교 교육과정 개발 과정에서 학생 참여의 양상 및 쟁점 분석. 교육과정평가연구, 24(4), 59－83.

이준원, 이형빈 (2020). 평화의 교육과정, 섬김의 리더십: 덕양중학교 혁신학교 10년 이야기. 살림터.

이형빈 (2015). 소설과 드라마를 통해 본 학교질서의 변화와 학생참여양상 연구. 열린교육연구, 23(3), 241－269.

이혜영, 최광만, 윤종혁 (1998). 한국 근대 학교교육 100년사 연구(Ⅲ): 해방이후의 학교교육. 한국교육개발원.

이홍우 (1974). 교육과정의 고전모형과 그 대안. 교육과정연구, 1, 11－33.

이홍우 (1977). 교육과정탐구. 박영사.

임유나 (2022). IB PYP 기반 교육과정 실행의 양상과 과제: IB 학교 교원의 경험을 바탕으로. 교육과정연구, 40(4), 1-27.

장인실 (2015). 다문화교육 실행을 위한 학교교육과정 개발 방향 탐색. 교육과정연구, 33(2), 45-70.

전아름 (2018). 그룹홈 청소년의 삶에 관한 내러티브 연구. 오토피아, 33(2), 227-261.

전호재 (2020). 숙의에 비추어 본 내러티브의 의사소통 속성 탐구. 내러티브와 교육연구, 8(2), 127-146.

정민승 (2004). '합리적 대화'를 넘어 '차이 배우기'로: 후기구조주의 페미니즘의 교육학적 의미지평 탐색. 교육사회학연구, 14(3), 183-205.

정상원 (2017). 초등교사의 백워드 교육과정 설계와 실천의 실천적 형식 탐구. 내러티브와 교육 연구, 5(2), 67-88.

정영근, 민용성, 이근호, 조상식, 곽영순, 윤초희 (2022). 미래 포스트 휴머니즘 시대의 학교지식 예측. 교육과정연구, 40(3), 27-53.

정윤리 (2024). 역량기반 교육과정과 연계된 학생 역량 평가 체제 제안: G영재학교 교사의 수업과 평가 사례를 중심으로. 교육과정연구, 42(1), 1-26.

정재원, 이은아 (2017). '혐오'에서 '공존'으로: 교양교육의 역할과 여성주의 페다고지. 학습자중심교과교육연구, 17(20), 229-251.

정준민 (2022). '창의적으로 맞춤법 틀리기'의 교육적 의미. 학습자중심교과교육연구, 22(5), 327-344.

조윤정, 변영임, 오재길, 이수현 (2021). 학습격차 해소를 위한 새로운 도전: 보편적 학습설계 수업. 살림터.

조재식 (2005). 백워드 교육과정 설계 모형의 고찰. 교육과정연구, 23(1), 63-94.

조현영 (2019). 역량기반 교육과정에서의 평가의 실제적 구현: IBDP 사례. 교육과정연구, 37(4), 243-269.

조현희 (2018). 정의지향적 다문화교사교육과정의 내용체계 탐구. 다문화교육연구, 11(1), 29-59.

조현희 (2020). 내가 경험한 문화감응교육: 자서전적 내러티브 탐구. 다문화교육연구, 13(2), 81-109.

주재홍 (2016). 탈식민주의와 질적 연구: 방법적 이슈들. 교육과정연구, 34(4), 1-25.

주재홍 (2020). 교육과정 연구에서의 탈식민적 방법론의 적용과 그 가능성의 탐색.

학습자중심교과교육연구, 20(23), 621−649.

최경애 (2019). 평가 루브릭의 개발과 활용. 교육과학사.

최효선, 남창우, 강이화, 이지경 (2020). 보편적 학습설계 원리를 적용한 배움중심 수업설계모형 개발 연구. 교육공학연구, 36(2), 297−326.

한국교육과정평가원 (2014). 문답식으로 알아보는 성취평가제. 한국교육과정평가원.

한국교육과정평가원 (2019). 수업과 연계한 과정중심평가, 어떻게 할까요?. 한국교육과정평가원.

한수현 (2023). 초등교사의 국·검정 교과서 사용 경험 분석: 초등 3−4학년 과학 교과를 중심으로. 교육과정연구, 41(4), 219−242.

한수현, 강에스더 (2023). 젊은 초등교사 교직 이탈 시대의 원인과 해결방안: Honneth의 인정이론에 기반하여. 한국교원교육연구, 40(3), 171−200.

한혜정. (2009). 한국 교사교육에의 적용을 위한 자서전적 방법의 이론적 기초 탐색. 교육과정연구, 27(1), 21−40.

한희정 (2022). 비고츠키 아동학과 글쓰기 교육. 살림터.

함종규 (2004). 한국교육과정 변천사 연구. 교육과학사.

허가람, 박영림 (2023). 도시형 초·중 통합운영학교 내 초등교사들의 개교 준비 및 개교 후 생활 경험. 교육비평, 53, 148−190.

허경철 (2003). 국가수준 교육과정 개정방식의 개선방안 탐색. 교육과정연구, 21(3), 1−25.

허 숙 (2012). 교육과정 자율화 정책과 학교 교육과정 운영의 방향. 교육과정연구, 30(1), 81−98.

허창수 (2019). 젠더 텍스트로서 교육과정. 교육비평, 43, 8−38.

홍원표 (2010). 탈식민주의와 교육과정 연구: 다문화 시대의 새로운 인식론적 기반을 찾아서. 교육과정연구, 28(1), 47−65.

홍원표 (2011) 우상과 실상: 교육과정 자율화 정책의 모순된 결과와 해결방안 탐색, 교육과정연구, 29(2), 23−43.

홍후조 (2016). 알기쉬운 교육과정. 학지사.

황규호 (2012). 교육과정의 질 개념화 방향 탐색. 교육과정연구, 30(3), 97−121.

황규호 외 (2015). 문·이과 통합형 교육과정 구성방안 연구. 교육부.

Adler, M. (1982). *The Paideia proposal: an educational manifesto*. New York: Macmillan.

Anderson, L. & Krathwohl, D. (eds.) (2001). *A taxonomy for learning, teaching, and assessing: a revision of Bloom's taxonomy of educational objectives.* New York: Longman.

Apple, M. & Beane, J. (2007). *Democratic schools: lessons in powerful education.* Portsmouth, NH: Heinemann.

Apple, M. (1979). *Ideology and curriculum.* Boston: Routledge & Kegan Paul.

Apple, M. (2013). *Can education change society?* New York: Routledge.

Bagley, W. (1937). *A century of the universal school.* New York: The Macmillan Co.

Banks, J. (2006). *Cultural diversity and education: foundations, curriculum, and teaching.* Boston: Pearson/Allyn and Bacon.

Banks, J. (2019). *An introduction to multicultural education* (6th edition). Boston: Pearson/Allyn and Bacon.

Barthes, R. (2012). *Mythologies.* New York: Hill and Wang.

Beane, J. (1997). *Curriculum Integration: Designing the Core of Democratic Education.* New York, NY: Teachers College Press.

Bernstein, B. (2000). *Pedagogy, symbolic control and identity: Theory, research and critique.* Oxford: Rowman & Littlefield.

Biesta, G. (2010). 'This is My Truth, Tell Me Yours': Deconstructive pragmatism as a philosophy for education. *Educational Philosophy and Theory,* 42(7), 710−727.

Biesta, G., Priestley, M. & Robinson, S. (2015). The role of beliefs in teacher agency. *Teachers and Teaching,* 21(6), 624−640.

Bloom, B. S. (1956). *Taxonomy of Educational Objectives: the Classification of Educational Goals.* New York: Longmans, Green.

Bowles, S. & Gintis, H. (1976). *Schooling in Capitalist America.* New York, NY: Basic Books.

Bray, B. & McClaskey, K. (2013). A step−by−step guide to personalize learning. Unpublished manuscript.

Bray, B. & McClaskey, K. (2017). *How to Personalize Learning: Practical Guide for Getting Started and Going Deeper.* Thousand Oaks, CA: Corwin.

Bronfenbrenner, U. (1979). Contexts of child rearing: Problems and prospects. *American Psychologist*, 34(10), 844−850.

Bruner, J. (1960). *The process of education*. Cambridge, MA: Harvard University Press.

Bruner, J. (1966). *Toward a Theory of Instruction*. Cambridge, Mass.: Belknap Press of Harvard University.

CAST (2011). *Universal design for learning guidelines version 2.0*. Wakefield, MA: Author.

Cherryholmes, C. (1988). *Power and criticism: poststructural investigations in education*. New York: Teachers College, Columbia University.

Clarke, D. & Hollingsworth, H. (2002). Elaborating a model of teacher professional growth. *Teaching and Teacher Education*, 18, 947−967.

Counts, G. S. (1932). *Dare the school build a new social order?*. New York: Henry Holt.

Csikszentmihalyi, M. (1990). *Flow: The psychology of optimal experience*. New York: Harper Perennial.

Derrida, J. (1976). *Of grammatology*. Baltimore: Johns Hopkins University Press.

Dewey, J. (1916). *Democracy and education: an introduction to the philosophy of education*. New York: Macmillan.

Doll, W. (1993). *A post−modern perspective on curriculum*. New York: Teachers College Press.

Drake, S. M., & Burns, R. C. (2004). *Meeting standards through integrated curriculum*. Alexandria, VA: Association for Supervision and Curriculum.

Dreeben, R. (1968). *On What is Learned in School*. Reading, MA: Addison−Wesley.

Eisner, E. (1983). Educational Objectives: Help or Hindrance? *American Journal of Education*, 91(4), 549−560.

Eisner, E. (2002). *The educational imagination: on the design and evaluation of school programs*. Upper Saddle River, N.J.: Prentice Hall.

Erickson, H., Lanning, L., & French, R. (2017). *Concept−based curriculum and instruction for the thinking classroom*. Thousand Oaks, CA: Corwin

Press, Inc.

Erickson, L. & Lanning, L. (2014). *Transitioning to Concept−Based Curriculum and Instruction: How to Bring Content and Process Together.* Thousand Oaks, California: Corwin, a SAGE company.

Fitzpatrick, J., Sanders, J. & Worthern, B. (2004). *Program evaluation.* Boston: Pearson.

Fogarty, R. J. & Pete, B. M. (2009). *How to Integrate the Curricula.* Thousand Oaks: Corwin Press.

Foucault, M. (2005). *The hermeneutics of the subject.* New York: Palgrave Macmillan.

Foucault, M. (2012). *Discipline and punish: the birth of the prison.* New York: Vintage

Freire, P. (1970). *Pedagogy of the oppressed.* New York: Seabury Press.

Galkienė, A. & Monkevicienė, O. (2023). 모든 학생 학습을 위한 보편적 학습 설계와 통합교육(강종구, 강성구 번역). 학지사.

Gay, G. (2010). *Culturally responsive teaching: theory, research, and practice.* New York: Teachers College.

Gibson, J. (1979). *The Ecological Approach to Visual Perception.* Boston: Houghton Mifflin.

Gilligan, C. (1982). *In a Different Voice: Psychological Theory and Women's Development.* Cambridge, MA: Harvard University Press.

Giroux, H. (2005). *Border Crossings: Cultural Workers and the Politics of Education.* New York: Routledge.

Gordon, D. (1988). Education as text: The varieties of educational hiddenness. *Curriculum Inquiry,* 18(4), 425−449.

Guskey, R. (2002). Professional development and teacher change. *Teachers and Teaching: Theory and Practice,* 8(3), 381−391.

Habermas, J. (1972). *Knowledge and human interests.* London: Heinemann.

Hall, E. T. (1976). *Beyond Culture.* New York: Anchor Press.

Hanley, J., Whitla, D. K., Moo, E. & Walter, A. (1970). *Curiosity, Competence, and Community (Man: A Course of Study, An Evaluation).* Cambridge,

MA: Education Development Center.

Hargreaves, A. & Shirley, D. (2009). *The Fourth Way: The Inspiring Future for Educational Change.* Thousand Oaks, CA: Corwin.

Hess, D. (2009). *Controversy in the Classroom: The Democratic Power of Discussion.* New York: Routledge.

Hirsch, E. D. (1999). *The schools we need and why we don't have them.* New York: Anchor Books/Doubleday.

Jackson, P. (1968). *Life in Classrooms.* New York: Holt, Rinehart and Winston.

Jacobs, H. H. (1989). *Interdisciplinary curriculum: Design and implementation.* Alexandria, VA: Association for Supervision of Curriculum Development.

Jenks, C., Lee, J. & Kanpol, B. (2001). Approaches to multicultural education in pre−service teacher education: Philosophical frameworks and models for teaching. *The Urban Review*, 33(2), 87−105.

Kohlberg, L. (1984). *The Psychology of Moral Development: the Nature and Validity of Moral Stages.* San Francisco: Harper & Row.

Kohlmeier, J. & Saye, J. (2012). Justice or Care? Ethical Reasoning of Pre−service Social Studies Teachers. *Theory & Research in Social Education*, 40(4), 409−435.

Ladson−Billings, G. (1995). Toward a Theory of Culturally Relevant Pedagogy. *American Educational Research Journal*, 32(3), 465-491.

Lakomski, G. (1988). Witches, Weather Gods, and Phlogiston: The Demise of the hidden curriculum. *Curriculum Inquiry*, 18(4), 451−463.

Lather, P. (2007). *Getting lost: feminist efforts toward a double(d) science.* Albany: State University of New York Press.

Latour, B. (1993). *We Have Never Been Modern.* Cambridge, Mass.: Harvard University Press.

Lave, J. & Wenger, E. (1991). *Situated learning.* Cambridge: Cambridge University Press.

Lutkehaus, N. (2008). Putting culture into cultural psychology: anthropology's role in the development of Bruner's cultural psychology. *Ethos*, 36 (1), 46−59.

Mannheim, K. (1936). *Ideology and Utopia*. London: Routledge.

McLaren, P. (2015). *Life in Schools: an Introduction to Critical Pedagogy in the Foundations of Education*. Boulder, Colorado: Paradigm Publishers.

McNeil, L. (2000). *Contradictions of school reform: educational costs of stand ardized testing*. New York: Routledge.

Nelson, L. (2019). 보편적 학습설계: 설계에서 수업까지(김남진 번역). 학지사.

Newmann, F. & Associates (1996). *Authentic achievement: Restructuring schools for intellectual quality*. San Francisco, CA: Josey Bass.

Noddings, N.(2003). Caring: a feminine approach to ethics and moral education. Berkeley: University of California Press.

OECD (2018). *The Future of Education and Skills: Education 2030*. OECD.

Ontario Ministry of Education (2013). Learning for All. Unpublished manuscript.

Ornstein, A. & Hunkins, F. (2016). *Curriculum: Foundations, principles, and issues*. Boston, MA: Allyn & Bacon.

Oser, F., Althof, W. & Higgins−D'Alessandro, A. (2008). The Just Community approach to moral education: system change or individual change? *Journal of Moral Education*, 37(3), 395−415.

Parsons, T. (1970). *Social Structure and Personality*. New York: Free Press.

Pavlov, I. (1927). *Conditioned Reflexes; an Investigation of the Physiological Activity of the Cerebral Cortex*. Oxford University Press.

Peters, R. S. (1966). *Ethics and Education*. London: George Allen and Unwin.

Piaget, J. (1926). *The Language and Thought of the Child*. London: Routledge & Kegan Paul.

Pinar W. (1978): The Reconceptualisation of Curriculum Studies. *Journal of Curriculum Studies*, 10(3), 205−214.

Pinar, W. (2004). *What is curriculum theory?*. New York: Routledge.

Pinar, W. (ed.) (1988). *Contemporary curriculum discourses*. Scottsdale, Ariz.: Gorsuch Scarisbrick.

Pinar, W. et al. (eds.) (1995). *Understanding curriculum: an introduction to the study of historical and contemporary curriculum discourses*. New York: Peter Lang.

Popham, W. J. (2007). *Classroom assessment: What teachers need to know* (5th ed.). Needham Heights, MA: Allyn & Bacon.

Posey, A. (2022). Universal Design for Learning (UDL): A teacher's guide. Unpublished manuscript.

Power, F. C., Higgins, A. & Kohlberg, L. (1989). *Lawrence Kohlberg's approach to moral education*. New York: Columbia University Press.

Print, M. (2020). *Curriculum development and design*. New York: Routledge.

Schwab, J. (1970). *The practical: a language for curriculum*. Washington: National Education Association, Center for the Study of Instruction.

Shepard, L. (2000). The role of assessment in a learning culture. *Educational Researcher*, 29(7), 4−14.

Skinner, B. F. (1938). *The behavior of organisms: an experimental analysis*. New York: D. Appleton−Century Company.

Slattery, P. (2006). *Curriculum development in the postmodern era*. New York: Garland Pub.

Sleeter, C. & Grant, E. (1988). *Making choices for multicultural education: five approaches to race, class, and gender*. Columbus: Merrill Pub. Co.

Snyder, J., Bolin, F., & Zumwalt, K. (1992). Curriculum implementation. In W. P. Jakson (Ed.), *Handbook of research on curriculum*, New York: Macmillan Publishing Company.

Spencer, H. (1861). *Education, intellectual, moral, and physical*. New York: D. Appleton.

Stern, J., Ferraro, K. & Mohnkern, J. (2017). *Students become experts and innovators through concept−based teaching*. Corwin Press.

Sung, Y. & Lee, Y. (2017). Is the United States losing its status as a reference point for educational policy in the age of global comparison? The case of South Korea. *Oxford Review of Education*, 43(2), 162−179.

Sung, Y. & Lee, Y. (2018). Politics and the practice of school change: The *Hyukshin School* movement in South Korea. *Curriculum Inquiry*, 48(2), 238−252

Sung, Y. (2011). Cultivating borrowed futures: the politics of neoliberal loan−

words in South Korean cross-national policy borrowing. *Comparative Education*, 47(4), 523-538.

Sung, Y. K., Lee, M., Seo, D. H., Chang, S. M., & Lee, Y. (2022). Teacher agency and transformation at the crossroads of a diffused school change movement: An empirical typology of the *Hyukshin Schools* in South Korea. *Journal of Educational Change*, 23(3), 397-419.

Taba, H. (1962). *Curriculum development; theory and practice.* New York: Harcourt, Brace & World.

Takayama, K., Waldow, F., & Sung, Y. (2013). Finland Has it All? Examining the Media Accentuation of 'Finnish Education' in Australia, Germany and South Korea. *Research in Comparative and International Education*, 8(3), 307-325.

Thuneberg, H. et al. (2014). Conceptual change in adopting the nationwide special education strategy in Finland. *Journal of Educational Change*, 15, 37-56.

Tomlinson, C. A. (2014). *The differentiated classroom: Responding to the needs of all learners.* Alexandria, VA: Association for Supervision and Curriculum Development.

Tyler, R. (1949). *Basic principles of curriculum and instruction.* Chicago: The University of Chicago Press.

Vygotsky, L. S. (1986). *Thought and Language.* Cambridge, Mass.: MIT Press.

Vygotsky, L. S. (1978). *Mind in Society: The Development of Higher Psychological Processes.* Cambridge, MA: Harvard University Press.

Waldow, F. Takayama, K. & Sung, Y. (2014). Rethinking the pattern of external policy referencing: media discourses over the 'Asian Tigers'' PISA success in Australia, Germany and South Korea. *Comparative Education*, 50(3), 302-321.

Walker, D. F. (1971). A Naturalistic Model for Curriculum Development. *The School Review*, 80(1), 51-65.

Walker, D. F. (1990). *Fundamentals of curriculum.* San Diego: Harcourt Brace Jovanovich.

Walker, D. F. (1997). *Curriculum and aims.* New York: Teachers College Press.

Wiggins, G. & McTighe, J. (2005). *Understanding by design.* Alexandria, VA: Association for Supervision and Curriculum Development.

Young, M. F. D. (1971). *Knowledge and control: new directions for the sociology of education.* London: Collier−Macmillan.

Young, M. F. D. (2014). *Knowledge and the future school: curriculum and so−cial justice.* London: Bloomsbury Academic.

저자소개

성열관

경희대학교 교수이며, 교육대학원장을 역임했다. 미국 위스콘신대학교에서 교육과정 및 수업 (Curriculum & Instruction) 전공으로 박사학위를 받았다. 대표 저서로는 『호모 에코노미쿠스 시대의 교육』, 『수업시간에 자는 아이들: 교실사회학 관점』, 『The State and the Politics of Knowledge』(공저) 가 있으며, 역서로는 『미국 교육개혁, 옳은 길로 가고 있나』가 있다.

최근에는 여러 국제 학자들과 함께 『The Strong State and Curriculum Reform』과 『Understanding PISA's Attractiveness』 집필에 참여했다. 2008년 세계인명사전 『마르키스 후즈후(Marquis Who's Who)』에 등재되었고, 2011년과 2017년에 한국교육학회에서 수여하는 운주논문상을 수상했다. 현재 한국교육과정학회 부회장이며, <교육과정연구> 편집장을 지냈다. 호주 <Asia-Pacific Journal of Teacher Education>의 편집위원이다. 국내에서는 혁신학교, 2022 개정 교육과정, 평가 혁신 등 한국교육의 새로운 경로를 제시하는 많은 연구를 수행해 왔다. 국제적으로는 ≪Curriculum Inquiry≫, ≪Comparative Education≫, ≪Oxford Review of Education≫, ≪Journal of Educational Change≫등 세계적인 저널에 다수의 논문을 실었다.

교육과정

초판발행	2024년 7월 30일
지은이	성열관
펴낸이	노 현
편 집	전채린
기획/마케팅	조정빈
표지디자인	이은지
제 작	고철민·김원표
펴낸곳	㈜ 피와이메이트
	서울특별시 금천구 가산디지털2로 53 한라시그마밸리 210호(가산동)
	등록 2014. 2. 12. 제2018-000080호
전 화	02)733-6771
f a x	02)736-4818
e-mail	pys@pybook.co.kr
homepage	www.pybook.co.kr
ISBN	979-11-6519-956-2 93370

정 가   26,000원

박영스토리는 박영사와 함께하는 브랜드입니다.